BARBARA SASSE

Die Sozialstruktur Böhmens in der Frühzeit

BERLINER HISTORISCHE STUDIEN

Herausgegeben vom Friedrich Meinecke-Institut
der Freien Universität Berlin

Band 7

Germania Slavica IV

Die Sozialstruktur Böhmens in der Frühzeit

Historisch-archäologische Untersuchungen zum 9.–12. Jahrhundert

Von

Barbara Sasse

Mit einem Geleitwort von Wolfgang H. Fritze

DUNCKER & HUMBLOT / BERLIN

Gedruckt mit Unterstützung der Freien Universität Berlin

D 188

Gedruckt 1982 bei Berliner Buchdruckerei Union GmbH., Berlin 61
und Werner Hildebrand, Berlin 65
Printed in Germany

ISBN 3 428 05202 1

Geleitwort

Das Böhmen der frühen Přemyslidenzeit hat ganz gewiß nicht zu dem Bereich gehört, den man als Germania Slavica bezeichnen kann. Und auch später, als im 13. und 14. Jahrhundert deutsche Bevölkerung in größerer Zahl in Böhmen und Mähren eingewandert war, sind nur Teilregionen Böhmens deutschsprachig geworden. Die Aufnahme einer Arbeit, die die Sozialstruktur Böhmens in der Frühzeit behandelt, in eine Reihe mit dem Titel „Germania Slavica" bedarf also der Begründung. Wie ich schon in meiner Erläuterung des Arbeitsprogrammes unserer Gruppe bemerkt habe (Germania Slavica I, 1980, S. 40), müssen wir bemüht sein, die „vorkolonialen" Strukturen unseres Arbeitsgebietes zu erhellen, wenn wir zu Erkenntnissen über die strukturellen Wandlungen im Zuge des hochmittelalterlichen Landesausbaus gelangen wollen. Jeder, der sich mit der slawischen Periode im Raum zwischen Elbe-Saale und Oder-Erzgebirge befaßt hat, weiß aber, wie wenig unsere Quellen zu diesen Fragen aussagen. Die Forschung auf diesem Gebiet ist deshalb seit langem bestrebt, die besser erkennbaren frühen Strukturen in Polen und Böhmen zum Vergleich heranzuziehen, gewissermaßen als mögliche Modelle für die Rekonstruktion der Verhältnisse im westlich benachbarten Bereich (daß in der Anwendung dieser Methode große Vorsicht am Platze ist, brauche ich kaum zu betonen). Das bedeutet nun aber, daß wir genötigt sind, Untersuchungen über die politischen und sozialen Strukturen auch der westslawischen Länder außerhalb der Germania Slavica durchzuführen, wie es die hier vorgelegte Arbeit unternommen hat. In diesem Sinne bitten wir es zu verstehen, wenn wir eine Untersuchung dieser Art unter dem Dach der Germania Slavica vorstellen.

Die Aufgabe, die sich Barbara Sasse gestellt hat — die Erhellung einer Sozialstruktur mit Hilfe sowohl schriftlicher als auch archäologischer Quellen —, bietet Schwierigkeiten besonderen Grades. Sie ist dafür Wege gegangen, die nach meiner Kenntnis bisher noch nicht beschritten worden sind. Wie immer die Kritik sich zu ihren Thesen stellen wird, wird man doch auf jeden Fall sagen müssen, daß der Mut, der zu dieser Erschließung von Neuland erforderlich war, hohe Anerkennung verdient. Schon aus diesem Grunde wäre es der Arbeit zu wünschen, wenn sie den Anstoß zu einer fruchtbaren wissenschaftlichen Diskussion geben könnte.

Wolfgang H. Fritze

Vorwort

Den Anstoß zum Thema dieser Dissertation gab eine Diskussion, die in den 60er Jahren über die soziale Interpretation der frühmittelalterlichen Grabfunde in der Tschechoslowakei und anläßlich eines tschechoslowakisch-deutschen Colloquiums auch an der Freien Universität Berlin geführt wurde. Die Aufgabe bestand somit zunächst überwiegend in der Lösung methodischer Fragen.

Das Material wurde 1975 aufgenommen und in den Jahren 1976 - 1978 für die EDV aufbereitet und ausgewertet. Die Textfassung stammt zum großen Teil aus den Jahren 1978 - 1979. Auf die Literatur von 1977 bis 1981 konnte somit häufig nur ergänzend hingewiesen werden.

Die Arbeit enthält zahlreiche Orts- und Landschaftsnamen. Um den Text zu entlasten, werden diese nur bei der ersten Erwähnung und bei deutlicher Abweichung beider Sprachformen zweisprachig angegeben. Sonst wird die tschechische Form zitiert, nur in einigen Fällen, wo der Name dem deutschen Sprachgebrauch angehört, wird die deutsche Form gewählt wie bei Prag, der Elbe oder der Eger.

Wegen der Beschränkung der Druckmittel war es nötig, auf einen größeren Karten- und Tabellenapparat zu verzichten. Computerausdrucke können bei mir eingesehen werden.

Die Arbeit wäre ohne die Unterstützung durch zahlreiche Personen und Institutionen nicht zustande gekommen. Mein besonderer Dank gilt meinen akademischen Lehrern, in erster Linie Herrn Prof. W. H. Fritze, der die Arbeit angeregt und betreut hat, Herrn Prof. H. Ament als auch meinen früheren Lehrern, Herrn Prof. H. Kirchner, Frau Prof. C. Redlich sowie Herrn Dr. M. Gebühr, letzterem für wichtige methodische Anregungen und die Überlassung von EDV-Programmen. Weiterhin danke ich den Mitgliedern der IAG Germania Slavica. Bei der Drucklegung unterstützten mich Herr Prof. W. Ribbe, Herr Prof. W. Schich, Herr Dr. F. Escher und Herr H.-U. Kamke M. A. sowie das Friedrich-Meinecke-Institut der Freien Universität Berlin, dem ich für die Aufnahme in die Reihe „Berliner Historische Studien" zu großem Dank verpflichtet bin.

Weiterhin möchte ich mich bei den Mitarbeitern des Archeologický Ústav der Československá Akademie Věd in Prag sowie des Národní Muzeum in Prag für Rat und Hilfe bei der Quellenaufnahme bedanken.

Berlin, den 1. 9. 1982 Barbara Sasse

Inhaltsverzeichnis

Teil I: Methodische Voraussetzungen

Teil II: Sozialgeschichtliche Analyse der Grabfunde

Teil III: Sozialgeschichtliche Auswertung der schriftlichen Quellen

Teil IV: Zusammenfassung

Verzeichnis der Abbildungen

Verzeichnis der Karten

Verzeichnis der Dendrogramme

Abkürzungsverzeichnis

AAU	=	Acta archaeologica universitatis Lodziensis
Anal. Boll.	=	Analecta Bollandiana
Annales ÉSC	=	Annales Économies — Sociétés — Civilisations
AÖG	=	Archiv für österreichische Geschichte
AR	=	Archeologické rozhledy
AU ČSAV	=	Archeologický ústav Československé Akademie Věd
Bericht RGK	=	Bericht der Römisch-Germanischen Kommission
BWZ	=	Burgwallzeit
ČČH	=	Český časopis historický
ČSČH	=	Československý časopis historický
CDB	=	Codex diplomaticus et epistolaris regni Bohemiae, hrsg. von G. Friedrich
ČDV	=	Časopis pro dějiny venkova
ČL	=	Český lid
ČMM	=	Časopis moravského musea
ČNM	=	Časopis Národního musea
ČSPS	=	Časopis Společnosti přátel starožitností
DA	=	Deutsches Archiv
DAW	=	Deutsche Akademie der Wissenschaften
FRB	=	Fontes rerum Bohemicarum
Hist. Sl.	=	Historica slovaca
HZ	=	Historische Zeitschrift
JGMO	=	Jahrbuch für die Geschichte Mittel- und Ostdeutschlands
Jb RGZM	=	Jahrbuch des Römisch-Germanischen Zentralmuseums Mainz
KH	=	Kwartalnik Historiczny
KHKM	=	kwartalnik historii kultury materialnej
MAGW	=	Mitteilungen der Anthropologischen Gesellschaft in Wien
MGH	=	Monumenta Germaniae historica
MGH-SS	=	Monumenta Germaniae historica — Scriptores
MIÖG	=	Mitteilungen des Instituts für Österreichische Geschichte
Mitt. VGDB	=	Mitteilungen des Vereins für Geschichte der Deutschen in Böhmen
MPH	=	Monumenta Poloniae historica

NA	=	Neues Archiv der Gesellschaft für Ältere Deutsche Geschichtskunde
Num. Sb.	=	Numismatický sborník
ODS	=	Origines et débuts des Slaves
OP	=	Obzor prehistorický
PA	=	Památky archeologické
PAN	=	Polska Akademie Nauk
PHS	=	Právněhistorické studie
PVM	=	Pravěk východní Moravy. Gottwaldov
PZ	=	Prähistorische Zeitschrift
RH	=	Roczniki Historyczne
SbH	=	Sborník historický
Sl. Ant.	=	Slavia Antiqua
VPS	=	Vznik a počátky Slovanů
ZfA	=	Zeitschrift für Archäologie
ZfO	=	Zeitschrift für Ostforschung
ZGORh	=	Zeitschrift für die Geschichte des Oberrheins
ZPP	=	Zprávy památkové péče
ZRG GA	=	Zeitschrift der Savigny-Stiftung für Rechtsgeschichte — Germanistische Abteilung
ZRG KA	=	Zeitschrift der Savigny-Stiftung für Rechtsgeschichte — Kanonistische Abteilung

Teil I

Methodische Voraussetzungen

1. Einführung in die Problematik der Arbeit

Die Erforschung des sozialen Gefüges in Böhmen im Mittelalter besitzt aus verschiedenen Gründen einen besonderen Reiz. Im 9. Jh. entstand im benachbarten Mähren das erste sowohl schriftlich als auch archäologisch sicher belegte Reich auf slawisch besiedeltem Boden[1]. Die Herrscher dieses sog. Großmährischen Reiches riefen 863/64 Glaubenslehrer griechischer Herkunft, die Brüder Cyrill und Method, in das von der bayerischen Mission bisher offenbar nur oberflächlich berührte Land[2]. Die Brüder entwickelten eine slawische Schrift und Schriftsprache. Ihre Viten und die Übersetzungen biblischer Texte, die auf ihre Tätigkeit zurückgehen, stellen die ältesten slawischen Schriftdenkmäler überhaupt dar.

Das mährische Reich währte kaum ein Jahrhundert. Anfang des 10. Jh. ging es, durch innere Kämpfe geschwächt, im Ungarnsturm zugrunde. In der folgenden Zeit liegt die mährische Geschichte in völligem Dunkel.

Jedoch auch vorher wissen wir über Mähren sehr wenig. Die schriftlichen Quellen geben über innere Verhältnisse kaum Auskunft. Besonders große Bedeutung kommt deshalb den archäologischen Quellen zu, die um so reichlicher fließen[3]. Zeugen der mährischen Macht und Kultur sind gewaltige Burgwälle mit Burgkirchen und ausgedehnten Gräberfeldern mit z. T. über 1000 Bestattungen aus einem relativ kurzen Zeitraum wie z. B. Staré Město und Mikulčice, aber auch kleinere „Herren-

---

[1] Über das sog. Großmährische Reich liegen zahlreiche Arbeiten vor. Genannt seien *F. Graus*, 1963; *J. Poulík*, 1963; 1948; *F. Graus, J. Filip, A. Dostál* (Hrsg.), 1966; *L. Havlík*, 1964; 1978; *R. Nový*, 1968. Über das Reich des Samo im 7. Jh. wissen wir nur wenig — aus der Literatur *G. Labuda*, 1949; 1949/1950; *Th. Mayer*, 1929; *V. Vaněček*, 1963.

[2] *K. Bosl*, 1967, S. 104 ff.; zu Cyrill und Method *F. Dvorník*, 1926; 1949; 1962; 1964; 1970. *V. Vavřínek*, 1963; 1966; *J. Macůrek*, 1965, S. 17 ff.; siehe auch den Sammelband *M. Hellmann, R. Olesch* (Hrsg.), 1964.

[3] Einen Überblick über die archäologischen Quellen vermitteln die Arbeiten *J. Pouliks*, 1963; 1948. Weiterhin der Sammelband *F. Graus, J. Filip, A. Dostál* (Hrsg.), 1966.

sitze“ mit Kirche und Gräberfeld[4]. Auf diesen Burggräberfeldern finden sich neben arm ausgestatteten Gräbern auch außerordentlich reiche Bestattungen: Gräber mit Reiterausrüstungen und voller Bewaffnung, mit Äxten und Schwertern und goldenen Gürtelbeschlägen, Gräber mit Schmuck, goldenen und silbernen, filigran- und granulationsverzierten Ohrringen und den typischen mährischen, ebenfalls reich verzierten Kugelknöpfen.

Da wir sonst über die mährische Sozialstruktur kaum etwas wissen, ist man gezwungen, eine Interpretation aufgrund dieser geschilderten Befunde zu wagen. Das bedeutet in erster Linie eine sozialgeschichtliche Interpretation von Siedlungen und von Grabfunden. Beigaben findet man entgegen den später üblichen christlichen Bestattungsbräuchen im christianisierten Mähren bis zum Untergang des Reiches.

Die größte Schwierigkeit, die mährischen Grabfunde sozialgeschichtlich zu interpretieren und so die Sozialstruktur dieses ältesten slawischen Staatsgebildes näher zu beleuchten, besteht in dem Mangel an schriftlichen Nachrichten. Man kommt in Mähren deshalb über eine „relative“ Sozialstruktur nicht hinaus — wir können die archäologischen Kategorien kaum rechtlichen Verbänden zuordnen. Dies ist um so bedauerlicher, als man hoffen könnte, in Mähren die Entstehung einiger für manche westslawischen Gebiete typischen Organisationsformen wie z. B. der Burgbezirksverfassung beobachten zu können.

Das mährische Reich hat nämlich offenbar auf seine Nachbarvölker einen entscheidenden Einfluß ausgeübt[5].

Auffallend nachhaltig wirkte die mährische Kultur in Böhmen, das in der zweiten Hälfte des 9. Jh. für einige Zeit einen Teil des mährischen Reiches darstellte[6].

Böhmen hatte sich ursprünglich ganz anders entwickelt als Mähren. Während Mähren den donauländischen und letztlich byzantinischen Anregungen durch seine geographische Lage unmittelbar offenstand, stagnierte das durch seine Kessellage abgeschiedene Böhmen jahrhundertelang. Erst im 9. Jh. kam es sowohl mit dem fränkischen als auch mit dem mährischen Reich in nähere Berührung. Seine Lage zwischen den beiden Mächten bewirkte im 9. Jh. einen mehrfachen Frontenwech-

---

[4] *V. Hrubý*, 1955; 1965; *B. Dostál*, 1966; 1970, S. 270 ff.; *J. Poulík*, 1963 a; 1975; *F. Kalousek*, 1971.

[5] Dazu aus archäologischer Sicht *B. Dostál*, 1965. Zum Einfluß Großmährens siehe auch die unter Anm. 1 und 2 genannte Literatur.

[6] Für die materielle Kultur Böhmens *M. Šolle*, 1966. Zur politischen Geschichte immer noch unersetzt *V. Novotný*, 1912; Überblicke vermitteln auch *K. Richter*, 1967, S. 207 ff.; *R. Nový*, 1968, S. 295 ff.; *R. Turek*, 1963, S. 9 ff. (1974, S. 1 ff.).

sel, der offenbar sowohl der politischen als auch der gesellschaftlichen und kulturellen Entwicklung Böhmens zugute kam.

Im 9. Jh. entstanden in Böhmen einige größere Machtbereiche, als wichtigste die der Přemysliden, der tschechischen Fürsten, in Mittelböhmen, und der Slavnikiden, möglicherweise der zličanischen Fürsten, in Ostböhmen. Daneben gab es eine Reihe von kleineren Herrschaftsverbänden, die im 9. und 10. Jh. nach und nach den beiden Hauptmächten eingegliedert wurden[7].

Die langsame böhmische Staatsbildung des 9. Jh. wurde durch den Ungarneinfall und den Untergang des mährischen Reiches nicht betroffen. Böhmen wandte sich gegen Ende des 9. Jh. dem fränkischen Reich zu und nahm endgültig das lateinische Christentum an, das wie in Mähren auch hier schon ältere Grundlagen hatte[8]. Dennoch bewahrte Böhmen die materielle mährische Kultur noch bis zur Mitte des 10. Jahrhunderts. Inwieweit es mährische Organisationsformen beibehielt oder weiterentwickelte, ist schwer zu beurteilen.

Wahrscheinlich 976 wurde das Bistum Prag gegründet und dem Erzbistum Mainz unterstellt[9]. 995 beseitigte der Přemyslide Boleslav II. die Slavnikidenherrschaft in Ost- und damals wohl auch in Südböhmen. Damit war in Böhmen ein einziger Herrschaftsbereich entstanden, der sich im frühen 11. Jh. dann auch auf Mähren ausdehnte. Nach anfänglich bedrohlichen Auseinandersetzungen mit Polen verwandelte sich das ursprünglich rückständige Böhmen in einen nach damaligen Gesichtspunkten fortschrittlichen Staat mit besonderer Verwaltungsstruktur. Im Investiturstreit griffen die Přemysliden als Reichsfürsten erstmals in die zentralen Konflikte des Reiches ein, um dann ein Jahrhundert später zu den wichtigsten Helfern Barbarossas zu gehören. So erhielt der böhmische Herzog die Königswürde, und so konnte Böhmen im 14. Jh. zum Zentrum des Reiches werden[10].

Der kontinuierlichen Entwicklung Böhmens verdanken wir eine Quellenlage, wie sie für den ganzen westslawischen Bereich einmalig ist[11]. Aus dem 9. und 10. Jh. liegen wie in Mähren einheimische schriftliche Nachrichten kaum vor. Wie dort sind wir auf archäologische Quellen angewiesen, die hier zwar nicht ganz so reich fließen wie in Mähren,

---

7 *R. Nový*, 1968, S. 201 ff. und die oben genannte Literatur; *R. Wenskus*, 1967, S. 32. Viel diskutiert wurde die Problematik der Stämme in Böhmen, nicht unwidersprochen auch die Arbeit von *R. Turek*, 1957.

8 Dazu *K. Bosl*, 1967, S. 104 ff. Eine sehr kurze, aber treffende Charakteristik der Stellung Böhmens zu Westeuropa *F. Prinz*, 1981, S. 1 ff.

9 *Z. Fiala*, 1967, S. 133.

10 Einen deutschsprachigen Überblick über die politische Entwicklung im Spätmittelalter bieten *F. Seibt*, 1967; *K. Richter*, 1967, S. 257 ff. Zur Königserhebung in Kürze *W. H. Fritze*, 1982.

11 Siehe dazu im einzelnen I.2, S. 7 ff. in dieser Arbeit.

aber immer noch entschieden besser ausgewertet werden können als die Funde aus anderen slawischen Gebieten. Auch aus Böhmen kennen wir Burgwälle mit dazugehörigen Gräberfeldern und z. T. auch mit Burgkirchen; Burgen und Friedhöfe erreichen allerdings bei weitem nicht die Größe der mährischen Fundplätze. Neben den Burgwällen gibt es auch offene Siedlungen mit dazugehörigen Gräbern. Bei einem immer noch sehr geringen Stand der Siedlungsforschung sind die Gräber für strukturgeschichtliche Untersuchungen weiterhin die Hauptquelle. Obwohl Böhmen im 9. Jh. wohl teilweise, im 10. Jh. mit Sicherheit christianisiert war, führen sie wie in Mähren zunächst Beigaben. Einige der Grabausstattungen entsprechen den reichen mährischen Funden. Die Beigabensitte wird im allgemeinen erst vom Ende des 10. Jh. an aufgegeben.

Aus dem 11. Jh. liegen dann schon schriftliche Nachrichten über die gesellschaftliche und rechtliche Organisation und über die Grundherrschaften und bäuerlichen Wirtschaften und ihre Arbeitskräfte vor. In günstigen Fällen ist somit ein direkter Anschluß an archäologisch auswertbare Funde gegeben.

Aus der geschilderten Quellenlage und den Besonderheiten der böhmischen Entwicklung ergeben sich einige Fragen, zu deren Lösung diese Arbeit beitragen möchte.

Zunächst handelt es sich im bearbeiteten Zeitraum um ein Kontinuitätsproblem: was geschieht beim Übergang von wenig entwickelten Kleinherrschaftsverbänden zu einem hochmittelalterlichen Staat; welche sozialen Gruppen und Schichten stehen am Anfang des Zeitraums, welche an seinem Ende? Welche wirtschaftlichen Grundlagen hatten sie, wie und wann entwickelte sich die aus dem Hochmittelalter bekannte Grundherrschaft?

Weiterhin ergibt sich das Problem der Definition des frühen und des hochmittelalterlichen sozialen Gefüges. Bis zur Mitte des 12. Jh. ist z. B. ein Lehnswesen, wie es sich in Westeuropa und im westlichen Mitteleuropa ausgeprägt hatte und dort staatstragend wurde, in Böhmen nicht belegt[12]. Es geht letztlich um das Verhältnis zwischen den Přemyslidenfürsten, dem Adel und der übrigen Bevölkerung in wirtschaftlicher, rechtlicher und machtpolitischer Hinsicht.

Die Grundvoraussetzung für die Bearbeitung dieser Fragen mit schriftlichen und archäologischen Quellen besteht zunächst in der Lösung eines methodischen Problems: in welchem Grade und unter welchen Bedingungen lassen archäologische Funde und hier besonders die Grabfunde überhaupt soziologische Erkenntnisse zu und, wenn ja, wie

---

[12] Diese Frage spielt in der marxistischen, tschechoslowakischen Geschichtsschreibung eine bedeutende Rolle. Dazu z. B. R. *Nový*, 1972, S. 39 ff.

können die Aussagen von Grabfunden und schriftlichen Quellen miteinander verglichen werden?

Bei der Untersuchung der fast nur archäologisch belegten Zeit geht es darum, eine Schichtungsgliederung des Grabfundmaterials herauszuarbeiten und Anhaltspunkte zu finden, wie diese Schichten durch die schriftlichen Quellen interpretiert werden können.

Bei der Untersuchung der schriftlichen Quellen sollen Rechtsgruppen, Besitz- und Herrschaftsverhältnisse in zwei Zeitabschnitten, dem 9. und 10. und dem 11. und 12. Jh., soweit wie möglich rekonstruiert werden. Die Quellen des 9. und 10. Jh. bieten allerdings sehr wenig Material, haben aber den Vorteil, mit den Grabfunden zeitgleich zu sein.

Der erste Teil der Arbeit ist den methodischen Fragen gewidmet. Im zweiten und dritten Teil werden Grabfunde und Urkunden systematisch mit statistischen Methoden untersucht, um die Möglichkeiten des Materials voll auszuschöpfen. Der letzte Teil versucht eine Synthese der Aussagen beider Quellengattungen.

Einige häufig benutzte Begriffe müssen zum besseren Verständnis geklärt werden (weitere Definitionen werden in den entsprechenden Abschnitten gegeben): Unter dem Begriff der sozialen *Schicht* verstehe ich eine Größe in der horizontalen Ordnung, die im großen und ganzen nach unten und oben abgeschlossen ist, während die *Personengruppe* entweder Teil der Schicht sein oder aber auch die Schichten übergreifen kann[13].

Die hier angewendete Methode geht davon aus, daß es möglich ist, *Merkmale* zu ermitteln, die aus den Quellen für die einzelnen Personen bekannt sind, und daß die Personen aufgrund dieser Merkmale miteinander verglichen werden können. Die Begriffe „Einheiten“ und „Fälle“ werden als Synonyma für die Personen oder Gräber benutzt und stammen aus der Statistik.

Herrschaft und Besitz waren keinesfalls in ganz Böhmen einheitlich organisiert. Das gilt besonders für die frühe Zeit, wo die einzelnen Regionen ja unterschiedlichen Herrschaftsbereichen angehörten; es gilt aber auch weiterhin unter der einheitlichen přemyslidischen Herrschaft. Der regionale Vergleich ist deshalb außerordentlich wichtig. Aus schriftlichen und archäologischen Quellen lassen sich aufgrund der regionalen Verbreitung von Siedlungsbelegen *Siedlungskammern* herausarbeiten,

---

[13] Zum soziologischen Begriff der Schicht und Schichtung z. B. *B. Bottomore,* 1976, S. 18 ff.; die Anwendung auf mittelalterliche, hierarchische Gesellschaftssysteme ist zutreffend, wenn auch nicht unproblematisch — Begriffe wie Schicht und Gruppe werden, wenn möglich, durch konkretere, quellenbezogene Termini ersetzt, sind aber nicht immer vermeidbar. Zur Problematik *M. Mitterauer,* 1977, S. 13 ff.; *H. Wunder,* 1978; einen Forschungsüberblick bietet *E. Weyrauch,* 1980, S. 5 ff.

Siedlungskonzentrationen, die von siedlungsarmem oder siedlungsleerem Gebiet umgeben sind. Da Gräbergebiete nicht unbedingt immer mit Siedlungsgebieten identisch sein müssen, unterscheide ich von den sicheren Siedlungskammern *Grabfundgebiete*, entsprechende Gräberfeldkonzentrationen. Unter dem Begriff von *Siedlung* oder *Siedlungsplatz* verstehe ich nicht nur ein hochmittelalterliches Dorf, sondern jeden längere Zeit bewohnten Platz unabhängig von der rechtlichen Organisation[14]. Als *Beigaben* werden entgegen der mitunter vorgenommenen Unterscheidung von beigegebenen Trachtgegenständen und „echten Beigaben" alle dem Toten mitgegebenen Gegenstände bezeichnet.

Im historischen Teil wird für die Oberschicht der Begriff „Adel" verwendet. Ich verstehe hierunter nach R. Wenskus „ganz allgemein ... nur jene Schicht, die von Geburt dazu bestimmt war, die Führungskräfte des Gemeinwesens zu stellen, ohne daß von vornherein ein ständischer Abschluß nach unten mitgedacht werden muß"[15]. Diese Definition trägt der geringen rechtlichen Abstraktion des Frühmittelalters Rechnung und somit dem Wandel des Adelsbegriffs in der Geschichte.

2. Die Quellen und ihre Aussagefähigkeit

2.1 Die archäologischen Quellen

Im Mittelpunkt des archäologischen Teils dieser Arbeit stehen die Grabfunde. Die Quellenlage und der Forschungsstand erlaubten nicht, die Siedlungsfunde für diese Fragestellung zu bearbeiten[1].

Unsere Kenntnis der slawischen Funde in Böhmen ist in großem Maße von der Entwicklung der archäologischen Forschung in diesem Lande abhängig[2].

---

[14] Zum Begriff der Siedlungskammer im Zusammenhang mit slawischen Funden siehe *J. Herrmann,* 1968, S. 11 ff.

[15] *R. Wenskus* (Hoops Reallexikon Bd. 1), S. 60.

[1] Zu der allgemein üblichen, museumstechnischen Einteilung in Grab-, Siedlungs- und Hortfunde z. B. *H. J. Eggers,* 1959, S. 264; *H. Jankuhn,* 1977. Hort- oder Schatzfunde lassen sich in Böhmen für unsere Fragestellung nicht heranziehen (*R. Turek,* 1948; 1966; *E. Nohejlová-Prátová,* 1956; *Ch. Warnke,* 1964. Eine systematische Einbeziehung der Siedlungsfunde wäre zur Verifizierung der hier vorgetragenen Ergebnisse dringend erforderlich (siehe unten S. 61 f.).

[2] Die Entwicklung der böhmischen Bodendenkmalpflege stellt am übersichtlichsten *J. Filip,* 1969, S. 1506 f. dar (Stichwort: Tschechoslowakei — Geschichte der archäologischen Forschung). Zu den einzelnen Personen, Institutionen und Museen siehe die einzelnen Stichpunkte. Eine Übersicht vermittelt weiterhin *R. Turek,* 1963, S. 270 ff. Für die Einsichtnahme in ein ungedrucktes Vortragsmanuskript danke ich Frau Dr. Z. *Krumphanzlová,* Prag. Zur Entwicklung der slawischen Archäologie siehe auch Z. *Váňa,* 1970. S. 9 ff.; *J. Kudrnáč,* 1963 a, S. 625 ff.

Wenngleich das Nationalmuseum Prag seit Mitte des 19. Jh. eine zentrale Funktion innehatte, wurde die Ur- und Frühgeschichte auch in Böhmen bis zum Ende des ersten Weltkrieges vielfach von Autodidakten betrieben, die ihre Funde z. T. dem Nationalmuseum zukommen ließen, z. T. aber auch aus ihren Sammlungen kleine Regionalmuseen aufbauten[3]. Ihr Forschungsinteresse galt in der Regel der typologischen und chronologischen Einordnung des Materials und ethnisch-nationalen Fragestellungen. Da sie vor allem den Fundstoff kennenlernen wollten, sammelten sie, ohne auf die Fundumstände viel Rücksicht zu nehmen. Einzelheiten des Befundes lassen sich aus alten Fundberichten deshalb kaum erkennen[4]. Besondere Aufmerksamkeit widmete man den aus der historischen Überlieferung bekannten Plätzen[5].

Wenn auch einige dieser Amateure bedeutende wissenschaftliche Beiträge lieferten wie z. B. der Zuckerfabrikant Ludvik Šnajdr[6], so war die Fundauswahl insgesamt doch recht zufällig.

1919 wurde die archäologische Forschung für ganz Böhmen im Staatlichen Archäologischen Institut, der Vorgängereinrichtung des heutigen Akademieinstituts, zentralisiert.

Die meisten Fachwissenschaftler sowie die Mehrzahl der Amateure arbeiteten in Prag, so daß in Mittelböhmen ein wesentlich besserer Forschungsstand gegeben ist als in allen anderen Gebieten Böhmens. Auch heute noch differiert die Funddichte in den einzelnen Teilen Böhmens stark, obwohl die Forschungsarbeit nun zentral vom Archäologischen Institut der Akademie der Wissenschaften in Prag gesteuert wird.

Aus einer Stichprobe geht z. B. hervor, daß von 98 Fundstellen jeweils nur eine in Südwest- und Südostböhmen liegt, je drei im mittleren

---

[3] So entstanden folgende Regionalmuseen: Kolín *(F. Dvořák)*, Jičín (*J. Haken*), Hradec Králové (*L. Domečka*), Čáslav (*K. Čermák*), Plzeň *(F. X. Franc)*, Blatná (*J. Siblík*), Strakonice und Písek (*B. Dubský*). Von den genannten Forschern wurden z. T. auch Kreisinventare veröffentlicht, so von dem Arzt *F. Dvořák*, 1936; *B. Dubský*, ein Lehrer, legte noch 1949 die Grundlage für unsere Kenntnis des südböhmischen Fundstoffs.

[4] Bezeichnend sind die Eingangsmeldungen, die regelmäßig seit der Begründung der Zeitschrift Památky archeologické im Jahre 1854 abgedruckt wurden.

[5] Besonders früh begannen die Forschungen in Prag selbst, in Levý Hradec und in Budeč, beide letzteren Burgwälle liegen nördlich von Prag. Bezeichnend für die Auffassung von der böhmischen Altertumskunde in der Mitte des 19. Jh. sind die Werke des Begründers der Památky archeologické, *J. E. Vocel*, 1845; 1866/68. — Besonders verdient machte sich um die Jahrhundertwende *J. L. Píč* durch die katalogmäßige Zusammenfassung des bis dahin bekannten archäologischen Materials: *J. L. Píč*, I, 1—2, II, 1—3, III, 1, 1899—1909. Die Funde der älteren Privatsammler sind in seinen Werken mit aufgenommen.

[6] *L. Šnajdr* lebte 1839—1913. Er erkannte noch vor *R. Virchow* die Burgwallkeramik und konnte sie schon von der jungbronzezeitlichen Ware unterscheiden (1859).

Westböhmen und in Nordostböhmen, 7 im südlichen Mittelböhmen, 8 im nördlichen Mittelböhmen, 9 in Nordwestböhmen. Aus Mittelostböhmen stammen 16 Fundstellen — 50 der 98 Fundstellen aber aus dem Prager Gebiet.

Nimmt man nun unabhängig hiervon eine weitere Stichprobe (in Böhmen seit der Mitte des 19. Jh. tätige Archäologen nach dem Handbuch von J. Filip, Buchstabe L—Z), wird der Zusammenhang nur zu deutlich[7]: In Südwest- und Südostböhmen war bzw. ist kein Archäologe tätig, im mittleren Westböhmen zwei; in Nordostböhmen einer; im nördlichen, südlichen und östlichen Mittelböhmen jeweils 5; in Nordwestböhmen 8 und im zentralen Mittelböhmen 51! Hierbei sind allerdings nicht nur Wissenschaftler ausgewählt, die sich hauptsächlich mit slawischer Archäologie beschäftigen.

2.1.1. Die Grabfunde

Die Quellenlage:

Die bis 1909 bekannten Grabfunde Böhmens stellte J. L. Píč in einem ersten, zusammenfassenden Katalog vor und legte damit die Grundlage für eine wissenschaftliche Bearbeitung des Materials. In seinem Werk enthalten sind 279 Fundstellen mit flachen Körpergräbern (Reihengräbern)[1] und 62 Fundstellen von Brandgräbern unter Hügeln[2]; das flache Brandgrab kannte Píč aus slawischer Zeit noch nicht.

Nach dieser ersten Synthese ließ die Zahl der Grabfundeingänge zunächst merklich nach[3]. Besonders wenig Neufunde liegen — wohl auch kriegsbedingt — aus den Jahren 1910—1920 vor. In den folgenden 20er und 30er Jahren wurden wieder mehr Gräberfelder publiziert, jedoch finden sich kaum größere Grabungsberichte darunter[4]. Eine Ausnahme bildet das Gräberfeld auf der Burg Budeč bei Prag mit immerhin mehr als 100 Gräbern[5].

---

[7] Ein solcher Schluß mag selbstverständlich klingen, er wird jedoch bei der Interpretation im allgemeinen zu wenig berücksichtigt (siehe dazu Abschnitt II). Z. T. sind aber wohl auch die Ballungsräume der Siedlung durch die Jahrhunderte hindurch die gleichen geblieben, so daß sicher der Eindruck der hohen Fundfrequenz in Mittelböhmen nicht ganz falsch ist.

[1] *J. L. Píč,* 1909, S. 328—354.

[2] *J. L. Píč,* 1909, S. 24—31.

[3] Auf *Píč's* Tätigkeit gehen auch zahlreiche Neufunde und größere Grabungen zurück, die er alle publizierte, wie z. B. Funde von Libice nad Cidlinou, Velim, Kouřim u. a. (*Píč,* 1893, S. 167 ff.).

[4] Grundlage für diese Angaben bildet eine Statistik aufgrund von 100 Fundstellen (alphabetisch ausgewählt), die von mir im Archiv des AÚ der ČSAV Prag aufgenommen wurden.

[5] Der Fundbericht von Budeč wurde neuerdings veröffentlicht von *J. Sláma,* 1977, S. 55 ff. Die Grabungen von *J. Böhm,* aber auch die von *A. Knorr* und *Horáková-Jansová* entsprechen heutigen Maßstäben.

Erst mit dem Beginn der Tätigkeit von R. Turek und I. Borkovský in den 40er Jahren nahm das Interesse für slawische Gräber wieder zu. R. Turek veröffentlichte die erste systematische Aufnahme der Hügelgräber[6], I. Borkovský beschäftigte sich mit Sonderformen des Ritus, mit ungewöhnlichen Bestattungsformen und mit slavischen Brandgräbern[7]. Beide faßten die bisherigen Funde in Katalogen zusammen.

In den 50er und 60er Jahren nimmt dann die Fundfrequenz wieder deutlich zu. Insgesamt sind aber doch recht wenig Fundplätze erst in der Zeit nach dem Zweiten Weltkrieg bekannt geworden; dafür ist der wissenschaftliche Wert der Funddokumentationen erheblich gestiegen. Von einigen Gräberfeldern liegen ausgezeichnete Fundberichte vor: von Stará Kouřim bei Kolín[8], Brandýsek bei Slaný (Schlan)[9], Žalany bei Teplice (Teplitz)[10], Řesanice und Radětice, beide südlich von Příbram und Radomyšl bei Strakonice[11] sowie von Teilen des Gräberfeldes an der königl. Reitschule auf der Prager Burg[12] und von Libice nad Cidlinou (Kirchengräberfeld)[13]; nur aus Vorberichten sind bisher die Grabungen von Lahovice bei Prag[14], und von Kanín bei Libice bekannt[15]. Die zwei letztgenannten Friedhöfe lassen sich leider kaum auswerten; man gewinnt nur einen allgemeinen Eindruck des Fundstoffs.

Aus einigen Regionen stehen übrigens auch schon Gesamtkataloge zur Verfügung: aus Leitmeritz, dem Prager Stadtgebiet, dem gesamten Mittelböhmen und aus dem Gebiet um Kouřim[16].

Im Gegensatz zu den älteren Fundberichten bieten die neuen Publikationen im allgemeinen Informationen zu folgenden Fragen: genaue Lage des Grabes und des Gräberfeldes, Fundumstände und Bestattungs-

---

6 Vor allem *R. Turek*, 1954—56; 1958.

7 *I. Borkovsky*, 1940, S. 9 ff., im Zusammenhang mit der Untersuchung der ältesten slawischen Keramik; 1936/38, S. 135 ff.

8 *M. Šolle*, 1966.

9 *O. Kytlicová*, 1968.

10 *B. Svoboda*, 1963.

11 *H. Olmerová*, 1959; *J. Zeman, J. Sláma, M. Buchvaldek*, 1971; *B. Nechvátal, P. Radoměrský*, 1964; *B. Nechvátal*, 1965; 1967.

12 *Z. Smetánka, L. Hrdlička, M. Blajerová*, 1974.

13 Zu Libice: *R. Turek*, 1953; 1963 b; 1976; 1978.

14 Vorberichte für Lahovice von *Z. Jelínková* (Krumphanzlová), 1956, 1958. Auswertungen des unveröffentlichten Friedhofs bringt *Z. Krumphanzlová* in verschiedenen ihrer Arbeiten, besonders *Z. Krumphanzlová*, 1966.

15 Kanín: *L. Hrdlička*, Fundberichte im AÚ Prag č 5740/68; č 5739/68; č 1851/68; č 3438/67; č 2531/67; č 4727/69; č 5277/69; č 114/70; č 5277/69; *J. Justová*, 1970.

16 *M. Zápotocký*, 1965; *R. Turek*, 1947—48; *J. Sláma*, 1977; *M. Šolle*, 1966. Diese Gesamtkataloge enthalten zum Teil auch neue Gräberfeldpublikationen wie z. B. Mlékojedy, Litoměřice (*Zápotocký*, 1965, S. 356 f.).

art, Beigaben; in den Fällen, in denen eine anthropologische Bestimmung möglich war, haben wir auch Informationen über Alter und Geschlecht der Toten. Zu einzelnen dieser Fragen liegen mitunter auch aus älteren Berichten Angaben vor; selten findet sich jedoch hier eine vollständige Funddokumentation[17].

In dieser Situation kann man sich bei der Untersuchung gewisser Probleme nur auf wenige, gut dokumentierte Gräberfelder stützen. Dadurch schrumpft die Quellenbasis leider erheblich.

Für die vorliegende Arbeit wurden die Grabfunde aus einem Zeitraum von etwa 875—1100 aufgenommen. Die wenigen, sicher ins 12. Jh. gehörenden Funde wurden als Siedlungsbelege ebenfalls berücksichtigt — in anderer Hinsicht lassen sie sich nicht mehr auswerten.

Der Zeitraum entspricht den archäologischen Stufen der mittleren und jüngeren Burgwallzeit (BWZ)[18]. Von den Gräbern ausgehend kann man etwa die Jahre 875—950 zusammenziehen; die genauen Grenzdaten sind selbstverständlich hypothetisch. Diese älteste Periode wird als mittlere BWZ bezeichnet. Die jüngere BWZ umfaßt etwa die Jahre von 950—1100, die jüngste BWZ den danach folgenden Zeitraum bis etwa 1250.

Insgesamt konnten 2118 geschlossene, d. h. mehr oder weniger vollständig dokumentierte Grabfunde zusammengetragen werden. Untersuchungen, die nur einen Zeitabschnitt betreffen, müssen sich deshalb leider auf eine recht geringe Gräberzahl stützen.

Es ist vielleicht sinnvoll, sich zunächst eine ungefähre Vorstellung über das prozentuale Verhältnis von erhaltenen Gräbern zur damaligen Gesamtbevölkerung zu machen. Beim Ansatz eines durchschnittlichen Lebensalters von 30 Jahren bedeutet das ca. 296 erfaßte, gleichzeitig

---

[17] Vollständige Informationen liegen z. B. für Brandýsek vor (*Kytlicová*, 1968, S. 196 f.). Typisch für ältere Funde mit wenig brauchbaren Angaben die Funde aus Bříza, Ústí n. Labem, Roudnice (*Schránil*, 1925, S. 171; AÚ 6007; 41; 6724/47).

[18] Übersichtlich dazu *J. Eisner*, 1966, S. 197 ff.; *Z. Krumphanzlová*, 1974, S. 91 ff. Die Abweichungen sind innerhalb der heutigen tschechischen slawischen Archäologie äußerst gering. Zu den Kriterien der Untergliederung siehe unten II.3.1. Das untere Datum 875 beruht auf der Tatsache, daß der Körperbestattungsbrauch erst in der zweiten Hälfte des 9. Jh. in Böhmen üblich wird. Frühere Datierungen beruhen auf der Keramik und vor allem auf der mährischen Chronologie (siehe unten) (*Hrubý*, 1955, S. 291; *Dostál*, 1966, S. 12). Im übrigen soll diese Arbeit keinen eigenen Beitrag zur Chronologie leisten. Wenn jedoch bei der Besprechung der Einzelmerkmale und bei der Interpretation immer wieder auf chronologische Fragen zurückgegriffen werden muß, stütze ich mich in erster Linie auf die zusammenfassende Arbeit von Z. *Krumphanzlova*, 1974. Abweichungen werden an den betreffenden Textstellen angegeben. Darüber hinaus können die hier angewendeten Methoden auch zu einer Präzisisierung der Datierung führen (*Gebühr*, 1970, S. 96; 1976, S. 11).

lebende Personen in ganz Böhmen, bei einem durchschnittlichen Lebensalter von 40 Jahren ca. 395 gleichzeitig Lebende[19].

Nehmen wir an, daß mit den 2218 Gräbern 10 % aller einmal vorhandenen Gräber erfaßt sind, so würde dies bei einem durchschnittlichen Lebensalter von 40 Jahren eine Gesamtbevölkerungszahl von 3940 Personen in ganz Böhmen bedeuten — nehmen wir an, es seien 5 % erfaßt, so wären es 7880 Personen, bei 4 % 9850 Personen und bei 1 % 39 400 Personen.

Diese Berechnung ist, daß muß noch einmal betont werden, vollkommen hypothetisch. Unterschiede zwischen den einzelnen Perioden machen das Bild komplizierter.

Eine Kontrolluntersuchung sei auf ganz anderer Basis erlaubt. Aus dem Gesamtbereich sind nach schriftlichen und archäologischen Quellen etwa 1000 besiedelte Ortschaften — darunter auch die größeren civitates — bekannt. Nimmt man eine Einwohnerschaft pro Ort von 30 Personen an, ergibt sich schon eine Bevölkerungszahl von 30 000 Personen — dies entspricht einer Erfassungsquote von weniger als 2 % — 19 700 Personen, erreicht aber noch nicht die Erfassungsquote von 1 %, die 39 Personen pro Ort zulassen würde. Hierbei ist allerdings außer acht gelassen, daß im 10. Jh. wesentlich weniger Siedlungsplätze bestanden haben als im 12. Jh.[20].

Die üblichen Schätzungen der Bevölkerungszahl liegen übrigens wesentlich höher. Danach wäre lediglich eine Erfassungsquote von 0,1 % gegeben — aufgrund der Annahme einer durchschnittlichen Lebenserwartung von 40 Jahren bedeutet dies 394 000 Personen[21].

Nun erscheint 0,1 % als sehr wenig. Wenn man diese Zahl jedoch mit der Basis heutiger demoskopischer Untersuchungen vergleicht, so wirkt sie gar nicht mehr so erschreckend klein — bei einer Bevölkerungszahl von 50 000 000 Personen würde eine Statistik auf der Basis

---

[19] Die Formel zur Berechnung der gleichzeitig lebenden Bevölkerung wurde entwickelt von *Ascadi* und *Nemeskeri*. Dazu z. B. *H. Bach, S. Dušek*, 1971, S. 145 f.; *M. Gebühr, J. Kunow*, 1976, S. 192 ff. Die Formel wird jetzt mit geringen Unterschieden allgemein von Prähistorikern und Anthroprologen benutzt, um Bevölkerungszahlen auf Gräberfeldern zu ermitteln. *P. Donat, H. Ulrich*, 1971, S. 236 ff.

[20] In den bearbeiteten Zeitraum fallen verschiedene Phasen der Binnenkolonisation. Die erste Phase scheint schon ins 10. Jh. selbst zu gehören. Im 12. Jh. werden dann ganze Landesteile besonders Westböhmens hinzugewonnen. Dazu aus der Sicht der Entwicklung der Bestattungsplätze *Z. Krumphanzlová*, 1966, S. 309 ff. Einen kurzen Überblick über schriftliche und archäologische Quellen zur Siedlungsgeschichte gibt *J. Sláma*, 1967, S. 433 ff. Aufgrund der Ortsnamen *V. Šmilauer*, 1960. Über Bevölkerungs- und Siedlungszahlen im mittelalterlichen Böhmen *P. Choc*, 1963, S. 46 ff.

[21] *P. Choc*, 1963, S. 42; 1964, S. 24.

von 0,1 % immerhin auf 50 000 Personen beruhen, eine Statistik auf der Basis von 1 % sogar auf 500 000 Personen.

Eine ausreichend große Stichprobe ist mit den 2218 Gräbern in jedem Fall gegeben. Wichtiger aber ist die Repräsentativität der Auswahl. Leider müssen hier sicher große Vorbehalte gemacht werden, zumal das Material auch nur in einigen Regionen (Mittelböhmen, Leitmeritz, mittleres Ostböhmen) mit Sicherheit archäologisch repräsentativ ist, so daß sich hier an den Ergebnissen sicher nicht mehr viel ändern wird.

Neben dem Forschungsstand sind bei der Interpretation allerdings auch einige materialbedingte Verzeichnungen zu berücksichtigen:

a) Zum Grabbau

Organisches Material — Holzbauweise — vergeht, ist somit schwer erkennbar, während Steinbauweise die Erhaltung fördert. Gräber ohne anorganische Bauelemente waren seit ihrer Anlage stärker gefährdet und sind deshalb sicher unterrepräsentiert[22].

Gräber ohne Oberflächenkennzeichnung sind nur bei intensiver Forschung und häufigen Bodenbewegungen zu erkennen; eine intensive Bodenbearbeitung zerstört dagegen flache Gräber und Gräber, die keinen Widerstand bieten (so die erwähnten Gräber ohne anorganische Stoffe).

Gräber über dem Bodenniveau werden leichter zerstört als Gräber unter dem Bodenniveau, es sei denn, es handelt sich bei den oberirdischen Gräbern um ausgesprochen mächtige Bauten, die bei Bauarbeiten als Hindernis wirken[23].

Oberirdische „Gräber“, wie z. B. nur auf den Boden oder auf Säulen gestellte Urnen, erhalten sich überhaupt nicht. Das gleiche gilt für nicht rituell bestattete Personen[24].

b) Zum Toten

Die Erhaltung der nichtverbrannten Leiche kann durch die physikalische Bodenbeschaffenheit beeinträchtigt werden (z. B. Feuchtigkeit, Kalkgehalt). Besonders stark sind von der Zerstörung die Skelette von

---

22 Einen Überblick über die Problematik der Erhaltungsbedingungen gibt *H. J. Eggers*, 1959, S. 255 ff., bes. S. 262 ff. *Eggers* scheint mir die Möglichkeiten der Verfälschungen immer noch am übersichtlichsten zusammengestellt zu haben.

23 Hierzu siehe auch die Ausführungen über die böhmischen Hügelgräber und die Diskussion zwischen *Z. Váňa* und *R. Turek* zu diesem Thema (Teil II.1.).

24 Die Nestorchronik, ed. *D. Tschižewskij*, 1969, S. 13, erwähnt oberirdische Bestattungen in Urnen. Dazu *E. Wienicke*, 1940, S. 85. Zu den verschiedensten Möglichkeiten von für uns nicht mehr faßbarem Bestattungsbrauchtum *A. Häusler*, 1975, S. 83 ff.

Kleinkindern betroffen, die uns deshalb meist überhaupt nicht mehr erhalten sind. Eine Weiterauswertung der Skelette durch die Anthropologie ist jedoch nur bei gutem Erhaltungszustand möglich[25].

Die Bearbeitung des Leichenbrandes birgt noch wesentlich mehr Probleme. Für den böhmischen Bereich wird offenbar die Art und Weise verhängnisvoll, in der die gebrannten Überreste bestattet werden. Leichenbrand ist nämlich in der Regel nur auffindbar, wenn er in Tonurnen oder anderen, unvergänglichen Behältern bestattet wird — Brandgruben, Brandschüttungen und Brandstreuungen werden schwer entdeckt. Auf dieses gerade für die frühslawischen Gräber wichtige Phänomen muß im einzelnen noch näher eingegangen werden[26].

c) Zu den Beigaben

Wie bei den Bauelementen des Grabes ist organisches Material nicht erhalten; lassen sich Holzelemente des Grabbaus wenigstens meist noch durch Bodenverfärbungen erkennen, so gilt dies für organische Beigaben mit ganz geringen Ausnahmen auch bei gut beobachteten Grabungen nicht. Daß uns hierbei in der Tat auch wertvolle Gegenstände entgehen können, mag folgende Aufstellung von vergänglichen Materialien deutlich machen: Holz, Korb, Leder, Pelze, Textilien, Lebensmittel, Getränke, sonstige Pflanzen- und Tierprodukte, Blumen. Erhalten haben sich dagegen: Metall, Stein, Glas, Knochen, Keramik. Wenn im folgenden von Beigaben gesprochen wird, so ist immer diese Auswahl von erhaltenen Gegenständen gemeint.

Gräber mit Beigaben haben mehr Aussicht, gefunden und gemeldet zu werden als Gräber ohne Beigaben. Weiterhin sind beigabenführende Gräber im allgemeinen leichter datierbar. So würde sich z. B. die Zahl der geschlossenen Grabfunde aus Böhmen sicher wesentlich erhöhen, könnten einzeln gefundene, beigabenlose Gräber auch datiert werden. Der Prozentsatz an „armen“ Gräbern wird somit verringert[27].

Eine oft übersehene Schwierigkeit besteht in der unterschiedlichen Behandlung der Beigaben durch die Bestattenden. In diesem Zusam-

---

[25] Das zeigen die Analysen der bearbeiteten Gräberfelder, z. B. für Stará Kouřim (*Chochol*, 1966, S. 281 ff.). Eine ausgesprochen interessante Analyse liegt für das Gräberfeld von Espenfeld in Thüringen vor (*Bach, Dušek*, 1971, S. 131 ff.).

[26] Siehe dazu unten Abschnitt II. 1.

[27] In Einzelfällen läßt sich die Datierung auch aufgrund des Bestattungsbrauchtums feststellen, so z. B. bei Steinpackungsgräbern in regelmäßiger Lage oder Steinfassungsgräbern, die beide für den Arbeitszeitraum ausgesprochen typisch sind. Vielfach mußten aber auch im Fundarchiv Prag unter „Slawische Körpergräber“ eingeordnete Fundberichte weggelassen werden, da ihre Bestimmung in den Arbeitszeitraum zu unsicher war, so Bášť u Měšic (*Píč*, 1909, S. 329), wo 4 West-Ost orientierte Skelette in Rückenlage gefunden wurden.

menhang ist bei Brandgräbern die Mitverbrennung von Beigaben zu nennen und — damit verbunden — das nur teilweise Ablesen der Überreste vom Scheiterhaufen[28]. Weiterhin kann eine ungenaue Zuordnung der Beigaben in mehrerlei Form erfolgen; gefährdet sind in dieser Hinsicht Doppelbestattungen, Nachbestattungen und sog. Superpositionen (Übereinanderbestattungen)[29]. Weiterhin müssen wir auch mit nicht erkennbaren Zuordnungen rechnen. Auf fast jedem Gräberfeld finden sich einzelne Gegenstände, die entweder zerstörten Gräbern oder aber auch anderen Gräbern zugehören, z. B. vielleicht nachträglich für einen schon Bestatteten vergraben wurden.

Darüber hinaus muß noch die Möglichkeit eines Deponierens von Beigaben auf der Oberfläche berücksichtigt werden. Diese dürften uns archäologisch überhaupt nicht erhalten sein. Man kann aber wohl davon ausgehen, daß in einem sonst beigabenführenden Horizont ein solcher Brauch — sollte es ihn überhaupt gegeben haben — wohl doch nur geringe Bedeutung gehabt haben wird, so daß in dieser Hinsicht eine große Verfälschung wohl kaum zu erwarten ist.

Funktion und Aussagefähigkeit der Grabfunde:

Inwieweit können wir aus den Gräbern nun sozialgeschichtliche Erkenntnisse gewinnen?

H. J. Eggers definiert den Fundstoff, die Beigaben des Grabes, als eine „positive Auslese ... aus bekannten Gründen“[30]. Gräber gehören also als „positive Auslese“ nicht eigentlich zu den Überresten einer „lebenden Kultur“, sondern sind *intentionell* für die Zukunft, ein späteres Leben bzw. die nächsten Generationen angelegt. Die Art und Weise, in der das Grab gebaut wird, wie bestattet wird, kann dabei von Region zu Region wechseln, von Kultur zu Kultur, von Religion zu Religion.

Da der Grabbau ohne Zweifel mit einer bestimmten Absicht betrieben wurde, sind Form und Inhalt des Grabes keineswegs willkürlich. Um allgemeine Anhaltspunkte für die Aussagefähigkeit von Grabmerkmalen gewinnen zu können, muß somit zunächst über die eigentliche Funktion der böhmischen Gräber und die Bedingungen, durch die ihre Anlage bestimmt wurde, Klarheit bestehen[31].

---

[28] Hierzu für die Brandbestattungen der röm. Kaiserzeit *M. Gebühr*, 1976, S. 85. Die Befunde der slawischen Hügelgräber in Nordwest- und Südböhmen legen eine solche Beigabenbehandlung nahe (*Turek*, 1958, S. 49 f.; 1954—56, S. 147).

[29] Das gilt z. B. auch für die Doppelbestattungen auf dem Gräberfeld von Stará Kouřim (*Šolle*, 1966, S. 259, Grab 49 b).

[30] *H. J. Eggers*, 1959, S. 265.

Als „Grab" soll hier eine rituelle Anlage bezeichnet werden, die zur feierlichen Aufnahme eines oder mehrerer Toten bestimmt ist[32].

Eine solche Beschränkung auf rituelle, speziell für diesen Zweck geschaffene Anlagen wird durch die Tatsache notwendig, daß sonst eine Vergleichbarkeit nicht gegeben ist. Für die Quellenauswahl stellt sich im frühmittelalterlich-slawischen Bereich durch diese Definition kein Problem, da wir mit ganz geringen Ausnahmen nur rituelle Grabanlagen kennen. Dies muß jedoch nicht bedeuten, daß damit auch für diese Zeit das ganze Spektrum der Bestattungsmöglichkeiten erfaßt ist.

Eine Grabanlage erfüllt im wesentlichen zwei Aufgaben: eine kultische und eine hygienische[33]. In ihrer kultischen Funktion kann man verschiedene Dienste von ihr erwarten: sie kann die Wohnung des Toten sein, seinen Weg ins Jenseits erleichtern oder sogar als „Verkehrsmittel" dorthin dienen[34], sie kann durch ihre Anlage die Stellung des Toten im zukünftigen Leben bestimmen oder sie kann auch die Stelle darstellen, an der die Lebendigen mit dem Toten in Kontakt treten, ihn besuchen oder verehren.

Hieraus ergibt sich, daß die Anlage des Grabes und der Grad, inwieweit sich in ihr soziale Verhältnisse widerspiegeln, in erster Linie von der herrschenden Vorstellung vom Leben nach dem Tode abhängig ist. Leider sind unsere Kenntnisse über den Totenglauben der heidnischen

[31] Die Gesichtspunkte, nach denen man Grabfunde auswerten kann, stellte *M. Gebühr*, 1970, S. 96 übersichtlich zusammen. Gleichzeitig mit dem hier vorgelegten Versuch einer Theorie der Grabfundauswertung in frühgeschichtlicher Zeit entstand eine Arbeit von *H. Steuer*, die z. T. zu ähnlichen Ergebnissen zu kommen scheint, bisher aber nur in einem Vorbericht vorliegt (*Steuer*, 1979, S. 605 ff.). Eine eingehende Auseinandersetzung kann erst nach Erscheinen der Monographie erfolgen.

[32] Nicht erfaßt sind also ohne Ritus verscharrte Tote. Wieviel Prozent der Bevölkerung so „bestattet" wurde, entzieht sich leider unserer Kenntnis. Ein nicht rituell bestattetes Skelett eines Jugendlichen fand sich z. B. im Graben des Burgwalls von Stará Kouřim (*Šolc*, 1966, S. 129). Möglicherweise handelt es sich hierbei allerdings um ein Opfer.

[33] Die meisten Definitionen von Grab und Bestattung setzen die Beseitigung der Leiche an erste Stelle. Auch wo kein Grab angelegt wird, bemüht man sich, den Toten unschädlich zu machen. Im Bereich des Totenglaubens äußert sich die Erfahrung von der Schädlichkeit der Leiche für die Lebenden in der Totenfurcht, so z. B. *K. Goldammer*, 1976, S. 77; *G. Wilke* in Ebert's Reallexikon unter dem Stichwort „Totenkultus". Deutlich wird die Bedeutung der Totenfurcht für das Bestattungsbrauchtum auch in den Volksbräuchen (*Geiger*, in: Handbuch des deutschen Aberglaubens, Stichwort „Begräbnis"; *Schneeweis*, 1961, S. 83 ff.). RGG I, S. 959 ff. (*C. M. Edsmann; E. A. Voretzsch).*

[34] Das betont vor allem Geiger im Handbuch des deutschen Aberglaubens unter dem Stichwort „Grab". Zu der Reise ins Jenseits siehe z. B. die besonders im gleichzeitigen wikingischen Bereich üblichen Bootsgräber und Steinsetzungen in Bootsform. Dazu jetzt übersichtlich das Stichwort „Bootsgräber" in Hoops, Reallexikon, 1978, S. 249 ff.

bzw. der gerade zum Christentum übergetretenen Böhmen äußerst gering, und somit kann hier nur das Wenige, z. T. leider gerade aus den Bestattungsbräuchen Geschlossene zusammengetragen und durch Vergleiche ergänzt werden[35].

Daß schon die heidnischen Slawen an ein Weiterleben nach dem Tode glaubten, wird allgemein anerkannt. Wie man sich dieses Leben jedoch vorstellte, läßt sich quellenmäßig nur schwer ermitteln[36].

Offenbar existierten, wie sich aus Grabfunden, Heiligenlegenden, Predigten und aus Elementen des Volksglaubens belegen läßt, in früher christlicher Zeit verschiedene Vorstellungen vom Weiterleben des Toten nebeneinander. Auf der einen Seite glaubte man mit einiger Sicherheit an ein Jenseits. Das Wort für das Jenseits, in das die Seele gelangt, „raj", geht schon in vorchristliche Zeiten zurück[37]. Obwohl wir über die Gestalt dieses vor- und frühchristlichen Jenseits, das man sich in verschiedenen Landschaften wohl auch jeweils anders gestaltet dachte, nichts wissen, dürften Parallelen aus dem skandinavischen oder antiken Bereich nicht ganz fehlgehen[38]. Aus der Anlage der Gräber läßt sich im Gegensatz zu den Bootsgräbern in Skandinavien allerdings kein „Verkehrsmittel" ins Jenseits ablesen. Möglicherweise dachte man sich den Weg zu Fuß zurückgelegt.

Vieles spricht jedoch dafür, daß in frühchristlicher Zeit neben dem Jenseitsglauben auch der Glaube an ein diesseitiges Weiterleben und -wirken des Toten lebendig war. Dieser „lebendige Tote" konnte offen-

---

[35] Die Quellen reichen leider in keiner Weise aus, um uns ein Bild von der heidnischen, böhmischen Religion zu vermitteln (Quellensammlung *C. H. Meyer,* 1931). Informationen über einzelne Götter besitzen wir nur aus dem nordwest- und ostslawischen Raum. Hier haben wir auch schriftliche und archäologische Zeugnisse von Tempeln. Zu den slawischen Göttern und den Tempeln *E. Wienecke,* 1940, bes. S. 217 ff.; jetzt *H. Łowmiański,* 1979 mit weiterer Literatur. *L. Niederle,* 1924, S. 87 ff.

Man kann heute nicht mehr, ausgehend von den west- und ostslawischen Göttern, ein böhmisches Pantheon rekonstruieren. Hier hat sich das Christentum möglicherweise vor der Ausbildung eines gemeinsamen, geschlossenen Kultus durchgesetzt. Nach *L. Niederle,* der aber stark von der Animismustheorie *Tylors* beeinflußt ist (*Niederle,* 1924, S. 19 f.; S. 24 f.), ist die älteste slawische Religion von der Dämonologie gekennzeichnet. Ein Glaube an Dämonen läßt sich übrigens auch in christlicher Zeit noch nachweisen (siehe Abschnitt I.2.2.2., Prokoplegenden). In den Vorstellungsbereich der Dämonen gehört auch der Ahnenkult (*Niederle,* 1924, S. 34 ff.).

[36] *E. Wienecke,* 1940, S. 82, dort auch zu der anderslautenden Stelle bei Thietmar v. Merseburg, die sich allerdings aus Thietmars Geschichtsbild erklären läßt.

[37] *L. Niederle,* 1924, S. 38. *Vasmer,* Russisches Etymologisches Wörterbuch, 2, 1955, S. 486. Die Stelle, die *L. Niederle* bei Ibn Fadlan zur Natur des „raj" zitiert, kann durchaus auf fremde Einflüsse und Berichte zurückgehen (1924, S. 38).

[38] In Skandinavien scheint das Jenseitsbild abhängig von der umgebenden Landschaft gewesen zu sein (*De Vries,* 1937, S. 357).

bar als sog. „lebender Leichnam“ schädlich oder heilbringend Einfluß nehmen[39]. Als Zeichen der Wirksamkeit des Toten sah man deshalb den unverwesten Körper an, wie er Heilige und Wiedergänger auszeichnet[40].

Man scheint aber auch an das Weiterwirken des „normalen“, vergänglichen Toten im Kreise seiner Familie noch in später Zeit geglaubt zu haben. Im Volksglauben ist die Vorstellung belegt, daß die Seele sich weiter im Diesseits aufhält: im Grab selbst und seiner unmittelbaren Umgebung, an den früheren Schauplätzen ihres irdischen Lebens oder auch an dem Platz, den die Nachkommenschaft dem Toten im Diesseits zubilligt. Für besonders intensiv hielt man die diesseitige Anwesenheit des Toten in den ersten 40 Tagen nach dem Tode, in der Zeit, in der der Körper noch nicht vollständig vergangen war[41].

Mit diesen Glaubensvorstellungen steht der Ahnenkult in engem Zusammenhang. Ahnenverehrung läßt sich mit großer Wahrscheinlichkeit in heidnischer Zeit, aber noch in späten Volksbräuchen belegen. So scheint der Gründer des Hauses oder der Familie eine ganz besondere Verehrung genossen zu haben[42].

Besonders interessant ist in diesem Zusammenhang die Identifikation einer Gemeinschaft mit ihrem „lebendigen Toten“, die charakteristische Erscheinung der Wenzelsverehrung in Böhmen: der Tote behält seine Lebensstellung im Kreis seiner Angehörigen weiter[43].

---

[39] *E. Wienecke*, 1940, S. 86. Zu diesem Vorstellungsbereich *Geiger* im Handbuch des deutschen Aberglaubens unter dem Stichwort „Leiche“. Hier auch zur Forschungsgeschichte des etwas unglücklich gewählten Schlagwortes: *G. Wiegelmann*, 1966. Der Dualismus des Totenglaubens (Diesseits—Jenseits) wird besonders deutlich auch in der skandinavischen Überlieferung (*De Vries*, 1937, S. 357). Er mag jedoch Ergebnis einer Umformung durch das Christentum sein.

[40] Die Verbindung zwischen der Vorstellung vom „Lebenden Leichnam“ und dem „Vampirismus“ zog schon *L. Niederle*, 1924, S. 37. Zum Vampirismus in Böhmen aus archäologischer Sicht *Z. Krumphanzlová*, 1964, bes. S. 178 ff.; einen Zusammenhang zwischen präanimistischen Vorstellungen und dem Heiligenkult vermutet auch *F. Graus*, 1965, S. 176 f.

[41] *L. Niederle*, 1924, S. 35 ff., bes. auch Anm. 1, S. 36. Verbreitet ist demnach auch im slawischen Bereich der Glaube, die Seele bleibe noch einige Zeit nach dem Tod an den Körper gebunden. Zu dieser Vorstellung siehe *K. Ranke*, 1951, bes. S. 360. Die „Kontaktzeit“ wird verschieden lang angegeben. Ein Zusammenhang mit der physischen Auflösung des Körpers liegt nahe.

[42] Besonders interessant ist in diesem Zusammenhang der Děd, ein Vorfahr, der im Haus und zwar speziell am Ofen lebt (*Niederle*, 1924, S. 45 ff.). Wenn solche Figuren durch die Quellenlage bedingt auch erst in sehr später Zeit belegt sind, so spricht doch nichts dagegen, sie auch schon für eine frühere Zeit in Anspruch zu nehmen. Ganz besonders deutlich wird die Sorge des Vorfahren für seine Familie wiederum bei Helgi (siehe oben Anm. 39).

[43] Zum Problem Wenzels und der Wenzels- und Ludmillalegenden siehe unten I.2.2.2. Aus nordischer Überlieferung z. B. Helgi. Dazu *De Vries*, 1937, S. 360.

Ähnliche Motive sind übrigens weitverbreitet und finden sich in den verschiedenen Kulturen unabhängig von der jeweiligen Religion. Es liegt deshalb nahe, an tiefenpsychische Grundlagen zu denken[44].

In frühchristlicher Zeit wird man also, in Verbindung mit christlichen Motiven, eine gewisse Gespaltenheit der Seele zwischen Diesseits und Jenseits voraussetzen müssen. Die eigentliche Durchsetzung der christlichen Jenseitsvorstellungen gelingt erst im Zusammenhang mit dem Ausbau des Kirchensystems in Böhmen im Laufe des 11. Jh.[45].

Da wir uns im 10. und 11. Jh. glaubensmäßig also in einer Übergangszeit befinden, können archäologische Hinweise auf den Totenglauben als „Leitfossilien" für die Auswertbarkeit von Grabfunden benutzt werden: für die alten Vorstellungen Speisebeigaben, echte Beigaben (nicht zur Tracht gehörige Gegenstände), Totenfeiern am Grab, sekundäre Totenschändung (Wiedergängerfurcht); für die neuen Vorstellungen dagegen der Charonspfennig[46], der Wegfall echter Beigaben und der Totennahrung, die regelmäßige Bestattung bei und in der Kirche[47] — schriftlich bezeugt aber auch Stiftungen für geistliche Institute, die allerdings nicht überall in Böhmen gleichzeitig einsetzen. Es wäre zu überprüfen, ob sich in den einzelnen Regionen ein Zusammenhang mit der Aufgabe der Beigabensitte feststellen läßt.

Für die hier verfolgte Fragestellung besitzen diese Überlegungen eine besondere Bedeutung: man wird davon ausgehen können, daß der in seiner alten Funktion weiterwirkende Tote auch seiner Funktion entsprechend bestattet wurde; für sein diesseitiges Weiterleben gab man ihm Beigaben mit, kleidete ihn und ernährte ihn. Die Beigaben können deshalb als direkte Hinweise auf die Funktion des Toten zu

---

[44] Wie hartnäckig die Idee vom diesseitigen Weiterleben des Toten in uns steckt, belegt u. a. eine Untersuchung zu modernen Grabbeigaben (*Zender*, 1971, S. 34 ff.). Auf die psychischen Voraussetzungen weist auch *P. Geiger* im Handbuch des deutschen Aberglaubens, Stichwort „Leiche" hin.

[45] Grundlegend dazu *F. Hruby*, 1916—1917; *Z. Krumphanzlová*, 1971, S. 406 ff. Für die Merowingerzeit neuerdings *B. Young*, 1977, S. 10 ff. Der Ablauf in zwei Phasen ist offenbar vergleichbar.

[46] Münzen, die vorher als Grabbeigabe unüblich waren, wurden im 11. Jh. ausgesprochen häufig den Toten in den Mund gelegt. Die Interpretation dieser „Charonspfennige" ist strittig (*Radoměrský*, 1955, S. 54 ff.). Münzen werden den Toten in verschiedenen Gegenden bis in unsere Zeit mitgegeben (*Zender*, 1971, S. 37). Entweder handelt es sich tatsächlich um Fährgeld oder um einen Beigabenersatz. Münzen sind in böhmischen Gräbern fast nie mit anderen Beigaben vergesellschaftet (siehe unten S. 117 f.).

[47] Die Gräberfelder werden durch die Christianisierung ins Dorf gezwungen. Cosmas v. Prag beanstandet an mehreren Stellen die Bestattung in Wald und Feld und läßt Břetislav I. in seinen berühmten sog. Gnesener Statuten am Grab des heiligen Adalbert ein Gesetz gegen diese Unsitte verkündigen (Cosmas II, 4, ed. *B. Bretholz*, 1923, S. 86 ff.). Zur Lage der Gräberfelder siehe unten S. 86 f.

Lebzeiten angesehen werden[48]. Dabei darf man allerdings nicht vergessen, daß die Gegenstände nach bestimmten Gesichtspunkten ausgewählt wurden — sie stellen keineswegs ein Gesamtinventar der beweglichen Habe oder auch nur der benötigten Gegenstände dar.

Abgesehen vom Jenseitsglauben müssen zur sozialen Interpretierbarkeit noch einige weitere Anmerkungen gemacht werden:

1. Eine Reihe von Bestattungsmerkmalen können allein durch sanitäre Schutzbestrebungen bestimmt sein. Hierbei wäre eine weitere soziale oder religiöse Interpretation vollkommen unangebracht. Beweise hierfür lassen sich aus dem frühen böhmischen Mittelalter leider nicht bringen. Dennoch muß man wohl überlegen, ob nicht einzelne Eigenschaften der Grabfunde eher oder vielleicht auch ursprünglich hygienische Gründe hatten. Zu denken ist hier einerseits an die Totenverbrennung, dann aber an die Tiefe der Grabgruben und die Entfernung zwischen Siedlung und Gräberfeld in älterer Zeit[49].

2. Das individuelle Schicksal muß leider für uns immer eine unbekannte Größe bleiben. Dennoch müssen bei der Interpretation einige Gesichtspunkte bedacht werden: Ein ruhig vorbereitetes Begräbnis im Angehörigenkreis wird einen anderen Charakter haben als das Grab eines auf dem Schlachtfeld Gestorbenen — wenn dieser überhaupt bestattet werden konnte. Wieder anders dürfte sich das Grab bei denen gestalten, die einem Massensterben, Seuchen oder Katastrophen zum Opfer gefallen sind[50].

3. Ein besonderes Problem stellte sicher auch die Bestattung Fremder dar. Wurde ihnen ein eigenes Recht zugebilligt, wie dies auch schon für den Beginn des bearbeiteten Zeitraums anzunehmen ist[51], so wird dies auch die Bestattung miteinbezogen haben. Wie diese Leute jedoch im einzelnen in vor- und frühchristlicher Zeit begraben wurden, entzieht sich leider unserer Kenntnis — es wäre jedenfalls zu überlegen,

---

[48] Ebenfalls aufgrund von Überlegungen zu dem geistigen Hintergrund des Bestattungsbrauches kommt *B. Young* für den Bereich der Merowingerforschung zu einem entsprechenden Ergebnis. Er bezieht auch die mährischen Funde in seine Überlegungen ein (*Young*, 1977, S. 54 ff.; zu Mähren S. 59).

[49] Im einzelnen zu diesen Merkmalen Teil II.1. bis II.3. Die älteren, heidnischen Gräberfelder liegen außerhalb oder am Rande der Siedlungen (siehe z. B. *M. Zápotocký*, 1965, Obr. 27 — die Karte zeigt gleichzeitig einen Konzentrationsprozeß von der Mittel- zur Spätburgwallzeit). Zum Abstand zwischen Gräberfeld und Siedlung *M. Zápotocký*, 1965, S. 215 f.

[50] Wir kennen einige solcher Massengräber auch aus Böhmen, die hier aber bei der weiteren Auswertung nicht berücksichtigt werden können, z. B. aus Běchary u Libáně bei Jičín (*Píč*, 1909, S. 329; PA XV, 1890—92, S. 716).

[51] Belege für ein eigenes Recht z. B. von Kaufleuten haben wir für das Böhmen des 10. Jh. noch nicht. Das älteste sich hierauf beziehende Dokument ist das Privileg Soběslavs für die Prager Deutschen (CDB I, Nr. 290, S. 255 ff.) aus den Jahren 1174—78.

ob nicht Abweichungen im Ritus auch so zu erklären sind[52]. Einzelne Fremde ohne Angehörige werden wohl nur relativ arm ausgestattet worden sein.

4. Eine besonders sorgfältige Anlage des Grabes oder auch zahlreiche Ausstattungsgegenstände können durchaus durch die Zahl der Angehörigen, die allgemeine Beliebtheit des Toten zu Lebzeiten sowie besondere, persönliche Bindungen zu erklären sein. Einem geliebten Toten gab man sicher gerne Gegenstände mit ins Grab, die diesem viel bedeuteten oder die gerade die zwischenmenschliche Beziehung ausdrücken sollten. Gewiß waren solche Gegenstände desto kostbarer, je reicher die verstorbenen Personen bzw. ihre Angehörigen waren.

5. Darüber hinaus spielt es bei der Anlage eines Grabes eine große Rolle, wenn der Verstorbene einer Personengruppe oder sozialen Schicht angehörte, die sich auch in seinem Begräbnis darzustellen sucht[53]. Diese Repräsentation kann sich im Grab selbst, aber auch in den Totenfeierlichkeiten manifestieren. Eine solche Demonstration von Macht oder Amt ist ohne weiteres auch im rein christlichen Milieu möglich und üblich.

Neben den angesprochenen Vorstellungen vom Leben nach dem Tod haben wir hier einen außerordentlich wichtigen Gesichtspunkt zur sozialen Interpretierbarkeit von Grabfunden. Oberschichtsgräber sind aus diesem Grund auch noch im späteren Mittelalter zu fassen, wenn man das Kriterium der Grabbeigabe aufgibt und die gesamte Grabanlage behandelt[54]. *Totenvorstellung und Repräsentation der Oberschicht führen in der mittleren Burgwallzeit zu einer sozial aussagekräftigen Beigabensitte.* Folgende Gesichtspunkte dürften hier aufschlußreich sein:

1. die regionale Lage des Grabes und die Position des Grabes auf dem Gräberfeld;
2. der Grabbau;
3. die erhaltenen Trachtbestandteile des Toten;
4. die Beigaben in ihrer Qualität und Quantität;
5. Alter und Geschlecht des Toten.

---

52 Zu den übrigen Erklärungsmöglichkeiten für Besonderheiten des Bestattungsbrauchs siehe unten S. 90 ff.

53 Ausgehend von diesem Gedanken verfolgt *G. Kossack* jetzt Prunkgräber durch verschiedene Epochen und Regionen (1974, S. 3 ff.). Diesem Aufsatz verdanke ich wesentliche Anregungen für meine Überlegungen zur Aussagefähigkeit von Grabfunden.

54 Im einzelnen dazu unten I.3. An die Stelle der Grabausstattung tritt die urkundlich faßbare Stiftung für die Kirche, ein Zusammenhang, den als erster *P. Reinecke*, 1925, S. 103 ff., 1925 a, S. 54 ff., deutlich ausgesprochen hat.

In Anbetracht der ungleichmäßigen Erhaltungsbedingungen und der schwer eingrenzbaren Änderung des Totenglaubens im bearbeiteten Zeitraum ist es noch wichtiger als in anderen Epochen, Aussagen nur nach Berücksichtigung aller dieser Gesichtspunkte zu treffen. Interpretationen aufgrund eines einzelnen Merkmals und vor allen Dingen aufgrund nur weniger Funde können zu extremen Fehlschlüssen führen[55].

Die soziale Stellung einer Person setzt sich allerdings aus einer Vielfalt von Bedingungen zusammen, die durch die Bestattungen z. T. nur indirekt oder gar nicht zum Ausdruck kommen: die rechtliche Stellung der Person, Amt, wirtschaftliche Grundlage und Besitz, Funktion in Familie und Gesellschaft, Alter, Geschlecht und Persönlichkeit. Direkt archäologisch zu fassen ist davon im Grunde nur ein möglicher Ausschnitt des Besitzes, Alter und Geschlecht. Amt und Funktion der Person können in Einzelfällen durch entsprechende Beigaben zum Ausdruck kommen, obwohl hier große Vorsicht geboten ist. Gräber sozial hochstehender Personen können darüber hinaus als solche nur durch ihren Abstand zu den übrigen Gräbern erkannt werden, ohne daß z. B. die rechtliche Grundlage ihrer Sonderstellung oder auch ihre wirtschaftliche Grundlage allein aus ihren Gräbern deutlich würde.

Außer dem Totenglauben und der sozialen Stellung ermöglichen die Gräber weitere Interpretationen, die auch hier Berücksichtigung finden werden:

a) Chronologie

Die Forschung hat Grabfunde oder einzelne Grabfundmerkmale bisher hauptsächlich für chronologische Fragen herangezogen, da Gräber in besonderer Weise die Bedingungen geschlossener Funde erfüllen: die Gegenstände sind im allgemeinen gleichzeitig ins Grab gekommen. Man geht davon aus, daß sie auch gleichzeitig genutzt worden sind. Die Gegenstände, die nicht im Fundverbund vorkommen, müssen folglich einem anderen Zeitraum angehören. Eine Hilfe für die relative Chronologie sind Grabüberschneidungen und sog. horizontale Stratigraphien der Gräberfelder[56].

Das Ziel dieser chronologischen Bemühungen besteht in erster Linie darin, die materielle Kultur zu erkennen und den Fundstoff zeitlich einordnen zu können. Auf die Problematik einer auf Grabfunden beru-

---

55 Zu dieser Erkenntnis hat sich die Grabfundforschung inzwischen überall durchgerungen. Siehe dazu Abschnitt I.3.

56 Auf diesen Überlegungen beruht die von O. Montelius entwickelte Datierungsmethode, die hiermit die typologische Methode kombiniert (*Montelius*, 1903, S. 3 ff.). Dazu *H. J. Eggers*, 1959, S. 88 ff. In den letzten Jahrzehnten hat man vermehrt auch Kombinationstabellen (sie beruhen auf den „geschlossenen Funden“, die als eine statistische Einheit betrachtet werden — s. unten S. 138 f.) chronologisch interpretiert. Eine horizontale Stratigraphie findet sich z. B. sehr deutlich beim Gräberfeld von Brandýsek (*Kytlicová*, 1968, S. 238 ff.).

henden Chronologie kann in diesem Zusammenhang nicht näher eingegangen werden[57]. Hinzuweisen ist nur darauf, daß die Grabfunde keineswegs mit ihren Beigaben einen Spiegel der materiellen Kultur liefern, zumal diese Beigaben größtenteils aus kleinen Stücken des persönlichen Bedarfs bestehen und insofern eine Parallelisierung zu andederen Funden oft unmöglich ist. Die chronologische Zuordnung der Gräber ist jedoch die Voraussetzung für alle weiteren Fragestellungen.

b) Siedlungsgeschichte

Neben den eigentlichen Siedlungen sind die Grabfunde die wichtigste Quelle für eine Ermittlung von Siedlungsräumen und für die Feststellung der Siedlungsdichte — dies um so mehr, als die meisten Siedlungen nicht systematisch ausgegraben und somit auch nicht sicher datiert sind. Als sehr zuverlässig kann man in dieser Hinsicht die Grabfunde der mittleren und jüngeren BWZ aus Böhmen einstufen. Wir können davon ausgehen, daß zumindest in der mittleren und jüngeren BWZ ein Zusammenhang zwischen Siedlungsplatz und Gräberfeld bestand[58]. Verfälschungen des Siedlungsbildes entstehen erstens durch den regional unterschiedlichen Forschungsstand und zweitens durch die noch in der mittleren BWZ in einigen Gebieten Böhmens herrschende Brand-Hügelbestattung[59].

Selbstverständlich sind auch bei optimalem Forschungsstand durch die Grabfunde nicht alle Siedlungsplätze zu erfassen. Das Ziel kann somit nur darin bestehen, sog. Siedlungskammern zu ermitteln — Siedlungskonzentrationen, die im allgemeinen von siedlungsarmen oder siedlungsleeren Räumen umgeben sind. Die Ermittlung von Siedlungskammern gehört zu den wichtigsten Voraussetzungen zur Erkenntnis der inneren Struktur von Kulturgruppen, weiter interpretiert: von Herrschaftsverbänden[60].

---

[57] Die Diskussion wird hier vor allem um die sog. lange oder die sog. kurze Chronologie geführt. Unsicher ist z. B. die Umlaufzeit der Gegenstände, bevor sie ins Grab gelangen. Für die slawische Archäologie hierzu *R. Turek,* 1963, S. 86. Im allgemeinen wird diesem Problem bei der Datierung slawischer Grabfunde in Böhmen zu wenig Rechnung getragen. Im einzelnen dazu unten II.3.1.

[58] *M. Zápotocký,* 1965, S. 215, stellte für die Landschaft von Leitmeritz fest, daß mit Ausnahme der Siedlungsagglomerationen von Leitmeritz, Lovosice, Bohušovice und Budyňe jeweils pro Kataster nur ein Gräberfeld gefunden wurde. Er schließt daraus, daß zu einer bestehenden Siedlung der mittleren BWZ nur ein Gräberfeld gehörte. Wenn die Argumentationsweise auch zu schematisch ist, ist ein solcher Zusammenhang doch sehr wahrscheinlich.

[59] *J. Sláma,* 1967, S. 436 u. Abb. 133; *R. Turek,* 1958, 1954—56. Siehe dazu auch Abschnitt II.1. und Karte 1.

[60] Richtungsweisend für die slawische Archäologie *J. Herrmann,* 1968, bes. S. 11 ff.; *H. Jankuhn,* 1961—63, S. 19 ff. für die römische Kaiserzeit; zusammenfassend *H. Jankuhn,* 1977.

c) Regionale Gruppe

Bestattungsbrauch und Beifunde gehören darüber hinaus zu den wichtigsten Merkmalen, durch die archäologische Kulturgruppen überhaupt definiert werden. Diese Methode bemüht sich in erster Linie um die kartographische Erfassung von Gegenstandstypen. Bei der Identifikation von Kulturgruppen mit aus schriftlichen Quellen bekannten Ethnika ist man allerdings, zumindest in der deutschen Urgeschichtsforschung nach dem 2. Weltkrieg, wesentlich vorsichtiger geworden[61]. Im Arbeitsgebiet wurde diese Methode vor allem zur Identifizierung frühmittelalterlicher Stämmegebiete benutzt[62].

Bevölkerungszahlen und Zusammensetzung der Bevölkerung:

Grabfunde eignen sich, wie schon angedeutet wurde, in beschränktem Maße zur Ermittlung von Bevölkerungszahlen[63]. Allerdings muß man hier auch gewichtige Vorbehalte anmelden: Wir wissen nicht, ob die gesamte Bevölkerung nach einem Ritual bestattet worden ist bzw. wieviel Prozent der Bevölkerung überhaupt kein Grab im eigentlichen Sinne erhalten hat.

Eine beträchtliche Zahl von Kindergräbern geht schon allein durch die schlechten Erhaltungsbedingungen verloren. Vollständig ausgegrabene und publizierte Gräberfelder sind noch immer eine Seltenheit, zumal es immer noch ein grabungstechnisches Problem darstellt, ein Gräberfeld tatsächlich vollständig zu erfassen.

Was nun die Bevölkerungszusammensetzung angeht, so wurde auf die unterschiedlich guten Bedingungen für eine anthropologische Untersuchung schon hingewiesen. Gut anthropologisch untersuchte Gräberfelder sind im Arbeitsgebiet sehr selten, so daß sich weiterreichende Fragen nur mit Mühe beantworten lassen[64]. Das gleiche gilt für die ebenfalls mit anthropologischen Methoden gewonnenen Erkenntnisse über die Sterblichkeit und über die Krankheiten der Bevölkerung[65]. Dadurch

---

[61] Kritisch zur älteren Forschung, bes. zu *G. Kossinna, H. J. Eggers,* 1959, S. 199 ff.

[62] Man stößt jedoch auch bei der Identifikation von Stammesgebieten mit archäologischen Mitteln auf große Schwierigkeiten (*R. Turek,* 1957); gegen den Versuch von *R. Turek* nahm *Z. Váňa,* 1955, S. 121 ff. Stellung. Die Verbreitung von Gegenständen und bestimmten Siedlungs- und Grabmerkmalen kann, wie auch bei dieser Untersuchung deutlich wird, sehr unterschiedliche Ursachen haben.

[63] Siehe oben Anm. 19.

[64] Anthropologisch gut untersucht wurden z. B. die Gräberfelder von Kouřim (*M. Šolle,* 1966, mit einem Beitrag von *J. Chochol*), Brandýsek (J. Chochol, 1961), Lahovice (*J. Chochol,* 1961); Bílina (*M. Blajerová,* 1978, S. 396 ff.). Zum Stand anthropologischer Erforschung von Gräberfeldern *M. Stloukal,* 1979, S. 89 ff.

werden Schlüsse über die äußeren Lebensbedingungen der Menschen nicht ganz unproblematisch.

Durch die Geschlechts- und Altersbestimmung gelingt immerhin ein Schritt zur Erkenntnis der Lebensverhältnisse.

2.1.2. Burgwälle und Siedlungen

Der Stand der Burgwallforschung in Böhmen kann als relativ gut bezeichnet werden[1]. Allerdings setzte eine systematische Erforschung einer Reihe von Burgstätten erst nach dem 2. Weltkrieg ein. Vorher mußte sich die Forschung — ähnlich wie bei den Grabfunden — auf die erste Zusammenstellung von J. L. Píč stützen, die jedoch vornehmlich auf Oberflächenbeobachtungen und Lesefunden, im besten Fall auf Wallschnitten beruhte. So war im Grunde nur eine ungefähre Datierung möglich. Die innere Besiedlung und die Entwicklung der Burgwälle waren eigentlich nicht untersucht worden[2]. Trotz der Grabungen von K. Guth und J. Böhm in den 30er und 40er Jahren änderte sich daran nicht viel[3]. Dennoch entstand von historischer Seite in diesen Jahren eine zusammenfassende Bearbeitung der böhmischen Burgen, die u. a. auch auf archäologischen Beobachtungen beruhte[4].

In den 50er und 60er Jahren trieb man dann im Rahmen des schon erwähnten Aufschwungs der slawischen Archäologie eine Reihe von großen Projekten voran, die sich allerdings an der historischen Bedeutung der Objekte orientierte. Besondere Bedeutung kommt dabei den Grabungen R. Tureks in Libice n. Cidlinou und in Prachovské Skály zu[5], den Grabungen R. Kudrnáč's in Klučov[6], M. Šolle's in Stará Kouřim[7], I. Borkovský's in Prag und Levý Hradec[8], Z. Váňa's in Zabrušany, Vlastislav und Žatec (Saaz)[9]. Daneben wird in den letzten Jahren vor allem an einem größeren Projekt in Budeč gearbeitet[10].

---

65 Eine beispielhafte, anthropologische Untersuchung liegt für das slawische Gräberfeld von Espenfeld in Thüringen vor (*H. Bach, S. Dušek,* 1971).

1 Einen Überblick über die ältere Forschung vermittelt *R. Turek,* 1957, S. 13 ff., über die neueren Grabungen *Z. Váňa,* 1970, S. 87 ff. — Zu Siedlungsgrabungen *Z. Smetánka,* 1965, S. 239 ff.

2 *J. L. Píč* erwähnt 337 Siedlungen und 245 Burgwälle (1909, S. 389 ff. und S. 355 ff.).

3 *K. Guth,* 1934, S. 686 ff.; *J. Böhm,* 1950; 1954 (Fundbericht Libušín im ČSAV Prag).

4 *K. Vogt,* 1938.

5 *R. Turek,* 1953; 1946; 1963 b; 1946 a; 1976; 1978.

6 *R. Kudrnáč,* 1970.

7 *M. Šolle,* 1966; 1963.

8 *I. Borkovský,* 1972; 1965.

9 *Z. Váňa,* 1955; 1966; 1970, S. 87 ff.

10 *M. Šolle,* 1946; *Z. Váňa,* 1978, S. 372 ff.; 1980, S. 189 ff.

Versuche einer zusammenfassenden Interpretation der Burgwälle sind bisher in Böhmen vereinzelt geblieben. R. Turek erarbeitete 1957 eine Typologie der Burgwälle, die er als eine der Stützen einer mit siedlungsarchäologischen Methoden geführten Bestimmung böhmischer Stammesgebiete in vorpřemyslidischer Zeit benutzte. Die Theorie der Stammesgebundenheit von Burgwalltypen wurde jedoch stark angegriffen[11].

Eine sozial- und verfassungsgeschichtliche Interpretation legte von historischer Seite aufgrund des archäologischen Materials M. Štěpánek vor[12]. Er ging dabei hauptsächlich von den Forschungen M. Šolle's in Kouřim aus und sah als wichtigsten Faktor für die Burgentwicklung die Größe der Burgwälle an. Dagegen wandte sich vor allem M. Šolle selbst in einer zwar in den Grundzügen ähnlichen, aber doch sehr viel differenzierteren Interpretation[13], der offenbar auch Z. Váňa zustimmt[14].

Bedauerlicherweise erstrecken sich systematische Grabungen bisher im wesentlichen auf einige aus schriftlichen Quellen bekannte Zentren. Dies hängt eng mit dem Tatbestand zusammen, daß auch größere Untersuchungen unbefestigter Siedlungen bisher nicht vorliegen bzw. in den Anfängen stecken, da man erst jetzt diesen Mangel zu erkennen beginnt[15]. Es muß jedenfalls betont werden, daß nur eine nähere Kenntnis der offenen Siedlung und des Wechselverhältnisses von offenen und befestigten Siedlungen zuverlässigere Aussagen zur Funktion der Burgen zuläßt. Einbezogen werden müssen in solch eine Gesamtsiedlungsforschung auch die kleinen Burgen, die bisher noch ein ungelöstes Problem darstellen, offenbar aber frühestens erst aus dem 11. Jh. stammen[16]. Bekannt ist uns somit nur ein ganz geringer, unter bestimmten

---

[11] Siehe S. 37, Anm. 62.

[12] *M. Štěpánek,* 1965; 1967, S. 49 ff. Eine Anknüpfung an Ergebnisse der DDR-Forschung ist dabei weitgehend ausgeblieben.

[13] *M. Šolle,* 1966 a, S. 115 ff.

[14] Z. *Váňa,* 1970, S. 106.

[15] Z. *Smetánka,* 1974, S. 121 ff. gibt einen Überblick über den Forschungsstand. In allerletzter Zeit sind allerdings eine Reihe von wichtigen siedlungskundlichen Arbeiten für Teilregionen Böhmens erschienen, die auch verschiedene Quellengruppen berücksichtigen, insbesondere: Z. *Boháč,* 1978; *J. Žemlička,* 1980; 1978 a. Einzelne Probleme der Siedlungsforschung greifen auf *J. Klápště, J. Žemlička,* 1979; *Z. Smetánka, J. Klápště,* 1975; *J. Klápště,* 1978. Aus Mähren liegt allerdings für eine etwas spätere Zeit eine ausgezeichnet bearbeitete Siedlung vor, Pfaffenschlag (*V. Nekuda,* 1975). Eine besser untersuchte ländliche Siedlung in Böhmen ist Krašovice (Hejna, 1964, S. 178—221, der einen Vergleich mit Mahlsdorf und Kaulsdorf zieht).

[16] Darauf machte besonders *A. Hejna,* 1972, S. 52, S. 61 ff.; 1976, S. 279 ff. aufmerksam. Die Frage nichtfürstlicher Höfe (Höfe von Angehörigen des fürstlichen Gefolges?) stellt sich auch bei der Grabung von Hradsko u Mšena (*Šolle* 1977) und wurde 1978 anläßlich eines Symposiums erörtert (*Turek,* 1980, S. 253 ff.). Zu den jüngsten Forschungen über kleine, sog. Herrenburgen mit Kirche (Emporenkirche) und Hof zusammenfassend *A. Hejna,* 1976, S.

begrenzten Aspekten gewählter und insofern unrepräsentativer Ausschnitt. Aussagen über die Funktionen von Siedlungen verschiedener Art sind auf archäologischer Quellenbasis für Böhmen im Augenblick kaum zu führen.

Ein noch nicht befriedigend gelöstes Problem bildet die Verknüpfung von Burg, Siedlung und Gräberfeld sowohl chronologisch als auch funktional. Wenn wir mehr über die innere Struktur der Siedlungen und über die chronologische Parallelisierung wüßten, wäre eine Entscheidung im Einzelfall viel leichter. Dazu müßten jedoch vor allem Siedlungsflächengrabungen in größerer Zahl vorgenommen werden. Diese sind auch dringend notwendig zur Klärung von gesellschaftlichen Verhältnissen innerhalb der Siedlungen — das gegenseitige rechtliche Verhältnis der Bewohner kann mit archäologischen Mitteln allein allerdings nicht bestimmt werden[17]. Am größten dürfte der Zuwachs an wirtschaftlichen Erkenntnissen sein; durch die wenigen, bisher gut gegrabenen Burgwälle gewinnen wir immerhin einen Eindruck von der Vorratswirtschaft, von agrarischen Produkten, von Viehzucht, aber auch von Handwerk und Handel[18]. Ausgeschöpft wurden diese Erkenntnismöglichkeiten in Böhmen bisher z. B. bei der Grabung des Burgwalls von Klučov bei Český Brod (Böhmisch Brod)[19].

2.2. *Die schriftlichen Quellen*

2.2.1. Nichtböhmische Quellen

Für das 9. und 10. Jahrhundert liegen über Böhmen mit Ausnahme der Legenden noch keine einheimischen schriftlichen Quellen vor. Dagegen wird Böhmen in einigen Quellen des merowingischen, karolingischen und ostfränkischen Bereiches erwähnt. Diese Quellen sind allerdings besonders für unsere Fragestellung nicht sehr aussagekräftig. An dieser Stelle genügt deshalb ein kurzer Überblick. Die erste Nachricht, die sich vermutlich auf Böhmen bezieht, vermittelt der sog. Fredegar zum Jahre 631[1]. Aus dem 9. und beginnenden 10. Jh. kennen wir einige

279 ff.; 1980, S. 294 ff. (besonders zu Chvojen und Tinec, beide bei Benešov (Beneschau), die er in dieser Form frühestens um 1200 datiert — die Verbindung von Kirche und Palast ist auf der Fürstenburg von Libice schon im 10. Jh. belegt. Zu den Burgen des 13. Jh. jetzt *T. Durdík*, 1979, S. 177 ff.

[17] Ein Beispiel für die Möglichkeiten der Archäologie in diesem Zusammenhang sind die Grabungen von Feddersen Wierde (*W. Haarnagel*, 1975, S. 10 ff.).

[18] So z. B. in Tornow (*J. Herrmann*, 1966).

[19] *R. Kudrnáč*, 1970.

[1] Die beste Übersicht über die nichtböhmischen Quellen bringt für die Merowinger- und Karolingerzeit *W. Wattenbach*, *W. Levison*, 1952; für die Zeit von 900 bis 1050 *W. Wattenbach*, *R. Holtzmann*, *F. J. Schmale*, 1967;

recht wertvolle Quellen, so „De conversione Bagoariorum et Carantanorum libellus“, die Chronik des Regino von Prüm[2], die Annales Regni Francorum[3] und weitere Annalen[4]. Berichtet wird lediglich von Feldzügen und diplomatischen Ereignissen[5]. Im Jahre 845 setzen die Fuldaer Annalen ein, wohl die wichtigste schriftliche Quelle für die böhmisch-mährische Frühgeschichte[6]. Auch sie zeigen jedoch wenig Interesse an inneren Verhältnissen des Landes. Widukind von Corvey berichtet von einigen wichtigen Ereignissen des 10. Jahrhunderts[7]. Über das Ende des 10. Jahrhunderts liegen einige Nachrichten der Gruppe der Weißenburger, Quedlinburger, Hildesheimer Annalen und Lamperts vor, für die eine gemeinsame Vorlage aus dem 10. Jahrhundert angenommen wird[8]. Auch Thietmar von Merseburg berichtet aus der Zeit um die Jahrtausendwende über politische Konflikte um Böhmen[9]. In den Annalen, vor allem in den Annales Altahenses maiores und bei Hermann von Reichenau, finden sich vor allem Berichte über die Feldzüge von 1040 und 1041[10]. Wertvoll, wenn auch stark umstritten, sind die Annales Pegavienses für die erste böhmische Königserhebung[11]. Die Quellen des 11. und 12. Jahrhunderts haben jedoch nur noch korrigierende bzw. ergänzende Funktion gegenüber den einheimischen böhmischen Quellen. Der böhmische Fürst wird in ihnen zwar viel häufiger erwähnt als bisher, zumeist jedoch nicht mehr in unmittelbarem Zusammenhang mit seinem Land, sondern in Diensten des jeweiligen

---

dies., 1967 a; Nachträge, u. a. auch für Böhmen, bei denselben, 1971. Einen Überblick über Böhmen betreffende Quellen gibt *R. Turek*, 1963 (deutsch 1974, S. 1 ff.). Weiter siehe *E. Herrmann* 1965, eine Quellensammlung. Die betreffende Stelle bei Fredegar IV, 68, ed. *B. Krusch*, 1888, S. 154.

2 *M. Kos*, 1936; *H. Wolfram*, 1979; *F. Kurze*, 1890.

3 ed. *F. Kurze*, 1895.

4 So das Chronicon Moissiacense, ed. *G. H. Pertz*, S. 275 ff., die Annales St. Amandi, ed. *G. H. Pertz*, S. 6 ff. u. a. — die meisten ediert in den Bänden 1, 3, 5, 20 und 30 der Scriptores-Reihe der Monumenta.

5 So z. B. zum J. 805 in den unter Anm. 4 genannten Quellen.

6 Annales Fuldenses, ed. *F. Kurze*, 1891; die Quelle enthält vor allem die Schilderung der mährisch-fränkischen Kämpfe.

7 Ed. *H. E. Lohmann*, neubearb. von *P. Hirsch*, 1935, bes. zu den Jahren 922, 929 und 955. Zu Widukind *H. Beumann*, 1950.

8 Alte Ausgabe MGH, SS III, 1839, S. 22 ff. Hildesheimer Annalen: ed. *G. Waitz*, 1878; Lampert: ed. *O. Holder-Egger*, 1894; hier auch Annales Weissenburgenses.

9 Ed. *R. Holtzmann*, 1935. Wichtige Stellen z. B. IV, 5; IV, 12; V, 23 u. a.; Thietmar berichtet bis 1018.

10 Annales Altahenses mai., ed. *W. v. Giesebrecht*, *E. Frhr. v. Oefele*, 1891. Hermann v. Reichenau, Chronik, ed. *G. H. Pertz*, S. 67 ff. Zu Hermann siehe jetzt auch *I. St. Robinson*, 1980, S. 84—136. Die Kämpfe 1040/41 werden in fast allen zeitgenössischen Annalenwerken erwähnt.

11 Ed. *G. H. Pertz*, S. 232 ff. Dazu in neuerer Zeit *H. Patze*, 1963; *J. Schultze*, 1965, S. 370 ff.

Kaisers. Nachrichten über Böhmen bringen u. a. eine Reihe von österreichischen Annalen[12].

Der Eindruck, den die fränkisch-deutschen Quellen vermitteln, ist recht geschlossen. Man beschränkte sich auf Nachrichten über Kriege und auf die Schilderung diplomatischer Aktionen, ohne sich offenbar für die inneren Verhältnisse in Böhmen zu interessieren. Die Böhmen bestehen in der Sicht der fränkischen und deutschen Quellen allein in ihren oder in ihrem Fürsten — andere Bevölkerungsgruppen treten kaum in Erscheinung bis auf die primates, die den Fürsten bei seinen Aktionen begleiten[13].

Indirekt wirft diese Wirkung nach außen sicher auch ein Licht auf die Herrschaftsverhältnisse im Inneren Böhmens. Im allgemeinen sollte man allerdings davon ausgehen, daß die Quellen nicht gut unterrichtet waren und andere Personen als den direkten Verhandlungspartner gar nicht wahrnahmen.

Innere Verhältnisse stellt dagegen eine arabische Quelle des 10. Jahrhunderts dar, der Reisebericht des Ibrahim ibn Ja'kub, der zwar an anderen Stellen schwer zu interpretieren und deshalb mit Vorsicht zu benutzen ist, für Böhmen aber keine sonderlichen Schwierigkeiten aufgibt[14]. Ibrahim war durch eigene Anschauung ausgezeichnet informiert und steht in der Tradition der griechisch-arabischen ethnologischen Literatur[15]. Über soziale Gruppen berichtet aber auch Ibrahim nichts.

Starke Berührungspunkte finden sich immer wieder zwischen der böhmischen und der polnischen Geschichte. Wenn auch in den polnischen Annalen und Chroniken Böhmen sehr oft erwähnt wird, hatte man jedoch hier genauso wie in der Reichsannalistik kein Interesse an der inneren Struktur Böhmens. Neben den verschiedenen polnischen Annalen kann die Chronica Polonorum des sog. Gallus Anonymus vor allem für die böhmisch polnischen Konflikte des 11. und beginnenden

[12] Insbesondere die Annalen der Klosterneuenburger Gruppe, ed. *W. Wattenbach.* Zusammenfassend zu den österreichischen Annalen jetzt *F. J. Schmale,* 1975, S. 144 ff. und *W. Wattenbach, F. J. Schmale,* 1976, S. 209 ff.

[13] Ganz typisch z. B. die verhältnismäßig ausführliche Gruppe der Hildesheimer, Quedlinburger, Weissenburger Annalen, so z. B. Annales Quedlinburgenses z. J. 1013, ed. *Pertz,* 1839: „... et multi nuncii venerunt, quibus interfuit Othelricus de Bohemia cum donis etiam honorans faciem regis; cui, licet inter se et fratrem suum Geramirum et praefatum Bolizlavonem ira permanente, laete succedunt, dato honore patriae, misso in exilium suo fratre"; oder die Fuldaer Annalen, ed. *F. Kurze,* 1891, zu 884 (bezieht sich auf die Mährer): „Zwentibaldus dux cum principibus suis ...".

[14] Deutsche Übersetzung *G. Jacob,* 1927. Eine neuere Ausgabe besorgte *T. Kowalski,* MPH, N. S. 1, 1946.

[15] Neuere Literatur zu Ibrahim: *J. Widajewicz,* 1951. Zur Reiseroute Ibrahims *Ch. Warnke,* 1965, S. 393 ff.

12. Jahrhunderts benutzt werden. Andere polnische Chroniken sind für den hier behandelten Zeitraum von Gallus Anonymus abhängig[16].

2.2.2. Die böhmische Legendenliteratur

Die ältesten, schriftlichen Quellen aus Böhmen selbst sind Heiligenlegenden. Die Legenden Wenzels, Ludmillas und Adalberts handeln vom Leben hoher Persönlichkeiten der tschechischen Gesellschaft aus einer Zeit, in der wir sonst fast keine anderen schriftlichen Quellen haben. Ludmilla, die Frau des Herzogs Bořivoj, lebte am Ende des 9. und am Beginn des 10. Jahrhunderts, Wenzel, ihr Enkel, starb um 929, nach anderen Quellen 928, 932, 935 oder 936, Adalbert, der zweite Prager Bischof, wirkte in der zweiten Hälfte des 10. Jahrhunderts. Der hl. Prokop, dem ebenfalls eine Reihe von Legenden gewidmet ist, gründete in der ersten Hälfte des 11. Jahrhunderts das Kloster an der Sázava[1].

Diese Sonderstellung als Quellen über im 10. Jahrhundert lebende Personen sicherte den Wenzels-, Ludmilla- und Adalbert-Legenden ein überaus reges Interesse der Geschichtswissenschaft. Leider sind nun aber weder alle Wenzels- und Ludmillalegenden einheimisch — die Adalbertslegenden überhaupt nicht — noch stammen sie alle aus dem 10. Jahrhundert[2]. Für die meisten Legenden ist weder der Ursprung noch die Entstehungszeit leicht zu ermitteln. So entbrannte über die Datierung und die Abhängigkeitsverhältnisse der einzelnen Legenden ein heftiger Streit.

Die Wenzels- und Ludmillalegenden sind z. T. einzeln, z. T. aber auch miteinander kombiniert überliefert[3]. Als einzelne Legendenteile muß man die eigentliche Ludmillalegende, die Translatio der Ludmilla, die Ludmillawunder, die eigentliche Wenzelslegende, die Translatio Wen-

---

[16] Ed. *K. Maleczyński*, MPH N. S. 2, Krakau 1952. Über die frühen polnischen Quellen siehe vor allem *B. Kürbis*, 1962, S. 9 ff.; *G. Labuda*, 1957, S. 79 ff.; *Z. Budkowa*, 1958, S. 80 ff.

[1] Da Ludmilla 920 oder 921 angeblich im Alter von 61 Jahren ermordet wurde, muß sie etwa um 860 geboren sein. Bořivoj starb wahrscheinlich schon vor 890. Siehe dazu *V. Novotný*, I, 1, 1912, S. 443 und S. 455 f. Anm. 3. — Wenzel trat nach *V. Novotný* I, 1, 1912, S. 459 die Regierung 923/924 an; Adalbert wurde 982 Bischof von Prag (*Novotný* I, 1, 1912, S. 602) Er erlitt 997 das Martyrium bei den Prussen. Der Gründungstermin des Sázava-Klosters ist nicht ganz sicher. Zum Kult des Wenzel und Adalbert jetzt *F. Graus*, 1980, S. 205 ff.

[2] Eine verläßliche Datierung steht für kaum eine der Legenden zur Verfügung. Ein Überblick über die erhaltenen Handschriften findet sich bei *J. Pekař*, 1906, S. 16 ff. und S. 77 ff.; *V. Chaloupecký* 1939, S. 13 ff.; *R. Urbánek*, 1948 passim. Zur ersten altslawischen Legende siehe bes. *M. Weingart*, 1934.

[3] Zur Quellenlage und Forschungsgeschichte jetzt *H. Jilek*, 1975; *J. Ludvíkovský*, 1965.

zels, die Folgewunder und die Erzählung von der Christianisierung Böhmens und Mährens ansehen. Die älteste und damit wertvollste Ludmillalegende scheint „Fuit in provincia Boemorum" zu sein[4]. Sie stammt wahrscheinlich noch aus dem 10. Jahrhundert[5]. In wesentlich jüngerer Zeit dürften einige Ludmillahymnen entstanden sein, die allerdings vor allem für den Ludmillakult von Bedeutung sind[6]. Eine einzelne Ludmillalegende ist weiterhin in der sog. Bödecke-Handschrift überliefert, die jedoch fast gleichlautend mit der Ludmillalegende einer kombinierten Legende, der die Wenzels- und Ludmillalegende umfassenden Christianslegende ist[7]. Die Datierung dieser letzten Legende ist in der Forschung besonders umstritten[8]. Während in zahlreichen Arbeiten die Meinung vertreten wird, die Christianslegende stamme aus dem 10. Jahrhundert[9], wurde von anderer Seite erst das 14. Jahrhundert als Entstehungszeit genannt[10]. Die Schilderung der inneren Verhältnisse und die lateinischen Termini scheinen mir eher für eine späte Datierung zu sprechen[11]. Diese Legende wird deshalb nur mit großer Vor-

[4] Die beste Edition bei *V. Chaloupecký*, 1939, S. 459 ff.

[5] Die älteste Handschrift stammt aus dem Ende des 12. oder dem Anfang des 13. Jh. (*Chaloupecký*, 1939, S. 459). *J. Pekař*, 1906, S. 206 ff. möchte eine Vorlage von „Fuit" ins 10. Jh. setzen, *V. Chaloupecký*, 1939, S. 30, datiert die Legende sogar in die erste Hälfte des 10. Jh., und auch *F. Graus*, 1953, S. 62, hält sie für sehr alt. Für das 11. Jh. stimmen *R. Urbánek*, 1948, S. 168 und *O. Králík*, 1978, S. 99 ff. Der letztere stieß damit allerdings auf den Widerstand der polnischen Forschung (*Łowmiański*, 1970, S. 409 ff.). Datierung ans Ende des 10. Jh. *J. Staber*, 1970; ihm folgend *D. Třeštík*, 1981, S. 28 ff.

[6] „Factum est" und einige kleinere Hymnen, ed. *V. Chaloupecký*, 1939, S. 538 ff.; zwei Handschriften stammen schon aus dem Ende des 13. Jh. — die verschiedenen Datierungen schwanken vom 11. bis zum 13. Jh.; eine Entstehung im 11. oder zu Anfang des 12. Jh. vertreten *J. Pekař*, 1906, S. 74; *V. Novotný* I, 2, 1913, S. 340; *V. Chaloupecký*, 1939, S. 302; *F. Graus*, 1953, S. 66; *J. Ludvíkovský*, 1965, S. 559. *R. Urbánek* setzt sie ins 13. Jh. (1948, S. 116).

[7] Edition *V. Chaloupecký*, 1939, S. 523 ff. Die Handschrift aus dem 15. Jh. stammt aus dem Kloster Bödecke in Westfalen und enthält ein Legendarium von Heiligenleben. Die Legende des Christian ist ediert von *J. Pekař*, 1906, S. 88 ff.

[8] Sämtliche Handschriften stammen aus dem 14. oder 15. Jh. Der Prolog der Christianslegende enthält eine Widmung an den heiligen Adalbert, also eine Datierung ins 10. Jh. (*J. Pekař*, 1906, S. 88).

[9] *G. Dobner* erkannte 1754/55 als erster die Fragwürdigkeit dieser Datierung (dazu *Pekař*, 1906, S. 2). Für die Echtheit der Selbstdatierung grundlegend *J. Pekař*, 1906; danach sein Schüler *V. Chaloupecký*, 1939. Aus philologischen Gründen *J. Ludvíkovský* 1951, 1955, 1958, 1964 und 1965. Vorsichtig für die frühe Datierung auch *H. Jilek* in seinem Forschungsbericht, 1975, S. 146.

[10] Der Meinung *Dobners* schlossen sich *J. Dobrovský*, 1803; *J. Kalousek*, 1901; *B. Bretholz* in mehreren Aufsätzen (neu abgedruckt bei *J. Pekař*, 1906) an. Die These *J. Pekař's* versuchte dann *R. Urbánek*, 1948, auf mehr als tausend Seiten zu widerlegen. Gegen die frühe Datierung aus terminologischen und inhaltlichen Gründen (Darstellung späterer sozialer Verhältnisse, Unkenntnis wichtiger Ereignisse des 10. Jh.) *Z. Fiala*, 1974. Zusammenfassend dagegen *J. Ludvíkovský*, 1978; zu Christian nun auch *D. Třeštík*, 1981, S. 45 ff.

[11] Siehe dazu die Auswertung der Termini in III.1 und III.2.

sicht zu benutzen sein. Die Legende „Diffundente" kann man eher als eine Legende über die Christianisierung Böhmens, denn als Ludmillalegende bezeichnen[12]. Sie stammt wohl aus dem 12. Jahrhundert[13].

Noch im 10. Jahrhundert, wenn auch in Italien, wurde von Gumpold eine reine Wenzelslegende verfaßt. Sie geht möglicherweise auf eine etwas ältere, einfachere Legende, „Crescente fide", zurück[14]. Im Gegensatz zu den anderen Legenden ist die Gumpoldlegende fest datiert. „Crescente" stammt somit mit einiger Sicherheit aus dem 10. Jahrhundert[15]. Erst in das 13. Jahrhundert gehört „Oriente iam sole"[16]. „Oriente", Christian und die Fassung der Wenzels- und Ludmillalegenden bei Dalimil dürften zeitlich relativ eng zusammenliegen[17].

Außer diesen lateinischen Legenden sind einige altslawische Wenzels- und Ludmillalegenden erhalten. Die erste altslawische Wenzelslegende geht wohl ins 10. Jahrhundert zurück. Sie ist in einer längeren und einer kürzeren Fassung, der sog. Prolog-Legende, erhalten[18]. Diese

[12] Edition *V. Chaloupecký*, 1939, S. 486 ff.; „Diffundente" ist in den Handschriften fast immer verbunden mit „Factum est (*Chaloupecký*, 1939, S. 481). Alle sieben Handschriften stammen erst aus dem 15. Jh.

[13] Neben der Christianslegende ist „Diffundente" die meistumstrittene böhmische Legende: *J. Pekař*, 1906, S. 74, setzt sie in das beginnende 12. Jh. (hält sie aber für mit „Factum est" zusammengehörig), *V. Chaloupecký*, 1939, S. 152 ff. dann als selbständige Legende in die 2. Hälfte des 10. Jh. *R. Urbánek* möchte sie ins Ende des 11. Jh. datieren, *Z. Fiala*, 1971, S. 899 sogar ins 14. Jh. Eine direkte oder indirekte Abhängigkeit zwischen „Diffundente" und Christian wird von allen Autoren diskutiert.

[14] Die Gumpoldlegende FRB I, S. 146 ff., „Crescente fide", böhmische Version ed. *V. Chaloupecký*, 1939, S. 493 ff., bayerische Version FRB I, S. 183 ff.

[15] Seit *J. Pekař*, 1906, S. 27 ff., ist die Abhängigkeit Gumpolds von „Crescente" gesichert, damit auch das hohe Alter von Crescente. Die älteste Handschrift der bayerischen Version stammt noch aus dem 10. oder 11. Jh. (*J. Staber*, 1970, S. 183 ff.). Über das Alter der tschechischen Version gehen die Meinungen auseinander (*Graus*, 1953, S. 69). Die Handschriften stammen erst aus dem 14. Jh. (*Chaloupecký*, 1939, S. 493 ff.). Zu „Crescente" jetzt auch *D. Třeštík*, 1981, S. 45 ff.

[16] Ed. *J. Pekař*, 1906, S. 409 ff. Zur Datierung ebd. S. 55 und S. 60. *F. Graus* weist darauf hin, daß die Legende schon ein wesentlich jüngeres Milieu widerspiegelt (1953, S. 71).

[17] Christian und „Oriente" haben wichtige Passagen, die in anderen Legenden nicht vorkommen, z. T. wörtlich gemeinsam. Inhaltlich fällt die große Ähnlichkeit zu der entsprechenden Episode der ersten tschechischen Reimchronik des Dalimil auf.

[18] 1. altslawische Legende: *J. Vajs*, 1929, S. 11 ff. — *J. Vajs* edierte alle 3 bekannten Redaktionen; die Rekonstruktion der ursprünglichen Legende versucht *M. Weingart*, 1934, S. 973 ff.; Prologlegende des Wenzel: *J. Vajs*, 1929, S. 65 ff. Die Handschriften stammen aus dem 14., 15. und 16. Jh., die Prologlegende frühestens aus dem 13. Jh. (*Weingart*, 1934, S. 864 ff.; S. 940 f.). Zur Forschungsgeschichte *H. Jilek*, 1975, S. 104 ff. Zur älteren Forschung über die Datierung *F. Graus*, 1953, S. 61. Die Meinung, die Legende stamme aus dem 10. Jh. aus Böhmen, konnte *D. Třeštík*, 1967, S. 338 ff. überzeugend widerlegen.

beiden Legenden tragen auch sozialgeschichtlich einen etwas anderen Charakter[19]. Eine zweite altslawische Wenzelslegende stellt in weiten Teilen eine Übersetzung der lateinischen Gumpoldlegende dar[20]. Die einzige altslawische Ludmillalegende ist eine Kurzlegende, im sog. Prolog enthalten, ebenso wie die kurze Wenzelslegende[21].

Die Prokoplegenden sind trotz ihrer weiten Verbreitung wesentlich einfacher zu benutzen[22]. Die Datierung der Legenden fällt nicht so schwer wie bei den Wenzels- und Ludmillalegenden, da nur wenige Fassungen vorliegen[23]. Sicher läßt sich die Prokoplegende innerhalb der Klosterchronik des Mönchs von Sázava datieren[24]. Außer der Version des Mönchs von Sázava veröffentlichten V. Chaloupecký und B. Ryba eine Reihe von anderen Legendenformen, von denen die Vita antiqua und die Vita minor die wichtigsten darstellen[25]. Nur diese passen in den zeitlichen Rahmen der Arbeit. Letztlich handelt es sich bei allen drei Fassungen wohl um eine einzige Quelle, die spätestens aus der zweiten Hälfte des 12. Jahrhunderts stammt[26]. Eine slawische Prokoplegende, wie sie V. Chaloupecký als Vorform der erhaltenen Legenden postuliert, hat keine Spuren hinterlassen[27]. Eine Diskussion über derartige Legendenfassungen erübrigt sich deshalb.

Die Viten des hl. Adalbert gehören eigentlich nicht in den Kreis der einheimischen Legenden, außer der Schilderung der Translatio Adalberts bei Cosmas von Prag sind alle älteren Viten nichtböhmischen Ursprungs. Die beiden ältesten Viten sind sicher datiert: Die etwas ältere

[19] So fällt vor allem die tragende Rolle der Bojaren in der Prolog-Legende auf. Die größte Ähnlichkeit zu den genannten altslawischen Legenden weist die in Italien entstandene, lateinische Legende des Laurentius auf (FRB I, S. 167 ff.). Diese Legende wird von den verschiedenen Bearbeitern in die Zeit zwischen dem ausgehenden 10. und dem 12. Jh. datiert (*Graus*, 1953, S. 64; *Třeštík*, 1969, S. 78 ff.).

[20] Ed. *J. Vajs*, 1929, S. 139 ff. — Übersichtlich dazu *F. Graus*, 1953, S. 61 ff.

[21] Ed. *J. Vajs*, 1929, S. 64.

[22] Ed. *V. Chaloupecký*, *B. Ryba*, 1953. *V. Chaloupecký*, 1953, S. 15 ff. setzt sich ausführlich mit der älteren Forschung auseinander.

[23] Die Forschungen *V. Chaloupecký*'s konzentrierten sich vor allem auf die Frage einer älteren, slawischen Prokoplegende (bes. S. 35). Kritisch dazu *F. Graus*, 1953, S. 77; *Jelínek*, 1965, S. 126.

[24] Die Annalen des Mönchs von Sázava (FRB II, S. 238 ff.) gehen bis zum Jahr 1162. Sie sind wahrscheinlich 1177 entstanden. Die Geschichte des Sázava-Klosters, die eingefügt ist, reicht nur bis 1157, dürfte also etwas älter sein (*Chaloupecký*, *Ryba*, 1953, S. 83).

[25] Ed. *V. Chaloupecký*, *B. Ryba*, 1953, S. 112 ff. — die Legende ist in zwei Handschriften enthalten, von denen die ältere in die 2. Hälfte des 13. Jh. gehört. Vita minor: ed. *V. Chaloupecký*, *B. Ryba*, 1953, S. 129 ff. — Die älteste der 27 Handschriften stammt aus dem Ende des 12., dem Anfang des 13. Jh.

[26] Zwischen den einzelnen Fassungen bestehen keine so gravierenden Unterschiede, daß man einen größeren zeitlichen Abstand annehmen muß.

[27] Dies gibt sogar *V. Chaloupecký*, *B. Ryba*, 1953, S. 13, selbst zu bedenken.

Vita, als deren Verfasser im allgemeinen Johannes Canaparius angesehen wird, muß im Jahr 999, dem Jahr der Kanonisation Adalberts, entstanden sein[28]. Die Vita trägt kaum legendäre Züge und ist in ihrer Chronologie und Terminologie stimmig. Die zweite Vita, die Brun von Querfurt verfaßt hat, kann mit guten Gründen ins Jahr 1004 datiert werden[29]. Brun ist offenbar von Canaparius abhängig, bringt aber auch viele neue faktische Einzelheiten[30].

Die wahrscheinlich ältesten einheimischen Legenden, „Crescente" und „Fuit" sowie die 1. altslawische Wenzelslegende, entsprechen trotz ihrer relativ sachlich gehaltenen Darstellung und ihrer wenigen Wunder einem verbreiteten Legendentyp, der Herrscherlegende, der Erzählung vom fürstlichen Märtyrer[31]. Lediglich die Grundzüge der Wenzels- und Ludmillageschichte, die Angaben über die Herrscher und vielleicht auch die Rechtstitel der erwähnten Personen dürften auf historische Tatsachen zurückgehen.

Allerdings wird man davon ausgehen können, daß die Verfasser der Legenden bei Milieuschilderungen die Verhältnisse zugrunde legten, die sie kannten. Sollte die Legendendatierung ins 10. Jahrhundert bei beiden Legenden zutreffen, dürfte das Milieu der Urlegende den Verhältnissen der zweiten Hälfte des 10. Jahrhunderts entsprechen. Für die Sozialgeschichte betrifft dies vor allem Angaben über die Herrschaftsverhältnisse, die Rolle der Oberschicht, des fürstlichen Gefolges und über die örtlichen Verhältnisse.

---

28 FRB I, S. 235—265. *H. Karwasińska,* 1962. Die ausführlichste Beschreibung des Lebens des heiligen Adalbert ist immer noch die Arbeit von *H. G. Voigt,* 1898. Sie ist in weiten Teilen fast ausschließlich auf den Legenden aufgebaut. Adalbert ist einer der Söhne Slavníks, des Herrschers über ein ausgedehntes, offenbar mehrere Stämme übergreifendes Reich in Ostböhmen, das zum letzten Rivalen der Přemysliden bei der Einigung Böhmens wurde. Zur Hauptburg Slavníks, Libice, siehe S. 180 ff. und die dort zitierte Literatur.

29 FRB I, S. 226 ff.; *H. Karwasińska,* 1969. Zu den Quellen *H. G. Voigt,* 1898, S. 221 ff. Gegen eine neue Filiation der Adalbertslegenden, wie sie *O. Králík,* 1971, versucht, *D. Třeštík,* 1967 a, S. 691 ff.

30 Vor allem für die Schulzeit Adalberts in Magdeburg. Die Darstellung der Ereignisse in Böhmen gleicht sich bei beiden Legenden weitgehend, so z. B. Brun 16, FRB I, S. 281 f.; Canaparius 19, FRB I, S. 252 f. — *F. Graus* veranschlagt den Wert dieser Berichte meines Erachtens zu Unrecht außerordentlich gering (1953, S. 76 f.).

31 *F. Graus,* 1965a, S. 374 ff.; S. 416 ff. Die Frage der fürstlichen Heiligenlegende ist eng verbunden mit der Problematik der „heiligen" Könige, auf die in diesem Zusammenhang nicht eingegangen werden kann. Zur Problematik der Bedeutung und Interpretation von Legenden, ihrer Typologie und der immer wiederkehrenden Topoi siehe *H. Delehaye* (3. Auflage 1927); *E. Curtius,* 1947; *H. Günter,* 1949; *F. Graus,* 1965a; *S. Bosch-Gajano,* 1967; *F. Lotter,* 1976. Zur sozialen Interpretation der Legenden siehe auch *F. Prinz,* 1973, S. 17 ff.

Die übrigen dem Kreis der Wenzels- und Ludmillalegenden angehörenden Schriften sind für die hier verfolgte Fragestellung relativ bedeutungslos.

Sowohl „Oriente" als auch die sog. Christianslegende dürfen nur mit Vorsicht für das 9. und 10. Jahrhundert herangezogen werden. Das gleiche gilt für die 2. altslawische Wenzelslegende[32].

Die Legende über den Klostergründer Prokop ist ebenfalls keineswegs originell und entspricht ebenso einem Legendentyp wie die Wenzels- und Ludmillalegenden[33]. Das einzig individuelle Faktum der Legende scheint der slawische Charakter des Klosters und die Schwierigkeiten der slawischen Mönche zu betreffen. Die Angaben über die Herkunft Prokops wirken zu ungenau, als daß hieraus historische Schlüsse gezogen werden könnten[34].

Die größte historische Bedeutung besitzen die Adalbertsviten, die individuelle Lebensbeschreibungen des Bischofs darstellen. Bei den Böhmen betreffenden Passagen stellt sich vorrangig die Frage, inwieweit die Verfasser unterrichtet waren bzw. tendenziös darstellten[35].

2.2.3. Annalen und Chroniken

Die älteste böhmische Chronik, die „Chronica Boemorum" des Dekans des Prager Domkapitels Cosmas von Prag, stammt aus dem ersten Viertel des 12. Jahrhunderts, wahrscheinlich aus der Zeit kurz vor 1125, dem Todesjahr des Cosmas[1]. Cosmas beginnt in seiner Darstellung mit einer zeitlich unbestimmten Frühzeit, ist dann für das 10. Jahrhundert schon zuverlässiger, für das 11. und beginnende 12. Jahrhundert zum Teil Augenzeuge. Leider geht Cosmas wohl vielfach von einem sehr einseitigen Standpunkt aus[2]; Kontrollmöglichkeiten fehlen uns weithin:

---

[32] Siehe dazu Anm. 9, 10 und 11.

[33] Es handelt sich um eine typische Klostergründerlegende. Auf das benediktinische Vorbild verweist *V. Chaloupecký, B. Ryba,* 1953, S. 50 f.

[34] Vita antiqua: „domum uxorumque, agros, cognatos, immo se ipsum sibi abnegans ..." (*Chaloupecký, Ryba,* 1953, S. 212).

[35] Siehe oben Anm. 30; sowohl Canaparius als auch Brun sind in ihren Darstellung außerordentlich přemyslidenfeindlich. Dennoch sind gerade die Angaben über die Herrschaft Slavniks von unschätzbarem Wert, wenn man auch die angewendeten rechtlichen Termini mit Vorsicht interpretieren muß. Auch Cosmas' Darstellung beruht in diesem Punkt auf den Adalbertsviten.

[1] Ed. *B. Bretholz,* 1923, S. VII ff. zur Lebensgeschichte des Cosmas. Zur Entstehung dieser Quelle *D. Třeštík,* 1968, S. 50 ff. Neuerdings *D. Třeštík,* 1981, S. 11 ff.

[2] Dieser Frage widmete sich in letzter Zeit besonders *D. Třeštík* (1960, S. 564 ff.; 1965, S. 305 ff.; 1968). Zur „Ideologie" des Cosmas siehe auch die Arbeiten von *F. Graus.* Einen Überblick über die ältere Cosmasforschung bieten *B. Bretholz,* 1924, S. 32 ff. und *D. Třeštík,* 1968, S. 9.

Für diese ganze Zeit haben wir aus Böhmen neben Cosmas nur noch die Legenden als erzählende Quellen zur Verfügung. Durch seine Einzigartigkeit, aber auch durch seinen lebendigen Stil und durch das geschlossene Geschichtsbild, das er vermittelt, hat Cosmas deshalb die Anschauungen von der älteren böhmischen Geschichte grundlegend geprägt.

Die späteren Chronisten hatten es schwer, dem großen Vorbild zu folgen. Augenzeugen des hier behandelten Zeitraumes sind von den Nachfolgern des Cosmas der Canonikus von Vyšehrad, der schon im Zusammenhang mit den Prokoplegenden erwähnte Mönch von Sázava, Vinzenz von Prag und Gerlach von Mühlhausen. Die weiteren Cosmas-Fortsetzungen entstanden erst später und griffen für die ältere Zeit auf andere, meist bekannte Quellen zurück[3].

Der Canonikus von Vyšehrad schließt unmittelbar an Cosmas an und enthält die Beschreibung der Jahre 1126—1140[4]. Der Mönch von Sázava schrieb eigentlich keine Cosmas-Fortsetzung, sondern eine Klostergeschichte ohne eine gesamtböhmische, reichs- oder universalgeschichtliche Perspektive[5]. Besonders wichtig ist die Schilderung der Ereignisse 1125/1126[6]. Vinzenz von Prag setzt zeitlich den Canonikus von Vyšehrad fort. Er endet unvermittelt 1167[7]. Im Mittelpunkt steht hier die Person Vladislavs und sein Engagement in der Reichspolitik. Im Zentrum des Werkes von Gerlach von Mühlhausen, dem Abt des gleichnamigen Prämonstratenserklosters, das die Jahre 1167—1198 umfaßt, steht die Entwicklung des Prämonstratenserordens in Böhmen[8].

Die einzelnen Chroniken unterscheiden sich sowohl in ihrem politischen als auch in ihrem religiösen Standpunkt und ihrer Darstellungsweise stark voneinander. Sie sind, jede auf ihre Art, tendenziös.

Dadurch werden jedoch die Nachrichten über die Umwelt und die sozialen Verhältnisse, die gar nicht vermittelt werden sollten, nur zu

[3] Aus dem Ende des 13. Jh. stammen die Auszüge aus Gerlach und Vinzenz, FRB II, S. 270 ff.; die böhmischen Jahrbücher 1196—1278, FRB II, S. 282 ff.; die Ereignisse unter König Wenzel I., FRB II, S. 303 ff. und die Erzählung von den schlechten Jahren nach dem Tod König Přemysl Otakar II., FRB II, S. 335 ff. — von Cosmas und seinen ersten Nachfolgern vollkommen abhängig sind die Prager Jahrbücher, FRB II, S. 376 ff.; die Opatovicer Jahrbücher, FRB II, S. 386 ff., bringen von 1100 an häufig auch eigene Nachrichten; sie reichen bis 1158 einschließlich. Zu den Cosmasnachfolgern *F. Graus*, 1953, S. 56.

[4] FRB II, S. 201 ff. MGH SS IX, S. 132 ff.

[5] FRB II, S. 238 ff. Typisch die schon erwähnte Gründungsgeschichte des Sázavaklosters mit der Prokoplegende oder die Schilderung des Abtes Božetěch (FRB II, S. 249). MGH SS IX, S. 148 ff.

[6] FRB II, S. 253 ff.

[7] FRB II, S. 407 ff. MGH SS XVII, S. 658 ff.

[8] FRB II, S. 461 ff. MGH SS XVII, S. 684 ff.

einem Teil betroffen. Wir lernen allerdings auch hier, abhängig von der Intention der Chronisten, nur Ausschnitte kennen. Nichtfürstliche Personen werden nur in ihrem Verhalten zum Fürsten, Bischof, Heiligen oder Kloster erwähnt. Selbständig besitzen sie in der Darstellung keine Bedeutung. Dennoch werden auch so gelegentlich wichtige Einzelheiten deutlich:

1. Die Funktion oder die Handlungsweise gegenüber dem Herrscher (z. B. Beratung, Gefolgschaft bei Kämpfen, Verrat, zustimmende Anwesenheit);
2. Die Rechtsstellung der Personen;
3. die Amtstitel der Personen;
4. die Schichtung innerhalb des Gefolges;
5. der Besitz von Land und Sachen (sehr selten);
6. der persönliche Aufstieg durch Herrscherdienst.

Individuelle Züge gewinnen dabei jedoch nur wenige Personen. Die meisten werden nur im Kollektiv erwähnt, ohne daß Namen bekannt werden. Fast nie treten Personen der Unterschicht als Individuen hervor[9].

Das Bild, das uns die Chronisten überliefern, kann man deshalb keineswegs umfassend nennen. Einzelheiten erfahren wir nur über Personen, die in einem unmittelbaren positiven oder negativen Kontakt zum herrschenden Přemyslidenhaus stehen. Dabei darf man nicht vergessen, daß auch die oppositionellen Personen selten selbständig handeln, sondern meist ein Mitglied der Přemyslidenfamilie unterstützen, das gerade nicht im Besitz der Macht ist.

Die anderen Personen bleiben Statisten. Wir wissen nichts über ihre Rechte, ihren Besitz, ihre persönlichen Abhängigkeiten, ihre Herkunft, ihre Lebensumstände. Aber auch bei den besser bekannten Persönlichkeiten erfahren wir nur den Ausschnitt, der ihr Verhältnis zum Herrscher betrifft.

Was die einzelnen Gruppen der Unterschicht angeht, vermitteln die Chroniken bis auf eine Ausnahme, die Prophezeiung der Libussa, nichts. Dies ist die einzige Stelle der Chroniken, die auf das Vorhandensein spezialisierter Dienstleute hinweist. Die Aufzählung von Dienstleuten dient Cosmas hier jedoch einzig dem Zweck, die Unterdrückung der Bevölkerung durch einen Herrscher zu zeigen; er überzeichnet deshalb möglicherweise stark[10].

---

[9] Hierzu *F. Graus,* 1953, S. 54 ff.; *D. Třeštík,* 1968, S. 158 ff.

[10] Diese Stelle ist zudem fast wörtlich dem alten Testament entnommen und gibt die dortige Diskussion über Vor- und Nachteile des irdischen Königtums wieder, wenn auch in etwas modernisierter Form (Cosmas I, 5; Samuel I, 8, Vers 10—19).

Bei der sozialen Interpretation einzelner Termini ergeben sich jedoch noch zwei wichtige Probleme: Die Terminologie der Chroniken ist „untechnisch" — sie ist subjektiv gefärbt und dem Belieben des Autors überlassen und muß sich nicht an die gültige Rechtssprache halten. Sie unterscheidet sich somit von der Terminologie der Urkunden. Weiterhin scheint die Bedeutung der Begriffe z. T. anders zu sein als im Westen; dennoch war Latein gültige Schriftsprache, und dort, wo es sich tatsächlich um Begriffe der Rechtssprache handelt, so stammen diese aus der damaligen Fachsprache[11].

2.2.4. Die Urkunden

Die urkundliche Überlieferung setzt in Böhmen erst allmählich ein. Die ältesten Urkunden stammen aus der Zeit um 1000 — für das 10. Jahrhundert liegen noch keine urkundlichen Nachrichten vor[1].

Der Grund hierfür besteht darin, daß es sich fast bei allen Urkunden Böhmens, die für das Arbeitsgebiet Bedeutung haben, um Traditionen an die erst seit der Gründung des Prager Bistums eingerichteten geistlichen Institute handelt: um Schenkungsurkunden. Später erst kommen auch Tausch- und Kaufverträge hinzu[2].

Zunächst sind es allerdings nur selten echte, im Original erhaltene Urkunden, sondern meist jüngere Bestätigungen älteren Besitzes, Inserte, aber auch sog. Spuria, der Fälschung verdächtige Urkunden[3]. Diese „Spuria" wurden im 12., 13. und 14. Jh. angefertigt. Sie geben jedoch vor, aus der Entstehungszeit des Klosters zu stammen und wollen so das hohe Alter des Klosterbesitzes und der Immunitätsrechte vorspiegeln. Dabei benutzen sie zu einem großen Teil echte, alte Notizen, die mitunter sogar durch Herrscherangaben datiert sind, sich aber auch sonst durch ihre Terminologie von jüngeren Stücken unterscheiden[4].

---

11 Zum Übersetzungsproblem, das *Heck* und nach ihm *Lintzel* aufgeworfen haben, im Zusammenhang mit der Geschichte des fränkischen Adels *H. Grahn-Hoek*, 1976, S. 12 ff.

1 Die älteste, erhaltene Urkunde bezieht sich auf Schenkungen Boleslavs III. für das St. Johannis-Kloster in Ostrov bei Prag, als Insert erhalten im Privileg Přemysl Otakars I. für Ostrov aus dem Jahre 1205 (CDB I, Nr. 40, S. 46).

2 Häufiger werden Käufe und Tauschgeschäfte erst in der 2. Hälfte des 12. Jh. urkundlich bezeugt, so CDB I, Nr. 278, S. 243. Dazu bes. über die Tauschgeschäfte des Prager Domkapitels, *F. Graus*, 1953, S. 314 ff.

3 So liegt z. B. für das älteste böhmische Kloster nur eine Fälschung aus dem 13. Jh. vor (CDB II, Nr. 378, S. 418 ff. für St. Georg) oder für das Stift von Stará Boleslav (Alt Bunzlau, CDB I, Nr. 382, S. 258 ff.) eine Fälschung des 12. Jh., für Břevnov bei Prag eine Fälschung des 13. Jh., die angeblich von 993 stammen soll (CDB I, Nr. 375, S. 347).

4 So z. B. bei der Fälschung für das Benediktinerkloster Ostrov bei Davle südlich von Prag, wo der Reihe nach die Schenkungen der einzelnen böhmi-

Die Stiftungsverträge sowie die weniger zahlreichen Tausch- und Kaufverträge enthalten Angaben über die Schenkungsobjekte, nämlich Land und Leute, und über die Schenker selbst. Der Land- und Personenbesitz ist dabei unterschiedlich genau beschrieben: der Landbesitz durch den Siedlungsnamen, durch den für uns auch die geographische Lage faßbar wird, und durch Bezeichnungen, die den Besitz weiter charakterisieren, wie z. B. villa, curia, terra ad aratrum usw., häufig jedoch auch nur durch recht ungenaue Angaben der Pertinenz[5]. Die veräußerten Personen werden ebenfalls durch lateinische Termini mit ihrem Rechtstitel und ihrem Betätigungsfeld, ihren Pflichten und Abgaben, mitunter aber auch mit dem ihnen zugehörigen, gleichfalls näher bezeichneten Land bestimmt[6]. Die Angaben über die Stifter geben Aufschluß über das Motiv der Schenkung, Rechtstitel, Amt, manchmal auch über die Familie der Person, die ihren Besitz veräußert[7].

Die Urkunden stellen somit die wichtigste schriftliche Quelle zur Kenntnis nichtfürstlicher sozialer Schichten dar. Dennoch bleibt auch hier der přemyslidische Fürst immer der größte Stifter. Allerdings finden wir auch in den fürstlichen Urkunden Angaben über andere ihren Besitz veräußernde Personen[8].

Besitz, Rechtsstellung, Amt und Funktion können also bei zahlreichen Personen mit Hilfe der Urkunden in Beziehung gesetzt werden; das war bei anderen Quellen nicht möglich. Sind die Urkunden aber repräsentativ in ihrer Auswahl?

---

schen Fürsten aufgezählt werden (CDB II, Nr. 359, S. 379; die Fälschung stammt aus dem 13. Jh.).

[5] Zu den lateinischen Termini für bebaute und unbebaute Besitzstücke *F. Graus*, 1953, S. 291 ff., bes. auch zur Frage, ob die lateinischen Begriffe den einheimischen, tschechischen Termini entsprechen, siehe auch unten S. 238 ff. In Zukunft dazu auch Český právněhistorický terminologický slovník (siehe Bohemia 19, 1978, S. 446 f.). Zu den unterschiedlichen Bezeichnungen vgl. z. B. die Gründungsurkunde des Klosters Sedlec bei Kutná Hora (Kuttenberg) (CDB I, Nr. 155, S. 155 ff.).

[6] Zu den Termini für die abhängige Bevölkerung *F. Graus*, 1953, S. 302 ff., mit weiterer Literatur; siehe auch unten, S. 242 ff. Eine besondere Vielfalt von verschiedenen Personen ist in der Gründungsurkunde für Litoměřice (Leitmeritz) (CDB I, Nr. 55, S. 54 ff.) oder in der Fälschung für Stará Boleslav (CDB I, Nr. 382, S. 358 ff.) belegt.

[7] Besonders eindrucksvoll ist in diesem Zusammenhang die Urkunde des Hroznata (CDB I, Nr. 357, S. 323 ff.). Die Angaben über die Ämter und die Rechtsstellung der Personen haben in der bisherigen Literatur viel Beachtung gefunden: *J. Lippert*, 1896, S. 235 ff., S. 249 ff.; *A. Sedlaček*, 1890, S. 230 ff.; *F. Graus*, 1953, S. 201 ff.; *R. Nový*, 1972, S. 32 ff., S. 43 ff.; *F. Vacek*, 1905, S. 90 ff.; *O. Peterka*, 1928—33, S. 33 ff.; *S. Zháněl*, 1930, bes. S. 148 ff.

[8] Dies gilt besonders für die Fälschungen, bei denen verschiedene Vorlagen zusammengekommen sind, so z. B. in der Fälschung für Kladruby (CDB I, Nr. 390, S. 394 ff.), aber auch in echten Urkunden, so in dem Privileg Přemysl Otakars I. für Doxany 1126.

Um diese Frage beantworten zu können, muß zunächst die Funktion der Urkunde geklärt werden.

Die besitzrechtlichen Urkunden stellen Dokumente über Besitzveränderungen dar, und zwar im Bereich der geistlichen Institute, der Klöster und Stifte Böhmens[9].

Die Urkunden dienten auf der Seite der geistlichen Institute der rechtlichen Sicherung des eigenen Grundbesitzes bzw. der Festlegung von Besitz- und Rechtsansprüchen. Lag aus der Zeit der Gründung des Instituts keine solche schriftliche Fixierung vor, so wurde sie häufig lange nach dem Erwerb „gefälscht“[10].

Vom weltlichen Grundbesitz lassen sich somit nur die Teile erkennen, die geistlichen Instituten übereignet wurden. Auf der Seite der Stifter mag die schriftliche Fixierung die Gültigkeit ihrer Stiftungen für das Heil der Seele bestärkt haben — die Stifter sind jedoch sicher nicht die treibende Kraft der Entwicklung zur Schriftlichkeit gewesen, wenn auch eine fehlende Urkunde mit der Zeit Schwierigkeiten brachte. So gibt es eine Reihe von Belegen, die zeigen, wie sich weltliche Grundbesitzer gegen die Ansprüche der Geistlichkeit wehren mußten, die mit ihren Urkunden im Vorteil war[11]. Auch Verwandte und mögliche Erben erhoben mitunter Einspruch, um verschenktes Land wieder in ihren Besitz zu bringen[12].

Im Hinblick auf die Stifter erhebt sich zunächst die Frage, ob alle sozialen Schichten gleichermaßen zu Immobilienschenkungen bereit oder in der Lage waren. Das ist selbstverständlich nicht der Fall. Die Personen, die urkundlich bezeugt mit ihrem Land verschenkt werden, stiften selbst kein Land — sie sind uns aber wenigstens als „Schenkungsobjekte“ überliefert[13].

---

9 Siehe dazu auch *F. Graus*, 1953, S. 206 f.

10 *G. Friedrich*, CDB II, S. 379, schreibt dazu: „Das, was über die Schenkungen ... berichtet wird, ist ohne Zweifel aus alten Notizen oder Büchern, die zur Erinnerung im Kloster selbst durch die Jahre hindurch angefertigt wurden, zusammengestellt.“ Zur Frage der Spuria hat in ähnlichem Sinne *Z. Fiala*, 1953, S. 27 ff.; 1960, S. 5 ff., Stellung genommen. Problematisch ist die ältere Arbeit von *V. Hrubý*, 1936, in der der Verfasser Echtheit oder Fälschung einzelner Urkundenteile nachzuweisen sucht.

11 Ein solcher Konflikt liegt z. B. der Urkunde CDB I, Nr. 280, S. 246 ff. zugrunde.

12 Siehe dazu auch die Prokoplegende des Mönchs von Sázava, FRB II, S. 244. Die sozialgeschichtliche Bedeutung dieser Stelle ist stark diskutiert worden, *V. Vaněček*, 1926; *R. Nový*, 1972, S. 62; *W. H. Fritze*, 1977, S. 517 ff.; *V. Šmelhaus*, 1964, S. 3 ff.; *F. Graus*, 1953, S. 239 ff.

13 Zu den verschiedenen Begriffen für diese Leute siehe Anm. 6; diese Personen sind auch oft mit ihrem Besitz erwähnt, so in der Urkunde für Leitmeritz, CDB I, Nr. 55, S. 54 ff.

Nun kann man, wie unten noch näher ausgeführt wird, beobachten, daß auch der Wert und die Zahl der urkundlich belegten gestifteten Objekte sehr unterschiedlich sind[14]. Im günstigsten Fall geht es um bedeutende Ländereien, häufiger aber nur um ein Dorf oder Teile einer Siedlung[15]. Aus der Verteilung kann man mit einiger Wahrscheinlichkeit schließen, daß die Mehrzahl der Stiftungen so gering waren, daß sie urkundlich nicht mehr überliefert sind[16]. Die Personen, die nicht in der Lage waren, Land zu stiften, die auf der anderen Seite aber auch nicht verschenkt wurden, sind demzufolge mit Hilfe der besitzrechtlichen Urkunden überhaupt nicht zu fassen. Bei diesen Leuten könnte es sich z. B. um kleine Grundbesitzer handeln, aber auch um Angehörige der sich im Arbeitszeitraum herausbildenden städtischen Bevölkerung, um Handwerker oder Kaufleute.

Darüber hinaus wird die Intensität der Landstiftungen vom Grad der Christianisierung und der Religiosität bestimmt. Im Zusammenhang mit den Grabfunden wurde schon davon gesprochen, daß sich die Kirche in den verschiedenen Landesteilen Böhmens unterschiedlich schnell durchsetzte[17]. Ebenso unterschiedlich dürfte der Grad der Christianisierung in den einzelnen sozialen Schichten gewesen sein. Letzteres kann man an der Entwicklung der urkundlich bezeugten Schenkungen sehr gut ablesen[18]:

Aus dem 10. Jh. sind noch überhaupt keine Schenkungen belegt. Im 11. Jh. sind es allein die Přemysliden in Mittelböhmen, die schenken. Erst zu Beginn des 12. Jh. setzen auch die Schenkungen der nichtfürstlichen Grundherren ein, die nun sogar die fürstlichen Schenkungen an Umfang überbieten; damit treten auch die anderen Teile Böhmens ins Licht der urkundlichen Überlieferung: zuerst das mittlere Ostböhmen, dann auch West-, Nordost- und Nordwestböhmen. Südböhmen ist im bearbeiteten Zeitraum noch kaum belegt[19].

Diesem Bild entspricht nun auch die Häufigkeit der Schenkungen pro Region. Am häufigsten haben wir Nachrichten aus Mittelböhmen, dann

---

14 Siehe unten S. 288.

15 Kladrub wird z. B. der Wald „que est inter duas aquas Msam et Msicham usque in Teutonicam terram" (CDB I, Nr. 395, S. 395) übereignet; daneben erfahren wir von 58 villae, einem predium, einer curia, einem Garten u. s. w.

16 Siehe dazu unten S. 288 f.

17 Oben I.2.1. *F. Hrubý*, 1916—17, S. 17 ff.; von archäologischer Seite *Z. Krumphanzlová*, 1971, S. 406 ff. Zu den Kirchenbauten *A. Merhautová*, 1971.

18 Ausführlicher dazu S. 235 ff. und *B. Sasse*, 1980, Abb. 2 und 3.

19 Zur Entwicklung der Přemyslidenherrschaft liegt eine reiche, aber auch recht widersprüchliche Literatur vor. Einen Überblick gibt *K. Richter*, 1967, S. 165 ff. — Für die Frühzeit auch *R. Turek*, 1963 (1974). Zur Besiedlungsgeschichte aufgrund von schriftlichen, archäologischen und sprachlichen Quellen *J. Sláma*, 1967, S. 433 ff.; *V Šmilauer*, 1960; *P. Choc*, 1963, 1964.

folgt Nordböhmen, Westböhmen, Ostböhmen und zum Schluß Südböhmen[20]. Das Ergebnis gleicht erstaunlich der Grabfundverteilung. Es stellt sich deshalb auch hier die Frage, ob die Zahl der Donatoren pro Region, die Zahl der veräußerten Objekte pro Region dem Bild des überhaupt besiedelten Landes verhältnismäßig entspricht. Dies wäre nämlich eine der wichtigsten Voraussetzungen, um die Regionen und ihre Bevölkerung überhaupt miteinander vergleichen zu können. Für das 11. Jh., aus dem in den Quellen ausschließlich Fürstenland aus Mittelböhmen überliefert ist, fallen die anderen Landschaften und Personen vollkommen aus — wir können über sie keine Aussagen machen.

Für das 12. Jh. stützt m. E. die gleiche Verteilung von Gräberfeldfundorten und urkundlichen Belegen die Verläßlichkeit beider Quellen für die Entwicklung der Siedlung[21].

Wie schon angedeutet, besteht einer der Hauptvorteile der besitzrechtlichen Urkunden darin, daß sie Einblick in Ausmaß und Zusammensetzung der Schenkungen gewähren. Wir lernen dadurch einen Teil der Grundherrschaften kennen. Schenkt aber der, der viel Land besitzt, viel, der, der wenig Land besitzt, wenig? Im einzelnen wird auf diese Frage noch eingegangen werden. Grundsätzlich wird man sie aber wohl bejahen können, auch wenn Einschränkungen gemacht werden müssen. Es handelt sich hier, das sei betont, um die gleiche Frage, die auch bei der Interpretation reicher und armer Grabfunde gestellt werden mußte[22].

Bei einem Mangel an Erben fallen die Schenkungen weit üppiger aus, als wenn auch andere Personen versorgt werden müssen[23]. Die persönliche Frömmigkeit spielt sicher ebenfalls eine große Rolle. Man wird aber wohl nicht fehlgehen, auch Klöster- und Kirchengründungen und -ausstattungen als Statussymbole zu deuten.

Ein weiteres Problem ergibt sich bei der Terminologie der Urkunden selbst, bei den Land- und Personenbezeichnungen. Urkunden aus einem

---

20 Dazu Karte 1.

21 Dennoch muß man überlegen, ob die Überlieferung nicht in einigen Punkten ähnlich verlaufen ist. Auch die Körpergrabfunde sind vom Gang der Christianisierung abhängig — nur in den Gebieten, die früh mährischem und westlichem Einfluß ausgesetzt waren, werden Körpergräber angelegt — und das sind auch wieder die Gebiete, die den anderen später in der Ausstattung geistlicher Institute voraus sind — Südböhmen wird sowohl der Körpergrabsitte als auch dem Christentum viel später aufgeschlossen. Diese Rückständigkeit dürfte aber wiederum nicht zuletzt durch die geringe Besiedlung und mindere wirtschaftliche Bedeutung bedingt sein.

22 Während jedoch die Möglichkeiten der sozialen Grabfundinterpretation vor allem in letzter Zeit stark diskutiert wurden, liegen zu dieser Frage von historischer Seite relativ wenig Überlegungen vor.

23 Wieviele Personen hier in Frage kommen konnten, zeigt sehr deutlich das Testament des Hroznata (CDB I, Nr. 357, S. 323 ff.).

so langen Zeitraum, von so verschiedenen Ausstellern, so vielen Schreibern verfaßt, weisen naturgemäß keine einheitliche Terminologie auf. Ein Teil der Urkunden sind Empfängerausstellungen, und eine eigene fürstliche Kanzlei läßt sich erst im 12. Jh. nachweisen. Man beschrieb die einzelnen Objekte keinesfalls immer gleich sorgfältig. Es ist deshalb außerordentlich schwierig, eine Vergleichbarkeit herzustellen, ja mitunter ist es ganz ausgeschlossen. Dazu kommt erschwerend das Problem der Fälschungen und verfälschten Urkundenteile, die wegen ihrer späteren Terminologie trotz sachlicher Verläßlichkeit nicht immer mit den echten Urkunden gleichgesetzt werden können[24].

Ebenso schwierig ist es, zu entscheiden, inwieweit die lateinische Terminologie der Urkunden der alttschechischen Sprache und den Einrichtungen des alttschechischen Rechts gerecht werden konnte. Während man davon ausgehen kann, daß Latein Rechtssprache war, muß man sich jedoch davor hüten, den aus dem Westen bekannten Begriffsinhalt ohne weiteres zu übernehmen. Einen Beitrag zur Bedeutung der Termini in den böhmischen Urkunden liefert u. a. die hier durchgeführte statistische Analyse.

Die für den Landbesitz angestellten Überlegungen gelten gleichfalls für die verschenkten Personen. Hier läßt sich allerdings noch besser als bei den Landschenkungen verdeutlichen, daß mit Sicherheit keineswegs immer das Land bzw. die Leute verschenkt wurden, die für die Wirtschaftsform des Donators bezeichnend waren. Gerade die fürstlichen Donatoren scheinen sich nach den Bedürfnissen der auszustattenden Institute gerichtet zu haben[25].

Auch die Interpretation der besitzrechtlichen Urkunden ist also nicht ohne eine Reihe von Vorbehalten zu führen. Dennoch erlauben die Urkunden ähnlich wie die Grabfunde eine Erfassung von zahlreichen Personen und erhellen einen Ausschnitt ihres Besitzes: hier handelt es sich um Immobilienbesitz, dort um kleine Gebrauchsgegenstände, Schmuck und Waffen. Beide Quellengattungen erfüllen im wesentlichen den gleichen Zweck, beide lassen sich auf regionaler Ebene miteinander vergleichen.

---

[24] Für die hier bearbeitete Periode liegen leider auch noch keine Formelbücher vor. So finden sich z. B. für das allodiale Besitztum drei Begriffe, die schwer voneinander abzugrenzen sind und teilweise auch ein anderes regionales Verbreitungsgebiet aufweisen: predium, patrimonium und hereditas. Zu den Begriffen *F. Graus,* 1953, S. 328 ff. Zur tschechischen, lateinischen und deutschen Terminologie *V. Brandl,* 1876. Die z. T. ungenauen Erklärungen mit unvollständigem Quellennachweis führen jedoch häufig nicht weiter. Weiterhin *Jireček,* 1863/1864. Zur Kanzlei *Z. Fiala,* 1953; 1960.

[25] Hierher gehören sicher die vielen „custodes ecclesiae“, aber auch die Vyšehrad übereigneten Kelchmacher (CDB I, Nr. 387, S. 383), vielleicht aber auch die große Zahl der Fischer, die, worauf auch *F. Graus,* 1953, S. 307, hinweist, z. T. nebenbei auch Ackerbau betrieben.

Was nun die Zeugenlisten der Urkunden betrifft, die uns eine weitere, ganz große Zahl von Personen überliefern, so ermöglichen sie vor allen Dingen ein Hierarchie der funktionstragenden Bevölkerung. Sie spiegeln allerdings fast nur die Oberschicht wider[26]. Sie ermöglichen es, Ämter und Verwandtschaften, aber auch Aufstieg und Abstieg und die Fluktuation der Hofleute zu studieren. Die regionale Herkunft der Personen läßt sich allerdings nur selten feststellen, so daß das Einzugsgebiet der Funktionsträger nur in wenigen Fällen bestimmt werden kann.

3. Zum gegenseitigen Verhältnis archäologischer und schriftlicher Quellen und zur Methode der Arbeit

3.1. Der Quellenvergleich

Die Frage der Kombination schriftlicher und archäologischer (eigentlich materieller) Quellen als methodisches Problem wird eigentlich erst seit den 50er Jahren von Mediävisten und Prähistorikern lebhafter diskutiert. Das vermehrte gegenseitige Interesse steht in Zusammenhang mit der Hinwendung zahlreicher Historiker zu strukturgeschichtlichen Fragestellungen und Methoden und der Zunahme sozial- und siedlungsgeschichtlicher Arbeiten in der Ur- und Frühgeschichte[1].

Während die böhmische Forschung bis zum Beginn der 50er Jahre dieses Jahrhunderts gar keine Parallelisierung von Grabausstattungen mit aus schriftlichen Quellen bekannten sozialen Gruppen vornahm — einige sog. Fürstengräber stellen eine Ausnahme dar —, versuchte man im Westen schon seit W. Veek (1926), mehr oder weniger reiche Waffenausstattungen mit schriftlich bezeugten Rechtsgruppen zu parallelisieren[2] oder auch die Siedlungsstrukturen aus den Reihengräberfeldern zu erschließen[3].

Auftrieb gewann die Diskussion, wenn auch in einer etwas anderen Richtung, durch die Frage nach der Entstehung der Reihengräberzivilisation und der damit verbundenen Laeten- und Foederatenproblematik,

---

[26] Eine Ausnahme bilden z. B. die rustici, die in der Leitmeritzer Fundatio als Zeugen aufgeführt werden (CDB I, Nr. 55, S. 59, Fass. A.).

[1] In den veränderten Fragestellungen sieht auch *H. Jankuhn,* 1973, S. 18, die Ursache für das in letzter Zeit wachsende gegenseitige Interesse. Über die mögliche Zusammenarbeit auf siedlungsgeschichtlichem Gebiet *H. Jankuhn,* 1973, S. 10 ff.; *W. Schlesinger,* 1974, S. 8 ff.; in der seit 1973 erscheinenden Zeitschrift „Archäologie des Mittelalters" steht die siedlungsgeschichtliche Forschung im Vordergrund. Zusammenfassend *H. Jankuhn,* 1977, S. 8 ff.

[2] *W. Veeck,* 1926, S. 154 ff.

[3] *H. Stoll,* 1939, S. 40 ff.

die schon 1936 durch H. Zeiss aufgeworfen worden war[4]. J. Werner eröffnete 1950 erneut die Auseinandersetzung über diese Frage durch die Gleichsetzung der reich ausgestatteten Gräber mit den Gräbern der Laeten[5].

Auf dieser Stufe der methodischen Entwicklung steht nun auch die These von I. Borkovský, welche die z. T. äußerst heftig geführte Diskussion in Böhmen und Mähren auslöste: I. Borkovský identifizierte die Gräber mit Messerbeigaben mit den Gräbern von rechtlich freien Personen, da er Messer für eine Waffe hielt und in ihnen die häufigste Waffenbeigabe in slawischen Gräbern sah[6]. Wenn er meinte, so die Zahl der Freien berechnen zu können[7], bewegte er sich im Rahmen der damaligen Merowingerforschung. Während man jedoch hier von selbst allmählich die Mängel dieser Methode erkannte und dann auch nach Abhilfe suchte, kam in der Tschechoslowakei sofort von Seiten sozialgeschichtlich arbeitender Mediävisten Widerspruch[8].

Die herbe Kritik von F. Graus erstickte gewissermaßen eine Entwicklung differenzierender Grabfundanalysen im Keim, obwohl sie so negativ wohl gar nicht gemeint war. Graus griff hauptsächlich die Waffen-Rechtsgruppentheorie an, verwies auf die beginnende Christianisierung und die Willkürlichkeit von historischen und ethnologischen Analogien bei der Interpretation archäologischer Funde.

Von archäologischer Seite nahm man daraufhin die Messertheorie zurück[9]. Die Diskussion wurde allerdings heftig weitergeführt, glitt aber in allgemeine Fragen einer möglichen gegenseitigen Befruchtung von Geschichte und Archäologie ab, in die Kritik von Fragestellungen und die Benutzung von schriftlichen Quellen durch Archäologen[10].

Sozialgeschichtliche Interpretationen von Grabfunden wagte man nun in Böhmen und Mähren nur noch sehr allgemein, ohne spezielle Untersuchungen vorzunehmen und eine eigene Methode oder nur eine eigene methodische Grundlage dafür zu entwickeln oder die Ergebnisse aus

---

4 *H. Zeiss*, 1936, S. 302 ff.

5 *J. Werner*, 1950, S. 23 ff.; *K. Böhner*, 1963, S. 139 ff.; als Gentile deutet sie *R. Günther*, 1971, S. 39 ff.; differenziert *H. W. Böhme*, 1974, S. 195 ff.

6 *I. Borkovský*, 1954—56, S. 358 ff.; *J. Böhm*, 1951, S. 171, hatte, sich auf die Ausgrabungen von Staré Město und die damals noch unveröffentlichten Beobachtungen von *V. Hrubý* 1955, S. 319, stützend, die These noch nicht so klar formuliert.

7 *I. Borkovský*, 1954, S. 358 ff.

8 *F. Graus*, 1957, S. 535 ff.; dagegen *I. Borkovský*, 1957, S. 553 ff.

9 Die späteren Arbeiten suchen von beiden Seiten zu vermitteln: *J. Filip*, 1957, S. 561 ff.; *R. Turek*, 1961, S. 550 ff.; *B. Krzemieńska*, 1962, S. 367 ff.

10 So z. B. *B. Krzemieńska*, 1962, S. 371. In diesen jüngeren Arbeiten wird die Frage einer sozialen Interpretation kaum noch diskutiert, auch nicht in der jüngeren Arbeit von *Z. Váňa*, 1970.

anderen Gebieten aufzugeifen. In neuester Zeit ist allerdings ein Sammelband zu dieser Fragestellung herausgekommen, der hier leider nicht mehr eingearbeitet werden konnte[11].

Einen bedeutenden, wenn auch zunächst wenig beachteten Vorstoß in methodischer Hinsicht machte L. Leciejewicz 1954. Er wertete das Gräberfeld von Birka im Mälarsee kombinationsstatistisch mit Hilfe eines von G. Yule entwickelten Assoziationskoeffizienten aus[12]. Dabei unterliefen ihm allerdings einige methodische Ungenauigkeiten, so daß das Ergebnis seiner Untersuchungen für die Sozialgeschichte abgelehnt werden muß. Er stützte sich jedoch bereits auf die gesamten Beigaben und die Bestattungssitte und arbeitete so zunächst eine Gliederung aus dem archäologischen Material heraus, die er dann erst mit Rechtsgruppen identifizierte.

Auch die Merowingerforschung entwickelte in den 60er Jahren differenziertere Auswertungsmethoden, nachdem sich herausgestellt hatte, daß Waffenausstattungen und Rechtsgruppen nicht schematisch gleichgesetzt werden dürfen[13].

Zu einem weiteren Nachdenken führte vor allem die Arbeit von F. Stein, in der die Verfasserin die reichen, insgesamt aber schon wesentlich ärmer ausgestatteten Gräber des 8. Jh. a priori als Adelsgräber einstuft[14]. Sie konnte allerdings im 8. Jh keine weitere Differenzierung aufgrund der Waffenausstattungen vornehmen, da diese zu selten sind und offenbar regionalem Brauch unterliegen[15]. Kritisch hierzu äußerten sich H. Hinz, H. Steuer und M. Last in methodisch weiterführenden Arbeiten[16].

Schon vor dem Erscheinen dieser Rezensionen veröffentlichten gleichzeitig im Jahre 1968 J. Werner und H. Steuer kritische methodische Aufsätze zum Problem „Waffen und Recht“[17]. J. Werner zog die Grundlagen der älteren Methode nicht in Zweifel und erwartete eine Besse-

---

11 So z. B. *M. Šolle,* 1966, S. 208 ff. Der Sammelband enthält die hier verfolgte Fragestellung unmittelbar behandelnde Beiträge von *M. Šolle, Z. Krumphanzlová* und *M. Beranová* (alle 1979).

12 *L. Leciejewicz,* 1954—56, S. 141 ff. — *Leciejewicz* vergleicht in einer Tabelle die Ausstattungen von Brand- und Körpergräbern, die allerdings durch ihre unterschiedliche Behandlung nicht ohne weiteres vergleichbar sind. Dazu *H. Steuer,* 1968, S. 58, Anm. 143.

13 *Ch. Neuffer-Müller,* 1966, S. 39; 1972, S. 72 ff. — *R. Christlein* bei den Publikationen von Marktoberdorf und Dirlewang, wo er aus den Beigabenkombinationen ein System von Qualitätsgruppen entwickelt, 1966, S. 89 ff.; 1971, S. 42.

14 *F. Stein,* 1967, nennt die von ihr veröffentlichten Funde von vornherein Adelsgräber, ohne den Begriff „Adel“ näher zu definieren.

15 *F. Stein,* 1967, S. 148 ff.

16 *H. Hinz,* 1970, S. 31 ff.; *H. Steuer, M. Last,* 1969, S. 25 ff.

17 *H. Steuer,* 1968, S. 18 ff.; *J. Werner,* 1968, S. 95 ff.

rung der Ergebnisse vor allem durch eine chronologisch und regional verfeinerte Fundkritik und fortschreitende Materialedition. Wichtig ist seine Kritik an der Erbrechtstheorie, die von historischer Seite auch M. Last in Zweifel stellte[18].

H. Steuer bemühte sich dagegen um eine neue methodische Basis zur sozialgeschichtlichen Interpretation der Reihengräber. Rechtsgruppen dürften ihm zufolge keineswegs ohne weiteres in archäologisch ermittelten Grabausstattungstypen gesucht werden[19].

Versuche, die Sozialstruktur durch Gräberfeldanalysen zu ermitteln, hielt aber auch H. Steuer nicht für aussichtslos. Es müßte dazu seiner Meinung nach aber nicht nur die Bewaffnung, sondern die Gesamtheit aller Beigraben einbezogen werden, also auch die Bestattungssitte, also Grabbau, Grabtiefe, usw. 1979 systematisierte er seine Kritik weiter, griff die inzwischen erarbeiteten Fortschritte der Grabfundauswertung durch M. Gebühr, W. Schlüter und R. Christlein (siehe unten) auf, kam aber zu keiner konstruktiven Lösung in der Frage der sozialen Interpretierbarkeit[20].

Bei den Einzelinterpretationen merowingischer Gräberfelder ließ man in den 70er Jahren auf der einen Seite außerordentliche Vorsicht walten[21], auf der anderen Seite aber versuchte man, auf der Basis von Beigabeninhalt, Grabbau und Belegungsordnung (Gräberfeldplänen) neue Kriterien zur sozialen Interpretation vor allem der reichen Gräber aufzustellen. Dabei verwendet man vielleicht etwas voreilig Begriffe wie „Adel", „Adelsnekropole", „Adelsgräber" für allerdings unzweifelhafte Oberschichtsgräber[22]. Ähnlich interpretiert die belgische und französische Forschung, die jedoch vorsichtiger von „Aristokratie" oder „tombes de chef" spricht[23]. Auf eine sichere methodische Basis wurden diese Einzelinterpretationen durch die Arbeiten von R. Christlein zu statistisch ermittelten Ranggruppen gestellt, welche sich außerdem durch die Lage und Anlage des Grabes, den Gräberfeldtyp (zum Beispiel Sonderfriedhöfe) verifizieren lassen[24].

---

[18] *J. Werner,* 1968, S. 97 f.; *H. Steuer, M. Last,* 1969, S. 67 ff.

[19] *H. Steuer,* 1968, S. 36 ff. Siehe im weiteren S. 48 f.

[20] *H. Steuer,* 1968, S. 56 f.; 1979, S. 605 ff. bes. S. 611 f. und die Abb. 10 und 14. Kritisch zu der negativen Einschätzung der sozial-rechtlichen Interpretationsmöglichkeiten *H. Ament,* 1979, S. 467 ff.

[21] z. B. *G. Clauss,* 1971, S. 92—95; *G. Fingerlin,* 1971, S. 162.

[22] z. B. *H. Ament,* 1970; *E. M. Neuffer,* 1972; *G. Fingerlin,* 1974; *Ch. Neuffer-Müller, H. Ament,* 1973; *R. Pirling,* 1974.

[23] *P. Périn,* 1972; 1974, S. 367 ff.; *H. Roosens, J. Gyselinck,* 1975.

[24] *R. Christlein,* 1973 (1975); 1975, S. 73 ff.; 1978, 83 ff.; *M. Martin,* 1976; *H. F. Müller,* 1976; *U. Koch,* 1977; *P. Paulsen, H. Schach-Dörges,* 1978; *R. Moosbrugger-Leu,* 1979, S. 53 ff., zusammenfassend für die Schweiz.

Weitere Methoden zur Grabfundauswertung wurden bei Untersuchungen an kaiserzeitlichem Material entwickelt, wo das Problem der Identifikation mit schriftlichen Nachrichten allerdings eine mindere Rolle spielt[25]. Diese Methoden, zu denen auch die von L. Leciejewicz benutzte Korrelationsmatrix gehört, ermöglichen es, das Material systematisch zu gliedern und regional auszuwerten.

Aufgrund der Überlegungen, die oben zur sozialgeschichtlichen Aussagefähigkeit der Grabfunde angestellt wurden, ergibt sich nun, daß im Rahmen der hier untersuchten Gräber sozialgeschichtlich interpretiert werden kann. Vergleichbar sind allerdings immer nur Gräber innerhalb einer regionalen Gruppe mit gleicher Zeitstellung und gleicher Bestattungssitte. Im Arbeitsbereich sind leider noch zu wenig Gräberfelder ausgegraben, so daß mit Vorbehalten auch auf wenig repräsentative Zufallsfunde zurückgegriffen werden muß. In diesem Fall muß man sich bei den Interpretationen der methodischen Unzulänglichkeit immer bewußt bleiben.

Sicherer wird die soziale und rechtliche Interpretation, wenn Siedlung und Gräberfeld untersucht sind, wenn wir also auch über die Siedlungsstruktur Bescheid wissen. Erst dann kann man mit einer gewissen Wahrscheinlichkeit etwas über die Funktion der Bestatteten zu Lebzeiten aussagen.

Eine Hilfe bei der Interpretation können standes- oder berufsbezogene Beigaben darstellen. Sie sind allerdings sehr selten und nicht immer einwandfrei zu identifizieren. Standesbezogene Beigaben lassen sich am besten als funktionslose Beigaben in Kindergräbern fassen. Allerdings muß man auch hier vorsichtig interpretieren, da sich eine allgemeine Tendenz zeigt, Kinder wie Erwachsene auszustatten[26].

Die Gliederung der Funde muß unabhängig von allen anderen Quellengattungen aus dem archäologischen Fundstoff selbst hervorgehen. Wie z. B. die archäologischen Datierungsmethoden nur relative Ergebnisse liefern, so kann auch diese Gliederung nur relativ sein.

Bei der Interpretation schriftlicher Quellen im Vergleich mit den Grabfunden ist es wohl notwendig, von einer hauptsächlich rechtsgeschichtlichen Betrachtungsweise abzurücken. Das persönliche Recht ist zwar eine wesentliche Komponente der sozialen Stellung, diese wird

---

[25] *M. Gebühr,* 1970, S. 93 ff.; 1976, S. 9 f., 69 ff.; *M. Gebühr, J. Kunow,* 1976, S. 185 ff.; *M. Kunst,* 1978. Überlegungen zur Interpretation kaiserzeitlicher Grabfunde auch bei *R. Köhler,* 1975, S. 59 ff. Zur Definition von Fürstengräbern *M. Gebühr,* 1974, S. 82 ff.

[26] Siehe dazu unten S. 137 f. Zu dieser Frage *I. Ottinger,* 1974, bes. S. 405 für die spätere Kaiserzeit und die Merowingerzeit.

aber weiterhin bestimmt durch die Funktion der Person und durch ihren Besitz. Die Wichtigkeit der Rechtsbegriffe soll hier selbstverständlich nicht abgestritten werden — es soll nur deutlich gemacht werden, daß sie allein sich in einem Gräberfeld nicht widerspiegeln müssen.

Deshalb darf auch bei der Auswertung der schriftlichen Quellen nicht nur eine Komponente allein herangezogen werden. Auch hier müssen Recht, Funktion und Besitz untersucht werden und wie bei der Grabfundanalyse aufgrund dieser Kriterien versucht werden, eine Stufenleiter aufzubauen. Zu den Voraussetzungen einer Vergleichbarkeit der Personen gehört wie bei den Grabfunden allerdings ihre Gleichzeitigkeit: in die Untersuchungen dürfen jeweils nur die einer Zeitstufe angehörenden Personen einbezogen werden. Die einzelnen Siedlungen haben sehr unterschiedliche Funktionen und damit eine sehr verschiedene Sozialstruktur gehabt. Deshalb kann man die auf schriftlichen und die auf archäologischen Quellen beruhenden Personenhierarchien nicht ohne eine möglichst genaue *regionale Zuordnung* vergleichen. Eine ideale Vergleichsmöglichkeit würde also bestehen, wenn

a) ein vollständig untersuchtes Gräberfeld einer vollständig gegrabenen Siedlung zugeordnet werden könnte (im Arbeitsgebiet ist das leider bisher höchstens im Fall einiger Burggräberfelder möglich, obwohl auch hier Siedlungsflächenuntersuchungen fehlen, die notwendig wären);

b) eine Beschreibung der entsprechenden Siedlung (Siedlungsbezeichnung, Besitzverhältnisse) aus schriftlichen Quellen möglichst früher Zeit bekannt wäre;

c) sich aus schriftlichen Quellen etwas über Rechtsstellung, Funktion und Besitz der dort ansässigen Personen sagen ließe.

Auch bei einer vollständigen Dokumentierung lösen sich in Böhmen jedoch sozial auswertbares Gräberfeld und urkundliche Personen- und Siedlungserwähnung im besten Fall zeitlich ab. Überschneidungen kommen kaum vor. Es kann deshalb nie eine Gleichsetzung von Gräbergruppen mit erst später am selben Ort schriftlich bezeugten Personengruppen angestrebt werden — das Ziel ist lediglich ein Vergleich, wobei über die Möglichkeit einer Anwendung jüngerer Termini für ältere soziale Erscheinungen nur im Einzelfall entschieden werden kann.

Die verschiedenen Quellengattungen besitzen für die Konfrontation mit den Gräbern unterschiedlichen Wert:

Grabfunde und nichtböhmische Annalen und Chroniken:

Aus der Besprechung der nichtböhmischen Quellen erhellt, daß diese die oben aufgestellten Bedingungen in keiner Weise erfüllen. Die Interpretation muß hier also sehr bescheiden bleiben. Sie kann sich im Grunde nur auf die Feststellung beschränken, daß Fürsten erwähnt sind und mit ihnen eine Oberschicht Gestalt gewinnt. Da diese Oberschicht aber regional nicht faßbar ist, können weitere Präzisierungen nicht vorgenommen werden, zumal wir über Ausstattung und Besitz, über soziale Abhängigkeiten und Wirtschaftsformen nichts erfahren.

Grabfunde und Legenden:

Eine direkte Verzahnung von Grab und Legende läßt sich bei den Gräbern der Heiligen und Märtyrer selbst herstellen. Die Legenden sind Zeugnisse für den Grabkult am Grabe des besonderen, heiligen Toten. Im Fall der fürstl. Märtyrer Wenzel und Ludmilla belegen sie die Verehrung am Grab des Fürsten. Ein uns bekanntes Heiligengrab stellt somit einen Idealfall dar, aber doch gleichzeitig einen Sonderfall.

Personen und Personengruppen, die sonst in den älteren Legenden erwähnt werden, lassen sich mit den Grabfunden nur schwer in Beziehung bringen, da wir nicht wissen, wo diese Personen tatsächlich zu lokalisieren sind. Sie treten zwar an bestimmten Schauplätzen der Legende auf, doch ist dadurch nicht bewiesen, wo sie herkommen, wo sie Besitz hatten und wie dieser Besitz überhaupt organisiert war. Versuchen wir die beiden Quellengattungen in ihrer Aussage für die Stellung der übrigen Bevölkerung gegenüberzustellen, so ergibt sich folgendes Bild[27]:

Gesichtspunkte zur Untersuchung	Grabfunde	Legenden
Lokalisierung von Personen	x	(x) nur in wenigen Fällen
Besitz	x	(x) nur in wenigen Fällen
Einschätzung der Person durch die unmittelbare Umgebung	x	

[27] In den Tabellen bedeutet „x“, daß die Quellen für das betreffende Merkmal Angaben machen; „(x)“, daß diese Angaben sehr zweifelhaft oder sehr selten sind; „—“, daß keine Angaben vorhanden sind.

Funktion/Beruf	(x) sehr selten	(x) (Funktion entweder im Verhältnis zum Heiligen oder im Zusammenhang mit einem Wunder genannt. Dadurch, daß es sich bei W. u. L. um Fürsten handelt, Funktion im fürstlichen Gefolge)
Rechtsstellung der Person	—	(x) (wie bei „Funktion/Beruf")
Zeit	875 (?) bis 1000 (?) —	— 975 (?) bis ca. 1400

Grabfunde und Chroniken:

Unter Berücksichtigung der Unsicherheit der Nachrichten über die Frühzeit bei Cosmas von Prag fällt eine Gegenüberstellung von Chroniken und Grabfunden folgendermaßen aus:

Gesichtspunkte zur Untersuchung	Grabfunde	Chroniken
Lokalisierung	x	(x)
Besitz	x	(x)
Einschätzung der Person durch die unmittelbare Umgebung	x	—
Funktion/Beruf	(x) sehr selten	x (meist nur im Verhältnis zum Fürsten erkennbar)
Rechtsstellung	—	x
Zeit	875 (?) bis 1000 (?)	? 1050 Cosmas als Zeitgenosse 1140 Can. v. Vyšeh. 1190 Mönch v. Sáz. 1167 Vinzenz 1198 Gerlach

Bei Cosmas und seinen Fortsetzern können wir die Personen etwas enger umreißen und in Einzelfällen Besitz, Recht und Funktion feststellen. Da Cosmas mit der Darstellung der Episoden, in der häufig nichtfürstliche Personen näher beschrieben werden, andere Ziele verfolgte und sicher nicht die Personen in ihrer gesellschaftlichen Stellung zeigen wollte, können wir uns auf die Einzelheiten, die er einem in dieser Frage kundigen Publikum vorsetzte, wohl verlassen.

Selbstverständlich dürfen die Strukturen, die Cosmas uns schildert, nicht in die erste Hälfte des 10. Jahrhunderts übertragen werden. Möglich ist vielleicht der Schritt von Cosmas zu den Legenden und von beiden dann zu den Grabfunden. Immer bleibt die Interpretation aber weitgehend beschränkt auf einen Vergleich von sich aus dem Rahmen des Üblichen heraushebenden Grabfunden mit Personen, die besondere Funktionen — vor allem im Fürstendienst — ausüben. Andere Gruppen der Gesellschaft bleiben auch hier weitgehend außerhalb des Interesses.

Grabfunde und Urkunden:

Mehr Möglichkeiten bietet der Vergleich von Gräbern mit besitzrechtlichen Urkunden, zumal Grabausstattungen und Landstiftungen, wie wir gesehen haben, auch in der Funktion übereinstimmen. Die Gegenüberstellung zeigt:

Gesichtspunkte zur Untersuchung	Grabfunde	Urkunden
Lokalisierung	x	x
Besitz	x	x
Einschätzung der Person durch die unmittelbare Umgebung	x	(x) (erkennbar, wenn andere für die Seele der Person stiften)
Funktion/Beruf	(x)	x
Rechtsstellung	—	x
Zeit	875 (?) bis 975	
	—	ab 1000 Přemysliden und ländliche Bevölkerung
	—	ab 1107 Adel und Přemysliden — 1230 aufgenommen

Mit Hilfe von Grabfunden und urkundlichen Belegen wird somit die regionale Struktur in größerem Maßstab greifbar. Besitzende Personenkreise und abhängige Personen können zeitlich abgestuft in den einzelnen Regionen verfolgt werden. Wir können ermitteln, ob sich an einem Ort bzw. in einem Gebiet Personen mit außergewöhnlichem Bestattungsplatz im 10. Jh. und reiche Kirchenstiftungen im 12. Jh. finden, oder ob eine Diskontinuität zu verzeichnen ist (Siehe unten S. 320 ff.). Sicher muß man bei Kontinuität den Beweis schuldig bleiben, daß es sich um dieselbe Familie handelt; wir können ebensowenig auf diese Weise belegen, ob der Rechtstitel sich gewandelt hat oder nicht oder ob die im 12. Jh. zu belegende Form der Grundherrschaft und der Abhängigkeitsverhältnisse schon für das 10. Jh. gültig war.

3.2. Die Methoden

Die Aufnahme und Untersuchung von Grabfunden und Urkunden erfolgt unabhängig voneinander.

Die Grundvoraussetzung einer Vergleichbarkeit bildet die Einbeziehung aller zugänglichen Personenmerkmale, die sich aus Grabfunden und Urkunden erschließen lassen. Eine Auswertung von Grabfunden kann nur aufgrund der Untersuchung von Grabbau, Lage des Grabes, Tracht, Beigaben und Geschlecht des Toten erfolgen — eine Untersuchung der Urkunden nur aufgrund der Berücksichtigung von Rechtstitel, Besitz, Funktion und Amt. Sowohl die Personen selbst, als auch die ihnen zugehörenden Merkmale sollten regional und zeitlich bestimmbar sein.

Bei einer Zahl von 2218 geschlossenen Grabfunden und 4000 Personen, die urkundlich ermittelt werden können, bieten sich deshalb statistische Methoden und die Benutzung der EDV an[1].

Die Aufnahme der Quellen — die Transkription der Quellen in maschinenlesbare Daten — besteht in der Verschlüsselung aller die Fragestellung betreffende Nachrichten. Grab für Grab, Urkunde für Urkunde wird so nach einem vorher entworfenen Schlüssel in Zahlen umgesetzt, wobei jedes Grabmerkmal, jeder Terminus, jeder sozial oder rechtlich relevante Handlungsablauf mit einer eigenen Kennziffer versehen ist und somit bei der Auswertung — im Sinne eines perfekteren Zettelkastensystems — abgefragt wird[2].

---

[1] Die Anregungen zu quantitativen Methoden sowie die Bereitstellung von einigen EDV-Programmen danke ich *M. Gebühr*, Schleswig. Zur Literatur über die Anwendungsmöglichkeiten der EDV in der Geschichtswissenschaft siehe *B. Sasse*, 1980, S. 100, Anm. 4.

[2] Beispiele für entsprechende Schlüssel liefern die bei *B. Sasse*, 1980, S. 100 unter Anm. 4 genannten Arbeiten. Das hier angewandte Grundschema richtet sich nach dem Muster von Fragebögen.

Während die Grabfunde eine einheitliche Kategorie darstellen, innerhalb derer immer wieder das Grab, d. h. die bestattete Person, die Einheit, die einzelnen Beobachtungen zum Grabbrauch, Bau des Grabes, Beigaben usw. die bestimmenden Merkmale dieser Einheit darstellen[3], fällt schon bei der ersten Durchsicht der Urkunden auf, daß sich das Material weiter in drei verschiedene Kategorien aufschlüsseln läßt[4]. Die erste Kategorie besteht aus Personen, die ihren Besitz veräußern, also selbständig über ihren Besitz verfügen — Besitz, Recht und Funktion sind die Merkmale der Personen. Zur zweiten Kategorie gehören diejenigen Personen, die selbst ihren Besitzer wechseln; ihre Abgaben, ihre Pflichten, ihr Recht und ihr Besitz sind die Merkmale der Personen. Als eine dritte Kategorie empfiehlt es sich, die den Besitzer wechselnden Objekte, meist Landbesitz, zu bearbeiten. Siedlungen unabhängig von den Personen zu untersuchen, bietet sich an, da die Besitzverhältnisse innerhalb der Siedlungen z. T. außerordentlich kompliziert sind. Die Kenntnis der Siedlungsstruktur besitzt darüber hinaus für die Gräberfeldinterpretation besonderen Wert.

Für jede dieser Kategorien läßt sich durch das Quellenstudium sowie durch die bisherige Literatur ein Katalog von möglichen Fragestellungen und damit verbunden von möglichen Merkmalen herausfiltern, die für die Untersuchung der Bevölkerungsstruktur von Wichtigkeit sein können. Bei jeder einzelnen Einheit — Person oder Ort — kann dann nach An- und Abwesenheit dieser Merkmale gefragt werden. Viele Merkmale lassen sich nach ihrer inhaltlichen Aussage zusammenfassen, so z. B. alle Berufe, alle rechtlichen Personenbezeichnungen usw., wobei dann für jede Person oder jedes Besitzobjekt nur jeweils eine Lösung, d. h. ein Merkmal, richtig ist (z. B. nur ein Beruf oder nur eine Rechtsstellung). Der Besitz der Person oder die Grabbeigaben der Person werden dagegen erst durch die Kombination verschiedener Beigaben oder Besitzstücke bestimmt, so z. B. eine curia und vier villae oder Messer, Pfeil und Axt.

Eine günstige und für Veränderungen offene Merkmalsauswahl bestimmt weitgehend den Erfolg der statistischen Untersuchung und gehört somit zu den wichtigsten Schritten der ganzen Arbeit.

Die archäologisch und urkundlich belegten Daten weisen durchaus Ähnlichkeiten auf, wenn sie dementsprechend verarbeitet werden. Für

[3] Dies entspricht der allgemein üblichen Methode, einzelne Fundkomplexe zu untersuchen und miteinander zu vergleichen, ist also keineswegs eine Besonderheit statistischer Methoden — siehe hierzu I.2.1.1., insbesondere über die Bedeutung des geschlossenen Fundes.

[4] Diese „Einheiten“ oder auch „Elemente“ bilden statistische „Mengen“. Eine solche „Menge“ kann entweder alle überhaupt vorhandenen Elemente enthalten (Grundgesamtheit) oder nur einen ausgewählten Teil davon (Stichprobe). Siehe dazu und zum Folgenden z. B. *G. Claus, H. Ebner,* 1972, S. 15 ff.

den Vergleich hat das den großen Vorteil, daß eine Reihe von statistischen Untersuchungen parallel vorgenommen werden kann[5].

An dieser Stelle muß nun kurz erläutert werden, um welche Methoden es sich handelt; eine nähere Erklärung des Arbeitsganges findet sich, wenn nötig, an der Stelle, an der die Methode das erste Mal Anwendung findet. Im übrigen wird auf die einschlägige Literatur verwiesen.

Sicher gibt es eine Fülle von statistischen Methoden, die im Rahmen des Arbeitsprojektes sinnvoll gewesen sein könnten. Die Erprobung von statistischen Methoden für ein so fragmentarisches Material wie das hier vorliegende ist keineswegs abgeschlossen. Auch bei dieser Arbeit zeigt es sich, daß die Methoden verbesserungsbedürftig, aber auch verbesserungsfähig sind.

Im übrigen ist keine der hier angewendeten Methoden an den Computer gebunden; dieser dient nur als Hilfsmittel, um bei den großen Zahlen, um die es hier geht, Berechnungen schneller und sicherer durchführen zu können. Ohne dieses Hilfsmittel wären die Untersuchungen von etwa 8000 Einheiten kaum möglich gewesen.

Deskriptive Statistiken:

Hier geht es lediglich darum, die Häufigkeit von Merkmalen und ihre Verteilungen — z. B. Häufigkeit pro Jahr — zu untersuchen. Die Häufigkeitsstatistik leitet gewissermaßen die Untersuchung ein, da sie einen Überblick vermittelt und eine Hilfe für weitere Fragestellungen gibt. Weiterhin kann man einen Einblick in die Beigabenhäufigkeit und die Verteilung des Beigabenwertes oder die Quantität des Landbesitzes gewinnen[6].

Hierzu gehört auch die Untersuchung der regionalen Verteilung der einzelnen Merkmale oder bestimmter Einheiten, wodurch erst die Grundlage zum Vergleich der beiden Quellengattungen gelegt wird.

Signifikanz:

Signifikanzuntersuchungen dienen dazu festzustellen, ob sich bestimmte Personengruppen oder -schichten durch die Grabfunde oder

---

[5] Allerdings entsteht dadurch die Gefahr, beide Quellengruppen auch in der weiteren Bearbeitung gleich zu behandeln. Die Probleme, die sich vor allem bei der Merkmalsdefinition ergeben, sind doch sehr unterschiedlich: der Archäologe definiert im allgemeinen seine Merkmale selbst aufgrund der Gegenstände, die er vorfindet — der Historiker ist im allgemeinen auf die Bezeichnung angewiesen, die er in den Quellen vorfindet und deren Bedeutung er z. T. nur ungenau kennt.

[6] *G. Claus, H. Ebner*, 1972, S. 39 ff. oder andere, entsprechende Statistiklehrbücher. Die Untersuchungen wurden mit SPSS durchgeführt.

die Beschreibung der Quellen signifikant voneinander unterscheiden und welche Merkmale für die Unterscheidung ausschlaggebend sind. Untersucht wird so z. B., ob sich die Gräberfeldtypen in der Zusammensetzung der Gräber und ihrer Ausstattungen voneinander unterscheiden, so daß man eine andere Bevölkerungszusammensetzung annehmen kann[7].

Kombinationsstatistik:

Der Besitz der Personen setzt sich aus Einzelteilen zusammen — bei den Gräbern sind es die Beigaben, bei den Urkunden die Besitzobjekte mit ihren unterschiedlichen Bezeichnungen, im günstigsten Fall die Bestandteile der ganzen Grundherrschaft. Es ist deshalb für die Klassifizierung einzelner Besitztypen außerordentlich interessant, festzustellen, inwieweit sich in der Zusammensetzung der Beigaben bzw. des Grundbesitzes Gesetzmäßigkeiten zeigen. So kann ermittelt werden, ob und wie oft Gegenstände oder Besitzstücke miteinander vorkommen und ob ihre Kombination negativ, zufällig oder signifikant positiv ist. Weiterhin ist es auch möglich, zu ermitteln, welche Gesamtausstattungen überhaupt vorkommen und so die häufigsten Ausstattungstypen zu erkennen. Aus diesen Ensembles kann man dann neue Merkmalstypen bilden und diese weiter in ihrem Zusammenhang mit anderen Merkmalen untersuchen[8].

Clusteranalyse:

Gehen die bisherigen Methoden vom Merkmal aus, so untersucht die sog. Clusteranalyse die Einheiten selbst auf ihre Ähnlichkeit untereinander. Das Ziel der Clusteranalyse besteht darin, Gruppen von Einheiten aufgrund ihrer Ähnlichkeit zu erkennen. Vergleichsmittel der Einheiten sind wieder die Merkmale. Auch die durch die Clusteranalyse ermittelten Gruppen können wieder weiterverarbeitet werden, so daß man bei Anwendung aller Methoden zu einer immer genaueren Klassifizierung kommen kann[9].

Der Vorteil aller dieser Methoden besteht darin, daß der Zusammenhang aller berücksichtigten Gesichtspunkte und Merkmale untereinander geprüft werden kann: z. B. Recht und Funktion, Recht und Besitz, Recht und Zeitabschnitt.

---

[7] *G. Claus, H. Ebner,* 1972, S. 229 ff. — Wichtig ist vor allem der Chi^2-Test. — Benutzt wurde die SPSS-Prozedur CROSSTABS.

[8] Zur Kombinationsstatistik allgemein *M. Gebühr,* 1970, S. 97 ff.; *B. Sasse,* 1977, S. 55 ff. Die Grundlage für die Kombinationstabellen und die Berechnung des YULE-Koeffizienten stellt ein Programm von M. Gebühr. Weitere Kombinationen wurden mit Hilfe von SPSS-Prozeduren durchgeführt.

[9] Zur Clusteranalyse *R. R. Sokal, P. H. Sneath,* 1963; *D. L. Clarke,* 1968, S. 512 ff.; *P. Ihm,* 1974, S. 1 ff.; *D. Leuschner,* 1974; *D. Steinhausen, K. Langer,* 1977. Benutzt wurde ein Programm von *M. Gebühr.*

Dabei kommen allerdings auch häufig nicht signifikante Ergebnisse heraus; es ist jedoch nicht schwer, diese Untersuchungsteile auszuscheiden. So werden auch negative Ergebnisse besser abgesichert.

Durch die angewendeten Methoden können intuitive Schlüsse verhindert werden. Sicher gibt es jedoch auch hier zahlreiche Fehlerquellen. Sie liegen entweder schon in der Wahl der Merkmale oder auch in Ungenauigkeiten der Datenaufnahme, im Programmieren, in der Auswertung und in der bei differenzierenden Fragestellungen z. T. nur noch geringen, möglicherweise unrepräsentativen Materialbasis. Da sich aber alle Schritte bei der Auswertung nachvollziehen lassen, lassen sich auch Fehler leichter aufdecken. Der Bearbeiter ist in viel stärkerem Maße gezwungen, seine Arbeitsschritte und Klassifizierungen zu begründen und darzustellen, als das bei der bisher üblichen Arbeitsweise der Fall ist.

Auf der anderen Seite ersetzt die Statistik in keiner Weise die Einzelinterpretation[10].

---

[10] Das wird vor allem bei selten belegten Merkmalen oder bei komplizierteren rechtlichen Vorgängen wichtig, die man statistisch kaum fassen kann. Bei dem lückenreichen und mitunter doch sehr unterschiedlichen Urkundenmaterial sind solche Fälle nicht selten und statistisch nicht mehr relevante Aussagen mitunter von höchster Bedeutung. Auch die Einbeziehung der erzählenden Quellen in die Untersuchung kann nur durch Einzelinterpretation erfolgen.

Teil II

Sozialgeschichtliche Analyse der Grabfunde

1. Brandgräber in Hügeln

Die meisten der Grabfunde aus dem Arbeitsgebiet sind Körpergräber. Daneben ist jedoch auch die Brandbestattung belegt. Auf die flachen, bisher noch selten dokumentierten, frühslawischen Brandgräber kann hier nicht näher eingegangen werden.

Eine wesentlich größere Zahl von slawischen Brandbestattungen aus Böhmen entstammt nicht flachen, eingetieften Gräbern, sondern Hügelgräbern[1]. Für sozialgeschichtliche Fragen liefern sie wenig Anhaltspunkte. Besondere Bedeutung gewinnen sie jedoch für die unterschiedliche regionale Entwicklung der einzelnen böhmischen Teilgebiete.

Kartiert man heute die gesicherten slawischen Hügelgräber Böhmens, so fällt auf, daß sie sich in bestimmten Regionen konzentrieren (Karte 1). Diese Tatsache ist schon lange bekannt und hat Anlaß zu vielfältigen Deutungen gegeben. J. L. Píč, der die Hügelgräber als erster zusammengestellt und kartiert hat, stellte schon fest, daß sich das Verbreitungsgebiet der Hügelgräber hauptsächlich auf Südböhmen erstreckt[2]. J. Schránil führt neben den südböhmischen Hügeln Gräbergruppen in den Gegenden von Opočno, Hořice, Hradec Králové (Königgrätz) und Jičín an[3]. Die Erforschung der südböhmischen Fundstellen ist vor allem B. Dubský zu verdanken[4]. In den 30er Jahren hat J. Neustupný das erste Hügelgräberfeld (Jerusalem bei Příbram) systematisch ausgegraben; damit war für die Aufarbeitung des gesamten Problemkreises durch R. Turek in den 40er und 50er Jahren die Basis geschaffen[5].

---

[1] Als die wichtigsten zusammenfassenden Publikationen zu diesem Thema seien genannt: *R. Turek*, 1940, S. 1—16; 1952 a, S. 399—400, 409—413; *J. Kudrnáč*, 1951, S. 185—190; 1952, S. 487—490; *R. Turek*, 1958; 1954—1956, S. 103—157. Die auch in Polen verbreiteten Hügelgräber im Zusammenhang mit dem gesamten westslawischen Raum behandelt *H. Zoll-Adamikowa*, 1980, S. 184 ff. Ihre Zoneneinteilung ist jedoch zu großräumig.

[2] *J. L. Píč*, 1909, S. 19.

[3] *J. Schránil*, 1928, S. 2.

[4] *B. Dubský*, PA XXXIV, 1924/25, S. 214—215; PA XXXVI, 1928/30, S. 91—93; PA XXXVIII, 1932, S. 66. Zusammenfassend dann *B. Dubský*, 1949.

[5] *J. Neustupný*, 1938, S. 163—164; *R. Turek*, 1958, S. 19—34.

R. Turek, der vor allem die regionale Verteilung der Hügel als solche und die regionalen Unterschiede im Bestattungsbrauch in den Vordergrund stellte, glaubte im Gegensatz zu Z. Váňa, im unterschiedlichen Bestattungsbrauch ein archäologisches Indiz für die Ausdehnung der slawischen Stammesgebiete in Böhmen fassen zu können[6]. Er spricht von drei regionalen Hügelgrabgebieten: Südböhmen, Südwestböhmen und Nordostböhmen, wobei der südwestböhmische, kleine Komplex wohl eher im Zusammenhang mit den südböhmischen Gräbern zu sehen ist[7].

1.1. Das südböhmische Hügelgrabgebiet

R. Turek nennt von 32 sicher slawischen Hügelgrabgruppen in Südböhmen nur 22, die ausreichend beobachtet sind und weitergehende Schlüsse zulassen. Davon ließen sich an 10 Fundstellen nur Brandbestattungen nachweisen. Auf der Karte (Karte 1) fällt auf, daß die Gräberfelder jeweils in einem Gebiet mit einem Durchmesser von 10—20 km konzentriert sind, diese einzelnen Ballungen aber durch fundleere Gürtel voneinander getrennt werden[1]. In Südböhmen weisen folgende Gebiete eine solche Häufung von Hügelgräbern auf:

1. Strakonice mit 5 Fundstellen;
2. das Gebiet zwischen Vodňany und Netolice mit 5 Fundstellen;
3. das Gebiet zwischen Soběslav und Bechyně mit 6 Fundstellen;
4. das Gebiet zwischen Lomnice und Hluboká nad Vltavou (Frauenberg) mit 5 Fundstellen;
5. das Gebiet südlich von Budějovice (Budweis) mit 4 Fundstellen.

Keinere Gruppen, die sich möglicherweise noch durch Neufunde erweitern können, lassen sich um Blatná, Sedlice, zwischen Volyně und Husinec feststellen. Dazu kommen, schon nicht mehr im eigentlichen Südböhmen, die beiden Fundstellen südlich von Čáslav und einige vereinzelte Hügelgräberfelder.

Sind schon insgesamt wenig Fundstellen bekannt und gesichert, so verengt sich das Bild noch mehr dadurch, daß wir pro Fundstelle ebenfalls nur einen geringen Prozentsatz der wahrscheinlich vorhandenen bzw. wahrscheinlich slawischen Gräber näher bestimmen können[2]. Die Frage der ethnischen und chronologischen Bestimmung stellt sich nicht nur für die gesamte Fundstelle, sondern genauso für jeden

[6] *R. Turek,* 1946 b, S. 25—37; 1952, S. 3 ff.; 1957. Dagegen *Z. Váňa,* 1952, S. 436—442.

[7] Wie Anm. 1. Zu den westböhmischen Gräbern weiterhin *R. Turek,* 1962, S. 127 ff., bes. S. 128.

[1] *R. Turek,* 1958, S. 47 und S. 49; Karte Abb. 9.

einzelnen Hügel eines Gräberfeldes, auf dem slawische Hügel nachgewiesen wurden — häufig liegen nämlich bronzezeitliche oder hallstattzeitliche, latènezeitliche und slawische Hügel an einem Platz[3]. Dazu kommen noch erschwerend die häufigen slawischen Nachbestattungen in älteren Hügeln.

Einer schnellen Zerstörung der Hügel leistete vor allem der Bestattungsritus Vorschub. Soweit sich entnehmen läßt, scheint die Lagerung des Leichenbrandes in Brandschichten innerhalb des Hügels üblich gewesen zu sein. Diese Schichten, die gemischt Asche und Leichenbrand zu enthalten pflegen, können an verschiedenen Stellen und Höhenschichten des Hügels liegen. Häufig wurden sie auch am Rande des Hügels oder direkt unter dem Mutterboden — also auf der Hügeloberfläche — angetroffen[4]. Dadurch waren die Funde stark gefährdet. Auch die Hügel selbst boten bei ihrer geringen Höhe von selten mehr als 1 m und einem Umfang von 3—5 m kaum Widerstand. Steineinbauten, die als Hindernisse hätten dienen können, sind äußerst selten anzutreffen. Der Hügelmantel besteht üblicherweise aus einem Erd-Aschegemisch.

Was an Funden aus südböhmischen Brandhügelgräbern vorliegt, ist entsprechend spärlich[5]. Den Hauptteil stellt die Keramik; sie ist uns aber offenbar nicht durch eine Beigabensitte erhalten. Scherben liegen gewöhnlich an verschiedenen Stellen des Hügels und lassen sich nur selten zu ganzen Gefäßen zusammensetzen — und auch nur selten genau datieren. Diese Scherben sind möglicherweise durch den Brauch in den Hügel gelangt, bei der Bestattung selbst oder bei Totenfeierlichkeiten Scherben zu schlagen. Mithin lassen sie sich auch nicht eindeutig einer Bestattung zuordnen.

Metallfunde sind kaum belegt. Neben den Eisenbeschlägen eines Holzeimers aus Hügel X aus Jerusalem bei Příbram ohne nachgewiesenen Leichenbrand (Körperbestattung?) und aus Hügel IV in Mělník, Český Brod, zusammen mit Feuerstahl und Eisennägeln sind aus ganz Südböhmen nennenswerte Funde nur aus Pňovice, Grab I, zu Tage ge-

---

[2] So z. B. Bezdědovice bei Blatná, ein Fundplatz, von dem bis jetzt nur hallstatt- und latènezeitliche Hügelgräber gesichert, slawische aber nicht unwahrscheinlich sind: *R. Turek*, 1958, S. 9.

[3] Dies gilt nachgewiesenermaßen für Dražičky, Tábor, wo sich neben reinen Hallstatthügeln unbestimmte Hügel, hallstattzeitliche Hügel mit burgwallzeitlicher Nachbestattung und möglicherweise reine BWZ-Hügel befanden (Hügel VII), *R. Turek*, 1958, S. 12.

[4] Dazu *R. Turek*, 1958, S. 49; zu oberirdischen Bestattungen mit gleicher Interpretation auch *H. Zoll-Adamikowa*, 1980, S. 186. Kritisch zur Aussagefähigkeit der Brandgräber spricht sich auch *H. Preidel*, 1961, S. 21 aus.

[5] *R. Turek*, 1958, S. 58 und S. 9 ff .

kommen: Messer, Trensenstück und Glasperle[6]. Aufgrund des oben beschriebenen Bestattungsritus kann man allerdings kaum mehr erwarten. Auch diese wenigen Fundkomplexe sollten nicht als geschlossene Ausstattungen interpretiert werden, da sie sich nicht eindeutig auf eine Bestattung beziehen.

Eine Datierung der slawischen Hügelgräber mit Brandbestattungen aus Südböhmen scheint mir aufgrund der derzeitigen Gegebenheiten nicht recht möglich. Zu viele Hügel enthalten keine oder keine deutlich datierbaren Beigaben. Eine feste Grenze setzten eigentlich erst der Ausbau der Kirchenorganisation und die gesicherten Körpergrabfriedhöfe bei Dorfkirchen[7]. Dies bedeutet freilich nicht, daß die Brandbestattungssitte unter Hügeln bis in diese Zeit bestanden haben muß. R. Turek setzt die Brandhügelgräber ins 7. bis 8. Jahrhundert, ist sich allerdings über die Unsicherheit dieses Zeitansatzes im klaren[8]. In einigen Fällen lassen sich Hügelgräber des westslawischen Gebietes jedoch sicher in die jüngere BWZ datieren. Wir müssen bei der Interpretation dieser Gräber also auch mit einer jüngeren Zeitstellung rechnen[9].

1.2. Das südwestböhmische Hügelgrabgebiet

Etwas anders als die südböhmischen selbst stellen sich die wenigen, südwestböhmischen Hügel am Oberlauf der Mies (Mže) dar[1]. Es handelt sich hier eigentlich nur um zwei Fundplätze, Bezemín und Lhota, die beide schon seit den 30er Jahren bekannt und untersucht sind[2].

Interessant ist vor allem die Fundsituation Bezemín's. Hier wurde ein Burgwall in Spornlage festgestellt, an dessen Südseite 45 Hügel liegen. Vier davon wurden 1949 und 1950 ausgegraben. Sie maßen nur 4,9—6,5 m im Durchmesser, 50—75 cm in der Höhe. Auch sie lieferten Knochen- und Aschenschichten und kleine Scherben, anders als bei den meisten südböhmischen Hügeln waren diese einzelnen Schichten jedoch in zwei Fällen durch Steinschichten getrennt (Hügel B und D). Einmal wurden Balkenreste, einmal nur Lehm beobachtet. Auch der schon vor

---

[6] *R. Turek,* 1943—46, S. 105 ff. — Diese Beigabenarmut ist sicher zu einem großen Teil dadurch zu erklären, daß die Beigaben mit dem Toten verbrannt und — wie auch die Asche — nicht vollständig abgesammelt wurden. Dazu *H. Preidel,* 1961, S. 21 und 29 ff.

[7] Siehe unten. Ein später Körpergrabfriedhof kam in Radomyšl zu Tage (*Nechvátal, Radoměrský,* 1964, S. 655, 666—685; *Nechvátal,* 1965, S. 368 ff.; 1967, S. 478 ff.) Dieser Körpergrabfriedhof ist übrigens bis jetzt vereinzelt.

[8] *R. Turek,* 1958, S. 55.

[9] *J. Herrmann,* 1968, S. 59.

[1] *J. Kudrnáč,* 1951, S. 185—190, 198—200, 217; 1952, S. 487 ff.

[2] *J. Kudrnáč,* 1951, S. 185 ff.

1936 von L. Bittner ausgegrabene Hügel war größtenteils aus Steinen zusammengesetzt[3].

Die südwestböhmischen Hügelgräber haben bisher als Beifunde nur die üblichen Scherben geliefert; wie in Südböhmen sind ganze Gefäße offenbar gar nicht in die Hügel gelangt[4]. Dies macht die Datierung der wenigen Gräber besonders schwierig. Die abgebildeten Scherben können früh-, aber auch schon mittelburgwallzeitlich sein[5]. Bei den quellenmäßigen Gegebenheiten wird eine genaue Einordnung vielleicht nie möglich sein. Offen muß deshalb auch die Frage bleiben, ob die Hügelgräber von Bezemín dem benachbarten Burgwall zugeordnet werden können.

Ebenfalls kann im Augenblick nicht entschieden werden, ob es sich bei der kleinen Gruppe im unbesiedelten Gebiet wirklich nur um eine Exklave handelt, oder ob hier nicht vielleicht die ersten Anzeichen einer eigenen, größeren Gruppe vorliegen[6]. Im zweiten Falle müßten unsere Vorstellungen von der Besiedlung Westböhmens allerdings wesentlich revidiert werden.

1.3. Das nordostböhmische Hügelgrabgebiet

Das dritte Zentrum von Hügelgräbern liegt in Nordostböhmen[1]. Bis auf eine große, aus dem übrigen Verbreitungsgebiet herausfallende Hügelkonzentration nördlich von Semily, die bisher kaum untersucht wurde, lassen sich keine größeren „Hügelgräbergebiete“ feststellen. Durchforscht wurden dagegen Hügelgräber bei Jičín (Nadslav, Prachovské Skály) und bei Mladá Boleslav (Jungbunzlau). Ohne größere Gruppen zu bilden, umschließen sie in einem Ring locker Mittelostböhmen von Mnichovo Hradiště (Münchengrätz) bis Hořice.

Der am besten dokumentierte Platz, Prachovské Skály, liegt am Oberlauf der Cidlina. Wie die Hügel von Mužský gehören auch die Gräber von Prachovské Skály zu einem in ein Feldmassiv eingebauten Burgwallkomplex. Das langgestreckte Gräberfeld „Na holém vrchu“ wurde 1925 entdeckt. Es lieferte neben Körpergräbern in Hügeln wahrschein-

3 *R. Turek,* 1962, S. 130 f.

4 *J. Kudrnáč,* 1951, S. 188.

5 *J. Kudrnáč,* 1951, S. 217, Abb. 167, 168.

6 Diese Frage wurde Gegenstand einer Kontroverse zwischen *R. Turek* und *Z. Váňa. Z. Váňa,* 1961 a, S. 115. Dazu aus der Sicht der schriftlichen Quellen siehe unten S. 224 ff. Zur gleichen Ansicht kommt auch unabhängig *H. Zoll-Adamikowa,* 1980, S. 186, die allerdings eher an flach auf den Boden gestellte Urnen in den hügelgrabfreien Zonen denkt.

1 Zusammenfassende Publikation: *R. Turek,* 1954—56, S. 103 ff.

lich 7 Brandhügel (II, VIII und IX sind unsicher), wobei mit den insgesamt 20 Hügeln sicher nicht das ganze Gräberfeld erfaßt ist[2].

Der älteste Teil des Gräberfeldes scheint im Westen zu liegen. Hügel XVI, der westlichste, bestand wie die übrigen nordostböhmischen Hügel aus einem festgestampften Lehmkörper — aus ihm stammen die Scherbenfunde — und einem lockeren Mantel. Ein rechteckiger Balkenrahmen und einige Aschenstellen im festen Lehmkörper bezeichnen den Scheiterhaufen. Knochenstückchen lagen an der Oberfläche des unteren Körpers. Die Scherbenfunde sind eindeutig burgwallzeitlich. Der östliche Teil des Gräberfeldes brachte Körpergräber der mittleren BWZ mit reichen Beigaben unter Hügeln gleicher Bauweise.

Im Bereich von Prachovské Skály fanden sich noch drei weitere Fundstellen mit Hügelgräbern. Die eine von ihnen, die weitere 4 Hügel lieferte, liegt etwa 1 km nordwestlich von „Holý vrch“ unterhalb des Plateaus und wurde ebenfalls 1925 und 1935 ausgegraben. In den Hügeln 1 und 2 befand sich im Gegensatz zu allen anderen Gräbern des Komplexes Prachovské Skály die übliche Asche- und Knochenschicht unter einem Steinhaufen. Hügel VI lieferte einen einzigartigen Fund: Auf, unter und neben einem Mühlrad, das sich etwa in der Mitte des Hügels auf Bodenniveau befand, lagen verbrannte Knochen und Holzkohle.

Die Datierung dieser Gräber ist leider nicht sicher. R. Turek hält sie, wohl aufgrund der Keramik, für gleichzeitig mit den älteren Funden aus „Na holém vrchu“.

1.4. Ergebnisse

Bei einem Vergleich der beiden großen Hügelgrabgebiete ergeben sich folgende Übereinstimmungen:

1. Die Höhe der Hügelgräber übersteigt selten 1 m; der Durchmesser liegt in der Regel zwischen 4 und 6 m.
2. Die Größe der Hügelgräberfelder schwankt zwischen 1 und 200 Hügeln — eine Tatsache, die wohl in erster Linie der unterschiedlichen Erhaltung und dem Forschungsstand angelastet werden muß.
3. Die typische Bestattungsform ist die Brandschicht von unterschiedlichem Durchmesser, die an verschiedenen Stellen des Hügels — so auch auf der Kuppe — gelagert sein kann.
4. Durchweg sind die Hügel beigabenlos oder beigabenarm. Häufig sind Scherben an den verschiedensten Stellen des Hügels verstreut, selten ist eine Rekonstruktion zu einem ganzen Gefäß möglich. Daß

[2] *R. Turek*, 1946 a, S. 111 (Beschreibung des gesamten Gräberfeldes S. 78 ff.).

auch Metallbeigaben, lassen sie sich überhaupt nachweisen, nur noch als unbestimmbare Eisenstücke erhalten sind, deutet darauf hin, daß die Beigaben mit dem Toten zusammen verbrannt worden sind und, wie ja auch der Leichenbrand nur unvollständig eingesammelt zu sein scheint, gar nicht vollständig ins Grab gekommen sind. Die Beigabenarmut könnte also durchaus allein auf die Bestattungssitte zurückgeführt werden.

Als Sonderformen Nordostböhmens lassen sich im Augenblick folgende Bauelemente nennen:

1. Der doppelte Hügelbau mit dem festgestampften Körper und einem lockeren Erdmantel.
2. Der rechteckige Holzbalkeneinbau im unteren Hügel, wie er für Prachovské Skály typisch ist.
3. Nach R. Turek wurde in Nordostböhmen der Tote außerhalb der Hügelfläche verbrannt — die erhaltenen Brandstellen sind zu klein, um als Reste eines Scheiterhaufens gedeutet zu werden[1].
   In Südböhmen scheint der Hügel dagegen häufiger über dem Scheiterhaufen errichtet worden zu sein. Ein größerer Beigabenreichtum läßt sich allerdings, wie oben ausgeführt, auch hier nicht feststellen.

Über diese allgemeinen Beobachtungen hinaus hat R. Turek versucht, für jede der nordostböhmischen Hügelgruppen besondere Bestattungssitten herauszuarbeiten[2]. Aufgrund des schlechten Forschungsstandes sollte hier im Augenblick jedoch eher Vorsicht geübt werden.

Dem Abschnitt über die Hügelgräber mit Brandbestattungen seien noch einige Überlegungen zur Quellenkritik hinzugefügt. Die Hügelgräber konzentrieren sich auf die schwach besiedelten Gebiete Böhmens. Da sie nicht besonders hoch und ohne aufsehenerregende Funde und Steineinbauten sind, konnten sie leicht breitgepflügt werden. Das würde erklären, daß sie in den Gebieten stärkeren Ackerbaus nicht erhalten sind[3]. Diese Beobachtung gilt offenbar nicht nur für die slawischen Hügelgräber. Auch die Hügel der Bronze- und Latènezeit sind nur hier verbreitet, und das Fundgebiet latènezeitlicher Körpergräber entspricht der Verbreitung der slawischen Körpergräber[4]. Auffälligerweise ist in den prähistorischen Perioden, in denen überhaupt Hügelgräber zu erwarten sind, eine Besiedlung Südböhmens auf der Basis der Hügelgrabfunde belegt (bronzezeitliche Hügelgräberkultur, Hallstatt- und Latènezeit) — in Zeiten, in denen nur an der Oberfläche nicht sichtbare Bo-

[1] *R. Turek.* 1954—56, S. 144.

[2] *R. Turek,* 1954—56, S. 153.

[3] Mit der Betonung der quellenkritischen Gesichtspunkte schließe ich mich der Meinung von *Z. Váňa,* 1961, Anm. 71 und *H. Preidel,* 1961, S. 18 f. an.

[4] *J. Filip,* 1956, Abb. 17, S. 63 und S. 67, Abb. 18.

dendenkmäler vorliegen, erscheint Südböhmen fundleer und somit unbesiedelt. In Nordostböhmen sind durch die intensivere, wenn auch nur punktuelle Forschung einzelner Archäologen wenigstens Siedlungsinseln bekannt, die, den Elbnebenflüssen folgend, der Verbreitung der slawischen Hügelgräber entsprechen[5].

Da es äußerst merkwürdig wäre, wenn wir durch alle urgeschichtlichen Perioden hindurch eine regionale Kontinuität von Hügel- und Flachgräbergebieten hätten, liegt der Schluß nahe, die Begründung erstens in regional unterschiedlichen Bedingungen für die Erhaltung der Hügelgräber und zweitens in der unterschiedlichen Intensität der Bodendenkmalpflege zu sehen. Wir müssen deshalb auf der einen Seite damit rechnen, daß es in ganz Böhmen, auch in Mittel- und Nordwestböhmen, slawische Hügelgräber gegeben hat, die bis zum Übergang zur Körperbestattung den frühesten slawischen Grabhorizont bildeten[6]. Auf der anderen Seite wäre es genauso denkbar, daß die bei der intensiveren Forschung in Mittelböhmen erkannten flachen Urnengräber oder flachen Brandschichtengräber auch in den anderen Teilen Böhmens neben den Hügelgräbern üblich gewesen sind. Übrigens scheinen auch in Mähren und der Slowakei die Hügelgräber, die sich in ihrer Verbreitung mit dem Kreis der mährischen Keramik decken, vorwiegend auf heutigem Wald- und Weidegebiet zu liegen, so daß man annahm, Hügelgrabsitte und Alm- und Hirtenleben besäßen einen inneren Zusammenhang[7].

Aufgrund dieser Überlegungen scheint es mir beim jetzigen Forschungsstand verfrüht zu sein, aus dem Vorkommen oder Fehlen von Hügelgräbern historische Schlüsse zu ziehen — seien sie nun ethnisch oder sozialgeschichtlich. Ebensowenig lassen sich aus Bau und Anlage oder Ausstattung der Hügel Differenzen erkennen, die auf eine unterschiedliche soziale Stellung der Bestatteten schließen lassen. Zu einer weiterführenden Interpretation der Hügelgräber wird man vielleicht bei weiträumigeren Untersuchungen kommen. Eine Möglichkeit bietet hier u. a. die Annahme einer grundsätzlich späteren Zeitstellung der Hügelgräber, die man somit als den Beleg einer Kolonisationsphase von Mittelböhmen aus ansehen könnte, in deren Zusammenhang dann ein sekundärer Übergang zur Brandbestattung erfolgt wäre[8]. Eine solche Hypothese von immenser historischer Bedeutung müßte allerdings an-

---

[5] *K. Motyková-Šnejdrová,* 1967, S. 54.

[6] So auch *J. Herrmann,* 1968, S. 59; *H. Zoll-Adamikowa* setzt die böhmischen Hügelgräber in die Phase II (7./8. Jh.).

[7] So *V. Budínský-Krička,* 1959. Diese These sprach zuerst J. Poulík aus. Zu den flachen Brandgräbern und ihrer Verbreitung zuletzt *J. Zeman,* 1979, S. 113 ff.; 1976, S. 115 ff.

[8] Eine Anregung von Herrn Prof. Dr. *H. Ament,* Berlin.

hand des siedlungsarchäologischen und toponomastischen Materials sorgfältig geprüft werden, was hier leider nicht möglich war.

2. Körpergräber unter Hügeln und birituelle Gräberfelder

Frühmittelalterliche Grabhügel mit Körperbestattungen sind aus Böhmen noch immer äußerst selten. R. Turek nennt aus dem südböhmischen Hügelgräbergebiet lediglich 6 Fundstellen, die alle an der äußersten nördlichen Peripherie des Hügelgräbergebietes liegen: Hlohovičky, Jerusalem, Pňovice und Kocelovice haben sowohl Brand- als auch Körpergräber geliefert, Mělník an der Sázava und Lékařová Lhota nur Körpergräber[1]. Die Gräber der letzten beiden Fundstellen unterscheiden sich in ihrem Bau (eingetieft usw.) nicht von den üblichen Körpergräbern (s. u.), die Gräber der ersteren Fundstellen allerdings weichen wesentlich ab: Im Hügel 9 von Jerusalem lag die Bestattung in der Hügelaufschüttung, also über Bodenniveau; besonders auffällig hebt sich der Hügel 6 ab. In einer doppelten Steineinfassung lag hier, 10 cm unter der natürlichen Bodenoberfläche, ein Körpergrab, Ost-West orientiert (Kopf im Osten). Zu Füßen des Toten befand sich eine Grube mit unverbrannten Knochenstückchen; daneben stand ein Gefäß, um das verbrannte Knochen gestreut waren. Das zeitliche Verhältnis der Bestattungen zueinander ist schwer zu ermitteln — es scheint jedoch, daß eine ältere Bestattung beiseite geschoben wurde[2].

Aus Nordostböhmen sind neben dem Fundplatz „Na holém vrchu“ bei Prachovské Skály die Hügel von Petrovice, Vysoký Újezd n. Dědinou und Choťovice zu nennen. Die Körpergräber von Prachovské Skály unterscheiden sich bis auf Grab 15 nicht von den üblichen flachen Körpergräbern; die Gräber sind eingetieft (Ausnahme: Grab 12), die Hügel kleiner als die Hügel mit Brandgräbern (ca. 3 m Dm, weniger als 1 m Höhe). Die Beigabensitte ist den anderen Körpergräbern vergleichbar (s. u.). Das Besondere am Hügel XV, der zwei übereinanderliegende, eingetiefte Bestattungen enthielt, war die Beobachtung eines Holzbalkenrahmens, der wenig über Bodenniveau, also über beiden Bestattungen, errichtet war und dem Rahmen des Scheiterhaufens in den Brandgrabhügeln Nordostböhmens entspricht. Dieser Fund könnte die Gleichzeitigkeit oder — als „typologisches Rudiment“ — den direkten Kontakt zwischen Brand- und Körperbestattung auf diesem Gräberfeld dokumentieren. Da beide Körpergräber reich ausgestattet sind und die Beigaben gut datiert sind, kann in diesem Fall der Zeitpunkt der Ritusänderung bzw. des Ritus-Kontakts bestimmt werden[3].

---

[1] *R. Turek,* 1958, S. 50 f. und Abb. 9.

[2] *R. Turek,* 1958, S. 23 f.

[3] *R. Turek,* 1946 a, S. 92 (Hügel XII) und S. 94 ff. (Hügel XV); S. 161 ff.

Aus dem übrigen Böhmen liegen noch drei Nachrichten über Körpergräber unter Hügeln vor, die jedoch alle auf alten Beobachtungen beruhen. Die Gräber waren in der für Körpergräber üblichen Weise angelegt und waren außerordentlich reich ausgestattet. Über den Bau der betreffenden Hügel läßt sich in diesen Fällen nichts aussagen[4]. Jedenfalls müssen diese Gräber im mittleren und nordwestlichen Böhmen trotz ihrer geringen Zahl als eine Sondergruppe angesehen werden, in der man die Bestattungen besonders hervorragender Personen erkennen kann.

3. Die Körperflachgräber

3.1. Grabmerkmale — Deskription und Bedeutung

Gesamtverteilung der Körpergrabfriedhöfe:

Von den wenigen besprochenen Hügelgräbern abgesehen, ist das Körpergrab ohne sichtbare Hügelaufschüttung die übliche Bestattungsform der Burgwallzeit[1]. Die Gräber liegen im Verband von Friedhöfen zusammen; einzelne Gräber oder sehr kleine Grabgruppen lassen sich fast immer als Reste zerstörter Fundkomplexe oder als schlecht untersuchte Fundstellen erklären[2]. Wie schon oben ausgeführt wurde, setzt die soziale Wertung eines Grabes eine geschlossene Fundbeobachtung voraus, da sonst nicht ermittelt werden kann, welche Gegenstände zu einer Grabausstattung gehören und welche nicht. Insgesamt wurden 2218 geschlossene Grabfunde aufgenommen. Sie stammen von 318 kleineren und größeren Friedhöfen. Weitere 480 Fundstellen haben mit Sicherheit slawische Grabfunde geliefert[3]; im allgemeinen sind von ihnen datierbare Grabbeigaben bekannt, häufig sogar darüber hinaus Beobachtungen über den Bestattungsritus. Eine Zuordnung der Angaben zu einzelnen Gräbern war hier jedoch nicht mehr möglich. In vielen Fäl-

---

[4] Es handelt sich um die Gräber von Kolín, das Grab von Želenky bei Zabrušany, Nordwestböhmen, sowie das Kriegergrab von der Prager Burg. Zu den einzelnen Fundumständen siehe unten II.3.6.

[1] Zum Bestattungsritus der Burgwallzeit liegt eine ausführliche Arbeit von Z. *Krumphanzlová*, 1966, S. 277 ff. vor.

[2] Die Ausnahme bilden wohl einige sehr früh datierte Gräbergruppen, die im allgemeinen als älteste Körperbestattungen der böhmischen Slawen angesehen werden (*Krumphanzlová*, 1966, S. 309 f.). Wir haben dafür jedoch bisher zu wenig Belege. Sicher muß man außerdem mit einer Phase des birituellen Bestattungsbrauches rechnen, wie z. B. in Prag, Loretánské Náměstí (*Borkovský*, 1940, S. 9 f.) oder, sehr unsicher, in Želenice. *R. Turek*, 1948 a, S. 177, bestreitet den Brandgrabcharakter dreier Aschenstellen in Želenice.

[3] Z. *Krumphanzlová*, 1966, gibt annähernd 690 Fundorte an — die Differenz ergibt sich wahrscheinlich dadurch, daß in der vorliegenden Arbeit jede Fundstelle einzeln gezählt wurde, bei der ein Zusammenhang mit einem anderen Gräberfeld nicht sicher nachgewiesen werden konnte.

len kann aber so doch wenigstens das Gräberfeld in seiner Gesamtheit gewertet werden.

Die regionale Verbreitung der Körpergräberfelder bildet neben der Verbreitung schriftlicher Siedlungsbelege eine der wichtigsten Quellen zur Siedlungsgeschichte im mittelalterlichen Böhmen und somit eine der Voraussetzungen für eine Strukturuntersuchung kleinerer regionaler Verbände.

Aufgrund der älteren Literatur und der Fundberichte des AÚ Prag ergibt sich folgendes Verbreitungsbild (siehe Karte 1)[4]:

a) Nordwestböhmen

Zwischen Bílina und Žalany im Tal der Bílina (Biela) ca. 25 dicht beieinanderliegende Fundstellen; um Žatec an der Eger ca. 13 dichter zusammenliegende Fundstellen; 16 Grabstätten in größerem Abstand am Lauf der Eger zwischen Postoloprty (Postelberg) und Libochovice; oberhalb von Louny an der Chomutov 5 Friedhöfe bis in die Höhe von Chomutov (Komotau); nordöstlich davon an der Südseite des Erzgebirges 4 Fundorte bei Most (Brüx), südwestlich 4 Fundstellen bei Kadaň (Kaaden).

Es lassen sich also 1. ein Grabfundgebiet an der Bílina, 2. ein Grabfundgebiet mit dem Zentrum um Žatec und 3. ein Grabfundgebiet an der unteren Eger zwischen Postoloprty und Libochovice feststellen[5].

---

[4] Eine neue, ausführliche Gesamtverbreitungskarte mit Siedlungs- und Burgfunden liegt leider nicht vor. Die 2. Faltkarte von *R. Turek*, 1974, ist so kleinmaßstäbig, daß sie sich für einen detaillierten Vergleich nicht eignet. Zudem gibt sie die Siedlungsgebiete nur allgemein an. *J. Sláma*, 1967, Abb. 133, stützt sich nur auf die Grabfunde. Eine reiche Literatur mit z. T. etwas groben Karten der Siedlungsgebiete liegt zur Frage der böhmischen Stämme vor. Die Interpretation einzelner Siedlungskammern oder einer Gruppe von mehreren Siedlungskammern als Gebiete der aus schriftlichen Quellen leider nur ungenügend bekannten böhmischen Stämme wirft jedoch so schwierige und für die Fragestellung wenig relevante Probleme auf, daß sie hier ausgeklammert werden soll. Der Begriff des Grabfundgebietes, das mit der Siedlungskammer in der Regel identisch ist, bedeutet keine Wertung. Zum Problem der Stämme mit älterer Literatur *R. Turek*, 1960, S. 299 ff.; *P. Choc*, 1963, S. 38 ff.; *R. Wenskus*, 1967, S. 32 ff.; grundlegend war die Arbeit von *R. Turek*, 1957, die leider auch keine Siedlungskarte enthält.

[5] Etwas anders gliedert *J. Bubeník*, 1976. Er hat auch die Siedlungsfunde mit aufgenommen und berücksichtigt außerdem die Datierung der Fundorte. Leider differenziert seine Gesamtkarte Abb. 1 nur nach Zeitstufen, nicht aber nach der Art der Fundobjekte. *J. Bubeník* gliedert das Fundgebiet in eine Siedlungskammer um Kadaň (Kaaden), eine an der mittleren Chomutov (Komotau), eine in der Gegend von Třebenice (hier zur Leitmeritzer Kammer gerechnet), eine Siedlungskammer an der mittleren Eger, die er in drei Gruppen teilt, um Žatec (Saaz), um Libochovice, Louny und um Budyňe; als weitere Siedlungskammer möchte er das Gebiet um Podbořany ansehen (*Bubeník*, 1976, S. 378 ff.). Die beiden ersten Siedlungskammern zeigen sich aufgrund der Grabfunde nur als kleinere Gruppen; die letztere stellt ein so schwach

Diese Gebiete sind jeweils von einem fundarmen Raum umgeben. Im Osten bilden die Ausläufer des böhmischen Mittelgebirges einen fundleeren Gürtel von ca. 15 Kilometern, der das Gebiet an der Bílina von den Fundstellen an der Elbe grundsätzlich trennt. Im Westen wurden am nördlichen Gebirgsrand des Erzgebirges mit den Ausnahmen der drei Siedlungsinseln von Kadaň, Most und Chomutov keine Gräberfelder beobachtet. Der Süden ist völlig fundleer. Es handelt sich also um ein geographisch gut abgrenzbares größeres Fundgebiet, das aus drei Teilen zusammengewachsen zu sein scheint.

b) Nordmittelböhmen

Ca. 15 Fundstellen an der Elbschleife bei Litoměřice (Leitmeritz), auf einem Gebiet von etwa 15 km Dm. Auch hier am Gebirgsrand im Norden „Außenstellen" bei Ústí nad Labem (Aussig) und bei Děčín (Tetschen) an der Elbe[6]. Südlich am Unterlauf der Moldau bis Mělník liegen 9 Friedhöfe dichter beieinander.

Es ergibt sich also 4. ein ausgedehntes Grabfundgebiet um Litoměřice, das auf allen Seiten von fundleerem Raum umgeben ist, und eine kleinere Grabfundkonzentration bei Mělník.

c) Nordostböhmen

Aus ganz Nordostböhmen nur ca. 50 Friedhöfe mit Körpergräbern. An den Elbnebenflüssen Jizera (Iser) etwa 14 Gräberfelder, an Mrlina und Cidlina mit Nebenflüssen etwa 15 Gräberfelder, im Bereich der Javorka 7 stark gestreute Fundstellen[7].

---

besiedeltes Ausbaugebiet dar (?), daß man es kaum als eigene Kammer definieren kann. Die Egersiedlungskammer weist dagegen doch sehr deutliche Konzentrationen auf. Für die jüngere Zeitstufe dürfte die Zusammenfassung sicher zu Recht geschehen sein. Von der Burg Bílina aus versucht Z. *Vána*, 1977, das Bílina-Gebiet zu gliedern, zu dem er 3 Siedlungsgebiete rechnet: Most, Duchcov (Dux) und Ústí. Er kann die Besiedlung der Außenstellen bis zum Gebirgsrand schon im 9. Jh. nachweisen. Das geht z. T. über das durch Grabfunde belegte Gebiet hinaus. Zur Ausdehnung des Siedlungsgebietes auch 1973, S. 271 ff.

[6] Die archäologischen Funde dieses Gebietes wurden von *M. Zápotocký*, 1965, S. 206 ff., Abb. 98, bearbeitet und publiziert. Auch für diesen Raum ist also ein Vergleich von Grab- und Siedlungsverbreitung möglich. Grab- und Siedlungsfundgebiete decken sich danach weitgehend. *M. Zápotocký* sieht sicher mit Recht das Gebiet um Lovosice, Doksany und Žitěnice als Kerngebiet des Stammes der Litoměřici an (S. 280). Weitere Siedlungsgebiete sind die Gegend um Roudnice an der Elbe, um Libochovany und Úšt'ek. Im Gegensatz zu der hier vorgenommenen Einteilung möchte er das Gebiet an der Eger zwischen Louny und Libochovice zu Leitmeritz rechnen. Dies ist durchaus möglich, da ein direkter Siedlungsanschluß gegeben ist (S. 281). Zum Norden des Gebietes *M. Zápotocký*, 1978; 1977 — hier auch Karten aufgrund von verschiedenen Quellengruppen (1978, Obr. 23, 1977, obr. 12).

[7] Eine schon ältere Publikation der archäologischen Funde des „Český Raj" stellt eine Ausnahme dar (*Filip*, 1947; Karte des oberen Isergebietes: Beilage III).

Das Gebiet ist insgesamt äußerst schwach dokumentiert und weist bis auf den Komplex an Mrlina und Cidlina keine einzige eindeutige Gräberfeldkonzentration auf. Mit Vorbehalten kann man deshalb 5. ein Grabfundgebiet an der Mrlina und Cidlina definieren[8].

d) Östliches Mittelböhmen

Zwischen Nordostböhmen und dem östlichen Mittelböhmen eine Konzentration an der Elbe zwischen Jaroměř (Jermer) und Pardubice mit 25 Fundstellen mit dem Zentrum um Hradec Králové; südlich und südwestlich davon, jenseits eines fundleeren Gebietes, 12 Fundstellen um Chrudim. Etwa 20 km weiter westlich eines der größten Fundgebiete in Böhmen überhaupt um Kolín und die Burgwälle Kouřim und Libice an der Elbe und an den Unterläufen ihrer Nebenflüsse (etwa 85 Grabfundstellen in einem Gebiet von etwa 1350 qkm[9]).

Man kann also 6. ein Grabfundgebiet um Hradec Králové, 7. eine Grabfundregion um Chrudim und 8. ein Grabfundgebiet um Kolín, Kouřim und Libice feststellen.

e) Zentrales Mittelböhmen

Die größte Funddichte von Böhmen mit ca. 150 Fundstellen auf einem Gebiet von 40 x 30 km; Konzentrationen im Prager Stadtgebiet (etwa 10 x 3 km, von einem etwa 3 km schmalen, fundleeren Gebiet umgeben); nördlich davon um Kladno und Slaný und um Roztoký eine Konzentration, die möglicherweise aus einem westlichen Teil um Kladno und Slaný (Burgwall Budeč) und einem östlichen Teil um Roztoký (Burgwall Levý Hradec) zusammengewachsen und nach der Gesamtverteilung heute nicht mehr zu trennen ist (etwa 36 Fundstellen); nordöstlich dieser beiden Konzentrationen 12 Fundstellen im Raum von Čelákovice und Neratovice an der Elbe; diese Funde sind jedoch durch einige Gräberfelder im Verlauf der Straßen Prag-Mělník, Prag-Mladá Boleslav und Prag-Poděbrady mit dem Roztoký- und dem Prager Gebiet verbunden. Weiterhin eine Konzentration im südwestlichen Prager

---

[8] Das bedeutet jedoch nicht, daß nicht vielleicht das Isergebiet gleichstark besiedelt war — die Definitionen gehen allein von der Dichte der Grabfunde aus.

[9] Über die Siedlungen des Gebietes von Kolín, Kouřim und Libice sind wir durch die Arbeit von *F. Dvořák*, 1936, unterrichtet. Für einzelne Teilbereiche liegen auch neuere Arbeiten vor, so für die unmittelbare Umgebung von Kouřim *M. Šolle*, 1966, S. 19 ff. und Abb. 2, S. 20, für die unmittelbare Umgebung von Libice *R. Turek*, 1971, S. 162 ff. und Abb. 1 und für die Funde an der Šembera, Výrovka, Kouřimka und Bečvárka *J. Kudrnáč*, 1963, S. 173 ff., zu einzelnen Siedlungskammern in diesem Gebiet S. 215 f. — *J. Kudrnáč* arbeitete einzelne Burgbezirke heraus; er betont u. a. den geringen Abstand der Siedlungen in seinem Arbeitsgebiet auch außerhalb der Siedlungskammern.

Stadtgebiet westlich der Moldau mit dem wichtigsten Fundort Motol; 13 Fundstellen an der Mündung der Berounka in die Moldau und am Unterlauf der Berounka[10].

In Mittelböhmen entsteht somit ein flächenhaftes Siedlungsbild. Auch zwischen der Konzentration um Budeč und Levý Hradec und der Konzentration auf dem zentralen Prager Stadtgebiet besteht kein fundleerer Raum. Dennoch lassen sich mit einiger Sicherheit 9. die nördliche mittelböhmische Region um Budeč und Levý Hradec und 10. die südliche mittelböhmische Region im Pager Stadtgebiet definieren. Während man hier überall von einer flächenhaften Fundverteilung sprechen kann, sind 11. die Funde an der unteren Berounka am Flußlauf verteilt.

f) Westliches Mittel- und Südböhmen

Beide Gebiete weisen im bearbeiteten Zeitraum nur sehr wenige Funde auf. Dabei kommt es zu keinen Grabfundkonzentrationen; einen Schwerpunkt kann man in einem weiten Umkreis westlich von Rakovník an der Jechnitz und ihren Nebenflüssen feststellen (11 Fundstellen). Auch Ausläufer des Berounkagebietes reichen weit nach Westen. Zwischen diesen und den Rakovníker Funden besteht jedoch ein fundleeres Gebiet von etwa 15 km Breite. Südlich des Gebietes an der unteren Berounka gibt es nach Süden zu auf etwa 60 km nur 2 um ca. 15 km voneinander entfernte Körpergrabfundstellen und eine Hügelgrabfundstelle. Nach Südosten zu beginnt in etwa 20 km Entfernung von den Rakovníker Außenstellen eine sehr lockere Fundverteilung um Plzeň (Pilsen), an verschiedenen kleineren Flüssen gelegen (9 Fundstellen). Etwa 15 km entfernt liegt im Westen die schon erwähnte Hügelgräbergruppe an der Mže. Das weitere Südwestböhmen bringt bisher nur sehr wenige Funde: im Westen drei dicht beieinanderliegende Stellen westlich von Horšovský Týn (Bischofsteinitz), zwei Funde bei Klatovy

---

[10] Mittelböhmen stellt, wie schon hervorgehoben, das bestuntersuchte Gebiet ganz Böhmens dar. Aufgrund der Arbeiten von *R. Turek* (1947—48, bes. S. 85 ff.) und *J. Kudrnáč* (1963, S. 173 ff.) läßt sich die Entwicklung von älteren Siedlungszentren zur flächenhaften Siedlung des 11. Jh. besonders gut verfolgen. Danach muß man die ursprüngliche Siedlung der Tschechen links der Moldau vermuten (zur Grenze zusammenfassend *J. Kudrnáč*, 1963, S. 216): in der nördlichen Kammer um Budeč (das kann allerdings erst nach Abschluß der Untersuchungen der Siedlungskammer von Budeč sicher belegt werden, *J. Sláma*, 1974, S. 34 ff.) und südlich davon am Nordwestrand des heutigen Prag bei Šárka, Zámka und in Hradčany; mit Ausnahme der Funde aus Hradčany waren die Prager Kleinseite und auch die spätere Altstadt in frühslawischer Zeit nicht besiedelt. Als eine zweite Gruppe heben sich allerdings die Funde vom Südrand der Stadt aus Butovice, Motol und Hostivař hervor (*Turek*, 1947—48, S. 85 f.). Die nördliche Siedlungskonzentration verliert offenbar beim Ausbau Prags an Bedeutung, die südliche Gruppe um Motol wächst mit Prag zu einer einzigen Kammer zusammen (siehe Karte 1). Für die Grabfunde liegt jetzt ein neuer, umfassender Katalog vor (*Sláma*, 1977).

(Klattau), ein Fund südöstlich von Přeštice, ein Fund aus Blovice, ein Fund ganz im Süden in Sušice.

Man kann also nur mit Vorsicht 12. ein Grabfundgebiet westlich von Rakovník und 13. ein Grabfundgebiet um Pilsen definieren[11].

g) Mittelsüdböhmen

Auch im mittelsüdböhmischen Hügelgrabgebiet gibt es nur wenige Körpergrabfundstellen. Zwischen Příbram und Kasejovice 8 Fundstellen jeweils in einer Entfernung von etwa 5 km voneinander — zu diesem Gebiet gehören auch 8 Hügelgräberfundstellen[12]; weiterhin 9 Funde an der Sázava und ihren Nebenflüssen nördlich und nordwestlich von Benešov, nach Norden, Osten, Süden und Westen von einem weiten, fundleeren Gebiet umgeben, östlich davon an der mittleren Sázava 7 Gräberfelder[13]. Sonst sind bisher nur einige wenige Fundorte bekannt: südlich der Funde von Benešov drei Fundplätze auf der Höhe von Votice, drei Gräberfelder in der Gegend von Sedlčany, die schon an die Hügelgräber anschließen, 4 Fundstellen bei Tábor und zwei nordöstlich davon bei Mladá Vožice, davon im Südosten ganz vereinzelt zwei Gräberfelder bei Červená Řečice[14].

Als Grabfundgebiete kann man folglich nur folgende Regionen definieren: 14. ein Grabfundgebiet südlich von Příbram, 15. ein Grabfundgebiet um Benešov und 16. ein Grabfundgebiet an der mittleren Sázava.

h) Südostböhmen

Die Region ist vollkommen fundleer.

---

[11] Zur Kammer von Rakovník *J. Bubeník,* 1976, S. 382 f. Daß diese Funde nicht unter Nordwestböhmen behandelt werden, resultiert aus der vorgenommenen geographischen Einteilung und betrifft nicht den siedlungsgeschichtlichen Zusammenhang. In jedem Fall handelt es sich um ein Ausbaugebiet mit jüngeren Funden. Über das Pilsener Gebiet *R. Turek,* 1976 a, S. 24 ff. Zu den archäologischen Funden auch *J. Sláma,* 1971, S. 725 ff. in einer Kritik der Arbeit von *Z. Kalista,* 1970, S. 299 ff.; *R. Turek,* 1960, S. 301 ff. und die beiliegende Karte; *J. Kudrnáč,* 1951, S. 185 ff.

[12] Dieses Gebiet ist als einzige Gegend Südböhmens sehr gut untersucht. Über die zu den Grabfunden gehörenden Siedlungsfunde *M. Buchvaldek, J. Sláma, J. Zeman,* 1971, S. 364 ff., bes. Abb. 24. Zur Grabung des Burgwalls von Kozárovice *M. Buchvaldek, J. Sláma, J. Zeman,* 1978; zur Siedlung dieses Gebietes S. 99 f. — Südböhmen wurde in älterer Zeit systematisch von *B. Dubský,* 1949, S. 509 ff., bearbeitet. Zu den Hügelgräbern siehe oben S. 60.

[13] Die Funde an der mittleren Sázava behandelt *J. Kudrnáč,* 1963, S. 191 ff. und Abb. 16.

[14] Zu den weiteren Gebieten Südböhmens liegt leider keine ausführlichere siedlungskundliche Arbeit vor. Deshalb muß man hier auf die ältere Arbeit *B. Dubský*'s (1949) zurückgreifen. Zum Gebiet an der Otava *B. Dubský,* 1928; 1949, S. 560 ff.

Ganz Südböhmen zeigt sich somit als der fundärmste Raum des Arbeitsgebietes. Lockere Siedlungsschwerpunkte, meist an Flüssen gelegen, sind von weiten fundleeren Zonen umgeben. Im mittleren Südböhmen findet sich dafür wenigstens eine etwas dichtere Streuung von Hügelgräberfeldern. Die wenigen jüngeren Körpergräberfelder dieses Gebietes liegen im Bereich der Hügelgrabgruppen[15].

Aus der lockeren Streuung heben sich allerdings die als Grabfundgebiete definierten Fundkonzentrationen etwas deutlicher durch eine größere Funddichte heraus. Der Abstand zwischen den einzelnen Fundpunkten liegt aber auch hier bei mindestens 5 km.

Aus der Funddichte und der Zahl der vorliegenden geschlossenen Funde ergibt sich, daß die Regionen untereinander gar nicht ohne weiteres verglichen werden können. Dadurch wird die Auswertung der regionalen Verbreitung von Grabfundmerkmalen und eine Untersuchung regionaler Gruppen wesentlich erschwert. Regionale Schwerpunktbildungen dürfen also im Augenblick noch nicht überinterpretiert werden.

Die Sozialstruktur der schlecht belegten Gebiete kann somit kaum ermittelt werden. Ebenso ist hier die oben dargelegte Vergleichsmethode zwischen Grabfunden und urkundlichen Belegen nicht durchzuführen. Man muß sich in diesem Fall wohl auf die siedlungsgeschichtlichen Beobachtungen beschränken.

Der Gräberfeldtyp:

a) Der Typ der dazugehörigen Siedlung

Für die verfolgte Fragestellung ist es zunächst wichtig, zwischen der Bevölkerung zu unterscheiden, die zu Burgwällen und der Bevölkerung, die zu ländlichen, unbefestigten Siedlungen gehörte[16]. Der Datenaufnahme zufolge wurden 378 Gräberfelder registriert, die nicht zu Burgwällen gehörten. 68 Fundstellen liegen bei bzw. auf Burgen (Karte 2) (z. T. mehrere Gräberfelder bei einer Burg wie z. B. bei Kouřim; dadurch ergibt sich die hohe Zahl)[17]. Insgesamt handelt es sich um 664 geschlossene Grabfunde von 36 Friedhöfen. Von 32 Fundstellen sind bis jetzt keine geschlossenen Grabfunde bekannt.

---

[15] Dazu siehe Teil II.1. und Karte 1.

[16] Einen Versuch in dieser Richtung macht *B. Dostál*, 1966, S. 95 f. für die mährischen Gräber.

[17] Dazu Z. *Krumphanzlová*, 1966, S. 277 mit weiterer Literatur. *M. Šolle* (1970) 1973, S. 386; 1980, S. 174 ff.; eine ähnliche Einteilung bei *B. Dostál*, 1966, S. 94 f.; S. 12. Die Gräberfelder, die zu offenen Siedlungen gehörten, sind leider häufig nur durch eine Negativauswahl, nämlich das Nichtvorhandensein eines Burgwalls in ihrer unmittelbaren Umgebung, zu erkennen — dies bedeutet eine gewisse Fehlerquelle.

Was die regionale Verbreitung betrifft, so sind die Burgfriedhöfe relativ gleichmäßig gestreut[18]. Nur im Gebiet an der Mrlina und Cidlina und im mittleren Südböhmen haben wir bisher kein Burggräberfeld mit Körpergrabsitte registriert[19]. Das verwundert, zumal genügend Burgwälle bekannt sind. Ein Grund ist sicher die lange Dauer der Hügelgrabsitte; außerdem muß man den schlechten Forschungsstand berücksichtigen.

b) Ältere Reihengräberfelder bei ländlichen Siedlungen

Die Reihengräber der mittleren BWZ lagen außerhalb heutiger Siedlungen und, wie es scheint, auch außerhalb oder am Rande der archäologisch ermittelten gleichzeitigen Siedlungen. Im ländlichen Raum gilt dies wohl unumschränkt, im Bereich der Burggräberfelder lassen sich schon in der mittleren BWZ Friedhöfe innerhalb und außerhalb des Befestigungsareals unterscheiden[20].

Gräberfelder bei ländlichen Siedlungen — häufig sind die Siedlungen archäologisch nicht nachgewiesen — sind insgesamt am häufigsten, nämlich 264mal belegt, und brachten 1428 geschlossene Grabfunde — das sind 64,3 % aller Grabfunde.

c) Gräberfelder bei Kirchen

Im Laufe der Christianisierung wurden innerhalb von Siedlungen oder Burgen Kirchen gebaut und bei ihnen Gräber angelegt[21]. 92 Friedhöfe liegen bei Kirchen, nur 29 davon sind auch durch geschlossene Funde belegt. Insgesamt stammen von ihnen nur 282 geschlossene Funde, also nur 12,7 %. Häufig findet sich der Kirchhof noch in Benutzung[22].

Bei jüngeren Gräberfeldern ist allerdings nicht immer eine Kirche belegt. Bei einigen Friedhöfen innerhalb heutiger Siedlungen, bei denen

---

[18] Man vergleiche dazu die Karten böhmischer Burgwälle bei *R. Turek*, 1957, Karte 1 und *M. Šolle*, 1966 a, S. 115 ff., Abb. 1. Im einzelnen *J. Kudrnáč*, 1963, für Mittelböhmen, *M. Zápotocký*, 1965, für das Leitmeritzer Gebiet, *J. Bubeník*, 1976, S. 378 ff. für Nordwestböhmen. Die Burgwälle liegen im allgemeinen innerhalb der Siedlungskammern. Vor allem in der ältesten Zeit ist der Abstand zwischen den einzelnen Burgwällen sehr gering (*Kudrnáč*, 1963, S. 215 ff.).

[19] Ein Gräberfeld fehlt auch bei dem kürzlich, wenn auch in Notgrabung, untersuchten Burgwall von Kozárovice, Kreis Příbram (*Buchvaldek, Sláma, Zeman*, 1978).

[20] *M. Zápotocký*, 1965, S. 217; S. 246. Für die Burggräberfelder *M. Šolle*, 1973, S. 384 ff. Die Gräberfelder innerhalb der Siedlungen sind i. a. mit den Kirchfriedhöfen identisch.

[21] *Z. Krumphanzlová*, 1966, S. 279. Zur Entwicklung der Pfarrorganisation *F. Hrubý*, 1916—17, S. 27. Zusammenfassend *Z. Fiala*, 1967, S. 133 ff.

[22] *Z. Krumphanzlová*, 1966, S. 311.

keine Kirche bekannt ist, muß man deshalb mit der Verlegung des Kirchplatzes, möglicherweise auch mit einer bisher nicht erkannten Holzkirche rechnen. Eine genaue Untersuchung solcher Verlegungen sowie der wahrscheinlich mit ihnen verbundenen Wüstungserscheinungen müßte einer Siedlungsgeschichte aufgrund von schriftlichen und archäologischen Quellen vorbehalten bleiben und kann im Rahmen dieser Arbeit leider nicht erfolgen[23]. Im gut untersuchten Mittelböhmen haben übrigens fast alle Gräberfelder innerhalb der Siedlungen auch Kirchen. Die vielen Kirchfriedhöfe gerade im Prager Raum zeugen von der starken dortigen Siedlungskonzentration, wahrscheinlich aber auch von einer besonders intensiven und frühen Christianisierung in diesem Gebiet[24] (Karte 2). Es handelt sich hierbei einerseits um die drei Friedhöfe der Prager Burg selbst, bei der Marienkirche, dem Veitsdom und der Georgskirche, andererseits aber um Friedhöfe von einzelnen Siedlungsplätzen innerhalb des heutigen Prager Stadtgebietes[25]. Zwei der 6 Kirchfriedhöfe der Region von Budeč und Levý Hradec gehören zu den beiden namengebenden Burgwällen[26].

Eine Häufung von Gräberfeldern innerhalb der Siedlungen, die keine Kirchen erbracht haben, findet sich im Gebiet von Kolín, Kouřim und Libice[27].

Die Entwicklung zu Kirchfriedhöfen setzt auf den Burgen früher ein als im ländlichen Bereich[28]. Sowohl die Burgkirchgründungen als auch die Friedhöfe auf dem Burgareal gehören nämlich z. T. schon der Zeit von der Wende des 9. zum 10. Jh. an, können aber bei Kontinuität des Burgwalles auch in jüngere Zeit reichen[29].

---

[23] *M. Zápotocký* konnte im Leitmeritzer Gebiet von insgesamt 70 Siedlungsfundstellen 13 mit Sicherheit Wüstungen zuweisen (1965, S. 206 f.).

[24] Zusammenfassend zu den frühen Kirchenbauten *Z. Krumphanzlová*, 1971, S. 410 ff.

[25] z. B. in Střešovice (*Turek*, 1947—48, S. 82) oder in Řeporyjc (*Turek*, 1947—48, S. 77) oder die Funde in der Kaprová Ulice bei der ehemaligen Kirche (ebd. S. 73). Zu den Funden auf der Prager Burg *I. Borkovský*, 1953, S. 129 ff.; 1972; 1969; 1975.

[26] *I. Borkovský*, 1965, S. 50 ff. — Auf Budeč gibt es sogar 2 Kirchfriedhöfe: einen bei der Marien- und einen bei der Peter und Paulskirche. Jetzt dazu ausführlich *J. Sláma*, 1977, S. 53 ff.

[27] Dazu *M. Šolle*, 1966, S. 210 ff.; *M. Šolle*, 1973, S. 388 hält auch einen Holzkirchenbau in Kouřim für möglich. Damit müssen wir übrigens überhaupt in der ersten Phase der Christianisierung rechnen. Eine Reihe von Gräberfeldern weist freie Plätze auf, auf denen möglicherweise solche Bauten gestanden haben (*Šolle*, 1973, S. 388; *Krumphanzlová*, 1966, S. 313; *Svoboda*, 1963, S. 303).

[28] *M. Šolle*, 1973, S. 382 ff.; *Z. Krumphanzlová*, 1966, S. 309.

[29] Kontinuierlich belegt werden z. B. einige Gräberfelder auf der Prager Burg (*Borkovský*, 1953, S. 129 ff.) oder der Friedhof der Marienkirche in Budeč (*J. Sláma*, 1977, S. 55 ff.; Fundbericht *J. Böhm*, AÚ 391/31). Die Gräber der Peter und Paulskirche stammen offenbar aus der mittleren Burgwallzeit

Die ersten Kirchen wurden in Böhmen auf den Burgen gegründet: in Levý Hradec, in Budeč, in Prag und in Libice. In Kouřim haben sich auf dem großen, älteren Burgwall allerdings bisher keine Spuren einer Kirche nachweisen lassen[30]. Nach der Kirchgründung wurde auf den Burgwällen dann auch ein Gräberfeld bei der Kirche angelegt; das ältere Gräberfeld außerhalb des Befestigungsareals wurde meist aber von einem Teil der Bevölkerung weiter benutzt[31].

Im Gegensatz zu Mittelböhmen kommen frühe Burgkirchgräberfelder, wie sie z. B. auch in Mähren häufiger nachgewiesen sind[32], in Nordwest-, Nordost-, Ost- und Südböhmen nicht vor.

In unbefestigten Siedlungen sind Kirchfriedhöfe erst vom Beginn des 11. Jahrhunderts an nachgewiesen[33]. Sie sind offenbar gleichzeitig mit den Dorfkirchen angelegt worden. Zur gleichen Zeit setzt sich das Christentum soweit durch, daß die Beigabensitte aufgegeben wird. Es handelt sich also wohl um eine zweite, intensivere Christianisierungswelle, durch die nun auch der Glaube vom Leben nach dem Tode verändert wird[34]. Die Ausstattungsgegenstände beschränken sich im wesentlichen auf weiblichen Schmuck. Das ganze 11. Jh. hindurch findet man jedoch noch zahlreiche Belege älterer Vorstellungen[35]. Auf den mittel- und ostmittelböhmischen Burgwällen wird die Beigabensitte aber offenbar schon im Laufe der zweiten Hälfte des 10. Jahrhunderts weitgehend aufgegeben.

---

und sind z. T. gleichzeitig mit den Gräbern aus Zákolany (mündl. Mitteilung *M. Šolles;* dazu siehe auch unten S. 193 ff.). Zu dieser Frage jetzt auch *M. Šolle,* 1980, S. 174 ff.

30 Siehe Anm. 27. Bei Kouřim hat *M. Šolle* sicher zurecht die Frage der Kultplatzkontinuität am Libussasee aufgeworfen. Mit der Christianisierung älterer Kultplätze durch Kirchenbauten wird man in jedem Fall auf den Burgwällen rechnen müssen (*Šolle,* 1973, S. 383 ff.; 1966, S. 140 ff.).

31 Wie in Budeč (siehe Anm. 29) liegt auch in Kouřim das ältere Gräberfeld außerhalb der Burg — es wird jedoch durch die Erweiterung der Befestigungsanlagen in den Burgbereich einbezogen (*Šolle,* 1966, S. 33 ff., bes. S. 35; siehe auch unten, S. 161). In Prag wird das Gräberfeld an der Jelení Ulice außerhalb der Burg auch nach Anlage der Marienkirche benutzt (*Šolle,* 1973, S. 386 ff.).

32 So *J. Cibulka,* 1958 (Modrá bei Velehrad); *V. Hrubý,* 1955 (Staré Město); *F. Kalousek,* 1971 (Břeclav-Pohansko), *J. Poulík,* 1963 a (Mikulčice).

33 *Z. Fiala,* 1967, S. 138; *Z. Krumphanzlová,* 1974, S. 35; *D. Libal,* 1961; *A. Merhautová,* 1971; *F. Hrubý,* 1916—17, S. 257 ff.

34 Schon etwas früher finden sich Tongefäße kaum noch (*M. Zápotocký,* 1965, S. 244 ff.). Die Ausstattungsgegenstände beschränken sich im wesentlichen auf weiblichen Schmuck. Zur zweiten Christianisierungswelle im großen Zusammenhang der Reihengräbersitte der Merowingerzeit *B. Young,* 1977, S. 5 ff.

35 So z. B. der Vampirismus, wie er auf dem einzig systematisch gegrabenen Kirchfriedhof von Radomyšl bei Strakonice noch im 12. Jh. belegt ist (*B. Nechvátal,* 1967, S. 478 ff.). Zur Frage der Ritusabweichungen *Z. Krumphanzlová,* 1964, S. 177 ff.; 1961, S. 544 ff.

Bei einem Vergleich der Kirchgräberfelder und der Gräberfelder bei Burgen fällt die sehr ähnliche, gleichmäßige Verteilung auf, im Gegensatz zu den eher Ballungen bildenden, viel häufigeren Reihengräberfeldern. So weist die Kammer von Bílina drei solcher Gräberfelder auf, die Region von Žatec und das Gebiet an der unteren Eger je zwei. Jede der drei Untergruppen des Leitmeritzer Raums ergab je ein Gräberfeld mit Kirche. Eine besondere Häufung besteht in den beiden mittelböhmischen Gebieten und um Kolín, Kouřim und Libice.

Das Verbreitungsbild gibt teils Siedlungskonzentrationen, teils aber auch die regionale Entwicklung der Kirchgründungen im 11. und 12. Jh. wieder[36].

Die geringere Zahl der Kirchfriedhöfe könnte jedoch auch einfach auf eine schlechtere Fundbeobachtung zurückzuführen sein. Man darf nicht vergessen, daß die Kirchfriedhöfe im allgemeinen bis in unsere Zeit fortbestehen und somit ständigen Bodenbewegungen ausgesetzt gewesen sind. Darüber hinaus handelt es sich bei den Gräbern des 11. Jh. zu einem großen Teil schon um beigabenlose Gräber, die auf einem neuzeitlichen Friedhof in keiner Weise auffallen und außerdem undatierbar sind.

Trotz der schlechten Fundsituation kann aber als sicher gelten, daß alle Friedhöfe erst in späterer Zeit angelegt worden sind und daß bei all diesen Friedhöfen keine Kontinuität zwischen mittlerer und jüngerer Burgwallzeit besteht[37].

Gräber in der Kirche selbst konnten aus der bearbeiteten Zeit leider kaum nachgewiesen werden. Es handelt sich hier mit großer Sicherheit um eine Forschungslücke, die nur durch eine größere Zahl von Kirchengrabungen geschlossen werden könnte[38].

d) Die Lage der Gräber

Die Körpergräberfelder Böhmens sind ausnahmslos Reihengräberfelder. Man kann jedoch auch auf Reihengräberfeldern eine Anord-

---

[36] Zur Kirchenorganisation und zur Frage der Eigenkirchen *F. Hrubý,* 1916—17, S. 27. Im Stadium des Aufbaus der Pfarrorganisation dürften die Eigenkirchen Rechte von Pfarrkirchen ausgeübt haben (Z. *Fiala,* 1967, S. 133 ff.). Somit dürften die frühen Kirchfriedhöfe wenigstens zu einem Teil auch Eigenkirchen und somit Grundherrschaften anzeigen.

[37] Die älteren, nichtkirchlichen Friedhöfe werden spätestens im 12. Jh. aufgegeben (*Zápotocký,* 1965, S. 244 ff.).

[38] Diese Frage dürfte zusammenhängen mit dem Problem der Holzkirchen, über die wir aus Böhmen noch keine Untersuchungen haben. Gut untersucht wurden die Bestattungen in der Marienkirche auf der Prager Burg (*Borkovský,* 1953, S. 129 ff.).

nung in regelmäßigen, eher geraden Reihen und eine Anordnung in Reihen, die zu Gruppen zueinander geordnet sind, beobachten[39]. Die Gruppe wird von einigen tschechischen Autoren als Ausdruck eines größeren, um ein Oberhaupt gruppierten Familienverbandes interpretiert. Erst nach Auflösung dieses „gentilen“ Gesellschaftssystems und der Entstehung der Kleinfamilie soll man zur Reihenbestattung übergegangen sein[40].

Leider läßt sich aber die Unterscheidung zwischen Gruppen- und Reihengräbern gar nicht so eindeutig treffen. Üblich sind eigentlich stark unregelmäßige Reihen, die sich nach z. T. feststellbaren, z. T. aber auch unbekannten Orientierungspunkten eher zu Gruppen anordnen. Eine solche Gräberanordnung ist auch noch bei den jüngeren Reihengräberfeldern die Regel[41]. Von den späten, ländlichen Kirchfriedhöfen dagegen haben wir fast keine Gräberfeldpläne, die ein genaues Bild der frühen Bestattungen des 11. und 12. Jh. ermöglichen[42].

Der Grabtyp:

Die vom normalen Flacheinzelgrab abweichenden Grabtypen sind im Rahmen der Körpergräberfelder so selten, daß sie sich einer statistischen Bearbeitung entziehen. Die wenigen Brandgräber sind für eine sozialgeschichtliche Auswertung nicht von Interesse, da sie keine weiteren interpretierbaren Merkmale aufweisen[43].

a) Die Oberflächengestaltung

Auf dem Gräberfeld von Staré Město in Mähren hat sich gezeigt, daß auch die flachen Körpergräber ursprünglich unter kleinen Hügeln lagen[44]. Wir können diese Beobachtung allerdings vernachlässigen, da sie in Böhmen bisher nicht eindeutig bestätigt und außerdem bei der Unterscheidung einzelner Gräbergruppen im Augenblick keine Rolle spielt.

Die als Oberflächenkennzeichnung der Grabstelle auch in Böhmen üblichen Grabsteine sind ausgesprochen selten belegt — es liegen nur 57 Befunde vor[45].

---

[39] Z. *Krumphanzlová*, 1966, S. 309 ff.

[40] Sehr vorsichtig Z. *Krumphanzlová*, 1966, S. 316; S. 324. Deutlicher bei J. *Böhm*, 1951, S. 166; S. 171. Zur Frage der Existenz von Großfamilien in altslawischer Zeit jetzt J. *Botík*, 1979, S. 137 ff. (mir leider nicht zugänglich).

[41] So z. B. in Brandýsek, Slaný (*Kytlicová*, 1968, Abb. 2).

[42] Die Ausnahme bildet Radomyšl bei Strakonice (*Nechvátal, Radoměrský*, 1964, S. 665). Auf Kirchfriedhöfen liegen aus Platzmangel die Bestatteten häufig in vielen Schichten übereinander (so auch auf dem Gräberfeld auf der Prager Burg bei Panní Marie, I. *Borkovský*, 1953, S. 140).

[43] z. B. die Gräber von Loretánské Náměstí (*Borkovský*, 1940, S. 9 f.).

[44] V. *Hrubý*, 1955, S. 47 f. Über mögliche Hügel über Gräbern von Kouřim M. *Šolle*, 1966, S. 136.

Die meisten der Gräber mit Grabsteinen gehören in die Region von Budeč und Levý Hradec. Einige Fundstellen sind weiterhin aus dem Gebiet von Kolín, Kouřim und Libice bekannt sowie aus dem Leitmeritzer Raum. Darüber hinaus liegen nur einige verstreute Funde vor.

Man nimmt an, daß die Grabsteinsitte erst in jüngerer Zeit aufkommt. Gravierungen konnten auf den Steinen kaum festgestellt werden[46].

b) Die Zahl der Toten im Grab

Die meisten Gräber enthalten nur einen Toten. Mit 7,3 % stellen auch die Doppel- und Dreifachgräber keinen hohen Anteil am Gesamtmaterial dar. Sie sind dem Forschungsstand entsprechend auf alle Regionen Böhmens und den Arbeitszeitraum verteilt[47].

Im Rahmen der Fragestellung dieser Arbeit interessieren hier vor allem zwei Probleme: 1. die Beziehung der zusammen bestatteten Personen zueinander, der man durch die Bestimmung von Alter und Geschlecht der Toten nahekommen kann, und 2. die soziale Stellung der Bestatteten. Es hat sich nämlich gezeigt, daß Doppelgräber von Mann und Frau häufig besonders reich ausgestattet sind, wie z. B. das Doppelgrab von Kolín[48]. Es ist zu fragen, ob es sich hierbei um eine allgemein gültige Beobachtung handelt.

Im Gegensatz zu den Doppelbestattungen gehören die Superpositionen nur dem jüngeren Zeithorizont an[49]. Es liegen 91 Grabfunde vor; neben

---

[45] *Z. Krumphanzlová*, 1966, S. 307 f.

[46] Grabsteine kommen, wenn überhaupt mit Beigaben, so vorwiegend mit s-förmigen Schläfenringen vor (zu deren Datierung siehe unten S. 115). *A. Točík*, 1955, S. 493, hielt Grabsteine für ein Kennzeichen von Bestattungen sozial höhergestellter Personen. Grabsteine mit Zeichen oder Aufschriften sind z. B. aus Libice (*Turek*, 1963 b, S. 232), aus Radomyšl (*Nechvátal, Radoměrský*, 1964, S. 666) bekannt.

[47] *Z. Krumphanzlová*, 1966, S. 291. Die Doppelgräber können auf zweierlei Weise entstanden sein: durch den gleichzeitigen Tod zusammengehöriger Personen oder durch die sorgfältige, nachträgliche Zusammenbestattung. Zur ersten Gruppe gehören mit Sicherheit die vielen Gräber von Mutter und Kind. Bei einigen Gräbern fallen allerdings rituelle Unregelmäßigkeiten auf (so bei dem Dreifachgrab in Brandýsek, Slaný (*Kytlicová*, 1968, S. 202; S. 237 f.). In diesen Fällen könnte man auch gewaltsame Tötung einer der Personen in Erwägung ziehen. Das sind aber Ausnahmen. Bei neuen Grabungen konnte mehrfach festgestellt werden, daß die Personen nacheinander bestattet wurden, so in Kouřim, Grab 106 a und 106 b (Grab der Kouřimer Fürstin) (*Šolle*, 1966, S. 266).

[48] Kolín: *J. Schránil*, 1925, S. 160 ff.; *J. L. Píč*, 1909, S. 337; *F. Dvořák*, 1936, S. 104 f. — Exponierte Gräber von Mann und Frau weiterhin in der Marienkirche der Prager Burg (*Borkovský*, 1953, S. 129 ff.) und in Kouřim (*Šolle*, 1966, S. 266).

[49] *Z. Krumphanzlová*, 1966, S. 289 f. — *Z. Krumphanzlová* möchte das Aufkommen der Superpositionen mit der Veränderung der Familienstruktur in

einigen Funden in den Gebieten von Budeč-Levý Hradec und von Kouřim finden wir sie vor allem in den Randlagen von Nordwest-, Nordost- und Südböhmen. Eine Konzentration in einer Region ist nicht feststellbar.

Einzelheiten des Grabbrauchs:

a) Orientierung

Bei den meisten Gräbern (1130) liegt der Kopf im Westen mit dem Blick nach Osten. Häufig wurden relativ geringe Abweichungen beobachtet, und zwar lag der Kopf bei 246 Gräbern im Südwesten, bei 112 Gräbern im Nordwesten. Beide leicht abweichende Orientierungen müssen noch zu den regelmäßigen Bestattungen gerechnet werden[50].

Bei 20 Gräbern war der Kopf nach Norden ausgerichtet, bei 44 Gräbern nach Osten. Da die anderen Himmelsrichtungen kaum vorkommen, scheinen diese beiden abweichenden Orientierungen doch planmäßig gewählt zu sein.

Da der Tote bei der West-Ost-Orientierung den Blick auf die aufgehende Sonne richtet, hat man überlegt, ob die Abweichungen von der Regelorientierung nicht durch die jahreszeitliche Veränderung des Sonnenstandes hervorgerufen sein könnten[51]. Für diese Erklärung spricht, daß sicher die tatsächlichen Himmelsverhältnisse bei der Richtungswahl den Ausschlag gegeben haben, sollte der Sonnenstand bei der Orientierung überhaupt berücksichtigt worden sein. Versuche, die Jahreszeit des Todes der Bestatteten aufgrund der Graborientierungen zu berechnen, haben aber zu Ergebnissen geführt, die allen Erfahrungen widersprechen[52]. Bei den geringen Abweichungen von der Regelorientierung müssen wir eher mit Ungenauigkeiten bei der Bestattung selbst und bei der Fundbeobachtung rechnen. Sowohl die Gräber in Nord-Süd- als auch die Gräber in Ost-Westlage sind aber mit Sicherheit absichtlich anders orientiert worden als alle anderen. Das zeigt auch die Genauigkeit der Orientierungen, bei denen es ebenfalls nur geringe Abweichungen gibt.

Zusammenhang bringen. Übereinanderbestattungen sind ebenfalls auf den Friedhöfen der späten Merowingerzeit belegt und eine typische Erscheinung der Reihengräberfelder. Dazu *E. Salin,* 1952, S. 213 ff. — Z. B. in Holzgerlingen, Württemberg.

[50] *Z. Krumphanzlová,* 1966, S. 286 ff. Die W-O-Orientierung herrscht im gesamten Reihengräberkreis vor, im westslawischen Milieu z. B. in Espenfeld (*Bach, Dušek,* 1971, S. 11 ff.).

[51] Zuerst sprach diesen Gedanken *F. Holter,* 1925, S. 5 f., aus.

[52] Versuche zur Berechnung von Sterbezeiten machten z. B. *V. Hrubý,* 1955, S. 53; *B. Dostál,* 1966, S. 26; *H. Bach, S. Dušek,* 1971, S. 12. Dieser Ansatz führt in Böhmen zu nicht wahrscheinlichen Ergebnissen (*Šolle,* 1959 b, S. 376 f.; 1966, S. 211). Vgl. auch die Ergebnisse dieser Arbeit.

Welche Überlegungen, welche Gegebenheiten könnten aber zu einer so starken Differenz zu den übrigen Gräbern geführt haben?

Z. Krumphanzlová möchte die Orientierungsabweichungen nicht monokausal erklären und nimmt für die besprochenen Abweichungen das Zusammenwirken mehrerer Gründe an: chronologische Unterschiede, lokale Besonderheiten, ethnische Unterschiede und, vor allem bei den starken Abweichungen, religiöse Gründe. Darüber hinaus weist sie auf die Möglichkeit unterschiedlicher lokaler Orientierungspunkte hin[53].

In mehreren prähistorischen Kulturen dienten die entgegengesetzten Orientierungsrichtungen zur Bezeichnung der Geschlechter[54]. Dies kann aber in keinem Fall in Böhmen die einzige Erklärung sein[55].

Ein Vergleich der Gräberfeldpläne zeigt, daß die Orientierung der Einzelgräber in erster Linie von der Gesamttopographie des Gräberfeldes abhängt, die offenbar auf lokale Besonderheiten zurückgeht[56]. Als Orientierungspunkte dienten mit Sicherheit die Grabkirchen, aber wahrscheinlich auch Gräber besonderer Personen. Ähnliche Erscheinungen sind übrigens auch aus dem merowingischen Bereich bekannt[57].

Für die stark abweichenden Orientierungen erwägt Z. Krumphanzlová jedoch noch eine andere Erklärung, die des Vampir-Glaubens[58].

---

[53] Z. *Krumphanzlová*, 1966, S. 287.

[54] Auf einigen polnischen Gräberfeldern scheint die umgekehrte Orientierung typisch für Männergräber zu sein — Beispiele bei *Z. Krumphanzlová*, 1966, S. 287, Anm. 62—66. *M. Šolle* konnte einen Fall von gegeneinander orientierter Doppelbestattung von Mann und Frau beobachten (*Šolle*, 1966, S. 211 u. Abb. 6).

[55] In der Tat sind O-W-orientierte Gräber in Böhmen meist Männergräber (siehe unten). Sie sind aber so selten, daß es sich um eine ausgewählte Gruppe von Personen handeln muß. In Vel'ky Grob, Slowakei, scheint man vornehme Personen umgekehrt bestattet zu haben (*Chropovský*, 1957, S. 190; S. 205). In Libice fand sich das Grab eines alten Mannes an der westlichen Kirchenfassade in umgekehrter Orientierung und mit gekreuzten Händen. Möglicherweise handelt es sich um eine Priesterbestattung (siehe unten, S. 98 ff.).

[56] Die Gräber bilden häufig kreisförmige Gruppen, wie z. B. im Ostteil von Želenice (*Schmidt*, 1893/95, Abb. S. 6). Außerordentlich wichtig ist die Erkenntnis, daß diese unregelmäßigen Bestattungen fast ausschließlich im älteren Teil des Gräberfeldes vorkommen (*Šolle*, 1966, S. 51).

[57] Zu den Bestattungen in und um Kirchen herum *E. Salin*, 1952, S. 23 ff., mit leicht abweichender Orientierung entsprechend der Kirche z. B. St. Laurent, Lyon. *Salin* vertritt allerdings die Theorie der Richtungsabweichung nach dem Sonnenstand, hält aber auch andere Orientierungspunkte für möglich (S. 193; 198).

[58] Z. *Krumphanzlová*, 1966, S. 288, berichtet von zwei Bestattungen des Gräberfeldes von Lahovice bei Prag, die jedoch nicht dem üblichen, i. a. regelmäßigen Bild der O-W-Bestattungen entsprechen. Die Mehrzahl der O-W-Gräber wird man nicht so interpretieren dürfen. Dennoch besticht der Gedanke, daß die umgekehrte Orientierung besondere Tote in negativem oder positivem Sinne oder Angehörige einer bestimmten Gruppe kennzeichnen sollte.

b) Grabtiefe

Die Interpretation von Grabtiefen bringt leider große Schwierigkeiten mit sich. In den meisten Fällen wird die Tiefe von der heutigen Oberfläche an angegeben, obwohl im Verhältnis zum Mittelalter große Veränderungen vor sich gegangen sind[59].

Die Kenntnis der Grabtiefe besitzt vor allem quellenkritischen Wert. Bei den gut untersuchten Gräbern kann aber auch der Vergleich der Grubentiefe der Gräber untereinander zu einem Ergebnis führen: In den meisten Fundberichten wurden die Grabgrubentiefen leider nur sehr grob geschätzt. Infolgedessen bilden sich Schwerpunkte bei fast allen Zehnern und Fünfern, bei 40, 50, 60, 65, 70 cm usw. — besonders häufig wurde die Tiefe von 1 m unter dem Bodenniveau angegeben. Die meisten Bestattungen liegen zwischen 26 und 50 cm tief (206 Gräber). Ein weiterer Schwerpunkt zeigt sich bei 76—100 cm Tiefe (180 Gräber). Eine Tiefe von 71—75 cm ist etwas seltener (157 Gräber). Gräber mit einer Tiefe von 101—125 und 126—150 cm wurden 61mal und 63mal beobachtet, Grabtiefen über 151 cm kamen nur 26mal vor.

Trotz der vielen Fälle mit schlechter Fundbeobachtung dürfte das Gesamtbild recht zuverlässig sein.

Allerdings fällt auf, daß in Mittelböhmen besonders viel tiefe Gräber vorkommen (100—150 cm). Die Gräber von über 150 cm Tiefe sind dagegen etwa gleichmäßig auf die Hauptfundgebiete verteilt: Bílina, untere Eger, Levý Hradec-Budeč, Prag und Libice. Mit insgesamt 9 Gräbern liegt aber auch hier in der Prager Kammer ein Schwerpunkt.

In einigen Fällen hat man nachweisen können, daß die tiefer eingegrabenen Gräber eines Gräberfeldes älter sind als die flachen Gräber und außerdem auch größere Grabgruben aufwiesen[60]. Verbindlich läßt sich das aber nur jeweils von Gräberfeld zu Gräberfeld nachweisen. Am Gesamtmaterial zu überprüfen ist die Abhängigkeit von Grabtiefe und Beigabenhäufigkeit[61].

---

[59] *B. Dostál,* 1966, S. 20 für Mähren. Zusammenfassende Untersuchungen liegen darüber leider nicht vor. Über die Einbeziehung der seltenen Beobachtungen bei einzelnen Grabungen hinaus war es im Rahmen dieser Arbeit leider nicht möglich, eine eigene, systematische Untersuchung der Bodenverhältnisse vorzunehmen.

[60] Dazu mit Beispielen II.3.6. *O. Kytlicová,* 1968, S. 224 f.; *M. Šolle,* 1966, S. 33 ff.; S. 212.

[61] *J. Eisner,* 1952, S. 336; *B. Chropovský,* 1957, S. 192; S. 205; *L. Hrdlička, J. Frolík,* 1961, S. 24 ff. — Beigabenhäufigkeit und Zeitstellung sind ohne Zweifel voneinander abhängig. In der Zeit, in der man flacher bestattete, nimmt auch die Beigabenhäufigkeit ab (*Šolle,* 1966, S. 33 ff.). Es handelt sich somit nur um ein vermeintlich „soziales“ Kriterium.

c) Holzeinbauten

Holz ist verständlicherweise selten belegt. Der Tote lag auf oder unter Brettern, in einem Sarg oder in Holzverkleidung. Eine so detaillierte Gliederung der Holzeinbauten, wie sie Z. Krumphanzlová und V. Hrubý aufstellten, ist für ein umfangreiches Material kaum aufrechtzuerhalten[62]. Nicht mehr in Form und Funktion bestimmbares Holz im Grab wurde in 81 Fällen registriert; Bretter, die als Unterlage des Toten dienen, in 80 Fällen, teilweise oder vollständige Holzverkleidung der Grabgrube in 88, regelrechte Särge in 194 Fällen. Da die Beobachtungen z. T. so erschwert sind, verbergen sich unter den Angaben über Bretter oder Holzverkleidung sicher viele unerkannte Särge, die nicht mehr vollständig erhalten waren.

In gut beobachteten Gräbern findet sich jedenfalls im gesamten Arbeitsgebiet auch Holz. Die genannten Formen sind in allen besser untersuchten Teilregionen des Arbeitsgebietes vertreten. In Nordwestböhmen überwiegen die Bretter unten; Särge sind kaum belegt. Im allerdings schlecht untersuchten Nordostböhmen wurden dagegen keine Bretter beobachtet.

Bretter unter dem Toten (Totenbretter) sind zwar eine weitverbreitete Erscheinung, die sich weder ausschließlich auf Böhmen noch auf einen bestimmten Zeithorizont einengen läßt; sie scheinen aber doch in Böhmen einen zeitlichen Schwerpunkt in der zweiten Hälfte des 9. und in der ersten Hälfte des 10. Jahrhunderts zu bilden. Särge (ohne Sargnägel) kommen, wenn auch seltener, schon im 9. und 10. Jh. vor; die meisten Särge mit Nägeln gehören aber erst ins 11. Jh.[63].

Zwischen Sarg und Brett besteht außerdem ein Kostenunterschied. Man könnte also auch annehmen, daß sich Personen, die nur auf einem Brett bestattet werden, vollständige Särge nicht leisten konnten[64].

Sonderformen wie Baumsärge oder einzelne Bauformen wie z. B. Pfosten sind bisher zu selten beobachtet worden und konnten deshalb in die statistischen Untersuchungen nicht einbezogen werden[65].

---

[62] Z. *Krumphanzlová*, 1966, S. 296, unterscheidet: Bretter (oben, unten, oben und unten), Verkleidung, Totenbahren, Särge (Bretter ohne Eisennägel, Bretter mit Eisennägeln, ausgehöhlte Baumstämme) und differenziert sogar weiter nach der Verarbeitung. *V. Hrubý*, 1955, S. 56 ff. — In Espenfeld, Thüringen, ließ sich die Funktion der Hölzer im Grab trotz sorgfältiger Untersuchung kaum noch feststellen (*Bach, Dušek*, 1971, S. 17). Sehr gut erhielten sich die Holzreste dagegen in Brandýsek, Slaný (*Kytlicová*, 1968, S. 231 ff.). Zu den Holzeinbauten in Kouřim *M. Šolle*, 1966, S. 211.

[63] Z. *Krumphanzlová*, 1966, S. 297; S. 301. Dies könnte übrigens auch die unterschiedliche regionale Verteilung von Brettern und Särgen erklären.

[64] Hier muß man zwischen den jüngeren und den älteren Särgen unterscheiden: im 10. Jh. ist der Sarg etwas besonderes — im 11. Jh. dagegen wird er auf den Kirchfriedhöfen allgemein üblich (siehe unten S. 130 ff.).

d) Steineinbauten

Steinsetzungen gehören zu den wichtigsten Kennzeichen der mittelalterlichen Gräber Böhmens. Am häufigsten finden wir Steinfassungen verschiedener Dichte (572 Fälle), oft auch Steine über dem Grab (256 Fälle). Relativ selten sind Steine unter dem Grab belegt (27mal). Häufiger findet man auch Steine hinter dem Kopf (51 Fälle). Diese einzelnen Merkmale treten auch oft untereinander oder mit den Holzmerkmalen kombiniert auf (siehe dazu S. 129 ff.). Die Steinfassung ist die typische Grabbauform in Böhmen[66].

Eine sehr signifikante regionale Verteilung zeigt das Steinpflaster unter dem Toten: 21 von 27 Fällen liegen im Gebiet von Kolín, Kouřim und Libice. Diese Feststellung dürfte verläßlich sein, da gerade in den benachbarten Gebieten von Budeč und Levý Hradec und in der Prager Region die gleiche Chance bestand, dieses Merkmal nachzuweisen[67].

Steinfassungen und Steine oben (beides ist auch oft miteinander in einem Grab kombiniert) sind dem Forschungsstand entsprechend im gesamten Arbeitsgebiet sehr gleichmäßig verteilt. Besonders oft wurden sie allerdings auf den südböhmischen Friedhöfen beobachtet, wo es sich zudem um außerordentlich massive Steineinbauten handelt[68]. Steine hinter dem Kopf kommen vor allem im Gebiet von Bílina, Leitmeritz und Mittelböhmen vor. In Nordböhmen handelt es sich möglicherweise um eine lokale Sitte[69].

Systematische Untersuchungen zum Statuswert der Grabanlage liegen bisher nicht vor. Z. Krumphanzlová konnte feststellen, daß die Gräber mit einem Stein hinter dem Kopf und die Gräber mit Steinfassungen in Lahovice südlich von Prag besonders reich ausgestattet waren[70].

---

65 Das ist sicher eine Frage der schlechten Beobachtung der Holzbaudetails insgesamt. Dennoch gibt es auch in Böhmen eine ganze Anzahl von Särgen aus ausgehöhlten Baumstämmen (*Krumphanzlová*, 1966, S. 302), zu denen u. a. auch der Sarg Boleslavs II. gehörte (*Borkovský*, 1975, S. 25 f.).

66 Z. *Krumphanzlová*, 1966, S. 304 ff. In Mähren sind Steineinbauten viel seltener (*Dostál*, 1966, S. 223, Tabelle). Sehr ähnlich wie in Böhmen sind die Steineinbauten von Espenfeld, Thüringen verteilt: 80 Steinfassungen an Kopf- und Fußende, 50 an den Längsseiten, 28 vollständige Steineinfassungen, 23 Steinkisten, 2 Steinpackungen (*Bach, Dušek*, 1971, S. 15 ff.).

67 Vorkommen auch in Kouřim (z. B. Grab 142; *Šolle*, 1966, S. 272 oder das Grab der „Fürstin", S. 212).

68 Besonders bezeichnend die Friedhöfe von Radětice und Řesanice (*Olmerová*, 1959, S. 227 ff.; *Zeman, Sláma, Buchvaldek*, 1971, S. 364 ff.).

69 Auch M. *Zápotocký* führt eine ganze Reihe von Gräbern an, ohne aber großräumig zu vergleichen (*Zápotocký*, 1965, S. 220).

70 Z. *Krumphanzlová*, 1966, S. 306; siehe dagegen dazu unten, S. 129.

Die Lage des Toten:

a) Lage des Körpers

In 997 Gräbern konnte der Tote noch mit Sicherheit in seiner gestreckten Lage auf dem Rücken erkannt werden. Man kann deshalb auch mit einiger Sicherheit für die anderen, nicht beobachteten Gräber die gestreckte Rückenlage annehmen, denn nur 72 Tote insgesamt wurden in extrem abweichenden Positionen angetroffen.

Dieses Ergebnis entspricht den Beobachtungen in ganz Mitteleuropa[71].

Abweichungen in der Lage des Toten kommen überall da vor, wo die Lage der Toten überhaupt registriert wurde. Einen besonderen Schwerpunkt von rituellen Besonderheiten weist nach dem augenblicklichen Forschungsstand das Gräberfeld von Libice na cukrovaru auf — Hokkergräber oder Tote in Bauch- oder Seitenlage, während auf dem Friedhof von Kouřim, Libussasee, keine abweichende Totenlage vorkommt[72].

Die Forschung verbindet die extrem abweichende Lage fast durchgängig mit Vampirvorstellungen. Diese Interpretation wird durch Beobachtungen an späterem Material von der Volkskunde abgestützt. Z. Krumphanzlová konnte feststellen, daß diese Gräber mit auffallenden Abweichungen besonders der älteren Phase angehören und nach dem Jahre 1000 seltener werden[73].

b) Lage der Arme und Hände

Die übliche Lage, bei der die Hände gestreckt am Körper liegen, wurde in 658 Fällen, d. h. in 24,4 % aller Grabfunde, registriert; in 50 Fällen lag eine Hand deutlich auf dem Körper (geringe Verschiebungen werden als zufällig angesehen und nicht berücksichtigt), d. h. in 1,9 %, in 33 Fällen — 1,2 % — waren die Hände über Brust oder Becken gefaltet.

Bei der verschiedenen Lage der Hände handelt es sich offenbar um keine regionale Sitte. Die Kreuzung der Hände konzentriert sich auf einige wenige Gräberfelder. In der Region von Budeč-Levý Hradec ist sie viel vertreten, in Prag selbst kommt sie dagegen gar nicht vor.

---

[71] Diese Totenlage ist im ganzen Reihengräberkreis typisch. Für Böhmen *Z. Krumphanzlová*, 1966, S. 284; für Mähren *B. Dostál*, 1966, S. 27.

[72] *J. L. Píč*, 1892, S. 699 f. *I. Borkovský*, 1936—38, S. 135 ff. — Eine Ausnahme in Kouřim ist die teilweise Verbrennung des Toten von Grab 152 (*Šolle*, 1966, S. 131).

[73] *Z. Krumphanzlová*, 1966, S. 285 f.; 1964, S. 177 ff.; *M. Šolle*, 1966, S. 131; *B. Nechvátal*, 1967, S. 478; *J. Spacek*, 1971, S. 190 ff.

Häufiger wurde sie auch im Gebiet von Kolín, Kouřim und Libice beobachtet[74].

Die Kreuzung der Hände wird mit der fortschreitenden Christianisierung in Verbindung gebracht, wofür auch die Verbreitung in den früh christianisierten Gebieten sprechen würde[75]. Zu einer Verallgemeinerung der Ergebnisse fehlt aber bisher das Material, zumal es auch genug Gegenbeispiele zu geben scheint. In der Slowakei ist die Kreuzung der Hände auch als geschlechtsspezifische Bestattungsart von Frauen belegt[76]. In Mähren scheinen Abweichungen in der Totenlage insgesamt seltener zu sein als in Böhmen[77].

Die Toten selbst — Anthropologie:

a) Geschlecht der Toten

Insgesamt liegen für 13,5 % der Gräber Geschlechtsbestimmungen vor[78]. 6,6 % des Gesamtmaterials sind als Männergräber (178) bestimmt, 6,9 % als Frauengräber (185). Sollte diese Bestimmung tatsächlich dem historischen Verhältnis der böhmischen Bevölkerung entsprechen, so bestand ein leichter Frauenüberschuß. Auf 1000 Frauen kommen so 962 Männer; auf dem Gräberfeld von Espenfeld sind es z. B. nur 909 Männer auf 1000 Frauen[79]. Regionale Unterschiede zwischen Männer- und Frauengräbern gibt es im Arbeitsbereich nicht — Männer und Frauen wurden auf denselben Gräberfeldern bestattet.

Das quantitative Verhältnis von Männer- und Frauengräbern muß allerdings in Beziehung zu den einzelnen Lebensaltern gesetzt werden, da durch die unterschiedliche Sterblichkeit Schwankungen zwischen den Lebensaltern bestehen[80].

---

[74] *Z. Krumphanzlová,* 1966, S. 284 f.; *R. Turek,* 1963, S. 233 (siehe Anm. 55). Die meisten der Gräber mit gekreuzten Händen gehören erst späterer Zeit an.

[75] *Z. Krumphanzlová,* 1966, S. 284; 1971, S. 420; *W. Coblenz,* 1967, S. 414. Im allgemeinen handelt es sich eher um eine jüngere Erscheinung (*Hostaš, Vaněk,* 1903, S. 133; *P. Čaplovič, A. Točík,* 1951, S. 179; *O. Krupica,* 1954, S. 364; *R. Turek,* 1963 b, S. 233.

[76] *M. Dušek,* 1960, S. 370.

[77] *B. Dostál,* 1966, S. 26.

[78] *J. Chochol,* 1961, S. 631 ff.; 1960, S. 294 ff., legte die neueren Untersuchungen von Brandýsek und Kouřim vor. Mit den hier vorgelegten Daten stimmt die anthropologische Untersuchung der Bestatteten von Hradsko-Kanina, Mělník, überein. (*Blajerová,* 1978, S. 396 ff.).

[79] *H. Bach, S. Dušek,* 1971, S. 140.

[80] Besonders deutlich wird dies z. B. auf der Tabelle 7 (fernere Lebenserwartung der Altersklassen getrennt nach Geschlechtern in verschiedenen Populationen) (*Bach, Dušek,* 1971, S. 152). Hier siehe Abb. 1. Diese Schwankungen gleichen sich jedoch aus, so daß man nicht damit rechnen kann, daß von den uns erhaltenen Bevölkerungsgruppen viele Männer im Krieg fern der Heimat umgekommen sind.

b) Alter der Toten

Die in der Anthropologie üblichen Altersstufen sind bei der Auswertung nur schwer auf das zur Verfügung stehende Material anwendbar, da genaue Bestimmungen wie z. B. adult I oder adult II usw. kaum möglich waren. Bei den Kindergräbern sind zwar z. T. Klassen von 5 Jahren angegeben, bei den Erwachsenen liegen die Spannen der Bestimmung jedoch bei 20, 30, ja sogar 40 Jahren, wobei die Abschnitte sehr unterschiedlich gewählt sind: 20—40 Jahre, 30—50 Jahre, 20—60 Jahre usw.[81]. Es ist deshalb sehr schwer, die Gräber nach Altersklassen miteinander zu vergleichen oder auch die Sterblichkeit oder die Lebenspyramide auszurechnen. Als eine Lösung bietet sich an, feste Klassen zu bilden, und die Gräber, die in ihrer Altersbestimmung über diese Klassen hinausreichen, zu gleichen Teilen auf die entsprechenden Klassen zu verteilen, da innerhalb der angegebenen Spanne ja jedes Jahr gleich wahrscheinlich ist. (Klasse I = 1—5 Jahre, Klasse II = 6—10 Jahre — die Gräber mit der Bestimmung 1—10 Jahre werden zu gleichen Teilen auf beide Klassen verteilt.) Allerdings ist die Zahl altersbestimmter Gräber noch so gering, daß bei der Untersuchung altersbedingter Ausstattungen generell Altersstufen von 20 Jahren gewählt werden müssen[82].

Die Sterbekurve für ganz Böhmen (Abb. 1a) ergibt eine extrem hohe Kindersterblichkeit; zu den 137 Kleinkindern müssen sicher noch zahlreiche nicht mehr erkannte oder überhaupt nicht auf den Gräberfeldern bestattete Kinder gerechnet werden. Besonders die kurz nach der Geburt gestorbenen Kinder wird man nur selten erfaßt haben. Im Juvenilen-Alter geht die Sterblichkeit, wie dies fast überall zu beobachten ist, stark zurück. Die meisten Personen, die das Erwachsenenalter erreichten, starben offenbar zwischen 40 und 60 Jahren, aber auch schon zwischen 20 und 40 Jahren läßt sich gegenüber dem Juvenilenalter ein erheblicher Anstieg erkennen. Immerhin erreichten 11,9 % der Bevölkerung ein Alter von über 60 Jahren. Ein Vergleich mit dem Gräberfeld von Espenfeld in Thüringen zeigt, daß ein so hoher Prozentsatz von Alten keineswegs selbstverständlich ist — hier erreichten nur 0,5 % ein Alter von über 60 Jahren[83]. Das böhmische Gesamtmaterial läßt somit auf eine verhältnismäßig langlebige Bevölkerung schließen. Das mittlere Sterbealter in Böhmen liegt bei Einbeziehung der Kindergräber bei 23—24 Jahren; in Espenfeld lag es dagegen nur bei 19—20 Jahren. Ohne Berücksichtigung der Kindergräber von 1—10 Jahren

[81] z. B. in Brandýsek (*Chochol*, 1961, S. 232 ff.).
[82] Siehe unten S. 136 ff.
[83] *H. Bach, S. Dušek*, 1971, S. 141, Tabelle 1.

beträgt die mittlere Sterblichkeit von Juvenilen, Erwachsenen und Alten 41,5 Jahre (in Espenfeld 35,3 Jahre)[84].

Die anthropologisch bestimmte Bevölkerung setzte sich bei einem Ansatz von 200 Jahren folgendermaßen zusammen: 14—15 Kinder im Alter von 1—5 Jahren; 10—11 Kinder im Alter von 6—10 Jahren; 7—8 Kinder im Alter von 11—15 Jahren; 7 Kinder im Alter von 16—20 Jahren; 22—23 Erwachsene im Alter von 21—40 Jahren; 12—13 Erwachsene im Alter von 41—60 Jahren; 3—4 alte Personen im Alter von 60—80 Jahren. Da insgesamt nur 639 der 2218 geschlossenen Grabfunde altersbestimmt sind, lassen sich für das Gesamtmaterial folgende Zahlen errechnen (Abb. 1b): 49—50 Kleinkinder, 36 Kinder im Alter von 6—10 Jahren, 26—27 Kinder im Alter von 11—15 Jahren, 24 Jugendliche im Alter von 16—20 Jahren, 76—77 Erwachsene im Alter von 21—40 Jahren, 44 Erwachsene im Alter von 41—60 Jahren und 12—13 alte Personen über 60 Jahre. 135 Kindern und Jugendlichen stehen damit 76 jüngere Erwachsene gegenüber — das Gesamtmaterial gibt also etwa über 30—40 gleichzeitig lebende Familien Auskunft. Da der Anteil der Gräber aus dem 10. Jh. am höchsten sein dürfte, können wir aus dieser Zeit mit etwa 50 gleichzeitig lebenden Familien arbeiten. Bei dem aus den altersbestimmten Gräbern berechneten Durchschnittsalter von 24 Jahren ergeben sich für die Zeit von 875—1075 aus dem Gesamtmaterial 266—267 gleichzeitig lebende Personen.

Bei der hohen Kindersterblichkeit mußten die Frauen, die ein Alter von 20 Jahren erreicht hatten, im Durchschnitt mindestens 4—5 Kinder gebären, um den Bevölkerungsbestand aufrechtzuerhalten. Da wiederum mit einer hohen Kindbettsterblichkeit gerechnet werden muß, entfallen auf die weiterlebenden Frauen entsprechend mehr Kinder. Das Durchschnittssterbealter der erwachsenen Frauen betrug 44,9 Jahre, das der erwachsenen Männer 48,8 Jahre. Das hohe Sterbealter der Männer erklärt sich aus dem Höhepunkt ihrer Sterbekurve bei 41—60 Jahren, das niedrigere der Frauen durch den Höhepunkt ihrer Sterbekurve bei 20—40 Jahren. Die hohe Sterblichkeit der Frauen in diesem Lebensalter dürfte auf die Kindbettsterblichkeit zurückzuführen sein[85].

Alters- und geschlechtsbestimmte Gräber sind jedoch im Augenblick noch zu selten. In jedem Fall wird man der Altersbestimmung mehr Glauben schenken dürfen als der Geschlechtsbestimmung.

Eine systematische Gesamtuntersuchung der böhmischen Befunde liegt im Augenblick noch nicht vor. Wie die Konfrontation der anthro-

---

[84] *H. Bach, S. Dušek,* 1971, S. 144. Zum Vergleich für das Folgende und Abb. 1 siehe die Lebenspyramide von Espenfeld (*Bach, Dušek,* S. 143, Abb. 51).

[85] *H. Bach, S. Dušek,* 1971, S. 144 f.

pologischen Ergebnisse mit den archäologischen Befunden im folgenden zeigen wird, sind die Zahlen für gesicherte Interpretationen häufig noch zu klein. Dennoch müssen die Möglichkeiten, die sich durch die Einbeziehung der Anthropologie ergeben, genutzt werden. Das gilt im besonderen für die Rekonstruktion der Bevölkerung auf einzelnen, gut untersuchten Gräberfeldern, wo man durch die Kenntnis von Alter und Geschlecht der Gestorbenen im Zusammenhang mit der Grabausstattung einen besseren Einblick in die Funktion und die Lebensumstände der Personen gewinnen kann. Von besonderem Interesse ist dabei der Vergleich der Sterblichkeit auf den einzelnen Gräberfeldern, da diese in Abhängigkeit von der Ernährung, der körperlichen Belastung, dem Grad der politischen Stabilität und der Hygiene steht[86].

Darüber hinaus muß versucht werden, Ausstattungsunterschiede von Männer- und Frauengräbern sowohl archäologisch als auch anthropologisch zu sichern, insbesondere um chronologische und soziologische Fehlinterpretationen zu vermeiden.

Letztlich ermöglicht die Altersbestimmung Aussagen über die soziale Stellung und Funktion von Altersgruppen, über altersbedingte Grabausstattungen und möglicherweise auch über das Erbrecht[87].

Grabbeigaben, klassifiziert nach ihrer Funktion:

a) Gefäße im Grab

Tongefäße gehören zu den häufigsten Beigaben. Nach ihrer Form und wahrscheinlich auch nach ihrer Funktion lassen sie sich in Töpfe (425), Schüsseln (24 Gräber), Flaschen (43 Gräber) und nicht mehr bestimmbare Scherben (55 Gräber) aufgliedern[88].

Die einzige andere erhaltene Form von Hohlgefäßen ist der Eimer mit Eisenbeschlägen, der in 99 Gräbern beobachtet wurde.

Üblicherweise erhalten die Gräber nicht mehr als ein Gefäß, das zu den Füßen des Toten steht.

---

[86] Siehe unten S. 147 ff. In diesem Sinne versucht *J. Chochol,* 1966, S. 287 f., die beiden Gräberfelder von Kouřim zu interpretieren.

[87] Besonders interessant sind in diesem Zusammenhang die z. T. außerordentlich reichen Ausstattungen von Kindergräbern, z. B. Kouřim, Grab 43 (*M. Šolle,* 1966, S. 285). Bei Mädchengräbern liegt der Gedanke an eine Aussteuer der Kinder nahe.

[88] Die Keramik ist die am meisten bearbeitete Gegenstandsgattung überhaupt. In diesem Zusammenhang kann deshalb auf die gesamte, einschlägige Literatur nicht eingegangen werden. Zusammenfassend zur Gräberkeramik *Z. Krumphanzlová,* 1974, S. 80 ff. — Die aufgeführten Keramiktypen wurden z. T. einzeln bearbeitet: Schüsseln: *Z. Váňa,* 1958, S. 185 ff.; Flaschen: *Z. Váňa,* 1956, S. 105 ff. — Da es sich um Grabbeigaben handelt, ist vor allem die Form wichtig: sie war wahrscheinlich vom Inhalt des Grabgefäßes abhängig. Für die mährische Grabkeramik zusammenfassend *B. Dostál,* 1966, S. 78 ff.

Die genannten funktionalen Gefäßtypen weisen in ihrer Verbreitung leichte Unterschiede auf: Die Töpfe finden sich am häufigsten in den beiden mittelböhmischen Gebieten, im Leitmeritzer Gebiet sowie in der Region südlich von Příbram; im ganzen östlichen Böhmen, auch im Raum von Kolín, Kouřim und Libice sind sie wesentlich seltener. Die Flaschen kommen dagegen im mittleren Ostböhmen öfter vor als in Mittelböhmen[89]. In Westböhmen wurden sie bisher gar nicht beobachtet. Schüsseln sind offenbar ebenso wie die Töpfe für Mittelböhmen typisch, während sie in Nordwestböhmen selten, in Ostböhmen kaum als Beigabe dienten[90].

Eimer weisen einen besonderen Verbreitungsschwerpunkt in den Gebieten von Bílina, Mittelböhmen und von Kolín, Kouřim und Libice auf.

Die Gefäße gehören als eine der wenigen „echten" Beigaben trotz ihres geringen materiellen Wertes zu den interessantesten Gegenständen in den böhmischen Gräbern. Mit einiger Sicherheit enthielten sie Nahrungsbeigaben, die mit dem Glauben vom diesseitigen Weiterleben des Toten und somit heidnischem Gedankengut in Zusammenhang stehen dürften[91]. Einerseits sind sie folglich als ein Indiz für die Auswertbarkeit der Gräber zu werten, andererseits bilden sie ein wichtiges chronologisches „Leitfossil" für sonst beigabenlose Gräber, die ohne sie nicht zu datieren wären[92]. Ein Mangel an Tongefäßen in Gräbern kann jedoch nicht ohne weiteres als Zeichen für eine fortgeschrittene Christianisierung gewertet werden, da die Tongefäßbeigabe, wie ausgeführt, auch regionalem Brauch unterworfen war.

Auf die komplizierte Problematik der Keramikdatierung kann hier nur sehr oberflächlich eingegangen werden. Ich stütze mich hierbei ebenso wie bei der Datierung der anderen Fundgegenstände vor allem auf die Arbeiten von Z. Krumphanzlová, M. Šolle, Z. Váňa, R. Turek, J. Eisner und V. Hrubý[93]. Ein großer Teil der Grabkeramik gehört der mittleren BWZ und der beginnenden jüngeren BWZ an — im 11. Jh.

---

[89] Dazu *M. Šolle,* 1959, S. 465.

[90] *Z. Váňa,* 1958, S. 185 ff.

[91] *Z. Krumphanzlová,* 1972, S. 204.

[92] *M. Zápotocký,* 1965, S. 244; S. 248, betont, daß in Nordböhmen die Sitte, Keramik beizugeben, zu Beginn des 11. Jh. aufgegeben wird. Dies trifft zwar so nicht überall in Böhmen zu, kann aber doch als Richtlinie gelten. Deshalb können auch nicht sicher datierte Keramikformen zu einer groben Datierung benutzt werden. Auf Burggräberfeldern hat man etwas früher Abstand von Keramikbeigaben genommen (*M. Šolle,* 1966, S. 134).

[93] *Z. Krumphanzlová,* 1974, S. 80 ff.; *M. Šolle,* 1972, S. 141 ff.; *Z. Váňa,* 1956, S. 105 ff.; 1958, S. 185 ff.; 1961, S. 465 ff.; 1968, S. 5 ff.; *R. Turek,* 1948, S. 485 ff.; 1957; *J. Eisner,* 1959, S. 211; 1966; *V. Hrubý,* 1955, S. 125 ff.

gelangten kaum noch Gefäße in die Gräber. Die chronologisch interpretierbaren Differenzen in den Gefäßformen ergeben sich hauptsächlich am Übergang von mittlerer zu jüngerer BWZ, betreffen also das keramische Material der Gräber nicht mehr voll. Innerhalb der mittleren BWZ läßt sich die Keramik chronologisch kaum weiter gliedern[94]. Bedeutend sind allerdings die regionalen Unterschiede.

Was die Funktion der Grabkeramik betrifft, so konnten bisher zwei sehr interessante Beobachtungen gemacht werden. Z. Krumphanzlová stellte fest, daß Schüsseln und schüsselartige Gefäße in Gräbern wesentlich häufiger sind als in Siedlungen und möchte deshalb an feste Speisen als Gefäßinhalt denken[95]. Flaschen sind dagegen nach der Untersuchung von M. Šolle besonders oft in Kindergräbern vertreten[96].

Die Grabkeramik wird man allerdings kaum für die soziale Einordnung des Toten heranziehen können. Das eigentlich Wertvolle dürfte der Inhalt des Gefäßes gewesen sein, der möglicherweise sehr verschieden war. Bei tongefäßlosen Gräbern könnte man auch daran denken, daß Nahrungsmittel in vergänglichen Gefäßen beigegeben wurden wie in Holzgefäßen ohne Metallbeschlag, in Netzen oder Körben. Eine soziale Interpretation scheint mir deshalb sehr unsicher.

Ähnlich verhält es sich mit den Eimern, den einzigen, uns durch ihren Eisenbeschlag erkennbaren Holzgefäßen. Auch sie gehören hauptsächlich der mittleren BWZ, spätestens der beginnenden jüngeren BWZ an[97]. In einigen Fällen muß man jedoch auch eine spätere Datierung erwägen. In Staré Město gehören die Eimer ins 9. Jh.[98].

In der Literatur wird immer wieder betont, daß Eimer besonders in reichen Waffengräbern vorkommen. Eimer gehören jedenfalls zur Ausstattung auf den mährischen Burgwällen zur Blütezeit des mährischen Reiches genauso wie zur Ausstattung reicher skandinavischer Gräber wie z. B. der von Birka[99]. Sie sind aus diesem Grund für die soziale Fragestellung ausgesprochen interessant.

---

[94] *Z. Krumphanzlová*, 1974, S. 81. Das gilt besonders für die Grabkeramik, in der sowieso nur ganz bestimmte Typen vertreten sind.

[95] *Z. Krumphanzlová*, 1974, S. 82.

[96] *M. Šolle*, 1959 b, S. 465; 1966, S. 134.

[97] *Z. Krumphanzlová*, 1974, S. 75 f.; *B. Dostál*, 1966, S. 86; *M. Šolle*, 1959, S. 468 ff.

[98] Beispiele aus der jüngeren BWZ: *M. Zápotocký*, 1965, S. 240 f.; Staré Město: *V. Hrubý*, 1955, S. 151 ff. Zur Datierung einzelner Formen *Z. Krumphanzlová*, 1974, S. 75 ff.; *M. Šolle*, 1959, S. 468 ff.

[99] *B. Arbmann*, 1943, bes. die Tabellen S. 507 ff.

b) Geräte

Feuerstähle und Feuersteine waren im allgemeinen miteinander kombiniert und bildeten ein Feuerzeug. In 19 Gräbern wurden Feuerstähle beobachtet, in 20 Gräbern Feuersteine. Die wenigen Funde konzentrieren sich in den beiden mittelböhmischen Kammern (Karte 3). Durch viele Feuerstähle heben sich die dicht beieinanderliegenden Gräberfelder von Želenice und Brandýsek, Slaný ab[100]; 4 Feuerstahlfunde gehören in das Prager Gebiet, 4 stammen aus dicht beieinanderliegenden Fundstellen bei Leitmeritz, 2 Feuerstähle aus dem Gräberfeld von Radětice südlich von Příbram[101]. Die weiteren Funde sind in Ostböhmen verstreut; aus der Kammer von Kolín, Kouřim und Libice sind bisher nur 2 Feuersteine bekannt, in Westböhmen sind sie gar nicht belegt.

Feuerstähle kommen im Böhmen fast ausschließlich im mittelburgwallzeitlichen Horizont vor[102]. In einigen Fällen muß auch in Böhmen eine Datierung in den Beginn der jüngeren BWZ erwogen werden[103]. Die Feuersteinbeigabe ist, wie sich im folgenden zeigen wird, sozial sehr aussagekräftig[104].

Einige ausgesprochen seltene Gegenstände können hier vernachlässigt werden. Im aufgenommenen Material sind 3 Scheren, 3 Meißel, 5 Ahlen, 2 Kämme und 3 Spinnwirtel vertreten. Sie werden, wenn sie in geschlossenen Funden vorkommen, in die Berechnung von Beigabenhäufigkeit und Beigabenwert einbezogen. Als Beigaben kam diesen Gegenständen bei den Slawen offenbar keine besondere Bedeutung zu. Die Abweichung zum wikingischen Bereich z. B. bei den Kämmen ist interessant und könnte auf verschiedene apotropäische Maßnahmen zurückgehen[105].

Das häufigste Gerät und eine der häufigsten Grabbeigaben in Böhmen überhaupt ist das Messer, das in 246 Gräbern beobachtet wurde (215mal ein Messer, 31mal 2 Messer pro Grab). Grundsätzlich kommen Messer in ganz Böhmen als Grabbeigabe vor. Während jedoch der Gesamtanteil der Messergräber bei 10,8 % liegt, bewegt sich der Anteil in den einzelnen Grabfundkammern zwischen 7,6 und 21 %. Von den aufgrund des

---

[100] *V. Schmidt*, 1893/95, S. 1 ff.; *R. Turek*, 1948 a, S. 171 ff.; *O. Kytlicová*, 1968, S. 240.

[101] *H. Olmerová*, 1959, S. 234.

[102] Zu Typen und Datierung *V. Hrubý*, 1955, S. 116 ff.; dazu *B. Dostál*, 1966, S. 88; *Z. Krumphanzlová*, 1974, S. 73 f.

[103] Offenbar nur auf ländlichen Friedhöfen: *Z. Krumphanzlová*, 1974, S. 74.

[104] Siehe unten S. 120 ff. Feuerstähle kommen selten in reichausgestatteten Gräbern vor.

[105] *M. Zender*, 1971, S. 34 ff. Kämme gehören in Birka zu den häufigsten Grabbeigaben (*Arbmann*, 1943, bes. die Tabellen S. 490 ff.).

Forschungsstandes miteinander vergleichbaren Gebieten gelangten in 21 % der Gräber von Hradec Králové (Königgrätz) Messer, in 19,9 % der Gräber der Region von Budeč-Levý Hradec, in 17,4 % der Gräber von Příbram, in 14 % der Gräber des Prager Stadtgebietes, in 8,1 % der Gräber der Region von Kolín, Kouřim und Libice und nur in 7,6 % der Gräber des Leitmeritzer Gebietes.

Signifikant dürfte in jedem Fall der hohe Anteil im nördlichen Mittelböhmen und der geringe Anteil der Messergräber im östlichen Mittelböhmen sein, da in beiden Regionen etwa die gleichen Forschungsvoraussetzungen gegeben sind.

Für die Chronologie eignen sich die slawischen Messer ausgesprochen schlecht. Sie sind im Arbeitsbereich offenbar keiner typologischen Entwicklung unterworfen, überwiegen aber wohl in der mittleren BWZ und im Anfang der jüngeren BWZ[106].

Die Frage der Funktion der Messer konnte bisher noch nicht befriedigend gelöst werden. Hier könnten Messerlänge, Form und Technologie der Klinge bei der Entscheidung weiterhelfen, ob es sich um Gebrauchs- oder um Kampfmesser gehandelt hat[107].

Z. Krumphanzlová kam aufgrund einer vorläufigen Untersuchung zu dem Ergebnis, daß eigentliche Kampfmesser in Böhmen kaum vorkommen und die ins Grab gelangten Messer hauptsächlich Gebrauchsfunktion hatten. Dazu paßt, daß die Länge der meisten hier aufgenommenen Messerklingen bei 11—15 cm liegt (21 Messer mit einer Länge von 5—10 cm, 38 mit einer Länge von 11—15 cm, 12 mit einer Länge von 16—20 cm). Übrigens fiel auch eine Untersuchung des Zusammenhangs zwischen Beigabe eines langen Messers und anthropologischer männlicher Geschlechtsbestimmung negativ aus.

Man wird deshalb davon ausgehen müssen, daß Messer in erster Linie als Gebrauchsgegenstände dienten. Dennoch wird das Messer, das man in Böhmen am Gürtel bei sich trug, ein Mehrzweckgegenstand gewesen sein ebenso wie das heutige Taschenmesser[108]. Dabei wird man es sicher auch als Waffe benutzt haben.

[106] Z. *Krumphanzlová,* 1974, S. 70. In der jüngeren BWZ spielen Geräte und Waffen als Beigaben kaum noch eine Rolle. Die chronologische Indifferenz der Messer betonen *V. Hrubý,* 1955; *M. Šolle,* 1959, S. 399; Z. *Krumphanzlová,* 1974, S. 70. Zur Technologie *R. Pleiner,* 1979, S. 245 ff.

[107] An diese Frage knüpft sich vor allem die soziale Interpretation der Messergräber (*Borkovský,* 1954—56, S. 359 ff.; *F. Graus,* 1957, S. 535 ff.; *I. Borkovský,* 1957, S. 553 ff.). Siehe dazu auch Abschnitt I. 3. — *V. Hrubý,* 1955, S. 173 ff., möchte die Messer mit Lederscheide als Kampfmesser ansehen. *A. Nadolski,* 1956, S. 27, hält die Technologie für entscheidend. Dazu *R. Pleiner,* 1958, S. 233. *M. Šolle* urteilt nach der Länge der Messer (1959, S. 400). — So auch *F. Graus,* 1957, S. 541.

[108] Z. *Krumphanzlová,* 1974, S. 71. Zur Trageweise der Messer *M. Šolle,* 1959, S. 399.

Besonders fallen unter den Grabbeigaben einige seltene, möglicherweise berufsbezogene Gegenstände auf: Mühlsteine, Backwannen, Schmelztiegel und Gußformen[109]. Leider hindert die Seltenheit ihres Vorkommens weitere Interpretationen, und man kann nur hoffen, daß das Material an Zahl anwachsen wird[110].

c) Waffen

Die Gräber im Arbeitsgebiet wurden offenbar nur sehr selten mit Waffen ausgestattet. Schwerter liegen in 13 Fällen im bearbeiteten Material vor, Lanzen in 8 Fällen, Pfeilspitzen in 7 Fällen, Äxte in 25 Fällen.

Je 3 Schwerter (Karte 3) stammen aus den beiden mittelböhmischen Regionen, dem Gebiet von Kolín, Kouřim und Libice und aus Leitmeritz. Ein Schwert fand sich in dem Waffengrab von Žatec, ein Schwert auf einem zerstörten Gräberfeld von Rejšice bei Mladá Boleslav, ein weiteres Schwert aus dem ebenfalls zerstörten Gräberfeld von Lštění an der Sázava.

Die Schwerter gehören verschiedenen westlichen und skandinavischen Typen an und wurden möglicherweise auch in Böhmen hergestellt[111]. Das gilt allerdings nur für die mittlere BWZ, in die die als Grabbeigaben überlieferten Schwerter datiert werden müssen.

Bei den Lanzen und Pfeilspitzen (Karte 3) fällt eine Massierung im Kolín-Kouřim-Libice-Gebiet auf, woher fast 50 % aller Wurfwaffen als Grabbeigaben stammen. Im Prager Stadtgebiet gelangten in 3 Gräber

---

109 Mühlsteine: *M. Šolle*, 1959, S. 468, in Objekt 4/57 in Kouřim. Die Bedeutung als Grab ist nicht gesichert. Weitere Funde sind bekannt aus Mršinec bei Prachovské Skály (*R. Turek*, 1946 a, S. 121 ff.), aus Litoradlice (*Turek*, 1963, S. 136) und aus Lahovice (*Krumphanzlová*, 1974, S. 77 f.). Der Zusammenhang mit Gräbern ist in Mršinec und Lahovice gesichert, in Kouřim wahrscheinlich. In Objekt 4/57 (Grab 151?) lag neben den beiden Mühlsteinen eine Backwanne aus Ton (*Šolle*, 1966, S. 237).

110 Die Funde stehen mit Sicherheit nicht in Zusammenhang mit Dienstsiedlungen, sondern, mit Ausnahme der Funde von Lahovice, in Zusammenhang mit Burgwällen (Kouřim, Prachovské Skály, Litoměřice, Litoradlice) und können somit nicht als Belege für frühe, ländliche Dienstsiedlungen angesehen werden. Zur Datierung von Mühlsteinen und Backwanne in Kouřim *M. Šolle*, 1966, S. 83. *Z. Krumphanzlová*, 1974, S. 77 f.

111 Zu den Schwertfunden *M. Šolle*, 1959, S. 377 ff.; *M. Zápotocký*, 1965, S. 224 f.; *H. Preidel*, 1930, S. 22 ff.; *J. L. Píč*, 1909, S. 346; AÚ 357/26 (mir leider nicht zugänglich). *E. Soudská*, 1954, S. 13 nennt aus Böhmen und Mähren zusammen 27 Grabfunde mit Schwertern. Zur Datierung *M. Šolle*, 1959, S. 380; *M. Zápotocký*, 1965, S. 224 f. — Einheimische und importierte Schwerter unterscheiden sich nach der Technologie (*Pleiner*, 1958, S. 191 ff.; *H. Preidel*, 1964, S. 59 ff.). Für eine einheimische Herstellung einiger Schwerttypen sprechen sich *V. Hrubý*, 1955, S. 164; *B. Dostál*, 1966, S. 68 f., und E. Soudská, 1954, S. 14, aus. Zu den Schwertern von Kouřim und Leitmeritz *M. Šolle*, 1966, S. 69 ff.; S. 86; *M. Zápotocký*, 1965, S. 224.

Wurfgeschosse, im nördlichen Mittelböhmen nur in ein Grab; ebenfalls ein Wurfgeschoßgrab ist aus den Gebieten von Leitmeritz und der unteren Eger, zwei sind aus dem Žatecer Gebiet bekannt. Von keinem gut untersuchten Gräberfeld stammt bisher mehr als ein Lanzengrab.

Auch die Wurfwaffen gehören ausschließlich noch in die mittlere BWZ, spätestens an den Beginn der jüngeren BWZ[112]. Einen ganz besonderen Fund stellt allerdings der Lanzenschuh westlicher Provenienz mit karolingischem Blattmotiv aus dem Grab 55 von Kouřim dar, der noch ins 9. Jh. datiert werden kann[113].

Während die Leitmeritzer Region bei den Wurfwaffen nicht hervortritt, steht sie bei den Äxten mit 8 Funden an der Spitze (Karte 3); es folgen die Gebiete von Kolín, Kouřim und Libice mit 6 Gräbern (3 allein in Kouřim) und das zentrale Mittelböhmen mit zusammen 5 Funden. Bei dem etwas schlechteren Forschungsstand in Leitmeritz bedeutet das ein außerordentlich signifikantes Ergebnis[114].

Aus ganz Südböhmen und aus dem ganzen nordostböhmischen Raum liegt kein einziges Körpergrab mit Waffen vor. Aus Prachovské Skály sind lediglich Sporen, ein Eimer und zahlreiche Messer bekannt, die allerdings meist mit Schmuck vergesellschaftet sind.

Als Zentren für Waffenausstattungen ergeben sich Litoměřice, Žatec, Budeč-Levý Hradec, Prag, Kolín-Kouřim-Libice. Die Aussparung der Hügelgräbergebiete spricht neben den typologischen Erwägungen dafür, daß die Waffengräber dem ältesten Körpergrabhorizont in Böhmen angehören und daß die Sitte, Waffen mit ins Grab zu geben, möglicherweise schon zu Beginn des 10. Jh. aufgegeben wurde[115]. Hierdurch würde sich auch die geringe Zahl der Waffengräber erklären[116].

---

112 *E. Soudská* hält die Lanzenfunde für sehr alt (1954, S. 14). Weiterhin *M. Zápotocký*, 1965, S. 228 f. Zu den Pfeilspitzen *Z. Krumphanzlová*, 1974, S. 78 ff.

113 *M. Šolle*, 1959, S. 380. — Das Grab 55 gehört in die ältere Schicht und somit wohl noch ins 9. Jh.

114 Äxte sind die häufigste Waffe überhaupt in den Grabfunden. Zur Herkunft und Datierung *M. Šolle*, 1959, S. 382 ff. Aus Kouřim stammen 4 Exemplare, eines davon ist eine Prunkaxt orientalischen Ursprungs aus Grab 120. Auch in Mähren kommen Äxte außerordentlich oft vor — *B. Dostál* nennt insgesamt 160 Stück — die meisten gehören dem Typ der mährisch-slowakischen Bartäxte an (1966, S. 70 ff.). Zu den Äxten aus Leitmeritz *M. Zápotocký*, 1965, S. 227 f. — Die Äxte sind in die mittlere BWZ, spätestens an den Beginn der jüngeren BWZ zu datieren (*Dostál*, 1966, S. 70 ff.). Die Waffe lag in der Regel zur Benutzung bereit in der rechten Hand des Toten (*Soudská*, 1954, S. 12).

115 Dafür spricht der Mangel an Waffengräbern in der Stufe Kouřim B. So wurde z. B. der gemeinsam mit der „Fürstin“ aus Grab 106 bestattete Mann nur mit einem Eimer ausgestattet (*Šolle*, 1966, S. 156).

116 Siehe I.2.1. — Die chronologische Erklärung, also die frühe Veränderung der Waffenbeigabensitte, ist wahrscheinlicher als eine Veränderung der Sozialstruktur.

d) Ausrüstungsgegenstände und Trachtbestandteile

Reitersporen fanden sich relativ häufig als Grabbeigabe, und zwar 13mal 1 Sporn, 10mal 2 Sporen, 3mal mehr als 2 Sporen pro Grab. Die Paarigkeit der Sporen wird somit aus der Verteilung nur recht schwach deutlich. Wie bei den Waffen treten die 4 Gebiete von Leitmeritz, Žatec, Mittelböhmen (insgesamt 8 Fälle) und besonders Kolín-Kouřim-Libice (16 Fälle) hervor (Karte 3), was sich übrigens zu den zahlreichen Lanzen in diesem Gebiet gut fügt. Bemerkenswert ist die Seltenheit der Sporen in Westböhmen. Wieder fehlen die Hügelgräbergebiete bis auf Prachovské Skály vollständig.

Die Sporen aus den böhmischen Grabfunden stammen ihren Beifunden nach zu urteilen noch aus der mittleren BWZ, also aus der Zeit vor 950[117].

Sporen werden im allgemeinen mit Reiterkriegern in Verbindung gebracht und die Forschung ist sich darüber einig, daß die Haltung eines Reitpferdes besondere wirtschaftliche Mittel erfordert. Pferde als Arbeitstiere sind in der hier behandelten Zeit noch nicht üblich. Schon der Anschaffungspreis eines Pferdes dürfte außerordentlich hoch gelegen haben[118].

Sporen müssen also nach den gleichen Gesichtspunkten untersucht werden wie Waffen, wobei allerdings nicht unbedingt nur Krieger beritten gewesen sein müssen[119].

V. Hrubý hat übrigens in Staré Město feststellen können, daß Sporen nicht nur als Trachtbestandteile ins Grab gelangt sind, sondern offenbar auch als echte Beigaben beigelegt wurden[120]. Fraglich ist es, ob sie auch in diesen Fällen die Funktion des Bestatteten anzeigen. Die Beigabe in ursprünglicher Funktion scheint jedoch, wie die bisherigen Grabungen zeigen, weit überwogen zu haben (Lage der Sporen an den Füßen, Paarigkeit). Zu den Sporen gehörten z. T. eiserne Schnallen, die ein Lederband schlossen, mit dem der Sporn am Fuß befestigt war[121]. We-

---

117 *B. Kavánová*, 1976, S. 57 f.; *Z. Hilczerówna*, 1956, S. 30. *M. Zápotocký*, 1965, S. 229; *O. Kytlicová*, 1968, S. 240; *M. Šolle*, 1959. Für Mähren *B. Dostál*, 1966; *V. Hrubý*, 1955, S. 182 ff.; grundlegend *Z. Hilczerówna*, 1956; *J. Żak*, 1959.

118 In der Raffelstetter Zollordnung von 903—906 wird ein Pferd in seinem Wert einer Magd, eine Stute einem Sklaven gleichgesetzt (MGH Leg. II, Nr. 253, S. 249).

119 Etwa die Hälfte der Sporengräber enthielten keine Waffen (siehe S. 141). Die Bedeutung der Sporen als Ausrüstungsgegenstände von Kriegern betont *B. Kavánová*, 1976, S. 64 f. — Die Bedeutung der Sporen als Standessymbole wird vielfach durch Sporen in Kindergräbern deutlich (*Dostál*, 1966, S. 77).

120 *V. Hrubý*, 1955, S. 86 f.

121 In Böhmen sind sie z. B. aus Brandýsek, Slaný bekannt (*Kytlicová*, 1968, S. 228, Abb. 32).

gen der starken Korrosion konnten so kleine Eisenteile häufig nicht mehr in ihrer Funktion erkannt werden (36 Fälle). Neben Kleinbestandteilen der Kleidung handelt es sich sicher auch um Beschläge von Kästchen, wie sie aus dem skandinavischen Bereich in großer Zahl vorliegen[122].

Gürtelschnallen gehören mit nur 20 Fällen zu den seltenen Gegenständen und bildeten offenbar im gesamten slawischen Bereich keinen üblichen Trachtbestandteil. In Mähren sind sie jedoch etwas häufiger als in Böhmen[123]. In 3 Fällen haben wir auch Riemenzungen, also eine vollständige Ausrüstung des Gürtels mit Metall. Gürtelteile sind in Böhmen im Gebiet von Kolín, Kouřim und Libice am häufigsten (7 Fälle); in Westböhmen kommen sie nur einmal vor.

Von besonderem Interesse sind einige Prunkschnallen, die verschiedenen, nicht einheimischen Typen angehören und alle in den älteren Horizont der mittleren BWZ datiert werden können. Zu diesen ganz reichen Schnallen gehören auch die drei Riemenzungen. Diese kostbaren Gürtel, die immer mit Schwertern kombiniert sind, können mit Sicherheit der prunkvollsten Männertracht zugeordnet werden[124].

Ebenso kostbar, aber viel häufiger als die Gürtel sind die als Gewandschließen verwendeten Kugelknöpfe (32mal erhalten, und zwar 12mal ein Kugelknopf, 13mal zwei Kugelknöpfe, je 2mal drei und vier Kugelknöpfe). Die Knöpfe schlossen entweder einzeln oder paarig an einer Schlaufe das Kleid. Sie finden sich in den Gräbern in der Regel auf der Brust unter den Mandibeln, hielten also offenbar das Gewand unter dem Hals zusammen[125]. Die Kugelknöpfe bestehen aus Bronze, sind z. T. versilbert oder vergoldet, aus massivem Silber oder massivem Gold. Der Durchmesser liegt zwischen 1,4 und 3,8 cm, 50 % der Kugelknöpfe weisen einen Durchmesser von 2,1—3 cm auf. Die Kugelknöpfe fielen somit am Gewand deutlich auf, zumal sie stark verziert sind. Als Fachterminus für diese typisch mährische Schmuckform hat sich das ungarisch-südslawische Wort „Gombík“ eingebürgert, das hier auch in Übereinstimmung mit B. Klanica für alle Formen dieser Kugelknöpfe benutzt werden soll, unabhängig von ihrer Verzierung[126].

---

122 So in Birka: *B. Arbmann,* 1943, S. 493 ff.

123 *B. Dostál,* 1966, S. 65 f.; Übersicht über die Ausstattungen S. 103 f. — Danach haben in Mähren 4,4 % aller Gräber Schnallen, in Böhmen nur 0,9 %. Im Leitmeritzer Gebiet gehören Schnallen zu den Ausnahmen (*Zápotocký,* 1965, S. 239).

124 *M. Šolle,* 1966, S. 260; S. 269 f.; Abb. 11 a und 11 b. *J. L. Píč,* 1909, Tab. 18; *M. Šolle,* 1966, S. 63; S. 58; 1959, S. 416; *R. Turek,* 1963, S. 149 (1974, S. 157); *J. Schránil,* 1925, S. 165 ff.

125 Zur Trageweise *Z. Klanica,* 1970, S. 422; *M. Šolle,* 1959, S. 458.

126 *Z. Klanica,* 1970, S. 421 — zu den Materialien S. 422. In Kouřim fanden sich kupferne, versilberte und vergoldete Gombíky, von denen die vergoldeten stratigraphisch älter waren (*Šolle,* 1959, S. 460 ff.). Zu den Formen und

Wenn die Gombíky auch zu den charakteristischen Formen der sog. großmährischen Kultur gehören, so haben wir doch einen Beleg dafür, daß sie auch in Böhmen hergestellt wurden; in Grab 110 von Kouřim fand sich eine Gußform für eine Gombíkhälfte. Gombíky sind also wahrscheinlich im allgemeinen nicht als Importgut zu verstehen[127].

Was die Zeitstellung der Gombíky betrifft, so gehören sie ausschließlich in die mittlere BWZ, also in das 9. und die erste Hälfte des 10. Jahrhunderts[128].

Ihr hoher Material- und Verarbeitungswert macht die Gombíky zu Indikatoren einer ausgesprochen reichen Tracht. Besonders muß darauf hingewiesen werden, daß es weniger wertvolle Gombíky-Formen kaum gibt; man könnte höchstens an entsprechende Knöpfe aus vergänglichem Material denken. Genauso wahrscheinlich aber ist die Annahme einer besonderen, mährisch beeinflußten Tracht, die nur ein ganz geringer Teil der böhmischen Bevölkerung trug, und zwar besonders im Kolín-Kouřim-Libicer Raum, in Mittelböhmen und im Leitmeritzer Gebiet (Karte 4).

e) Schmuck ohne Funktion

Die beliebtesten Schmucksorten in Böhmen bildeten Ohrringe, Perlenketten und s-förmige Schläfenringe. Der übrige Schmuck tritt dagegen weit an Bedeutung zurück.

In 51 Fällen konnten Ohrringe geborgen werden (17mal ein Exemplar, 18mal zwei Exemplare, 5mal drei Exemplare, 1mal vier Exemplare und 10mal mehr als vier Ohrringe).

Die Verbreitung beschränkt sich bis auf einige wenige Ausnahmen auf die Gebiete von Kolín-Kouřim-Libice und Mittelböhmen zu etwa gleichem Anteil (Karte 4). Im Gebiet südlich Příbrams und in ganz Nordwestböhmen haben wir nur je drei Fälle.

Wie die schon besprochenen Gombíky bilden auch die Ohrringe, die meist zu beiden Seiten des Kopfes lagen, eine außerordentlich kostbare Schmucktracht. Im Gegensatz zu den Gombíky gibt es jedoch hier neben reichverzierten Stücken auch sehr einfache Formen. Beide rechnet man

---

Verzierungsmustern und der Datierung *B. Dostál,* 1966, S. 60 ff.; *V. Hrubý,* 1955, S. 211 ff., bezeichnet die granulations- und filigranverzierten Knöpfe nicht als Gombíky. *J. Schránil,* 1925, S. 180 ff.; *L. Niederle,* 1931, S. 172; *H. Preidel,* 1954, S. 155 ff.; *B. Dostál,* 1965, S. 391; *J. Eisner,* 1955, S. 215; *Z. Klanica,* 1970, S. 427 ff. Zur Forschungsgeschichte in größerem Zusammenhang des mährischen Schmuckes *Z. Klanica,* 1974, S. 11 ff.

127 *M. Šolle,* 1959, S. 458; 1966, S. 267. Das ursprüngliche Produktionszentrum scheint in Niedermähren gelegen zu haben (*Dostál,* 1966, S. 62; *Hrubý,* 1955, S. 211).

128 Zur weiteren chronologischen Aufgliederung *M. Šolle,* 1959, S. 458 ff.

seit J. Eisner wegen ihrer mährischen Parallelen zu den wichtigsten Bestandteilen des sog. großmährischen Horizontes in Böhmen[129].

Die kostbaren Stücke, die in Granulations- oder Filigrantechnik verziert sind und meist aus Edelmetall bestehen, werden zu Recht auf byzantinischen Schmuck zurückgeführt und dem sog. byzantinischen Kulturstrom in Mähren zugerechnet[130].

Wie die Gombíky, so stellen aber auch die Ohrringe byzantinischen Stils weder in Mähren noch in Böhmen Importware dar — sie wurden hier wie dort selbständig hergestellt und auch formal verändert und weiterentwickelt[131].

Die kostbaren Ohrringe gehören alle der mittleren BWZ an; die einzige Ausnahme bilden vielleicht die Körbchenohrringe mit drei Körbchen[132].

Die wenigen, einfacheren Ohrringtypen zeugen möglicherweise von einer Imitation der reichen Tracht durch ärmere Personen.

Von den vielen, einfachen mährischen Ohrringtypen, die mit dem donauländischen Kulturstrom in Verbindung gebracht werden, sind in Böhmen einfache Ringe mit mehrfacher S-Schleife belegt. Sie alle gehören in die mittlere BWZ[133].

Besonders beliebt waren offenbar die Perlenketten. Nach ihrem Material lassen sie sich in Metall-, Glas-, Bernstein- und Halbedelsteinperlen gliedern.

Glasperlenketten sind überall in Böhmen belegt, wo genügend geschlossene Funde zur Verfügung stehen. In Mittelböhmen und im südlich Příbrams gelegenen Grabfundgebiet kommen sie fast auf jedem Fundplatz vor. Zahlreiche Funde stammen auch aus dem Gebiet von

---

129 Zusammenfassend für Böhmen Z. *Krumphanzlová*, 1974, S. 43 ff. Grundlegend *J. Eisner*, 1955, S. 220; *L. Niederle*, 1931, S. 194. Zur Entwicklung in Mähren *V. Hrubý*, 1955, S. 228 ff.; *B. Dostál*, 1966, S. 35 ff.

130 *J. Eisner*, 1955, S. 220.

131 So z. B. die Ohrringe aus der Marienkirche auf der Prager Burg (*Borkovský*, 1951, S. 4).

132 Zur Datierung der Träubchenohrringe *I. Borkovský*, 1951, S. 5 f. — Träubchenohrringe kommen in Hacksilberfunden nicht mehr vor (*Turek*, 1948, S. 526). In Kouřim gehörten sie in die Gräber des unteren Horizonts (*Šolle*, 1959, S. 420; 1966, S. 69 ff.). *M. Šolle*, 1966, S. 83; S. 147; Abb. 13 a, b; *Z. Krumphanzlová*, 1974, S. 44. Zu mährischen Funden *V Hrubý*, 1955, S. 92 f. Zu den Kugelohrringen *M. Šolle*, 1959, S. 428; für Mähren *B. Dostál*, 1966, S. 37; *V. Hrubý*, 1955, S. 240. Hierher gehören auch die Prachtohrringe aus dem Grab 106 in Kouřim, *M. Šolle*, 1966, Abb. XLIX und Abb. L. Zu den Körbchenohrringen *M. Šolle*, 1959, S. 430 f.; *Z. Krumphanzlová*, 1974, S. 45; *B. Dostál*, 1966, S. 39. Zum Alter der in Schätzen bewahrten Stücke und zur Zusammensetzung der Schätze *Z. Krumphanzlová*, 1974, S. 49.

133 *Z. Krumphanzlová*, 1974, S. 40 ff.

Kolín, Kouřim und Libice, während Nordwestböhmen und das ganze nördliche Böhmen weniger Funde geliefert haben. Ganz ähnlich sind die Bernsteinperlen verteilt, die mit den Glasperlen sehr oft in einer Kette vorkommen. Mittelböhmen tritt hier noch deutlicher hervor. Z. Krumphanzlová gibt an, daß ungefähr 40 % aller in böhmischen Gräbern gefundenen Ketten auch Bernsteinperlen enthalten, nach den hier zur Verfügung stehenden Zahlen sind es 43 %. Halbedelsteinperlen sind dagegen nur in Prag selbst und in einigen Funden Nordwestböhmens belegt, je ein Fund stammt aus Kouřim und aus dem Gebiet südlich Příbrams.

Die relativ seltenen Metallperlen gehören zu den kostbarsten Ausstattungsstücken (Karte 4). Einige der Perlen sind sehr kostbar granulations- und filigranverziert. Nach ihrem Material kann man Bronze-, vergoldete Bronze-, Silber- und Zinnperlen unterscheiden. Die Funde aus Bronze gehören mit Sicherheit in die mittlere BWZ, während die Silberperlen auch häufig in den Hacksilberfunden des ausgehenden 10. Jahrhunderts vorkommen[134].

Bernsteinperlen wurden offenbar schon in der zweiten Hälfte der mittleren Burgwallzeit getragen, reichen aber bis weit in die jüngere BWZ hinein[135].

Über den Wert dieses Importgutes ist schwer zu urteilen. Die Häufigkeit in Böhmen spricht allerdings dafür, daß sie hier nicht zu den Gütern gehörten, die sich nur eine Minderheit leisten konnte.

Die recht seltenen Halbedelsteinperlen beginnen offenbar ebenfalls schon in der mittleren BWZ und haben ihren zeitlichen Schwerpunkt in der jüngeren BWZ, wo sie allerdings auch noch im 12. Jahrhundert vorkommen.

Auch Halbedelsteinperlen mußten nach Böhmen importiert werden. Besonders häufig kamen sie übrigens auch auf dem Gräberfeld von Espenfeld in Thüringen vor. S. Dušek versuchte, den Wert von Halbedelsteinperlen in Thüringen aufgrund von Angaben von Ibn Fadlan, der 922 zu den Kamabulgaren reiste, und der Pravda Russkaja des 11. und 12. Jh. zu berechnen[136]. Nach ihrer Schätzung hätten zwei Halbedelsteinperlen in ihrem Wert einem Rind entsprochen. Wenn auch diese Gleichung nur mit Vorsicht aufgenommen werden kann, vermittelt sie doch eine Vorstellung von dem hohen Wert des Schmuckes.

---

[134] *M. Šolle*, 1959, S. 449; *Z. Krumphanzlová*, 1974, S. 59; *J. Sláma*, 1963, S. 256; *R. Turek*, 1962 a, S. 108 f.; *V. Šikulová*, 1958/59, S. 137 ff.; *B. Dostál*, 1966, S. 53 ff.

[135] *Z. Krumphanzlová*, 1974, S. 66; sie kommen besonders in der jüngeren BWZ, selten noch in der mittleren BWZ vor (*Zápotocký*, 1965, S. 237 f.). Zu den mährischen Funden *B. Dostál*, 1966, S. 54.

[136] *H. Bach, S. Dušek*, 1971, S. 60 f.

Von den Glasperlen lassen sich nur einige Typen datieren. Während die melonenförmigen Perlen äußerst langlebig und weit verbreitet waren, stellten die olivenförmigen Perlen aus grünem Glas eine Mode der mittleren BWZ dar und können somit gut zur Datierung dienen[137]. Innerhalb des burgwallzeitlichen Milieus selbst zeigen aber auch die melonenförmigen und die gegliederten Perlen die mittlere BWZ an. Dies gilt auch für die sonst ebenfalls weitverbreiteten Millefioriperlen[138].

Die kleinen Perlen verschiedener Formen sind für die jüngere BWZ typisch[139].

Glasperlen stellen besondere Probleme bei der Beurteilung ihres Wertes und der Berechnung der Beigabenzahlen dar. Zwischen der Ausstattung mit einer Perle und der Ausstattung mit 120 Perlen besteht ein gewaltiger Unterschied, obwohl beide jeweils nur eine Kette gebildet haben mögen.

Neben den gängigen Schmuckstücken kommen auch einige Einzelstücke vor wie z. B. die Kamee von Želenky oder die geflochtene Goldkette aus dem Grab 49 von Kouřim[140]. Sie stammen im allgemeinen aus den reichen Bestattungen der mittleren BWZ.

Neben Glasperlen finden sich am häufigsten Schläfenringe in den böhmischen Gräbern. Sie wurden insgesamt in 708 Fällen registriert.

Dieser so häufige Schmuck konzentriert sich auf Mittelböhmen und vor allem das mittlere Nordböhmen, das Leitmeritzer Gebiet.

Die Schläfenringe wurden in den Gräbern an den Schläfen der Toten gefunden. Sie wurden wahrscheinlich an einem Band befestigt getragen. Möglicherweise gehörte dieses Band zu einer Haube[141].

Die Schläfenringe lassen sich nach ihrem Material, ihrem Durchmesser und der Dicke des Drahtes, aus dem der Ring verfertigt ist sowie nach der Form der Verdickung an einem oder beiden Enden des Ringes ein-

---

137 *M. Šolle,* 1959, S. 442; *J. Sláma,* 1957, S. 260. *J. Poulík,* 1948, S. 56 ff.; *V. Hrubý,* 1955, S. 246 ff.; *B. Dostál,* 1966, S. 45 ff. — Zu den Perlen in Böhmen *Z. Krumphanzlová,* 1965, S. 161 ff.; 1974, S. 63 ff.; *M. Šolle,* 1959, S. 439 ff.

138 *M. Šolle,* 1959, S. 443; *Z. Krumphanzlová,* 1974, S. 64.

139 *M. Zápotocký,* 1965, S. 238; *M. Šolle,* 1959, S. 443 f.; *Z. Krumphanzlová,* 1974, S. 65 f.

140 *R. Turek,* 1963, S. 154; Taf. 43 (1974, S. 161); *M. Šolle,* 1959, S. 455 ff.

141 *Z. Krumphanzlová,* 1974, S. 57; Schläfenringe größeren Durchmessers scheinen auf die Schulter herabgehangen zu haben (*Nechvátal, Radoměrský,* 1964, S. 671 f.). Belege zur Trageweise brachten *J. L. Červinka,* 1926—37, S. 6 f.; *P. Höfer,* 1906, S. 46; *K. Musianowicz,* 1948, S. 117; *A. Kralovánszki,* 1959, S. 338; *G. Török,* 1962, S. 47; *W. Łosiński,* 1958, S. 274; *H. Wiklak,* 1960, S. 192; *H. Bach, S. Dušek,* 1971, S. 29 f.

teilen. Diese Verdickung sollte nach dem Durchstecken durch das Band wohl ein Herausrutschen verhindern.

Die entsprechende Verdickung hat in Böhmen fast überall die Form einer s-förmigen Schleife; Ringe ohne Verdickung oder mit Häkchen sind dagegen außerordentlich selten.

Für die Datierung der s-förmigen Schläfenringe ist nicht so sehr die Ausführung des S oder die Form des Ringes entscheidend — breit, tordiert usw. — sondern vor allem der Durchmesser des Ringes, das Material und die Herstellungstechnik[142].

In der älteren Phase der mittleren BWZ, der zweiten Hälfte des 9. Jh., kommen Schläfenringe in Böhmen offenbar noch nicht oder kaum vor. Mit Sicherheit aber wurden sie schon in der ersten Hälfte des 10. Jh. getragen[143].

Besoders gute Aufschlüsse über die Entwicklung der Schläfenringe haben die Untersuchungen von M. Zápotocký gebracht. Aus ihnen ergibt sich, daß Schläfenringe mit einem Durchmesser von über 30 mm schon ins 12. Jh. datiert werden müssen. Schläfenringe mit einem Durchmesser bis zu 15 mm kommen überwiegend auf Friedhöfen vor, die noch Keramik führen, gehören also wenigstens zum Teil noch ins 10. Jh. Die größeren Formen sind auf diesen älteren Friedhöfen überhaupt nicht vertreten. Die Schläfenringe von einer Größe zwischen 16 und 30 mm könnte man somit ins 11. Jh. setzen[144].

Einzelne Funde kleiner Schläfenringe können nicht sicher datiert werden, da sie noch auf jüngeren Friedhöfen vorkommen können. In diesem Zusammenhang hat man auch an Kinderausstattungen gedacht[145].

Außer den bisher besprochenen Schmuckformen finden sich in Böhmen und Mähren in nicht geringer Zahl letztlich auch Fingerringe (49

142 Zur Chronologie und Datierung zusammenfassend *Z. Krumphanzlová*, 1974, S. 49 ff. — Die Formenkunde der Schläfenringe erarbeitete für Böhmen *I. Borkovský*, 1940, S. 55 ff. Für Polen *K. Musianowicz*, 1949. Zur Datierung der spätburgwallzeitlichen Schläfenringe *Z. Smetánka*, S. 463 ff.

143 Eine besonders frühe Datierung der Schläfenringe vertreten *A. Knorr*, 1953, S. 225 f.; *R. Turek*, 1948 a, S. 182; *J. Sláma*, 1957, S. 264. In Kouřim sind Schläfenringe erst aus dem jüngsten Horizont bekannt (*Šolle*, 1959, S. 436) — man darf dabei aber nicht vergessen, daß Kouřim starke Beziehungen zu Mähren aufweist, wo sich Schläfenringe offenbar überhaupt erst später durchgesetzt haben (*Poulík*, 1957, S. 232; *Hrubý*, 1960, S. 94). Interessant sind im Zusammenhang mit der frühen Datierung in Böhmen auch die sog. hybriden Formen (*Krumphanzlová*, 1974, S. 44; *Borkovský*, 1951, S. 4).

144 Grundlegend zur Datierung nach dem Durchmesser *R. Turek*, 1948, S. 532; *M. Zápotocký*, 1965, S. 229 ff.; Abb. 19.

145 Dazu *Z. Krumphanzlová*, 1974, S. 53. Schläfenringe finden sich zu einem großen Teil in Kindergräbern (siehe unten S. 136).

Fälle). Als Material wurde meist Silber, aber auch Zinn, Bronze und Gold verwendet.

Im älteren Horizont kommen sie insgesamt so selten vor, daß man sie doch eher als Formen der jüngeren BWZ ansehen muß[146].

Der Wert dieser Ringe kann leider nur nach dem Material eingeschätzt werden. Welche Funktion möglicherweise mit dem Tragen eines Fingerringes verbunden war, läßt sich schwer ohne weitere Quellenhinweise entscheiden. Untersuchungen liegen m. W. hierüber nicht vor[147].

f) Gegenstände kultischer Bedeutung

In 11 Fällen sind aus böhmischen Gräbern kleine, stark verzierte Täschchen aus Silber bekannt (im Grab 106b in Kouřim fanden sich 2 Exemplare von 1,5 × 1,3 cm Größe und ein drittes von 4,2 × 2,8 cm Größe). Von den 11 aufgenommenen Fällen stammen 6 aus Mittelböhmen, 3 aus dem Gebiet von Kolín, Kouřim und Libice und 2 aus dem nordwestlichen Böhmen. Dazu kommt das Täschchen aus dem Grab der Libicer Fürstin[148].

Diese sog. Kaptorgen (Reliquiare, Amulette) wurden wohl an Bändern befestigt um den Hals oder am Gürtel getragen. In dem Kouřimer Grab mit den 3 Kaptorgen lagen zwei auf und neben dem Magen der Toten, das größere Stück offenbar als echte Beigabe zu ihren Füßen[149].

Kaptorgen kommen z. B. in alemannischen und merowingischen Gräbern vor allem im 7. Jh. vor; in Polen, in einem Fall auch in Böhmen, sind sie Bestandteile der Hacksilberfunde[150]. Die Kaptorgen aus Grabfunden aber stammen in Böhmen aus eindeutig mittelburgwallzeitlichem Rahmen[151].

---

[146] Die Formeneinteilung von *L. Niederle,* 1911, S. 670; *V. Hrubý,* 1955, S. 267 ff.; *B. Dostál,* 1966, S. 56 ff. Ringe des „byzantinischen Stroms" sind ausgesprochen selten. Am häufigsten findet man einfache, bandförmige Ringe, die im allgemeinen frühestens in die zweite Hälfte des 10. Jh. gehören (*Krumphanzlová,* 1974, S. 61 f.). Besonders aufschlußreich sind in diesem Zusammenhang die Ergebnisse der Grabung des Friedhofs von Radomyšl bei Strakonice aus dem 12. Jh. (*Nechvátal, Radoměrský,* 1964, S. 680). Zu den böhmischen Ringen und ihrer Datierung weiterhin *J. Sláma,* 1963, S. 251 ff.

[147] Ringe kommen zumeist in Frauen- und Kindergräbern vor (*Krumphanzlová,* 1974, S. 62. Siehe unten S. 133 ff.).

[148] *M. Šolle,* 1959, S. 452; *H. Preidel,* 1939, S. 570; *J. Schránil,* 1925, S. 179; Z. *Krumphanzlová,* 1971, S. 428 f.; 1974, S. 57; *R. Turek,* 1963, S. 220, Abb. 7. *R. Turek,* 1978.

[149] Zur Trageweise Z. *Krumphanzlová,* 1971, S. 430 f.; *M. Šolle,* 1966, S. 215; Grab der „Fürstin" *M. Šolle,* 1966, S. 153, Abb. 40 b; Abb. 39; Taf. XLVI und Taf. XLVII.

[150] Zur Verbreitung Z. *Krumphanzlová,* 1974, S. 430 f. — Hacksilberfund von Žatec (Saaz): *H. Preidel,* 1939, S. 538 ff.

[151] Das beweisen die Funde von Kouřim, Brandýsek und Libice (*Šolle,* 1959, S. 452; *Turek,* 1963 b, S. 213; *Kytlicová,* 1968, S. 241).

Die meisten der bisherigen Bearbeiter interpretieren die Täschchen als Reliquiare. Im alemannischen Gebiet enthielten ähnliche Täschchen kleine Leder- oder Stoffbeutelchen, Perlen und Pflanzenreste. R. Turek möchte eher an profane Kosmetiktäschchen denken[152].

Jedenfalls stellen die Kaptorgen Gegenstände von ganz außerordentlichem Wert dar, von kostbarem Material, kostbarer Verzierung und wahrscheinlich einem Inhalt von außerordentlicher ideeller Kostbarkeit. Gräber mit Kaptorgen verdienen deshalb besondere Beachtung. Die Kaptorgen übersteigen in ihrem Wert sicher auch die reichen Ausstattungsstücke der mährischen Tracht.

Weitere Amulette oder auch christliche Kreuzanhänger finden sich in Böhmen kaum. Ein Kreuzanhänger aus Bernstein stammt aus einem Grab des 10. Jh. aus Libice an der Cidlina[153].

Wahrscheinlich kultische Bedeutung besaßen auch die Münzen in den Gräbern. Über die zeitliche Verteilung der „Charonspfennige" informiert am besten P. Radoměrský[154]. Der älteste Münzfund im Grab ist danach ein Denar des bayerischen Herzogs Heinrich I. (948—955) aus Budeč. 4 Denare stammen aus der Zeit zwischen 985 und 1010. Der eigentliche Schwerpunkt liegt dann aber zwischen 1035 und 1110 (38 Münzen). Am häufigsten sind die Münzen aus der Regierungszeit Vratislavs II. Danach wurden „Charonspfennige" wieder unüblich.

Die Münzen lagen im Mund oder auch in der Hand des Toten.

Was die Herleitung des Brauches betrifft, so hält P. Radoměrský eine Übernahme aus Ungarn für wahrscheinlich[155].

P. Radoměrský möchte die „Charonspfennige" übrigens nicht als „Fährgeld" für die Fahrt ins Jenseits ansehen; er hält das Geld für einen Ersatz der nicht mehr zulässigen Beigaben. Möglicherweise hoffte man, der Tote könne sich für das Geld die ihm verweigerten Lebensmittel und Beigaben kaufen[156]. Diese einleuchtende Erklärung würde allerdings eine schon fortgeschrittene Geldwirtschaft in Böhmen voraussetzen.

---

[152] *R. Turek*, 1962 a, S. 101 f.; eindeutig für ein Reliquiar spricht der Befund von Kouřim, Grab 106 b, der den fränkischen Befunden entspricht (*Šolle*, 1966, S. 215). Zu den fränkischen Reliquiaren *J. Werner*, 1950 a, S. 41 ff.

[153] *R. Turek*, 1963, S. 230. *Z. Krumphanzlová*, 1971, S. 427. *M. Šolle*, 1980, zu einem Kreuz des Blatnica-Mikulčicer Horizonts aus einem auch sonst reich ausgestatteten Frauengrab von Budeč. Vergleiche zu den Votivkreuzen jetzt auch *B. Nechvátal*, 1979, S. 213—251.

[154] *P. Radoměrský*, 1955, S. 5; *Z. Krumphanzlová*, 1974, S. 60. *R. Turek*, 1948, S. 485 ff.

[155] *P. Radoměrský*, 1955, S. 56.

[156] *P. Radoměrský*, 1955, S. 59.

Für soziale Fragen sind die Münzbeigaben leider kaum mehr heranzuziehen. Dadurch gewinnen wir für die Auswertbarkeit der Gräber eine obere zeitliche Grenze von etwa 1035.

Material:

Interessant sind in unserem Zusammenhang vor allem die Edelmetalle, während Bronze und Eisen als allgemein üblich vernachlässigt werden können[157].

Silberne und versilberte Gegenstände bilden einen Schwerpunkt im äußersten Norden und Nordwesten (Karte 5). Hier zeichnen sich wohl vor allem die silbernen, versilberten und silberplatierten Schläfenringe ab. Goldgegenstände sind dagegen im Norden kaum belegt; sie fanden sich bisher vor allem in Mittelböhmen und im Gebiet von Kolín, Kouřim und Libice[158].

Gold und Silber sind im bearbeiteten Zeitraum übrigens auch für chronologische Fragen auswertbar: in den reichen Funden der mittleren BWZ finden wir sowohl Gold als auch Silber — in den Funden der jüngeren BWZ mit Schläfenringen aber nur noch silberne und versilberte oder silberplatierte Gegenstände[159].

Beigabenhäufigkeit und Beigabenwert:

Aus den Gesamtbeigaben lassen sich für jedes Grab zwei zusätzliche Werte errechnen: die Zahl der Beigaben pro Grab und die Qualität der Beigaben pro Grab.

Die Berechnung beider Werte, vor allem aber des zweiten Wertes, stellt uns vor einige Schwierigkeiten. Bei der Beigabenzahl entstehen sie vor allem dadurch, daß viele Beigaben nur bruchstückhaft überliefert sind, so daß die genaue Stückzahl nicht zu ermitteln ist. Schwer läßt sich auch entscheiden, wie z. B. eine Beigabe berechnet werden soll, die ihrer Funktion nach aus zwei Teilen besteht, im Grab aber keines-

---

157 1—2 Bronzegegenstände pro Fall liegen in 386, 3—4 in 56, 5—8 in 65, 9—16 in 14 und mehr als 16 in 23 Fällen vor; 1—2 Goldgegenstände in 8, 5—8 Goldgegenstände in einem und mehr als 8 in 2 Fällen; 1—2 Silbergegenstände in 127, 3—4 in 18, 5—8 in 15 und mehr als 8 in 10 Fällen; 1—3 versilberte bzw. silberplatierte Gegenstände in 104, 3—4 in 8, 5—8 in 9, mehr als 8 in 7 Fällen; 1—2 vergoldete Gegenstände in 48, 2—4 in 5, 5—8 in 2 und mehr als 8 in 5 Fällen.

158 Zur Verbreitung der Schläfenringe siehe oben S. 114. Aus Gold oder wenigstens vergoldet sind vor allem die reichen Gegenstände des mährischen Horizonts wie Ohrringe, Gombíky, Perlen, Sporen und Gürtelbeschläge.

159 Hierfür gibt es verschiedene Erklärungsmöglichkeiten. Auf der einen Seite fehlt bei den jüngeren Funden die reichste Schicht, die mit Gold ausgestattet worden wäre, auf der anderen Seite befinden wir uns in einem Fundhorizont, in dem Silber insgesamt häufiger zu werden scheint, wie auch die gleichzeitigen Hacksilberfunde belegen (*Turek,* 1966, S. 223 ff.).

wegs immer in beiden Teilen vorhanden ist wie z. B. die Sporen oder die Ohrringe (Abb. 2a)[160]. Es muß allerdings noch einmal betont werden, daß organische Beigaben in die Statistiken nicht mit eingehen können. Ich gehe jedoch davon aus, daß die Zahl der Metallbeigaben in ihrer Größenordnung etwa die Zahl der Gesamtbeigaben widerspiegelt, daß ein Grab mit wenigen oder gar keinen anorganischen Gegenständen auch wenig aus organischem Material, ein Grab mit vielen anorganischen Gegenständen dementsprechend auch viele organische Beigaben enthalten hat.

Eine Wertbestimmung der Beigaben muß notwendigerweise immer hypothetisch bleiben. Dennoch muß man bei der Wertung der Gräber nach ihrem Reichtum aus der Materialkenntnis heraus ein Urteil fällen. Dabei kann man sich über Einzelheiten selbstverständlich streiten. Ob nun z. B. Glasperlen wertvoller waren als Schläfenringe oder sich etwa entsprachen (wie hier angenommen wird), ob Bernstein- und Halbedelsteinperlen sich entsprachen und mit dem Materialwert vergoldeter Gegenstände gleichgesetzt werden können (wie hier angenommen wird) und insgesamt etwas weniger wert waren als die mährischen Ohrringe und Gombíky oder wie andererseits die Waffen dazu in ein Verhältnis zu bringen sind, läßt sich kaum — und auch nicht durch technologische Untersuchungen — entscheiden[161]. Eine sichere Grundlage könnte man freilich durch das Feststellen des Materialgewichts für jeden Fund in Verbindung mit Überlegungen zu Technologie und Arbeitszeit gewinnen. Auf der anderen Seite kennen wir aus dem Arbeitsgebiet nicht einmal den reinen Materialwert, geschweige denn den Arbeitswert. Der hier aufgestellten Skala zufolge steigen die einfachen Gegenstände erheblich an Wert, wenn sie aus Edelmetall sind. Der

---

160 Nicht befriedigend zu lösen ist z. B. die Frage der Berechnung der Perlen: obwohl die Perlen zu Ketten gehören, kann man die Zahl der Perlen doch nicht ganz unberücksichtigt lassen, denn zwischen einer Glasperle (und 119 Holzperlen) und 120 Glasperlen besteht doch ein gewaltiger Unterschied. Da das Ziel dieser Untersuchungen eine soziale Interpretation ist, habe ich mich immer für die Berücksichtigung solcher Ausstattungsdifferenzen entschieden. Die Perlen sind in einer quadratischen Reihe berechnet, da bei niedrigen Zahlen der Unterschied größer gewesen sein dürfte als bei hohen Zahlen — eine und vier Perlen werden also stärker voneinander abgehoben als 75 und 100 Perlen. Nach einer quadratischen Reihe werden auch die Schläfenringe berechnet, während wertvolle Gegenstände, die meist nur in wenigen Exemplaren vorkommen, arithmetisch gezählt werden. Die genaue Berechnungsgrundlage der Untersuchungen für Espenfeld, Thüringen, wird leider aus der Publikation nicht deutlich (*Bach, Dušek*, 1971, S. 45 f.). Die Kriterien, die *V. Hrubý* für Staré Město benutzt hat, sind sehr subjektiv (*Hrubý*, 1955, S. 318; auf den Grundlagen von *V. Hrubý, B. Dostál*, 1966, S. 94 f., für die mährischen Gräberfelder).

161 Einen Versuch zur Einbeziehung des Beigabenwertes macht *S. Dušek* (*Bach, Dušek*, 1971, S. 45 f.). Wie geradezu unmöglich es ist, den Wert verläßlich zu bestimmen, zeigt ihre Untersuchung der Perlen (S. 58 ff.).

angenommene, niedrige Grundwert bezeichnet lediglich die einfache Herstellung[162].

Im Gesamtmaterial finden sich folgende Beigabenzahlen: 1220, d. h. 55 % der geschlossenen Grabfunde waren beigabenlos (Tongefäße sind hier aus den o. a. Gründen nicht mitgerechnet), 1 Beigabe hatten 550, 2 Beigaben 205 Gräber — zusammen also 34 % mit 1 und 2 Beigaben. 91 Gräber brachten 3, 51 Gräber 4 Beigaben — zusammengerechnet hatten 6,4 % der Gräber 3—4 Beigaben, 1,4 % 9—16 Beigaben (32 Gräber) und letztlich lediglich 0,3 % (7 Gräber) über 16 Beigaben. Insgesamt waren also nur 4,5 % aller Gräber mit mehr als 4 Beigaben ausgestattet.

Der Beigabenquantität zufolge gab es somit außerordentlich wenig Personen, die wirklich reich ausgestattet wurden; die Hälfte der Bevölkerung erhielt gar keine Gegenstände aus anorganischem Material mit ins Grab.

55 % der Gräber haben den Qualitätswert 0, 362 Gräber den Wert 1—2 (16,3 %), 283 Gräber den Wert 3—4 (12,8 %), 177 Gräber 5—8 (8 %), 120 Gräber 9—16 (5 %), 50 Gräber 17—32 (2,3 %), 14 Gräber 33—64 (0,6 %) und letztlich 5 Gräber mehr als 64 (0,2 %). Insgesamt weisen 69 Gräber einen Wert von über 17 Punkten auf (3,1 %).

Durch den Beigabenwert werden die Unterschiede zwischen armen und reichen Gräbern noch deutlicher als durch die Beigabenzahl. Im wesentlichen zeigen jedoch beide Kurven die gleiche, abfallende Tendenz: arme Gräber sind am häufigsten, reiche Gräber am seltensten.

3.2. Untersuchungen zum Statuswert einzelner Ausstattungsgegenstände

Für die Beurteilung der Stellung des Toten braucht man Hinweise darauf, ob seine Grabausstattung für Gräberfelder von Burgwällen oder Gräberfelder von offenen Siedlungsplätzen, ob sie für „arme“ oder „reiche“ Ausstattungen charakteristisch ist[1].

Hauptsächlich bei offenen Siedlungen findet man Feuerstähle (ältere Zeitstufe), Bernsteinperlen (ältere Stufe), Schläfenringe (ältere und

---

162 Der Wert wird für jedes Grab nach der Formel $W = \sum_{i=1}^{n} (x_i + y_i)$ berechnet, wobei n die Zahl der Merkmale, x den hypothetischen Grundwert des Gegenstandes und y den hypothetischen Materialwert darstellt. Wünschenswert wäre außerdem eine Einbeziehung des Gewichts des Gegenstandes.

1 Zur Bedeutung der 4 Gräberfeldtypen, Burggräberfeld innerhalb des Befestigungsareals, Burggräberfeld außerhalb des Befestigungsareals, ältere Reihengräber bei offenen Siedlungen und ländliche Kirchfriedhöfe siehe oben, S. 86 ff.

jüngere Stufe), Münzen (ältere und jüngere Stufe) und Fingerringe (jüngere Stufe).

Besonders typisch für die Burggräberfelder innerhalb der Befestigungen, weniger typisch für die älteren, ländlichen Reihengräberfelder sind Schwerter, eiserne Beschläge, Gürtel und Metallperlen; Ohrringe, Gombíky, Sporen, Pfeile und Äxte kommen überwiegend auf den Burggräberfeldern vor.

Messer und Eimer sind auf allen drei älteren Gräberfeldtypen ungefähr gleichmäßig vertreten, auf den Kirchfriedhöfen gehören sie jedoch nicht mehr zum Inventar.

Die vier Gräberfeldtypen weichen auch in Beigabenzahlen und Wertpunkten stark voneinander ab (Abb. 2b—2e).

Die krassesten Unterschiede in den Beigabenzahlen weisen die Gräberfelder innerhalb des Burgareals auf (Abb. 2b): die Kurve hat zwei deutliche Maxima. Sowohl beigabenlose als auch ausgesprochen reiche Gräber sind überproportional hoch vertreten, während der Anteil der mittleren Ausstattungen verhältnismäßig gering ist: 71 % der Gräber sind beigabenlos.

Die Verteilung der Beigabenhäufigkeit auf den Gräberfeldern außerhalb des Befestigungsareals, aber in unmittelbarer Burgnähe, verläuft ähnlich, aber doch viel ausgeglichener (Abb. 2c). Auch sie weist zwei, allerdings schwächere, Maxima auf; das eine liegt bei den beigabenlosen Gräbern, das zweite bei den Gräbern mit 9—16 Beigaben — also nicht bei den reichsten, sondern nur bei den Gräbern „zweiter Klasse“, während die Kurve zu den beigabenreichsten Gräbern deutlich abfällt: sie kommen kaum vor. Ausgeglichener wirkt aber auch der Anteil der beigabenarmen und der mittelreichen Gräber.

Die Tendenz zu großen Ausstattungsunterschieden ist demnach bei allen Burggräberfeldern zu spüren — die Unterschiede sind auf den Gräberfeldern innerhalb des Burgareals allerdings krasser als auf den Gräberfeldern außerhalb des Burgareals[2].

Die älteren Gräberfelder bei offenen Siedlungen zeigen demgegenüber wesentlich geringere Ausstattungsunterschiede (Abb. 2d). Die Kurve steigt kontinuierlich bis zu einem Maximum bei 3—4 Beigaben und fällt dann wieder ab. Gräber mit über 16 Beigaben finden sich kaum noch — sie kommen aber doch auch genauso wie die reichen, mährischen Beigaben gelegentlich vor[3].

---

[2] Das gleiche Ergebnis zeigt sich in Mähren (*Dostál*, 1966, S. 95 f.). *B. Dostál* möchte deshalb die Burgwälle als Zentren der Feudalisation ansehen.

[3] Ebenso in Mähren: *B. Dostál*, 1966, S. 95 f.

Besonders interessant scheint, daß die Kurve der Gräberfelder bei offenen Siedlungen der Kurve der Burggräberfelder innerhalb des Befestigungsareals umgekehrt proportional ist: die Gräber der Friedhöfe bei offenen Siedlungen sind weder so arm noch so reich ausgestattet wie die Gräber auf dem Burgareal.

Die Beigabenverteilung auf den Kirchfriedhöfen reicht von 0—8 Beigaben pro Grab, die Kurve fällt kontinuierlich ab; das Maximum liegt bei den beigabenlosen Gräbern (Abb. 2e). Die Zahl der beigabenlosen Gräber muß mit Sicherheit vervielfacht werden.

Die Verteilungen des Beigabenwertes führen zu dem gleichen Ergebnis.

Einige Grabbeigaben unterscheiden sich in ihrem „Statuswert" sehr stark. Fast nur in „ärmeren" Gräbern kommen Feuerstähle, Pfeile und Messer vor — Messer sind allerdings auch in „reichen" Grabfunden häufiger (Abb. 3a). Bernsteinperlen und Schläfenringe sind für mittelreich ausgestattete Gräber typisch (Abb. 3b). Aus Gräbern mit mittelreicher Ausstattung und sehr reichen Gräbern stammen Äxte, Sporen, eiserne Beschläge und Fingerringe (Abb. 3c).

Von diesen Gegenständen unterscheiden sich die Beigaben, die in armen Gräbern kaum, in reichen Gräbern aber oft vorkommen. Noch relativ schwach ist diese Tendenz bei den Eimern ausgeprägt, bei Gürteln, Anhängern, Schwertern und Kaptorgen (Abb. 3e). Erstaunlich deutliche Werte liefert der mährisch-beeinflußte Schmuck: mährische Sonderformen, Ohrringe, Gombíky und Metallperlen (Abb. 3d).

Die Untersuchung der Beigaben und der Gräberfeldtypen hat so deutliche Tendenzen erbracht, daß an der sozialstrukturellen Auswertbarkeit dieser Kriterien wohl kein Zweifel mehr bestehen kann: zu beigabenreichen Ausstattungen gehören bestimmte Gegenstände, die in beigabenärmeren Ausstattungen kaum vorkommen. Da diese Gegenstände, wie oben gezeigt wurde, auch von besonderem Wert sind, kann man wohl schließen, daß die Personen, die nur mit wenigen Beigaben bedacht wurden, sich diese Gegenstände einfach nicht leisten konnten. Ein Unterschied zwischen armen und reichen Ausstattungsgruppen in religiöser Hinsicht ist unwahrscheinlich, wo es sich um Gräber der mittleren BWZ handelt. Wir können deshalb folgende Beigaben als „Oberschichtskriterien" definieren: Metallperlen, Ohrringe, Gombíky, Gürtelschnallen und -beschläge und Schwerter. Diese Gegenstände sind typisch für die reichsten Gräber und kommen in überwiegender Mehrheit dort vor, wo wir annehmen können, daß die bestattete Bevölkerung zu einem Burgwall gehörte. Schwerter, Gürtelbeschläge, eiserne Beschläge und Metallperlen kommen von diesen Beigaben öfter innerhalb des Burgwalls vor, Ohrringe und Gombíky sind auf den Gräberfeldern außerhalb der Burgen etwas häufiger. Weiterhin erweisen sich Eimer, Kaptorga, Anhänger und wertvoller, ungewöhnlicher mährischer Schmuck als Inventar reicher Ausstattungen. Besonders die Eimer sind auch auf Gräberfeldern abseits der Burgzentren belegt.

Sowohl mittlere als auch ganz reiche Ausstattungen haben Sporen, Äxte und eiserne Beschläge gebracht. Sporen und Äxte kommen auf den Friedhöfen der Burgwälle vor, in geringerem Maße aber auch auf den Gräberfeldern bei offenen Siedlungen. Es handelt sich somit nicht um ausgesprochen luxuriöse Gegenstände, sondern um Dinge, die sich offenbar auch eine lokale Oberschicht oder bestimmte Funktionsträger in offenen Siedlungen leisten konnten. Ein Maximum bei 5—8 Beigaben haben auch die Gräber mit Pfeil- und Lanzenspitzen. Pfeilspitzen und Messer kann man auf keinen Fall mehr als Oberschichtskriterien ansehen. Messer sind für eine gewisse Mittelschicht in der Grabausstattung typisch, fehlen aber in den ganz reichen Gräbern auch nicht. Es geht somit wohl hier um einen sozial wenig ausdrucksfähigen Gegenstand, den sich sowohl ärmere als auch reichere Leute mit ins Grab geben ließen[4]. Ähnlich steht es mit den Bernsteinperlen und Schläfenringen, die ebenfalls für mittelreiche Gräber typisch sind. Die letztgenannten beiden Schmuckstücke stammen jedoch zu einem großen Teil schon aus der jüngeren BWZ. Als Oberschichtskriterien kommen sie in keiner Weise in Frage; zum Teil sind sie jedoch auch noch mit mährischen Gegenständen gleichzeitig und gehören hier auch in relativ reiche Gräber besonders auf den älteren Gräberfeldern der offenen Siedlungen.

3.3. Untersuchungen zum Statuswert der Grabanlage

Im Gegensatz zu Mähren kann man in Böhmen einen Zusammenhang zwischen Grabgrubentiefe und Ausstattung nicht feststellen[1]. Bei der Vielzahl der schlecht untersuchten Gräberfelder läßt sich allerdings eine Untersuchung nur auf einer relativ kleinen Materialbasis führen. Zudem scheinen auf manchen Gräberfeldern tiefe Gräber älter zu sein als flache Gräber, so daß ein möglicher größerer Beigabenreichtum auch durch das höhere Alter der Funde erklärt werden kann.

Etwas anders steht es mit der bei vielen Grabungen relativ genau beobachteten Orientierung der Gräber. Sie scheint trotz mancher Fehler bei der Registrierung doch aussagekräftig zu sein, zumal wenn

---

[4] So auch Z. *Krumphanzlová,* 1974, S. 70.

[1] Gräber, die mehr als 125 cm eingetieft waren, wiesen maximal 7 Beigaben auf — 76 von diesen 89 Gräbern hatten nicht mehr als 2 Beigaben (85,4 %). Das ist sogar etwas mehr als im Gesamtmaterial.

man sie auf „Idealhimmelsrichtungen" eicht[2]. Die W-O-Orientierung ist allgemein üblich, am typischsten ist sie jedoch für die Gräber mit 9—16 Beigaben. Die leichten Abweichungen der Regelorientierung wurden besonders von den reichsten Gräbern mit über 16 Beigaben beobachtet. Bei den ärmeren Gräbern waren sie weniger üblich. Die extremen Richtungsabweichungen finden sich nur bei arm ausgestatteten Gräbern und kommen schon bei Gräbern mit 5—8 Beigaben nicht mehr vor.

Die regelmäßige W-O-Orientierung dürfte also als sozial indifferent mit einer leichten Tendenz zur reicheren Ausstattung anzusehen sein. Wer sich eine reiche Grabausstattung leisten konnte, achtete vielleicht etwas stärker auf die Graborientierung als andere; die Grabrichtungen SW-NO und NW-SO kann man mit Vorsicht als „Oberschichtskriterien" ansprechen.

Die beiden extremen Abweichungen von W-O, N-S und O-W gehören in den Bereich der ganz armen Gräber.

Dies könnte auch gut zu der Hypothese passen, Außenseiter der Gesellschaft seien umgekehrt orientiert begraben worden. Man könnte z. B. annehmen, daß Personen, die in einem so schlechten Ruf standen, daß sie nicht einmal ordnungsgemäß bestattet wurden, von ihren Angehörigen auch nicht oder kaum mit Beigaben bedacht wurden. Sicher ist es auf der anderen Seite, daß es sich um keine Gruppe handelte, in der die Beigabensitte vollkommen abgelehnt wurde[3].

Die sozialgeschichtliche Untersuchung der Grabbautypen stellt uns vor einige Probleme[4]. Man differenzierte nämlich bei der Grabanlage außerordentlich stark, so daß sich aus der Fülle von Einzelbeobachtungen mit z. T. sehr kleinen Zahlen schwer Gesetzmäßigkeiten erkennen lassen.

---

[2] Als Orientierungsklassen wurden die Haupthimmelsrichtungen gewählt: NW—SO, W—O, SW—NO, S—N, SO—NW, O—W, NO—SW, N—S.

[3] Das schließe ich aus der Tatsache, daß der Anteil der O—W-Gräber bei 0—4 Beigaben gleichmäßig bei 2 % liegt.

[4] Die Berechnung der Kombinationen wurde mit SPSS vorgenommen, die Formel zur Berechnung der Kombination für ein Grab lautet: $G = \sum_{i=1}^{n} (x_i \cdot 2^i)$, wobei G die Grabbaukombination, n die Zahl der Grabbaumerkmale darstellt, x das Vorhandensein des jeweiligen Grabbaumerkmals (Steinfassungen usw.) mit den Werten 0 = nicht vorhanden, 1 = vorhanden und i den Index: die Grabbaumerkmale werden von 1 bis 23 durchgezählt — i entspricht der Stelle des jeweiligen Merkmals. Auf diese Weise ist jedes Merkmal durch eine bestimmte Potenz von 2 zu erkennen. Z. B. bedeutet die Zahl 7840 = 4096 + 2048 + 1024 + 512 + 128 + 32: Steinplatten, Steine hinter dem Kopf, Steinfassung, Steine oben, in der Kirche, Holz. Während die meisten dieser Kombinationen nur einmal oder sehr selten vorkommen, kristallisieren sich aber doch einige typische Bauarten heraus. Weiterhin gewinnt man einen Überblick darüber, wo Zusammenfassungen von Merkmalen möglich sind.

Gräber ohne Einbauten:

Bei den schlechten Erhaltungsbedingungen für organische Stoffe bleibt die Zahl der ohne jegliche Grabeinbauten bestatteten Personen leider ungewiß, zumal die Beobachtungen bei älteren Grabungen gerade in dieser Hinsicht häufig nicht verläßlich sind. Die häufigste Bestattungsart in Böhmen bestand in einer regelmäßig orientierten Grabgrube ohne jegliche Einbauten, in der der Tote auf dem Rücken mit den Armen am Körper lag (324 Fälle)[5]. Auffallend häufig finden wir diese einfachen Bestattungen in Ostböhmen, und zwar besonders im Gebiet von Kolín, Kouřim und Libice und in Mittelböhmen. Diese Verteilung spricht meines Erachtens dafür, daß es sich hier nicht nur um eine Gruppe schlecht beobachteter Gräber, sondern doch um einen echten Grabbrauch handelt[6].

Die Kombination von einfachem Grabbau und unregelmäßiger Totenlage ist häufig und findet sich kaum auf Gräberfeldern innerhalb der Burgwälle. Großmährische Trachtbestandteile wurden hier nicht gefunden; die Zahl der beigabenlosen Gräber ist besonders hoch (24 von 37). Als Beigaben sind Feuerstähle, Fingerringe, Schläfenringe, Messer, Eimer, aber auch Sporen belegt[7]. Mehr als 4 Beigaben im Grab kommen nicht vor. Man wird somit von einem „Unterschichtskriterium“ sprechen können[8].

Aus der Kammer von Budeč-Levý Hradec und der Kammer von Kolín-Kouřim-Libice stammen 14 einfache Gräber, in denen der Tote die Hände gekreuzt hatte (zwei weitere Funde stammen ebenfalls aus Mittelböhmen). Dieser Bestattungstyp gehört ganz eindeutig auf die Gräberfelder innerhalb der Burgen — er kommt sonst fast nicht vor. Die Gräber sind, wenn überhaupt, ausgesprochen arm ausgestattet und enthalten höchstens einen Schläfenring, der allerdings auch aus kostbarem Material sein kann.

Trotz ihrer armen Ausstattung wird man aber diese Gräber sicher nicht als solche einer armen Bevölkerung ansehen können, sondern eher als jüngere, schon betont christliche, pietätvolle Bestattungen einer hervorragenden Bevölkerungsgruppe. Interessanterweise beschränkt

---

[5] Das bedeutet natürlich nicht, daß in diesen Fällen gar keine Maßnahmen zum Schutz des Toten getroffen wurden (siehe oben, S. 26).

[6] Diese Gräber stehen somit den mächtigeren Steinpackungen in Nord- und Südböhmen gegenüber.

[7] Einzig aussagekräftig scheinen von diesen Gegenständen die Feuerstähle mit immerhin 7,7 % zu sein. Allerdings machen Steinfassungen und Bretter oben jeweils 11,5 % der Feuerstahlgräber aus.

[8] Zur Beurteilung der extremen Lageabweichung in der Forschung siehe oben, S. 93 ff. Beigabenarmut, Einbaulosigkeit und Beigaben wie Feuerstähle sprechen für eine soziale Begründung der abweichenden Lage.

sich die Verbreitung auf die beiden am frühesten christianisierten Gebiete[9].

Gräber mit Steineinbauten:

Neben den Gräbern ohne Einbauten sind die Gräber mit Steinfassungen und regelmäßiger Totenlage am weitesten verbreitet[10].

Es handelt sich um die typische mittel- und nordmittelböhmische Bestattungsform. Steinfassungsgräber kommen vor allem auf Gräberfeldern innerhalb der Burgwälle und älteren Gräberfeldern bei offenen Siedlungen vor. Auf Gräberfeldern außerhalb der Burgwälle und ländlichen Kirchfriedhöfen findet man sie kaum[11].

Bei der Verteilung der Beigabenhäufigkeit sind ganz arme Gräber überrepräsentiert. Die Differenzierung ist etwas stärker als bei der Gesamtverteilung[12].

Kostbare, funktionsbezogene Beigaben der mittleren BWZ sind typisch, die jüngeren Beigaben wie Bernsteinperlen, Schläfenringe und Fingerringe sind dagegen relativ wenig belegt, sie kommen aber auch vor; häufig sind merkwürdigerweise Steinfassungsgräber mit Münzen, die, gut datierbar, in der Regel erst in das 11. Jh. gehören[13].

Nach diesem Ergebnis sieht es so aus, als ob man das Grab mit Steinfassung als den älteren „Normalbestattungstyp" der mittelböhmischen Stämme ansehen kann. Steinfassungsgräber scheinen weniger für eine bestimmte soziale Schicht zu stehen: sie sind dafür aufgrund der Beigaben besonders gut sozial interpretierbar. Der hohe Anteil der Münzbeigaben könnte darauf hindeuten, daß gerade im Bereich des Steinfassungsbrauches besonders hartnäckig an der Beigabensitte festgehalten

[9] Die Gräber mit gekreuzter Handlage des Toten wurden mehrfach als Priestergräber interpretiert (siehe oben II.3.1., Anm. 75). Dagegen spricht die relativ häufige Schläfenringbeigabe.

[10] Steinfassung und regelmäßige Totenlage wurde 244 mal (in 11 % der Gräber) beobachtet.

[11] Der seltene Nachweis auf den Gräberfeldern außerhalb der Burgwälle kann durchaus eine Forschungslücke sein; daß sie auf den Friedhöfen innerhalb der Siedlungen nicht vorkommen, ist wohl chronologisch zu erklären; die Sitte wird offenbar im Laufe des 11. Jh. aufgegeben.

[12] 60 % der Steinfassungsgräber haben keine Beigaben — beigabenlose Gräber in der Gesamtverteilung dagegen nur 55 %; die anderen Häufigkeitswerte entsprechen etwa der Gesamtverteilung.

[13] Während 23,5 %, 21,7 % und 20 % der Gräber mit Gürtel, Sporn und eisernen Beschlägen und 16 % der Gräber mit Äxten Steinfassungen aufweisen, sind es bei den Münzgräbern nur 14,3 %. Dennoch ist das Steinfassungsgrab die häufigste Bestattungsart der Gräber mit Münzen. Der hohe Anteil der beigabenlosen Gräber mit Steinfassungen dürfte vor allem auf die zahlreichen Gräber des jüngeren Horizonts zurückzuführen sein. Der Bestattungstyp ist, wie auch die Münzgräber zeigen, außerordentlich langlebig.

wurde. Mit Sicherheit gehört dennoch der Hauptteil der Steinfassungsgräber noch in die mittlere BWZ.

Ein weiterer Grábertyp mit Steinfassungen und Steinen über dem Toten (z. T. regelrechte Steinpackungen) zeigt einige, wohl nicht in Zusammenhang stehende Konzentrationen: Nordmittelböhmen vor allem mit dem Gräberfeld von Žalany bei Teplice, einige Funde in der nördlichen mittelböhmischen Kammer und im Gebiet von Kolín, Kouřim und Libice. Die eigentliche Häufung liegt im Gebiet südlich von Příbram mit den Gräberfeldern von Radětice, Řesanice und Tušovice. Die Bestattungsart ist für ältere Gräberfelder bei offenen Siedlungen besonders typisch, kommt aber auch sonst vereinzelt vor[14].

Wie bei den Gräbern mit einfachen Steinfassungen sind bei den „Steinpackungsgräbern" alle Ausstattungsstufen vertreten. An Beigabenzahl und -wert reiche Gräber bilden in der Verteilungskurve einen schwachen Höhepunkt[15].

Zeitlich gehören diese Gräber in Südböhmen offenbar an den Beginn des Körperbestattungshorizonts, d. h. hier wahrscheinlich schon an das Ende der mittleren bzw. den Anfang der jüngeren BWZ[16]. Neben den jüngeren Beigaben, Bernsteinperlen, Fingerringen und Schläfenringen, kommen auch die Bestandteile der mährischen Tracht, Gürtel, Messer und Feuerstahl vor.

Steinpackungsgräber wird man wohl als einen Hinweis auf altertümliche Jenseitsvorstellungen deuten können. Die dicke Steinschicht sollte sicher apotropäisch wirken[17].

Gräber, deren obere Steinschicht aus Steinplatten oder nur aus einer Steinplatte besteht, scheinen sich von den beiden letztgenannten Bestattungstypen zu unterscheiden. Auch ihnen begegnet man zwar auf den älteren Gräberfeldern von offenen Siedlungen; die Verteilung von Beigabenqualität und Beigabenquantität ist jedoch eine ganz andere als bei Steinfassungs- und Steinpackungsgräbern: arme Gräber überwiegen.

---

[14] 87,5 % der Gräber stammen von Friedhöfen außerhalb der offenen Siedlungen, 3,5 % von Friedhöfen innerhalb der offenen Siedlungen, 9 % von Friedhöfen innerhalb des Befestigungsareals.

[15] Keine Beigaben 54,5 % zu 55 % der Gesamtverteilung, 1—2 Beigaben 30,3 % zu 34 % der Gesamtverteilung, 3—4 Beigaben 1,5 % zu 6,4 % der Gesamtverteilung, 5—8 Beigaben 4,5 % zu 2,8 %, 9—16 Beigaben 6,1 % zu 1,4 % und mehr als 16 Beigaben 3 % zu 0,3 % der Gesamtverteilung.

[16] Zum Beginn der Körperbestattungen in Südböhmen und zu den südböhmischen Hügelgräbern siehe oben S. 72 f.

[17] So auch *R. Turek*, 1963, S. 220 f. (1974, S. 216); *Z. Krumphanzlová*, 1961, S. 546.

Eine weitere Gruppe von Gräbern zeichnet sich allein durch eine oder wenige Steinplatten aus, die an verschiedenen Stellen im Grab liegen können. Häufig befinden sie sich über dem Toten. Sie scheinen eine Lokalsitte der nord- und mittelböhmischen Kammern zu sein. Die Gräber sind relativ arm ausgestattet, der Anteil der beigabenlosen Gräber liegt mit 64,5 % über dem Durchschnitt; reichere Gräber mit über 4 Beigaben kommen nicht vor. Die Bestattungsform findet sich auf allen Gräberfeldtypen, wenn auch jeweils sehr selten. Als Beigaben sind Fingerringe, Schläfenringe und Messer belegt. Es scheint sich also um einen etwas jüngeren Horizont zu handeln[18].

Steine hinter dem Kopf sind in 36 Fällen belegt. Auch sie müssen wohl schon in die Übergangszeit zur Beigabenlosigkeit datiert werden und wurden vor allem auf den Friedhöfen bei offenen Siedlungen beobachtet[19]. Nur zwei Gräber brachten mehr als 3 Beigaben.

Die armen Gräber mit Steinen hinter dem Kopf sind demnach nicht als Gräber einer ausgesprochen armen Bevölkerung anzusprechen — die Beigabenlosigkeit dürfte hier schon auf christlichen Einfluß zurückzuführen sein. Möglicherweise stellen die einzelnen Steine ein Rudiment der alten Steinfassungssitte dar. Dafür könnte neben der sicher jüngeren Zeitstellung der Steingräber auch deren regionale Verbreitung sprechen, die sich mit der der Steinfassungsgräber deckt[20].

In den jüngsten Bestattungshorizont gehören die Gräber mit Grabsteinen: sie finden sich ohne weitere Einbauten in 20 Fällen, über Gräbern mit Steinfassung in 11 und über Gräbern mit Särgen in 13 Fällen. Sie begegnen vor allem auf den Friedhöfen innerhalb und außerhalb der Burgwälle. Es handelt sich deshalb wohl in erster Linie um ein soziales Kriterium. Die Gräber sind arm, nur mit Schläfenring oder Fingerring ausgestattet, sehr viele Gräber haben gar keine Beigaben[21].

---

18 1 mal Fingerring, 2 mal Messer und 8 mal Schläfenring — die Datierung in die jüngere BWZ ist damit wahrscheinlich.

19 Beigabenlose Gräber überwiegen mit 80,6 %. Die wenigen, beigabenführenden Gräber enthielten Fingerringe und Schläfenringe. Nur 2 Gräber hatten mehr als drei Beigaben. Diese Beobachtungen decken sich offenbar nicht mit denen, die Z. *Krumphanzlová* in Lahovice machen konnte (1966, S. 306). Hier gehörten die Gräber mit Steinen hinter dem Kopf zu den reichsten Bestattungen. Möglicherweise handelt es sich um eine lokale Besonderheit des Friedhofs.

20 Relativ selten sind Gräber mit Steinpflasterung oder in den steinernen Untergrund geschlagene Gräber. Hierzu gehört auch das „Fürstinnengrab" 106 b (*Šolle*, 1966, S. 266).

21 Mehr als 2 Beigaben im Grab kommen kaum vor. Man geht wohl nicht fehl, wenn man die Gräber mit Steinplatten oben, mit Steinen hinter dem Kopf und mit Grabsteinen sowohl chronologisch als auch ideell zusammensieht. Grabsteine dürften am ehesten eine Angelegenheit der Oberschicht gewesen sein. Da die Beigabenhäufigkeit bei diesen Gräbern nicht mehr aussagekräftig ist, kann man sich nur nach dem Gräberfeldtyp und der Bearbeitung des Steins richten.

Gräber mit Grabsteinen und Särgen gehören dem jüngsten Horizont der Friedhöfe bei Kirchen an und sind im ländlichen Milieu sozialgeschichtlich nicht mehr interpretierbar.

Gräber mit Holz- und Steineinbauten:

Auffällig ist ein Bestattungstyp mit Steinen und Holzverkleidung unterschiedlicher Art. Die Verbreitungsschwerpunkte sind deutlich erkennbar: das nördliche Mittelböhmen (Bílina und Leitmeritz), das zentrale Mittelböhmen, Südmittelböhmen und Kouřim. Der Bestattungstyp scheint besonders auf den Gräberfeldern innerhalb der Burgwälle üblich zu sein. Arme Gräber und Gräber mit 1—4 Beigaben sind überrepräsentiert, Gräber mit mehr als 9 Beigaben kommen überhaupt nicht mehr vor. Bei der hauptsächlichen Verteilung auf den Burggräberfeldern ist die Tatsache, daß reiche Gräber nicht vorkommen, sicher bedeutungsvoll. Die Beigaben gehören dem älteren, z. T. aber auch dem jüngeren Horizont an.

Ein weiterer Bestattungstyp wird durch die Kombination von Steinfassung und Sarg gebildet. Steinfassungen mit Sarg und regelmäßiger Totenlage scheinen besonders für die Kirchfriedhöfe charakteristisch zu sein. Fingerringe, Münzen und Messer sowie ein besonders hoher Anteil von beigabenlosen Gräbern mögen dafür sprechen, daß es sich hier um einen späten, nicht mehr sozial interpretierbaren Typ handelt, der wohl eine Weiterentwicklung der einfachen Steinfassungsgräber darstellt — ähnlich wie der Grabtyp mit einem Stein hinter dem Kopf. Die Beigabenarmut dürfte auf christlichen Einfluß zurückgehen[22].

Der gleiche Grabtyp mit unregelmäßiger Totenlage scheint etwas älter zu sein. Er kommt auf den Gräberfeldern außerhalb der Burgen und offenen Siedlungen vor und hat ebenfalls wenig Beigaben gebracht: es sind jedoch noch ältere, funktionsbezogene Gegenstände belegt: Äxte, Sporen, Eimer, Messer und Fingerringe[23]. Diese Gräber sind deshalb möglicherweise noch sozial auszuwerten.

Gräber mit Steinfassungen und Brettern als „Deckel“ wurden bisher 19mal beobachtet. Es handelt sich um einen echten Bestattungstyp, denn ohne Steinfassung kamen Bretter über dem Toten nur 15mal vor. Das Verbreitungsgebiet liegt vor allem im mittleren Nordböhmen — einige

---

[22] 74,3 % der Gräber sind beigabenlos, nur ein Grab hatte mehr als zwei Beigaben. Interessanterweise ist der Anteil der beigabenlosen Gräber hier wesentlich höher als bei den einfachen Sarggräbern (siehe unten S. 131). Da diese Bestattungsarten auf den ländlichen Friedhöfen vorkommen, möchte ich sie als ländlich und „konservativ“ einstufen. Neben der Beibehaltung der alten Steinfassungssitte sprechen hierfür die Münzen. Die Gräber dürften von keiner ganz armen Bevölkerungsgruppe angelegt worden sein.

[23] Äxte und Eimer können mit Sicherheit in die mittlere BWZ gesetzt werden (siehe oben S. 104 ff.).

Funde sind aus Mittelböhmen und Kouřim bekannt. Die Bestattungsart ist fast ausschließlich auf älteren Gräberfeldern bei unbefestigten Siedlungen belegt (89,5 %). Aufgrund ihrer Beigabenverteilung erscheinen die Gräber als sozial durchaus aussagekräftig. Die Beigabenkurve reicht von 0 bis 16 Beigaben; das Maximum liegt bei 1—2 Beigaben, beigabenlose Gräber gibt es kaum[24]. Schwert, Gürtel, Sporn, eiserne Beschläge, Bernsteinperlen, Schläfenringe und Eimer sind als Beigaben belegt. Es handelt sich also um Gräber von älteren Gräberfeldern bei offenen Siedlungen, die mit wenig, aber qualitätvollen Beigaben ausgestattet waren.

Vergleichbar sind die 7 Gräber mit Bodenbrettern und Steinfassungen[25].

Gräber mit Steinfassungen und nicht näher bestimmten Holzresten sind etwas schwerer zu interpretieren. Die meisten Gräber stammen aus Žalany bei Teplice; das Merkmal ergibt sich deshalb wohl durch die lokale Fundbeobachtung in Žalany[26].

Während Steinfassungen recht häufig mit Holz kombiniert sind, wurden bei Steinpackungen (Steine an den Seiten und oben) insgesamt viel weniger Holzeinbauten beobachtet (16mal). Weitere Differenzierungen bringen deshalb im Augenblick noch keine zuverlässigen Ergebnisse. Die größte Konzentration mit 7 Gräbern zeigt die Gegend um Leitmeritz. Der Anteil der beigabenlosen Gräber liegt mit 69 % wesentlich höher als bei den Steinpackungsgräbern ohne Holzeinbauten[27].

Holzeinbauten mit Steinplatten auf dem Grab scheinen ebenfalls nicht üblich gewesen zu sein. Die wenigen Gräber liegen auf ländlichen Gräberfeldern in Mittelböhmen und sind alle beigabenlos. Somit fügen sie sich in das Ergebnis der Steinplattengräber ohne Holz. Sie sind offenbar nicht mehr interpretierbar.

Gräber mit Holzeinbauten:

Lange nicht so häufig wie die Bestattungsart mit Steinen waren offenbar nur aus Holz gebaute Gräber. Dieses Ergebnis scheint sich nicht nur durch die schlechteren Erhaltungsbedingungen für Holz zu erklä-

---

24 31,6 % der Gräber sind beigabenlos, 63,2 % haben 1—2 Beigaben — somit also wesentlich mehr als die Hälfte.

25 Auch hier liegt das Maximum bei 1—2 Beigaben. Die Gräber mit Steinfassungen und Brett sind nach sozialgeschichtlichen Gesichtspunkten somit wohl zusammenzufassen. Beide Bestattungsarten haben wenig, aber wertvolle Beigaben.

26 B. *Svoboda*, 1963, S. 266 ff. — Siehe auch unten S. 149.

27 Bei der geringen Zahl der Gräber könnte sich dieses Ergebnis jedoch durch Neufunde leicht ändern. Ein Grab mit 9 Beigaben ragt aus der jetzigen Beigabenverteilung schon weit heraus.

ren, denn in Mähren sieht das Verhältnis zwischen Holz und Stein gerade umgekehrt aus[28].

Särge in regelmäßiger Orientierung liegen in 96 Fällen vor. Das Verbreitungsgebiet liegt in Mittel-, Ostmittel- und Nordmittelböhmen; Südböhmen kennt die Bestattungsart in dem bearbeiteten Zeitraum noch nicht. Die Gräber kommen auf den Kirchfriedhöfen vor, auf den Gräberfeldern bei und in Burgwällen — kaum aber auf den älteren Gräberfeldern bei offenen Siedlungen. Die Beigabenverteilung reicht von 0—16 Beigaben; beigabenlose Gräber liegen etwas über dem Erwartungswert, Gräber mit 1—2 Beigaben etwas darunter; Gräber mit über 16 Beigaben sind allerdings nicht vertreten. Metallperlen, Kaptorga, Schwert, Ohrring, Anhänger, Glasperle, Eimer, Messer, Axt, Bernsteinperle, Schläfenring, Feuerstahl und eiserner Beschlag sind die Ausstattungsgegenstände. Es kommt somit fast alles vor.

Die Gräber scheinen also durchaus sozial interpretierbar zu sein. Man kann wohl annehmen, daß der Bestattungsbrauch zunächst auf den Burggräberfeldern, später aber auch auf den Kirchfriedhöfen offener Siedlungen geübt wurde. Die reichsten Gräber wurden jedoch auch auf den Burggräberfeldern nicht als einfache Sarggräber angelegt[29].

Den Sarggräbern stark verwandt sind die 44 Gräber mit Holzverkleidung. Auch ihr Verbreitungsgebiet liegt in Mittelböhmen, dem mittleren Nord- und mittleren Ostböhmen und in Nordwestböhmen. Im Gegensatz zur Sargbestattung findet man die Holzverkleidung aber eher auf den älteren Gräberfeldern der offenen Siedlungen; auf den Kirchfriedhöfen ist der Bestattungstyp kaum noch belegt. Die Verteilung der Beigabenzahlen reicht von 0—16 Beigaben und ähnelt der Beigabenkurve der Sarggräber. Sie steigt kontinuierlich an und zeigt im Gegensatz zu der Verteilung bei den Sarggräbern auffallend wenig beigabenlose Gräber. Dies liegt wohl daran, daß die jüngeren, beigabenlosen Gräber der Kirchfriedhöfe fehlen: Die Holzverkleidung ist somit als eine außerordentlich sozial aussagekräftige Bestattungsform anzusehen, die mit ihrer Tendenz zu einer reichen Ausstattung als ländliche Form neben die Sarggräber der älteren Burggräberfelder gestellt werden kann[30]. An Beigaben fanden sich Eimer, Axt, eiserne Beschläge, Feuer-

---

[28] *B. Dostál*, 1966, S. 22. — Holzplattenkonstruktionen sind am häufigsten.

[29] Es fällt auf, daß alle Gräber mit mehr als 16 Beigaben, bei denen der Grabbau bekannt ist, keine Holzeinbauten aufweisen: es sind Steinfassungs- Steinpackungs- und Steinpflastergräber.

[30] Die Zahl der beigabenlosen Gräber liegt mit 36,4 % weit unter dem erwarteten Wert (55 %); Gräber mit 3—16 Beigaben sind deutlich überrepräsentiert (22,7 % zu 6,4 %, 4,5 % zu 2,8 %, 2,3 % zu 1,4 % der Gesamtverteilung). Gräber mit Steinpflaster und Holzverkleidung weisen dagegen einen wesentlich höheren Anteil an beigabenlosen Gräbern auf (64,7 %).

stahl, Sporn, Kaptorga und Anhänger, Ohrring, Gombík, Bernsteinperlen, Fingerringe.

Als Frage kann somit formuliert werden, ob Sarg- und Holzverkleidungsgräber dieselbe soziale Schicht repräsentieren. Ein gewisser Unterschied scheint jedoch zu bestehen, da Sarggräber in der älteren, vergleichbaren Phase auf Burggräberfeldern, Holzverkleidungsgräber aber auf Gräberfeldern bei offenen Siedlungen üblich waren.

Der letzte zu besprechende Grabbautyp besteht aus einzelnen Brettern oder/und Holzstücken. Wenn auch insgesamt relativ wenig Belege zur Verfügung stehen, muß man wohl annehmen, daß diese Form wesentlich häufiger war, da sie im Grabungsbefund außerordentlich schwer erkennbar ist[31].

Am häufigsten wurden Bretter unter dem Toten registriert (38mal). Sie bilden zwei deutliche regionale Schwerpunkte im zentralen und dem nördlichen Mittelböhmen (Leitmeritz, Bílina). Es handelt sich um einen älteren Typ, der auf den Kirchfriedhöfen nicht mehr vorkommt. Am häufigsten ist er auf den Friedhöfen innerhalb des Burgareals. Die Beigabenverteilung reicht von 0—8 Beigaben; das Maximum liegt deutlich bei 0 Beigaben[32]. Es handelt sich also um außerordentlich beigabenarme Gräber. An Beigaben sind Glasperlen, eiserne Beschläge, Schläfenringe und Messer belegt. Einmal kommt auch ein Ohrring vor.

Die 15 Gräber mit Brettern über dem Toten unterscheiden sich etwas. Bei gleicher regionaler Verteilung überwiegen Gräberfelder außerhalb offener Siedlungen. Die Gräber sind mit 0—4 Beigaben ausgestattet, allerdings seltener als die des vorherigen Typs beigabenlos[33]. Die Beigaben selbst wirken etwas qualitätsvoller: Feuerstahl, Pfeil, Gombík, Münze, Eimer, Ohrring, Fingerring und Schläfenring.

Beide Formen mit Brettern gehören somit in den älteren Horizont, wenn auch einige Belege, vor allem für Bretter über dem Toten, auch aus jüngerer Zeit vorliegen. Die Gräber sind so deutlich ärmer als die Bestattungen mit Särgen und Holzverkleidung, daß man sie wohl einer ärmeren Schicht zuschreiben kann. Nichts spricht jedenfalls gegen eine Interpretierbarkeit in sozialer Hinsicht.

Der Bestattungsbrauch scheint somit folgende Schlüsse zuzulassen: „Abweichende Lage", „Brett unten", „Brett oben", „Steinfassung und Brett oben", „Steinfassung und Brett unten" scheinen für ärmere Personen zu sprechen: „Särge" und „Holzverkleidungen" sind offenbar bei

---

31 Siehe oben S. 26 f.

32 63,2 % keine Beigaben, 34,2 % 1—2 Beigaben.

33 40 % beigabenlose Gräber, 40 % Gräber mit 1—2 Beigaben, 20 % mit 3 Beigaben.

etwas reicheren Personen üblich gewesen — die reichsten Ausstattungen aber fehlen: ähnlich darf man wohl „Steinpflaster und Holzverkleidung“ und „Steinfassung und Holzverkleidung“ interpretieren. Alle Ausstattungsschichten umfassen „Steinfassungen“ und „Steinpackungen“.

Wegen christlichen Einflusses in der Regel nicht mehr aufgrund der Beigaben sozial zu interpretieren sind folgende Grabbautypen: „Steinfassung und Sarg“, „Steine hinter dem Kopf“, „einzelne Steinplatten“, „Grabsteine“ und Gräber, bei denen der Tote die Hände gekreuzt hielt.

Darüber hinaus zeigen sich gerade beim Bestattungsbrauch zahlreiche regionale Unterschiede. Eine weitere Präzisierung kann deshalb nur in kleinerem regionalem Rahmen oder durch die Analyse von einzelnen Gräberfeldern erfolgen. Eine statistisch relevante Basis ist dann jedoch nur in ganz seltenen Fällen zu erzielen, so daß die hier besprochenen Ergebnisse zur Einordnung der Gräber unerläßlich sind, obwohl kleinräumige Unterschiede durch die zusammenfassende Betrachtung mitunter verdeckt wurden[34].

3.4. Untersuchungen zu alters- und geschlechtsspezifischem Grabbrauch und zur sozialen Stellung der Geschlechter und der Altersgruppen

Das Ergebnis der Beigabenuntersuchung von geschlechtsbestimmten Gräbern entspricht ganz den Erwartungen: Schmuck ist öfter in Frauengräbern belegt, Waffen und Geräte öfter in Männergräbern[1]. Im einzelnen wurden ausschließlich männlich bestimmten Toten Schwerter, Pfeile, Gürtelzubehör, Äxte und Sporen beigegeben. Männliche Geschlechtsbestimmung überwiegt eindeutig bei Feuerstählen (5,7 zu 2,2 %), Eimern (10,3 zu 1,6 %), eisernen Beschlägen (3,4 zu 0,5 %), Messern (25,3 zu 7,6 %), Gombíky (1,1 zu 0,5 % — hier sind allerdings nur 3 Gräber bestimmt), Münzen (1,1 zu 0,5 %). Bei wertvollem, seltenem Schmuck (1,7 zu 0,6 %), Ohrringen (4,3 zu 2,9 %), Metallperlen (1,6 zu 0,6 %), Bernsteinperlen (3,3 zu 0,6 %), Schläfenringen (32,1 zu 5,2 %) und Glasperlen (9,2 zu 2,9 %) überwiegen die weiblichen Bestimmungen. Der einzige Gegenstand, der nur in weiblichen Bestattungen vorkommt, ist der Fingerring.

Das Ergebnis verblüfft insofern, als zwar funktionsbezogene „männliche“ Gegenstände nur in Männergräbern belegt sind, während die doch sicher zur weiblichen Tracht gehörenden Schmuckstücke keines-

---

[34] Siehe dazu unten, Teil II.3.6.

[1] Dazu die Ergebnisse von *K. Stloukal*, 1964, S. 101 ff. für Mähren. Sie dekken sich im wesentlichen mit dem hier Vorgetragenen.

wegs nur in weiblich bestimmten Gräbern vorkommen, wenn sie auch dort überwiegen. Da es sich hierbei um die ganze Gruppe der Schmuckstücke handelt, dürfte Zufall wohl auszuschließen sein (siehe dazu auch die Kombinationstabelle Abb. 5).

Das Ergebnis könnte sicherlich auf ungenaue anthropologische Bestimmung zurückzuführen sein — es wirkt dazu aber doch zu logisch. Deshalb möchte ich eher annehmen, daß Waffen nur dem beigegeben wurden, der tatsächlich berechtigt und fähig war, sie zu tragen, dem Mann. Alle anderen Gegenstände wurden nur vorwiegend, nicht ausschließlich funktionsbezogen beigegeben. Man könnte deshalb an echte Beigaben durch die Angehörigen denken.

Besonders signifikant ist übrigens die Bestimmung des Messers als Männerbeigabe mit einem chi^2-Wert von 59,8 mit zwei Freiheitsgraden[2].

Was nun die Beigabenzahlen der anthropologisch bestimmten Gräber betrifft, so stellt sich heraus, daß männlich bestimmte Bestattungen stärker differenziert sind als weiblich bestimmte Gräber (Abb. 4). Die Verteilungskurve reicht bei den Männergräbern von null bis mehr als 16 Beigaben. Einem hohen Anteil beigabenloser Gräber steht ein auffallend hoher Anteil beigabenreicher Gräber gegenüber. Bei den weiblich bestimmten Gräbern sind beigabenlose Bestattungen dagegen wesentlich seltener, auch ganz reiche Gräber kommen kaum vor, während mittelreiche und reiche Bestattungen stark hervortreten.

Die geringere Zahl der beigabenlosen Gräber sowie die hohe Zahl mittelreicher bis reicher Ausstattungen, wie sie sich bei den Frauengräbern zeigt, läßt sich leicht durch die Schmucktracht (mehrere Schläfenringe, mehrere Ohrringe usw.) erklären. Von großer Wichtigkeit dagegen ist der Mangel an ganz reichen Gräbern. Es sieht damit so aus, als ob die hervorragende soziale Stellung bei Männern deutlicher zum Ausdruck gebracht wird als bei Frauen[3].

Auch beim Grabbau lassen sich Geschlechtsdifferenzierungen erkennen: Gräber mit einer Tiefe bis zu 1,25 m weisen eine etwa gleiche Verteilung auf beide Geschlechter auf. Bei tieferen Gräbern überwiegen dagegen eindeutig männliche Geschlechtsbestimmungen[4].

---

[2] Zum chi^2-Test siehe z. B. *G. Claus, H. Ebner,* 1972, S. 229 ff.

[3] Dafür erhalten „arme“ Männer wohl häufiger keine Beigaben als „arme“ Frauen — es wurde schon darauf hingewiesen, daß der Schmuck als Bestandteil der Totenkleidung länger als Grabbeigabe erscheint als die meist funktionsbetonten Männerbeigaben — beigabenlosen Männergräbern stehen somit noch schmuckführende Frauengräber gegenüber.

[4] 29 % zu 8,9 % der Gesamtverteilung.

Besonders auffällig ist die Verteilung bei den abweichenden Orientierungsrichtungen. N-S orientierte Gräber wurden weiblich bestimmt (6 : 1), O-W (umgekehrt) orientierte Gräber sind eher Männergräber (7 : 3).

Sicher müssen auch hier weitere Ergebnisse abgewartet werden; noch liegen viel zu wenig geschlechtsbestimmte Gräber vor. Mit einiger Vorsicht kann man deshalb zunächst die N-S-Lage als extreme Abweichung der Frauengräber, die O-W-Lage als extreme Abweichung der Männergräber definieren. Diese Gräber bilden jedoch Ausnahmen und sind nicht sehr reich ausgestattet (s. o.). Bei der regelmäßigen Orientierung gibt es offenbar nur geringe Verteilungsunterschiede.

Eine Untersuchung der Grabbautypen auf der Basis der anthropologischen Geschlechtsbestimmungen ist durch die starke Aufsplitterung des Materials und die geringe Zahl der Geschlechtsbestimmungen bisher kaum durchzuführen. Dennoch seien einige Anmerkungen gemacht[5].

Deutlich überwiegen die männlichen Bestimmungen bei Gräbern mit Steinfassungen und Holzverkleidung und bei Gräbern mit Steinfassung und Steinen oben (22,7 % zu 9,1 %). Von den Gräbern mit Steinfassungen, in denen die Toten mit gekreuzten Händen bestattet worden waren, konnten 57,1 % als männlich, 14,3 % als weiblich bestimmt werden[6].

Ausgesprochen „weibliche“ Bestattungstypen ließen sich dagegen bisher nicht ermitteln. Mit großem Vorbehalt sind Sarggräber, Gräber mit Brettern oben, Gräber mit Steinfassung und Brettern oben, Gräber mit Holzverkleidungen und Gräber mit Steinpflaster zu nennen. Letztere weisen von 7 Gräbern 3 weibliche Bestimmungen auf.

Das anthropologische Ergebnis steht nicht immer mit den geschlechtsspezifischen Beigaben im Einklang. Da aber nur Waffen und Fingerringe ausschließlich geschlechtsspezifisch vergeben wurden, verwundert

---

5 Unabhängig vom Geschlecht des Toten sind offenbar Gräber ohne Einbauten mit abweichender Totenlage (5 zu 5), mit abweichender Handlage (4 zu 4) und Gräber ohne Einbauten mit normaler Totenlage (27 zu 32), Gräber mit Brettern unten (2 zu 2), Steinfassung mit Holz (2 zu 2), Steinfassung, Steinplatte oben (3 zu 4), Steinfassung, Steine oben, Holz (1 zu 1), Steinfassung, Sarg (7 zu 7). Für nicht interpretierbar halte ich im Augenblick Holz (2 männliche Bestimmungen), Brett oben (2 weibliche Bestimmungen), Steinfassung, Brett unten und Steinfassung, Steine oben, Holz (je 2 weibliche Bestimmungen), Steine hinter dem Kopf (eine weibliche Bestimmung), Steinplatte im Grab (2 männliche Bestimmungen) und Steinpflaster und Holzverkleidung (7 männliche, 4 weibliche Bestimmungen) bei 57 nicht bestimmten Gräbern.

6 Dies würde die Interpretation dieser Gräber als Priestergräber stützen (siehe oben S. 94).

das nicht[7]. Außerdem sind fast alle Zahlen für endgültige Ergebnisse zu klein.

Was nun die Altersgruppen betrifft, so stehen wir auch hier vor dem Problem des Mangels gut untersuchter Gräber. Dennoch zeichnen sich einige außerordentlich wichtige Ergebnisse ab:

Ausgesprochen männliche Ausstattungsgegenstände — Waffen und Geräte — finden sich recht selten in Kindergräbern und in Gräbern von alten Personen. Vorwiegend kommen sie bei adulten und maturen Personen vor. Dies gilt für Feuerstahl und Schleifstein (Maximum bei 20—40 Jahren), Eimer, Schwert (leider nur ein Grab bestimmt), eiserne Beschläge (Maximum bei 40—60 Jahren), Messer (40—60 Jahre), Äxte (20—40 Jahre), Sporen (40—60 Jahre). Pfeile und Schwerter kommen in Kindergräbern gar nicht vor, die anderen genannten Beigaben nur zu einem geringen Teil.

Einen deutlichen Schwerpunkt bei jungen Frauen zeigen die Ohrringe (20—40 Jahre), Metallperlen (Maximum bei 20—40 Jahren), Bernsteinperlen, wertvoller, seltener Schmuck und Kaptorga; die Schmuckstücke kommen aber auch in Gräbern der anderen Altersstufen, auch der Kinder, vor.

Eine Reihe von Schmuckgegenständen hat dagegen ihr Maximum bei den Kindergräbern und ist in zunehmendem Alter offenbar seltener getragen worden. Es handelt sich um Fingerringe, Anhänger, Schläfenringe (bis zu 40 Jahren etwa gleichmäßig belegt als Trachtgegenstände von Kindern und jungen Frauen) und Glasperlen. Ganz sicher ist dies Ergebnis durch die hohe Zahl der Belege bei Schläfenringen, Fingerringen und Glasperlen. Da diese Gegenstände zu einem großen Teil der jüngeren BWZ angehören und somit dem nicht mehr durchgängig beigabenführenden Horizont, könnte man durchaus daran denken, daß Kinder noch mit Beigaben ausgestattet wurden, als diese Sitte für Erwachsene schon längst aufgegeben war[8].

Was nun die Quantität der Beigabenausstattung der Altersgruppen betrifft, so zeichnen sich auch hier Tendenzen ab — die ganz reichen Gräber mit mehr als 17 Beigaben sind allerdings so selten, daß sie nicht mehr statistisch ausgewertet werden können. Beigabenlose Bestattungen

---

[7] Siehe oben S. 133 ff.

[8] Gleichzeitig handelt es sich aber um die „ländlichen" Schmuckstücke, während die typischen, weiblichen „Oberschichtskriterien" (siehe oben, S. 122) ihr Maximum bei 20—40 Jahren haben. Das Ergebnis kann demnach entweder durch eine höhere Kindersterblichkeit in den nichtführenden Schichten oder durch eine konservativere Haltung bei der Ausstattung von frühverstorbenen Mädchen und jungen Frauen in der jüngeren BWZ bedingt sein. Weder Schläfenringe, noch Fingerringe, noch Glasperlen scheinen jedenfalls reine Kindertrachtgegenstände gewesen zu sein.

finden wir in allen Altersgruppen. Die Zahl der beigabenlosen Gräber liegt jedoch für die über 40jährigen etwas über dem erwarteten Wert. Auch 1—2 Beigaben sind für alle Altersstufen belegt; Kinder, Jugendliche und Alte sind hier deutlich unterrepräsentiert. Kinder und Jugendliche zeigen eine deutliche Tendenz zu reicheren Ausstattungen; sie sind bei den Gräbern mit 9—16 Beigaben mit 34,3 % insgesamt am stärksten vertreten — der Anteil am Gesamtmaterial beträgt nur 17 %. Die 21—60jährigen erreichen ihren höchsten Anteil bei 5—8 Beigaben. Bei den über 60jährigen kommen Ausstattungen mit mehr als 3 Beigaben kaum noch vor — hier überwiegen beigabenlose Gräber.

Kinder wurden demnach besonders häufig reicher ausgestattet, Erwachsene erhielten eher Ausstattungen mittlerer Beigabenzahlen, Personen von über 60 Jahren gab man in der Regel keine Beigaben mehr mit[9].

Auch beim Bestattungsbrauch spielt das Alter der zu bestattenden Person eine Rolle. Allerdings muß hier wieder auf die Fehlermöglichkeit der kleinen Zahl aufmerksam gemacht werden.

Ohne Grabeinbauten in regelmäßiger Lage bestattete man überwiegend Kinder und Erwachsene zwischen 20 und 40 Jahren; nur wenige Tote haben ein hohes Alter erreicht. Bei den Gräbern ohne Einbauten mit unregelmäßiger Totenlage überwiegen die Erwachsenen — alte Personen kommen auch hier kaum vor.

Ein entgegengesetztes Ergebnis liefern Steinfassungs- und Steinpakkungsgräber. Die Kurve der Altersverteilung steigt bei beiden Typen kontinuierlich an. Das Maximum liegt bei maturen und senilen Menschen. Auch die Gräber mit Steinfassungen, bei denen der Tote die Hände gekreuzt hatte, gehörten Maturen und Senilen — wie oben ausgeführt wurde, überwiegend Männern. Während auch bei den Steinpflastergräbern die Maturen überwiegen, wurden aus Gräbern mit einer Steinplatte oder mit einem Stein hinter dem Kopf vorwiegend Kinder geborgen. Steinpflaster und Holzverkleidung gemeinsam finden wir etwa gleichmäßig bei Kindern und Adulten, häufiger bei Maturen, nicht aber bei alten Personen. Gräber mit Särgen und Gräber mit Holzverkleidungen zeigen eine recht gleichmäßige Verteilung, erstere mit dem Schwerpunkt bei jüngeren Erwachsenen (20—40 Jahre), Holzverklei-

[9] Die hohen Beigabenzahlen der Kinder ergeben sich allerdings auch durch die für sie üblichen Ausstattungsgegenstände Schläfenringe und Glasperlen. Die hier ermittelten Zahlen entsprechen offenbar nicht den Verhältnissen im gesamten westslawischen Gebiet: In Espenfeld, Thüringen, enthielten nur 3 % der Infans I-Bestattungen Schläfenringe, 24 % der Infans II-, 48 % der Adult- und 64 % der Matur-Bestattungen — das Maximum liegt damit bei 40—60 Jahren (*Bach, Dušek,* 1971, S. 70).

dungen mit einem Schwerpunkt bei alten Personen. Bretter scheinen nicht altersspezifisch zu sein[10].

Fassen wir zusammen: Kinder bestattete man vornehmlich ohne Grabeinbauten oder nur mit einem Stein im Grab; ältere Erwachsene und Senile wurden besonders oft in Steinfassung-, Steinpackungs-, Holzverkleidungs- und Steinpflastergräbern und Gräbern mit Steinpflaster und Holzverkleidung bestattet.

Weder Beigabenverteilung noch Grabbauformen sprechen für eine Rangordnung nach Altersklassen; ausschlaggebend war offenbar — neben finanzieller Möglichkeit, überhaupt das Grab auszustatten — die altersbedingte Funktion der Person. Die mit vielen Schmuckstücken ausgestatteten Kinder wurden dabei offenbar liebevoll wie erwachsene Personen behandelt. Die Alten, die weder Schmuck noch Waffen mehr benötigten, erhielten sie auch nicht mehr als Grabausstattung[11].

Alte Personen, die beigabenlos bestattet worden sind, dürfen deshalb in keinem Fall als arme Personen aufgefaßt werden. Ob die stärkere „Einpackung“ der Älteren als Ausdruck einer höheren Wertschätzung oder als eine Folge größerer Totenfurcht aufgefaßt werden muß, kann im Augenblick nicht entschieden werden.

3.5. Beigabenkombinationen und Ausstattungstypen

Die Untersuchung konzentrierte sich bisher auf einzelne Grabbeigaben und deren sozialen Stellenwert[1]; besondere Bedeutung bei der Beurteilung der Gräber kommt jedoch der Kombination der Beigaben zu.

Um herauszufinden, welche Gegenstände zusammengehören und welche sich gegenseitig ausschließen, ist seit einiger Zeit in der Archäologie die Kombinationstabelle üblich, in der senkrecht und waagerecht die Gegenstände — Grabbeigaben — in gleicher Reihenfolge aufgeführt

---

[10] Dies Ergebnis könnte auch sozialgeschichtlich interessant sein: die Bestattungsformen mit relativ vielen reichen Gräbern wie Steinpflaster, Steinpackung und Steinfassung, in geringerem Maße Steinpflaster, Holzverkleidung, sind gleichzeitig besonders oft Bestattungen von Maturen und Senilen, die, wie oben ausgeführt, nicht mehr reich ausgestattet waren. Man könnte somit an einen besseren Lebensstandard oder an eine höhere Stellung der so Bestatteten denken. Das gleiche könnte für die Gräber zutreffen, bei denen der Tote die Hände gekreuzt hatte. Die anthropologische Altersbestimmung kann somit eine wichtige Stütze zur sozialen Interpretation der Grabform und somit des Grabes sein.

[11] Man dachte somit wohl an ein altersspezifisches Weiterleben der Personen. Nur den Kindern scheint man ein Älter- bzw. Erwachsenwerden zugebilligt zu haben. Ich möchte die Kinderausstattungen deshalb als Aussteuern interpretieren.

[1] Siehe oben S. 120 ff.

werden und somit die Kombination jedes Gegenstandes mit jedem anderen ablesbar ist[2]. Die Signifikanz der Zusammengehörigkeit der Gegenstände kann durch einen Assoziationskoeffizienten (hier nach Yule) geprüft werden. Durch das Zusammenstellen häufig miteinander kombinierter Gegenstände kommt man zu Ausstattungstypen.

Der große Vorteil der Tabelle besteht darin, daß sie die Ausstattungen von über 2000 Funden leicht überschaubar macht (Abb. 5):

Feuerstähle sind mit Feuersteinen, Messern und Eimern, selten mit eisernen Beschlägen, Äxten und Pfeilen kombiniert. Je einmal kommen sie mit Schwert, Glasperle und Schläfenring vor. Als besonders signifikant müssen die Kombinationen mit Feuerstein, Pfeil und Messer angesehen werden — vollkommen unbedeutend sind die Kombinationen mit Glasperlen und Schläfenringen.

Die Kombinationen der Schleifsteine entsprechen denen der Feuerstähle.

Pfeil- bzw. Lanzenspitzen sind mit Sporen, Äxten, eisernen Beschlägen, Eimern und Messern kombiniert und kommen je einmal auch mit Schwert und Gürtel vor.

Alle zuletzt genannten Männerausstattungsgegenstände gehören sehr eng zusammen und sind — mit Ausnahme der Messer — kaum mit anderen Gegenständen vergesellschaftet. Bis auf die Lanzen/Pfeilspitzen kommen sie jedoch alle mitunter auch mit Schmuck vor. Dies scheint die oben besprochene anthropologische Geschlechtsbestimmung voll zu bestätigen[3]. Innerhalb dieser Gegenstände haben sich folgende Kombinationen als besonders relevant herausgestellt: Lanzen/Pfeilspitze — Sporn; Lanzen/Pfeilspitze — Axt; Schwert — Gürtelbestandteile; Gürtel — Sporn; Axt — Sporn; Axt — eiserne Beschläge.

Eimer sind mit diesen Gegenständen zwar sehr oft kombiniert, kommen jedoch auch fast genauso oft mit Schmuckgegenständen der mährischen Tracht vor.

Aufgrund der Kombinationen lassen sich somit zwei Männerausstattungstypen erkennen: die eine mit Feuerstahl, Schleifstein und Messer/Eimer, die andere mit Sporn, Axt, Schwert, eisernen Beschlägen und Gürtel. Messer sind auffallend selten mit Schwertern und Gürteln kombiniert, dafür aber um so häufiger mit Feuerstahl, Schleifstein und Eimer. Dieses Ergebnis scheint außerordentlich signifikant zu sein.

---

[2] Kombinationstabelle und Yulekoeffizienten erklären, jeweils mit weiterer Literatur, z. B. *E. Neuffer,* 1965, S. 28 ff.; *M. Gebühr,* 1970, S. 93 ff.; *B. Sasse,* 1977, S. 55 ff.

[3] Siehe oben S. 133 ff.

Auch innerhalb des Schmuckes lassen sich solche Ausstattungstypen erkennen:

Kaptorgen sind fast immer mit Messern kombiniert. Ohrringe erreichen die höchsten Werte mit weiteren mährischen Schmuckgegenständen: mit Gombíky, Metallperlen, Kaptorgen, aber auch mit Riemenzungen. Nicht selten ist jedoch auch die Kombination mit Messern und Eimern.

Gombíky erreichen sehr hohe Werte mit Metallperlen und Ohrringen. Der mährische Schmuck wird also miteinander kombiniert, die „Oberschichtskriterien“ gehören zusammen[4].

Sehr hohe Werte haben auch Metall- und Glasperlen untereinander und in Kombination mit Kaptorgen und Anhängern.

Damit zeichnen sich 1. ein Ausstattungstyp mit Ohrringen und Gombíky und 2. ein Ausstattungstyp mit Kaptorga, Metall- und Glasperlen sowie Anhänger, oft auch mit Ohrring und Gombík ab[5].

Bernsteinperlen, Glasperlen und Metallperlen gehören zusammen und sind oft insgesamt mit Schläfenringen kombiniert. Allerdings kommen Schläfenringe auch sehr oft als einzige Beigabenart vor und erreichen deshalb in den Kombinationen niedrigere Yule-Werte als andere, immer mit anderen Gegenständen kombinierte Beigaben. Ausstattungstypen bilden somit Gräber mit Schläfenringen und Gräber mit Schläfenringen und Perlenketten. Die Kombinationen mit mährischen Gegenständen sind bei Schläfenringen mit Ausnahme der Metallperlen negativ.

Negativ ist auch die Kombination zwischen Fingerringen und mährischen Gegenständen. Höhere Werte erreichen die Fingerringe nur mit Schläfenringen, Anhängern und Glasperlen. Auch der Fingerring ist meist die einzige Beigabe.

Die Ausstattungstypen mit Schläfenringen und Fingerringen repräsentieren den jüngeren Horizont, während die Kombinationen mit mährischem Schmuck der mittleren BWZ angehören. Perlen kommen durchgehend vor[6].

Die Ausstattungstypen lassen sich aufgrund der Gesamtkombination der Gegenstände im Grab noch mehr präzisieren. Dabei kann man jedoch nur die Ausstattungen berücksichtigen, die öfter belegt sind —

---

[4] Zur Definition der Oberschichtskriterien siehe oben S. 120 ff.

[5] Diese beiden Ausstattungstypen stellen wohl eine zeitliche Entwicklung auf *einer* sozialen Stufe dar; sie lassen sich besonders gut in den reichen Frauengräbern der Stufen Kouřim A-B[1] nachvollziehen (zur stratigraphischen Lage in Kouřim *Šolle*, 1966, S. 69 ff. und unten S. 170 ff.).

[6] Siehe dazu oben S. 109 ff., die chronologische Einordnung der Einzelgegenstände.

eine bisher nur einmal beobachtete Ausstattungsart muß vorläufig als zufällig beiseite gelassen werden[7].

Auf diese Weise ergeben sich bei den männlichen Ausstattungen: 5 Gräber mit Feuerstahl, Schleifstein, Eimer; 21 Gräber mit Eimern; 98 Gräber mit Messern; 14 Gräber mit Messer, Feuerstahl, Schleifstein und Eimer; 19 Gräber mit Eimer und Messer; 3 Gräber mit Eimer, Messer und Pfeil; 6 Gräber mit Axt, Pfeil und Messer[8]; 4 Gräber mit Schwert; 2 Gräber mit Vollbewaffnung und Schwert; 8 Gräber mit Sporen und wenigen anderen Gegenständen ohne Waffen; 9 Gräber mit Sporen, Waffen, Messer und Eimer[9]; 7mal kommen eiserne Beschläge allein vor, 6mal Gürtelbestandteile und eiserne Beschläge.

Bei den mährischen Schmuckstücken treten folgende Typen hervor: 8mal Ohrringe allein, 12mal Ohrringe mit Messer und/oder Eimer, häufig auch Ohrringe mit Glasperlen, 5 Gräber mit verschiedenem, mährischen Schmuck, Messer und Eimer, 8mal Gombíky allein, 13mal reicher mährischer Schmuck miteinander kombiniert[10].

Funde mit anderen Schmuckgegenständen enthalten: 9mal Bernsteinperlen allein, 306mal Schläfenringe allein, 20mal Fingerringe allein[11]; 15mal kommen Schläfenringe und Fingerringe zusammen vor[12]; 13mal haben wir Münzen mit Schläfenringen und/oder Fingerringen, 10mal Schläfenringe mit mährischem Schmuck[13], 12mal Schläfenringe und Bernsteinperlen, häufig auch Bernsteinperlen, Schläfenringe und Glasperlen.

---

[7] Die Methode, die hier angewendet wurde, entspricht der der Untersuchungen der Grabbautypen (siehe oben, S. 124).

[8] Die Gräber sind bis auf einige Messer arm und enthalten in der Regel nicht mehr als eine Beigabe pro Gegenstandstyp. Das Maximum der Beigabenverteilung liegt bei 1—4 Beigaben.

[9] Waffenlose Sporengräber hatten in der Regel 3—4 Beigaben; Gräber mit Vollbewaffnung mit und ohne Sporen waren in 7 von 11 Fällen außerordentlich reich (Bewertung mit über 24 Punkten) — es handelt sich um die reichsten Männergräber überhaupt.

[10] Gräber mit Ohrringen oder mit Gombíky: 1—4 Beigaben und 9—16 Punkte. Die 18 Gräber mit verschiedenem mährischem Schmuck heben sich deutlich ab und lassen sich in ihrem Wert den reichsten Männergräbern gleichsetzen.

[11] Die meisten dieser Gräber haben nur eine, selten 2 Beigaben; immerhin kommen in einzelnen Fällen auch mehr als 8 Schläfenringe im Grab vor: 5,3 % der Schläfenringgräber konnten mit mehr als 16 Punkten bewertet werden.

[12] In der Regel 2—4 Beigaben — allerdings sind die Gegenstände z. T. aus wertvollem Material (Maximum der Wertkurve bei 16—20 Punkten).

[13] In den reichsten Gräbern mit mährischem Schmuck kommen nie Schläfenringe vor. Die Funde mit verschiedenen Perlen und Schläfenringen haben in der Regel 5—10 Beigaben (zur Beigabenzählung von Schläfenringen und Perlen siehe oben, S. 118 ff.).

Die Ausstattungstypen weisen z. T. verschiedene regionale Schwerpunkte auf. Leider steht man auch hier vor dem Problem der kleinen Zahlen, so daß in vieler Hinsicht die Vorläufigkeit der Ergebnisse betont werden muß.

Gräber vom Typ Feuerzeug/Eimer scheinen vor allem im nördlichen Mittelböhmen üblich gewesen zu sein (4:1). Eimer allein kommen viel im Bílina-Gebiet vor, im nördlichen Mittelböhmen und im Gebiet von Kolín-Kouřim-Libice. In der Prager Region sind sie dagegen, ebenso wie die Gräber mit Eimer, Feuerstahl und Schleifstein, nicht belegt. Gräber, die nur Messer enthalten, kommen im ganzen Arbeitsgebiet vor, weisen aber, ähnlich wie die Messer als Beigabe überhaupt, einen deutlichen Schwerpunkt in Mittelböhmen auf. Vor allem im nördlichen Mittelböhmen kommen die Gräber vom Typ Feuerstahl/Schleifstein/Messer vor. Eimer/Messer-Gräber decken sich in ihrer Verbreitung mit den Messergräbern.

Auf das zentrale Mittelböhmen und auf Mittelostböhmen konzentrieren sich die wenigen Gräber mit Gürtel und Eimer. Von den 4 Gräbern, die nur Schwerter enthalten, liegen zwei am östlichen Rand der Prager Kammer, 2 dicht beieinander bei Leitmeritz (Litoměřice).

Die reichen Gräber mit Waffenkombinationen sind leider noch selten. Die 5 Gräber mit Vollbewaffnung ohne Schwert stammen aus dem Leitmeritzer Gebiet und aus Kouřim; ebenfalls aus dem Gebiet von Kolín, Kouřim und Libice, aus Leitmeritz und aus Mittelböhmen stammen die Sporengräber mit und ohne Waffen.

Gräber, die nur Ohrringe enthielten, haben wir vor allem aus Mittelböhmen (5 von 3); Gräber vom Typ Ohrring/Messer/Eimer liegen ebenfalls aus Mittelböhmen und dann aus Kouřim (7 von 13 Fällen) vor. Gombíky allein konzentrieren sich auf das mittlere und nördliche Mittelböhmen, ebenso die Gräber mit mährischem Schmuck und Schläfenringen. Mährische Schmuckkombinationen ohne Schläfenringe mit Messern und Eimern sind ausschließlich im Kolín-Kouřim-Libice-Gebiet vertreten (das paßt zur Verbreitung der Gräber mit Ohrringen, Messern und Eimern). Man wird hierin wohl einen Beleg für den starken mährischen Einfluß in Ostböhmen sehen können.

Anders sieht die regionale Verteilung der Ausstattungstypen ohne mährischen Schmuck aus: Bernsteinperlen sind weit verstreut, weisen jedoch geringe Schwerpunkte im Gebiet von Budeč-Levý Hradec und im Egergebiet auf — letzteres ist besonders wichtig, da wir aus diesem Gebiet kaum geschlossene Funde zur Verfügung haben. „Reine“ Schläfenringfunde sind im ganzen Arbeitsgebiet verbreitet; interessanterweise sind hier aber auch Regionen belegt, die wir sonst fast nie fassen: ganz Nordböhmen, Teile von Mittelwestböhmen und das westliche Südböhmen. Besonders fällt auch das Gebiet an der Berounka und der nördliche Teil der Region von Kolín, Kouřim und Libice auf sowie die Gebiete um Pilsen und Rakovník.

Wir haben hier einen ganz wichtigen Beweis für die allmähliche Erfassung abgelegener Gebiete durch die Körpergrabsitte bzw. für den Beginn der Kolonisation bisher nicht besiedelten Landes. Die nur durch Schläfenringgräber erfaßten Gebiete sind uns somit frühestens vom 11. Jh. an greifbar[14].

Die Verbreitung der Glasperlengräber konzentriert sich dagegen auf den altbesiedelten Raum von Mittelböhmen.

Ausstattungen der Kombination von Schläfenringen und Bernsteinperlen findet man besonders häufig in der Region südlich von Příbram: Glasperlen und Schläfenringe sind ebenfalls hier und im nördlichen Mittelböhmen belegt. Ganz auffallend aber konzentriert sich auch hier die Kombination aller drei Gegenstände im Gebiet südlich Příbrams, so daß man nur von einer lokalen Tracht sprechen kann. Gräber mit Glasperlen, Schläfenringen und Messern kommen dagegen nur im nördlichen Mittelböhmen vor, ebenso Glasperlen und Messer sowie Schläfenringe und Messer — letztere jedoch sind auch aus Mittelostböhmen belegt.

Fingerringe als einzige Beigabe findet man im nördlichen Mittelböhmen; besonders häufig sind sie allerdings auf dem südböhmischen Gräberfeld von Radomyšl bei Strakonice[15]. Die Kombination von Schläfenringen und Fingerringen scheint ebenfalls im nördlichen Mittelböhmen üblich gewesen zu sein.

Gräber mit Münzausstattung finden wir in Mittel- und Nordmittelböhmen — in Ost- und Südböhmen kommen Münzen im Grab nicht vor.

Soweit die regionale Verteilung. Sie zeigt, daß die einzelnen Ausstattungen doch sehr stark vom jeweiligen regionalen Brauchtum abhängig sind. Deshalb sind allgemeingültige Vergleichsoperatoren wie Beigabenhäufigkeit und Beigabenwert außerordentlich hilfreich bei der Beurteilung der Gräber. So kann der Fehler vermieden werden, eine einzige Ausstattungsform mit einer sozialen Schicht oder Gruppe gleichzusetzen.

Zur weiteren Präzisierung des Stellenwertes der Ausstattungstypen dient ihre Verteilung auf die Gräberfeldtypen. Sie entspricht im we-

---

[14] Dieser Tatbestand ist außerordentlich wichtig für den Nachweis des Verlaufs der sog. inneren Kolonisation. Von archäologischer Seite dazu *J. Sláma*, 1967, S. 433 ff.

[15] *B. Nechvátal, P. Radoměrský*, 1964, S. 679.

sentlichen den Ergebnissen, die durch die Untersuchung der einzelnen Beigaben gewonnen werden konnten:

Die Ausstattungen der verschiedenen Kombinationen mit Feuerstahl, Schleifstein, Eimer und Messer sind typische Garnituren der älteren Gräberfelder bei offenen Siedlungen. Messer und Eimer allein finden sich allerdings, wenn auch in geringerem Maße, auch auf den beiden Burggräberfeldtypen, Messer auch auf den Kirchfriedhöfen. Die Messerbeigabe hält sich somit noch bis in das ausgehende 11. und beginnende 12. Jh.[16]. Ebenfalls auf Gräberfelder bei offenen Siedlungen sind die drei Gräber mit Eimer, Messer und Lanze sowie zwei der einfachen Schwertgräber belegt — die anderen sind leider gar nicht bestimmt. Die ärmeren Waffen-Gerät-Ausstattungen sind somit für Gräberfelder bei offenen Siedlungen üblich.

Lange nicht so deutlich lassen sich die reichen Waffen-Gerätgräber zuordnen: alle Ausstattungstypen kommen sowohl auf den älteren Gräberfeldern bei offenen Siedlungen vor, wo sie etwas seltener sind, als man nach ihrem Gesamtvorkommen erwarten möchte, wie auch auf den Burggräberfeldern, wo sie etwas häufiger sind — wir haben hier also eine Konzentration der Ausstattungen, die sonst nur vereinzelt auftreten. Gräber mit Vollbewaffnung ohne Schwert machen 0,7 % der Bestattungen auf den Friedhöfen innerhalb der Burgen, 0,4 % der Bestattungen auf den Friedhöfen außerhalb der Burgen und nur 0,2 % der Bestattungen auf den Friedhöfen bei offenen Siedlungen aus. Die Gräber mit Vollbewaffnung und Schwert erreichen auf den Burggräberfeldern 0,4 %, auf den Gräberfeldern bei offenen Siedlungen 0,1 %. Gräber mit Sporen ohne Waffen machen 0,8 % auf den Gräberfeldern außerhalb der Burgwälle, 0,5 % auf den Gräberfeldern im Burgareal und 0,2 % auf den Gräberfeldern außerhalb offener Siedlungen aus — in der gleichen Reihenfolge die Gräber mit Sporen und Waffen 1,2 %, 0,7 % und 0,3 %. Insgesamt liegt der Anteil der reichen Waffen- und Reitergräber auf den Gräberfeldern außerhalb der Burgen bei 2,76 %, auf den Gräberfeldern innerhalb des Burgareals bei 1,9 % und auf den älteren Gräberfeldern bei offenen Siedlungen bei 0,68 % der Gräber.

Der soziale Unterschied wird ein bißchen deutlicher bei den Schmuckgräbern — die Tendenz ist jedoch auch hier die gleiche. Die Ausstattungstypen mit mährischem Schmuck sind auf Burggräberfeldern am häufigsten belegt. Während die etwas ärmeren Funde auch auf Gräberfeldern bei offenen Siedlungen vorkommen, sind die reichen Gesamtkombinationen von mährischem Schmuck mit und ohne Eimer- und Messerbeigabe ausschließlich auf die Burgwälle beschränkt. Die Ober-

---

[16] Zum Beginn der Kirchgräberfelder im ländlichen Bereich siehe oben S. 87 f.

schicht, die auf und bei Burgwällen bestattete, konnte sich somit luxuriöser ausstatten als die ebenfalls reich ausgestattete ländliche Oberschicht.

Gräber mit Ohrringen als einziger Ausstattung machen 1,6 % der Gräber außerhalb der Burgwälle aus, 0,2 % bei den beiden anderen Typen. Gräber, die nur Gombíky enthielten, erreichten 2 % auf den Gräberfeldern außerhalb der Burgen. 0,2 % auf den Gräberfeldern bei offenen Siedlungen — auf den Gräberfeldern innerhalb der Burgen kommen sie gar nicht vor. Die Kombination von Gombíky und Messer gehört ausschließlich auf Gräberfelder bei offenen Siedlungen. Wie die einfache Ohrringausstattung kommt mährischer Schmuck mit Schläfenringen kombiniert zu 1,2 % auf den Gräberfeldern bei Burgen, 0,5 % auf den Gräberfeldern innerhalb der Burgen und 0,4 % auf den Gräberfeldern bei offenen Siedlungen vor. Die letztgenannten Typen haben somit alle ihren Schwerpunkt bei den Gräberfeldern außerhalb der Burgen, die sonst als eigene Gruppe kaum so deutlich in Erscheinung treten. Die beiden anderen Gräberfeldtypen sind zu etwa gleichen Teilen vertreten.

Die Ausstattungen mit nichtmährischem Schmuck unterscheiden sich erwartungsgemäß stark. Bernsteinperlen als einzige Beigabe machen auf Gräberfeldern bei offenen Siedlungen 0,6 %, auf den jüngeren, ländlichen Kirchfriedhöfen 0,7 % aus. Schläfenringe als einzige Beigabe finden sich in 23 % der Bestattungen auf ländlichen Kirchfriedhöfen, 13,5 % der Bestattungen auf Gräberfeldern bei offenen Siedlungen und nur je 9,5 % auf den Burggräberfeldern. Dies Ergebnis ist durch die hohe Zahl der Schläfenringgräber ganz besonders gut abgesichert.

Glasperlen gehören dagegen in den älteren Horizont: als einzige Beigabe machen sie auf den Gräberfeldern bei offenen Siedlungen 0,9 %, auf den Gräberfeldern bei Burgwällen 0,8 % und auf den Gräberfeldern innerhalb der Burgen nur 0,2 % aus. Die Kombinationen mit Glasperlen sind z. T. auf den Burggräberfeldern stärker vertreten: Glasperle und Ohrring mit 2 % auf den Gräberfeldern außerhalb der Burgen, mit 0,2 % auf den Gräberfeldern bei offenen Siedlungen. Die Kombination von Schläfenringen, Glas- und Bernsteinperlen dagegen gehört eindeutig auf die älteren Friedhöfe bei offenen Siedlungen.

Fingerringe und Fingerringkombinationen überwiegen deutlich auf den ländlichen Kirchfriedhöfen.

Somit läßt sich aus dem Gesamtmaterial ein recht klares Bild über den Stellenwert der einzelnen Ausstattungen gewinnen.

Abschließend soll noch auf einige interessante Zusammenhänge zwischen Ausstattung und Bestattungsart eingegangen werden: Viele der typisch männlichen Waffen-Geräteausstattungen fanden sich in besonders tiefen Gräbern (über 1 m unter Bodenniveau), während Ausstattungen mit mährischen Trachtgegenständen in so großer Tiefe nicht vorkamen. Ausstattungen vom Typ Feuerstahl/Feuerstein/Messer/Eimer sind besonders oft umgekehrt (O-W) orientiert. Die einzige Garnitur, die sonst noch in umgekehrt orientierten Gräbern vorkam, ist die Ausstattung mit Schläfenringen — für die die umgekehrte Orientierung aber durchaus nicht typisch ist. Bei den umgekehrt orientierten Gräbern wurde allerdings insgesamt ein höherer Anteil von beigabenlosen Gräbern festgestellt (70,5 %).

Diesem Ergebnis zufolge scheint wenigstens die umgekehrte Orientierung mit einer bestimmten Ausstattungsart, nämlich der der ärmeren Männergräber, zusammenzuhängen. Die Grundrichtung aller anderen Ausstattungstypen ist jedoch W-O.

Feuerstahl/Feuerstein/Messer/Eimer-Kombinationen kommen in der Regel nicht in Sargbestattungen vor; dagegen finden wir sie in Steinpflaster-, Steinfassungs- sowie Steinpackungsgräbern und in Holzverkleidungsgräbern. Besonders häufig ist bei diesen Bestattungen auch die von der Regel abweichende Lage des Toten. Gräber mit Schläfenring, Bernstein- und Glasperlenkombination sind vielfach in Sargggräbern und in Steinpackungsgräbern belegt. Gräber mit reiner Schläfenring- oder Glasperlenausstattung weisen oft Bretter auf, mährische Schmuckkombinationen Bretter und Steinfassungen.

Hinsichtlich der Verteilung der Ausstattungstypen auf bestimmte Altersgruppen müßten auf reichhaltigerer Materialbasis folgende Ergebnisse überprüft werden: Messerausstattung scheint besonders Bestattungen von über 40jährigen beigegeben worden zu sein. Gräber mit Vollbewaffnung ohne Sporen sind allein bei Personen von über 30 Jahren belegt, Gräber mit Sporen bei Personen von 20 Jahren an — in einzelnen Fällen kommen jedoch auch Kindergräber mit Sporen vor. Die Ausstattungen mit mährischem Schmuck sind ebenfalls vor allem für Personen von über 20 Jahren typisch; auch hier gibt es allerdings eine Reihe von Kindergräbern. Die ausgesprochen reichen Ausstattungen kommen dennoch in Kindergräbern etwas seltener vor — ganz im Gegensatz zu den nichtmährischen Schmuckausstattungen: bei den Ausstattungen, die nur aus Schläfenringen bestehen, überwiegen die Kindergräber; Gräber von 20—40jährigen Personen sind häufig, Gräber älterer Personen wurden kaum noch mit Schläfenringen ausgestattet. Bei allen Schläfenringkombinationen handelt es sich ausschließlich um Kindergräber; dies gilt auch für Kombinationen von mährischem Schmuck und Schläfenringen. Glasperlen und Glasperlenkombinationen scheinen jedoch in allen Altersstufen üblich gewesen zu sein.

3.6. Zur Zusammensetzung der Bevölkerung einzelner Gräberfelder

Die Ergebnisse, die am Gesamtmaterial gewonnen wurden, bedürfen in vieler Hinsicht einer Präzisierung. Zwar war es möglich, Maßstäbe für die sozialstrukturelle Auswertung von Einzelbeigaben, Gesamtausstattungen, Grabbau und Gräberfeld zu gewinnen, die sich nur auf einer größtmöglichen Materialbasis absichern ließen. Immer wieder zeigte sich dabei eine Verflechtung von chronologischen, religiösen, sozialen und nicht zuletzt regionalen Momenten.

Daraus kann man schließen, daß eine statistische Untersuchung der einzelnen Grabfundgebiete in Zeitabschnitten zu wesentlich genaueren Ergebnissen führen würde. Auf eine solche Untersuchung muß leider verzichtet werden, da dazu eine gleichmäßigere Erfassung der Gräberfelder in den einzelnen Regionen notwendig wäre — so kommen die meisten Erkenntnisse immer wieder nur von einigen, besonders gut erforschten Fundplätzen. Deshalb scheint es mir beim jetzigen Forschungsstand sinnvoller, die einzelnen Gräberfelder zu untersuchen und miteinander zu vergleichen. Da die Interpretation einzelner Gräberfelder gleichzeitig die Basis für den Vergleich mit der aus schriftlichen Quellen bekannten Bevölkerung und den dazugehörigen Siedlungsplätzen bildet[1], werden alle wichtigeren Fundplätze mit mindestens 5 Gräbern katalogartig erfaßt und, wenn möglich, statistisch ausgewertet. Um den regionalen Vergleich zu ermöglichen, erfolgt die Besprechung der Gräberfelder nach den Grabfundgebieten geordnet.

1. Das Grabfundgebiet von Bílina

Aus dem Raum von Bílina liegen drei Fundplätze mit mehr als 5 Gräbern vor, die sich allerdings miteinander kaum vergleichen lassen.

Der Hügel von Želenky bei Duchcov:

Unweit des Burgwalls von Zabrušany, offenbar einer der nordwestböhmischen Hauptburgen, wurde 1850 ein außerordentlich reicher Grabfund gemacht[2]: es handelt sich um einen Grabhügel von 7—8 m Höhe und etwa 20 m Dm, in dessen Mitte sich in regelmäßiger Orientierung ein Grab mit einer Holzverkleidung befand, die der Beschreibung nach eher einer Grabkammer ähnelte. Die Beigaben sprechen für ein Frauengrab: auf der Stirn der Toten lag ein silbernes Kreuz, am Hals drei goldene, träubchenförmige Ohrringe, etwas tiefer auf der Brust zwei

---

[1] Siehe zur Methode oben S. 62.

[2] Erstmals publiziert von *J. E. Vocel*, 1853; *J. L. Píč*. 1909, S. 352 f; *J. Schránil*, 1925, S. 170 ff. Zu Zabrušany *Z. Váňa*, 1951, S. 53 ff.; 1955, S. 121 ff.

ebenfalls goldene filigranverzierte Gombíky, auf der Brust eine goldene Kette mit einer Karneolkamee als Anhänger, auf der Hüfte zwei reichverzierte, silberne Gürtelbeschläge; weiterhin fanden sich ein Messer mit Elfenbeingriff und — zu Füßen der Toten — ein eisenbeschlagener Eimer.

J. Schránil datierte das Grab an das Ende des 10. oder den Anfang des 11. Jahrhunderts. Ausschlaggebend für diese Datierung war für ihn das Silberkreuz, das seiner Meinung nach schon dem Hacksilberhorizont der zweiten Hälfte des 10. Jh. angehörte. Diese Datierung wurde von J. Eisner und R. Turek revidiert[3]. Die träubchenförmigen Ohrringe und die Gombíky stellen typische, reiche, mittelburgwallzeitliche Ausstattungsstücke dar.

Im gesamtböhmischen Zusammenhang gehört das Zentralgrab von Želenky nicht zu den allerreichsten Gräbern (10 Beigaben, 60 Punkte, wobei allerdings die z. T. außergewöhnlichen Gegenstände wie das Medaillon kaum in ihrem Wert zu fassen sind), doch aber zur hervorragenden Spitze. Das Grab enthält nur Oberschichtskriterien und steht im nordwestböhmischen Raum einzig da. Die Bestattete trug reichste mährische Tracht, wie sie in dieser Fülle im allgemeinen nur auf Burgwällen anzutreffen ist[4]. Ausstattungen mit Ohrringen, Gombíky, Messer und Eimer sind besonders typisch für den Burgwall von Kouřim, wo ebenfalls Ketten belegt sind[5].

Leider wissen wir über die Fundstelle sonst sehr wenig. Im Hügel wurden weiterhin 5 beigabenlose Gräber angetroffen, 3 in regelmäßiger W-O-Orientierung, 2 N-S-orientiert. Drei Gräber enthielten angeblich keine menschlichen Überreste.

Von der Fundstelle, aber nicht aus dem Hügel, ist ein goldener, nach seinem Durchmesser (41 mm) allerdings wesentlich jüngerer Schläfenring bekannt, der vielleicht aus einem weiteren Grab stammt[6].

Es scheint demnach durchaus möglich, daß hier ein Gräberfeld zerstört worden ist, zu dem auch unser Grabhügel gehörte. Als sehr wahrscheinlich muß man die Zugehörigkeit des Grabes zum Burgwall von Zabrušany ansehen[7]. Die Bestattete dürfte aufgrund des Vergleichs mit anderen, reichen mährischen Ausstattungen zur herrschenden Familie in

---

[3] *J. Schránil,* 1925, S. 171; *R. Turek,* 1963, S. 224; *J. Eisner,* 1955, S. 218.

[4] Zur Beigabenhäufigkeit und Wertskala ganz Böhmens, den „Oberschichtskriterien" und den für Burgwälle typischen Ausstattungen siehe oben, S. 118 ff.; S. 120 ff.

[5] Dazu unten S. 173 ff.

[6] *J. L. Píč,* 1909, S. 353. Der Ring befindet sich im Nationalmuseum Prag (N. M. 55.081).

[7] So auch *R. Turek,* 1963, S. 224.

Zabrušany gehört haben. Offen bleibt die Frage einer sozialen Abhängigkeit der beigabenlosen Gräber vom Zentralgrab. Der Fund von Želenky ist das einzige mittelburgwallzeitliche Grab aus dem ganzen Bílina-Gebiet. Der Mangel an anderen Bestattungen resultiert mit großer Wahrscheinlichkeit aus einer Forschungslücke.

Hudcov bei Teplice:

Westlich von Teplitz am nördlichen Rand des eigentlichen Bílina-Siedlungsgebietes fand sich ein größerer, schon jungburgwallzeitlicher Friedhof außerhalb der Siedlung bei Hudcov. Schon in den 80er Jahren des vergangenen Jahrhunderts wurden etwa 20 Gräber zerstört, von denen einige Schläfenringe enthielten. Anfang der 30er Jahre wurden dann einige Gräber ausgegraben und veröffentlicht[8]. Das Gräberfeld gehört mit einiger Sicherheit schon dem 11. Jh. an und ist aufgrund der Beigaben nicht mehr sozialgeschichtlich auswertbar.

Von den 7 Gräbern enthielten 2 Doppelbestattungen von Erwachsenen mit Kindern: in Grab 5 lag an der Grabsohle eine Erwachsene, über ihr zwei Kinder; in Grab 6 fanden sich Mutter und Kind[9].

Žalany bei Teplice:

Žalany liegt am Südostrand des Bílinagebietes unmittelbar am Rande des böhmischen Mittelgebirges. Nicht weit vom Gräberfeld entfernt am Westrand des Dorfes findet sich östlich der Straße Teplitz-Prag ein leider undatierter Burgwall; im südöstlichen Teil des Ortes sind slawische Siedlungsfunde belegt. Das Gräberfeld gehört eher zu diesen als zu dem Burgwall[10].

Der Friedhof wurde 1937 entdeckt und 7 Gräber gleich vom Besitzer des Grundstücks ausgegraben. Weitere 76 Gräber wurden dann systematisch vom Nationalmuseum Prag untersucht. Dennoch war es nur möglich, die nördliche Hälfte des Gräberfeldes auszugraben[11].

Das Gräberfeld von Žalany ist ein Reihenfriedhof mit z. T. recht unregelmäßigen Reihen. In der Mitte des westlichen Teils finden sich die Reste eines Holzbaues unbekannter Ausmaße, Form und Funktion. Nach diesem Bau scheinen sich die Gräber der ganzen westlichen Hälfte

---

[8] PA N. F. II, 1932, S. 94; Fundbericht AÚ 2910/31. *M. Zápotocký,* 1978, S. 262.

[9] Dazu auch Z. *Krumphanzlová,* 1966, S. 291. 3 Gräber brachten Schläfenringe (einmal mit Eierschalen), ein Grab Glasperlen. Das entspricht dem statistischen Ergebnis der typischen ländlichen Beigaben Nordböhmens.

[10] *B. Svoboda,* 1963, S. 266. Der Verf. sucht allerdings den „Feudalherren" der Burg in einem Grab des Gräberfeldes (1963, S. 305).

[11] *B. Svoboda,* 1963, S. 268.

des Friedhofs zu richten. Eine regelmäßige Steinreihe trennt außerdem Ost- und Westhälfte des Friedhofs auf der Höhe des Holzbaues[12].

Die 83 untersuchten Gräber enthielten insgesamt 85 Bestattungen[13].

Orientierung der Gräber:

60,9 % der Gräber sind regelmäßig W-O-orientiert, 12 % NW-SO, 3,3 % SW-NO. N-S und O-W-Richtung machen 3,3 % und 5,4 % der Bestattungen aus — die umgekehrte Orientierung ist also recht häufig. Der Gräberfeldplan (Abb. 6a) zeigt, daß die umgekehrten Orientierungen sich auf den Ostteil des Gräberfeldes konzentrieren, wo sie einen nach Osten offenen Bogen bilden, so daß zu jeder Reihe ein umgekehrt orientiertes Grab gehört.

Grabtiefe:

Als Tiefe der Grabgruben werden folgende Werte angegeben: 25—75 cm 20,6 %, 76—125 cm 41,3 %, über 125 cm 13 %. Die Verteilung der Grabtiefen auf dem Gräberfeld (Abb. 6a) zeigt, daß die tiefen Gräber mit einer Ausnahme nur östlich der Steinreihe vorkommen.

Grabbau:

Häufig sind Steinsetzungen (43 mal), Steine über dem Toten (32 mal) und Steinplatten als Grabbaumaterial (19mal)[14]. Daneben fallen Bretterkombinationen kaum ins Gewicht (9mal). Zweimal wurden Steine hinter dem Kopf beobachtet. Steinpflaster- und Holzgräber konzentrieren sich auf den Ostteil des Friedhofs, in dessen nördlicher Hälfte einige Gräber mit Steinfassungen belegt sind; im mittleren Teil des Gräberfeldes finden sich vor allem Gräber mit Steinfassungen und Steinen oben; jenseits der Steinsetzung sind die Gräber in ihrem Grabbau unterschiedlich, so daß man keinen besonderen Typ herausarbeiten kann.

Die Grabbeigaben:

Die Grabausstattung in Žalany ist außerordentlich spärlich, was sicher durch die späte Zeitstellung des gesamten Friedhofs zu erklären ist.

Beigaben sind im ganzen Ost- und Südostteil häufiger als im Westen und Norden (Abb. 6b). Die Grenze beigabenreicher und beigabenarmer Gräber wird jedoch nicht durch die Steinsetzung gebildet, sondern ver-

---

[12] *B. Svoboda,* 1963, S. 268; Abb. 7; Abb. 32; Abb. 33; S. 296 f. — Dazu auch *Z. Krumphanzlová,* 1966, S. 313 ff.

[13] Die ausführliche Beschreibung der Gräber bei *B. Svoboda,* 1963, S. 270—293.

[14] Zum Grabbau in Žalany *B. Svoboda,* 1963, S. 298. Der Verf. betont, daß Steine zum Beschweren der Toten (Vampirismus) nicht beobachtet wurden.

läuft weiter östlich. Man kann diese Grenze auch auf dem Gräberfeldplan gut erkennen, da sich offenbar jenseits von ihr die Bezugspunkte für die Grabreihenorientierung ändern[15]. Die Gräber östlich der Reihe, die durch Grab 49, 26, 25, 29 und 40 gebildet wird, orientieren sich nach offenbar im Ostteil des Friedhofs selbst gelegenen Punkten; die beigabenärmeren Gräber im Westen scheinen sich nach dem Holzbau zu richten.

Möglicherweise beginnt im äußersten Westen wieder ein beigabenführender Teil, denn hier ist sowohl Messer als auch Schläfenring und Tongefäß belegt. Die drei Münzfunde des 11. Jh., nach denen die Datierung vorgenommen wurde, stammen übrigens aus dem beigabenarmen Westteil[16].

Daraus schließe ich, daß die dem Holzbau zugeordneten Gräber tatsächlich in die zweite Hälfte des 11. Jh. gehören; die Gräber des östlichen Teils scheinen jedoch etwas älter zu sein (Ende 10. oder 1. Hälfte 11. Jh.). Dafür sprechen sowohl die Beigaben als auch die häufigen umgekehrten Orientierungen, die größere Grabtiefe und der abweichende Grabbau.

Trifft die chronologische und damit kultische Erklärung der Ausstattungsunterschiede zu[17], so bleiben für eine weitere Differenzierung nach den Ausstattungen nur recht wenige Gräber übrig. Als Ausstattungstypen von Žalany kann man lediglich die reine Schläfenringausstattung, die Perlenausstattung und die Tongefäßausstattung definieren. Die einzige Kombination von etwas größerer Aussagekraft ist die Eimer-Messer-Kombination[18].

Neben der bisher angewandten Methode, bei der die Ausstattungstypen durch Beigabenkombinationen ermittelt wurden, wurde bei der Untersuchung der Gräberfelder noch ein weiteres Verfahren angewendet: die Clusteranalyse[19]. Diese Methode besteht darin, daß das Verhältnis von jedem Grab zu jedem anderen Grab durch einen Abstandswert bestimmt wird. Ist die Ausstattung gleich, so beträgt der Abstandswert 0, besteht eine Differenz in einer Beigabe, so beträgt der Abstandswert 1, bei 2 Beigaben beträgt er 2, usw. Für die Berechnung des Abstandswertes gibt es eine Reihe von Verfahren, die hier nicht

---

[15] *B. Svoboda,* 1963, S. 305.

[16] Siehe den Plan bei *B. Svoboda,* 1963, Abb. 7.

[17] So auch *B. Svoboda* und *R. Turek* (*Svoboda,* 1963, S. 305).

[18] Folgende Kombinationen kommen vor: Eimer, Messer (2mal); Messer, Schläfenring (1mal); Messer, Münze (1mal); Glasperlen, Bernsteinperlen (1mal); Glasperlen, Schläfenringe (1mal); Glasperlen, Tongefäß (2mal); Schläfenring, Fingerring (2mal); Schläfenring, Münze (1mal); Schläfenring, Tongefäß (4mal).

[19] *P. R. Sokal, P. H. Sneath,* 1963; *D. Leuschner,* 1974; *D. Clarke,* 1968; 1972; *B. Sasse,* 1977; *D. Steinhausen, K. Lange,* 1977.

näher erläutert werden sollen. Die verschiedenen Abstandswerte werden in eine Matrix eingetragen, die der Kombinationstabelle im Aufbau entspricht, nur daß jetzt nicht die Beigaben, sondern die Gräber in gleicher Reihenfolge senkrecht und waagerecht eingetragen sind. Man kann so den Abstandswert jedes Grabes zu jedem anderen Grab ablesen.

Auf diese Weise entsteht ein Geflecht verschiedenster „Beziehungen" der Gräber untereinander.

Die Darstellung des Verhältnisses der Gräber zueinander erfolgt hier eindimensional in einem sog. Dendrogramm. Jeder Fund wird mit dem Fund verbunden, mit dem er den kleinsten Abstand, also auch die größte Ähnlichkeit aufweist. Ist einer der Funde schon mit anderen Funden verbunden, mit denen er größere Ähnlichkeit hat, wird der neue Fund der ganzen Gruppe zugeordnet (single-link-cluster-Analyse)[20].

Bei der ärmlichen Beigabensituation von Žalany kann durch die Cluster-Analyse jedoch nicht mehr ermittelt werden, als schon durch die Kombinationsstatistik deutlich wurde. Folgende Gruppen entstehen (Dend. 1): Gräber mit Tongefäßen, mit Messern (Messer-Eimer), mit Schläfenringen und einem anderen Gegenstand, mit 1—4 Schläfenringen, mit Topf und Schläfenring, mit 5—8 Schläfenringen und mit Glas-(Bernstein-)Perlen.

Beigabenhäufigkeit und Beigabenwert sind erwartungsgemäß in Žalany ebenfalls kaum auszuwerten (Abb. 6d). 64 % (normal: 55 %) der Gräber sind beigabenlos — hier sind allerdings die Gräber des Westteils mitgerechnet; 28,3 % haben nur 1—2 Beigaben (sonst 34 %), 5,5 % 3—4 Beigaben (sonst 6,4 %). Aus den übrigen Gräbern ragen ein Grab mit 5 und ein Grab mit 11 Beigaben heraus. Das Gräberfeld weist demnach nicht nur eine geringe Zahl beigabenführender Gräber auf, sondern auch innerhalb dieser Gräber eine besonders geringe Differenzierung.

Zur Auswertung der einzelnen Gräberfelder wurde eine weitere Untersuchung angestellt, die den Stellenwert jedes Grabes durch das Verhältnis von Beigabenhäufigkeit zu Beigabenwert ermitteln sollte[21]. Für jedes Gräberfeld wird die Streuung beider Werte graphisch dargestellt,

---

[20] Für die freundliche Erlaubnis, ein Grundprogramm für die single-link-cluster-Analyse zu benutzen, danke ich *M. Gebühr*, Schleswig. An einigen Rechenzentren ist inzwischen auch ein Programmpaket, CLUSTAN, installiert, durch das die Anwendung komplizierter Verfahren auch bei einer größeren Zahl von Einheiten und Merkmalen möglich wird. Zum Zeitpunkt der Untersuchung stand CLUSTAN an der FU Berlin leider noch nicht zur Verfügung. Vergleichende Untersuchungen mit verschiedenen Methoden werden leider erst nach Abschluß dieser Arbeit möglich sein.

[21] Zur Berechnung von Beigabenhäufigkeit und Beigabenwert am Gesamtmaterial siehe oben S. 118 ff.

so daß bei jedem Gräberfeld die Differenzierung der Ausstattungen nach Quantität und Qualität abgelesen werden kann (Abb. 6e). Die Gräber von Žalany liegen demnach in ihrer Ausstattung fast alle dicht beieinander im untersten Bereich.

Alter und Geschlecht:

Die anthropologischen Ergebnisse von Žalany stellen uns vor einige sehr interessante Fragen. Der Anteil der Kindergräber entspricht etwa der Häufigkeit der Kindergräber am Gesamtmaterial, Personen von 20—60 Jahren sind etwas über-, Personen von über 60 Jahren etwas unterrepräsentiert. Dadurch ergibt sich ein relativ niedriges Durchschnittsalter von 25 Jahren.

Für die Berechnung der Bevölkerung nehme ich eine Belegungsdauer von etwa 1000 bis 1100 an. Möglicherweise beginnt der Friedhof etwas früher, er reicht aber sicher nicht in jüngere Zeit. Die Belegungszeit ist somit mit mindestens 100 Jahren anzusetzen.

Nach diesem Ansatz hätten wir in Žalany etwa 22 gleichzeitig lebende Personen erfaßt[22]. Gleichzeitig lebten nach den altersbestimmten Gräbern etwa 9—10 Kinder, 5 Erwachsene von 20—40 Jahren, 2 Erwachsene von 40—60 Jahren und etwa ein Drittel der Zeit ein Erwachsener von über 60 Jahren.

Die Altersstufen verteilen sich auf dem Gräberfeld jedoch keineswegs gleichmäßig (Abb. 6c): im Ostteil zeigt sich eine relativ ausgeglichene Struktur mit verhältnismäßig vielen älteren Erwachsenen und wenig verstorbenen Kindern; im Westteil dagegen stellen die Kindergräber den Hauptteil der Bestattungen. Im Ostteil erreichen Kinder und Jugendliche 37 %, im Westteil 68,9 %. Durch die hohe Kindersterblichkeit ist trotz der etwa gleichen Gräberzahl die Bevölkerung des Westteils kleiner als die des Ostteils: hier ergeben sich 6,8 gleichzeitig Lebende, dort 11.

Hält man an der horizontalstratigraphischen Interpretation der beiden Gräberfeldteile fest, so muß man fragen, was hier im Laufe des 11. Jh. geschehen ist. Die einfachste Erklärung wäre die, daß durch Zufall der Ausschnitt des Friedhofs, der untersucht wurde, unglücklich gewählt ist. Man könnte auch vermuten, daß in älterer Zeit nicht alle Kinder bestattet worden sind, was sich in jüngerer Zeit durch den Einfluß des Christentums geändert haben könnte. Es wäre jedoch auch möglich, daß sich die Lebensbedingungen der Bevölkerung in Žalany verschlechtert haben und deshalb in der zweiten Phase eine größere Kindersterblichkeit erreicht wird. Zur Verifizierung dieser These müßte

[22] Zur Berechnung der gleichzeitig lebenden Bevölkerung und der Alterspyramide siehe oben S. 99 ff.

man jedoch das ganze Gräberfeld vollständig vorliegen haben. Zu erwägen wäre freilich noch, ob die Bestattungen nicht doch gleichzeitig sind und es sich um zwei Familien mit unterschiedlichem Reichtum und unterschiedlichen Lebensverhältnissen handelt. Mir scheint die chronologische Interpretation jedoch wahrscheinlicher[23].

Die Geschlechtsbestimmung ergibt im Westteil etwas mehr Frauengräber als im Ostteil.

2. Das Grabfundgebiet von Žatec

In der ganzen Region von Žatec liegt kein einziges Gräberfeld mit geschlossenen Funden vor. Die wenigen Funde, die jedoch in Žatec und dessen unmittelbarer Umgebung gemacht wurden, lassen noch wichtige weitere Ergebnisse erwarten.

Die Funde von Žatec:

Aus Žatec ist kein größeres Gräberfeld, sondern nur eine Konzentration mehrerer kleiner Fundstellen bekannt.

1932 kamen bei Bauarbeiten 4 Ost-West-orientierte Körpergräber der mittleren BWZ zutage[24]. Das eine Männergrab enthielt einen Topf und einen Schmelztiegel; aus zwei anderen Gräbern, angeblich einem Kinder- und einem Frauengrab, barg man zwei Tongefäße. Das vierte Grab aber brachte eine reiche Männerausstattung mit voller Bewaffnung: 1 Schwert, 2 Streitäxte, das Bruchstück einer Pfeilspitze, 2 Sporen, 2 Schnallen, Eisenbeschläge und 1 Eimer.

Ein Zusammenhang zwischen den reichen, mittelburgwallzeitlichen Bestattungen und der Saazer Burg ist nicht unwahrscheinlich — die Entfernung beträgt etwas über einen Kilometer[25]. Das Waffengrab gehört zu den typischen reichen Männergräbern der Burggräberfelder, wenn auch ausgesprochene Luxusbeigaben fehlen. Weitere Gräber von anderen, zerstörten Gräberfeldern stammen wohl erst aus dem 11. Jh. An Beigaben fanden sich nur Schläfenringe unterschiedlichen Durchmessers[26].

---

[23] *B. Svoboda* möchte in der die Bestattungen 73, 74 und 75 enthaltenen Gruft sogar das Familienbegräbnis des schon christlichen „Feudalherren" von Žalany sehen — die drei Gräber sind beigabenlos und liegen im Westteil (*Svoboda,* 1963, S. 303). Es handelt sich um die größte Grabgrube des Gräberfeldes.

[24] *H. Preidel,* 1938, S. 88 ff. Zur frühmittelalterlichen Topographie von Žatec aufgrund von archäologischen und schriftlichen Quellen jetzt *J. Bubeník, O. Uhlíková,* 1977, S. 193 ff., bes. die Karte obr. 1, 9 und S. 208.

[25] *H. Preidel,* 1938, S. 91 f.

[26] *H. Preidel,* 1938, S. 93 ff.; *Weinzierl,* Tätigkeitsbericht Teplitz 1900, S. 30; Sudeta VI, 1930, S. 23; *Z. Váňa,* 1958, S. 217; S. 234; PA II, 1932, S. 98; *Z. Krumpanzlová,* 1966, S. 298.

Dubčany:

Von Interesse sind weiterhin sechs bis auf Eisen- und einige Gefäßreste beigabenlose Gräber aus einem Hügel westlich des Dorfes Dubčany[27]. Der Hügel mit den 6 Gräbern erinnert an den Befund von Želenky. Insgesamt sind uns aber aus Nordwestböhmen im Augenblick zu wenig Gräber bekannt, um Schlüsse hinsichtlich eines besonderen Bestattungsbrauches ziehen zu können.

Die Fundstellen am nordwestlichen Gebirgsrand:

Aus Most (Brüx) kennen wir 5 Gräber. Die einzigen Beigaben, ein Tongefäß und ein Messer, lassen sich noch in die mittlere BWZ datieren[28].

In Prahly-Přezetice (Prösteritz) an der Komotau kamen 6 Gräber zutage, von denen eines zwei vergoldete, s-förmige Schläfenringe enthielt. Dieses Grab war holzverkleidet und mit Steinen umstellt. In einem beigabenlosen Grab lagen zwei Skelette dicht übereinander (Superposition[29].

Die Gräber stammen wahrscheinlich aus der jüngeren BWZ. Die vergoldeten Schläfenringe deuten auf eine nicht ganz arme Person hin.

3. Das Gebiet an der unteren Eger

Nur zwei Fundstellen der Kammer an der unteren Eger weisen mehr als vier Gräber auf; beide Gräberfelder liegen dicht nebeneinander in 1,5 km Entfernung am Egerlauf im Osten der Louny-Region und bilden schon eine Verbindung zum Leitmeritzer Gebiet.

Křesín:

Aus einer Sandgrube am Rande der linken, ersten Uferterrasse der Eger westlich der heutigen Gemeinde wurden immer wieder Gräber und einzelne Gegenstände aus Gräbern geborgen[30].

Die Funde deuten auf einen mittelburgwallzeitlichen Friedhof außerhalb einer befestigten Siedlung mit relativ reicher Beigabenausstattung hin. Alle Gräber enthielten Beigaben. Man findet die typischen Gegenstände ländlicher Friedhöfe[31].

---

[27] Von den 6 Gräbern hatten zwei Steinfassungen, eines einen Sarg und eines je ein Brett oben und unten. Die Gräber waren regelmäßig orientiert — sie unterscheiden sich also nicht von den üblichen Bestattungen (Bericht: *H. Preidel*, AÚ 2859/45).

[28] *I. Pleinerová-Hnízdová*, 1957, S. 215 f.; S. 272 f.

[29] Bericht *A. Beneš*, AÚ 5707/60; *Z. Krumphanzlová*, 1966, S. 289. Zu Superpositionen siehe oben S. 92.

[30] *M. Zápotocký*, 1965, S. 329 f.

Die Beigabe von Gefäßen und damit verbunden von Nahrungsmitteln scheint außerordentlich häufig gewesen zu sein. Die Ausstattungstypen sind durchaus gut differenziert: Die Verteilung kann man mit den Gräbern des Ostteils von Žalany vergleichen. Ob die Beigabenfrequenz allgemein etwas höher liegt, kann bei dem Zufallscharakter der Funde in Křesín nicht entschieden werden. Der Wert der Ausstattungen ist allerdings nicht sehr hoch; es fällt auf, daß bisher kein Schläfenring beobachtet wurde.

Alle in situ gefundenen Gräber wiesen eine regelmäßige Lage auf; nur ein Grab zeigte eine leichte Abweichung nach NW-SO.

Volenice:

Der Fundplatz liegt ebenfalls an der Eger westlich des heutigen Ortes auf einer niedrigen Erhebung. Von einer älteren Grabung sind vier Gräber bekannt[32]. 1895 untersuchte F. Kučera die Fundstelle und veröffentlichte 5 weitere Gräber. Typisch scheint die Kombination von Steinfassungen mit Holz gewesen zu sein[33]. Vier der Bestatteten lagen regelmäßig orientiert; ein 50jähriger Mann war N-S-ausgerichtet. Bei den Toten handelt es sich um zwei mature Männer, eine juvenile Frau und 4 Kinder[34]. Die Gräber enthielten typische Ausstattungen der Gräberfelder bei offenen Siedlungen[35].

Die Funde scheinen aufgrund der Beigabensitte etwas jünger zu sein als die des benachbarten Křesín. Ein Vergleich bietet sich eher mit den Gräbern der Mitte des Friedhofs von Žalany an. Was die hohe Kinderzahl betrifft, so sei auf die entsprechenden Überlegungen in Bezug auf Žalany verwiesen.

Dobroměřice:

Dobroměřice liegt etwa 2 km nördlich von Louny an einem nördlichen Nebenfluß der Eger und verbindet die Grabfundgebiete von Žatec (Saaz) und der unteren Eger miteinander. In einer Sandgrube am Rande des Ortes wurden insgesamt etwa 180 Gräber zerstört[36]. 1931 führte

---

[31] Ausstattungen: Tongefäß (1mal); Tongefäß, Bernsteinperlen (1mal); Tongefäß, Glasperlen (1mal); Tongefäß, Glasperlen, Messer, eiserne Beschläge (1mal); 4 Tongefäße ohne Fundzusammenhang.

[32] *M. Zápotocký,* 1965, S. 383 f.

[33] 7 Gräber wiesen Steinfassungen und Holz, 2 Gräber Holzreste auf. Hierfür und das Weitere siehe *F. Kučera,* ČL 4, 1895, S. 94 f.; *J. L. Píč,* 1909, S. 350; *M. Zápotocký,* 1965, S. 384.

[34] Grab 5 barg die Überreste einer Frau mit Tongefäßbeigabe und die zweier Kinder, welche über der Frau nebeneinander bestattet waren.

[35] Ausstattungen: Tongefäß, Messer (1mal); Tongefäß (2mal); Tongefäß, Schläfenringe (2mal, Kindergräber).

[36] Zeitungsbericht: AÚ 1348/31.

das Nationalmuseum Prag eine Grabung durch, bei der 14 Gräber entdeckt wurden[37].

Die Gräber sind alle regelmäßig orientiert. In einem Grab wurde ein Totenbrett festgestellt, in einem anderen ein Brett über dem Grab, in einem dritten ein Sarg. Einige Gräber wiesen Steinpackungen mit Steinplatten auf. Angeblich handelte es sich zu einem großen Teil um Kindergräber; in einer Grube waren Mutter und Kind bestattet. Die Hälfte der 14 Gräber enthielt Beigaben[38].

Das Gräberfeld läßt sich aufgrund der Beigaben ins ausgehende 10. und beginnende 11. Jh. datieren. Immerhin fallen drei Gräber mit einer reicheren Ausstattung der jüngeren Zeit auf; über die Gesamtstruktur des Gräberfeldes kann man jedoch leider nichts mehr sagen.

Úherce:

Am Ostrand der heutigen Gemeinde Úherce liegt etwa 10 km südlich an einem der Moldaunebenflüsse ein großer Friedhof des 11. Jh. Zwei weitere Fundstellen wurden einige km westlich von Úherce ebenfalls am Flußlauf festgestellt — die drei Gräberfelder sind von den Funden an der Eger durch ein größeres fundleeres Gebiet getrennt.

Insgesamt kamen auf dem Friedhof am Ostrand von Úherce etwa 60 Gräber zutage. Die schon zu Ende des 19. Jh. z. T. von J. L. Píč geborgenen Funde lassen sich kaum noch zu geschlossenen Funden rekonstruieren[39]. Die Bestattungen waren jedoch laut Fundbericht außerordentlich gleichförmig angelegt. Angeblich waren fast alle Toten in Särgen mit Steinsetzungen bestattet. In den Akten des Nationalmuseums werden Nägel angeführt, die möglicherweise zu Särgen gehörten. Die Gräber waren W-O-orientiert. Von 15 von J. L. Píč ausgegrabenen Gräbern waren 8 beigabenlos. Die Ausstattungstypen scheinen dem Friedhof von Žalany vergleichbar zu sein[40]. Man muß deshalb wohl auch in Úherce an eine Belegung während des gesamten 11. Jh. denken. Die Gräber mit Bernstein- und Edelsteinperlen und mit Fingerring und Denar heben sich deutlich aus den ärmeren Gräbern heraus. Die insgesamt aber recht geringe Beigabenzahl sowie das Fehlen von Gefäßbeigaben sprechen jedoch schon für eine Änderung der Beigabensitte.

---

37 Katalog Nationalmuseum: NM 55.269—55.297; siehe Anm. 36.

38 Ausstattungen: Tongefäß (2mal); Eimer, Tonflasche, Messer, ein Stück Eisen (1mal); 2 Bernsteinperlen, 8 Schläfenringe, 1 Fragment eines bronzenen Reliquienschreins (1mal); silberplatierte Schläfenringe (19—24 mm Dm) (1-mal); bronzener Schläfenring, Glasperle (1mal); silberner Schläfenring (20 mm Dm) (1mal).

39 *J. L. Píč,* 1893, S. 435.

40 Ausstattungen: Fingerring (1mal); Messer (1mal); Perlenkette, Schläfenring (2mal); Perlenkette mit je einer Silber-, Bernstein- und Karneol-

4. Das Gebiet von Leitmeritz

Aus dem Gebiet von Leitmeritz kennen wir insgesamt 14 Fundstellen mit 5 und mehr geschlossenen Grabfunden.

Litoměřice-Želetice:

In einer Sandgrube bei Želetice südlich von Leitmeritz wurden zu Beginn dieses Jahrhunderts 9 Gräber geborgen. Nur noch ein Grabinventar ist erhalten: Messer, Axt, 4 Pfeilspitzen und ein Tongefäß. Das Grab war N-S-orientiert, unter und über dem Toten lag ein Brett. Aus einem weiteren Grab ist noch ein Tongefäß bekannt[41].

Obwohl so wenig erhalten ist, kann man doch auf ein größeres Gräberfeld der mittleren BWZ mit reicherer Ausstattungsdifferenzierung schließen.

Stadtgebiet von Litoměřice:

Auf dem Stadtgebiet von Leitmeritz selbst wurde eine ganze Reihe von Grabfundstellen ermittelt, deren Zusammengehörigkeit nicht immer klar zu fassen ist[42]. Leider liegt kein einziges, wirklich gut erforschtes Gräberfeld von diesem offenbar wichtigen Fundgebiet vor.

Im Norden der Stadt, etwa 500 m vom Rand des Domhügels, der Stelle des Alten Burgwalls, entfernt, wurden 5 Gräber in der Dimitrovová Ulice entdeckt. Die wenigen Gräber vermitteln den Eindruck eines noch voll beigabenführenden, mittelburgwallzeitlichen Friedhofs[43]. Eine Zugehörigkeit zum Burgwall scheint mir keineswegs ausgeschlossen. Die bisher entdeckten Gräber wirken allerdings nicht besonders reich.

Im Osten der Stadt, etwa 900 m vom Befestigungsrand entfernt, liegen dicht beieinander 6 Fundstellen. Zu wie vielen Gräberfeldern sie gehören, wird aus den bisherigen Funden nicht deutlich.

Die Funde deuten auf einen oder mehrere mittelburgwallzeitliche Friedhöfe hin, auf denen auch reichausgestattete Gräber nicht zu fehlen scheinen (Oberschichtskriterien!)[44]. Die erwähnten Gräberfelder haben

---

perle (1mal); silbernes Stirnband (1mal); Fingerring, Denar Vratislavs II. (1061—1086) (1mal); 39 silberplattierte Schläfenringe ohne Fundzusammenhang.

[41] *M. Zápotocký,* 1965, S. 350.

[42] *M. Zápotocký,* 1965, S. 335 f. — Einen Überblick vermittelt der Plan bei *M. Zápotocký,* 1965, S. 239, Abb. 27; S. 237, Abb. 26.

[43] *M. Zápotocký,* 1965, S. 343 f. (Nr. 17). Die Gräber waren W-O und NW-SO orientiert; ein Grab besaß eine Steinfassung. Ausstattungen: Eimer (1mal); Perlen (2mal); Tongefäß, Messer, Feuerstahl, Schleifstein (1mal).

[44] *M. Zápotocký,* 1965, S. 346 ff. (Nr. 25—29). Die Funde: Tonflaschen, Schläfenringe mit kleinem Dm, ein Ulfbertschwert vom Typ Y. In der Nähe der Kaserne fand man zwei Gombíky und eine Streitaxt.

aber offenbar zu eigenen Siedlungsplätzen gehört, denn aus ihrer unmittelbaren Umgebung stammen Siedlungsfunde[45].

Mittelburgwallzeitliche Grabfunde vom Domhügel selbst und aus der Altstadt sind bis jetzt nicht bekannt geworden. Beide Plätze waren jedoch auch in der älteren Periode besiedelt[46]. Aus der unmittelbaren Nachbarschaft des Domhügels kennen wir jedoch je eine Fundstelle westlich, nordwestlich und südöstlich des Burgwalls. Zwei Fundstellen ergaben nur Keramik[47]. Etwas besser sind wir lediglich über das dritte, das Gräberfeld in der Voldána-Vorstadt, unterrichtet. Etwa 30 Gräber wurden 1903 und in den folgenden Jahren aufgedeckt und lassen sich heute noch rekonstruieren. Einige Gräber gehören möglicherweise noch der mittleren BWZ an und sind durchaus auch reich ausgestattet; der größte Teil der erforschten Gräber (80 %) enthielt keine Beigaben und dürfte wesentlich jünger sein[48].

Etwas besser sind wir über einige jungburgwallzeitliche Friedhöfe vom Domhügel und von der Altstadt orientiert. Die Gräber vom Domplatz selbst sind für uns in keiner Weise mehr auswertbar und wegen ihrer Beigabenlosigkeit auch nicht sicher datierbar. Von der Fundstelle liegen, ohne Fundzusammenhang, immerhin einige Schläfenringe und ein silberner Gombík vor.

24 Gräber, von denen einige Schläfenringe enthielten, stammen aus der Altstadt vom Friedhofsplatz. Beide letztgenannten Friedhöfe datieren wohl frühestens ins 12. Jh.[49].

Trotz der zahlreichen Fundstellen bleibt somit das Ergebnis für Leitmeritz aufgrund der schlechten Forschungslage recht unbefriedigend. Immerhin scheinen einige reichere, mittelburgwallzeitliche Gräberfelder vorgelegen zu haben. Trotz wertvoller, funktionsbezogener Männerbeigaben fehlen luxuriöse Frauentrachten mit mährischen Schmuckstücken fast vollkommen. Sicher ist, daß auf dem Leitmeritzer Stadtgebiet ein Burggräberfeld, vergleichbar mit den Gräbern von Kouřim oder Prag, nicht bestanden hat.

---

[45] *M. Zápotocký,* 1965, S. 291 ff. Das braucht aber eine funktionale Zugehörigkeit der Bestatteten zum Burgwall keineswegs auszuschließen.

[46] *M. Zápotocký,* 1965, S. 291 ff. und S. 239, Abb. 27; S. 237, Abb. 26.

[47] *M. Zápotocký,* 1965, S. 338 f. (Nr. 11 und 12), Dubina-Vorstadt und Anhöhe am Südwestrand der Stadt.

[48] *M. Zápotocký,* 1965, S. 339 f. (Nr. 13). Die Ausstattungen: 2 Messer, 2 Tongefäße, eine Ahle, ein Flintabschlag (1mal); 2 Schläfenringe, 2 Bernsteinanhänger, 1 Tongefäß (1mal); 1 Sporn, 1 Spinnwirtel, 1 Glasring (1mal); 1 Tongefäß (1mal); 1 Schläfenring (1mal); 2 Münzen, 1 Tongefäß (1mal). Die Ausstattungen stammen offenbar nicht alle aus einer Zeitstufe.

[49] *M. Zápotocký,* 1965, S. 335 f. (Fundstellen 1—3).

Libochovany:

Im Norden des Leitmeritzer Gebietes etwa auf der Mitte zwischen Lovosice und Ústi n. L. (Aussig) liegt der Ort Libochovany unmittelbar an der Elbe. Am Ostrand der Gemeinde kamen hier um die Jahrhundertwende 6 regelmäßig orientierte Gräber zutage. Eine soziale Interpretation des jungburgwallzeitlichen Gräberfeldes ist aufgrund des vorliegenden Materials nicht möglich[50].

Lovosice:

Auf dem Stadtgebiet von Lovosice an der Elbe wurden bisher 5 Fundstellen mit Grabfunden ermittelt, von denen allerdings nur ein Friedhof, auf einer Anhöhe am Südrand der Stadt, 1980 etwa 20 Gräber geliefert hat. Angeblich lagen sie 50—75 cm tief in regelmäßiger Reihe und wiesen eine Steinkonstruktion aus Steinplatten sowie Holzspuren auf. Ein Grab war mit mächtigen Steinen bedeckt, auf denen, zu Füßen des Toten, ein Kinderskelett lag. Die meisten Gräber hatten kaum Beigaben[51]. Ein Grab mit zwei silbernen, reich verzierten Kugelohrringen hebt sich in seiner Ausstattung von den anderen Gräbern weit ab. Ob es zu einem älteren Teil des Friedhofs gehört oder gleichzeitig mit den armen Gräbern ist, kann wegen der umstrittenen Datierung der Kugelohrringe leider nicht entschieden werden[52].

Mlékojedy:

Das Gräberfeld von Mlékojedy, gegenüber von Leitmeritz am Rande der Terrasse eines alten Elbarms gelegen, ist die bestuntersuchte Fundstelle der ganzen Leitmeritzer Region. Die Grabungen führte J. Kern in den Jahren 1911—1914 durch. M. Zápotocký rekonstruierte die Befunde nach den alten Plänen. Fundnachrichten liegen so für 75 Gräber vor.

Der Friedhof ist möglicherweise fast vollständig erfaßt. Sowohl im Nordwesten (Rand der Elbterrasse) als auch im Süden (wahrscheinlich alter Feldweg) scheinen die Grenzen erreicht zu sein. Interessant ist die Beobachtung von M. Zápotocký, daß sich an dieser Stelle zwei Feldwege kreuzen, von denen der eine zum Leitmeritzer Domhügel, der andere in die Leitmeritzer Ortschaften Lukavec, Čížkovice und Třebenice führt. St. Stephan selbst ist lediglich 1,25 km entfernt[53].

---

[50] *M. Zápotocký*, 1965, S. 332 f. Ausstattungen: ohne Beigaben (2mal); Tongefäß (3mal); 7 Schläfenringe (1mal, Kindergrab).

[51] *M. Zápotocký*, 1965, S. 350 f. (Fundstelle C 4). Ausstattungen: 1—3 bronzene oder silberne Schläfenringe (4mal); Messer (1mal); Schläfenring (1mal).

[52] Siehe oben, S. 99 f.

[53] *M. Zápotocký*, 1965, S. 356.

Orientierung der Gräber:

Die Orientierung der Gräber von Mlékojedy unterscheidet sich stark vom üblichen Erscheinungsbild: 84 % der Gräber sind SW-NO-orientiert, nur 6,7 % sind W-O oder O-W, 5,3 % NW-SO-gerichtet (Abb. 7a).

Die Erklärung ist leicht: SW-NO-Gräber deuten in ihrer Richtung auf St. Stephan. Drei W-O-Gräber liegen etwa in der Mitte des Gräberfeldes am Westrand beisammen und bilden hier einen Halbkreis, so daß man einen Orientierungspunkt für diese Gräber westlich in Richtung des Terrassenrandes annehmen muß[54].

Grabtiefe:

Fast alle Gräber lagen flach, nur 10,6 % (8 Gräber) waren über 75 cm eingetieft. Sie befanden sich fast ausschließlich wie die W-O-Gräber in der Mitte des Gräberfeldes (Abb. 7a).

Grabbau:

Die Formen des Grabbaus sind in Mlékojedy leider nicht so aussagekräftig wie in Žalany. Die Steinfassung scheint die typische Bestattungsform gewesen zu sein. Holz kommt dagegen seltener vor[55].

Ausstattung:

Die Ausstattungstypen in Mlékojedy sind ebenfalls wenig abwechslungsreich (Abb. 7b). Als Männerausstattungen kommen ein Messer/Eimer-Grab und ein Grab mit Axt, Messer, Eimer und Sporen (Grab 32) vor. Dieses Grab gehört zu den W-O-orientierten Gräbern, die nicht nach St. Stephan ausgerichtet sind.

Das Eimer-Messer-Grab liegt in der südlichsten Gruppe des Friedhofs, in der sich ebenfalls ein W-O-Grab, ein Frauengrab mit einer Perlenkette aus 6 Bernstein- und 5 Glasperlen befindet. Darüber hinaus kommen an weiblichen Ausstattungen Glasperlen zweimal ohne weitere Beigaben vor, in einem der W-O-Gräber (71) und im Kindergrab (44); im vierten Glasperlengrab (12) wurden außerdem 4 bronzene Schläfenringe kleinen Durchmessers, ein silberner und ein bronzener Schläfenring gefunden. Es liegt in einer Gruppe mit vier weiteren, reich ausgestatteten Frauengräbern im mittleren Gräberfeld. Weitere Gräber, die

[54] Eine chronologische Interpretation wie in Žalany wird hier durch die Tatsache abgestützt, daß ein W-O-Grab durch ein SW-NO-Grab geschnitten und gestört wird (*Zápotocký,* 1965, S. 358. Dazu auch der Plan des Friedhofs, S. 359, Abb. 86).

[55] 60 % Steinfassungen, 14 % Steine über dem Grab, 26 % Steinfassungen mit Holz. Auffallend häufig waren auch Totenbretter (13,6 %), meist in Kombination mit Steinfassungen und Steinen oben, und Deckbretter (10,6 %); Holzverkleidung nur 8 %! Einen Überblick über die Grabbautypen vermittelt *M. Zápotocký,* 1965, S. 361, Abb. 87.

nur Schläfenringe enthielten, finden sich vor allem im südlichen Teil des mittleren Gräberfeldes, im nördlichen Teil sind drei von vier Gräbern mit anderen Gegenständen kombiniert: mit Messer, mit Glasperlen und mit Fingerringen[56].

Die Verteilung der Beigabenhäufigkeit pro Grab zeigt größere Unterschiede als in Žalany (Abb. 7c). Wir haben mehr beigabenlose Gräber (76 %), weniger beigabenarme Gräber (nur 13 %), kaum Gräber mit 3—4 Beigaben, dafür aber bei 5—8 Beigaben wieder einen deutlichen Anstieg; Gräber mit mehr als 8 Beigaben kommen nicht vor. Den Ausstattungen nach zu urteilen hebt sich also deutlich eine etwas reichere Personengruppe heraus. Die Untersuchung des Verhältnisses von Beigabenquantität zu Beigabenqualität zeigt eine Gruppe von 11 dicht beieinander liegenden Gräbern mit Werten von 1—12. Mit Werten von 9—18 und Beigabenzahlen von 6—8 liegen vier Grabfunde deutlich von den anderen getrennt: die Funde mit Glasperlenketten. Von allen anderen hebt sich das Waffengrab mit einem Wert von 30 Punkten weit ab (Abb. 7d).

Durch die Clusteranalyse ergeben sich drei Gruppen: die Schläfenringgräber, das Waffen- und das Messer-Eimer-Grab und letztlich die Gräber mit Glasperlen.

Alter und Geschlecht:

Zur Bestimmung der gleichzeitig lebenden Personen und der Alterspyramide muß die Belegungsdauer des Gräberfeldes bekannt sein. In Mlékojedy stehen dazu leider nicht so deutliche Hinweise für die Datierung zur Verfügung wie in Žalany; auch hier liegt jedoch die zweite Hälfte des 10. Jh. (Schläfenringe mit kleinem Durchmesser, Eimer, Waffen) als untere, das Ende des 11. Jh. mit dem Übergang zur Bestattung auf Kirchfriedhöfen als obere Grenze nahe. Man kommt damit ebenfalls auf eine Belegungszeit von etwa 100 Jahren.

Von den 75 Gräbern in Mlékojedy liegen leider nur 35 Altersbestimmungen vor. Davon waren 23 (65,7 %) Kindergräber, nur 2 oder 3 (3,3 %) Gräber junger Erwachsener, 5 (14,3 %) Gräber Erwachsener zwischen 40 und 60 Jahren und 4,5 (12,8 %) Gräber von Personen über 60 Jahren. Durch die hohe Zahl der Kindergräber ergibt sich ein Durchschnittsalter von 24,8 Jahren — das entspricht dem Durchschnittsalter in Žalany von 25 Jahren.

---

[56] Auch die Beigabensituation spricht somit deutlich für 2 Zeitstufen. Die erste wird durch beigabenreichere, stärker eingetiefte, O-W-orientierte Gräber charakterisiert und liegt vor allem in der Mitte des Gräberfeldes; die zweite Stufe bilden die SW-NO-orientierten, auf St. Stephan gerichteten, beigabenlosen Gräber. So interpretiert auch *M. Zápotocký*, 1965, S. 358.

Überträgt man dieses Durchschnittsalter auf die insgesamt bestatteten Personen, so kann man eine gleichzeitig lebende Bevölkerung von 18 bis 19 Personen errechnen. Da sich möglicherweise unter den nicht altersbestimmten Personen weniger Kinder befanden, dürfte die Bevölkerung etwas größer gewesen sein.

Die aus den altersbestimmten Gräbern ermittelte Bevölkerungspyramide weist 4,5 Kinder, 2—3 jüngere Erwachsene, 1—2 ältere Erwachsene und für etwa die Hälfte der Belegungszeit einen alten Menschen auf. Für die Gesamtbevölkerung lassen sich so 10 Kinder, 4—5 junge Erwachsene, 3 ältere und ein alter Erwachsener ermitteln. Die Zusammensetzung deutet auf zwei Familien hin.

Die Verteilung der Altersgruppen auf dem Gräberfeld ist relativ ausgeglichen.

Leider sind zu wenig Gräber geschlechtsbestimmt, so daß sich eine weitere Untersuchung nicht lohnt.

Polepy:

Der Fundplatz von Polepy liegt östlich der Elbe an einem Elbnebenflüßchen auf der Höhe von Terezín (Theresienstadt) etwas außerhalb der übrigen Fundkonzentration. Das jungburgwallzeitliche Gräberfeld wurde beim Sandabbau am Nordrand des Ortes entdeckt und leider fast ganz zerstört. Das Gräberfeld scheint außerordentlich arm gewesen zu sein, aber doch noch vereinzelt Keramik und bronzene Schläfenringe geführt zu haben[57]. Sozialgeschichtlich ist dieses Gräberfeld nicht mehr auswertbar.

Ohne Angabe der Fundumstände und des genaueren Fundortes kennen wir aus Polepy noch Axt, Eimer und Schleifstein. Die Beigaben deuten auf ein reicheres Männergrab des älteren Horizonts und möglicherweise auf ein beigabenreicheres, mittelburgwallzeitliches Gräberfeld hin[58].

Prosmyky:

Aus Prosmyky an der Elbe zwischen Leitmeritz und Lovosice kennen wir bisher nur drei Gräber, die aber ihrer Ausstattung wegen besprochen werden müssen. Sie wurden 1901 auf einem Feld am Westrand der Gemeinde entdeckt[59]. Die Gräber waren regelmäßig angelegt und hatten bis auf einige Steine keine Einbauten. Das erste Grab gehörte einem Mann von 40—50 Jahren, der mit Axt, Messer, Feuerstahl,

---

[57] *M. Zápotocký*, 1965, S. 372.

[58] *M. Zápotocký*, 1965, Abb. 90, 4—7.

[59] *M. Zápotocký*, 1965, S. 374 ff.

Schleifsteinen, einer Ahle und einem Gefäß (nur noch Scherben gefunden) ausgestattet war. Grab 2 enthielt als Ausstattung eine Axt, einen Feuersteinkern, Messer und bronzenen Keil. Auch das dritte Grab eines älteren Mannes enthielt Messer und Feuerstahl.

Wahrscheinlich sind hier durch Zufall mehrere reichere Männergräber wohl noch der mittleren Burgwallzeit angeschnitten worden. Auf die entsprechende Kombination von Axt, Messer, Feuerstahl und Schleifstein deuten auch die unsicheren Funde von Polepy. Wenn auch über die Gesamtzusammensetzung des Gräberfeldes in Prosmyky keine Angaben vorliegen, so kommt man in Analogie zu den anderen Friedhöfen doch dazu, daß hier die soziale Spitze eines ländlichen Gräberfeldes gefaßt worden ist.

Weitere Fundstellen im Leitmeritzer Gebiet:

Die jungburgwallzeitlichen Gräberfelder von Prackovice im Norden der Leitmeritzer Kammer[60]. Štětí im Süden an der Elbe[61], Budyně nad Ohří an der Egermündung[62], Drahobuz an einem Elbnebenflüßchen etwa 25 km östlich von Leitmeritz[63] und Svádov bei Ústí[64] sind nicht mehr sozialgeschichtlich auswertbar.

Die Fundstellen zwischen Leitmeritz und dem Gebiet
an der Mrlina und Cidlina:

In ganz Nordostböhmen wurde bisher kein Gräberfeld mit flachen Körpergräbern entdeckt, das sich noch in die mittlere Burgwallzeit datieren läßt. Die wenigen, älteren Funde sind ausschließlich Hügelgräberfelder[65]. Dabei kommen, wie das Gräberfeld von Prachovské Skály zeigt, in der Übergangszeit zur Körperbestattung auch reiche Körpergräber mit den bekannten Oberschichtskriterien vor.

Die hier besprochenen Gräberfelder sind demnach alle jungburgwallzeitlich.

---

[60] *M. Zápotocký*, 1965, S. 374. Von 6 Gräbern enthielten nur 2 Beigaben: ein Kinderdoppelgrab 4 silberplatierte Schläfenringe, ein Grab ein Tongefäß. Beachtenswert ist bei der wahrscheinlich späten Datierung ein Hockergrab.

[61] *M. Zápotocký*, 1965, S. 380 f. In einem von 5 Gräbern fanden sich 8, in einem anderen 6 silberplattierte Schläfenringe.

[62] Bericht AÚ 697/38: *M. Zápotocký*, 1965, S. 320 ff. Von mindestens 18 enthielten alle Gräber angeblich Schläfenringe.

[63] Die einzige Beigabe von etwa 20 N-S-orientierten Gräbern war eine Schnalle (*Zápotocký*, 1965, S. 324 f.). Die N-S-Orientierung folgt der Richtung des Abhangs, auf dem die Gräber liegen.

[64] 9 Gräber, davon 2 mit Schläfenringen. Bericht AÚ 3516/50 (fehlt). *M. Zápotocký*, 1977, S. 536.

[65] Siehe II.3. — *R. Turek*, 1946 a, 1954—56.

Dubá, Liberec (Reichenberg):

Ende vergangenen Jahrhunderts wurden am Westrand von Dubá (Dauba) 22 Gräber eines Friedhofs des 11. Jahrhunderts ausgegraben. Dank des Berichts von E. Wallenstein liegen bis auf einen Gräberfeldplan alle nötigen Angaben vor[66]. Die Gräber waren offenbar alle ungewöhnlich stark eingetieft (120—130 cm). Obwohl vielfach über die Orientierung nichts berichtet wird, kann man aus den Angaben entnehmen, daß die Mehrzahl SW-NO-ausgerichtet war (immerhin etwa 70 %). Ein Grab war NW-SO-orientiert, ein Grab W-O.

Die meisten Gräber scheinen regelmäßig und ohne weitere Einbauten angelegt zu sein. In einigen Fällen weist der Friedhof aber interessante rituelle Besonderheiten auf. So wurden zwischen den Gräbern Brandstellen entdeckt, die J. L. Píč als Reste von Totengedenkfeiern interpretiert[67]. Zwei Gräber enthielten offenbar nur Schädelbestattungen, wobei der Schädel von Grab 20 sogar mit sieben Schläfenringen ausgestattet war. Ob diese Beobachtung nur der Ungenauigkeit der Grabung zuzuschreiben ist, kann leider nicht mehr nachgeprüft werden. Bei dem beigabenlosen NW-SO-orientierten Frauengrab waren die Hände über dem Unterkörper gekreuzt. Als Besonderheiten des Grabbaues fallen ein Totenbrett, zwei Steinplatten über dem Kopf eines Toten und eine Holzkiste oder ein ausgehöhlter Baumstamm auf.

Trotz der späten Zeitstellung des Friedhofs hatten erstaunlich viele Gräber Beigaben (42 % beigabenlose Gräber, 36,8 % 1—2 Beigaben, 10,5 % 3—4 Beigaben, 5,3 % 6 und 5,3 % 9 Beigaben)[68]. Am reichsten ausgestattet war das W-O-orientierte Frauengrab 22 mit vier silbernen Schläfenringen und einer Perlenkette aus 37 einfachen und 2 silbernen Perlen. Die anderen Gräber enthielten Schläfenringe aus Silber, Zinn, Bronze oder silberplattierter Bronze. Der Schläfenring aus Grab 29 wies einen Durchmesser von über 30 mm auf. Zwei Bestattungen lieferten Münzen Vratislavs II. (1062—1092). Das Gräberfeld dürfte also ins 11. Jahrhundert zu setzen sein.

Analog zu Mlékojedy möchte ich das Grab 22 als einen Teil der ältesten Bestattungen aus dem Beginn der jüngeren Burgwallzeit interpretieren[69].

---

[66] *E. Wallenstein,* 1893, S. 1 ff.

[67] *J. L. Píč,* 1909, S. 332. Dies ist besonders interessant, da wir uns hier im Bereich des Hügelgräbergebietes befinden, wo aus früherer Zeit entsprechende Brandstellen recht häufig belegt sind.

[68] In Žalany waren im Vergleich dazu 62 % der Gräber beigabenlos, im Gesamtmaterial nur 55 %. Vergleichbar sind lediglich die südböhmischen Gräberfelder südlich von Příbram (siehe unten, S. 207 ff.).

[69] Siehe oben, S. 161 f.

Wahrscheinlich durch Zufall wurden nur ausgestattete Frauengräber angeschnitten. Man wird auch in Dubá wie in Mlékojedy einige Waffengräber mit Messer, Eimer und Axt voraussetzen dürfen, die dem reichen Frauengrab 22 an die Seite gestellt werden können. Auch in Mlékojedy waren ja nur zwei sichere Männerausstattungen nachweisbar. Auffallend ist weiterhin der Mangel an Tongefäßbeigaben.

Was die Gesamteinschätzung der Gräber nach Qualität und Quantität der Beigaben betrifft, so liegen bis auf zwei Gräber, die sich deutlich von den anderen unterscheiden, alle anderen Ausstattungen bei niedrigen Werten dicht beieinander. Das Grab 22 stellt eine recht deutliche Ausstattungsspitze dar. Der Friedhof macht mit seiner Fülle an typischen, jungburgwallzeitlichen Beigaben einen sehr altertümlichen und für ein ländliches Gräberfeld recht wohlhabenden Eindruck.

Řepov:

In Řepov, 3 km östlich von Mladá Boleslav am Koster-Bach, einem Nebenfluß der Jizera, wurde Ende des vergangenen Jahrhunderts ein reicheres mittel- bis jungburgwallzeitliches Gräberfeld aufgedeckt. J. L. Píč grub fünf beigabenlose Gräber aus — die aus anderen Gräbern stammenden Beigaben sind leider alle ohne Fundzusammenhang überliefert[70]. Trotz des Mangels an geschlossenen Funden kann man bei Kenntnis des Gräberfeldes von Mlékojedy ein typisches ländliches Gräberfeld der jüngeren Burgwallzeit mit einer kleinen Ausstattungsspitze (Frauengrab mit Kette und Schläfenringen, Männergrab mit Eimer, Messer, Ahle und vielleicht auch Axt und Wurfgeschoß und vielen beigabenlosen oder beigabenarmen Gräbern) annehmen[71].

Weitere Fundstellen zwischen Leitmeritz und dem Gebiet an der Mrlina und Cidlina:

Nicht mehr auszuwerten sind die Gräber von einer Fundstelle östlich des heutigen Friedhofs von Horní Stakor 15 km nordöstlich von Mladá Boleslav[72] und die Gräber von Starý Hradek von Prachovské Skály nördlich der Funde an Mrlina und Cidlina[73] und vom Starý Hradek bei Sudoměř[74]. Das 1968 in Chotětov angeschnittene, ländliche Gräberfeld

---

[70] *J. L. Píč,* 1909, S. 346; Fundberichte PA XV, S. 323; XIV, S. 261, 509; XXI, S. 203.

[71] Fundgegenstände: 8 Schläfenringe, 1 Messer, 8 Tongefäße, 1 silberplattierter Ring, eine Kette aus 30 Bernstein- und Glasperlen, 1 Eimerbeschlag, 1 Ahle, 1 Münze Boleslavs II.

[72] *R. Turek,* 1936—1938, S. 133. Die Toten lagen zum großen Teil in Särgen und hatten als einzige Beigabe Schläfenringe (Dm z. T. über 30 mm) — die Fundstelle dürfte aus dem 12. Jh. stammen.

[73] *R. Turek,* 1946 a, S. 128 ff.

der Wende vom 10. zum 11. Jh. brachte lediglich Feuerstahl, Silberringe und Messer.

5. Das Gebiet an der Mrlina und Cidlina

Im ganzen Gebiet liegt keine Fundstelle mit mehr als vier Gräbern vor. Eine nähere Untersuchung des Gebietes kann somit nicht erfolgen. Von den einzelnen Fundstellen sind lediglich eines oder mehrere Gräber mit Keramik oder Schläfenringen bekannt. Die Funde gehören wohl alle in die jüngere Burgwallzeit.

Fundstellen zwischen Mrlina und Cidlina und Hradec Králové (Königgrätz):

Im Pfarrwald von Petrovice westlich des Ortes liegen 44 Hügel mit Körperbestattungen in W-O-Richtung. Im größten Hügel lag ein Toter mit einem Denar Břetislavs I. (1037—1055). In zwei weiteren Gräbern wurden Gefäße geborgen, sonst waren die Hügel beigabenlos (11 Hügel wurden gegraben)[75]. Eine weitere Interpretation ist kaum möglich.

6. Das Gebiet von Hradec Králové

Nur drei Gräberfelder haben mehr als fünf Gräber gebracht, doch auch diese sind kaum zu interpretieren:

Hradec Králové:

In Hradec Králové wurden zwei Fundstellen ermittelt, die eine auf dem alten Friedhof auf dem Gelände der königlichen Burg, die andere in der Prager Vorstadt; beide sind nicht mehr auszuwerten[76].

Etwas mehr geben die Funde aus Svobodné Dvory (Freienhofen) westlich von Hradec Králové her. In der Ziegelei wurden zwei Gräber mit wohl noch mittelburgwallzeitlichen Gefäßen geborgen. Ebenfalls Außerhalb des Ortes entdeckte man 1909 zwei Gräber, von denen eines beigabenlos war[77]. Sowohl die Lage der Arme als auch der Beine waren hier vollkommen unregelmäßig. Die meisten der Vorderzähne fehlten. Das zweite Grab lag offenbar noch deutlicher in Hockerstellung

---

[74] *J. Filip,* 1947, S. 84. Interessant ist ein Grabstein mit Kreuzritzung; dazu auch Z. *Krumphanzlová,* 1966, S. 294. Datierende Beigaben fehlen weitgehend. *M. Beranová,* 1979 a, S. 304 ff.

[75] *J. L. Píč,* 1909, S. 343; PA XV, 1890/92, S. 623.

[76] *L. Domečka,* 1925, S. 44 und S. 45 f. — Vom alten Friedhof stammen Schläfenringe, ein Sporn des 11. Jh., Messer, Kamm und Sargnägel. 1884 stieß man beim Bau eines Hauses auf zahlreiche Bestattungen in Särgen. Aus der Prager Vorstadt stammt ein Grab mit einem möglicherweise noch mittelburgwallzeitlichen Tongefäß. Zu neuen Untersuchungen in Hradec Králové *M. Richter, V. Vokolek,* 1975 (mir leider nicht zugänglich).

[77] *L. Domečka,* 1925, S. 46.

als das erste. An der linken Seite fand man zwei Messer. Neben dem Toten war ein Pferd ebenfalls in Hockerstellung bestattet. An der Stelle kamen noch weitere zerstörte Gräber zutage.

Unweit von den Bestattungen befindet sich ein auffallend großer Stein, nach dem der Fundplatz den Flurnamen „U Kamené" trägt. Auf dem Feld fanden sich darüber hinaus burgwallzeitliche Siedlungsspuren.

In Plotiště südwestlich von Hradec Králové wurde ebenfalls ein Hockergrab, das SW-orientiert und mit Messer und Schleifstein ausgestattet war, entdeckt[78].

Man wird wohl kaum fehlgehen, diese Funde von Hockergräbern als den ältesten Horizont in Hradec Králové zu interpretieren. Man scheint in dem Reitergrab Überreste einer Oberschicht zu fassen. Für eine weitere Wertung reicht das Material allerdings nicht aus. Es wäre von größtem Interesse, diese älteren Fundplätze vollständig zu untersuchen und ein Gesamtbild zu schaffen. Im Vergleich zum Gesamtmaterial wirken die Funde jedoch außerordentlich arm.

Lochenice:

Etwa 15 km nördlich am Elblauf liegt Lochenice, wo auf dem Feld „Na Šancích" 1907 ein relativ reich ausgestattetes Frauengrab der ausgehenden mittleren oder frühen jüngeren Burgwallzeit aufgedeckt wurde[79].

In Lochenice sind noch weitere acht geschlossene Gräber bekannt geworden[80].

Leider geht aus den Fundberichten nicht ganz klar hervor, ob das Feld „Na Šancích" mit der zweiten Fundstelle identisch ist oder wenigstens zusammenhängt. Sollte dies der Fall sein, so scheint hier ein typisches Gräberfeld der älteren jüngeren Burgwallzeit angeschnitten worden zu sein mit einigen reichen und relativ vielen ärmeren bzw. beigabenlosen Gräbern.

Dobřenice:

In einer Sandgrube südlich von Dobřenice am Südrand der Kammer von Hradec Králové wurde 1958 ein jungburgwallzeitliches Gräberfeld angeschnitten; zwölf Gräber wurden gerettet[81].

---

[78] *L. Domečka*, 1925, S. 46.

[79] Das Grab enthielt Tongefäß, eiserne Nadel, bronzenen Schläfenring, 4 Bernstein- und 3 Glasperlen.

[80] Ausstattungen: ohne Beigaben (5mal); 2 Tongefäße (1mal); Messer (1-mal); Gefäße, Glasperlen und Eisenstücke (1mal); der Schädel des Grabes mit Glasperlen war künstlich deformiert (Bericht *Tomský*, AÚ 222/55).

[81] *J. Zeman, J. Sochor*, 1961, S. 649 ff.; *J. Chochol*, 1961, S. 669 ff.

Die Gruben lagen etwa 1 m tief W-O-orientiert und waren ohne weitere Einbauten.

In einem Grab (8) lagen die Knochen von drei Personen unregelmäßig durcheinander. Diese Erscheinung, die auch in Mähren beobachtet wurde, ist nach dem Fundbericht in Dobřenice nicht auf sekundäre Zerstörung zurückzuführen, sondern als rituelle Besonderheit zu werten. Dieses Grab enthielt keine Beigaben. Der Schädel eines weiteren, ebenfalls beigabenlosen Grabes wies eine Trepanation auf.

Die Funde sind außerordentlich spärlich[82]. Über die Gesamtstruktur des Gräberfeldes kann bisher kein Urteil gefällt werden. Der Datierung in das ausgehende 10. und das 11. Jahrhundert wird man zustimmen können[83], da sich das Gräberfeld noch außerhalb der Siedlung befindet.

7. Das Gebiet von Chrudim

Geschlossene Funde liegen kaum vor. In Rosice, ungefähr 10 km südöstlich von Chrudim, wurden in einer Ziegelei zwei zerstörte Körpergräber wohl der jüngeren Burgwallzeit angeschnitten[84]. Bei anderen Fundstellen handelt es sich offenbar um Kirchfriedhöfe.

Aufgrund der schlechten Fundsituation ist eine Gesamtwertung nicht möglich. Ich halte es jedoch für unwahrscheinlich, daß Rosice der einzige ältere Friedhof in diesem Raum ist. Allerdings konnten auch in Chrudim selbst bisher nur Kirchfriedhöfe nachgewiesen werden[85].

8. Das Gebiet von Kolín, Kouřim und Libice

Südöstlich der Hauptfundkonzentration wurden einige Fundstellen mit dem Zentrum um Čáslav beobachtet, die geographisch eng mit dem Hauptgebiet zusammenhängen und aus diesem Grunde hier besprochen werden.

Chotusice bei Čáslav:

In Chotusice, etwa 6 km nördlich von Čáslav, wurden zwei Gräberfelder nachgewiesen. Das eine in der Lage „Na červeném kopci“ (Auf dem roten Hügel) nordwestlich von Chotusice brachte bisher fünf Grä-

[82] Ausstattungen: 2 silberne Schläfenringe (1mal); Silberanhänger, 4 Glasperlen (1mal), 1 Schläfenring (1mal). Weitere Schläfenringe ohne Fundumstände.

[83] *J. Zeman, J. Sochor,* 1961, S. 669.

[84] Bericht AÚ 2472/52; ein Grab enthielt ein Messer.

[85] Bei den Kirchen Nanebevzetí panny Marie, Sv. Kříže und Sv. Ducha — *J. L. Píč,* 1909, S. 335; Fundberichte: PA VI, S. 115; PA XVII, S. 338; PA VII, S. 495; PA XII, S. 20; PA VII, 1867, S. 318 ff. — *Z. Krumphanzlová,* 1966, S. 311. *J. L. Píč* erwähnt Denare Vratislavs II. und s-förmige Schläfenringe.

ber, NW-SO-orientiert; bis auf einige Steine an der Kopfseite fanden sich keine Einbauten. Die Gräber enthielten Tongefäße, ein Grab zwei kleine, bronzene Schläfenringe von einem Durchmesser von 10 mm[86].

Nach Keramik und Schläfenringen zu urteilen, könnte es sich noch um ein Gräberfeld der ausgehenden mittleren Burgwallzeit handeln.

Die zweite Fundstelle liegt südlich von Chotusice. Hier wurden ohne Fundzusammenhang sechs Schläfenringe und zwei Tongefäße, darunter eine Flasche, geborgen[87]. Weiterhin fand man zwei Gräber frei in der Erde ohne Einbauten, W-O-orientiert. Das erste Grab war mit einem Tongefäß, das zweite mit Eimer und Messer ausgestattet.

Den Ausstattungen nach zu urteilen könnten beide Fundstellen gleichzeitig sein und am Ende der mittleren oder dem Beginn der jüngeren Burgwallzeit begonnen haben. Die große Entfernung spricht dafür, daß die Gräberfelder zu zwei verschiedenen Siedlungsplätzen gehörten.

Jungburgwallzeitlich sind die Funde aus Čáslav selbst. Hier liegen leider nicht genügend geschlossene Funde vor, um ein genaues Urteil zu ermöglichen[88]. Die anderen Fundstellen des Gebietes haben ebenfalls kaum geschlossene Funde geliefert. In die mittlere Burgwallzeit gehören möglicherweise die drei Gräber von Netřebí bei Církvice[89], von denen eines ein Messer und einen Eimer enthielt, ebenso die Gräber von Vrdy[90], von denen eines mit Axt und Tongefäß ausgestattet war. An beiden Fundstellen kamen keine Schläfenringe vor. Leider ist es aufgrund der schlechten Forschungssituation im Augenblick nicht möglich, die Ausstattungen von Eimer, Messer, Axt und Tongefäß in größeren Zusammenhang zu stellen. Kann man die Ergebnisse aus Nordwestböhmen übertragen, so wird es sich wohl auch hier um die herausragenden Bestattungen kleinerer Gräberfelder bei unbefestigten Siedlungsplätzen handeln.

Stará Kouřim.

Zu den wichtigsten Fundplätzen des Arbeitsgebietes überhaupt gehören die Gräberfelder auf dem Burgwall von Stará Kouřim westlich von Kolín. Der Burgwall liegt etwa in der Mitte eines ausgedehnten Siedlungsgebietes auf einem Sporn in einer Schleife des Flüßchens Kouřimka[91]. Der Gesamtburgwall bedeckt eine Fläche von 900 × 650 m

86 *F. Škrdle,* 1927, S. 573.

87 *F. Škrdle,* 1927, S. 574 f.

88 *F. Škrdle,* 1927, S. 577; *J. L. Píč,* 1909, S. 331.

89 *F. Škrdle,* 1932, S. 69.

90 *F. Škrdle,* 1928—30, S. 124 f.

91 Dem Gräberfeld von Kouřim und der Burg sind eine Reihe von Publikationen *M. Šolle's* gewidmet (1959 a; 1966). Zur Lage Kouřims und der dazu-

und weist drei Befestigungsringe auf. M. Šolle konnte drei Phasen aus slawischer Zeit feststellen[92]: In der ersten Phase bestand der Burgwall nur aus einem inneren Ring sowie aus einem Graben als Vorburgbefestigung innerhalb des späteren mittleren Areals; in der zweiten Phase wurden bei Weiterbestehen des inneren Walls der mittlere und äußere Ring in Holz-Erde-Konstruktion aufgeführt; in der dritten Phase wurde der mittlere Wall durch einen Wall mit Steinmauer ersetzt. Zur zweiten Phase gehört, am Rande des mittleren Walls gelegen, ein etwa 100 m langer Hallenbau, der durch den jüngeren Steinwall überbaut wurde. Weitere Siedlungsfunde stammen vor allem aus dem mittleren Areal; sie liegen im westlichen und mittleren Teil direkt hinter dem Wall. Im östlichen Teil befindet sich ein kleiner See, der Libussasee[93], an dessen Ostrand ebenfalls innerhalb des mittleren Areals das Gräberfeld von Kouřim liegt. Ein weiteres Gräberfeld wurde mit 39 Gräbern im inneren Areal angeschnitten. Da beide Gräberfelder wenigstens teilweise gleichzeitig von der Bewohnerschaft von Kouřim belegt worden zu sein scheinen[94], ist es sinnvoll, sie auch zusammen zu behandeln, ohne allerdings die Gruppen zu vermengen. Was die Wertung der einzelnen Ausstattungsgegenstände und die Herkunft dieser Gegenstände betrifft, verweise ich auf die eingehenden Untersuchungen M. Šolles[95].

Orientierung der Gräber:

W-O- und SW-NO-Orientierung halten sich als Hauptrichtungen am Libussasee die Waage: 41,2 % der Gräber waren W-O ausgerichtet, 47,3 % SW-NO. Die gering abweichende NW-SO-Orientierung wurde bei 8,5 % der Gräber beobachtet.

Auf dem Gräberfeld im inneren Areal überwiegt die SW-NO-Orientierung mit 61,5 % — daneben gibt es 15,5 % N-S- und nur 5,1 % W-O-ausgerichtete Gräber (18 % sind nicht bestimmt).

Die räumliche Verteilung der Orientierungsrichtungen auf dem Gräberfeld ist außerordentlich interessant; während die SW-NO-Orientierung und die NW-SO-Orientierung vor allem in der Mitte des Gräber-

---

gehörigen Siedlungskammer *M. Šolle,* 1966, S. 19 ff. Zur jüngeren Anlage von Kouřim 1969, S. 1 ff.

[92] Übersichtlich der Plan bei *M. Šolle,* 1966, Abb. 5 (nach S. 32); *M. Šolle,* 1966, S. 33 ff., bes. S. 35.

[93] Der Name ist angeblich erst seit dem 16. Jh. belegt. Die kultische Bedeutung des gesamten Raums und speziell des Sees ist sehr wahrscheinlich. Ähnlich die Anhöhe Žiži auf der Prager Burg (*Šolle,* 1966, S. 136 ff., bes. S. 140 ff.). Zur Bedeutung einiger Burgwälle als Kultzentren zuletzt *M. Šolle,* 1973, S. 383 ff.

[94] *M. Šolle,* 1966, S. 51.

[95] *M. Šolle,* 1959, S. 353 ff.; 1966, S. 69 ff.; S. 47 ff.

feldes vorkommen, konzentrieren sich die W-O-Gräber auf den Süden und auf Randlagen und sind sonst nur vereinzelt und unregelmäßig gestreut.

Grabtiefe:

Die vorherrschende Grabtiefe am Libussasee beträgt 26 bis 50 cm unter dem Mutterboden (47,9 %). 33,9 % der Gräber waren nur ganz flach eingetieft, 12,7 % lagen 51—75 cm tief. Insgesamt neun Gräber wiesen eine Tiefe von über 75 cm auf.

Im inneren Areal überwiegen die flachen Gräber mit 56,4 %. Daneben gibt es jedoch einen zweiten Schwerpunkt bei 51—75 cm Tiefe (33,3 %).

Auf dem Gräberfeld am Libussasee sind besonders tiefe Gräber vor allem in der Mitte, Gräber von 51—75 cm Tiefe im gesamten nördlichen und mittleren Teil des Gräberfeldes verbreitet. Flache Bestattungen dagegen konzentrieren sich auf den Südteil und auf Randlagen, kommen aber auch sonst überall vor.

Orientierung und Grabtiefe wurden für M. Šolle zu den Hauptgesichtspunkten für eine chronologische Aufgliederung des Materials der beiden Gräberfelder[96]. Wie aus der Abb. 6 bei M. Šolle ersichtlich ist, ergeben sich im dicht belegten Mittelraum des Gräberfeldes Überschneidungen von tiefen Bestattungen durch flache Bestattungen. Da die tiefsten Gräber SW-NO- oder NW-SO-ausgerichtet sind, die meisten SW-NO-Gräber aber etwas flacher als die NW-SO-Gräber, die W-O-Gräber am flachsten angelegt wurden, rechnet M. Šolle mit einer Entwicklung von tiefen zu flachen Gräbern, von SW-NO- zu W-O-Bestattung; er gliedert somit das Material in drei Horizonte[97]:

1. die stratigraphisch ältesten, tiefsten Gräber in der Mitte des Gräberfeldes (A 1—3, 9 Gräber),
2. die SW-NO-orientierten, flacheren Gräber (B 1, 73 Gräber),
3. die W-O-orientierten, flachsten Gräber (B 2, 58 Gräber).

Da die Bestattungen des inneren Areals hauptsächlich SW-NO-ausgerichtet sind, möchte er diese Gräber mit Vorbehalt der Phase B 1 zuordnen.

Problematisch bleibt bei dieser Gliederung die Einbeziehung der Gräber des inneren Areals wie auch die Trennung von A und B 1, während die Trennung von B 1 und B 2 gesichert scheint.

---

[96] *M. Šolle*, 1966, S. 35 ff., zusammenfassend S. 42 ff.

[97] Wie Anm. 96 — einen Überblick über die Zuordnung der einzelnen Gräber S. 47 ff.; S. 52 (Gräberfeld im inneren Areal).

Grabbau:

Die chronologischen Horizonte unterscheiden sich nicht nur in Grabtiefe und Orientierung, sondern auch im Grabbau.

Typisch ist am Libussasee die Steinfassung, die in 65 Fällen das einzige Bauelement ausmacht. 13mal wurden Steinfassungen und Holz oder Holzverkleidung beobachtet, 19mal Steine unter dem Grab und Holz[98]. Während die Steinfassungen überall vorkommen, im Südwesten aber fast die einzige Grabform darstellen, liegen Gräber mit Steinen unten und Holzverkleidungen vor allem im Mittelteil des Gräberfeldes. Die tiefsten Gräber sind nämlich z. T. in den Fels gehauene geräumige Kammern (so Grab 110 mit 350 × 250 cm Größe und Grab 151 mit 190 × 135 cm Größe). Grab 151 wies eine Kammerkonstruktion mit sich am Rande überkreuzenden Balken auf. M. Šolle nimmt an, daß es sich bei diesen Gräbern ursprünglich um Hügelgräber ähnlich denen von Prachovské Skály handelte[99].

Kammerkonstruktionen sind somit für die ältere Zeit, Steinfassungen für die jüngeren Gräber besonders typisch.

Im inneren Areal waren die Gräber teils ohne Einbauten in die Erde eingetieft, teils mehr oder weniger vollständig mit Steinen belegt[100].

Grabausstattungen:

Die Gräber am Libussasee gehören zu den am reichsten ausgestatteten Gräbern in Böhmen überhaupt. Zu Häufigkeit und Kombination der Beigaben siehe Abb. 8d. Es fällt auf, daß die „Oberschichtskriterien" wie Ohrringe, Sporen, Gombíky, Gürtel und Schwerter häufig vertreten sind.

Die Verteilung der Beigaben auf dem Gräberfeld zeigt einige Eigentümlichkeiten, die im wesentlichen die chronologischen Gruppen M. Šolles stützen, aber doch auch darüber hinausweisen (Abb. 8a). So konzentrieren sich Gombíky, Ohrringe und Metallperlen im nördlichen Teil des mittleren Gräberfeldes. 6 Gräber mit Ohrringen und Gombíky liegen hier dicht beieinander. Am Rande dieser Gruppe finden sich auch 2 Schläfenring-Gräber. Die übrigen Schläfenring-Gräber, Gräber mit Halbedelstein- oder Bernsteinperlen liegen am Südrand des Friedhofs.

Waffen finden sich im Norden und im nördlichen mittleren Gräberfeld kaum. Dagegen sind sie im Südteil des mittleren Gräberfeldes auf

---

98 Holzeinbauten sind seltener: 14mal wurden Holzverkleidungen, 9mal Brett oben und 1mal Brett unten beobachtet. Durch den Mangel an Holzverkleidungen unterscheidet sich Kouřim von den mährischen Gräberfeldern (*Dostál*, 1966, S. 22).

99 *M. Šolle*, 1966, S. 43; S. 136.

100 *M. Šolle*, 1966, S. 46 ff.

zwei unregelmäßige Reihen konzentriert. Wie bei den Frauengräbern entstehen von Nord nach Süd zwei Gruppen etwa gleicher Größe. Zur ersten Gruppe scheinen neben den reich ausgestatteten Gräbern 3 oder 4, zur zweiten 5 Messer-Gräber zu gehören. Am Südrand des Gräberfeldes, wo die Schläfenring-Gräber liegen, findet sich nur ein Sporn- und ein Gürtel-Grab. Messer sind überall, Eimer nur im mittleren Teil des Gräberfeldes vertreten.

Die Kombinationen der Ausstattungsgegenstände zeigen eine außerordentlich hohe Gesetzmäßigkeit (Abb. 8d): Schleifsteine kommen immer mit Messern vor, Eimer sehr oft mit Messern, relativ oft auch mit mährischem Schmuck und Glasperlen. Schwert und Gürtelteile sind immer miteinander und mit Eimern, Sporn und eisernen Schnallen kombiniert. Nur ein Paar der Sporen hatte keine eisernen Schnallen, sonst gehören zu Sporen wertvolle Waffen, Messer und Eimer. Messer sind häufiger mit Schmuck als mit Waffen oder Sporen vergesellschaftet. Sie finden sich aber auch oft ohne weitere Beigaben. Ohrringe, Gombíky, Metallperlen und Kaptorga sind signifikant untereinander vergesellschaftet. Schläfenringe kommen meist allein und kaum mit dem mährischen Schmuck zusammen vor. Scherben und Flaschen sind mit mährischem Schmuck, aber auch mit Waffen kombiniert, niemals aber mit Schläfenringen[101].

Auch in Kouřim sind die geschilderten reichen Bestattungen nicht die Regel (Abb. 8b). Wer aber in Kouřim Beigaben bekam, der wurde gewöhnlich reicher ausgestattet: Von den 68 beigabenführenden Gräbern enthielten 29 mehr als 2 Beigaben. Ein so hoher Anteil reicher Gräber wird auf den vorliegenden Friedhöfen sonst kaum erreicht[102].

Die Gräber auf dem Friedhof des inneren Areals sind vollständig beigabenlos.

Geht man nach den chronologisch interpretierten Orientierungsgruppen von M. Šolle, so sind von den 12 der Stufe A zugewiesenen Gräbern nur 4, also 33,3 %, beigabenlos; in der Stufe B 1 haben wir 43,7 % beigabenlose Gräber, in der Stufe B 2 aber 60 % (35 beigabenlose, 23 beigabenführende Gräber). Zu den jüngeren Gräbern der beiden B-Stufen müßte man wohl auch die beigabenlosen Gräber des inneren Areals

[101] Ausstattungstypen: Eimer; Gürtel, Eimer; Messer; Messer, Schleifstein; Eimer, Messer; Vollbewaffnung ohne Schwert und Sporen; Vollbewaffnung mit Sporen (Schwert); Sporen ohne Waffen; Ohrringe; Ohrringe, Eimer, Messer; Schläfenringe; Schläfenringe, Messer; Schläfenringe, mährischer Schmuck; Glasperlen, Ohrringe; mährischer Schmuck; mährischer Schmuck, Eimer, Messer.

[102] Die Zahl der beigabenlosen Gräber entspricht mit 59 % dem Gesamtmaterial, die der beigabenarmen Gräber liegt darunter, die der beigabenreichen Gräber aber wesentlich darüber (5—8 Beigaben, 9—16 Beigaben je 4,3 %, über 16 Beigaben 2,4 % der Bestattungen).

rechnen, wodurch sich der Anteil der beigabenlosen Gräber noch erhöhen würde. Läßt man das innere Areal mit seiner doch sehr unsicheren Datierung außer acht, so ergibt sich für die Stufe B 2 eine sehr ähnliche Verteilung wie in Žalany.

Besonders aufschlußreich ist die Verteilung von Beigabenhäufigkeit und Beigabenwert auf dem Gräberfeld (Abb. 8c). Es entstehen vier klar voneinander zu trennende Gruppen. Die erste umfaßt die beigabenlosen Gräber und die Bestattungen mit wenigen, nicht besonders wertvollen Beigaben, die zweite 8 mittelreiche Gräber, die dritte 11 reiche Gräber, die in ihrem Ausstattungswert etwa den reichsten Gräbern von Žalany entsprechen und schließlich die vierte Gruppe sieben weit herausragende Gräber mit z. T. über 70 Punkten.

Ebenfalls ein recht deutliches Ergebnis läßt sich für die beigabenführenden Gräber durch die Clusteranalyse ermitteln (Dend. 2): Sie ordnet die beigabenarmen Gräber zu folgenden Gruppen: Scherben (12 Gräber); Messer (11 Gräber); beide Gruppen verbunden durch ein Grab mit Scherben und Messern. Messer, Eimer (2 Gräber); Messer, 1 anderer Gegenstand; Eimer, 1 anderer Gegenstand (5 Gräber, wobei 1 Grab Eimer und Mühlstein enthielt — es handelt sich um eines der tiefsten Kammergräber, Grab 151). Alle diese Gräber schließen sich, weil beigabenarm, sehr eng zusammen.

Einen größeren Ausstattungsabstand von den bisher genannten Funden weisen die Gräber auf, die nur Schläfenringe enthielten (5 Gräber). Es folgt auf gleicher Ebene eine Gruppe von Gräbern mit Ohrringen, z. T. auch mit Eimer, Messer oder Tongefäß; eine Gruppe von 7 Gräbern mit Sporen, Messern, eisernen Beschlägen und Axt, zu der auch das Grab mit Lanzenschuh gehört. Nach 3 reichen Gräbern mit Eimern und Messern schließen sich die beiden reichsten Waffengräber mit Sporen an, die trotz ihrer vielen Beigaben einander sehr ähnlich sind. Die übrigen zehn Gräber sind durch reichen mährischen Schmuck gekennzeichnet. Ihnen zugeordnet wird ein Grab mit Glasperlen, Schläfenringen, Bernsteinperlen und wertvollem seltenen Schmuck, das der Ausstattung nach zu den jüngeren Gräbern gehören müßte. Wir haben somit auch hier eine sehr deutliche Trennung von ärmeren Gräbern, Gräbern mittlerer Ausstattung und ganz reichen Gräbern. Die Zahl der sehr reichen Schmuckgräber übertrifft allerdings die Zahl der reichen Waffengräber (11 zu 9).

Alter und Geschlecht der Bestatteten:

Für das gesamte Gräberfeld am Libussasee ergaben sich 56 Gräber von Kindern und Jugendlichen (41,8 %), etwa 17 Gräber von jüngeren Erwachsenen (12,7 %), 32 Gräber von älteren Erwachsenen (23,9 %) und

29 Gräber von alten Personen (21,6 %). Eine nähere anthropologische Untersuchung war nur für 134 Individuen durchführbar. Das Durchschnittsalter betrug 35 Jahre — dieser Wert ist wesentlich höher als der der bisher besprochenen ländlichen Gräberfelder und wird vor allem durch die auffallend hohe Zahl von alten Personen bedingt. M. Šolle nimmt als Belegungsdauer des Friedhofs etwa 100 Jahre an (von 850 bis 950)[103]. Folgt man ihm und nimmt mit ihm an, insgesamt seien etwa 200 Personen auf dem Friedhof bestattet worden[104], so ergibt sich eine durchschnittliche Anzahl gleichzeitig Lebender von etwa 70 Personen. Unter der Voraussetzung, daß die nicht bestimmten bzw. nicht mehr geborgenen Gräber den auswertbaren Gräbern entsprechen, sieht die Lebenspyramide für die Gesamtserie von Kouřim wie folgt aus: 31—32 Kinder, 20—21 Erwachsene von 20—40 Jahren, 13—14 Erwachsene von 41—60 Jahren und 4—5 Erwachsene von über 60 Jahren. Auf dieser Basis muß man mit höchstens 10 kleineren Familien mit 3—5 Kindern rechnen. Etwa je zwei der Kinder erreichen das Erwachsenenalter.

Die Verteilung der Altersstufen auf dem Gräberfeld ist ausgeglichen. Die einzige Ausnahme bilden die Gräber alter Personen, die sich in der südlichen Hälfte und am Nordrand konzentrieren.

Aus der Annahme der Horizontalstratigraphie (der südliche Teil mit W-O-Gräbern ist jünger) ergibt sich die Interpretation der Veränderung des Durchschnittsalters: In der Gruppe A errechnet J. Chochol 22,5 Jahre, in der Gruppe B 28,3 Jahre. Weiterhin stellt er fest, daß die Spuren starker körperlicher Arbeit von A zu B zunehmen[105].

Leider sind Gruppe A und Gruppe B zahlenmäßig kaum zu vergleichen. Gewiß fällt die hohe Zahl der Gräber von Kindern und Jugendlichen unter den reichen Gräbern der ersten und zweiten Gruppe auf. Unter den ärmeren Gräbern der Gruppe B finden wir in der Tat wesentlich mehr alte Personen.

Ein starkes Übergewicht von Gräbern alter Personen weist auch das Gräberfeld im inneren Areal auf (41,4 %). Daneben stehen allerdings 34 % Kinder und Jugendliche[106].

Nun sind leider gerade solche Tatbestände, wie schon bei Žalany und Mlékojedy deutlich wurde, außerordentlich schwer zu interpretieren. Möglicherweise wurde der Friedhof von einer jüngeren Familie mit ihren Toten (Kindern, jungen Frauen) angelegt. Die älter gewordenen Personen mögen dann schon flacher und in neuer Orientierung bestattet

---

[103] *M. Šolle,* 1966, S. 221 ff.

[104] *M. Šolle,* 1966, S. 209.

[105] *J. Chochol,* 1966, S. 285. Die Zunahme der Spondylose könnte auch auf das höhere Lebensalter der Personen zurückzuführen sein.

[106] *J. Chochol,* 1966, S. 284.

worden sein, ohne daß sich dabei die Lebensbedingungen in irgendeiner Weise verändert hatten. Die Tendenz, alte Personen nicht mehr reich auszustatten, ist eine allgemein verbreitete Erscheinung (siehe oben). Der anthropologisch bestimmte Ausschnitt der Gräber des inneren Areals braucht keineswegs repräsentativ zu sein und sollte somit nicht überinterpretiert werden.

Die Aufteilung des Materials in zwei Horizonte macht sowohl die Aussage über Familien als auch die soziale Interpretation der Ausstattungstypen außerordentlich schwierig. Es unterliegt sicher keinem Zweifel, daß wir aus der mittleren Burgwallzeit in zeitlicher Abstufung insgesamt 16 außerordentlich reiche Gräber vorfinden, denen aus der Zeit des Übergangs zu B 2 nur 2 reiche Bestattungen folgen[107]. 4 Bestattungen liegen an der Spitze der Ausstattungen von ganz Böhmen, und man geht sicher nicht fehl, sie aufgrund der Fülle von Oberschichtskriterien als fürstliche Gräber zu bezeichnen.

Aufgrund der Ausstattungstypen lassen sich eine Reihe von Fragen formulieren, die mit archäologischen Mitteln kaum noch gelöst werden können, es sei denn mit einer Siedlungsflächengrabung, die auch die Umgebung mit einbezieht.

1. Welche Funktion besaßen die hervorragenden Personen der mittleren Burgwallzeit für die übrige Bevölkerung in Kouřim, welche Funktion besaßen sie für den umliegenden Raum und ganz Böhmen?

2. In welchem verwandschaftlichen und rechtlichen Verhältnis stehen die in den reichsten vier Gräbern bestatteten Personen zu den übrigen reichen Ausstattungen, in welchem Verhältnis stehen sie zu den gleichzeitigen armen Gräbern?

3. Drückt der mangelnde Reichtum der jüngeren Gräber einen Niedergang von Kouřim und eine veränderte Bevölkerungsstruktur (ohne Fürsten) aus, oder nur den Übergang zum Christentum?

4. Ist durch die Bevölkerung im inneren Areal eine andere, gleichzeitige, ärmere Bevölkerungsgruppe in Kouřim gefaßt, wie dies M. Šolle und J. Chochol vermuten?

Was die Siedlungsfunde betrifft, so sind sie bisher außerordentlich gering. Hinzuweisen ist für die ältere Stufe (A) auf einen 89 m langen und 4—6 m breiten Hallenbau am Rande des älteren mittleren Walls, den M. Šolle teils als Wohnraum, teils als Versammlungshalle deuten möchte[108].

---

107 Darunter allerdings das Grab der „Fürstin von Kouřim“, 106 b, mit den drei Kaptorgen, den Ohrgehängen, Metallperlen und Gombíky (*Šolle,* 1966, Abb. 40 b).

108 *M. Šolle,* 1966, S. 109 ff.; bes. S. 114.

In der zweiten Phase scheint ein größerer Holzbau auf der „Akropolis“ im mittleren Teil angelegt worden zu sein[109].

Spuren von Handwerk sind leider sehr gering. M. Šolle denkt zwar an Schmiedewerkstätten, ohne jedoch einen deutlichen Hinweis auf Metallverarbeitung größeren Stils bieten zu können[110]. Das Vorhandensein von Gegenständen in der Burg kann jedenfalls nicht als Beweis für ihre dortige Herstellung gelten.

Hinter dem mittleren Tor fanden sich Hüttenreste, die als Behausungen einer Kouřimer Unter- oder Handwerkerschicht gedeutet werden[111].

Für die Interpretation der Oberschichtsgräber sind zwei Modelle möglich (siehe unten S. 217 ff.). Entweder lebte die ganze Familie in Kouřim oder sie besetzte von Kouřim aus die anderen Burgen der Ökumene mit Mitgliedern des Fürstenhauses. Im ersten Fall könnten wir mit den Bestattungen von Brüdern mit ihren Frauen in etwa zwei Generationen rechnen. Im zweiten Fall dürften weitere reiche Gräber auch den Mitgliedern des fürstlichen Gefolges gehören.

Die fürstliche Familie begrub offenbar auch ihre früh gestorbenen Kinder reich und mit Statussymbolen. Am Übergang zur Stufe B 2 scheint sich die Beigabensitte allerdings zu ändern: Das Männergrab, das mit dem reichen Frauengrab 106b (dem sog. Fürstinnengrab) in einer Grabgrube lag, war nur mit einem Eimer ausgestattet. Die Zugehörigkeit ärmerer Bestattungen zur Fürstenfamilie scheint deshalb besonders in B 2 durchaus nicht ausgeschlossen zu sein. In der Stufe B 1 müssen ärmere Gräber wohl einer ärmeren Bevölkerungsgruppe zugerechnet werden.

Außer den bisher behandelten Gräberfeldern von Kouřim müssen noch einige Fundstellen aus der Umgebung erwähnt werden. Nordwestlich vom Burgwall wurde 1940 ein Waffengrab entdeckt, das den reicheren Gräbern auf dem Gräberfeld am Libussasee zur Seite zu stellen ist. Es enthielt Tonflasche, Axt, Lanze, eiserne Sporen mit Schnalle und Eisenstücke. Ob hier ein größerer Friedhof angeschnitten wurde, ist leider nicht zu entscheiden[112]. Am „Lechstein“ außerhalb der äußeren Befestigungen kamen 6 weitere jungburgwallzeitliche Gräber mit Schläfenringen zutage. Sechs wohl jungburgwallzeitliche Gräber ohne Beigaben unter Steinplatten stammen von Kouřim, Sv. Vojtěch[113]. Ende des

---

109 *M. Šolle,* 1966, S. 181 ff.

110 Für die ältere Phase *M. Šolle,* 1966, S. 124 ff., die jüngere Phase S. 188; S. 208.

111 *M. Šolle,* 1966, S. 186 ff.

112 *M. Šolle,* 1966, S. 276 (Nr. 157).

113 *M. Šolle,* 1966, S. 277 (Nr. 159).

vergangenen Jahrhunderts wurden hier bronzene und silberne Schläfenringe geborgen.

Kolín:

In Kolín wurden bisher zahlreiche Fundstellen mit Körpergräbern entdeckt, deren Zusammengehörigkeit kaum deutlich wird[114]. Kein einziges Gräberfeld wurde bisher ausgegraben, so daß z. T. sehr reiche, z. T. sehr arme Gräber ohne eine sichere Beziehung zueinander nebeneinanderstehen. Weitere Interpretationen sind somit kaum möglich, zumal immer noch nicht geklärt ist, zu welchen Siedlungsobjekten die Funde in Kolín eigentlich gehören. Ausführlicher soll deshalb nur das Doppelgrab aus der Ziegelei Souček, das sog. „Fürstengrab" von Kolín, besprochen werden. Es gehört in seiner Ausstattung ebenso wie die reichsten Kouřimer Gräber zu den reichsten böhmischen Bestattungen überhaupt. Wenn auch bisher kein Burgwall in Kolín festgestellt werden konnte, so muß es sich doch hier um ein ausgedehntes Zentrum gehandelt haben, denn außer dem „Fürstengrab" sind auch in Kolín etwas weniger reiche, hervorragende Grabfunde bekannt geworden, so daß man das Doppelgrab keinesfalls als abseitig liegendes Grab einstufen kann[115].

Das Kolíner Grab wurde 1863 entdeckt und leider nicht fachmännisch ausgegraben[116]. Angeblich lagen die Toten auf einem Brett, möglicherweise war auch über dem Kolíner Grab ein Hügel aufgeschüttet. Das südliche Grab enthielt silberne Gürtelbeschläge, silberplattierte Sporen, vergoldete, filigranverzierte Silberperlen, vergoldete Gombíky, ein Schwert, zwei Äxte, Anhänger, Reste zweier Glasgefäße und einen goldenen Kelch — das nördliche Grab Gombík, Kaptorga, Reste von Kugelohrringen, Metall- und Glasperlen, Schnalle und Eimer[117]. Interessant ist, daß die Frauenausstattung mit den Kugelohrringen und der Kaptorga eher dem Horizont Kouřim B 1, die Männerausstattung aber eher dem Horizont A entspricht. Man sieht so sehr deutlich, wie die Kouřimer Stufen A und B 1 doch ineinander münden.

Das Männergrab ordnet sich zu den drei reichsten Männergräbern von Kouřim, das Frauengrab zu dem „Fürstengrab" 106[118].

---

114 *F. Dvořák,* 1936, S. 135 ff.; AÚ 5277/65; 564/60; 5483/41; 2205/58; 89/45; 3170/61 u. a.

115 Das geht aus dem Bericht von *F. Dvořák,* 1936, hervor. Dazu auch *M. Šolle,* 1966, S. 86.

116 *J. Schránil,* 1925, S. 160 ff. gibt die wohl beste Fundbeschreibung.

117 *J. Eisner,* 1955, S. 218; *M. Šolle,* 1966, S. 84 ff. Überholt: *J. Schránil,* 1925, S. 165 ff.

118 Siehe oben, S. 177 und *M. Šolle,* 1966, S. 84 ff.

Der Kelch des Grabes, leider durch Nachschmieden für kunstgeschichtliche Untersuchungen unbrauchbar gemacht[119], hat Anlaß zu Vermutungen gegeben, es sei hier einer der 14 im Jahre 845 in Regensburg getauften Fürsten bestattet worden[120]. Der Zusammenhang mit dem Frauengrab macht aber auch eine etwas spätere Datierung um die Wende zum 10. Jahrhundert möglich. In dieser Zeit wirken christliche Merkmale nicht mehr ungewöhnlich.

Auf die Ebene der reichen, aber nicht ganz so hervorragenden Gräber von Kouřim lassen sich die zwei Sporen-Gräber bei der Fundstelle „Na staveniště městské spořitelny“ stellen[121]. Bei der Likörfabrik von Kouřim wurden Gräber mit Keramik und Eimern entdeckt[122], bei der Zuckerfabrik ein Gombík. Weitere mittelburgwallzeitliche Gräber mit Tongefäßen stammen aus Kolín IV (Plynárna)[123].

Libice nad Cidlinou:

Der dritte bedeutende Fundplatz des Gebietes ist Libice an der Mündung der Cidlina in die Elbe. Die Niederungsburg von Libice mit Haupt- und Vorburg wurde etwa an der Wende vom 8. zum 9. Jahrhundert angelegt[124]. In der Phase der mittleren BWZ waren die Hauptburg und wohl auch die Vorburg offensichtlich dicht besiedelt. Mit einiger Sicherheit in den Jahren zwischen 955 und 962 wandelte sich die Funktion der Burg. Die alte Bevölkerung wurde wahrscheinlich aus der Hauptburg ausgesiedelt. Libice wurde Residenz der Slavnikenfamilie, als eine deren Hauptburgen es allerdings schon zumindest seit dem Beginn des 10. Jh. gelten kann. Zur Errichtung steinerner Bauten wurde das Terrain nun durch Aufschüttungen gefestigt, die heute eine deutliche Abgrenzung von Bauten und Bestattungen vor und nach der Mitte des 10. Jh. ermöglichen. In der Hauptburg wurde ein „Palast“ mit anschließender Emporenkirche gebaut[125]. In der Vorburg haben möglicherweise zwei weitere Kirchen bestanden, von denen die eine, die Marienkirche, älter als die Hauptburgkirche sein könnte[126]. Libice, der Sitz Slavniks und der Ort,

[119] *J. Schránil*, 1925, S. 160 ff.

[120] *Z. Krumphanzlová*, 1971, S. 425.

[121] *F. Dvořák*, 1936. Erhalten sind eiserne Beschläge, Reste von Glasgefäßen und eine eiserne Schnalle.

[122] *F. Dvořák*, 1936.

[123] *J. L. Píč*, 1909, S. 337; *J. Hrala*, 1959, S. 24.

[124] Einen deutschsprachigen Überblick vermittelt *R. Turek*, 1963 b, S. 207 ff.— Die Interpretation des Gräberfeldes in der Hauptburg mit der Gesamtwertung der Burg *R. Turek*, 1976, S. 249 ff.

[125] *R. Turek*, 1976, S. 295 ff.

[126] *R. Turek*, 1963 b, S. 236. Die Bonifatius-, später Georgs-, heute Vojtěchkirche stammt aus dem Ende des 10. Jh., die Marienkirche wird möglicherweise in Zusammenhang mit Adalberts Kindheit in den Viten erwähnt (*Turek*, 1976, S. 300; S. 302).

an dem die vier Brüder des hl. Adalbert 995 getötet wurden, weist deutliche Spuren der Zerstörung von 995 auf: Die Kirche in der Hauptburg scheint nicht mehr aufgebaut worden zu sein, die Siedlung und vielleicht auch der Herrensitz verlagern sich in die Vorburg. In der Hauptburg entsteht allerdings ein großer Holzbau, der mit der Siedlung der Vršovici oder der přemyslidischen Kastellanei in Verbindung gebracht wird[127]. In der Vorburg fanden sich an mehreren Stellen Spuren handwerklicher Produktion[128].

In und bei Libice wurden folgende Gräberfelder festgestellt:

1. ein Gräberfeld in der Hauptburg bei der Burgkirche,
2. ein Gräberfeld bei der Zuckerfabrik außerhalb des Befestigungsareals,
3. ein Gräberfeld beim Bahnhof ebenfalls außerhalb des Befestigungsareals.

Zum Teil aus der mittleren BWZ stammen die Gräber bei Kanín, vereinzelte Gräber bei den beiden heutigen Friedhöfen des Ortes und in der Vorburg. Hier hat bei der Marienkirche ebenfalls ein Gräberfeld bestanden.

Zu 1.: Das Gräberfeld bei der Burgkirche

Der in den 50er Jahren ausgegrabene Friedhof wurde 1978 veröffentlicht, als die statistische Bearbeitung des übrigen Materials schon abgeschlossen war[129]. Gräber und Kirche liegen im östlichen Teil der Hauptburg, wo — innerhalb des Burgareals — wohl noch im 9. Jh., also über 50 Jahre vor Erbauung der steinernen Kirche, die ersten Bestattungen angelegt wurden. Von den insgesamt 288 untersuchten Gräbern waren nur 151 einigermaßen ungestört. Die Gräber umschließen die ottonische Kirche und konzentrieren sich in ihrem Süden und Südwesten, während die Kirche selbst reguläre Bestattungen nicht aufweist. Die meisten Gräber, auch die, welche älter sind als die Kirche, richten sich in ihrer Orienticrung nach der Orientierung der Kirche, NWWW-SOOO. Ein Vorgängerbau gleicher Orientierung dürfte also bestanden haben. Ausgesprochene Abweichungen sind selten: 1 Grab O-W-orientiert, zwei Gräber vielleicht N-S-orientiert, 105 Gräber lediglich leicht abweichend zwischen NW-SO und SW-NO[130]. Durch die Häufung der Gräber unmittelbar südwestlich der Kirche kam es zu zahlreichen Superpositionen[131]. Tiefe Grabgruben fanden sich weiter südlich von der Kirche, wo

[127] *R. Turek,* 1963 b, S. 239 f.; 1976, S. 299.

[128] *R. Turek,* 1963 b, S. 229 f.; *J. Justová,* 1980, S. 241 ff.

[129] *R. Turek,* 1953, S. 609 ff.; 1963 b, S. 232 ff.; 1976, 1978 (Katalog).

[130] *R. Turek,* 1976, S. 252.

[131] *R. Turek,* 1976, S. 257 f.

die Gräber zudem durch die zum Kirchenbau nötige Aufschüttung überdeckt waren, also älter als diese sind. Die Holzkammerkonstruktionen vieler dieser ältesten Gräber erinnern an die ältesten Gräber in Kouřim. Neben den üblichen Konstruktionen von Holz und Stein fallen die junge Zeitstellung der Steinkonstruktionen, vor allem aber einige Steinplatten mit Inschrift und Särge mit Eisenbeschlägen auf. Letztere fanden sich ausschließlich unmittelbar südwestlich des Querschiffs am Übergang zum Palast. Die Gräber sind beigabenlos, weisen aber durch zwei Inschriftenplatten, auf denen noch „stolata femina" und „clarissima puella" zu erkennen ist, auf die exklusive Stellung der nahe beim Übergang zum Palast bestatteten Personen hin[132]. Diese Gräber stammen aus dem Zeitraum zwischen der Erbauung der Kirche und deren Zerstörung 995. Nördlich der Apsis fand sich ein Grab mit einer Stele mit Kreuzritzung[133].

Die Beigabenhäufigkeit entspricht chronologisch der Erwartung, ist aber insgesamt viel geringer als in Kouřim. Nur 44 — 29 % der unbeschädigten Gräber — führen Beigaben[134]. Keramikbeigaben fehlen überhaupt.

Die reicher ausgestatteten Gräber liegen im Südteil des Gräberfeldes nicht unmittelbar in Kirchennähe. Die Beigaben sind die üblichen der reichen Bestattungen des mährischen bzw. nachmährischen Horizonts.

Ein Grab enthielt Schwert und Sporen, 2 Gräber Sporen und Axt, ein Grab einen Eimer und vergoldete Gombíky. Ein weiteres Grab lieferte träubchenförmige Ohrringe; von besonderer Bedeutung aber ist ein außerordentlich reich ausgestattetes Frauengrab. Es kann dem Grab 106 (Fürstinnengrab) von Kouřim zur Seite gestellt werden. Wegen der Schläfenringe, Bernstein- und Karneolperlen könnte es jedoch möglicherweise ein wenig jünger sein[135].

Aus anderen Gräbern wurden ein Bernsteinkreuz und Gombíky geborgen und — chronologisch bedeutsam — eine Münze Břetislavs I. (1039—1055) aus dem jüngeren Teil östlich der Kirche[136].

Nach R. Turek ergeben sich so 4 Horizonte:

1. die ältesten Gräber ohne Einbauten;
2. die Gräber mit Holzkonstruktionen — beide = Kouřim A und B;
3. die mit der Kirche gleichzeitigen Gräber bis 995;
4. die Gräber des 11. Jh.[137].

---

[132] *R. Turek*, 1963 b, S. 232 f.; 1976, S. 254 f.; S. 297.

[133] *R. Turek*, 1976, S. 255 f.

[134] *R. Turek*, 1976, S. 283.

[135] Dazu *M. Šolle*, 1966, S. 166 f.; *R. Turek*, 1976, S. 258 ff.; S. 273.

[136] *R. Turek*, 1976, S. 259; 275; 280.

Die Baubefunde und die Funde „fürstlich" ausgestatteter Gräber bestätigen die schriftlichen Nachrichten über Libice und die bisherige Interpretation von Gräbern mit einer so großen Zahl von „Oberschichtskriterien", wie sie das Frauengrab mit Kaptorga aufweist, als „Fürstengrab" (siehe unten S. 217 ff.). Zu der weiteren Zusammensetzung der Bevölkerung kann erst nach der endgültigen Auswertung des Gräberfeldes Stellung genommen werden. Immerhin scheinen dem Frauengrab auch Männerausstattungen von hohem Standard gegenüberzustehen.

Zu 2.: Das Gräberfeld an der Zuckerfabrik

Der Friedhof wurde 1891 von J. L. Píč untersucht[138]. Uns liegen insgesamt Nachrichten über 83 geschlossene Funde vor, wenn auch Angaben zu Grabtiefe, Alter und Geschlecht nur spärlich und wenig zuverlässig sind.

Orientierung:

Die Regelorientierung ist W-O. Nur wenige Gräber weichen ab[139]. Der Gräberfeldplan ist sehr interessant (Abb. 9a): 5 Gruppen dicht beieinander liegender Gräber sind um einen fast freien Mittelplatz geschart. Die N-S-Gräber finden sich ausschließlich in der südlichen, die SW-NO-Gräber in der östlichen Gruppe.

Grabbau:

Im Grabbau unterscheiden sich die 5 Gruppen noch stärker voneinander. Besonders fällt die westliche Gruppe auf, in der es fast ausschließlich Särge gibt. Steinbauten sind nur in der südlichen Gruppe zu finden.

Ausstattung:

Die Beigabenausstattung der Gräber ist im allgemeinen recht spärlich. Perlen und Schläfenringe bilden die typischen weiblichen Ausstattungen. Interessant ist die Verteilung der Ausstattungen auf dem Gräberfeld (Abb. 9a): In der südlichsten Gruppe mit den zahlreichen Ritusabweichungen sind fast alle Gräber beigabenlos. Die meisten beigabenführenden Gräbern liegen im Ostteil (NW-SO-Orientierungen sind typisch) und in der Mitte[140]. Die 3 reichsten Gräber des Friedhofs liegen im sonst

---

137 *R. Turek*, 1976, S. 289. Die Grabinschriften sind für diese Zeit sozialgeschichtlich außerordentlich bedeutungsvoll.

138 *J. L. Píč*. 1893, S. 691 ff.

139 NW-SO: 3 Gräber; WS-NO: 6 Gräber; N-S: 5 Gräber; O-W: 4 Gräber.

140 Die meisten Gräber enthalten Tongefäße oder Schläfenringe. Ein Grab mit Schläfenringen, Messer, Tongefäß, Glasperlen und Fingerring und ein Grab mit Metall-, Glasperlen und Messer ragen heraus.

kaum noch beigabenführenden Westen und Norden: Sie enthalten Metallperlen, Schläfenringe, Glas- und Bernsteinperlen.

Die Beigabenhäufigkeit in Libice erinnert etwas an die Struktur in Mlékojedy mit einem ungewöhnlich großen Anteil an beigabenlosen Gräbern, wenig beigabenarmen Gräbern und einer sich deutlich abhebenden Spitze (Abb. 9b). Die Verteilung von Beigabenhäufigkeit und Beigabenwert zeigt 3 Gruppen: beigabenlose Gräber, beigabenarme Gräber und Gräber von einem Wert von 12—25 Punkten; ein einziges Grab ragt mit 42 Punkten heraus. Durch die Clusteranalyse lassen sich 2 Gruppen ermitteln: Gräber mit Tongefäß, mit Tongefäß, Schläfenring, Messer, mit Schläfenringen und mit Messern bilden die eine Gruppe; Gräber mit Glasperlen, Schläfenringen, Bernsteinperlen und Metallperlen die zweite. Merkwürdig ist, daß typische Männerausstattungen vollkommen fehlen. Mit Sicherheit kann man eine horizontale Stratigraphie von Ost nach West erkennen; vor allem die beigabenlose, fast ausschließlich in Särgen bestattet, mittlere westliche Gruppe scheint einer jüngeren Stufe anzugehören. Die übrigen Gräber dürften aber zeitlich recht nahe beieinander liegen und sind, den Beigaben nach zu urteilen, an die Wende vom 10. zum 11. Jahrhundert zu datieren[141]. Diese Zeitstellung wird man wohl auch für die umliegenden beigabenlosen Gräber annehmen können. Interessant ist z. B. die kaum beigabenführende südliche Gruppe mit ihren zahlreichen Ritusabweichungen. Während den anderen Gruppen jeweils auch ein reiches Grab zuzuordnen ist, war dies hier nicht der Fall. Die Bernstein- und Metallperlen-Gräber sind auf der anderen Seite so reich ausgestattet, daß sie z. B. den jüngeren Schmuckausstattungen von Kouřim gleichkommen. Sie müssen somit wohlhabende Personen der „Oberschicht" geborgen haben. Für das Fehlen der Waffen kann es verschiedene Gründe geben. Wir wissen aus Kouřim, daß hier schon zu Ende der mittleren Burgwallzeit keine reichen Männergräber mehr angelegt wurden. Dennoch scheinen in Libice bedeutende soziale Unterschiede bestanden zu haben.

Kanín bei Libice:

In Kanín, etwa 2 km östlich von Libice an der Cidlina gelegen, wurden seit Beginn dieses Jahrhunderts an der Straße von Libice nach Kanín auf einer Anhöhe Gräber aufgedeckt. Das ausgedehnte und z. T. sehr reiche Körpergräberfeld wurde Ende der 60er, Anfang der 70er Jahre systematisch ausgegraben und liegt noch nicht publiziert vor. Eine Auswertung ist deshalb noch nicht möglich[142].

141 *R. Turek*, 1971, datiert das Gräberfeld offenbar ins 9.—10. Jh. — Dem kann ich nicht folgen.

142 Fundberichte AÚ: 5740/68; 2128/69; 5739/68; 1851/68; 30/69; 2128/69; 6798/71; 3438/67; 2531/67; 4727/69; 5277/69; 114/70; 5277/69; *J. L. Píč*, 1909, S. 336; *J. Justová*, 1970, S. 97 ff.

Insgesamt sind 160 Bestattungen bekannt. Nach den Fundgegenständen zu urteilen, dürfte das Gräberfeld in der zweiten Hälfte des 9. Jh. beginnen und etwa bis zum Ende des 10. Jh. reichen[143]. Der Südteil des Friedhofs scheint beigabenreicher zu sein (80 % zu 33 % im Südosten). Die Beigaben deuten auf eine große Zahl von Oberschichtsgräbern. Es scheint deshalb durchaus möglich, daß sich hier in Kanín ein älteres Gräberfeld der Burgbevölkerung von Libice befunden hat. Einige der Ausstattungen scheinen den Standard der reichen Gräber von Kouřim zu erreichen.

Sedlec bei Kutná Hora-Malín (Kuttenberg):

Zwischen Sedlec und Malín nordöstlich von Kutná Hora wurden mehrere Fundstellen aufgedeckt; bei der Ziegelei in Malín fanden sich neben beigabenlosen Gräbern ein Grab mit Eimer und ein Grab mit Tonflasche und eisernen Knöpfen[144].

Aus einem Grab bei Sedlec stammt eine Metallperle mit Buckeln, die auf reiche Gräber an dieser Stelle hindeutet. Man kann hier wenigstens ein zerstörtes Oberschichtsgrab vermuten[145].

9. Das Gebiet von Budeč — Levý Hradec

Aus dem nördlichen Prager Gebiet stehen 15 Fundstellen mit 5 und mehr geschlossenen Funden zur Verfügung[146]. Leider sind die Gräberfelder der beiden namengebenden Burgwälle z. T. noch nicht oder sehr unvollständig publiziert, z. T. sogar zerstört. Dafür liegen vor allem 2 der wichtigsten Gräberfelder bei offenen Siedlungen gut untersucht vor: Brandýsek bei Slaný und Želenice bei Slaný. Es empfiehlt sich, diese Fundstellen zuerst zu behandeln, da sie das beste Vergleichsmaterial hergeben.

---

143 Die aufgeführten Beigaben (siehe Anm. 142) gehören fast alle dem mährischen Horizont an. Aufgrund des zu den reichsten Gräbern gehörenden Grab 133 (2/68) hat *J. Justová* (1977, S. 492 ff.) kürzlich den Blatnica-Mikulčicer Horizont in Mittelostböhmen deutlicher herausstellen können.

144 AÚ 1831/35 (z. Z. verschollen).

145 Dazu *M. Šolle,* 1966, S. 167. Das Grab entspricht dem jüngeren Horizont von Kouřim.

146 Die Fundaufnahme für ganz Böhmen beruht auf den Angaben aus dem Katalog des AÚ und des Nationalmuseums Prag sowie auf den bis 1977 erschienenen Einzelpublikationen. Bis zu diesem Zeitpunkt war die Datenaufnahme für die EDV abgeschlossen. Die statistischen Untersuchungen waren zu einem großen Teil beendet, als der Grabfundkatalog von *J. Sláma,* 1977, für Mittelböhmen erschien. Vergleichende Stichproben ergaben, daß zwischen meiner Datenaufnahme und der von *J. Sláma* kaum Unterschiede bestehen. Deshalb wurde auf eine systematische Korrektur meiner Datei aufgrund der Angaben *J. Sláma's* verzichtet. Für Fundberichte und Literaturangaben verweise ich aber im folgenden auf den deutschsprachigen und leicht zugänglichen Katalog.

Brandýsek:

Seit den 20er Jahren dieses Jahrhunderts wurden beim Sandabbau auf einer kleinen Anhöhe nordöstlich von Brandýsek an der Straße nach Třebusice Körpergräber gefunden. Es handelt sich um ein kleines Körpergräberfeld. Wenn auch alle erhaltenen Gräber erfaßt werden konnten, muß man doch annehmen, daß nach Osten zu Gräber schon vorher zerstört worden waren[147].

Gräberfeldplan und Orientierung der Gräber:

Das eigentliche Gräberfeld bedeckt eine kleine Fläche von etwa 15 × 15 m[148] (siehe auch Abb. 10a). Die meisten Gräber liegen um einen freien Raum von 4,5 × 5 m gruppiert (39 Gräber). Trotz intensiver Forschungen auf der freien Fläche war es nicht möglich, hier irgendwelche Spuren eines Baues wie z. B. in Žalany festzustellen. Lediglich 9 Gräber liegen abseits in weiten Abständen westlich des Hauptteils.

Von den insgesamt 55 Gräbern des Friedhofs waren lediglich 3 nicht W-O-orientiert. Geringen Abweichungen bei den W-O-Gräbern dürfte keine Bedeutung zuzumessen sein. Alle Gräber mit Abweichungen — auch Gräber mit anderen rituellen Unregelmäßigkeiten — liegen im Nordosten des Gräberfeldes.

Die interessanteste Abweichung vom üblichen Bestattungsritus wurde in Grab 14 ebenfalls im Nordosten beobachtet. Hier lagen 3 Personen in einem Grab: ein Mann, rechts von ihm und zu seinen Füßen eine Frau und ein Kind. Den beiden letztgenannten Personen fehlten die Köpfe, welche zusammen mit einer Eimerbeigabe zu Füßen des Toten deponiert waren. O. Kytlicová erwägt als Erklärung Opfer oder Maßnahmen gegen Vampirismus und betont, daß es sich hier auf keinen Fall um das Ergebnis zufälliger Störung handeln könne[149].

Grabtiefe:

Die meisten der Gräber lagen zwischen 26 und 50 cm tief unter dem Rand des heutigen Mutterbodens, der eine Stärke von etwa 45 cm besaß. Nur 8 Gräber waren tiefer als 50 cm eingegraben. 5 dieser Gräber liegen im Nordosten des Friedhofs. Nach den bisherigen Ergebnissen auf anderen Gräberfeldern möchte man auch hier annehmen, daß der älteste Teil des Gräberfeldes im Nordosten liegt[150].

---

[147] O. *Kytlicová,* 1968, S. 193 ff.; *J. Sláma,* 1977, S. 24 f.; beide mit weiterer Literatur.

[148] O. *Kytlicová,* 1968, S. 218, S. 223 f.

[149] O. *Kytlicová,* 1968, S. 237 f.

[150] So auch O. *Kytlicová,* 1968, S. 227 f.

Grabbau:

Steine im Grabbau wurden in 33 Fällen beobachtet, nämlich Steinfassungen, Steine oben und Steine hinter dem Kopf. Die häufigste Bauweise ist die Steinfassung, die in 24 Fällen auftrat.

In 31 Gräbern fand man Holzspuren, und zwar Särge, Holzverkleidungen und Bretter oben, die aufgrund der Bodenverhältnisse in Brandýsek besonders deutlich erhalten waren[151].

Steinfassungen kommen im ganzen südlichen Teil des Gräberfeldes vor (Abb. 10c); die Gräber im Norden und Nordosten haben keine Stein- und Holzeinbauten. O. Kytlicová schließt daraus, daß die älteren Gräber in Brandýsek gar keine Einbauten bzw. nur Holzeinbauten hatten, die jüngeren Gräber jedoch Steineinbauten. Diese Vermutung entspricht z. B. auch dem Befund von Kouřim.

Die Ausstattung:

Ausstattungen und Beigabenkombinationen in Brandýsek wurden von O. Kytlicová eingehend, wenn auch ohne eine soziale Wertung, beschrieben[152]. Zum Vergleich mit den anderen Gräberfeldern muß jedoch kurz darauf eingegangen werden, zumal O. Kytlicová Beigabenhäufigkeit und Beigabenwert sowie Ausstattungstypen nicht näher untersucht hat. Von den relativ zahlreichen männlichen Ausstattungsgegenständen kommen Feuerstahl und Sporen, wie üblich, nicht zusammen vor.

Reicher ausgestattete Gräber lagen ausschließlich im Norden des Friedhofs (Abb. 10a). Im Süden haben wir vor allem Schläfenring-Gräber.

Die Häufigkeit der Beigaben in Brandýsek ist relativ ausgeglichen (Abb. 10b): 56 % beigabenlosen Gräbern stehen 27,6 % Gräber mit 1—2 Beigaben, 10,3 % mit 3—4 Beigaben und 5,1 % mit 5—8 Beigaben gegenüber. Beigabenreichere Gräber wurden nicht beobachtet. Wenn auch die Beigabensitte in Brandýsek üblich war, so bekam man doch nur wenige Beigaben mit ins Grab. Bei einigen Gräbern handelt es sich jedoch um wertvolle Beigaben. Der Vergleich von Beigabenhäufigkeit und Beigabenwert ergibt nämlich neben einer Gruppe von 20 Gräbern von 1—2 Beigaben und einem relativ geringen Wert bis zu 6 Punkten 4 Gräber mit 4 und mehr Beigaben und 12 Punkten und sogar ein Grab mit 4 Beigaben und 30 Punkten (Abb. 10c). Somit hebt sich deutlich eine reichere Gruppe ab.

Durch die Clusteranalyse lassen sich folgende Ausstattungstypen ermitteln: 4 Gräber mit Tongefäßen, an die sich 3 Gräber mit Tongefäß

---

[151] *O. Kytlicová*, 1968, S. 230.

[152] *O. Kytlicová*, 1968, S. 238 ff.

und einem anderen Gegenstand anschließen; 6 Gräber mit Schläfenringen. In weitem Abstand dazu stehen 2 Gräber mit Eimer und Sporen, Eimer und Messer und 2 Gräber mit 5—8 Schläfenringen. In der letzten Gruppe finden sich etwas reichere Männerausstattungen mit Messern, eisernen Beschlägen, 1mal auch mit Sporen, Feuerstahl, Schleifstein, 1mal auch mit Pfeil und Feuerstahl. Außerhalb der üblichen Gräber steht ein Fund mit Messer, Kaptorga und Glasperlen.

Alter und Geschlecht der Toten:

Ausgesprochen schwer zu bestimmen ist die Dauer des Friedhofs von Brandýsek. Wie O. Kytlicová bemerkt, entsprechen die Beigaben im ganzen denen der jüngeren Stufe B in Kouřim[153]: Sporen mit langem Dorn, Kaptorga, Schläfenringe mit kleinem Durchmesser. Mährischer Schmuck fehlt. Die Bestimmung einiger weniger Gegenstände in den Beginn des 9. Jahrhunderts scheint mir nicht gesichert[154], so daß ich das Gräberfeld in die Stufen B 1 und B 2 von Kouřim setzen möchte. Kouřim B 1 könnte dem nördlichen, Kouřim B 2 dem südlichen Teil des Friedhofs entsprechen.

Dadurch ergibt sich eine Belegungsdauer von etwa 50 Jahren. Aus den anthropologisch bestimmten Gräbern von Brandýsek errechnet sich das sehr hohe Durchschnittsalter von 34,6 Jahren[155]. Bei Anwendung dieses Alters auf die ganze Bevölkerung kommt man auf eine Zahl von etwa 40 Personen. Aus den altersbestimmten Gräbern von 19 Kindern und Jugendlichen, 8 jüngeren Erwachsenen, 6—7 älteren Erwachsenen und 11—12 alten Personen kann man eine Bevölkerungspyramide von 18—19 Kindern und Jugendlichen, 11—12 jüngeren Erwachsenen, 7—8 älteren Erwachsenen und 2—3 alten Personen errechnen. Das entspricht etwa 5 Familien mit 3—4 lebenden Kindern. Nach der anthropologischen Geschlechtsbestimmung ergibt sich ein relativ hoher Frauenüberschuß. Die Verteilung der Altersgruppen auf dem Gräberfeld ist nicht signifikant.

Man wird annehmen können, daß das Kaptorga-Grab und die beiden Sporen-Gräber einer oder zwei herrschenden Familien der älteren Stufe in Brandýsek angehören. In der jüngeren Stufe gibt es allerdings kein Grab, das sich von den anderen merkbar abhebt. Eine deutlich hervorragende Männerausstattung fehlt in der jüngeren Stufe.

---

153 *O. Kytlicová,* 1968, S. 239 ff.

154 Die Verf. bewertet hier die wenigen Tongefäßbeigaben wohl zu hoch (*O. Kytlicová,* 1968, S. 240).

155 Die Angaben nach dem Katalog von *O. Kytlicová,* 1968. Zu den anthropologischen Untersuchungen *J. Chochol,* 1961, S. 631 ff.

Želenice:

Želenice liegt etwa 3 km nördlich von Brandýsek — es handelt sich möglicherweise um den Friedhof des benachbarten Ortes. Westlich des Ortes wurde Ende des vergangenen Jahrhunderts an der Straße nach Knovíz ein Körpergräberfeld von 105 Gräbern mit 112 Individuen freigelegt und für die damalige Zeit ausgezeichnet publiziert[156].

Gräberfeldplan und Orientierung:

Der Friedhof, der wahrscheinlich fast vollständig erfaßt ist, erstreckt sich von Ost nach West und besteht aus zwei Teilen, die jeweils um einen freien Mittelplatz gruppiert sind (siehe auch Abb. 11a)[157]. Die Kreisform um den leeren Mittelpunkt wird im Osten deutlicher als im Westen. Im Westen zeigen sich regelmäßigere Reihen. Zwischen dem östlichen Teil und dem Hauptteil von Brandýsek besteht in der Anlage große Ähnlichkeit.

Die meisten Gräber waren wie die Gräber von Brandýsek W-O-orientiert. 6 der unregelmäßigen Gräber befanden sich im östlichen Teil, 3 am südlichen Rand des westlichen Teils (Abb. 11a).

Grabtiefe:

Ein ähnlicher Unterschied zwischen den Teilen des Gräberfeldes ist bei der Grabtiefe zu beobachten: Im Nordwesten des Gräberfeldes und in seiner Mitte befanden sich ausschließlich flache Gräber mit bis zu 75 cm Tiefe (Abb. 11a). In dem geschlossenen Rund im Osten und im Südwesten lagen die tiefen Gräber.

Der Gruppe der flachen Gräber müssen somit 44 Gräber zugerechnet werden. Zur Gruppe der tiefen Gräber gehören mit Sicherheit 54 Gräber.

Den Erfahrungen auf den anderen, gut ausgegrabenen Gräberfeldern nach zu urteilen sind die tiefen Gräber, unter denen sich ebenfalls Orientierungsabweichungen und sogar einige Hockerbestattungen befanden, als älter anzusehen, die flachen Gräber im Mittelteil und im Nordwesten dagegen als jünger. Diese Deutung ist auf jeden Fall aufrechtzuerhalten, auch wenn nach der Beobachtung von V. Schmidt die Bodenverhältnisse im östlichen Teil tiefere Grabgruben begünstigten[158].

Grabbau:

Auf dem Gräberfeld sind die üblichen Bauformen vertreten. Besonders fällt die Zahl der Gräber ohne Einbauten auf: 61, das sind 58 %.

---

156 *V. Schmidt,* 1896, S. 1 ff.; *R. Turek,* 1948a, S. 163 ff.; *J. Sláma,* 1977, S. 181 ff.

157 *V. Schmidt,* 1896, Sp. 5/6, Abb. des Gräberfeldplans.

158 *V. Schmidt,* 1896, Sp. 5 f.; *R. Turek,* 1948a, S. 179 interpretiert ebenfalls den östlichen Teil aufgrund der Beigaben als älter.

17 Gräber wiesen Steinsetzungen auf (16 %). In 13 Gräbern wurden Holzeinbauten beobachtet[159].

Die Verteilung auf dem Gräberfeld zeigt im Gebiet der tiefen Gräber Holzeinbauten oder keine Einbauten; im Mittel- und Nordteil wurden dagegen mehr Steinsetzungen und andere Steineinbauten beobachtet. Das spricht wieder für die beiden chronologischen Stufen und zeigt eine parallele Entwicklung zu Brandýsek[160].

Ausstattung:

In der Zahl der beigabenführenden Gräber übertrifft Želenice alle bisher besprochenen Gräberfelder (Abb. 11b). Allerdings sind Messer und Tongefäße meist die einzigen Beigaben im Grab. Als Ausstattungen heben sich Feuerzeug, Eimer und Messer, im Schmuckbereich Schläfenringe und Bernsteinperlen hervor. Waffen, Sporen und eiserne Beschläge kommen nicht vor. Interessant ist die Vergesellschaftung von Schläfenringen mit einer Münze Spytihněvs[161].

Die Verteilung der Beigaben bestätigt die vermutete Stufengliederung (Abb. 11b). Unter den tiefen Gräbern sind nur selten wenige beigabenlos (etwa 12 von 54). Von den flachen Gräbern dagegen haben nur 8 Gräber Beigaben.

Die reichsten Gräber mit Perlen, Schläfenringen und Eimern liegen im äußersten Nordosten der Hauptgruppe und im Osten der zweiten Gruppe. Die Ritusänderung vollzieht sich während der Anlage des zweiten, westlichen Ringes. Das Münzen-Grab liegt in der offenbar zum Schluß belegten Mitte des Gräberfeldes[162].

Der Anteil beigabenloser Gräber ist niedriger, der Anteil beigabenarmer Gräber von 1—2 Beigaben höher, der Anteil von Gräbern mit mehr als 3 Beigaben wiederum wesentlich niedriger als in Brandýsek (Abb. 11c). Reichere Gräber kommen überhaupt nicht vor.

Auch auf dem Verteilungsplan von Beigabenhäufigkeit und Beigabenwert zeichnet sich keine deutliche Oberschicht ab: Die meisten beigabenführenden Gräber bilden innerhalb der Grabausstattungen von 1—3 Beigaben mit 1—6 Punkten eine Gruppe — nur 4 Gräber heben sich mit Werten zwischen 7 und 12 Punkten geringfügig ab (Abb. 11d).

Die Clusteranalyse ergibt folgende dicht beieinander liegende Ausstattungstypen: 5 Gräber mit Schläfenringen; 1 Grab mit Schläfenring

---

159 Darüber hinaus brachte ein Grab eine Stele, 2 Gräber Steine hinter dem Kopf.

160 Zu dieser Grabbrauchchronologie kommt auch *R. Turek*, 1948a, S. 178.

161 *R. Turek*, 1948a, S. 179.

162 Siehe Anm. 161.

und Messer; 2 Gräber mit Schläfenringen und Tongefäß; 12 Gräber mit Tongefäßen; 11 Gräber mit Messern; 1 Grab mit Messer, Eimer und Tongefäß; 4 Gräber mit 2 Tongefäßen; 5 Gräber mit Eimer, Messer und Feuerstahl oder Eimer, Feuerstahl und Schleifstein. Nur einige Funde mit Glasperlen und Bernsteinperlen heben sich deutlich ab.

Belegungsdauer des Gräberfeldes und Interpretation:

Die Datierung des Gräberfeldes ist durch einen Fixpunkt bestimmt: durch die Münze Spytihněvs (1055—1078). Durch die Überlegungen zur relativen Chonologie in Želenice ergibt sich, daß das Grab mit der Münze in den jüngsten, flachen Teil des Friedhofs gehört: Durch die Daten 1055—1078 ist also die Endphase in Želenice bestimmt. Die tieferen Gräber müssen deshalb älter sein. R. Turek, der durch die Untersuchung der Keramik von Želenice zu dem gleichen Ergebnis kam, versucht, die älteren Gräber weiter in 6 Stufen aufzuteilen und kam so zu einer außerordentlich langen Belegungszeit[163]. Die ältesten Gräber liegen auch danach im Nordosten, die etwas jüngeren Keramikformen in der östlichen Hauptgruppe und im Südwesten, die jüngsten im Nordwesten und in der Mitte des Gräberfeldes. Die relative Chronologie kann somit als gesichert gelten.

Für die untere zeitliche Grenze des Gräberfeldes haben wir jedoch kaum Ansatzpunkte. R. Turek erwägt als Datierung der ältesten Gefäße z. T. sehr frühe Daten (8. Jh.), möchte das Gräberfeld dann aber doch erst zu Beginn des 9. Jahrhunderts ansetzen[164]. Bei den z. T. langlebigen Formen ist eine nähere Bestimmung jedoch kaum möglich. Mögen auch einige Gefäße älter sein, so dürfte für die meisten Gefäße doch das 10., frühestens das ausgehende 9. Jahrhundert als Datierung in Frage kommen[165].

Jedoch ergeben sich auch so einige Schwierigkeiten. Auf dem ganzen Gräberfeld findet sich kein einziger Gegenstand des mährischen Horizonts, der mit Sicherheit in die Zeit zwischen 850 und 950 gesetzt werden kann. Mit einiger Wahrscheinlichkeit können in diesem Zusammenhang nur die olivenförmigen Perlen angeführt werden[166]. Die Metallgegenstände sind so langlebig, daß sie nicht zur Datierung dienen können.

Auf der anderen Seite finden wir s-förmige Schläfenringe kleinen Durchmessers schon in der älteren Stufe des Gräberfeldes. Diesen Widerspruch sieht auch R. Turek und möchte deshalb Želenice als einen

---

[163] *R. Turek*, 1948a, S. 172 ff.

[164] *R. Turek*, 1948a, S. 182 f.

[165] *Z. Váňa*, 1956, S. 105 ff. zu den Tonflaschen.

[166] Zur Datierung siehe oben S. 114.

Beleg für das frühe Vorkommen von Schläfenringen auch in den mittelböhmischen Gräberfeldern bei offenen Siedlungen ansehen[167]. Frühestens dürfte man hier aber an das Ende des 9. Jh. als untere Grenze denken können. Die Belegungsdauer des Gräberfeldes würde dann 200 bis 250 Jahre betragen. Die älteren, tieferen Gräber dürften somit etwa von 875/900—950 anzusetzen sein.

Für eine solche Datierung spricht, abgesehen von der Typologie, die hohe Zahl der beigabenführenden Gräber, die auf eine noch allgemeine Gültigkeit der Beigabensitte hindeutet. Somit wäre eine teilweise Parallelität zur Stufe A und B 1 von Kouřim gegeben.

Leider sind die anthropologischen Bestimmungen so ungenau, daß man keine Bevölkerungspyramide rekonstruieren kann. Bei Übernahme des Durchschnittsalters von Brandýsek mit 34 Jahren ergibt sich für die ältere Phase eine Bevölkerungszahl von 24 Personen. Aus der Gesamtserie sind 32 % Kinder. Daraus könnte man auf 3—4 Kleinfamilien schließen. Diese Zahlen verändern sich allerdings bei anderen Ansätzen der Belegungsdauer und des Durchschnittsalters. Der jüngere Teil des Friedhofs ist möglicherweise nicht vollständig erfaßt.

Die ältere Stufe von Želenice ist sozialgeschichtlich auswertbar. Hätten die Frauen mährischen Schmuck besessen, so wäre mährischer Schmuck ins Grab gelangt; hätten die Männer Sporen besessen, Äxte oder Pfeile, so wären diese in die Gräber gelangt.

In Želenice haben wir somit keine Oberschicht und keine waffenführenden, berittenen Personen belegt wie sonst auf allen bisher besprochenen ländlichen Gräberfeldern. Želenice steht hier auch ganz im Gegensatz zu dem benachbarten Brandýsek.

Auch in Želenice heben sich allerdings einige Personen etwas ab: Es sind dies bei den Männern die Personen mit Eimer und Feuerstahl, bei den Frauen die Personen mit Glasperlenkette (in jüngerer Zeit mit Bernsteinen) und Schläfenringen. Je ein „reiches" Männergrab und ein „reiches" Frauengrab liegen eng beieinander: 2 Männer- und 2 Frauengräber im Osten, ein Männer- und ein Frauengrab im Osten der zweiten Hälfte, 1 Männergrab im äußersten Westen. Das zugehörige Frauengrab ist möglicherweise nicht mehr erfaßt. Mit der Kenntnis der horizontalen Stratigraphie des Ortes liegt es nahe, an 3 Generationen zu denken. Der Unterschied zwischen diesen Gräbern und den Gräbern, die nur Tongefäße, nur Messer oder keine Beigaben enthielten, ist jedoch nicht besonders groß.

---

167 *R. Turek,* 1948a, S. 182.

Die Gräberfelder um und in Budeč:

Etwa 4 km östlich von Brandýsek, 5 km südöstlich von Želenice liegt an einem Moldau-Nebenflüßchen in Spornlage die Burg von Budeč[168]. Da die Untersuchungen der Burg noch nicht abgeschlossen sind, ist es verfrüht, auf die Burgwall-Lage und einzelne Gräberfelder einzugehen. Budeč war offenbar eine der ältesten oder sogar die älteste přemyslidische Hauptburg. Jedenfalls stand zur Zeit Wenzels auf der Akropolis in Budeč schon eine Kirche[169]. Heute steht noch die Rotunde Sankt Peter und Paul; die Marienkirche, ebenfalls auf dem Burgareal in der Form einer kleinen Saalkirche, wurde durch Grabungen von J. L. Píč und J. Böhm um die Jahrhundertwende und in den 30er Jahren dieses Jahrhunderts freigelegt[170].

Über die Lage der alten Funde in Budeč eine Übersicht zu gewinnen, ist relativ schwierig. Nach einer Lagebeschreibung von A. Knorr 1965 verteilen sich die 7 Fundstellen wie folgt[171]:

1. Ein Gräberfeld an der Marienkirche auf der Akropolis (1931 von J. Böhm ausgegraben)[172].
2. Ein Gräberfeld an der Sankt Peter- und Pauls-Kirche. Der Friedhof, den M. Šolle 1975 noch bearbeitete, reichte nach freundlicher Mitteilung des Bearbeiters vom 9. bis zum 10. Jh.; ältere Funde von Schwert, Axt und Glasperlen deuten auf die gleiche Zeitstellung. Es handelt sich somit um das älteste Gräberfeld in Budeč[173].
3. Eine Fundstelle unterhalb des südlichen Walles mit beigabenlosen Gräbern, die wegen ihrer Holzverkleidungen und Steinplatten über dem Grab als burgwallzeitlich datiert werden können[174].
4. Gräber mit Tongefäßen südlich des Burgwalls — nähere Angaben liegen nicht vor[175].
5. An der Zuckerfabrik von Zákolany nördlich des äußeren Walles fand man mährische Schmuckgegenstände, aber auch Glasperlen und

168 *K. Guth*, 1934, S. 686 ff.; *M. Šolle*, 1946, S. 9 ff.

169 Wenzel wurde auch nach der ältesten Wenzelslegende zur geistlichen Ausbildung nach Budeč geschickt; Crescente fide, ed. *V. Chaloupecký*, 1939, S. 493 ff.

170 *J. L. Píč*, 1909, S. 77; 330; *K. Guth*, 1934, S. 761 ff.; *J. Böhm*, Fundbericht AÚ.

171 *A. Knorr*, Bericht AÚ 137/65; ebenso später *J. Sláma*, 1977, S. 53 ff.

172 Fundbericht AÚ 391/31 (*J. Böhm*).

173 Ich möchte an dieser Stelle Herrn Dr. *M. Šolle* meinen Dank für die Führungen in Libice, Kouřim und Budeč 1975 aussprechen. Zu einem reichen Frauengrab mit Kreuzanhängern, Glasperlen und träubchenförmigen Ohrringen jetzt auch *M. Šolle*, 1980a, S. 265 ff.

174 *V. Schmidt*, 1896, S. 365.

175 *J. L. Píč*, 1909, S. 338.

Bernsteinperlen[176]. Auch dieser Friedhof, vielleicht der älteste und längstbelegte von Budeč, findet sich in Bearbeitung.

6. „Na Tejnici", 200 m südwestlich von Budeč, 3 Gräber ohne Beigaben, die aber burgwallzeitliche Scherben enthielten. Aus zerstörten Gräbern stammen hier auch s-förmige Schläfenringe und Keramik[177]. A. Knorr datiert den Friedhof vom 10. bis zum 13. Jh.
7. Nördlich von Budeč Gräber mit Särgen und Steinfassungen und s-förmigen Schläfenringen[178].

Zu 1.: Das Gräberfeld an der Marienkirche

Das einzige Gräberfeld, das bisher geschlossen vorliegt, ist das von der Marienkirche[179]. Es ist jedoch im Grunde sozialgeschichtlich nicht auswertbar, da auf dieser Stelle offenbar vom 10. Jahrhundert bis in die Neuzeit bestattet wurde. Dadurch sind ältere Gräber zerstört, beigabenlose Gräber aber nicht mehr datierbar. Da hier auch schon im 10. Jahrhundert die meisten Gräber keine Beigaben führen, kann man kaum Schlüsse ziehen.

86 wahrscheinlich burgwallzeitliche Gräber konnten aufgenommen werden. Von diesen Gräbern enthielten 63 keine Beigaben, 22 Gräber 1—2 Beigaben und 1 Grab 3 Beigaben.

Eine Interpretation der auswertbaren Gräber muß somit bis zum Vorliegen einer Publikation der Gräberfelder bei der Zuckerfabrik und bei der Peter- und Paulskirche aufgeschoben werden.

Dennoch deuten die wenigen, bisher publizierten Funde auch in Budeč auf typische, mittelburgwallzeitliche Ausstattungen von Burggräberfeldern mit Oberschichtskriterien hin.

Levý Hradec (Žalov):

Einer der wahrscheinlich bedeutendsten Friedhöfe in Böhmen lag in Žalov außerhalb der Befestigungen des Burgwalls von Levý Hradec, einer weiteren alten Hauptburg der Přemysliden[180]. Das Gräberfeld wurde im Laufe der Zeit fast völlig zerstört. Einen Teil des Materials konnte A. Jíra retten[181], ein Teil wurde 1949 und 1952 von

---

176 Fundberichte: PA X, 1874/77, S. 808; XI, 1878, S. 81, 89; XII, 1882/84, S. 187. Zu alten Funden vom Gräberfeld jetzt *J. Sláma, J. Frolík,* 1981, S. 427 ff.

177 Siehe Anm. 171.

178 *V. Schmidt,* 1896, S. 368.

179 Veröffentlicht erst 1977 von *J. Sláma,* S. 55.

180 *I. Borkovský,* 1965, S. 18 ff.; zur Bedeutung bes. S. 78 ff. Zu den historischen Quellen siehe unten S. 212.

181 Fundbericht im Nationalmuseum.

I. Borkovský untersucht, leider aber nicht publiziert. Eine Rekonstruktion bietet jetzt J. Sláma[182]. Wenn auch die Gesamtbeigabenstruktur nicht ausgewertet werden kann, so fällt doch eine relativ große Zahl reicher Gräber auf: 9 Gräber mit 1—2 Beigaben, 2 Gräber mit 3—4 Beigaben, 2 mit 5—8 Beigaben, 2 Gräber mit 11 und 12 Beigaben. Die Verteilung von Beigabenhäufigkeit und Beigabenwert ist trotz der wenigen Gräber wohl repräsentativ; 10 Gräber haben 2—4 Beigaben und bis zu 9 Punkten, 5 Gräber liegen außerhalb; sie stehen leider zu weit auseinander, als daß man entscheiden könnte, ob sie — wie in Kouřim — zu mehreren Gruppen gehören. Einer dieser Funde ragt allerdings mit 40 Punkten und 7 Beigaben weit heraus. „Fürstengräber", wie wir sie aus Kouřim oder Kolín kennen, sind bisher noch nicht bekannt geworden.

Husinec:

Etwa 2 km nordwestlich von Roztoky wurde bei Husinec ein wahrscheinlich sehr umfangreiches Gräberfeld angeschnitten[183]. Insgesamt wurden 14 Gräber in Eichensärgen, teils auch mit Steinsetzungen, untersucht. Stellenweise lagen 3 Gräber übereinander, 8 Gräber hatten Beigaben. Die Beigaben deuten auf eine ähnliche Struktur wie in Želenice hin[184].

Kamýk bei Velké Přílepy:

Etwa 5 km westlich von Žalov (Levý Hradec) wurden am Rande von Kamýk etwa 20 Gräber entdeckt. Es handelt sich offenbar um ein jungburgwallzeitliches Gräberfeld, dessen Sozialstruktur allerdings nicht mehr ermittelt werden kann[185].

Libčice nad Vltavou:

Libčice liegt etwa 5 km nördlich von Žalov am Westufer der Moldau. Insgesamt 4 Fundstellen sind hier bekannt, die z. T. offenbar auch reichere Funde aus der mittleren und beginnenden jungen Burgwallzeit geliefert haben. Die Ausstattungen dürften in ihrem Wert über die reichsten Fundkomplexe in Želenice nicht hinausreichen. Waffen wurden auch hier nicht entdeckt[186].

---

[182] *J. Sláma,* 1977, S. 134 ff.; *I. Borkovský,* 1965, S. 58 ff.

[183] Fundbericht PA XXXVI, 1928/29, S. 125 f.; PA XXXII, 1921, S. 238; Fundbericht NM 55.233—240; *J. Sláma,* 1977, S. 45 f.

[184] Ausstattungen: Tongefäß (3mal); Messer (3mal); Tongefäß, Messer (1mal); eisernes Band (1mal).

[185] Die Gräber hatten durchaus reichere Beigaben: bronzene und silberplattierte Schläfenringe, Glasperlen, Bernsteinperlen, Eisengegenstände und Tongefäße. *J. L. Píč,* 1909, S. 336; Fundbericht: PA 1908/09, S. 237; Aufzeichnungen NM 54.314—54.328; *J. Sláma,* 1977, S. 48 ff.

Netovice:

In Netovice, etwa 5 km westlich von Želenice, kamen im Jahre 1893 10 Köperbestattungen, davon eine Doppelbestattung, zutage. Möglicherweise entsprechen die Ausstattungen denen von Želenice[187].

Stehelčeves:

In der Ziegelei nordwestlich von Stehelčeves, 3 km südöstlich von Brandýsek, wurde in den 30er Jahren von A. Knorr ein Gräberfeld mit interessanten rituellen Besonderheiten aufgedeckt[188]. Der Friedhof ist leider zum großen Teil zerstört. 6 Gräber enthielten reichere Beigaben, darunter auch eine Streitaxt und eine Kaptorga[189].

Ebenfalls in der Ziegelei fand sich ein Hockergrab, das von einem an der Seite offenen Kreisgraben von 2,5 m Durchmesser umgeben war. Das Grab lag in 120 cm Tiefe, die Wände waren mit Balken ausgeschlagen. Hinter dem Kopf lag ein Stein. Der Tote war mit 2 silberplattierten Schläfenringen ausgestattet. In der Füllerde des Grabes lagen 2 weitere Personen und 6 Schläfenringe.

Das Hockergrab bildete das Zentrum für eine Reihe weiterer Gräber, von denen eines (Grab 13 neben dem Hockergrab) reich mit Schläfenringen und z. T. wertvollen Perlen ausgestattet war. Bei anderen Gräbern fand man einen Schläfenring, eine Münze und weitere Schläfenringe.

Wenn auch über das Gesamtgräberfeld wenig gesagt werden kann, so haben wir hier doch wie in Brandýsek aus etwas älterer Zeit (Stufe Kouřim B 1) typische reiche Männer- und Frauengräber der Friedhöfe bei offenen Siedlungen mit Eimern, Messern, Feuerstählen und Äxten, mit Perlen und Kaptorga; in der jüngeren Zeit mit Schläfenringen, Glas- und Bernsteinperlen.

Das Gräberfeld dürfte somit in seiner Struktur mit dem Gräberfeld von Brandýsek vergleichbar sein. Interessant ist das Zentralgrab der

---

186 Bei der evangelischen Kirche fanden sich Gräber mit Eimer, Pfriem, Feuersteinen, Messern und einem Zierknopf, Glasperlen, Bernsteinperlen und Schläfenringen. *J. L. Píč*, 1909, S. 339; Fundberichte PA XII, 1886, S. 381; PA XIV, 1889, S. 52 f. (jüngere Gräber an der Straße nach Letky; zum ganzen Komplex *J. Sláma*, 1977, S. 66 ff.

187 Ausstattungen: Schläfenringe (2mal); Messer (2mal); Eimer und Bronzeband (1mal, Doppelgrab). *J. L. Píč*, 1909, S. 342; *V. Schmidt*, 1896, S. 361 ff.; *J. Sláma*, 1977, S. 82.

188 *A. Knorr*, 1953, S. 221 ff.; Fundberichte AÚ 6314/68; 3762/60; 5266/62; 4391/54; *J. Sláma*, 1977, S. 154.

189 Ausstattungen: Streitaxt, Messer (1mal); Tongefäß, Kette, (1mal); Schläfenringe, Glasperlen, Eimer, Messer, Nadel (1mal). Doppelgrab von Mann und Frau, sie: 6 olivenförmige Glasperlen, Kaptorga, Messer; er: Tongefäß, Eimer, 2 Messer, Feuerzeug, Schnalle, Rasierklinge, Hülse (?), Tierknochen.

jüngeren Stufe. Es handelt sich hier mit einiger Sicherheit nicht um ein christliches Grab im 10. oder 11. Jahrhundert. Leider haben wir bis jetzt keine Parallelen, wenn auch vereinzelte Hockergräber auf vielen Friedhöfen der Kladnoer Gegend vorkommen[190].

Praha-D'áblice:

In der Ziegelei von D'áblice nördlich von Prag wurden 1932 und 1933 insgesamt 23 regelmäßig orientierte Gräber untersucht, von denen ein Frauengrab relativ reich ausgestattet war[191]. Waffengräber fehlen allerdings. Dennoch scheint es sich um ein Gräberfeld mit einer Oberschicht zu handeln. Die Funde gehören wohl noch ins 10. Jh.

Im Nationalmuseum befindet sich ein Bruchstück eines Grabsteins mit Kreuzritzung, der allerdings undatiert ist[192].

Klecany:

Am Ostrand des Siedlungsgebietes, etwa 5 km östlich von Žalov, wurden im Schloßpark von Klecany einige Grabfunde gemacht. Die Funde deuten wieder auf ein Želenice verwandtes Gräberfeld hin[193]. Zu einer endgültigen Wertung reichen die Gräber allerdings nicht aus.

Zápy:

3 km entfernt von Brandýs nad Labem, an der Straße von Zápy nach Ostrov wurden 15 Gräber entdeckt; 4 Gräber waren beigabenlos, die anderen nur ärmlich ausgestattet. Es handelt sich um einen der östlichsten Fundplätze des gesamten mittelböhmischen Siedlungsgebietes. Waffen wurden nicht beobachtet[194].

Žižice bei Slaný:

Aus Žižice vom Nordwestrand des Siedlungsgebietes, etwa 5 km nordöstlich von Slaný, ist ein Gräberfeld der mittleren Burgwallzeit bekannt[195].

---

190 So z. B. in Brandýsek und Želenice.

191 Fundberichte: PA XXXIX, N. F. III, 1933, S. 80; NM 55.317—55.325; Zusammenstellung *J. Sláma*, 1977, S. 92 ff.; Ausstattungen: Tongefäß (7mal); Perlen (2mal); Messer, 2 Schläfenringe (1mal); Tongefäß, Glasperle, Bernsteinperle, eiserne Schnalle (1mal); Glas- und Bernsteinperlen, Kugelohrringe (1mal).

192 Aufzeichnung NM 55.746; *J. Sláma*, 1977, S. 94.

193 Fundberichte: PA XIX, 1900/1, S. 164; PA XXIII, S. 557; PA XXI, 1904, S. 323; NM 55.472—475. *J. Sláma*, 1977, S. 50 f.; *J. L. Píč*, 1909, S. 336. Ausstattungen: Tongefäß (1mal); Eimer (1mal); Messer (1mal); eiserne Schnalle (1mal); Tongefäß, Bernsteinkette (1mal); Messer, Halskette, Anhänger (1mal).

194 *B. Tykva*, 1969, S. 240 ff.; *I. Borkovský*, 1942, S. 113. *J. Sláma*, 1977, S. 180 f. — Ausstattungen: Tongefäß (4mal); Eimer (2mal); Schläfenringe (4mal); Gefäß, Messer (1mal).

Für 16 Gräber mit Beigaben befinden sich im Nationalmuseum Beschreibungen der Gegenstände, so daß wenigstens die geschlossenen Funde zu ermitteln sind. Die Ausstattungen sind z. T. sehr reich und weisen im Gegensatz zu den zuletzt besprochenen Gräberfeldern auch Oberschichtskriterien wie Gombíky und träubchenförmige Ohrringe auf. Die einzige, deutliche Männerausstattung brachte allerdings nur Messer, Tongefäß, Schleifstein, Feuerstahl und Ahle[196].

Da auf dem Friedhof Gräber mit reichen, mährischen Schmuckgegenständen häufig zu sein scheinen, ist es sicher dem Zufall zuzuschreiben, daß in Žižice keine Waffengräber zutage gekommen sind. Die Funde sprechen jedenfalls für ein Gräberfeld mit einer Oberschicht. Gombíky und träubchenförmige Ohrringe sind sonst in dieser Zahl auf Gräberfeldern bei offenen Siedlungen nicht sehr häufig.

10. Das Gebiet von Prag

Die Funde des Prager Stadtgebietes sind bei weitem nicht so gut erhalten wie die Gräber nördlich von Prag. Vieles ist hier durch die ständige Bebauung stark zerstört worden. Somit steht die Zahl der Fundstellen mit wenigen, bei Rettungsgrabungen geborgenen Gräbern in keinem Verhältnis zu den systematischen Grabungen. Das betrifft leider auch die Prager Burg selbst[197]. Auswertbar sind im Grunde nur die Funde des Gräberfeldes an der Reitschule (Jízdárna), die noch nicht abschließend veröffentlicht wurden, und die Funde aus Motol[198]. Durch einen Vergleich mit anderen, besser dokumentierten Fundstellen kann jedoch auch an anderen Stellen ein deutlicheres Bild gewonnen werden.

Die Funde von der Prager Burg:

Vom Gebiet der Prager Burg kennen wir eine Reihe von z. T. wohl zusammenhängenden Fundstellen:

1. Die Funde von der Königlichen Reitschule, der Jelení Ulice und dem Königlichen Garten mit reichen Gräbern aus der mittleren Burgwallzeit[199].

---

[195] Fundberichte: PA XVIII, S. 227; PA VI—VII, 1936/38, S. 134 ff.; PA XLIV, 1953, S. 223 ff.; *J. L. Píč*, 1909, S. 354; NM 54.010—54.049; 20.632; Slanský obzor XLVII, 1939, S. 11; Slanský obzor, XLVIII, 1940, S. 12; *J. Sláma*, 1977, S. 189 ff.

[196] Neben diesem Grab folgende Ausstattungen: Tongefäß (4mal; Tongefäß, Messer (1mal); Glasperlen (2mal); Gombík (1mal); Tongefäß, Gombík (1mal); Tongefäß, Glasperlen, Gombík (1mal); Tongefäß, Messer, Gombík (1mal).

[197] Zu den Burggrabungen und den verschiedenen Fundbedingungen *I. Borkovský*, 1972.

[198] Zusammenfassend *J. Sláma*, 1977, S. 102 ff.; *R. Turek*, 1947—48, S. 72 f.

2. Die Gräber im Innenbereich bei einer kleinen Saalkirche, die I. Borkovský für die Marienkirche, die älteste Kirche auf der Prager Burg, hält[200]. Das Gräberfeld wurde offenbar mehrere Jahrhunderte hindurch belegt. Auswertbar sind nur die beiden Bestattungen in der Kirche selbst[201]. Möglicherweise besteht ein Zusammenhang mit dem Gräberfeld bei der Reitschule.
3. Das Kriegergrab im dritten Burghof. Ebenfalls im dritten Burghof traf man auf eine Fülle von z. T. sicher viel jüngeren Gräbern, die mitunter in bis zu vier Schichten übereinander lagen[202].
4. 1911 und 1928 stieß man weiterhin bei der Veitskirche auf Gräber mit s-förmigen Schläfenringen[203].
5. Die Gräber der Geistlichen und der Přemyslidenfürsten in der Georgskirche. Sie sind für diese Untersuchung nicht mehr von Interesse[204].
6. Ebenso zum Burgareal mag der weit außerhalb liegende, ausgedehnte Friedhof von Loretánské Náměstí mit mehr als 800 Körpergräbern aus dem 9. bis 14. Jahrhundert gehört haben[205]. Über das Gräberfeld liegt bis auf einige Gräber mit rituellen Besonderheiten kein Fundbericht vor.

Durch die Bruchstückhaftigkeit der Überlieferung ist es kaum möglich, ein Bild über die Bevölkerung der Prager Burg aus archäologischen Quellen zu gewinnen. Das Kriegergrab im dritten Burghof, das mit einem Schwert vom Typ Petersen X mit Scheide, mit einem Ledertäschchen, in dem sich Schleifstein, Feuerstahl und eine eiserne Rasierklinge befanden, Dolch und Messer in Scheiden, einer eisernen Axt und einem Eimer ausgestattet war, lag möglicherweise ursprünglich unter einem Hügel[206]. Trotz der vielen Waffen enthielt das Grab keinen Luxusgegenstand und wirkt somit gegenüber den Prunkgräbern von Kouřim und Kolín ausgesprochen einfach. Auf Grund des Schwertes datiert es I. Borkovský in die Zeit um 900[207].

---

[199] *Z. Smetánka, L. Hrdlička, M. Blajerová,* 1974, S. 386 ff.; *R. Turek,* 1947—1948, S. 73; *I. Borkovský,* 1947, S. 145 ff.; 1951a, S. 101 ff.; *J. Sláma,* 1977, S. 103 ff. mit weiterer Literatur.

[200] *I. Borkovský,* 1949; ders., 1950; 1951; 1951a; 1953.

[201] *I. Borkovský,* 1953, S. 147 f.

[202] *I. Borkovský,* 1946, S. 122 ff.; 1941, S. 171 ff.

[203] *K. Guth,* 1934, S. 716, 738 f.; *I. Borkovský,* 1949, S. 42 ff.; *J. Sláma,* 1977, S. 107 mit weiterer Literatur.

[204] *I. Borkovský,* 1975, S. 25 ff.; 1961 a, S. 532 ff.

[205] *I. Borkovský,* 1939, S. 135 ff.; 1972, S. 39 ff. — *Radoměrský,* 1956, S. 27 f.; *R. Turek,* 1947—48, S. 65.

[206] *I. Borkovský,* 1972, S. 171; *J. Sláma,* 1977, S. 105.

[207] *I. Borkovský,* 1941, S. 182.

Die Beigaben sprechen jedenfalls für ein Grab der höchsten Oberschicht. In der Umgebung wurden weitere Gräber mit Messern und Dolchen gefunden.

Die Ausstattungen der Gräber in der Marienkirche sind ebenfalls ausgesprochen einfach[208]. Es handelt sich um eine Doppelbestattung. Der Mann wurde als erster in der Kirche begraben und erhielt keine Beigaben. Das später angelegte Frauengrab brachte je zwei Träubchen- und zwei Ösenohrringe.

Die Gräber an der Marienkirche, die Gräber bei der Königlichen Reitschule und in der Jelení-Straße gehören offenbar alle zu einem ausgedehnten Gräberfeld mit langer Bestattungskontinuität vom 9. bis zum 14. Jahrhundert. Die Gräber in der Marienkirche selbst und die reich ausgestatteten Gräber bei der Reitschule dürften einem Zeithorizont zuzurechnen sein (Ende 9. bis erste Hälfte 10. Jh.)[209].

Leider läßt sich über das Gräberfeld im Augenblick noch kein abschließendes Bild gewinnen. Von den bis 1973 gegrabenen Gräbern waren nach den Angaben von J. Hrdlička 13 % W-O-ausgerichtet, 70 % WSW-ONO, WNW-OSO 10 %, SW-NO 5 % — ein Grab war umgekehrt orientiert. Wie in Kouřim besaßen einige sehr reich ausgestattete Gräber besonders tiefe und große Grabgruben[210]. Holz diente in 22 Fällen, Stein nur in 11 Fällen zum Grabbau. 14mal wurden Bretter bzw. teilweise Holzverkleidung beobachtet, 5mal Holzverkleidung. Die meisten der Steingräber hatten nur an einigen Stellen vereinzelt Steine, nur 4 Gräber besaßen eine dichte Steinsetzung.

Der Prozentsatz der ausgestatteten Gräber war außerordentlich hoch (64,2 %). Dabei überwogen die Gräber mit Schmuck (34), die häufiger auch mit Messern ausgestattet waren (21 Fälle). In 10 Gräbern kamen Messer ohne Schmuck vor; dieses Verhältnis erinnert an Kouřim[211]. Keramik kam in 7, Eimer nur in 4 Gräbern vor. Nur aus 2 Gräbern sind Sporen bekannt. Eines davon ist ein Kindergrab. Äxte wurden bisher nur in 2 Kindergräbern ermittelt[212].

47 Gräber konnten aus den Vorberichten zu geschlossenen Funden rekonstruiert und statistisch ausgewertet werden. Die Beigabenzahlen sind danach folgendermaßen verteilt: 47 % beigabenlose Gräber, 30 %

---

208 *I. Borkovský,* 1953, S. 152 f.

209 Das Gräberfeld dürfte mit der Phase Kouřim B zeitgleich sein, die Gräber in der Kirche zu den ältesten des Gräberfeldes gehören. *Z. Smetánka, L. Hrdlička, M. Blajerová,* 1974, S. 398 f.

210 *Z. Smetánka, L. Hrdlička, M. Blajerová,* 1973, S. 265 f.

211 Siehe oben, S. 174.

212 Das betonen und interpretieren sozialgeschichtlich *Z. Smetánka, L. Hrdlička, M. Blajerová,* 1974, S. 401 f.

1—2 Beigaben, 11 % 3—4 Beigaben, 10 % 5—8 Beigaben und 4 % 9—16 Beigaben (Abb. 12b). Ärmere und mittlere Ausstattungen sind damit viel stärker vertreten als in Kouřim, die Ausstattungsspitze ist wesentlich kleiner, Gräber mit mehr als 17 Beigaben kommen gar nicht vor. Bei der Untersuchung von Quantität und Qualität der Beigaben ergeben sich 3 Gruppen: Gräber von 1—4 Beigaben mit bis zu 7 Punkten; Gräber von 2—6 Beigaben und 11—15 Punkten; 4 Gräber zwischen 22 und 37 Punkten. Damit fehlen die eigentlichen „Fürstengräber" von Kouřim, die 3. Stufe der beigabenreichen Gräber ist aber erreicht (Abb. 12a).

Kurz muß noch auf das Ergebnis der Clusteranalyse eingegangen werden. Die erste Gruppe enthält Gräber mit Tongefäßen oder Messern, 2 Gräber mit Messern und Eimern; die zweite Gruppe Gräber mit Ohrringen; die dritte Gräber mit Schläfenringen; die vierte reichere Funde mit Schläfenringen und Ohrringen. Die fünfte Gruppe bilden reiche Schmuckfunde mit Glasperlen, Ohrringen, teils auch mit Messern, Schläfenringen und Tongefäßen. Außerhalb steht ein Grab mit Eimer, Kaptorga, Ohrringen, Messer und Glasperlen[213]. Es ähnelt in der Ausstattung den jüngeren „Fürstinnengräbern" von Libice und Kouřim. Außerhalb stehen auch die wenigen, sehr armen Waffengräber.

Setzt man nun dieses Ergebnis in Beziehung zu den in der Marienkirche bestatteten Personen und zu dem Waffengrab im dritten Burghof, das ursprünglich sicher nicht so vereinzelt dastand, so muß man wohl folgende Schlüsse ziehen: Im ausgehenden 9. Jahrhundert bestatteten die höchsten oder die höchste Familie der Tschechenhauptburg ihre männlichen Toten noch mit reicher Waffenausstattung und zwar offenbar noch nicht auf dem Friedhof bei der Reitschule. Dieser scheint erst im 10. Jahrhundert (etwa in der Stufe Kouřim B 1) angelegt worden zu sein. In Kouřim wurden in der Stufe B 1 die Männer nicht mehr reich mit Waffen ausgestattet. Ebenso scheint es in Prag gewesen zu sein. Mit einiger Sicherheit wird man die in der Marienkirche Bestatteten als Angehörige der herrschenden přemyslidischen Familie, wahrscheinlich sogar als Fürsten ansprechen können. Diese waren in Prag also gar nicht mehr auf dem allgemeinen „Oberschichtsfriedhof" beigesetzt, sondern in der Grabkirche, die möglicherweise eigens zu diesem Zweck erbaut worden war. Das Männergrab ist somit nur noch durch die Bestattung in der Kirche, nicht aber durch die Beigabenausstattung zu erkennen. Die folgenden Fürstengenerationen bestatteten dann in der Georgskirche[214].

---

213 Grab H. 47, *Z. Smetánka, L. Hrdlička, M. Blajerová,* 1974, S. 393.
214 *I. Borkovský,* 1975, S. 25 f.

Dejvice, Podbabská:

In Dejvice südwestlich der Burg wurde von A. Jíra und J. L. Píč ein Gräberfeld angeschnitten[215]. Es handelt sich offenbar um ein Gräberfeld bei einer offenen Siedlung, auf dem sich auch Oberschichtsgräber befanden.

Bartolomejská Ulice:

Von der Bartolomejská Ulice am Rande der Altstadt auf der anderen Moldauseite stammen etwa 20 Gräber, die offenbar schon so jung sind, daß sie nicht mehr ausgewertet werden können. Interessant sind die das ganze Gräberfeld bedeckenden Steinsetzungen und Steinkreise, für die es in ganz Böhmen keine Parallele gibt[216].

Motol:

Motol liegt ganz im Südwesten der Prager Kammer und somit weitab vom Prager Burgwall. Das Gräberfeld „Pod Homolkou" wurde leider nur zu einem kleinen Teil durch eine Rettungsgrabung 1935 erfaßt[217]. Nachrichten über 44 Gräber liegen vor.

Orientierung:

Auf dem Gräberfeld ergeben sich zwei Gruppen. Die eine, nördliche Gruppe weist NW-SO- oder W-O (O-W)-orientierte Gräber auf, die zweite, südliche, in einem Kreis angelegte Gruppe, SW-NO-orientierte Gräber (Abb. 13a)[218]

Da die beiden Gruppen sich so klar voneinander trennen lassen, wird man sie auch in Motol mit zwei Zeitstufen gleichsetzen können.

Grabbau:

Nachrichten über die Grabtiefe sind leider nicht bekannt. Neben Gräbern ohne Einbauten fällt die Häufigkeit von Holzverkleidungen und Brettern auf. Ungewöhnlich oft begegnet die Verbindung von Steinsetzung und Holzverkleidung[219]. Die Verteilung der Grabbautypen auf dem Gräberfeld ist gleichmäßig und sagt nichts aus.

---

[215] *R. Turek*, 1947—48, S. 69, S. 83 f.; *J. L. Píč*, 1909, S. 344; *J. A. Jíra*, Aufzeichnungen. Ausstattungen: Feuerzeug, Eimer, Glasperle (1mal); Tongefäß, 2 Messer, Lanzenspitze (1mal); vergoldete Perle (1mal); ein Teil der Gräber enthielt entweder Messer oder Tongefäß.

[216] *I. Borkovský*, 1948, S. 460 ff., möchte den Friedhof als Kaufleutefriedhof interpretieren.

[217] *R. Turek*, 1947—48, S. 77 ff.; *J. Sláma*, 1977, S. 114 ff. — Ein kurzer Vorbericht zu den neueren Grabungen *J. Kovářík*, 1975, S. 515 ff.

[218] Mengenverhältnis: 35 % SW-NO; 11,6 % NW-SO; 9,3 % W-O; ein Grab O-W.

Ausstattung:

Die üblichen Ausstattungsgegenstände in Motol sind Perlen, Schläfenringe und Tongefäße. Ohrringe, Messer und Feuerstahl fallen dagegen kaum ins Gewicht. Waffen kommen nicht vor. Glasperlen und Schläfenringe sind oft miteinander kombiniert.

Interessant ist die Verteilung der Beigaben auf dem Gräberfeld (Abb. 13b): Im Norden haben wir ein Grab mit Topf, Messer, Feuerstahl und Schleifstein und ein Grab mit träubchenförmigen Ohrringen. Zu dieser Gruppe gehören weiterhin 2 Messer-Gräber, 1 Messer-Topf-Grab und 3 beigabenlose Gräber. Im Südteil liegt in der Mitte ein außerordentlich reiches Frauengrab mit Topf, Schläfenringen, Glasperlen, Bernsteinperlen und träubchenförmigen Ohrringen. Auch die anderen Gräber lieferten — wenn überhaupt — weibliche Ausstattungen: Halbedelsteinperlen, Schläfenringe, Bernsteinperlen, Messer und Tongefäß. 9 von 17 Gräbern sind beigabenlos. In der nördlichen, nun als älter bestätigten Gruppe ragen ein Männer- und ein Frauengrab heraus, in der südlichen, jüngeren Gruppe nur ein Frauengrab.

Was die Beigabenquantität betrifft, so weist Motol relativ wenig beigabenlose Gräber auf (51 %), aber viele beigabenarme Gräber (35 % mit 1—2 Beigaben, 9,3 % mit 3—4 Beigaben) (Abb. 13c). Die Spitze des Gräberfeldes bilden zwei Gräber mit 12 und 13 Beigaben. Bei der Untersuchung von Beigabenhäufigkeit und Beigabenwert (Abb. 13d) liegen fast alle Gräber von 1—4 Beigaben und bis zu 8 Punkten eng beieinander. Ein Grab ragt mit 14 Punkten heraus, die beiden beigabenreichsten Gräber setzen sich mit 24 und 30 Punkten deutlich von den anderen ab. In Motol liegt somit eine stark differenzierte Ausstattung, ähnlich wie in Brandýsek, vor.

Dieses Ergebnis bestätigt auch die Clusteranalyse. Herausgehoben sind hier 4 Gräber: das Grab mit Feuerstahl, Messer, Feuerstein und Tongefäß; das Grab mit Ohrringen; ein Grab mit Schläfenringen, Bernsteinperlen und Tongefäß und letztlich das Grab mit Ohrringen, Bernsteinperlen, Schläfenringen, Glasperlen und Tongefäß.

Die Funde dürften dem 10. Jahrhundert angehören. Überlegungen zur Bevölkerungspyramide und zu Bevölkerungszahlen sind in Motol nicht sinnvoll, da zu wenige Gräber erfaßt wurden. Die relativ reichen Frauengräber deuten auf eine Oberschicht; entsprechende Männergräber fehlen jedoch.

---

[219] Insgesamt 10 Holzverkleidungen, 10 Steinsetzungen, 6 Bretter oben, 2 Bretter unten, einmal Steine oben. In drei Gräbern konnte nur noch „Holz" festgestellt werden.

Michle, „Na Bohdalci“:

An mehreren Stellen wurden hier nordöstlich von Vyšehrad Gräber gefunden, die wohl zu einem größeren Gräberfeld gehören. Ein Grab enthielt ein Tongefäß, 2 Sporen und eine Lanzenspitze[220]. Somit scheint es sich um einen Teil eines ländlichen Gräberfeldes mit Oberschicht aus dem 10. Jh. zu handeln.

Řeporyje:

Aus Řeporyje im Südwesten des Prager Gebietes ist ein typischer Kirchfriedhof bei der Peter- und Paulskirche bekannt. Die Gräber gehören wohl an das Ende des 11. und ins 12. Jahrhundert[221].

Stodůlky:

Nördlich von Řeporyje wurden in der ehemaligen Ziegelei von Stodůlky-Vidoule 1931/32 von A. Knorr einige Gräber gerettet. Das Gräberfeld stammt aus der mittleren bis jüngeren Burgwallzeit und lieferte auch etwas reicher ausgestattete Schmuckgräber. Oberschichtskriterien und Waffen liegen jedoch nicht vor[222].

Modřany:

In Modřany, östlich der Moldau im Süden der Prager Region, kam ein Gräberfeld des 11. Jahrhunderts zutage. Die meisten Gräber sind beigabenlos, normal orientiert und teilweise mit Steinen belegt[223].

An anderen Stellen in Modřany sind jedoch reicher ausgestattete, wohl auch ältere Gräber bekannt. Möglicherweise handelt es sich um den älteren Teil desselben Gräberfeldes. Ob es hier eine Oberschicht gab, ist nicht zu ermitteln. Immerhin sind zwei Pfeilspitzen erhalten[224].

Veleslavín:

In Veleslavín am Westrand des Prager Gebietes untersuchte J. Böhm 1927 5 Gräber in üblichen Orientierungen mit Holzverkleidungen, z. T.

---

220 *R. Turek*, 1947—48, S. 75 f.; *J. Sláma*, 1977, S. 111 f.; weitere Gräber enthielten Tongefäße.

221 Schläfenringe von bis zu 60 mm Dm. — *R. Turek*, 1947—48, S. 77; *J. Sláma*, 1977 mit weiterer Literatur.

222 Einige Gräber waren sehr stark (100—130 cm), andere weniger eingetieft. Die tiefen, wohl älteren Gräber, enthielten Eimer, Messer, Glasperlen, und Tongefäß. Weiterhin fanden sich Schläfenringe. *R. Turek*, 1947—48, S. 67 f.; *J. Sláma*, 1977, S. 157 f.; *A. Knorr*, Fundbericht AÚ 2906/31; 2872/32.

223 Die Gräber hatten kaum Beigaben: aus einem Grab stammt ein Denar Vratislavs II., Schläfenringe, ein Gürtelbeschlag. *R. Turek*, 1947—1948, S. 76; *J. Sláma*, 1977, S. 112; *J. Böhm*, AÚ 1010/36.

224 Bekannt sind außerdem Schläfenringe, Glas- und Bernsteinperlen und Tongefäße. *J. Sláma*, 1977, S. 114. *R.Turek*, 1947—48, S. 75 f. — *J. Böhm*, AÚ 1026/26.

auch Steinsetzungen. 4 Gräber hatten Beigaben[225]. Schon früher waren in Veleslavín Gräber mit Keramik, Eimer, Sporen und einer eisernen Spirale unbekannter Funktion entdeckt worden[226]. Demnach muß man an ein ländliches Gräberfeld mit intakter Beigabensitte und Oberschichtsgräbern denken.

Unweit von Veleslavín ist aus Ruzyně ein Grab mit Axt und Messer bekannt[227]. Es gehört mit Sicherheit zu einem zerstörten Gräberfeld mit wohl reicheren Waffengräbern.

Nučice, Beroun (Beraun):

1958 grub das ČSAV nordwestlich von Nučice im Südwesten des Prager Gebietes 15 sehr regelmäßig orientierte Gräber aus. Die meisten Gräber hatten Holzeinbauten und waren beigabenlos. Auch die wenigen, beigabenführenden Gräber gehören der jüngeren Burgwallzeit an und sind kaum zu interpretieren[228].

11. Die Funde an der unteren Berounka

Von den Fundstellen an der Berounka kennen wir drei Gräberfelder mit mehr als 4 Gräbern. Darüber hinaus gehört in dieses Gebiet das wohl wichtigste Gräberfeld bei einer offenen Siedlung aus Böhmen: Lahovice mit mehr als 400 Gräbern. Das Gräberfeld ist bisher noch nicht veröffentlicht worden und konnte so in die statistische Untersuchung nicht einbezogen werden[229]. Der Friedhof wurde etwa vom Ende des 9. bis zum Beginn des 10. Jahrhunderts belegt, weist wie die übrigen, gut ausgegrabenen Friedhöfe eine horizontale Stratigraphie auf und hat außerdem einige Gräber mit Waffen und mährischem Schmuck geliefert[230]. Er gehört also zu den ländlichen Gräberfeldern mit einigen Oberschichtsgräbern.

Otmíče:

Nördlich von Otmíče wurden offenbar zwei Körpergräberfelder der jüngeren Burgwallzeit entdeckt. Bei dem einen, jüngeren, nahm man

---

225 *J. Böhm,* 1926—27, S. 57 f.; *J. Sláma,* 1977, S. 129. Ausstattungen: Tongefäß; Gefäß, Messer; Gefäß, Glasperlen; Schläfenring, Messer.

226 *J. Jíra,* ČSPS XIII, 1905, S. 37.

227 *R. Turek,* 1947—48, S. 84; *J, Sláma,* 1977, S. 122.

228 *H. Hanáková,* 1963, S. 175 ff.; *J. Sláma,* 1977, S. 83 f.

229 Vorberichte: *Z. Jelinková (Krumphanzlová),* 1956, S. 522 ff.; 1958, S. 316 ff.; *Z. Krumphanzlová,* 1966. Einen Eindruck vermitteln weiterhin die Auswertungen des Gräberfeldes zu verschiedenen Fragestellungen: *Z. Krumphanzlová,* 1961; 1963; 1964; 1966; 1972.

230 *Z. Jelinková (Krumphanzlová),* 1956, S. 524; 1958; *J. Sláma,* 1977, S. 108 f.

1954 eine Rettungsgrabung vor[231]. Auf der zweiten, etwa 500 m entfernten Fundstelle fand man schon zu Ende des vergangenen Jahrhunderts ein Grab mit 7 bronzenen Schläfenringen von 18—25 mm Durchmesser, 4 Glasperlen, von denen eine vergoldet, eine versilbert war, und einem Denar Vratislavs II.[232] sowie vier beigabenlose Gräber.

Lažovice:

In Lažovice am Südrand des mittelböhmischen Siedlungsgebietes grub eine amerikanische Expedition 1930 16 Gräber aus, von denen fast alle Steinfassungen aufwiesen[233]. Die Ausstattungen entsprechen den typischen, jüngeren ländlichen Gräberfeldern. Der Prozentsatz der beigabenführenden Gräber ist relativ hoch, eine reichere Männerausstattung kommt jedoch nicht vor. Die Materialbasis ist bisher zu klein.

12. Das Gebiet von Rakovník

Die Fundstellen sind hier so schlecht dokumentiert, daß über das ganze Gebiet keine näheren Aussagen gemacht werden können. Bedeutendere Funde liegen aus Hvozd bei Rakovník, Modřejovice und Šlovice vor. Eine „Sozialstruktur“ kann somit nirgendwo rekonstruiert werden[234].

13. Das Gebiet von Plzeň

Auch über die Pilsener Region läßt sich wenig sagen. Die Fundstellen stammen offenbar ausschließlich aus der jüngeren Burgwallzeit und haben kaum Beigaben gebracht[235].

---

231 *J. Maličký*, 1962, S. 155 f., *J. Sláma*, 1977, S. 86. Als Beigaben kamen nur s-förmige Schläfenringe vor.

232 Fundbericht *J. Mužik*, PA XII, 1882, S. 18 f.; *J. L. Píč*, 1909, S. 343, *J. Sláma*, 1977, S. 86.

233 Fundbericht *Horáková-Jansová*, PA II, 1932, S. 94; AÚ 5598/46; 993/31; *J. Sláma*, 1977, S. 62 ff.

234 Hvozd: *J. L. Píč*, 1909, S. 334; *J. Felcman*, PA XXIII, 1909, S. 553; NM 55.135, 55.136. Modřejany: Fundbericht Věstnik mus. sp. Rakovník XXI, S. 118. Šlovice: *J. L. Píč*, 1909, S. 348. Die jeweils wenigen Gräber brachten lediglich Glasperlen, Schläfenringe, Messer und Tongefäße.

235 Bdeněves: Fundberichte AÚ 2920/50; 1667/34; 1563/34. Starý Plzenec: Fundbericht AÚ 2870/39. Plzeň-Hradiště: *J. L. Píč*, 1909, S. 344. Přehýšov: Fundbericht AÚ 678/41; 10745/66; *V. Čtrnáct*, Život Plzeňska II, 1951, S. 88—90; IV, 1953, S. 6 ff. *J. Justová*, 1979, S. 196. Radčice: Fundberichte AÚ 4878/47; 4918/47; 1779/30. Die Beigaben waren lediglich Tongefäße und Schläfenringe, in Radčice auch Perlen. Zur Besiedlung der Gegend südlich von Přehýšov um die Burg Hradec u Stoda (Staab) seit dem 9. Jh. *J. Justová*, 1979.

14. Das Gebiet südlich von Příbram

Während das ganze westliche Mittelböhmen und westliche Südböhmen somit keine mittelburgwallzeitlichen interpretierbaren Grabfunde geliefert hat, liegen aus dem mittleren Südböhmen wieder eine Reihe von wertvollen Fundstellen vor: Radětice, Řesanice, Hořejany und Tušovice.

Das Siedlungsgebiet erstreckt sich im Hügelland zwischen Brdy-Gebirge und Moldau.

Radětice bei Příbram:

Östlich von Radětice, einige Kilometer südöstlich von Příbram, wurde 1953 auf der Anhöhe Silina ein ausgedehntes Gräberfeld entdeckt und in den folgenden Jahren vom Archäologischen Institut der Akademie systematisch untersucht. Dabei kamen 35 Gräber zutage[236].

Die Gräber waren alle W-O-orientiert und lagen in zwei Gruppen je um eine leere Fläche angeordnet. Die beiden Gruppen sind jedoch nicht so deutlich zu trennen wie z. B. in Želenice. Möglicherweise setzte sich das Gräberfeld nach Norden fort.

Der Grabbau ist vollkommen einheitlich, wirkt jedoch außerordentlich ungewöhnlich: Die Oberfläche des gesamten Gräberfeldes war von Schotterhaufen überdeckt. Unter diesen Schotterhaufen fand sich dann in einer rechteckigen, z. T. vielschichtigen Steinpackung die mehr oder weniger regelmäßig rechteckig eingefaßte Grabgrube, in der der Tote normal gelagert war. Von dieser Steinschicht waren alle Gräber überdeckt. In vier Fällen wurden außerdem Holzreste beobachtet.

Tiefe:

Die Gräber lagen z. T. außerordentlich tief (24 Gräber über 75 cm, 8 Gräber 51—75 cm, 3 Gräber im Norden des Gräberfeldes 25—50 cm). Die Grabtiefe könnte somit auch in Radětice auf eine horizontale Stratigraphie deuten.

Ausstattung:

Die Beigabensitte ist in Radětice voll gültig (Abb. 14a). Durch zahlreiche Ausstattungen zeichnet sich vor allem der südwestliche Teil des Friedhofs aus: Hier liegen neben drei beigabenlosen Gräbern 4 Gräber mit Feuerstahl, Messern und Eimern und 2 Gräber mit Glas- und Bernsteinperlen, das eine mit Tongefäß und träubchenförmigem Ohrring, das andere mit Schläfenring und Messer. Im Osten des Gräberfeldes fand man 2 Gräber mit Tongefäßen und ein Grab mit Messer und Schnalle.

---

[236] *H. Olmerová*, 1959, S. 227 ff. und Abb. 1 und 2; Vorbericht *H. Olmerová*, 1954. S. 209 f.

Im Nordteil finden sich keine ausgesprochenen Männerausstattungen, aber auch ärmere Frauengräber[237]. Waffenbeigaben fehlen auf beiden Gräberfeldteilen.

Mit 32,4 % hat Radětice einen außerordentlich niedrigen Anteil an beigabenlosen Gräbern. 40 % der Gräber haben 1—2 Beigaben, 16 % 3—4 Beigaben, 5,4 % 5—8 Beigaben und 5,4 % 9—16 Beigaben (Abb. 14b). Damit entfernt sich Radětice vom üblichen Schema der Beigabenhäufigkeit: Das Maximum liegt nicht bei den beigabenlosen, sondern bei den beigabenarmen Gräbern. Aber auch die mittelreichen Gräber sind für ein Gräberfeld bei einer offenen Siedlung außerordentlich häufig. Insofern ist Radětice mit Želenice nicht zu vergleichen[238]. Die Verteilung von Beigabenhäufigkeit und Beigabenwert ergibt das typische Bild eines ländlichen Gräberfeldes mit einer kleinen Oberschicht (Abb. 14f): 19 Gräber von 1—4 Beigaben und einem Wert von 1—7 Punkten bilden eine untere Gruppe. Davon heben sich 5 Gräber mit 3—13 Beigaben und einem Wert von 15—27 Punkten ab.

H. Olmerová, die Ausgräberin, setzt das Gräberfeld in die erste Hälfte des 9. Jahrhunderts[239]. Der vielen Schläfenringe und Bernsteinperlen wegen, die hier ungewöhnlicherweise auch mit mährischen Träubchenohrringen vorkommen, möchte ich aber an die erste Hälfte des 10. Jahrhunderts denken. Da die Ausstattungen und das Material so einheitlich sind, dürfte nur eine kurze Belegungszeit in Frage kommen. Radětice wird man deshalb etwa mit den Stufen B 1 und B 2 von Kouřim gleichsetzen können. So ergibt sich ein Ansatz von etwa 50 Jahren für die Belegungsdauer.

Alter und Geschlecht:

Die anthropologische Bestimmung läßt leider nur eine Unterscheidung von Gräbern von Kindern und Jugendlichen (39 %), Gräbern von Erwachsenen (46 %) und Gräbern von Alten (7 %) zu. Daraus errechnet sich ein Durchschnittsalter von 32,5 Jahren. Bei einer Annahme von ursprünglich 40 Bestatteten ergibt sich eine Zahl von 26 gleichzeitig lebenden Personen. Davon waren 13 Personen Kinder und Jugendliche, etwa 10 Personen Erwachsene und etwa 2 Personen Alte von über 60 Jahren. Das entspricht etwa 4 Familien.

Im Nordteil des Gräberfeldes überwiegen die Kindergräber, im Südteil stehen 9 Erwachsenengräber nur 2 Kindergräbern gegenüber. Die

237 Die anderen Ausstattungen des Nordens: Perlen und Schläfenringe (2mal); Schläfenring, Fingerring (1mal); Schläfenring, Tongefäß, Messer (1mal); Messer, Tongefäß (1mal); Tongefäße (2mal); Perlen, Tongefäß (1mal); ohne Beigaben (5mal).

238 Siehe oben S. 184 und Abb. 6 e.

239 *H. Olmerová*, 1959, S. 242.

geringen Ausstattungen und das Fehlen der typischen, männlichen Beigaben von Feuerstahl und Feuerstein kann man somit auch durch die Kinderbestattungen erklären. In beide Gruppen gehört je eine Bestattung einer alten Person.

Řesanice bei Kasejovice:

Řesanice liegt am Südrand des Siedlungsgebietes zwischen Brdy-Gebirge und Moldau. Hier wurden in den 60er Jahren auf einer Anhöhe südöstlich des Ortes ein slawisches Körper- und ein späthallstattzeitliches Brandgräberfeld untersucht[240]. Nordöstlich der Gemeinde entdeckte man ebenfalls auf einer Anhöhe, aber in der Nähe einer spätromanischen Kirche, ein Grab mit Schläfenringen[241]. Hier lag wohl der jüngere Kirchfriedhof.

Das Gräberfeld von Řesanice, das mit 22 Gräbern nicht vollständig vorliegt — es handelt sich wahrscheinlich nur um den Ostrand der benutzten Fläche —, weist in der Gestaltung der Gräber große Ähnlichkeit mit dem Friedhof von Radětice auf[242].

Orientierung:

Die vorherrschende Richtung ist wie in Radětice NW-SO. Die umgekehrt orientierten Gräber liegen vorwiegend im Westteil des Gräberfeldes[243].

Grabtiefe:

Alle tieferen Gräber lagen im Westen des Friedhofs. Deshalb liegt es nahe, den Westteil für älter zu halten[244].

Grabbau:

Wie in Radětice befanden sich auf dem ganzen Friedhof über den Gräbern Steinschotterhaufen. Alle Gräber lagen in dichter, rechteckiger Steinpackung und wiesen unvollständige Steinfassungen auf. Holzeinbauten wurden nur in zwei Fällen beobachtet[245]. Eine Differenzierung nach dem Grabbau ist insofern nicht möglich. Dagegen bestätigt die Übereinstimmung mit Radětice, daß im mittleren Südböhmen zur mittleren Burgwallzeit ein ganz anderer Bestattungsbrauch vorherrschte

240 *J. Zeman, J. Sláma, M. Buchvaldek,* 1971, S. 364 ff.

241 *J. Zeman, J. Sláma, M. Buchvaldek,* 1971, S. 399 halten mit Recht eine Verlegung des Friedhofs für wahrscheinlich.

242 *J. Zeman, J. Sláma, M. Buchvaldek,* 1971, S. 389 und Plan 1 und 2 sowie Abb. 15, 16.

243 *J. Zeman, J. Sláma, M. Buchvaldek,* 1971, S. 389 f.

244 7 der 22 Gräber waren über 75 cm eingetieft.

245 *J. Zeman, J. Sláma, M. Buchvaldek,* 1971, S. 389.

als im nördlichen Böhmen. Scherben und Scherbenhaufen über den Gräbern und in der Grabfüllung deuten auf Totenfeierlichkeiten hin, nach denen die benutzten Gefäße zerschlagen wurden. Diese Sitte erinnert an die etwas älteren Hügelbestattungen des Gebietes[246].

Ausstattung:

Die üblichen Grabbeigaben fanden sich im Gegensatz zu Radětice in Řesanice kaum. Nur 9 Gräber waren ausgestattet. Waffen kamen nicht vor[247].

Der nach Grabtiefe und Orientierung erfahrungsgemäß ältere Teil des Gräberfeldes weist mit einer Ausnahme keine üblichen Beigaben auf. Die beigabenführenden Gräber lagen im Ostteil, das reichste Frauengrab im äußersten Osten, die beiden Eimer-Gräber weit voneinander entfernt im Norden und Süden des Ostteils. Das Grab mit Eimer und Messer und das reiche Frauengrab dürften zusammengehören.

Ausgeprägter als in Radětice zeigt sich in Řesanice eine deutliche Ausstattungsspitze von 3 Gräbern. Die Zahl der beigabenlosen Gräber ist jedoch mit 59 % viel höher, die Zahl der beigabenarmen Gräber deutlich niedriger als in Radětice (Abb. 15). Im Gegensatz zu den anderen ländlichen Gräberfeldern heben sich nach Beigabenhäufigkeit und Beigabenwert 3 Gruppen voneinander ab: eine untere mit 1—2 Beigaben und bis zu 4 Punkten, eine mittlere mit 7—8 Punkten und eine obere von 3 Gräbern mit 17, 20 und 24 Punkten.

Durch die Clusteranalyse lassen sich folgende Gruppen ermitteln: Beigabenarme Gräber mit Messer, Eimer, eisernem Beschlag oder Bernsteinperle; ein Grab mit vielen Schläfenringen, drei Gräber mit Schläfenringen, Glas- und Bernsteinperlen; das reiche Grab mit Schläfenringen, Bernsteinperlen, Fingerringen und eisernen Beschlägen.

Die Ausstattungen zeugen von einigen wohlhabenden Personen in Řesanice. Die Beigaben gehören alle derselben Zeitstufe an und sind in die zweite Hälfte des 10. Jahrhunderts zu datieren[248]. Schwierig scheint mir eine Entscheidung über die beigabenlosen Gräber des Westteils. Möglicherweise sind in Řesanice umgekehrte Orientierung und Grabtiefe gar keine Anzeichen eines höheren Alters. Ich halte es auch im Hügelgräberbereich durchaus für möglich, daß die übliche Beigabensitte sich hier erst später durchgesetzt hat als im mittleren Böhmen[249]. In

---

246 *J. Zeman, J. Sláma, M. Buchvaldek,* 1971, S. 392; *R. Turek,* 1958, S. 49 ff.

247 Glas- und Bernsteinperlen und Schläfenringe bilden die typische Ausstattung. An „männlichen" Gegenständen begegnen nur Eimer und Messer, wobei beide ja auch in Frauengräbern vorkommen können (siehe oben, S. 133).

248 *J. Zeman, J. Sláma, M. Buchvaldek,* 1971, S. 398.

249 Auch die Hügelgräber scheinen ja zu einem großen Teil beigabenlos zu sein, siehe oben, S. 73 ff.).

diesem Fall könnten die beigabenlosen Gräber in Řesanice, vielleicht aber auch in Radětice nicht sozial interpretiert werden. Eine Entscheidung in dieser Frage können nur weitere Grabungen bringen. Es fällt jedenfalls auf, daß in Řesanice im Gegensatz zu Radětice keine ganzen Tongefäße als Grabbeigaben beobachtet wurden, wogegen uns aber — wie in den Hügelgräbern — Scherben begegnen.

Altersgruppen und Bevölkerungszahl:

Aussagen über die Bevölkerungspyramide in Řesanice sind auf Grund der Bruchstückhaftigkeit des vorliegenden Materials kaum zu treffen. Es wurden 4 Kindergräber (22 %), 7 Gräber jüngerer Erwachsener (38 %), 5 Gräber älterer Erwachsener (27 %) und 2 Gräber alter Personen ermittelt (11 %). Die Zahl der Kindergräber ist damit ungewöhnlich niedrig. Deshalb ergibt sich für diese Serie ein Durchschnittsalter von 35 Jahren bei einer Belegungsdauer von 50 Jahren und 15—16 gleichzeitig lebenden Personen. Davon waren 7—8 Kinder, 5 junge Erwachsene, 2 ältere Erwachsene und für die Hälfte der Belegungszeit 1 Person über 60 Jahre alt. Die hier bestattete Bevölkerung entspricht somit etwa 2 Familien.

Über die Gesamtzahl der Bevölkerung des Siedlungsplatzes ist damit jedoch nichts gesagt. Über die weitere Ausdehnung des Gräberfeldes liegen leider keine Schätzungen vor.

Tušovice bei Blatná:

In Tušovice, etwa 10 km südlich von Radětice, ist eine unmittelbare Kontinuität von der Hügelgräber- zur Körpergräbersitte zu beobachten. Leider liegen über die Fundstelle keine genaueren Angaben von[250]. Das Gräberfeld wurde um die Jahrhundertwende untersucht. Die Köpergräber, normal eingetieft, lagen offenbar z. T. unter Hügeln, aber in Reihen angeordnet. Über den Grabbau ist leider nichts bekannt. Wahrscheinlich wies er Ähnlichkeiten zu Radětice und Řesanice auf. Dagegen läßt sich das Inventar von 25 geschlossenen Funden rekonstruieren. Wie in Řesanice sind Glasperlen, Bernsteinperlen und Schläfenringe die häufigsten Gegenstände und fast nur miteinander kombiniert. 4 Gräber enthielten Glasperlen, 5 Gräber Bernsteinperlen und 8 Gräber Schläfenringe. Im Unterschied zu Řesanice waren in Tušovice jedoch die Tongefäße außerordentlich häufig: in 11 Gräbern kamen Töpfe, in 2 Gräbern Flaschen vor.

Die Beigabenverteilung in Tušovice ähnelt der in Radětice insofern, als auch hier das Maximum bei den Gräbern mit 1—2 Beigaben liegt

---

[250] Fundberichte: *V. Landa*, NM 54.057—54.097; *F. Hykeš*, *V. Landa*, PA XXV, 1913, S. 164. *J. L. Píč*, 1909, S. 349.

(Abb. 16). Die deutlich ausgeprägte Oberschicht mit einem zweiten Maximum von 9—16 Beigaben, bedingt durch die Gräber mit vielen Schläfenringen und Perlen, entspricht Radětice und Řesanice. Auch hier ergeben sich bei der Untersuchung von Beigabenhäufigkeit und Beigabenwert 3 Gruppen: die eine, untere, mit 1—2 Beigaben und 1—4 Punkten besteht aus 13 Gräbern, die zweite von 9—17 Punkten aus 7 Gräbern und die dritte lediglich aus einem Grab mit 28 Punkten.

Durch die Clusteranalyse lassen sich folgende Gruppen ermitteln: Gräber mit Eimer und Tongefäß, Gräber mit Tongefäßen, Gräber mit Schläfenringen — das sind die unteren 13 Gräber. Eine Gruppe von 5 Gräbern enthält Glasperlen, Schläfenringe und Bernsteinperlen. Als letztes hebt sich dann von den übrigen Gräbern ein Grab mit Schläfenringen, Bernsteinperlen, Kugelknopf, Messer und Eimer ab.

Das Gräberfeld in Tušovice dürfte dem in Radětice zeitlich gleich sein. Die noch voll gültige Beigabensitte ermöglicht ein relativ sicheres Urteil über die Sozialstruktur, bei der die starke Dfferenzierung auffällt. Allerdings kommen unter den rekonstruierbaren Gräbern keine Männerausstattungen vor. Offenbar wurden jedoch mehr Messer und auch Feuerstähle gefunden, die sich nach dem Bericht von F. Hykeš und V. Landa in der Sammlung der Schule in Březnice befanden.

Hořejany bei Příbram:

Nördlich der Gemeinde Hořejany wurden 5 Gräber aufgedeckt. Zwei davon enthielten reiches Inventar: das erste einen silbernen Schläfenring von 23 mm Durchmesser und 8 Glasperlen, das zweite 4 Glasperlen, einen gedrehten, silbernen Schläfenring und einen silbernen, filigranverzierten Ohrring, dessen Anhänger in der Form an eine Kaptorga erinnert[251]. Die drei weiteren Gräber waren beigabenlos.

Über weitere Fundgegenstände liegen leider keine Nachrichten vor. Die Gräber deuten auf ein reiches, zerstörtes Gräberfeld des 10. Jahrhunderts mit Oberschichtsgräbern und gehören insgesamt zu den reichsten Funden des ganzen Gebietes.

Radomyšl bei Strakonice:

In Radomyšl, unmittelbar auf dem Gebiet der Hügelgräbergruppe von Strakonice, wurde 1963/1964 ein Gräberfeld mit etwa 450 Gräbern bei der Parochialkirche Sankt Martin aufgedeckt[252]. Es handelt sich wahrscheinlich um den zentralen Friedhof für mehrere Siedlungsplätze. Der Friedhof ist bisher nicht vollständig veröffentlicht und sozialge-

---

[251] *J. Kabát,* 1950, S. 75 ff.

[252] *B. Nechvátal, P. Radoměrský,* 1964; *B. Nechvátal,* 1965; *B. Nechvátal,* 1967, S. 478 ff.

schichtlich anhand der Beigaben nicht mehr auswertbar. Fundgegenstände bilden vor allem Schläfenringe und Fingerringe.

Der Friedhof ist wahrscheinlich etwas älter als die Kirche und wird in seinen Anfängen ins beginnende 12. Jh. gesetzt. Die Kirche ist wohl nach 1170 entstanden[253]. Dadurch, daß an dieser Stelle in Spätmittelalter und Neuzeit nicht weiter bestattet wurde, konnten sich die Gräber des 12. Jahrhunderts relativ ungestört erhalten.

Die einzige Besonderheit im Grabbau bilden Grabsteine, die z. T. Zeichen tragen. Die Ausgräber möchten dem Zeichen eines Pfeils auf einem der Grabsteine heraldische Bedeutung geben[254].

Eine weitere Besonderheit stellen einige stark unregelmäßige Bestattungen dar, die sich im Südteil des Friedhofs konzentrieren und mit Vampirvorstellungen in Zusammenhang gebracht werden[255]. Die Gräber sind von besonderem Interesse, da sie mit gewisser Wahrscheinlichkeit einem viel jüngeren Horizont angehören als die übrigen unregelmäßigen Gräber[256].

In einem rechteckigen Bau am Rande des Friedhofs vermuten B. Nechvátal und P. Radoměrský den Palast des Patronatsherrn der Kirche. Die Kirche in Radomyšl war offenbar eine Emporenkirche[257].

Die Zahl der beigabenlosen Gräber, die außerordentlich hoch ist, konnte auf Grund der Publikationen leider nicht genau bestimmt werden. Von den rekonstruierbaren Gräbern hatten nur 24,4 % keine Beigaben, 63,4 % 1—2 Beigaben, 9,7 % 3—4 Beigaben. Nur ein Grab enthielt über 4 Gegenstände. Diese Verteilung ist typisch für die Kirchfriedhöfe[258].

Auch in ihrem Beigabenwert liegen die Gräber dicht beieinander, wenn sich auch zwei Gräber etwas abheben. Ein Wert von mehr als 10 Punkten wird nicht erreicht. Durch die Clusteranalyse ergeben sich nur zwei Gruppen: Gräber mit Schläfenringen und Gräber mit Fingerringen. Dazu gesellen sich zwei Gräber mit Münzen und ein Grab mit Perlenkette und einem Fingerring.

Bemerkenswert ist allerdings, daß Fingerringe und Schläfenringe in Radomyšl kaum miteinander vorkommen.

---

253 *B. Nechvátal*, 1967, S. 486 ff.; *B. Nechvátal, P. Radoměrský*, 1964, S. 683.
254 *B. Nechvátal, P. Radoměrský*, 1964, S. 666 f.
255 *B. Nechvátal*, 1967, S. 484 f.
256 *Z. Krumphanzlová*, 1966, S. 285 f.
257 *B. Nechvátal*, 1965, S. 374 ff.
258 Siehe oben, S. 122.

15. Das Gebiet an der Sázavamündung

Im Raum an der Sázava ist wie in den Gebieten von Rakovník und Pilsen der Forschungsstand so schlecht, daß im Grunde keine Aussagen gemacht werden können[259].

Möglicherweise hat die Körpergrabsitte in diesem Raum erst spät eingesetzt. Weitere, systematische Untersuchungen wären dringend notwendig und sicher gewinnbringend.

16. Die Funde an der oberen Sázava

Noch schlechter dokumentiert ist das Gebiet an der oberen Sázava[260].

Wahrscheinlich wird man auch in diesem Gebiet bei besserer Erforschung mehr Funde machen können. Eine Interpretation kann im Augenblick nicht vorgenommen werden.

---

[259] Čerčany: Urnengrab, *J. Axamit,* PA XXVI, S. 168 f. — Gräberfeld (1 Silbermünze, 11. Jh.): Fundberichte AÚ 5497/40; 5764/40; 5875/40. Hradišťko: Fundbericht AÚ 2962/50 (1 Grab mit Messer und Tongefäßen). Benešov (Beneschau): AÚ 1990/58 (Gräber mit Schläfenringen, 1 Messer). Turkovice: Fundbericht AÚ 5012/50; NM 56.648 (Tongefäße). Václavice: Fundberichte AÚ 2075/58; NM 55.014—55.018; *J. L. Píč,* 1909, S. 349 (Schläfenringe).

[260] Libež bei Vlašim: *R. Turek,* 1953a, S. 56 ff. (Tongefäße). Rataje: *J. L. Píč,* 1909, S. 334 (Schläfenringe und Fingerringe). Církvice: Fundbericht PA XXXV, 1927, S. 577 (Reihengräberfeld, ein Grab mit Eimerbeschlag).

Teil III

Sozialgeschichtliche Auswertung der schriftlichen Quellen

1. Die Bevölkerung Böhmens in der zweiten Hälfte des 9. und im 10. Jahrhundert

1.1. Herrscher und Herrscherfamilien

Die nach archäologischer Terminologie „mittlere Burgwallzeit" ist verfassungsgeschichtlich durch eine Vielzahl von kleinen Herrschaftsverbänden charakterisiert, aus denen sich allmählich die beiden Herrschaftsbereiche der Přemysliden und der Slavnikiden herausbildeten. Die Přemysliden mußten sich also zunächst lediglich als eine von vielen Herrscherfamilien behaupten.

Die erste Erwähnung eines böhmischen dux findet sich in den fränkischen Reichsannalen zum Jahre 805[1]. Über weitere Funktionen dieses Fürsten und über seine Familienzugehörigkeit herrscht Unklarheit. Er übte der Quellennotiz zufolge die Aufgabe eines Führers im Krieg gegen die Franken aus.

845 bezeugen die Fuldaer Annalen 14 böhmische duces, die sich „cum hominibus suis" den Franken unterwerfen und getauft werden[2]. Offenbar sind die 14 Fürsten von Gefolgschaften begleitet, die zusammen mit ihren Gefolgsherren das Christentum annehmen. Es scheint allerdings, daß mit diesen 14 duces keineswegs alle böhmischen Fürsten genannt sind, denn es heißt „ex ducibus". Auf eine Vielzahl böhmischer duces im 9. Jh. deutet auch die Nachricht der Fuldaer Annalen zu 856[3] hin. Im Jahre 872 werden fünf dieser Fürsten von den Franken geschlagen[4].

---

[1] Das fränkische Heer tötet einen „dux cum nomine Lechonem" ed. *F. Kurze,* 1895, S. 120.

[2] „Hludowicus XIIII ex ducibus Boemanorum cum hominibus suis christianam religionem disiderantes suscepit et in Octavis Theophaniae baptizari iussit", ed. *F. Kurze,* 1891, S. 35.

[3] „Nonnullos ex eorum ducibus in deditionem accepit", ed. *F. Kurze,* 1891, S. 47.

[4] „Zuentislan, Witislan, Heriman, Spitimar, Moyslan" — in der Schlettstaedter Handschrift steht noch ein weiterer Name, Gorivei (= Bořivoj?) (ed. *F. Kurze,* 1891, S. 76).

895 unterwerfen sich alle böhmischen duces von neuem König Arnulf. In diesem Zusammenhang hebt die Quelle aus den übrigen zwei duces heraus, die „primores erant“: einen Spitignev und einen Witizla[5].

Die genannten vier Stellen der Fuldaer Annalen geben ein einheitliches Bild von der Entwicklung der Verfassung Böhmens in diesem Zeitraum[6]. Treten in der Mitte des 9. Jh. gleichberechtigte duces in größerer Zahl auf, scheinen am Ende des 9. Jahrhunderts zwei „primores“ unter den Fürsten eine herausgehobene Stellung gehabt zu haben. Widukind von Corvey kennt im 10. Jh. nur einen herausragenden Fürsten, Boleslav, der seinen Bruder Wenzel erschlug. Einen weiteren Fürsten nennt er subregulus. An einer anderen Stelle bezeichnet er Wenzel sogar als rex[7].

In späteren fränkischen Quellen wird jeweils nur ein dux in Böhmen erwähnt.

Über den Besitz, den Einflußbereich und die Rechtsposition dieser duces der fränkischen Quellen sind wir nicht orientiert. Weiterhelfen können hier aber vielleicht einige jüngere, einheimische Quellen.

Allen Legenden und der Chronik des Cosmas von Prag ist die Verbindung der Burgen Levý Hradec, Budeč, Prag, Tetín, Vyšehrad und Boleslav mit der Přemyslidenfamilie gemeinsam. Die beiden mittelböhmischen Siedlungskammern (Prag, Budeč — Levý Hradec) bildeten demnach das Herrschaftsgebiet der Přemysliden im 9. Jahrhundert[8].

Einige Wenzelslegenden kennen darüber hinaus weitere Fürsten: der Přemyslide Bořivoj, „quidam comes in provincia Boemorum“ heiratete nach der wahrscheinlich ältesten Ludmillalegende „uxorem de alia provincia, filiam Zlawyboris comitis“[9]. Wenn es hier auch naheliegt, die „alia provincia“ nicht in Böhmen zu suchen — in der altslawischen Ludmillalegende ist Ludmilla die Tochter eines sorbischen Fürsten[10] —, so

---

[5] Ann. Fuld. ed. *F. Kurze*, 1891, S. 126.

[6] Nach *V. Vaněček*, 1949, S. 46 ff.; *V. Nový*, 1968, S. 195 ff. sind 845 nicht Bewohner des böhmischen Kessels, sondern Main-Rednitz-Slawen gemeint. Ich kann dem nicht folgen — dagegen auch jetzt *D. Třeštík*, 1981, S. 6, Anm. 3, mit weiterer Literatur.

[7] Widukind von Corvey, II, 3 und I, 35 (ed. *P. Hirsch*, 1935, S. 68 und S. 50 f.).

[8] Levý Hradec: Cosmas I, 10, ed. *B. Bretholz*, 1923, S. 23; Budeč: z. B. „Crescente fide“, ed. *V. Chaloupecký*, 1939, S. 495; Vyšehrad: Cosmas I, 7, ed. *B. Bretholz*, 1923, S. 17. Prag: alle Wenzelslegenden und Cosmas mit vielen Belegstellen: Tetín: „Fuit“, ed. *V. Chaloupecký*, 1939, S. 473 und andere Stellen; Boleslav: Cosmas I, 17, ed. *B. Bretholz*, 1923, S. 36 und die jüngeren Wenzelslegenden. „Crescente“ und die erste, altslawische Legende kennen die Lokalisation des Wenzelmordes in Boleslav nicht. Zur Datierung und Kritik der einzelnen Wenzelslegenden siehe oben S. 43 ff.

[9] „Fuit“, ed. *V. Chaloupecký*, 1939, S. 467.

[10] Život sv. Lidmily, ed. *J. Vajs*, 1929, S. 64.

legen in späterer Zeit Cosmas von Prag und der sog. Christian die Herrschaft Zlawybors in die Burg Pšov, zu Cosmas' Zeiten schon Mělník genannt[11]. Aus dieser Heirat wird in der Literatur die Eingliederung der nordböhmischen Pšovanen in den Herrschaftsverband der mittelböhmischen Přemysliden geschlossen — die Problematik dieser Interpretation zeigen die älteren, erstgenannten Legendennachrichten[12].

Ein „dux Kurimensis" ist uns in der allerdings erst aus dem 13. Jahrhundert stammenden Wenzelslegende „Oriente iam sole" erhalten. Wenzel kämpft siegreich gegen ihn, der noch als Heide charakterisiert wird[13]. Die gleiche Episode findet sich in der umstrittenen Legende des sog. Christian[14]. Wenn auch das Ereignis selbst nicht der historischen Realität entsprochen haben mag, so ist die Existenz eines mächtigen Fürsten in Kouřim doch durchaus wahrscheinlich und wird durch die archäologischen Quellen bestätigt. Dalimil überliefert in seiner Darstellung der Wenzelslegende Anfang des 14. Jahrhunderts auch noch den Namen des Fürsten: Radislav[15]. Nach Dalimil war eine Fürstenfamilie mit dem Fürsten von Kouřim verwandt, von der wir sehr viel mehr wissen: die Familie von Slavník. Dem heiligen Adalbert, dem zweiten Bischof von Prag, einem der Söhne Slavníks, verdanken wir das Interesse der Quellen an diesem Fürsten. Leider sind sowohl die Adalbertslegenden als auch Cosmas, der sich auf die Vita des Canaparius stützt, aber auch eigene Zusätze hat, im Gebrauch der Rechtstermini außerodentlich unsicher. Canaparius beschreibt Slavník als „vir magnus inter cunctos eius terrae habitatores" und betont, daß er „accepit uxorem dignam generis sui"[16]. Brun von Querfurt gebraucht etwas genauere Begriffe: „vir magnus et prepotens"; „sub se positorum hominum unda, familia multa perstrepens"; „dominus terre". Seine Frau, Adalberts Mutter, wird „ex genere sclavorum nobilissima" genannt[17]. Hier entsteht also das Bild eines Fürsten von hoher Herkunft mit einer großen, aber rechtlich unbestimmten Herrschaft über Land und Leute. Wiederum genauer ist Cosmas' Bericht: „Huius tam insignis ducis me-

---

[11] Cosmas, I, 15, ed. *B. Bretholz,* 1923, S. 34; sog. Christian, ed. *J. Pekař,* 1906, S. 88 ff.

[12] So auch *R. Nový,* 1968, S. 206. Für die ältere Literatur *V. Novotný,* 1912, S. 442.

[13] „Oriente", ed. *V. Chaloupecký,* 1939, S. 412.

[14] Sog. Christian, ed. *J. Pekař,* 1906, S. 125. Christian gebraucht die Termini „princeps" und „dux".

[15] Dalimil, FRB III, S. 55 f.; dazu *V. Novotný,* 1912, S. 643 und 462. Zur archäologischen Forschung in Kouřim siehe S. 170 mit der entsprechenden Literatur.

[16] FRB I, S. 235.

[17] FRB I, S. 266. *R. Wenskus,* 1967, S. 39 macht darauf aufmerksam, daß der Begriff „dominus terre" für deutsche Herren zu dieser Zeit noch nicht üblich war.

tropolis fuit Lubic“[18]. Den Herrschaftsbereich des Fürsten, der nach Cosmas ganz Süd- und Ostböhmen umfaßt haben soll, nennt er „principatus“. In Slavníks Haus hielt sich „procerum multitudo“ auf — doch wohl die Großen seines Reiches[19]. Man kann vermuten, daß die ältere Herrschaft des Fürsten von Kouřim in der Herrschaft Slavníks oder seines Vorgängers in Libice aufging.

Ebenfalls durch die Adalbertslegenden und durch Cosmas wissen wir vom Untergang dieser Herrscherfamilie. Im Jahre 995 wurden die Brüder Adalberts von Leuten der Přemysliden ermordet und damit der ost- und südböhmische Bereich der Přemyslidenherrschaft angegliedert[20].

Die Tatsache der Ermordung der vier Brüder zusammen mit ihren Familien in Libice wirft ein Licht auf die Herrschaftsstruktur des späten Slavníkenreiches: kein Bruder wird hervorgehoben, alle leben mit ihren Familien in der Hauptburg des Reiches. Dies deutet auf eine Brüdergemeine, auf die Herrschaft aller Brüder über das Reich, hin. Der Vater Slavník scheint dagegen allein geherrscht zu haben[21]. Bedeutsam ist in diesem Zusammenhang auch die gleichzeitige Ausrottung der ganzen Familie in Libice[22].

Das letzte Fürstentum, über das wir unterrichtet sind, ist das der Lučanen in Nordwestböhmen. Cosmas geht in seiner Darstellung allerdings diesmal nicht von den Fürsten aus, sondern von den Bewohnern des Landes, den Lučanen[23], denen „prefuit dux nomine Wlastislav“. Vlastislav scheint auch über Leitmeritz geherrscht zu haben, denn er baute eine Burg zwischen den Provinzen Bílina und Leitmeritz, die nach ihm benannt war. Auch die Lučanen wurden von den Přemysliden besiegt, ihr Land der Přemyslidenherrschaft eingegliedert. Vlastislavs „filius herilis“ wurde zwar zunächst als späterer Herrscher aufgezogen, letztlich jedoch getötet. Der ganze Vorfall muß sich irgendwann im 9. Jahrhundert abgespielt haben. In der mythischen Genealogie der Přemysliden, die uns Cosmas überliefert, steht Neclan an zweiter Stelle vor Bořivoj, der etwa um die Jahrhundertwende vom 9. zum 10. Jahrhundert herrschte.

---

[18] Zu den archäologischen Untersuchungen der Burg Libice, die die hervorragende Stellung des Platzes bezeugen, siehe S. 180.

[19] Cosmas I, 27, ed. *B. Bretholz*, 1923, S. 49.

[20] Cosmas I, 29, ed. *B. Bretholz*, S. 53; FRB I, S. 259; S. 288.

[21] Die Institution der Brüdergemeine ist mehrfach im slawischen wie auch im germanischen Bereich belegt, so bei den Merowingern, *R. Schneider*, 1964; *R. Schneider*, 1972, S. 250.

[22] Ähnlich *V. Novotný*, 1912, S. 493.

[23] Cosmas I, 10, ed. *B. Bretholz*, 1923, S. 23 f.

Damit sind uns für das 9. Jh. folgende Herrschaftsbereiche näher überliefert:

1. Mittelböhmen als Kernlandschaft der Přemysliden mit einer Ausdehnung zunächst nach Nordwesten (Lučanen), nach Norden (Pšov[?]), zuletzt nach Süden und Osten (Slavníkherrschaft).
2. Kouřim mit unbekannter Ausdehnung geht wahrscheinlich im ostböhmischen Herrschaftsbereich auf.
3. Slavníkherrschaft (Ost- und Südböhmen).
4. Mělník mit unbekannter Ausdehnung, nur sehr unsicher belegt.
5. Nordwestböhmen und Nordböhmen (Lučanenherrschaft).

Die drei großen Herrschaftsräume werden wir uns schon als Zusammenschlüsse verschiedener kleiner Herrschaftsgebiete vorstellen müssen.

In engem Zusammenhang mit der Frage der frühen Herrschaftsverbände und ihrer Fürsten steht das Problem der Stämme im vorpřemyslidischen Böhmen. Trotz der fragmentarischen Nachrichten, die vor allem in der Prager Bistumsurkunde von 1086 enthalten sind, wird man die Existenz solcher ethnischen Einheiten im Sinne von R. Wenskus nicht bestreiten können — im Falle der Tschechen und der Lučanen dürfte auch kein Zweifel an der Lokalisation und der zeitweisen Identität mit einem Herrschaftsbereich bestehen[24]. Ein außerordentlich alter Stammesname ist im Namen der Chorvati überliefert, die in Nordostböhmen lokalisiert werden[25]. Die Herrschaftsverhältnisse in diesem Gebiet sind vor der Slavníkenzeit nicht überliefert. Eine Verbindung zwischen dem Herrschaftsgebiet von Kouřim und den Zličanen stellt erst Dalimil im 14. Jh. her[26]. Unklar sind die Herrschaftsverhältnisse der Doudleby und der Volyňané in Südböhmen[27]. Die beiden letzten Namen sind ebenso wie die der Litoměřici und Děčané, Pšované und Sedličané nach einer Burg und somit nach einem kleineren Herrschaftsgebiet gebildet.

Mit der Entstehung dieser Namen, die doch erst nach der Gründung der Burg datiert werden, dürfte eine Verfassungsänderung verbunden gewesen sein[28], die letztlich den böhmischen Einigungsprozeß einleitete:

---

[24] Zum Stammesbegriff und zur Kritik von *V. Vaněček* und *H. Preidel* an der Stammestheorie *R. Wenskus,* 1967, S. 32 ff. Zur Urkunde Heinrichs IV. und ihren Namen auch *R. Turek,* 1975.

[25] Zur Schwierigkeit der Bestimmung des Siedungsgebietes *V. Novotný,* 1912, S. 508.

[26] FRB III, S. 55 f.

[27] Dazu *V. Novotný,* 1912, S. 501 f. *J. Marquart,* 1903, S. 125 f. (Mas'ūdi); *R. Wenskus,* 1967, S. 38. Die Volyňané sind aus dem Ortsnamen Volyně erschlossen.

[28] So auch *R. Wenskus,* 1967, S. 38.

die Bildung von Burgherrschaften mit Burgherrschaftsmittelpunkten, wie wir es z. B. in Kouřim beobachten können. Die Hauptburg wird der Mittelpunkt des Herrschaftsbereiches bzw. der Siedlungskammer. Dementsprechend sind auch die Fürsten in den o. a. Stellen fast immer im Zusammenhang mit Burgen genannt. Burgen tragen die Namen ihres Gründers: Vlastislav den Namen des Lučanenfürsten, Boleslav den Namen des Přemyslidenfürsten. Cosmas ordnet, wenn auch erst zu Beginn des 12. Jahrhunderts, den legendären Personen der böhmischen Sagenzeit Burgen zu: Krok, Tetka und Libussa — „urbem construxit et ex suo nomine eam Lubossin vocitavit"[29]. Für Cosmas war somit die Verbindung von hochgestellten Personen und Burgen eine Selbstverständlichkeit.

Die im Zusammenhang mit den älteren Burgbezirken stehende Verwaltungsstruktur wird aus den Quellen des 9. und 10. Jahrhunderts leider nicht deutlich. Ob man die Verhältnisse des 11. Jh. in die frühe Zeit übertragen kann, ist fraglich, da sie sich wenigstens zu einem Teil erst durch die Notwendigkeit der verwaltungsmäßigen Erfassung eines größeren Gebietes erklären lassen[30].

1.2. Die freie Bevölkerung

Sind die Nachrichten über die Fürsten, über ihren Besitz, ihre Rechtsstellung und über ihre Herrschaftsmittel schon gering, so wissen wir über die weiteren sozialen Schichten des 9. und 10. Jh. kaum etwas. Die Quellenstellen legen es nahe, zwischen einem unmittelbaren Gefolge des Fürsten und einem weiten Kreis von politisch bevorrechtigten Personen, dem Großgefolge, zu unterscheiden.

Die in der zweiten Hälfte des 10. Jahrhunderts entstandene, wohl älteste lateinische Wenzelslegende, „Crescente fide", zeigt eine aristokratische Welt. „Omnes populi, qui eius regionis nobiles fuerant"[1] wählen den Fürsten — der Wählerkreis stellt somit eine Auswahl von Personen dar: nobiles. Im unmittelbaren Gefolge des Fürsten findet man fideles, viri und milites. Der Fürst besitzt einen „exercitus", den

---

[29] Cosmas I, 3, 4, ed. *B. Bretholz,* 1923, S. 9 ff.

[30] Siehe dazu unten S. 232 ff. *K. Vogt* hält dem Schuchardt'schen Schema Fluchtburg — Herrenburg entsprechend die frühesten Burgen für Fluchtburgen. Er rechnet bei jedem Stamm mit der Entstehung einer Fürstenburg in der mittleren BWZ, vielleicht auch schon im 10. Jh. mit der Entstehung kleiner Herrenburgen (diese Entwicklung muß nach ihm später sein als die der Fürstenburgen; (1938, S. 29 ff.). Für die Zeit vor dem 10. Jh. lehnt Vogt eine Burgbezirksverfassung nach dem Muster der Kastellaneibezirke ab. Lediglich der Přemyslidenstaat als auch der Slavnikenstaat des 10. Jh. besaßen „bereits eine Burgenverfassung als Herrschafts- und Verwaltungsorganisation" (S. 51, zusammenfassend S. 62 ff.).

[1] „Crescente", ed. *V. Chaloupecký,* 1939, S. 495.

er mit Waffen und Kleidung ausstattet. Auch hier ist wohl das unmittelbare Gefolge gemeint, das an anderer Stelle ausdrücklich als Teilgruppe des populus bezeichnet wird. Gruppen von unmittelbaren Gefolgsleuten gruppieren sich übrigens auch um Boleslav und Drahomir. Wohl nur zu einem Teil zum unmittelbaren Gefolge gehören die „patres familias“, an die sich Wenzel wendet, um das Christentum durchzusetzen — wir können in ihnen wohl die Oberhäupter der gentes sehen.

Das unmittelbare Gefolge des Fürsten wird auch in der Erwähnung der „homines“ der Fuldaer Annalen zum Jahre 845 deutlich[2].

Die altslawischen Wenzelslegenden nennen das unmittelbare Gefolge „družina“, benutzen aber auch den Begriff „ratnici“, Krieger, der vielleicht dem lateinischen „exercitus“ entspricht. In der ersten, altslawischen Wenzelslegende heißt es auch einfach „s česky muži“ oder „s muži svojimi“ — cum hominibus suis[3]. Eine besondere Rolle kommt in dieser Quelle den schlechten Ratgebern Boleslavs, Tista, Tira und Hňevsa, zu. Letzterer besitzt einen Hof beim Hof Boleslavs, der so ausgestattet gewesen sein muß, daß er den Přemysliden Boleslav dorthin einladen konnte. Unmittelbare Gefolgsleute konnten demnach Höfe innerhalb der Burganlage besitzen — wahrscheinlich im Suburbium.

Die zweite, etwas jüngere altslawische Legende nennt darüber hinaus vel'moži und bojare. Mehrfach werden l'udi erwähnt, deren soziale Stellung allerdings nicht immer deutlich wird[4]. Sind mitunter wohl alle Leute gemeint, so wird an einer Stelle der Personenkreis, der den Fürsten wählt, mit „l'udi“ bezeichnet. Dies entspricht wohl dem „populus“ und meint hier mit Sicherheit Freie.

In der ältesten Ludmillalegende, „Fuit“, erreichen zwei Gefolgsleute der Drahomír, Tunna und Gummo, eine außerordentliche Stellung: „cum tyrannis regnare cepit“[5]. Über die soziale Stellung der beiden wird allerdings nichts ausgesagt.

Die beiden italienischen Legenden, Gumpold und Laurentius, bieten für die böhmische Sozialstruktur wenig. Auch hier werden jedoch die Gefolgschaften als Herrschaftsinstrument deutlich[6]. Die ebenfalls noch aus dem 10. Jh. stammenden Adalbertsviten Bruns und Canaparius' sind durchdrungen von der vornehmen Herkunft Adalberts, seine Brü-

---

[2] Annales Fuldenses, ed. *F. Kurze,* 1891, S. 35.

[3] *M. Weingart,* 1934, S. 976 f.

[4] Erste altslawische Legende, ed. *J. Vajs,* 1929, S. 17 (Text Vostokovský); S. 25 (Text Minejni). Zweite altslawische Legende, S. 16 ff.; *W. H. Fritze,* 1977, S. 498; S. 500; S. 525 zu den l'udi, in denen er die Gesamtheit der freien Bevölkerung sehen möchte.

[5] „Fuit“, ed. *V. Chaloupecký,* 1939, S. 477.

[6] So FRB I, S. 175; S. 155; S. 160.

der sind „nobiles et praeclari“[7], aber auch die vornehme Ehebrecherin, die bei Adalbert Schutz sucht, ist „mulier eiusdem nobilis“[8].

Während die Rechtsstellung der zur Gefolgschaft gehörenden Personen in den älteren Legenden offenbleibt, zeichnen sich die jüngeren Legenden durch einen festen Begriffskanon aus, der keine Zweifel läßt — die soziale Stellung der Personen wird scharf umrissen. Die umstrittene Christianslegende gebraucht die Termini „proceres“, „primarii“, „consiliarii et primates terre“. Der Gehilfe Wenzels, Poviden, wird als „miles“ bezeichnet. Die gleichen Begriffe benutzen „Oriente“ und „Oportet“ und auch Cosmas in seiner Darstellung der Wenzelslegende. „Oportet“ macht eine interessante Unterscheidung zwischen „principes“ und „milites suorum“ und berichtet an einer anderen Stelle auch von ärmeren Personen, „cives pauperes et provinciales“, doch wohl Freie, um deren Wohl Wenzel sich bemüht[9].

Einzig faßbar bleiben in den älteren lateinischen Legenden die Begriffe „nobiles“, „milites“ und „fideles“. „Milites“ und „fideles“ bezeichnen das unmittelbare Gefolge, „nobiles“ die Gesamtheit der Edlen. Während die primates der jüngeren Quellen dem Land zugeordnet sind (p. terrae, regni), werden die milites und fideles der älteren Quellen lediglich im Zusammenhang mit dem Gefolgsherren genannt.

Die Funktionen, in denen die vornehmen Personen erwähnt werden, differieren zwischen den Legenden kaum: Die Wahl des Herzogs (nobiles, populus, maior populus, primates terre), gemeinsame Gastmähler mit dem Fürsten, Beratung des Fürsten (consiliarii, primates, primarii, viri) und letztlich die Gefolgschaft im Kampf (milites).

Die Chronik des Cosmas von Prag ist für das 9. und 10. Jahrhundert in vieler Hinsicht eine gelehrte Konstruktion des Verfassers und eher für das Geschichtsbild des 11. und 12. Jh. als für das 9. und 10. Jh. aussagekräftig. Die Figur des Krok bildete er nach Aeneas und Abraham, die Schilderung des goldenen Zeitalters entspricht allgemeinen ethnographischen Topoi antiker Literatur[10]. Auch der Streitfall „inter duos cives, opibus et genere eminentiores“[11] zeigt nur die Hybris des Adels im 11. und 12. Jahrhundert, dessen Untreue gegen die bestehende Ordnung in Cosmas' Sicht immer wieder verheerende Folgen hatte, kann somit also nicht als Beleg für die Existenz eines Adels in der Frühzeit gewertet werden.

---

[7] Canaparius, FRB I, S. 259.

[8] Canaparius, FRB I, S. 252.

[9] „Oportet“, ed. *J. Pekař*, 1906, S. 401: „conventus principum et militum suorum in palatio“.

[10] Zusammenfassend *D. Třeštík*, 1968, S. 131; *F. Graus*, 1975, S. 90 ff.

[11] Cosmas I, 4, ed. *B. Bretholz*, 1923, S. 11 ff.

Stärkeres Gewicht wird man den bei der Schilderung des Lučanenkrieges genannten Personen beimessen müssen — die Episode bezieht sich wohl auf die Mitte oder die erste Hälfte des 9. Jahrhunderts. In der Terminologie des 12. Jh. nennt Cosmas die hervorragenden Personen, die sich in Levý Hradec verbergen, „populi primates". Tyro's hohe Stellung umschreibt er als „precipuus honestate, corporis, etate et nomine". Wie in den Wenzelslegenden wird auch hier die beratende Funktion des unmittelbaren Gefolges deutlich: „omnium consilio comitum"[12]. Noch näher ausgeführt wird das Bild der beratenden Fürsten nach der Tötung des Erben des lučanischen Fürstentums[13]. Diese Darstellung wird sicher auch für die frühe Zeit gelten. An einer Stelle seiner Schilderung der Wenzelsgeschichte unterscheidet Cosmas deutlich „plebs universa, proceres und clerici"[14]. Die Wahl Adalberts entscheiden „dux Boleslaus et eius optimates"[15].

Während die Begriffe „comes" und „eius optimates" die unmittelbare Gefolgschaft meinen, weisen die Begriffe „senior" oder „primas" offenbar darüber hinaus. „Senior" benutzt Cosmas nur dreimal: er nennt Boemus, den Urvater, „senior", er spricht von „Primizl et aliis senioribus" und setzt letztlich „primates populi" und „seniores" gleich. Gewiß sind hier die Großen des Landes gemeint, die Oberhäupter der wichtigsten Familien, der wichtigsten gentes, zu denen ja auch die Přemyslidenfamilie selbst zu rechnen ist. Die seniores dürften auch identisch sein mit den patres familias aus „Crescente". Jedenfalls handelt es sich um die gesamte Oberschicht, nicht nur um das unmittelbare Gefolge. Cosmas weist darüber hinaus auch auf eine soziale Differenzierung innerhalb dieses Personenkreises hin[16]. Neben Přemysliden und Slavniken nennt er noch drei weitere gentes: die Wrisovici, gens Muncia und gens Tepca[17].

Neben comites, optimates, primates und seniores erwähnt Cosmas bis zum Jahre 1000 auch in zwei Fällen nobiles[18]. Die eine Stelle ist ein Beleg für die besonders angesehene Stellung der nobiles, wodurch die nicht ganz deutliche Aussage von „Crescente" gestützt wird[19]. Der ser-

[12] Cosmas I, 10—13, ed. *B. Bretholz,* 1923, S. 23 ff.

[13] Cosmas I, 13, ed. *B. Bretholz,* 1923, S. 30: „invenit ducem in Pragensi palatio cum omnibus residentem comitibus".

[14] Cosmas I, 18, ed. *B. Bretholz,* 1923, S. 37.

[15] Cosmas I, 25, ed. *B. Bretholz,* 1923, S. 47.

[16] Cosmas I, 2; I, 1—9; I, 19, ed. *B. Bretholz,* 1923, S. 7, 18, 39. Dazu *J. Lippert,* 1896, S. 168, der den „primus inter seniores" als Phratrievorstand interpretiert. *V. Novotný,* 1912, S. 494. Zur Frage der gentes *R. Nový,* 1972, S. 35.

[17] Cosmas I, 34, S. 61; I, 42, S. 78; auf die letztgenannten gentes muß im Zusammenhang mit dem 12. Jh. noch näher eingegangen werden.

[18] Cosmas I, 34, ed. *B. Bretholz,* 1923, S. 61, 62.

[19] So auch *A. Sedláček,* 1890, S. 231; *J. Lippert,* 1896, S. 248, sieht die Stelle als Beweis für einen häufigen, unkomplizierten Aufstieg aus der Unfreiheit

vus Dovora, der sich im Fürstendienst verdient gemacht hatte, wird durch Ausruf auf allen Marktplätzen „inter nobiles et ingenuos" aufgenommen. Diese Standeserhöhung ist erblich. Gleichzeitig erhält er, ebenfalls zu Erbrecht, das Venatorenamt des fürstlichen Hofes Stbecna. Die Tat Dovoras ist einmalig und von Cosmas stark hervorgehoben. Es scheint deshalb, daß eine Erhebung von Dienstleuten „inter nobiles" zumindest bis zum Beginn des 12. Jahrhunderts nicht allgemein üblich war.

Welchen Unterschied der Verfasser zwischen „nobiles" und „primates populi" macht, wird nicht ganz deutlich. Aus der Wortbedeutung könnte man schließen, daß die primates eine hervorgehobene Gruppe unter den nobiles bildeten, vielleicht auch nur als die Häupter der edlen Familien. Diese Frage ist jedoch allein aufgrund von Cosmas und den übrigen älteren erzählenden Quellen nicht zu klären[20].

Mit großer Wahrscheinlichkeit gab es somit im 10. Jh. eine sozial hervorgehobene Schicht: nobiles. Diese Personen hatten nach „Crescente" das Recht, den Fürsten zu erheben und anzuerkennen, wie dies später bei der Wahl Břetislavs I. geschildert wird (s. u.). Ein Teil der nobiles wird als comites und fideles im unmittelbaren Gefolge des Fürsten genannt. Der Fürst hat das Recht, alle primates populi oder seniores zu Versammlungen einzuberufen. Wichtige Entscheidungen fällt er nur „cum comitibus". Die comites oder primates oder patres werden zu Gastmählern in die Fürstenburg geladen. Ein Teil dieser Leute scheint in der Burg Höfe besessen zu haben — zu welchem Recht, wird aus den Quellen nicht klar. Ein anderer Teil aber muß auf dem Lande gelebt haben wie die primates populi, die Boleslav I. zum Bau seiner Burg „opere romano" zwang. Die Burgenbaupflicht ist uns aus zahlreichen Immunitätsprivilegien als eine der Pflichten der Bevölkerung der Burgbezirke bekannt[21].

---

in fürstliche Ämter an. Seiner Meinung nach war die Abstammung für diese Ämter keine Bedingung. — Die Cosmasstelle aber besagt genau das Gegenteil. Dovora wird erst rechtlich erhoben und erhält dann das Amt. *R. Nový* möchte aufgrund dieser Stelle eine beträchtliche soziale Mobilität annehmen (1968, S. 224).

[20] *R. Nový* setzt die Begriffe nobilis, primas, maior natu usw. inhaltlich gleich (1968, S. 223). *J. Lippert* sieht in den nobiles die Patriarchal- und Dienstadelsgeschlechter (S. 253), in den primates wie auch den comites das fürstliche Gefolge (1896, S. 246). *F. Vacek*, 1905, S. 92 f. interpretiert die maiores natu, primates, seniores, kmety als Oberhäupter der alten Großfamilien. Er zieht dazu allerdings hauptsächlich Quellenstellen aus dem 12. und 13. Jh. heran. Ein Teil der Kmeten besitzt seiner Meinung nach fürstliche Ämter. *V. Vaněček*, 1949, S. 108, hält die primates für Mitglieder des Gefolges und für die Oberhäupter der bedeutendsten Grundherrengeschlechter. Eine Deutung dieser Oberschicht kann erst aufgrund der jüngeren Quellen vorgenommen werden (siehe unten, S. 264 ff.)

Über die wirtschaftliche Grundlage dieses Personenkreises erfahren wir leider aus den älteren Quellen nichts. Es muß deshalb im folgenden versucht werden, Rückschlüsse aus der jüngeren Zeit zu ziehen.

1.3. Abhängige Personen

Neben den nobiles, die ingenui, also frei geboren waren, gab es auch im 10. Jh. unfreie Personen. Ob zwischen beiden Schichten in der Frühzeit noch eine Mittelschicht bestanden hat, die man etwa unter dem Begriff des populus im Gegensatz zum maior populus, der Nobilität, sehen könnte, läßt sich nicht einwandfrei beweisen. Die Quellen schweigen über diese Personen.

Dagegen haben wir einige wenige Nachrichten über servi, persönlich unfreie Leute. Dovora war servus, ein fürstlicher Dienstmann, bevor er in den Stand der „nobiles et ingenui“ erhoben wurde. Aus der Raffelstetter Zollordnung von 903/906 wird deutlich, daß mit Sklaven aus Böhmen gehandelt wurde — der Preis für eine Magd entsprach dem für ein männliches Pferd, der für einen servus dem für eine Stute[22].

Über Rechte, Besitz und Pflichten dieser Abhängigen oder über eine Differenzierung, wie sie schon in der ersten Hälfte des 11. Jahrhunderts deutlich wird, liegen keine Quellen vor. Wir sind deshalb auf die Urkunden der späteren Zeit angewiesen. Somit läßt sich die Frage nach der Dienstorganisation und der Organisation des Grundbesitzes im 10. Jh. nicht eindeutig aufgrund von schriftlichen Quellen beantworten.

2. Soziale Schichten im 11. und 12. Jahrhundert

2.1. Der von den schriftlichen Quellen des 11. und 12. Jahrhunderts erfaßte Raum

Die im 11. und 12. Jahrhundert zu den erzählenden Quellen hinzutretenden urkundlichen Nachrichten stammen aus den verschiedensten Gebieten Böhmens, so daß nun ein strukturgeschichtliches, flächenhaftes Arbeiten möglich wird. Insgesamt liegen zu 1356 Siedlungsplätzen Informationen vor.

---

[21] Dazu auch V. *Vaněček,* 1928, S. 19 f.; 1937, S. 88 ff. — Zur Cosmasstelle im Zusammenhang mit dem Bau einer „Fürstenburg“ K. *Vogt,* 1938, S. 38; *F. Graus,* 1953, S. 260.

[22] CDB I, Nr. 31, S. 35 f. — Zum Begriff „servus“ siehe unten S. 245 f. *F. Graus,* 1953, S. 173 ff.; S. 177 ff.

Aufgrund der Urkunden von 993—1230 ergibt sich folgendes Verbreitungsbild (Karte 1)[1]:

Nordwestböhmen:

Im Gebiet um Bílina 20 Ortschaften, von denen nur 6 unmittelbar am Flußlauf der Bílina liegen, um den sich der Kern der archäologisch bezeugten Bílina-Gruppe erstreckte; 13 Siedlungsplätze liegen in dem archäologisch nicht dokumentierten Gebiet im Norden um Dux; um Most 4 Siedlungsplätze, die fast an das nördliche Bílina-Gebiet anschließen; an der Eger ein Schwerpunkt südlich von Kaaden mit 15 Siedlungsplätzen (durch Gräber nur direkt an der Eger belegt); westlich davon um Duppau (Doupov) 9 Siedlungsplätze, archäologisch nicht belegt; ebenfalls ohne archäologische Funde 9 Siedlungsplätze weit verstreut am Oberlauf der Eger; um Žatec 12 Siedlungen, die der Grabfundverteilung entsprechen; mit Anschluß an das mittlere Nordböhmen und an Mittelböhmen 27 Fundstellen an der Eger selbst und sowohl nördlich als auch südlich der Eger unterhalb von Louny und Libochovice, archäologisch vor allem an der Eger und südlich der Eger belegt.

Man kann somit 1. eine Siedlungskammer um Bílina, 2. eine Siedlungskammer um Kadaň und Žatec und 3. eine Siedlungskammer an der unteren Eger erkennen. Die beiden ersten Kammern sind ganz von siedlungsfreiem Gebiet umgeben, die dritte nur in ihrem westlichen Teil — dem Siedlungsbild der Urkunden zufolge müßte man sie eher zu Nordmittelböhmen rechnen. Während im allgemeinen also Übereinstimmung mit den Grabfunden besteht, sind im einzelnen doch andere Räume erfaßt worden. Häufig werden gerade von den Grabfunden nicht bezeugte, abseits der Flüsse gelegene Siedlungsplätze erwähnt, während die archäologischen Schwerpunkte eher an den Hauptflüssen und ihrer unmittelbaren Umgebung liegen. Bei einem Teil der urkundlich erwähnten Siedlungsplätze handelt es sich ganz offenbar um Ausbausiedlungen der alten Siedlungsgebiete. Ganz deutlich wird dies um Kadaň und um Duchcov (Bílina).

---

[1] Der Karte der erwähnten Ortschaften liegt der Codex diplomaticus Bohemiae, herausgegeben von *G. Friedrich,* zugrunde (im folgenden CDB I und II). Die Kartierung wurde mit Hilfe der Lokalisierung *G. Friedrichs* selbst, dem historischen Ortslexikon von *A. Profous,* 1949—60, sowie dem Wüstungsverzeichnis von *F. Roubík,* 1959, vorgenommen. Wertvolle Hinweise zur Deutung alttschechischer Ortsnamen verdanke ich *R. Turek,* Prag und *J. Prinz,* Berlin. Da die folgenden Beschreibungen auf den von mir erstellten Karten der Grabfunde und der schriftlich erwähnten Siedlungsplätze beruhen, verzichte ich hier auf die Nennung weiterer Literatur und verweise für die einzelnen Gebiete Böhmens auf den archäologischen Teil. Karten der Siedlungsgebiete wurden schon in einer Reihe von Arbeiten vorgelegt, so bei *W. Friedrich,* 1912; *J. Lippert,* 1896; *E. Schwarz,* 1931 (1961); *J. Sláma,* 1967. Zur Entwicklung der Siedlungsgebiete ist weiterhin heranzuziehen *J. V. Šimák,* 1938; von sprachwissenschaftlicher Seite *V. Šmilauer,* 1960.

Nordmittelböhmen:

Zusammenhängendes Siedlungsgebiet mit über 100 Siedlungsplätzen und Schwerpunkten um Ústí nad Labem und Litoměřice.

Man kann deshalb auch hier von einer Siedlungskammer um Leitmeritz sprechen. Sie deckt sich im Leitmeritzer Gebiet z. T. sehr genau mit den archäologischen Funden, weist jedoch im Gebiet innerhalb des Elbknies und östlich von Ústí weit darüber hinaus.

Nordostböhmen:

Insgesamt nur etwa 85 Siedlungsplätze; südwestlich von Mladá Boleslav 21 Siedlungsplätze im Hügelland zwischen Benátky (Neu Benatek) und Mšeno (Wenschen), archäologisch kaum belegt; nördlich und südlich von Mnichovo Hradiště 11 Siedlungen, archäologisch nicht belegt; zwischen Nymburg, Městec Králové und Libáň 16 Ortschaften weit verstreut — archäologische Funde lediglich am Lauf der Mrlina und z. T. westlich von ihr; am Rand von Grabfund- und Hügelgrabgebieten 3 Siedlungsplätze westlich von Jičín, 3 westlich von Nový Bydžov und, mit Anschluß an das Gebiet von Hradec Králové östlich von Jičín über Hořice zur Elbe 11 Ortschaften — im Gebiet einiger Körpergräber und Hügelgräber; im Bereich von Opočno und Náchod 4 verstreute Siedlungsplätze.

Somit zeichnen sich 1. eine Siedlungskammer westlich der Jizera und westlich von Mladá Boleslav ab, 2. eine Siedlungskammer um Mnichovo Hradiště, 3. eine Siedlungskammer im weiteren Bereich der Mrlina und 4. ein Siedlungsgebiet zwischen Jičín, Hořice und der Elbe. Nur ganz wenige Siedlungsplätze decken sich unmittelbar mit Grabfunden, die sich hier noch ausgeprägter als in Nordwestböhmen an den Flußläufen orientieren.

Östliches Mittelböhmen:

13 Siedlungsplätze um Hradec Králové, teilweise auch archäologisch belegt; 18 Siedlungsplätze um Litomyšl (Leitomischl) — hier keine Grabfunde; 12 Ortschaften zwischen Vysoké Mýto (Hohenmaut) und Chrudim, teilweise mit archäologischen Funden; ebenfalls z. T. archäologisch belegt um Chrudim 9 verstreute Siedlungen, 10 Plätze an der Elbe und Přelouč; etwa 50 Siedlungen im Elbgebiet um Kolín, Poděbrady (Podiebrad), Český Brod und Kutná Hora / Čáslav, davon mit Grabfunden die Gebiete um Kutná Hora, Čáslav, Kolín und Poděbrady — das ganze Gebiet also schriftlich und archäologisch gut dokumentiert.

Demnach lassen sich kleine Siedlungskammern 1. um Hradec Králové, 2. um Litomyšl, 3. zwischen Vysoké Mýto und Chrudim, 4. um Chrudim und Přelouč definieren. Eine ausgedehnte Siedlungskammer besteht 5. um Kolín, Poděbrady, Český Brod und Kutná Hora / Čáslav.

Mittelböhmen:

Ca. 170 Siedlungen insgesamt. Wie bei den archäologischen Funden deutliche Konzentrationen im Gebiet von Roztoky und Slaný (= Budeč, Levý Hradec), im nördlichen und südlichen Prager Stadtgebiet und an der Berounka.

So ergibt sich 1. eine Kammer zwischen Roztoky und Slaný, 2. die Prager Kammer mit nördlichem und südlichem Teil und 3. die Kammer an der Berounka. Das ganze Gebiet ist auch außerhalb der Konzentrationen recht gleichmäßig aufgesiedelt, noch flächendeckender, als dies bei den archäologischen Funden deutlich wird. Die Übereinstimmungen mit den Grabfunden sind beachtlich.

Mittleres und südliches Westböhmen:

Zusammenhängendes Siedlungsgebiet, auf allen Seiten von weiten, siedlungsleeren Räumen umgeben. Konzentrationen: etwa 50 Siedlungen auf einem weiten Raum um Manětín auf der Teplská Plošina (Tepler Hochland), dazugehörig wohl die Siedlungen an der Berounka südwestlich von Manětín (15), die Siedlungen südlich der Mže (23). Kleine Gruppen von Siedlungen lassen sich östlich von Bezdružice (Weseritz) und um Bezdružice selbst erkennen (8 und 13); etwa 70 Siedlungen verstreut im weiten Gebiet zwischen Mže (Mies), Pilsen und Domažlice (Taus); weit entfernt im Süden 30 Ortschaften zwischen Strakonice, Horažd'ovide und Sušice an der Otava; weit verstreut im Raum zwischen den beiden letzten Gebieten ca. 30 Siedlungsplätze.

In Westböhmen bestehen somit 1. eine Kammer auf der Teplská Plošina um Manětín, 2. eine Kammer um Bezdružice, 3. eine kleine Siedlungskammer westlich von Bezdružice, 4. eine Kammer zwischen Mies, Pilsen und Domažlice und 5. eine Kammer zwischen Strakonice, Horažd'ovice und Sušice. Archäologisch ist das ganze Gebiet mit wenigen Ausnahmen fundleer. Die beiden einzigen Fundgebiete, das der Hügelgräber an der Mies und das der Hügelgräber um Strakonice, decken sich erstaunlich gut mit den entsprechenden schriftlich bezeugten Räumen.

Mittleres Südböhmen:

Etwa 30 Siedlungsplätze um Benešov und die Sázava-Mündung; 13 Siedlungen in der Gegend von Sedlčany, weit von siedlungsleerem Gebiet umgeben; südlich von Příbram 12 Siedlungen in weitem Abstand voneinander — das Gebiet erstreckt sich etwa 30 km von Příbram nach Süden; 6 Siedlungen nördlich von Vodňany, 4 nördlich von Prachatice, 2 bei Netolice, 3 bei Milevsko (Mühlhausen), 4 bei Bernartice, 4 bei Bechyně; einige wenige Erwähnungen außerdem um Tábor, Mezno sowie an der unteren und mittleren Sázava.

Als Siedlungskammern zeichnen sich somit lediglich ein Gebiet um Benešov, eines um Sedlčany und eines südlich von Příbram ab. Weitere, kleine Gruppen liegen zwischen Mühlhausen und Bechyně. Die archäologischen Funde, z. T. Hügelgräber, greifen trotz ihrer Spärlichkeit räumlich nach Süden und Osten darüber hinaus. Mit den schriftlichen Quellen lassen sich die Funde um Benešov (Sázava-Mündung) und die südlich von Příbram leider nur großräumig zur Deckung bringen. Dieselben Ortschaften sind kaum belegt.

Südostböhmen:

Sowohl schriftlich als auch archäologisch bis auf ganz vereinzelte Siedlungen ohne Belege.

Die Repräsentativität der Aussagen scheint leider auch bei den schriftlichen Quellen in den einzelnen Regionen unterschiedlich hoch zu sein. Zuverlässig scheinen die Ergebnisse aus dem Leitmeritzer Gebiet und dem zentralen Mittelböhmen. Hier stimmen auch schriftliche und archäologische Quellen regional gut überein. Relativ gute Ergebnisse sind ebenfalls aus dem Gebiet von Kolín, Poděbrady, Český Brod, Kutná Hora und Čáslav zu erwarten. Schlecht erfaßt wurden von beiden Quellengattungen Nordwest- und Nordostböhmen. Viele der schriftlichen Belege gehen hier auf Ausbaugebiete zurück, dokumentieren somit die ältere Siedlung überhaupt nicht und lassen sich selbstverständlich auch nicht mit den archäologischen Funden vergleichen. In Westböhmen handelt es sich fast ganz um ein archäologisch kaum belegtes Kolonisationsgebiet des 11. oder 12. Jahrhunderts — die dort zu ermittelnden Strukturen gehören also frühestens dieser Zeit an. Abgesehen davon repräsentieren die schriftlichen Quellen die Kolonisationsphase sehr gut. Mittelsüdböhmen war im frühen und hohen Mittelalter offenbar noch kaum, Südostböhmen gar nicht besiedelt — hier erstreckte sich der breite Grenzsaum nach Mähren.

Leider sind darüber hinaus im 10. und 11. Jahrhundert andere Gebiete erwähnt als im 12. und 13. Jahrhundert, wo eigentlich erst ganz Böhmen erfaßt wird (siehe B. Sasse, 1980, S. 124, Abb. 3).

Teilt man den Zeitraum zwischen den Jahren 993 und 1230 in Zeitabschnitte von je 50 Jahren ein, so läßt sich folgende Entwicklung ablesen:

Zwischen 993 und 1030 liegen nur 39 Erwähnungen vor, von denen 10 im südlichen Prager Gebiet, 4 an der Sázava-Mündung bei Davle, 5 im Leitmeritzer Gebiet und 4 östlich von Prag lokalisiert werden können. Am Rand von Mittelböhmen, in Nordwest- und Westböhmen liegen 13 weitere Plätze stark verstreut.

Zwischen 1031 und 1080 besitzen wir immerhin schon 126 Erwähnungen von Siedlungen. 41 beziehen sich auf das Leitmeritzer Gebiet, 17 auf die Siedlungskammer von Strakonice, Horažd'ovice und Sušice, 18 auf das mittlere Ostböhmen im Siedlungsgebiet von Hradec Králové und das Gebiet zwischen Vysoké Mýto und Chrudim. 32 weitere Ortschaften lassen sich weit verstreut in mittelböhmischen Randlagen lokalisieren — die einzige kleinere Konzentration entsteht um Mladá Boleslav.

Fast doppelt soviel (228) Erwähnungen liegen zwischen 1081 und 1130 vor. Das eigentliche Mittelböhmen steht jetzt wieder im Zentrum der Besitzübertragungen mit etwa 20 Erwähnungen im Gebiet zwischen Roztoky und Slaný und mit etwa 40 Siedlungsplätzen im übrigen Mittelböhmen. Außerhalb von Mittelböhmen sind 18 Siedlungen aus dem Gebiet von Kolín, Poděbrady, Český Brod und Kutná Hora belegt, 8 Siedlungen aus dem Tal der Jizera, 13 aus dem Leitmeritzer Gebiet und 9 verstreut aus Nordwestböhmen.

Völlig neu tritt nun Westböhmen mit etwa 60 Erwähnungen hinzu, die sich auf die Gebiete der Teplská Plošina und das Gebiet zwischen Mže, Domažlice und Pilsen mit dem Schwerpunkt bei Kladruby, dem Klostersitz, verteilen.

Zwischen 1131 und 1180 zeigt das Verbreitungsbild eine Vorliebe für Rand- und Ausbaugebiete. Die Zahl der Besitzübertragungen ist mit 159 Erwähnungen wesentlich geringer als im vorangehenden Zeitraum. Neben 21 Erwähnungen im Prager Gebiet stehen 17 im Elbtal von Mittelböhmen bis Hradec Králové, 11 am Rand des besiedelten Gebietes zwischen Jičín und Hořice, 8 am Nordrand Nordmittelböhmens um Ústí nad Labem, 8 südlich der unteren Eger (Louny) und 5 Siedlungen, in einem Kranz den Südrand Böhmens umfassend. In West- und Südwestböhmen lassen sich 10 Ortschaften ebenfalls verstreut am Rand des Siedlungsgebietes ermitteln. Die erwähnten Siedlungsplätze konzentrieren sich um Bezdružice und um Manětín.

Die bisher beschriebenen Nachrichten entstammen z. T. echten Urkunden, z. T. Fälschungen, wobei aus den o. a. Gründen das angebliche Datum der Fälschung als Erwähnungsdatum gerechnet wurde. Berücksichtigt man dagegen die wahrscheinliche Entstehungszeit der Fälschungen, so beziehen sich die ältesten Fälschungen aus den Jahren zwischen 1131 und 1180 ausschließlich auf den alten Siedlungsraum des 11. Jh., auf das mittel- und ostböhmische Gebiet (115 Erwähnungen). Die meisten Siedlungsplätze des bearbeiteten Zeitraums sind aus echten Urkunden und Fälschungen der Zeit zwischen 1181 und 1230 bekannt (694). Sie umfassen flächendeckend das gesamte Siedlungsgebiet mit Westböhmen, erstmals auch mehreren südböhmischen Gebieten, der Siedlungskammer um Litomyšl und vor allem Nordwestböhmen. In Nordwestböhmen und in Südböhmen handelt es sich, wie oben dargestellt wurde, nur zu einem Teil um Ausbaugebiete, vielmehr oft um altes Siedlungsland, das erst um diese Zeit ins Licht der schriftlichen Überlieferung tritt.

Die Quellen erreichen demnach erst jetzt eine Repräsentativität, die regionale Vergleiche erlaubt. Eine sinnvolle Kombination von Gräber- und Urkundenuntersuchung ist in Süd- und Nordwestböhmen deshalb nur schwer zu führen. Eine Ausnahme bildet allerdings die Příbramgruppe.

Die im Zeitraum zwischen 1181 und 1230 entstandenen Spuria betreffen mit 98 erwähnten Ortschaften fast ausschließlich Randlagen: in Westböhmen das Gebiet um Bezdružice und Manětín, einige verstreute Plätze in Südböhmen, das Gebiet um Litomyšl und das Isergebiet. Vor 1218 ist allerdings auch erst die Fassung B für Leitmeritz entstanden[2].

Die meisten Fälschungen stammen aber erst aus den Jahren zwischen 1231 und 1280 (436 Erwähnungen). Sie umfassen Mittel-, West-, Südwest- und Nordböhmen; Ostböhmen fehlt weitgehend.

Aus der Zeit von 1281—1330 werden nur noch 15 Siedlungen in Fälschungen erwähnt, die sich auf den hier bearbeiteten Zeitraum beziehen; die Ortschaften liegen fast ausschließlich in Nordwestböhmen.

Bei Berücksichtigung des Entstehungsdatums der Fälschungen zeigt sich somit gegenüber den echten Urkunden lediglich eine Phasenverschiebung von 50—100 Jahren. Die beobachtete Tendenz vom zentralen Mittelböhmen, von Ostmittel- und Nordmittelböhmen zu den Randlagen und letztlich zu einer relativ gleichmäßigen Erfassung des Landes besteht auch hier. Die Fälschungen spiegeln also mit einer gewissen Verzögerung die gleiche Entwicklung wider wie die echten Urkunden.

Im 11. und 12. Jahrhundert war das besiedelte Land in Burgbezirke eingeteilt, die der fürstlichen Verwaltung dienten. Wie im folgenden gezeigt werden soll, gliederte sich das besiedelte Gebiet in Land, über das der Fürst verfügte (hier im folgenden das „Fürstenland") und das aus seiner Hand anderen Herren übertragen werden konnte, und Land, das andere Personen (z. B. der Adel) unangefochten und selbständig veräußern konnten. Unter dem Begriff „Fürstenland" soll hier Gebiet dreier Kategorien verstanden werden: die fürstliche Grundherrschaft, das unbesiedelte und besitzlose Land und letztlich das Land, das von kleinen, aber freien Grundbesitzern besetzt war, die offenbar im Schutz des Fürsten lebten.

[2] CDB I, Nr. 55, S. 54.

2.2. *Die Přemyslidenfamilie im 11. und 12. Jh.*

2.2.1. Die přemyslidische Landesverwaltung: Die Burgbezirksverfassung

Der früheste Beleg noch nicht für die Burgbezirksverfassung, wohl aber für die Einrichtung eines Verwaltungssystems über ganz Böhmen stammt aus dem Jahre 992, ist also 3 Jahre älter als die Vernichtung der Slavniken im Jahre 995. Boleslav II. erteilt „presentibus omnibus primatibus suis" dem slavnikischen Bischof Adalbert von Prag den Befehl, die Ehe nach kanonischem Recht einzuführen, Kirchen zu bauen und den Zehnten einzuziehen[1].

Wie wir aus den Adalbertsviten und aus Cosmas von Prag wissen, scheiterte dieser erste Versuch einer Organisation des gesamten Landes am heidnischen Widerstand, der wohl am ehesten als der Widerstand des um seine Rechte kämpfenden Adels interpretiert werden muß[2]. Offenbar konnten sich weder Adalbert noch Boleslav II. durchsetzen, so daß es zur Ermordung der Adalbertsbrüder und zur Vertreibung Adalberts kam[3].

Erst Břetislav I. besaß die Machtmittel, sowohl eine staatliche als auch eine kirchliche Verwaltungsorganisation durchzusetzen. Die staatliche Erweiterung des Edikts von 992 wird von Cosmas in die Translatio Adalberti aus Gnesen nach Prag eingebettet und die Gestalt Břetislavs legendenhaft erhöht[4].

Die kleinere Verwaltungseinheit bildet nach den sog. Gnesener Statuten Břetislavs I. der Burgbezirk, die civitas. Jeder civitas ist offenbar ein Archipresbyter, der Vorsteher der Pfarrei, zugeordnet, die somit wohl zunächst mit dem Burgbezirk identisch war[5]. Neben dem geistlichen steht der weltliche Verwalter des Burgbezirks, der comes, später castellanus genannt. Ihnen beiden untersteht die hohe Gerichtsbarkeit des

---

[1] CDB I, Nr. 37, S. 43. Ebenso *R. Nový,* 1972, S. 101. Die Entstehung der Burgbezirksverfassung schon unter Boleslav II. nimmt auch *V. Novotný,* 1912, S. 517, an.

[2] Canaparius, FRB I, S. 235 ff.; MPH IV, 1, ed. *H. Karwasińska,* 1962; Brun von Querfurt, FRB I, S. 266 ff.; MPH IV, 2, ed. *H. Karwasińska,* 1969. Zu Adalbert *H. G. Voigt,* 1898. — Gegen die Christianisierung von oben setzte sich auch in anderen slawischen Ländern der Adel zur Wehr, so z. B. bei den Abotriten (*Lammers,* 1964; *W. H. Fritze,* 1960).

[3] *V. Novotný,* 1912, S. 648 f.; *J. Loserth,* 1884, S. 36 ff.

[4] Cosmas II, 4, ed. *B. Bretholz,* 1923, S. 85 ff. — Dazu *V. Vaněček,* 1952, S. 131 ff. Grundlegend zur Burgbezirksverfassung *H. F. Schmidt,* 1926, *V. Vaněček,* 1949, S. 144; 1942, S. 17 ff.; *R. Nový,* 1972, S. 101 ff. An der Zuverlässigkeit der Statuta wird im allgemeinen nicht mehr gezweifelt. Die ältere Literatur bei *H. F. Schmid,* 1938, S. 42.

[5] *H. F. Schmid,* 1938, S. 44 ff.

Burgbezirks. Bei Kapitalverbrechen zeigt der Archipresbyter den Vorfall beim comes oder beim dux selbst an, der comes ruft die Beteiligten zur Verhandlung.

Die Durchsetzung der Strafen bei anderen Verbrechen wie Ehebruch, Abtreibung, Bau und Betrieb von Gasthäusern ohne Erlaubnis, Abhalten von Sonntagsmärkten und Bestatten von Toten auf nichtgeweihten Friedhöfen wird zwar nicht ausdrücklich erwähnt, scheint aber auch in den Händen des Archipresbyters und des comes gelegen zu haben. Die Strafen wurden meist in hohen Geldbeträgen gefordert, die über die Burgbezirke in die Kasse des Fürsten flossen.

Wesentlich genauer als die Gnesener Statuten unterrichten uns die Statuta Conradi-Ottonis über die Amtsbefugnisse der einzelnen Personen, allerdings fast 200 Jahre später[6]. Auf die einzelne Personengruppen betreffenden Bestimmungen muß in anderem Zusammenhang eingegangen werden. Die in der Rechtsprechung der Burgbezirke tätigen Amtspersonen sind der castellanus (= comes), der judex, der camerarius und der villicus sowie deren nuncii. Geldstrafen werden über die curia des Burgbezirks in die camera ducis gezahlt. Das Erbgut (hereditas) eines des Diebstahls überführten Adligen wird, wenn dieser kinderlos ist, vom Fürsten eingezogen.

Neben der rechtlichen Funktion der Burgbezirke steht ihre wirtschaftliche Bedeutung. In der Fundatio A für Leitmeritz, im Tabular von Leitmeritz aus dem 11. Jh. erhalten, verschenkt Spytihněv, angeblich im Jahre 1057, Personen und Einnahmen aus verschiedenen Burgbezirken an das Stift[7]. Schon aus der Anlage der Fassung A, besonders aber dann aus der etwas jüngeren Fassung B, läßt sich schließen, daß der Fürst und nach ihm auch das fürstliche Stift Register von Besitzungen und Einnahmen besessen hat, die nach den Burgbezirken geordnet waren[8]. Der Fürst stellt Handwerksspezialisten „ex omnibus suis civitatibus“ zur Verfügung[9]. Die rustici aus den civitates von Leitmeritz und Bílina sollen ihre Abgaben von 12 Denaren nicht mehr an die fürstliche civitas wie bisher, sondern nun an das Stift zahlen[10].

Weiteren Aufschluß gibt die Urkunde für das Stift von Vyšehrad von 1130. Von den jährlichen Steuern, annuum tributum, in einer Urkunde

[6] Statuta Conradi-Ottonis, CDB II, Nr. 234, S. 222 ff.; Nr. 325 S. 329 ff.; ed. *V. Vaněček*, 1957, S. 65 ff.; dazu *R. Nový*, 1972, S. 102.

[7] CDB I, Nr. 55, S. 53 ff. — Zur wirtschaftlichen Bedeutung der Burgbezirke siehe auch *B. Krzemieńska, D. Třeštík*, 1964; 1965; 1967; 1979; *J. Žemlička*, 1978; siehe auch unten, S. 260 ff.

[8] So heißt es: „In Lutomericensi provincia“ ... oder „In provincia Belinensi“ ... „In provincia Bolezlavensi“ ... (CDB I, Nr. 55, S. 56; S. 58).

[9] CDB I, Nr. 55, S. 54.

[10] CDB I, Nr. 55, S. 55.

von 1178 „tributum pacis" genannt, die von den einzelnen civitates gesammelt werden, sollen die Brüder jede 10. Mark haben. Die Quelle zählt die einzelnen civitates auf. Der villicus von Prag, der Verwalter der fürstlichen Grundherrschaft des Bezirks von Prag, soll zu Martini 8 Mark wohl aus den Einnahmen der fürstlichen Grundherrschaft zahlen[11]. Wie wir z. B. aus den Statuta, aber auch aus den Zeugenlisten wissen, gehörte zu jeder civitas ein villicus, ein Verwalter des fürstlichen Besitzes innerhalb des Burgbezirks, der die grundherrlichen Rechte des Fürsten wahrnahm[12], während der castellanus für die landesfürstlichen Aufgaben zuständig war.

Vom Ende des 12. Jahrhunderts an werden immer mehr geistliche Institute von den Pflichten gegenüber dem Burgbezirk befreit. Die entsprechenden Immunitätsprivilegien stellen die beste Quelle für die zugrundeliegende Ordnung dar, obwohl sie häufig sehr allgemein formuliert sind. Aus ihnen ergibt sich eine Liste von Pflichten und Abgaben, die die Burgbezirksbevölkerung dem Burgbezirk bzw. den Landesherrn schuldete. Bedeutungsvoll sind für uns die Spezifizierungen, die V. Vaněček sehr übersichtlich dargestellt hat[13]. Ohne näher auf die einzelnen Begriffe eingehen zu wollen, seien die Pflichten der Bevölkerung kurz aufgeführt:

1. der Kriegsdienst der freien Bevölkerung,
2. die Versorgung des Heeres im Kriegsfall (ingruens expeditio),
3. der Wachdienst (stráže), (ob mit Polizeifunktion oder als Schutz nach außen, wird nicht deutlich),
4. der Bau von Befestigungen, von Burgen, Türmen, Brücken,
5. der Bau oder die Instandhaltung der Wege,
6. „osep", eine Getreideabgabe an die Burg, wohl zur Versorgung der Burgbevölkerung ähnlich wie
7. „nářez", eine Viehabgabe,
8. „nocleh", die Aufnahme von Amtsträgern,
9. „povod", die Begleitung von Amtsträgern,
10. die Pflege von Wald, Wiese und See, also von unbebautem Land.

Dazu kamen für die freie Bevölkerung jährliche Steuern und Steuern bei besonderen Anlässen. Auch die decima wurde zunächst an die civi-

---

[11] CDB I, Nr. 111, S. 111 ff. — Zur Urkunde, die alle bis dahin existenten civitates aufzählt, z. B. *R. Nový*, 1972, S. 99 f. Zum „tributum pacis" nehmen fast alle Bearbeiter der böhmischen Frühgeschichte Stellung. Am ausführlichsten *T. Saturník*, 1936, S. 16 ff.; zur Bedeutung siehe unten, S. 303; *W. H. Fritze*, 1977, S. 509.

[12] Zum Amt des villicus *V. Novotný*, 1912, S. 522; *B. Krzemieńska, D. Třeštík*, 1968, S. 87 f.; siehe unten S. 277.

[13] *V. Vaněček*, 1928, S. 17 ff.

tas-Verwaltung gezahlt. Für die Einhaltung dieser Pflichten sorgten der castellanus und seine Beamten. Eine Reihe der Bestimmungen waren nur für den Notfall gedacht, der allerdings, wie wir wissen, häufig genug eintrat.

Die meisten dieser Pflichten dürften älter sein als die Ausdehnung des přemyslidischen Verwaltungssystems auf ganz Böhmen. Ihre Parallelen besitzen sie in Polen, in Pommern und z. T. auch im sorbischen Gebiet[14]. Sogar die slawischen Termini stimmen z. T. überein. Wohl nicht ohne Grund werden diese Pflichten in den lateinischen Urkunden mit ihren slawischen Bezeichnungen benannt — vielleicht gab es auch gar keine lateinische Übersetzung. Es scheint, daß sowohl die slawischen Termini als auch die Übereinstimmung der Organisation, die sich ja auch archäologisch durch das Burgensystem in großen Teilen des westslawischen Raums abzeichnet, für ein hohes Alter der Burgenverfassung sprechen. Die Burgbezirksverfassung des 11. Jahrhunderts wird man m. E. als eine Weiterentwicklung kleinräumiger, aber sicher nicht weniger straffer Burgenorganisationen der kleinen Herrschaftsgebiete des 9., sicher aber der beiden großen „Staaten" des 10. Jahrhunderts, des Přemysliden- und des Slavnikenstaates werten müssen.

2.2.2. Das Fürstenland

Abgesehen von den Gewinnen und Steuern, die ihm aus den Burgbezirken erwachsen, verfügt der Fürst direkt über Land und Leute. Boden und Personen überträgt er, offenbar ohne Widerspruch, an geistliche Institute.

Die Urkunden lassen erkennen, daß sich das Land, über das der Fürst hier verfügt, aus verschiedenen Rechtstiteln herleitet. Zunächst handelt es sich um das Eigentum der přemyslidischen Familie, die přemyslidische Grundherrschaft. Es läßt sich nur da eindeutig erkennen, wo Mitglieder der Familie ohne Fürstenamt Bodeneigentum übertragen. Nur über die eigene, přemyslidische Grundherrschaft verfügt der Fürst überall ohne Einschränkungen. Weiterhin handelt es sich um Land, das sich in den Händen einer rechtlich freien, aber relativ armen Bevölkerung befindet, und letztlich um das nicht besiedelte Land und das besitzlose, heimgefallene Land (z. B. im Verlauf eines Straffalls). Die Verfügungsgewalt über dies Ödland, das der Fürst nur kraft seines fürstlichen Bodenregals innehat, scheint entfernt von Mittelböhmen nur schwer durchsetzbar gewesen zu sein[1].

---

[14] Die Ausprägungen der Burgbezirksverfassung in den verschiedenen slawischen Ländern arbeitete vor allem *H. F. Schmid,* 1926; 1938, heraus. Für Polen *K. Buczek,* 1958; *K. Modzelewski,* 1975. Für Ungarn *H. Göckenjahn,* 1972.

Die Art des přemyslidischen Rechts wird aus den Übertragungen von Land und Leuten in den Schenkungsprivilegien in der Regel nicht deutlich, so daß es heute nicht mehr gelingt, přemyslidische Grundherrschaft und fürstliches Obereigentum am Boden zufriedenstellend voneinander zu trennen. Anhaltspunkte gewinnt man jedoch durch die jeweilige Organisation des verschenkten Landes. Die Verschiedenheit der Wirtschaftsorganisation deutet m. E. darauf hin, daß sich die přemyslidische Verwaltung selbst dieses Unterschiedes bewußt war.

Die Intensität der Přemyslidengewalt scheint in großem Maße vom Gang der Eroberung Böhmens durch die Přemysliden und damit zugleich von der Entfernung von Mittelböhmen abzuhängen[2].

Bis 1030 liegt die Konzentration verschenkten Landes in Prag (10 Erwähnungen). 11 Siedlungsplätze befinden sich an Elbe- und Moldaulauf, 5 im östlichen und südlichen Mittelböhmen. 5 Ortschaften sind in Westböhmen am Rand des Landes genannt. Es handelt sich um die Vergabe von Zöllen und von Einnahmen des Fürsten aus dem Bezirk von Pilsen — die Angaben stammen aus der Fälschung des 13. Jahrhunderts für Břevnov zu 993[3]. Auch wenn man diese letzten Angaben nicht anzweifelt, ist doch das Vorherrschen von Siedlungsschenkungen in Mittelböhmen mit 29 Erwähnungen eindeutig. Ost-, das mittlere Ost- und Südböhmen fehlen vollständig. Das verwundert nicht, wenn man bedenkt, daß die Přemyslidenherrschaft erst gegen Ende des 10. Jahrhunderts auf ganz Böhmen ausgedehnt wurde. Schenkungen aus dem neu hinzugekommenen Gebiet fehlen somit bis 1030 vollständig.

Zwischen 1031 und 1080 liegt der Schwerpunkt der přemyslidischen Besitzübertragungen im Leitmeritzer Gebiet (Gründung des Stifts St. Stephan in Leitmeritz 1057)[4]. In der Prager Siedlungskammer und dem Gebiet von Roztoky und Slaný wird kaum Land übertragen, dagegen

[1] Die Ansichten über Ausdehnung und Rechtscharakter des fürstlichen Bodenregals in Böhmen gehen etwas auseinander. Nach *R. Nový* entstand der Zwang zur Differenzierung des bisher uneingeschränkten Bodeneigentums erst im 11. Jh. mit der Entwicklung der nichtfürstlichen Grundherrschaften (1972, S. 94; 96). Keinen Widerspruch im „dominium directum", der Oberherrschaft des Fürsten über das ganze Land, und dem „dominium utile" der dědici und des Adels sieht *D. Třeštík*, 1971, S. 550 ff. Nach *D. Třeštík*, 1979, hatte der Adel bis ins 12. Jh. überhaupt kaum größeren Grundbesitz — der einzige Bodeneigentümer war der Fürst. So auch *Z. Boháč*, 1979, S. 8 ff. Beide Autoren betonen somit die Macht des Herrschers über das gesamte Land, auch das der freien Bevölkerung. Entschieden dagegen *V. Vaněček*, 1942, S. 18 f., der lediglich die přemyslidische Grundherrschaft und das besitzlose Land bzw. die von den Přemysliden gegründeten Klöster aufgrund des Gründungsrechts zum engeren přemyslidischen Einflußbereich rechnet.

[2] Zum Verlauf der Schenkungen im einzelnen *F. Kloss*, 1932—34, S. 133 ff. Siehe die Ergebnisse dieser Arbeit im folgenden.

[3] CDB I, Nr. 375, S. 347 ff.

[4] CDB I, Nr. 55, S. 55 ff.

aber um Stará Boleslav am Ostrand von Mittelböhmen und in Opatovice im Gebiet von Hradec Králové. Ganz besonders fällt der „circuitus in provincia Prahensi“ mit 17 Siedlungsplätzen in Südwestböhmen auf, der in der Fälschung für Břevnov (1045, 13. Jh.)[5] erwähnt wird. Die frühe Schenkung dieses Gebietes durch die Přemysliden ist durchaus wahrscheinlich — es handelt sich um altes Siedlungsgebiet — der starke Landesausbau durch das Kloster Břevnov dürfte jedoch erst in der Zeit bis zum 13. Jahrhundert erfolgt sein.

Mit Ausnahme von Leitmeritz liegen die Schwerpunkte somit in Ost- und Südböhmen und im Grenzgebiet zwischen Mittel- und Ostböhmen, dem Isergebiet. Dies könnte man entweder als Beleg für den nun allmählich organisierten Grundbesitz in Ostböhmen ansehen oder auch als einen Versuch der Přemysliden, durch die geistlichen Institute in diesen Gebieten Fuß zu fassen. Bis 1080 handelt es sich jedoch nur um einzelne Siedlungsinseln.

Der Versuch der Erfassung ganz Böhmens wird besonders zwischen 1080 und 1130 deutlich. Der Zeitraum wird beherrscht durch die Schenkung für Vyšehrad, deren Zentrum naturgemäß wieder in Mittelböhmen liegt (insgesamt 70 Erwähnungen). Verstreut liegen Siedlungsplätze im mittleren Ostböhmen, Nord-, Nordwest- und Südböhmen. Bedeutend sind in diesem Zeitraum erstmals auch die Schenkungen in Westböhmen, belegt durch die Fälschung an Kladruby (1115, 1250)[6].

Die Přemyslidenschenkungen zwischen 1131 und 1180 stammen aus Siedlungsrand- bzw. neu besiedelten Gebieten und umgreifen im Norden und Süden regelrecht das alte Siedlungsgebiet. Die Schenkungen zwischen 1181 und 1230 sind schwer zu interpretieren, da fast die Hälfte der Ortschaften in der Urkunde für St. Georg erwähnt sind.

In dieser Urkunde werden aber die Besitzungen des Klosters seit dem 10. Jahrhundert aufgeführt[7]. Neben Randlagen in Nordwest-, West- und Ostböhmen bestehen Zentren im zentralen Mittelböhmen, Leitmeritz, Stará Boleslav, dem mittleren Ostböhmen und in Südböhmen.

Das durch Schenkungen sichtbar gewordene Přemyslidenland umfaßt somit ganz Böhmen. Es zeichnen sich jedoch nur wenige, wirklich bedeutende Schwerpunkte ab: ganz Mittelböhmen, Leitmeritz, das Gebiet um Maňetín, Bezdružice und Stříbro (Mies), Südböhmen um Horažd'ovice. Die größte Flächendeckung wird in Prag und Leitmeritz und in Westböhmen erreicht. Alle übrigen Gebiete weisen nur verstreute

[5] CDB I, Nr. 379, S. 353 f.

[6] CDB I, Nr. 387, S. 371 ff.; CDB I, Nr. 390, S. 393 ff.

[7] CDB II, Nr. 378, S. 418 ff.

Přemyslidenschenkungen auf. Mit der Ausnahme von Leitmeritz sind das alle alten, nichtpřemyslidischen Siedlungsgebiete.

Soweit die přemyslidischen Schenkungen in ihrer regionalen Verbreitung. Aus den Quellen werden darüber hinaus die unterschiedlichen Organisationsformen des Landes deutlich.

Am häufigsten wird die villa genannt (354 von 763 Přemyslidenschenkungen, d. h. 46,4 %). Der Begriff „villa" bezeichnet in jedem Fall einen geschlossenen Siedlungsverband „cum attinentiis suis", auch wenn die Pertinenzformel in der Urkunde nicht erscheint. Zur villa gehörten demnach Wald, Feld und Gewässer, also die gesamte, genutzte Flur[8]. Da die übrigen Schenkungsobjekte in der Regel Teile der villa oder ihrer Flur darstellen, läßt sich die verschiedene Organisation der villa recht gut erkennen.

Schenkungen von villae waren nicht immer gleich häufig. Beträgt der Anteil des Begriffs am Gesamtmaterial 38,5 %, so liegt er in den ersten beiden Zeitstufen bei 41 % und 47 %, in der Zeit zwischen 1130 und 1180 nur bei 25,3 % und 22,4 %, im letzten Abschnitt bis 1230 aber wieder bei 44,8 %. Das zweite Maximum entsteht durch die große Zahl adliger villae-Schenkungen und durch die Urkunde für St. Georg, in der fast nur villae bestätigt werden; diese stammen aber sicher fast alle aus den beiden ersten Zeitabschnitten[9].

Villae werden in allen Gebieten Böhmens relativ gleichmäßig oft genannt. In Nordwestböhmen und Nordostböhmen fällt ein gewisser Mangel auf. Etwas seltener sind sie auch im Stadtgebiet von Prag selbst.

Von der zur villa gehörenden Flur werden in 23 Fällen prata, Wiesen, erwähnt und zwar ausschließlich innerhalb der Pertinenzformel — es geht somit um keine eigenen, selbständigen Schenkungsobjekte. Pertinenzformeln werden in den böhmischen Urkunden erst etwa um

---

[8] Als eine begrenzte Raumeinheit sieht auch *W. H. Fritze*, 1977, S. 505, die „villa" an. Ähnlich auch *F. Graus*, 1953, S. 320 f. Jedenfalls wird es besser sein, „villa" nicht als „Dorf" zu übersetzen, sondern den lateinischen Terminus zu gebrauchen und darunter einen abgegrenzten Siedelplatz verschiedener Form zu verstehen. Daß die villa auch ein Rechtsverband wurde, bezeugen die Statuta Conradi-Ottonis, ed. *V. Vaněček*, 1957, S. 74, Čl. 27. Da die villae häufig aber außerordentlich klein waren — *W. H. Fritze* schätzt sie zwischen 2 und 40 aratra —, oder auch nur aus einem Hof bestanden, spielt in den Bestimmungen der „vicinatus", die weitere Nachbarschaft, eine größere Rolle (so Čl. 10). — Die lateinische Terminologie der Quellen ist in jedem Fall rechtskräftig (*Graus*, 1953, S. 290 ff.). Zu den einzelnen Begriffen siehe auch *V. Brandl*, 1876, unter den entsprechenden Stichpunkten. In Zukunft zur tschechischen und lateinischen Rechtssprache das Český právněhistorický terminologický slovník (siehe Bohemia 19, 1978, S. 446 f.). In den erzählenden Quellen ist die villa eine ländliche Siedlung (*Blahová*, 1978, S. 249—278).

[9] Siehe oben Anm. 7.

1130 üblich — in echten Urkunden begegnet das Merkmal erstmals um diese Zeit; die sich auf die frühere Zeit beziehenden Fälschungen sind auch erst zwischen 1180 und 1280 entstanden. Möglicherweise war es im 11. Jh. noch nicht nötig, die Zugehörigkeit der gesamten Flur zu betonen.

Der Verbreitungsschwerpunkt liegt, neben vier mittelböhmischen Belegen, in Ausbaugebieten: in Westböhmen um Manětín und in Randlagen im Süden, Osten und Westen.

7mal (0,9 % der Schenkungen) sind in přemyslidischem Zusammenhang campi bezeugt. Auch sie kommen in echten Urkunden erst nach 1130 vor, z. T. in Pertinenzformeln, z. T. aber auch als selbständige Schenkungen, jedenfalls aber immer als Teile der Siedlungsflur ausgewiesen. Was der Begriff eigentlich meint, bleibt jedoch unklar. Die nichtpřemyslidische Urkunde für Unětice nennt campi immer im Zusammenhang mit Wäldern, so daß man an neue Äcker denken könnte[10].

Als Teile der unbebauten Flur werden auch häufig Waldstücke genannt, teilweise in Pertinenzformeln, teilweise aber auch als eigene Schenkungen (43 von 763 der Přemyslidenschenkungen, 5,6 %). Die Fürsten machten hier Gebrauch von ihrem Verfügungsrecht über unbesiedeltes Land[11].

In der ersten Zeitstufe ist der Anteil der selbständig veräußerten Waldstücke besonders groß (15,4 %, während der Anteil am Gesamtmaterial nur 5 % beträgt).

Die Verbreitung folgt auffällig den Flußtälern der Elbe, Moldau und Sázava. 9 Waldschenkungen liegen am Nordrand des westböhmischen Kolonisationsgebietes.

In 31 Fällen wurden von den Přemysliden Flußnutzungsrechte vergeben, ebenfalls z. T. als zur Dorfflur gehörig in den Pertinenzformeln, z. T. selbständig[12].

---

[10] CDB I, Nr. 124, S. 130, 1125—1140: „Primum Rouen sylvam cum campo. Huatym cum campo et ecce meta: magna via, que vadit Pragam, atque Calysce, Bridce rupis aspiciens aliam rupem ultra ryvum ..." u. s. w. — Die Urkunde stellt auch in anderer Hinsicht einen Schlüssel zur Aufteilung der Flur dar.

[11] So für Kladruby 1115: „dedi etiam totam silvam que est inter duas aquas Msam et Msicham usque in Teutonicam terram, exceptis duodecim villis, que antiquitus fuerunt ibi constitute ..." — Somit wird das bebaute Land hier ausdrücklich aus der Schenkung ausgeschlossen.

[12] Häufig sind Formen wie: „villam, quoque Bregi et fluvium, qui ipsam circumfluit silvam et omulum, qui circa Albeam reperitur (CDB I, Nr. 386, S. 369). Oder „Slewici villam et partem fluminis" (CDB I, Nr. 390, S. 397). Eine genaue Abgrenzung des Flußteils: „In Vranowiz dimidiam villam et aquam a lapide, qui est in medio fluminis usque ad vadum versus villam Planam" (CDB I, Nr. 390, S. 400) für Kladruby 1115 (1250).

Bei einem Gesamtanteil von 2,6 % besteht in der Zeitstufe zwischen 1131 und 1180 mit 13,3 % ein deutlicher Schenkungsschwerpunkt. Die einzigen geographischen Konzentrationen zeigen sich in Westböhmen um Stříbro (Mies) und um Manětín, wo die Flüsse meist in Pertinenzformeln vorkommen[13]. Sonst sind Flußübertragungen sehr gleichmäßig über ganz Böhmen verstreut.

Unklar bleibt die Fluraufteilung im allgemeinen bei Erwähnungen nur eines villa-Teils. Solche unspezifizierten villa-Teile oder Hälften wurden von den Přemysliden sehr selten (nur in 12 von 763 Fällen, 1,6 %) veräußert. Das Merkmal ist zwischen 1130 und 1230 außerhalb der Přemyslidenschenkungen sehr häufig[14].

Die regionale Verteilung der partes villae insgesamt spart die přemyslidischen Kerngebiete eindrucksvoll aus. Zentren liegen in Nordwestböhmen, in Nordostböhmen und Südwestböhmen, also in Gebieten, wo nur sehr vereinzelt přemyslidisches Land bekannt ist.

Auch die přemyslidischen partes villae liegen außerhalb der Kerngebiete in Regionen mit nur spärlichen fürstlichen Erwähnungen. Sie gehörten wohl nicht zur přemyslidischen Grundherrschaft, für die ganz andere Formen typisch sind. Wie unten auszuführen ist, gehört die pars villae eher zum weltlichen, nichtfürstlichen Grundbesitz. Man kann deshalb vermuten, daß die wenigen von Přemysliden verschenkten Siedlungsteile erst durch das Heimfallrecht an den Fürsten gekommen und nun weiter vergeben worden sind[15].

Ganz ähnlich verhält es sich mit den predia, den Landgütern — sie sind ebenfalls für die fürstliche Grundherrschaft untypisch und kommen nur mit 2,1 % in přemyslidischem Zusammenhang vor — im sonstigen weltlichen Grundbesitz betragen sie immerhin 5,7 %[16]. Die Begriffe patrimonium und hereditas bezeichnen ausschließlich nichtfürstlichen Grundbesitz[17]. Alle diese Begriffe kommen erst zwischen 1130 und 1230

---

[13] Daß im Fall der Erwähnung in der Pertinenzformel auch Flußnutzungsrechte vergeben werden, zeigt die Urkunde für die Johanniter 1169, die sich auf Manětín bezieht: Wescu cum fluvio ... libertatem omnimodam quidlibet faciendi sive piscandi sive molendina ponendi in eodem fluvio eis concedentes".

[14] Dazu im Vergleich zu Polen *F. Graus*, 1953, S. 293. Mit dem Begriff „pars villae" ist wohl meist ein predium oder eine hereditas, d. h. also ein Hof einer weltlichen Grundherrschaft oder ein kleiner, selbständiger Hof gemeint (*F. Graus*, 1953, S. 328; CDB II, Nr. 241, S. 239: „predium, videlicet dimidiam villam". Auf der anderen Seite bedeuten sowohl predium als auch hereditas häufiger „villa" und nicht „dimidia villa". Dazu siehe unten, S. 294 ff.

[15] Etwa im Sinne der Bestimmung der Statuta Conradi-Ottonis, ed. *V. Vaněček*, 1957, S. 71, Čl. 16.

[16] Eine Zusammenstellung der Bedeutungen von „predium" bei *F. Graus*, 1953, S. 328 f.

[17] *F. Graus*, 1953, S. 329 f.

vor. Die räumliche Verbreitung liegt wieder außerhalb der přemyslidischen Kerngebiete — die meisten fürstlichen Erwähnungen stammen aus der Gegend von Manětín, also aus dem westböhmischen Kolonisationsgebiet.

Die vier letztgenannten Siedlungsbezeichnungen sind in der Beschreibung des veräußerten Gutes außerordentlich ungenau — patrimonium und hereditas beziehen sich eher auf den Rechtscharakter des Besitzes. Diese Ungenauigkeit läßt auf eine wenig entwickelte faktische oder begriffliche Differenzierung des nichtpřemyslidischen Besitzes schließen[18].

Typisch für das vom Fürsten verschenkte Land scheint jedoch eine deutlich bezeichnete, spezialisierte Siedlungsstruktur gewesen zu sein.

Der am häufigsten veräußerte Teil einer villa ist die terra ad aratrum. Die Einteilung des Ackerlandes in Pflüge (aratra), die auch im Bereich zwischen Elbe und Oder üblich gewesen zu sein scheint, diente zur Grundlage der Steuerberechnung für das an Bauern ausgeteilte Land. Über die reale Größe dieser Bauernstellen herrscht leider Unklarheit; die terra ad aratrum dürfte sich jedoch in einem durch die Bodenbeschaffenheit bestimmten Größenrahmen bewegt haben, da sonst ein gleiches Steuermaß und Erwähnungen von Bauern mit mehreren aratra nicht sinnvoll wären[19].

90 der 763 Přemyslidenschenkungen (11,8 %) werden als „terra ad aratrum" bezeichnet.

Bis 1030 werden keine aratra erwähnt, in der zweiten Stufe machen sie 10,7 %, in der dritten 31,4 % aus; von diesem Maximum fällt die Verteilungskurve gleichmäßig bis zu 3,7 % ab.

Im Gegensatz zur villa wird die terra ad aratrum nur in einigen Gebieten Böhmens genannt: in Mittelböhmen kommt sie am häufigsten vor, belegt ist sie weiterhin im Leitmeritzer und im Gebiet der Mže, mit einzelnen Erwähnungen an der mittleren Elbe und im oberen Elbgebiet. Nordwest-, Nordost-, Süd- und das nördliche Westböhmen kennen diesen Begriff nicht.

---

[18] Siehe unten, S. 294 ff.

[19] Die „terra ad aratrum" hat die Forschung wesentlich mehr beschäftigt als die übrigen Begriffe. Meist wird die terra ad aratrum als Maß verstanden, das eine Fläche angibt, die mit einem Pflug an einem Tag bearbeitet werden kann. In jedem Fall wird man den Begriff mit „Land für einen Pflug" übersetzen müssen. Ausführlich *F. Vacek*, 1917—1919, S. 81 ff.; *F. Graus*, 1953, S. 322 ff., der verschiedene Bedeutungen nachweist: Maß, Steuereinheit, Rechtsbegriff. *W. H. Fritze*, 1977, S. 505, definiert den Begriff „im Sinne einer Flächeneinheit der Ackernutzung". Als Steuereinheit ist er auch bei Cosmas belegt (I, 40, ed. *B. Bretholz*, 1923, S. 75 f.).

Wohl mit der terra ad aratrum gleichzusetzen ist die terra. Der Begriff ist seltener und nur in 41 Fällen der Fürstenschenkungen genannt (5,4 %).

Das Merkmal verteilt sich zeitlich sehr ungleichmäßig. Am häufigsten ist es in der zweiten Zeitstufe mit 15,7 % bei insgesamt nur 4,9 % Anteil am Gesamtmaterial. „terra" und „terra ad aratrum" sind somit für die zweite und dritte Zeitstufe (1031—1130) typisch. Räumlich decken sich beide Begriffe. Zusammen machen sie 17 % der fürstlichen Schenkungen aus[20].

Selten begegnet für die bebaute Flur der allgemeine Begriff „ager". 8mal ist er in přemyslidischem Zusammenhang belegt. In Pertinenzformeln bezeichnet er bebautes Land allgemein — „cum agris"[21]. Einige Stellen lassen vermuten, daß das grundherrlich bebaute Land, nach westlicher Terminologie das Salland, in agri eingeteilt war. Dies würde den Begriff in Gegensatz zu dem an Bauern ausgeteilten Land der terra stellen und auch erklären, warum agri alleine kaum verschenkt worden sind[22].

Wenn auch insgesamt selten, so sind aus přemyslidischem Zusammenhang doch auch spezialisierte Wirtschaftsformen bekannt. Neben Handwerkszweigen, auf die noch einzugehen ist, kennen wir Gartenwirtschaft, Weinbau, Mühlen und Fischzuchtbetriebe.

5 Gärten sind bezeugt (0,7 %), 11 Weinberge (1,4 %), 11 Mühlen (1,4 %) und 9 Fischereien. In echten Urkunden kommen sie erst ab 1080 oder 1130 vor. Nach der vorgetäuschten Datierung der Fälschungen wurden Mühlen und Weinberge jedoch schon vom Beginn des 11. Jahrhunderts an verschenkt, was durchaus nicht unwahrscheinlich ist, zumal Weinbau in Böhmen zumindest seit dem 9. Jh. betrieben wurde[23].

Gärten kommen ausschließlich im engen, mittelböhmischen Bereich vor, Mühlen in Prag und im Gebiet von Maňetín, von den 9 Fischereien lagen 6 um Maňetín und im übrigen Westböhmen und zwei in Prag, von den 14 Weinbergen 8 um Prag und 2 im Leitmeritzer Gebiet. Die

---

[20] Es handelt sich wohl hier nur um eine Terminologiefrage. Der Begriff „terra" ist in der Urkunde für Leitmeritz (CDB I, Nr. 55, S. 53 ff.) üblich, der Begriff „terra ad aratrum" dagegen in der Vyšehrader Urkunde (CDB I, Nr. 387, S. 371 ff.).

[21] So 1184/85, CDB I, Nr. 305, S. 275.

[22] So z. B. aus der Urkunde für Břevnov, Fälschung zu 993 (CDB I, Nr. 375, S. 348), wo der Fürst offenbar den Sallandszehnten vergibt: „Decimam quoque de omni agricultura in Porecze et de omnibus agris, qui pertinent ad Ribnyk". — Ähnlich die Urkunde von Zbyhnev, CDB I, Nr. 124, S. 130: „decem et VIII agri et IX, que a fratre emi in patrimonium" — dies aus der weltlichen Grundherrschaft. *F. Graus,* 1953, S. 327, hält den Begriff für nicht klärbar.

[23] *M. Beranová,* 1975, S. 29 ff.

landwirtschaftlich fortschrittlichsten Gebiete in Böhmen waren somit Prag mit Umgebung sowie das Gebiet um Maňetín. Terra ad aratrum, ager und spezialisierte Wirtschaftsbetriebe möchte ich als Hinweise auf die eigentliche, fürstliche Grundherrschaft ansehen.

Die Verwaltungsmittelpunkte der fürstlichen Grundherrschaft werden in den Quellen mit „curia" bezeichnet[24]. Curiae gab es, wie schon oben ausgeführt, in den Hauptburgen der Burgbezirke, wohin die grundherrlichen Einnahmen aus dem ganzen Burgbezirk flossen und von einem villicus verwaltet wurden, curiae gab es aber auch an anderen Stellen, wo sie Verwaltungsmittelpunkt von zugehörigen villae waren und deren Abgaben sowie grundherrliche Dienste empfingen.

20 (2,6 %) der Přemyslidenschenkungen beziehen sich auf den Terminus „curia". Ein aufschlußreiches Beispiel bildet die curia Radonice nad Ohři, die „cum omnibus appendiciis suis, villis, servis, ancillis" dem Kloster Strahov übereignet wird[25].

Da über ein Drittel der curiae erst in der späten, aber sicher eine frühere Zeit betreffenden Urkunde von St. Georg erwähnt sind, kann man über die zeitliche Verteilung des Merkmals wenig sagen[26]. In echten Urkunden kommen curiae außerhalb der Burgwälle erst seit 1130 vor. Einnahmen aus der fürstlichen Grundherrschaft wurden vorher ausschließlich über die Burgen verteilt[27].

Daß die Přemysliden mindestens im 11. Jahrhundert die Einrichtung der „curiae" gekannt haben, bezeugt Cosmas[28].

Mit zwei Ausnahmen sind die erwähnten curiae alle in Mittelböhmen lokalisiert.

Soweit die Organisation des Fürstenlandes. Letztlich muß noch eine mit der Kolonisation in Verbindung stehende Einrichtung besprochen werden, der circuitus[29].

32 „circuitus" wurden von Přemysliden vergeben, das sind 4,2 % der přemyslidischen Schenkungen. Waren „terra" und „silva" sowie andere besprochene Begriffe Teile der villa, so ist der circuitus räumlich zunächst unbegrenzt und wird erst im Rahmen der Beurkundung durch

---

[24] Zur Bedeutung der Höfe und der Grundherrschaftsorganisation *F. Graus*, 1953, S. 128 ff. — *B. Krzemieńska, D. Třeštík*, 1967, S. 86 ff.

[25] CDB I, Nr. 156, S. 161.

[26] CDB II, Nr. 378, S. 422.

[27] Siehe dazu oben, S. 233 ff.

[28] Cosmas I, 34, ed. *B. Bretholz*, 1923, S. 62 f.

[29] *F. Graus*, 1953, S. 320 f.; eine neuere Untersuchung des Begriffs und der entsprechenden Kolonisationsphase *Z. Boháč*, 1974, S. 3 ff.

den circuitus, den Umritt, abgesteckt[30]. Im Rahmen eines circuitus können, wie z. B. in Südböhmen bei Horažd'ovice 10—20 Siedlungsplätze (villae) gegründet werden[31].

Bei 3,5 % Anteil am Gesamtmaterial zeichnet sich das Merkmal als besonders typisch für die Zeitstufe zwischen 1131 und 1180 mit 11,5 % ab.

Die Verbreitung gibt ein deutliches Bild des Siedlungsrandes und der Kolonisation. Die einzige Konzentration findet sich in Westböhmen, sonst umgreifen die circuitus das böhmische Siedlungsgebiet. Das 12. Jahrhundert können wir somit als das Zeitalter der sog. inneren Kolonisation in Böhmen definieren.

2.2.3. Die Fürstenleute

Zur Herrschaft über Land und Leute gehörte auch die Übertragung von Personen aus dem Fürstenland an andere (geistliche) Grundherrschaften.

Diese etwa 1600 Personen werden so wie das Land sehr verschieden bezeichnet und charakterisiert. Über abhängige Leute, die von anderen Personen verschenkt wurden, ist übrigens nur sehr wenig bekannt — 1600 fürstlichen stehen lediglich etwa 200 andere Personen gegenüber[1].

Nur wenige der Personenbezeichnungen sind auf den ersten Blick eindeutig. So konnte man zwei grundsätzlich voneinander abweichende Modelle der ländlichen Bevölkerung entwerfen und mit Quellenaussagen untermauern: ein Teil der Forschung sah in altslawischer Zeit eine Gesellschaft freier Bauern, welche allerdings im 12. und 13. Jahrhundert teilweise in Abhängigkeit geraten, ein anderer einen Zwangsapparat von Latifundium und Sklaverei[2].

---

[30] So für das Kloster Břevnov, CDB II, Nr. 367, S. 400: „circuitum dico tendentem a monte Kuynu usque ad speluncam, que Rothotatech dicitur, ex altera vero parte a capite fluminis Stenawa usque ad flumen ..." u. s. w.

[31] CDB I, Nr. 379, S. 353.

[1] Die Zahlen der abhängigen Personen sind lediglich geschätzt. Dies war notwendig, da die Urkunden mitunter keine genauen Angaben über Personenzahlen machen und häufig lediglich die Kategorie im Plural bezeichnen. Da ich annehme, daß Personenzahlen von 1—3 in der Regel genau angegeben werden, habe ich als möglichen Mittelwert 5 eingesetzt. Das ist sicher oft zu niedrig.

[2] Der von *F. Palacký* aus dem damaligen Zeitgeist heraus formulierte Gegensatz zwischen den Deutschen, dem Volk von Herren und Sklaven (1848, Ausgabe 1939, S. 108) und den Slaven, dem Volk der Freien (ebda, S. 110), der Lechen, des späteren Adels, und der bis ins 14. Jh. bestehenden großen Schar der freien zemané oder dědinnici (heredes) (ebda, S. 116), wirkt bis heute noch nach, hat aber auch von tschechischer Seite früh zum Widerspruch geführt. Gegner dieser Theorie wurden besonders die Schüler von *J. Goll:*

Da die meisten Personenbelege aus přemyslidischen Traditionen stammen, hat man fast immer die Verhältnisse von dort auf ganz Böhmen übertragen wollen oder die begrenzte regionale Ausdehnung des belegten Gebietes nicht beachtet[3].

Personenbezeichnungen von möglicherweise rechtlicher Bedeutung:

Alle Personen, um die es hier geht, sind in irgendeiner Weise ans Herrenland gebunden und somit wenigstens dinglich nicht voll frei. Die rechtliche Stellung dieser Abhängigen läßt sich erstens aus ihrer möglichen Freizügigkeit und zweitens aus ihrem Verhältnis zum öffentlichen Recht erkennen.

Etwa 1060 der 1800 hier erfaßten Personen werden ohne eine Bezeichnung ihrer Rechtsstellung genannt. Die meisten Belege stammen aus den Jahren zwischen 1030 und 1180[4].

Eine sicher auch rechtliche Bedeutung haben die Begriffe „servus“ und „ancilla“. Sie sind zwischen 1030 und 1180 mit 8,4 %, 3,2 % und 17,5 % relativ hoch vertreten, nach 1180 kommen sie jedoch kaum mehr vor. In die Zeit zwischen 1030 und 1130 fallen auch die wenigen Nennungen von „servientes“ (ca. 30) und „servi curiales“ (ca. 10 Personen).

Die Begriffe spielen verständlicherweise in der Diskussion über die „Sklaven“ in der böhmischen Wirtschaft eine bedeutende Rolle[5]. Von

---

J. Šusta, 1899, *K. Krofta*, 1919, und *V. Novotný*, 1912; ebenso der Deutsche *J. Lippert*, 1896. Eine Verteidigung Palacký's gegen ältere Arbeiten *J. Lipperts* versuchte unter Heranziehung damals neuer siedlungskundlicher Methoden (Meitzen) *J. Peisker*, 1890, während *F. Vacek* in seinen Arbeiten eine gemäßigte Mittelstellung bewahrt und seit Beginn der böhmischen Geschichte sowohl Sklaven als auch freie Bauern kennt (1905; 1917—1919). Für die Frühzeit eher im Sinne Palacký's interpretiert die heutige, marxistische Forschung, die einen Übergang von Freiheit zu Unfreiheit im Arbeitszeitraum mit dem Wechsel von Gentilgesellschaft zu Feudalgesellschaft gleichsetzt — so *F. Graus*, 1953. Der Unterschied liegt jetzt also in den Gesellschaftssystemen begründet, nicht mehr wie bei *Palacký* in den Ethnika. Gegen die Palacký-feindliche Gollschule auch *Z. Fiala*, 1975, S. 47 f. — Die Arbeiten von *F. Graus*, 1953; *D. Třeštík*, *B. Krzemieńska*, 1964; 1965; 1967; 1979; *R. Nový*, 1972, bieten im wesentlichen quellennahe und zutreffende Darstellungen der ländlichen Bevölkerung; von deutscher Seite *W. H. Fritze*, 1977; dagegen *O. Kossmann*, 1979.

3 Eine Ausnahme bilden die zitierten Arbeiten von *B. Krzemieńska* und *D. Třeštík*.

4 34,6 % und 28,1 % der Personen mit Rechtsbezeichnungen, während es sonst nur 11 %, 10 % und 16 % sind. Für diese Zeit dürfte, läßt man das Problem der Fälschungen beiseite, die Aussage für die přemyslidische Grundherrschaft repräsentativ sein.

5 Wie *F. Graus*, 1953, S. 177 f., gezeigt hat, kann der Begriff „servus“ in der Tat auch nur ein allgemeines Dienstverhältnis ausdrücken, ohne die Rechtsstellung zu betreffen, so z. B. auch Gott gegenüber. *F. Vacek*, der das Vorhandensein von „otroci“, vollkommen unfreier Personen, in Böhmen be-

den Personen, die als servi, ancillae und servientes bezeichnet werden, ist keine Selbsttradition in die Unfreiheit bezeugt. Fast alle servi werden offenbar von der přemyslidischen Grundherrschaft verschenkt, eine Familie von servi wird gekauft, ein servus wird freigelassen[6]. Die servi curiales und die servientes werden alle verschenkt. Aus diesen Tatsachen darf man wohl schließen, daß die meisten dieser Personen rechtlich unfrei und leibeigen waren. Servi und ancillae sind besonders in den früh belegten Zentren der fürstlichen Schenkungen vertreten, in Leitmeritz und in der Prager Gegend.

Der Begriff „mancipium", der im allgemeinen die niedrigste Form der Leibeigenschaft anzeigt, ist so selten, daß er statistisch nicht ausgewertet werden kann. Die Raffelstetter Zollordnung von 903—906, die allerdings nicht als Quelle für die přemyslidischen Abhängigen angeführt werden kann, benutzt „mancipium" als Sammelbegriff für „servi" und „ancillae" und bezeugt den Verkauf von Unfreien aus Böhmen. In der Fälschung für Břevnov zu angeblich 1045 verschenkt Břetislav I. 6 mancipia und Vratislav I. schenkt dem Kloster St. Laurentius in Opatovice zu 1073 die villa Osice bei Pardubice „cum hominibus servitute mancipatis"[7].

Häufig wird der Begriff „familia" als Kennzeichen der Unfreiheit der betreffenden Personen angesehen[8]. Offenbar verstand man unter „familia" aber die Gesamtheit der persönlich vom Fürsten abhängigen Leute. Die Leitmeritzer Urkunde A bestimmt „de familia" Handwerker aus allen Burgbezirken. Die echte Urkunde für St. Stephan in Olomouc (Olmütz) 1078 rechnet sowohl Personen, die „precio introducendi" sind als auch ausdrückliche „servi" zur „familia". 1144 wird die Rechtsstellung der „familia" des Bischofs Heinrich von Olmütz allerdings folgendermaßen beschrieben: „omni familia, sive sint liberi, sive servi"[9].

---

jaht, sieht die Begriffe „mancipia" und „familia" als Hinweise auf eine völlige Abhängigkeit an (1905, S. 62 f.), interpretiert in seiner Agrargeschichte aber auch servi und ancillae als Sklaven (1917—1919, VIII, S. 31). *R. Nový* sieht in den servi eine rechtlich unfreie, an den Boden gebundene Bevölkerung (1972, S. 62 f.). Unter den „servientes" möchte *W. H. Fritze* Unfreie verstehen, die das fürstliche Salland bestellten (1977, S. 510). *O. Kossmann* dagegen sieht in ihnen freie Bauern in Dienstabhängigkeit (1979, S. 210).

[6] Der Sohn des pistor (Bäckers) Jan kauft einen servus mit Frau und Kindern „pro redemptione" (CDB I, Nr. 399, S. 412). Nescada, der servus, wird freigelassen, wenn er Lesen und Schreiben lernt (CDB I, Nr. 124, S. 130) — der Beleg bezieht sich nicht auf einen fürstlichen Abhängigen.

[7] CDB I, Nr. 31, S. 36; CDB I, Nr. 379, S. 353; CDB I, Nr. 386, S. 369.

[8] Z. B. *F. Vacek*, 1905, S. 62. Differenzierend *F. Graus*, 1953, S. 181. Die Grundbedeutung dürfte demnach aber etwa der des Gesindes entsprechen: „čeleď".

[9] CDB I, Nr. 40, S. 47; CDB I, Nr. 156, S. 161; CDB I, Nr. 55, S. 54 f.; CDB I, Nr. 79, S. 84; CDB I, Nr. 138, S. 142; CDB II, Nr. 239, S. 230.

Die familia-Erwähnungen stammen aus dem engsten Bereich Mittelböhmens, einige aus dem Leitmeritzer Gebiet, somit also aus dem Kerngebiet der fürstlichen Grundherrschaft.

Spät sind offenbar die Begriffe „servi glebae“ und „servi originarii“. Sie kommen nur selten vor und lassen sich nur schwer näher deuten[10].

Relativ häufig finden wir dagegen den „animator“ erwähnt (etwa 50-mal). 15,9 % der Erwähnungen liegen zwischen 993 und 1030[11], sonst sind nur sehr wenige animatores genannt, wobei die Verteilungskurve nach einem Minimum bei 1030 bis 1130 wieder leicht ansteigt.

Die uns bekannten animatores werden fast ausschließlich verschenkt. Über die Ursache ihrer Abhängigkeit ist nichts bekannt.

Fast alle animatores (36 von 42) stammen aus dem heutigen Stadtgebiet von Prag. Hierzu gehören auch zwei nichtpřemyslidische animatores. 5 animatores sind nordöstlich von Prag erwähnt[12].

In zwei Urkunden werden fürstliche Dienstleute verschiedener Spezifikation als „ministeriales“ bezeichnet (91 Personen). Sie werden vom Fürsten an geistliche Institute verschenkt. Über die Ursache ihrer Abhängigkeit schweigen die Urkunden[13]. Die Belege stammen ausschließ-

---

[10] In der zitierten Urkunde für Doxany 1226, CDB II, Nr. 286, S. 282. *F. Vacek,* 1917—1919, XIII, S. 154, sieht „originarii“ als „heredes“ an, „servi glebae“ als Freie. Die Begriffe sind kaum zu deuten, *W. H. Fritze,* 1977, S. 514.

[11] 33 animatores werden von Boleslav II. 993 an Břevnov geschenkt, davon 30 „in civitate quoque Pragensi“ mit Nachkommenschaft und 30 areae „ad diversas officinas dispositos“ (CDB I, Nr. 375, S. 348). Für animatores oder dušníky, „Seelenmänner“, „Seelgerätleute“, halten *F. Vacek,* 1917—1919, XVIII, S. 36, *J. Lippert,* 1896, S. 92, alle Personen, die der Kirche geschenkt wurden. Nach *F. Graus* handelt es sich um Personen, die zum Seelenheil des Kirchgründers übertragen wurden (1953, S. 242). Danach muß es sich nicht unbedingt um eine besondere Rechtskategorie abhängiger Personen gehandelt haben. Animatores sind im Westen unbekannt, Spuren finden sich jedoch im abotritischen Bereich und in Ungarn (*Schmid,* 1938, S. 912).

[12] Aus Böhmen sind darüber hinaus 6 Ortsnamen „Dušníky“ bekannt (*Šmilauer,* 1960, S. 42 und die Kartenbeilage). 3 dieser Siedlungen liegen in nächster Umgebung von Prag, eine bei Roudnice im Leitmeritzer Gebiet und zwei dicht beieinander westlich der Moldau auf der Höhe von Příbram in einem Gebiet, aus dem wir nur wenige fürstliche Schenkungen vor 1080 kennen, dagegen aber archäologische Funde der mittleren BWZ (siehe Příbramgebiet). Mit Ausnahme dieser beiden stammen somit alle Belege aus dem Kernbereich der přemyslidischen Schenkungen der přemyslidischen Grundherrschaft.

[13] Der Begriff umfaßt im hochmittelalterlichen Böhmen lediglich die unterste Stufe der Ministerialität. Mit den Reichsministerialen haben diese kleinen Leute nur den Dienst am Herrscher gemein. *J. Lippert* setzt servus, serviens und ministerialis gleich (1896, S. 224). Ähnlich zu den ministeriales *F. Vacek,* 1917—1919, XVII, S. 17 f.; *H. F. Schmid,* 1938, S. 84 f. rechnet sie zum fürstlichen Gesinde = familia. *R. Nový* setzt sie mit den servi curiales gleich (1972, S. 62). Die ausschließliche Bindung dieser Personen an das Für-

lich aus der Fassung B für Leitmeritz (1057, entstanden im 12. Jh.), wo die ministeriales mit der fürstlichen familia der älteren Fassung gleichgesetzt werden, sowie aus dem Privileg für die Kollegiatskirche von Vyšehrad (1088, entstanden in der zweiten Hälfte des 12. Jh.). Beide Institute sind fürstliche „Hausstifte" mit der Lage auf wichtigen Burgbezirkmittelpunkten im Zentrum der fürstlichen Grundherrschaft. Der Zusammenhang zwischen der Organisationsform vor und nach der Schenkung wird somit deutlich.

Die ministeriales sind im alten Siedlungsgebiet wesentlich weiter verbreitet als die servi und die familia (Karte 6). Unmittelbar zu Leitmeritz gehören 6 Ortschaften mit ministeriales, 3 Ortschaften gehören zu Slaný oder Budeč, 4 in den Raum von Prag und Vyšehrad, ebenfalls 4 in die Umgebung von Kouřim, 3 in die Umgebung von Žatec, in Südmittelböhmen eine zu Benešov, eine zu Příbram und eine zu Blatná, im Nordosten Mittelböhmens zu Stará Boleslav und Mnichovo Hradiště. Fast überall fällt die Lage bei Burgwällen auf. Diese ministeriales sind also mit Sicherheit Dienstleute der fürstlichen Grundherrschaft.

Wesentlich schwieriger zu deuten sind die „rustici", „hospites" und „heredes" bezeichneten Gruppen. Auf der einen Seite gehören sie unzweifelhaft zur freien Bevölkerung, auf der anderen Seite sind sie oder zumindest einige von ihnen wenigstens dinglich abhängig.

Obwohl der Begriff „rusticus" zunächst nur eine Berufsgruppe meint, hat man in ihm vielfach — und wohl mit Recht — eine Personengruppe besonderen Rechts erkennen wollen[14]. Die rustici der Urkunden begegnen nie im Zusammenhang mit adliger Grundherrschaft. Die meisten rustici sind in dem Gründungsprivileg für St. Stephan in Leitmeritz, der Fälschung für Stará Boleslav und in der Urkunde für Vyšehrad belegt. Lediglich 5 rustici sowie 2 „rustici dedin iure" lassen sich zwischen 1180 und 1230 nachweisen. Einige der rustici werden wohl an Leitmeritz verschenkt — von anderen rustici, deren Zahl ungewiß ist und die

stenland wird bei *J. Lippert* und *B. Krzemieńska, D. Třeštík,* 1964; 1965; 1967, deutlich; letztere interpretieren die ministeriales mit Recht als die Träger der fürstlichen Dienstorganisation. Zusammenfassend zum Begriff *F. Graus,* 1953, S. 249 f.

14 Während *F. Graus,* 1953, S. 250, dem Begriff lediglich die Berufsbedeutung gibt und auch *R. Nový* 1972, S. 61, und *Z. Fiala,* 1975, S. 54, die rustici nicht als eine eigene rechtliche Gruppe anzusehen scheinen, betonen andere wie *V. Novotný,* 1912, S. 529, und *F. Vacek,* 1917—1919, XIII, S. 146 f., die Sonderstellung der verschenkten rustici als Halbfreie. Ein Zusammenhang zwischen der Friedenstributzahlung der rustici (dazu siehe unten S. 261) und der als Freie interpretierten heredes wird jedoch überall gesehen. Persönlich freie Bauern auf Fürstenland sieht *W. H. Fritze* in den rustici (1977, S. 508 ff.). Dagegen *O. Kossmann,* 1979, S. 197. Zu den rustici siehe auch unten, S. 287; hier auch zu den kmetones; S. 203.

offenbar als Freie in den Burgbezirken lebten, überläßt der Fürst seinen Stiften lediglich eine Abgabe. Unzweifelhaft verschenkt wird dagegen der rusticus Milgost an Kladruby 1115 wie auch die beiden rustici Nezda und Martin an Vyšehrad 1088[15]. Spätere Urkunden berichten im Gegensatz dazu nur von der Rücksichtnahme auf rustici mit offenbar eigenen Rechtsbefugnissen: von einem Streitfall, den der villicus Modlibog mit Hilfe seiner „rusticis originariis nostris" auszufechten hat und von den „rustici nostri" aus Pořešice, die einen ihnen unnützen Acker verkaufen[16]. Rustici konnten somit wohl im allgemeinen frei über ihr Land verfügen, standen aber in einem gewissen Schutz des Fürsten. Die Statuta Conradi-Ottonis charakterisieren die rustici eindeutig als freie Personen (siehe unten S. 300 ff.).

11 Ortschaften mit rustici stammen aus dem Leitmeritzer Gebiet — 6 sind in ganz Böhmen verteilt. Das přemyslidische Kerngebiet in Mittelböhmen hat somit keine rustici-Nachrichten. Man kann daraus schließen, daß rustici zwar nur auf Fürstenland vorkommen, daß sie aber für die eigentliche fürstliche Grundherrschaft nicht typisch sind, ganz im Gegensatz zur familia und den ministeriales (Karte 6).

Zahlenmäßig kaum ins Gewicht fallen ca. 13 „heredes" aus dem Zeitraum zwischen 1199 und 1226[17]. Die heredes dieser 4 Quellenstellen, alle im weiteren Mittelböhmen lokalisiert, werden eindeutig aus dem Fürstenland verschenkt.

Der Begriff „heredes", Erben, deutet schon durch die Wortbedeutung auf eine gehobenere wirtschaftliche Stellung der Personen hin. Die Sonderstellung der heredes wird auch aus einigen anderen Quellenstellen deutlich. In dem von G. Friedrich für echt gehaltenen Zusatz zur Fälschung für das Kloster St. Georg, Prag, werden als Zeugen offenbar abhängige heredes genannt: „heredes domini Groznate", „heredes

---

[15] CDB I, Nr. 387, S. 377; CDB I, Nr. 390, S. 402.

[16] CDB II, Nr. 6, S. 4; CDB II, Nr. 361, S. 387; CDB II, Nr. 345, S. 354. Die Urkunde von 1220 für Břevnov (Fälschung des ausgehenden 13. Jh.) nennt die homines ecclesiae „sive sint rustici, sive servientes" (CDB II, Nr. 375, S. 411). Auch hier wird also die Sonderstellung hervorgehoben. Zu Aufgaben und Pflichten der rustici siehe unten S. 260.

[17] Die heredes bilden in forschungsgeschichtlicher Hinsicht die problematischste Gruppe der abhängigen Bevölkerung, spielen sie doch in der Diskussion über die freien Bauern im mittelalterlichen Böhmen die Hauptrolle, während eine solche Gruppe in den Quellen unter dieser Bezeichnung kaum zu finden ist. Die von *F. Palacký* herausgestellte Schicht der freien „dědinici" findet sich in allen Darstellungen der böhmischen Sozialgeschichte bis zu *D. Třeštík*, 1971, *W. H. Fritze*, 1977; *Z. Fiala*, 1975. Kritisch *O. Kossmann*, 1979, S. 216 ff. — Seit der Arbeit von *V. Vaněček*, 1926, S. 11, unterscheidet man jedoch strenger zwischen den hier aufgeführten abhängigen heredes und ebenso bezeichneten, offenbar vollkommen freien Personen. Gegen die Einheitlichkeit der mit „heredes" bezeichneten Personen sprechen sich auch *F. Graus*, 1953, S. 239 ff. und *W. H. Fritze*, 1977, S. 517 ff. aus.

regis" und „heredes domine abatisse"[18]. Aus dem Jahre 1295 ist belegt, daß heredes sich mit Erfolg und mit der Begründung, sie seien „heredes", gegen die Erhöhung ihrer Abgaben wehren[19]. Man wird somit nicht fehlgehen, auch diese heredes innerhalb der Grundherrschaften als eine persönlich freie Bevölkerung anzusehen und in die Nähe der rustici (dedin iure!) zu stellen. Daß heredes erst so spät erwähnt werden, mag damit zu erklären sein, daß es erst in dieser Zeit nötig wurde, das Erbeigentum am Boden zu betonen.

Der Begriff „heres", die Formeln „dedin iure" oder „iure hereditario" oder die Bezeichnung „hereditas" für das Erbgut deuten außerhalb der fürstlichen Schenkungen auf einen weiten Kreis erblicher Grundbesitzer und erblichen Grundbesitzes hin, der in anderem Zusammenhang besprochen werden muß. Gemeinsam ist allen im Zusammenhang mit diesen Termini genannten Personen lediglich mit Sicherheit das Erbeigentum am Boden.

Eine weitere wichtige Gruppe bilden die hospites (etwa 179)[20]. 71,5 % von ihnen kommen zwischen 1030 und 1080 vor. Mit 19,6 % Anteil an allen Personen stellen sie in dieser Zeitstufe die am häufigsten erwähnte Personengruppe dar. Die errechnete Zahl kann täuschen, da selten genaue Angaben vorliegen. In den anderen Zeitstufen liegt der Anteil nur bei 3,6 % bis 5,8 %.

Hospites wurden zunächst nicht persönlich verschenkt, das von ihnen gepachtete Land aber konnte den Besitzer wechseln[21], ohne daß die hospites ihr Land verlassen mußten.

---

[18] CDB II, Nr. 378, S. 422 f.

[19] ER II, S. 719, Nr. 1675.

[20] Während *F. Graus*, 1953, S. 247 f., wie *Palacký*, 1848 (1939), S. 381 („hospites aneb rustici"), hospites und rustici gleichsetzt und erstere als Bauern betrachtet, die wie die rustici auch verschenkt werden konnten, sehen *F. Vacek, J. Šusta, J. Lippert, K. Krofta, R. Nový* und *W. H. Fritze* in ihnen eine besondere Rechtsgruppe. *F. Vacek* stellt sie sich durch Vertrag an die Grundherrschaft gebunden vor (1905, S. 86 f.) und hält sie für persönlich freie Personen (1917—1919, XV, S. 225 ff.), die den Grundherren wechseln, aber auch mehrere Generationen auf den hospites-Stellen bleiben konnten. Nach *J. Lippert* führten sie als „Gäste" zur Auflösung der alten Hauskommunion (1896, S. 210). *K. Krofta* und *R. Nový* betonen die schon von anderen hervorgehobene Rolle der hospites bei der inneren Kolonisation im 10.—12. Jh. (*Krofta*, 1949, S. 31 ff.; *Nový*, 1972, S. 63). Ähnlich wie *Krofta* und *Nový* auch *W. H. Fritze*, 1977, S. 516 f. — Hospites stehen nach *Fritze* den persönlich freien rustici nahe.

[21] In einigen Urkunden des beginnenden 13. Jh. werden hospites allerdings ganz offenbar verschenkt. So „10 hospites et terram ad duo aratra" in Veltruz (CDB II, Nr. 286, Nr. 284). Hier findet sich auch eine Stelle, wo ein Nichtpřemyslide 3 hospites verschenkt. Geschenkt werden auch „III hospites cum sufficienti possessione" in Gozchas 1227 (CDB II, S. 305, Nr. 306). Möglicherweise hat sich demnach die Stellung der hospites verschlechtert.

Wie die rustici sind sie — allerdings mit einer Ausnahme — nicht aus adeliger Grundherrschaft bekannt. In der Fälschung für Kladruby 1115 (1250) schenkt ein gewisser Dobrehc dem Kloster seine terra ad aratrum — seinem Sohn stellt er frei, später für das Land zu dienen oder als hospes die hospitalitas für das Land zu zahlen[22]. Hospites sind demnach freie Pächter. Die zitierte Quellenstelle zeigt, daß die hospites durchaus nicht immer fremde Pächter sein mußten — sie konnten auch als alte Besitzer des Landes ihre terra zur Pacht nehmen.

Der Verbreitungsschwerpunkt liegt mit 30 Ortschaften im Leitmeritzer Gebiet (Karte 6). Darüber hinaus liegen 8 Nachrichten aus der Siedlungskammer von Hradec Králové vor. Die große Zahl der rustici wie der hospites im Leitmeritzer Gebiet spricht m. E. dafür, daß es sich hier nicht um ein altes přemyslidisches Grundherrschaftsgebiet handelte.

Hospites und Personen, die sich in die Unfreiheit einkauften[23], zeigen, wie die Übergänge zwischen relativer Unabhängigkeit und Abhängigkeit durch wirtschaftliche Schwierigkeiten bestimmt wurden. Bei den hospites dürften Landmangel oder der Wille, einer echten Knechtschaft zu entgehen, bei den Selbsttraditionen augenblicklicher Geldmangel zum Eintritt in die Grundherrschaft geführt haben. Beide Gruppen zeugen jedenfalls von einer verfügbaren persönlich freien, ländlichen Bevölkerung und von einer möglichen sozialen Mobilität in beiden Richtungen.

Zu Ende des 12. Jahrhunderts begegnen in einigen Immunitätsbestimmungen und späten Schenkungen einige bisher nicht gebräuchliche Bezeichnungen für die abhängige Bevölkerung der geistlichen, ehemals přemyslidischen Grundherrschaften. Außerordentlich schwer interpretierbar ist die Befreiung aller Leute des Klosters Doxany von den Lasten der Burgbezirksverfassung und der öffentlichen Gerichtsbarkeit „sive sint servi glebe, sive servi originarii, sive asscripticii"[24]. In der Urkunde für Břevnov von 1224 verschenkt Přemysl Otakar I. „quosdam homines asscriptos glebe"[25]. Eine Urkunde für Olomouc 1144 stellt servi, coloni und scripticii einander gegenüber[26]. Wie schwierig eine Gleichsetzung dieser Begriffe mit den aus den übrigen Quellen vielfach be-

---

[22] CDB I, Nr. 390, S. 400.

[23] Von den 1078 an St. Stephan bei Olomouc (Olmütz) verschenkten Personen heißt es: „alii servi, alii sunt precio introducendi" (CDB I, Nr. 79, S. 84). Aus Böhmen liegt aber in der Urkunde für Litomyšl 1167 ein Beweis eines Rückkaufs der Freiheit vor, der auf ein entsprechendes Rechtsverhältnis hindeutet (CDB I, Nr. 399, S. 412). Dazu *W. H. Fritze,* 1977, S. 513 im Zusammenhang mit Selbsttradierungen von Freien.

[24] CDB II, Nr. 286, S. 282.

[25] CDB II, Nr. 259, S. 250.

[26] CDB I, Nr. 138, S. 142.

kannten Personengruppen ist, zeigt die bisherige Literatur[27]. Festzustellen ist, daß niemals der Begriff „servus asscripticius“ begegnet, so daß diese Gruppe wohl Abgaben zahlte, aber keine grundherrschaftlichen Dienste leistete. Der servus originarius dürfte am ehesten der servus non casatus sein, der lediglich durch seine Geburt servus ist, der servus glebe aber der servus casatus, der für sein Stück Land dient. In der Olmützer Urkunde waren somit die beiden ersten Personengruppen vertauscht. Im einzelnen scheinen die Rechtsformen aber auch von den jeweiligen Bedürfnissen der geistlichen Institute abhängig gemacht worden zu sein. Während man in Kladruby einem Selbsttraditor freistellte, für das betreffende Land zu dienen oder die „hospitalitas“ zu zahlen, legte man in St. Laurentius zu Opatovice fest, daß „quis liber“, der die terrae von Opatovice und Osice besiedeln wollte, „servitute sit asstrictus“[28].

Es ist dies die einzige, ausdrückliche Erwähnung eines „liber“, obwohl, wie deutlich wurde, verschiedene Rechtsformen liberi, die in die Grundherrschaften eintraten, voraussetzten. Der Begriff „liber“ ist jedoch in Böhmen unüblich.

Sehr häufig finden wir dagegen das ganz unspezifische „homo“. In den Immunitätsbestimmungen ist es die gängige Bezeichnung für alle von der Grundherrschaft abhängigen Personen. Der Begriff ist deshalb in den letzten beiden Zeitstufen besonders häufig. Die regionale Verbreitung ist nicht auswertbar[29].

Berufsbezeichnungen:

Neben der Rechtsstellung bestimmen die Urkunden bei vielen Personen auch Dienste oder Abgaben. Berufsspezifikationen sind urkundlich einzig und allein aus fürstlichem Zusammenhang bekannt. Während in der älteren Forschung vielfach diese Verhältnisse auf die übrige weltliche Grundherrschaft übertragen wurden, ist der besondere Charakter der fürstlichen Dienstorganisation von B. Krzemieńska und D. Třeštík herausgestellt worden[30].

---

[27] Während *F. Graus*, 1953, S. 245, die Begriffe für nicht interpretierbar hält, sieht z. B. *F. Vacek*, 1917—1919, XIII, S. 154, in den servi glebae Freie, den asscripticii Halbfreie und den originarii heredes; ebenso 1905, S. 73. *W. H. Fritze*, 1977, S. 115, wägt verschiedene Möglichkeiten der Deutung ab, scheint die asscripticii jedoch letztlich den rustici oder hospites gleichzustellen, während *O. Kossmann* im Gegensatz zu einer Reihe von polnischen Forschern die Unfreiheit der polnischen asscripticii betont (1979, S. 225). Nach *R. Nový* bezeichnen die Begriffe den faktischen und rechtlichen Ursprung einer im 13. Jh. schon fast nivellierten Schicht (1972, S. 62).

[28] CDB I, Nr. 386, S. 369.

[29] Zutreffend *F. Graus*, 1953, S. 247. In der Forschung spielt der Begriff keine Rolle.

Die Personen lassen sich in 4 Berufskategorien einteilen: landwirtschaftliche Spezialisten, handwerkliche Spezialisten, Dienstleistungsspezialisten sowie landwirtschaftliche Arbeiter[31]. Insgesamt handelt es sich um etwa 650 Personen, also um eine statistisch auswertbare Zahl.

Von den landwirtschaftlichen Spezialisten sind 55 vinitores, 67 piscatores, 36 Imker (debitores mellis, custodes apum) bekannt.

48 der 55 vinitores wurden zwischen 1030 und 1130 verschenkt — in der späteren Zeitstufe kommen sie, wie fast alle Dienstleute, nicht mehr vor. Die verschenkten vinitores lebten im heutigen Prager Stadtgebiet, bei Slaný, in unmittelbarer Umgebung von Leitmeritz sowie in drei Fällen im mittleren Ostböhmen. Häufig sind darüber hinaus Ortsnamen mit der Bedeutung „Weinbauern" — Vinařy, Vinaře und Vinařice. V. Šmilauer führt 13 Ortschaften mit diesen Namen an[32]. Die Bindung an die Zentren der přemyslidischen Grundherrschaft, die Hauptburgen der Burgbezirke, bleibt immer gewahrt.

Die piscatores sind von 993 bis 1130 belegt und machen in der ersten Zeitstufe immerhin 12 % der verschenkten Dienstleute aus[33]. Eine Konzentration von Ortschaften mit piscatores zeigt sich um Zbraslav (Königssaal) an der Berounka. Je zwei Fischer lassen sich an der Moldau nördlich von Prag, an der Elbe bei Leitmeritz und Poděbrady loka-

---

30 *B. Krzemieńska, D. Třeštík,* 1964; 1965; 1967. Besonderes Verdienst der Verfasser ist es, nach polnischem Vorbild die kurz zuvor von *V. Šmilauer,* 1960, aufgearbeiteten Ortsnamen mit Dienstbedeutung in die Untersuchung mit eingearbeitet zu haben. In ihrer Sicht der Dienstorganisation sind sie vor allem von der polnischen Forschung beeinflußt, besonders von den Arbeiten *K. Modzelewski's* und *K. Buczek's.* In Böhmen beschrieb z. B. *F. Vacek* zwar die Einrichtungen des Dienstwesens zutreffend und im Rahmen seiner Darstellung der fürstlichen Grundherrschaft, sah den Unterschied zwischen fürstlicher und adliger Grundherrschaft jedoch nicht qualitativ, sondern nur in der Ausdehnung (1917—1919, XVII, S. 15 ff.; 1905, S. 62 ff.). *J. Lippert* bringt ebenfalls die Eigenheit der fürstlichen Grundherrschaft sehr deutlich zum Ausdruck und berücksichtigt sogar die Dienstortsnamen, benutzt allerdings den Begriff Dienstorganisation noch nicht und kennt offenbar auch nicht ihre Verbreitung im westslawischen Raum (1896, S. 220). *Lippert* stellt die Dienstorganisation allerdings wohl zu Unrecht als Zwangsapparat dar und überschätzt die Ausdehnung der přemyslidischen Grundherrschaft. *F. Graus,* 1953, S. 238 ff. stellt zwar die einzelnen Termini für die Abhängigen meist zutreffend dar, geht aber auf die přemyslidische Dienstorganisation und Grundherrschaft nicht näher ein, so daß man den Eindruck gewinnt, die Geschichte des Landvolks beziehe sich auf die gesamte ländliche Bevölkerung Böhmens.

31 *B. Krzemieńska, D. Třeštík,* 1967, S. 96 ff., nehmen in einer Tabelle eine ähnliche Aufteilung vor. Hier werden Hirten, aratores und cultores zusammengefaßt, da sie offenbar keine Spezialisten waren.

32 Zu den Winzern *B. Krzemieńska, D. Třeštík,* 1967, S. 78 f. und die oben genannte Literatur, die im folgenden, wenn im einzelnen nichts strittig ist, nicht näher aufgeführt wird, da es sich um bloße Aufzählungen handelt. *V. Šmilauer,* 1960, S. 40 und die Kartenbeilage.

33 *B. Krzemieńska, D. Třeštík,* 1967, S. 78.

lisieren. In West-, Süd-, Ost- und Nordböhmen kommen Fischer nur in Leitmeritz und Žatec vor.

Ganz im Gegensatz dazu die Imker, die lediglich zwischen 1030 und 1130 erwähnt werden. Sie begegnen — genau wie die rustici — in Mittelböhmen nicht, dafür aber um Leitmeritz, in West- und im nördlichen Südböhmen. Vielleicht waren sie mit den rustici identisch und gehören somit nicht zu den Dienstleuten.

Die Handwerker sind fast ausschließlich nur zwischen 1030 und 1130 belegt. Wir kennen etwa 50 z. T. verschieden spezialisierte Grob- und Feinschmiede, 16 Wagenmacher, 6 Dreher, 36 Schneider und 7 Pecherzeuger[34].

Verbreitet sind diese Personen vor allem im heutigen Stadtgebiet von Prag, in Leitmeritz, südlich von Prag bei Zbraslav und Jílové (Eule), um Žatec, Louny und Slaný. Vereinzelt finden wir sie im weiten Umkreis von Bunzlau, im Gebiet von Vysoké Mýto, Rakovník und in Westböhmen. Bei den erstgenannten Zentren sind immer auch mehrere Berufe belegt.

Zu den Dienstleistungsberufen gehören etwa 8 Bader (calefactores stube, caldarii), 30 Köche (coqui), 26 Bäcker und Naschwerkbereiter (pistores, cupedinarii)[35]. Selten sind Wäscher, Kämmerer, Brauer und Einpökler.

Die meisten Nachrichten stammen wiederum aus dem Zeitraum zwischen 1030 und 1130. In dieser Zeit werden alle erwähnten Personen verschenkt.

Aus einer Fälschung von 1229 für St. Laurentius zu Opatovice ist allerdings ein Koch namens Matheus bekannt, der mit Einverständnis des Fürsten ein Dorf verschenkt[36]. Von Nemoy, dem Sohn des pistors Jan wissen wir, daß er in der Lage war, eine Familie von „servi" zu kaufen und somit sich und seiner Familie die Freiheit zu verschaffen[37]. Das war aber nur möglich, wenn er innerhalb der Grundherrschaft, in der er gedient hatte, auch gut verdiente (1167, Fälschung des ausgehenden 12. Jh. für Litomyšl). Bäcker und Köche gehören somit zu einer gehobenen Schicht innerhalb der Unfreien und besaßen Aufstiegschancen.

Die räumliche Verteilung der Personen zeigt noch stärker als bei den Handwerkern die Bindung an die Burgen und die curiae: zu den zahl-

---

[34] Zu den fürstlichen Handwerkern ebda, S. 80. Nach der Tabelle S. 97 kann man 28 verschiedene Handwerkskategorien unterscheiden.

[35] *B. Krzmieńska, D. Třeštík,* 1967, S. 76 f.

[36] CDB II, Nr. 324, S. 328.

[37] CDB I, Nr. 399, S. 412.

reichen anderen Handwerkern kommen in Leitmeritz Bäcker und Bader, bei Dřevič in Nordwestböhmen Bader, bei Prag Bäcker und Bader, im Grundherrschaftszentrum zwischen Beroun und Zbraslav Bader, in Kouřim ein Bäcker. Auch vereinzelte Dienstleistungen liegen bei Burgen: bei Mnichovo Hradiště, bei Stará Boleslav, bei Roztoky (Levý Hradec), bei Pardubice zwischen anderen fürstlichen Schenkungen an der Elbe.

Müller zeugen für eine fortschrittliche Wirtschaftsstruktur, sind aber selten. Sie lassen sich in Leitmeritz selbst 1057, bei Vyšehrad auf einer Moldauinsel und bei Stará Boleslav nachweisen. Zwischen Handwerk und Dienstleistungstätigkeit muß wohl die Arbeit der Mägde (ancillae, puellae operatrices) eingestuft werden. Die Frauen wurden in den Curien der Burgwälle in Gynaeceen zu Handarbeiten, Web- und Näharbeiten angehalten und von einer „avia" beaufsichtigt. Leider liegen nur wenige Angaben dazu vor[38].

Wenn auch die meisten der genannten Handwerker und Dienstleute in ländlichen Siedlungen lebten, worauf noch einzugehen ist, sprechen doch einige Nachrichten für Handwerker und Dienstleute in Suburbien der civitates: in Žatec sutores (Schuster) und ferrarii (Eisenschmelzer), in Leitmeritz Müller und Bäcker, in Pilsen ein Pelzschneider. Andere Handwerker gehörten zu Curien innerhalb der Burgbezirke[39]. Die auf bestimmte Handwerker hindeutenden Ortsnamen bestätigen in Mittelböhmen in der Regel die bekannten Zentren[40]. Dagegen fällt auf, daß in den Gebieten an Jizera, Cidlina und an der mittleren Sázava sowie um Čáslav besonders viele Siedlungen Dienstnamen tragen, während fürstliche Schenkungen nur selten vorkommen. Einige Handwerkersiedlungsnamen begegnen auch in Westböhmen.

Für diese Tatsache gibt es m. E. drei Erklärungsmöglichkeiten: entweder behielten die Fürsten diese Gebiete in ihrem Besitz oder sie nannten bei der Schenkung die Personen und ihre Berufe nicht oder die in den Ortsnamen erkenntlich werdende Organisation war gar nicht přemyslidisch. Letzteres scheint bei den ostböhmischen Ortschaften auf ehemals slavnikischem Boden nicht unmöglich — die Ortsnamen

---

38 *F. Vacek,* 1905, S. 65; *B. Krzemieńska, D. Třeštík,* 1967, S. 84. CDB I, Nr. 55, S. 55; CDB I, Nr. 387, S. 387 u. a.

39 CDB I, Nr. 387, S. 384; CDB I, Nr. 55, S. 59; CDB I, Nr. 390, S. 398; in Kouřim ein Bäcker, CDB I, Nr. 387, S. 376; Handwerker und Angehörige verschiedener anderer Berufe gehören zu der curia Radonice nad Ohří, die zwischen 1143 und 1148 an Strahov verschenkt wird: faber, hortolanus, tornatores picariorum, servi, ancillae, pastor equarum. Eine ähnliche Häufung findet sich in Wltraunice bei Prag, das 1088 an Vyšehrad geht (CDB I, Nr. 387, S. 385). Die Schmiede des Vyšehrader Suburbiums sind auch archäologisch belegt (*M. Beranová,* 1979b, S. 300 ff.).

40 *B. Krzemieńska, D. Třeštík,* 1967, nach S. 88.

könnten somit für eine slavnikische Dienstorganisation zeugen. In Westböhmen liegt der Fall sicher anders, denn hier kennen wir viele přemyslidische Schenkungen, aber insgesamt nur wenige Personen, die mitvergeben wurden.

Die letzte zu besprechende Gruppe ist die der landwirtschaftlichen Arbeiter, der aratores (ca. 81), der cultores (ca. 20) und der pastores (ca. 41). Während aratores und cultores — wohl gleichbedeutende Begriffe — nicht näher spezifiziert sind[41], findet man die Hirten in zahlreiche Spezialisationen aufgesplittert: „pastores equarum", „vaccarii", „bubulci", „porcarii" und „opiliones". Auch sie sind durch zahlreiche Ortsnamen belegt[42]. Während die aratores zwischen 1030 und 1180 mit 8,3 %, 2,8 % und 6,3 % vorkommen, sind die pastores von 1030 an regelmäßig belegt — die meisten sind zwischen 1130 und 1180 bekannt.

Während die aratores und cultores um Leitmeritz, Boleslav und in Westböhmen verschenkt wurden — das Prager Gebiet fehlt —, sind die Hirten besonders zwischen Beroun und Zbraslav südlich von Prag sowie bei Prag, Boleslav und Leitmeritz belegt. Auf Hirten deutende Ortsnamen kommen auch in der Umgebung von Libice, dem Hauptort der Slavniken, vor.

Dienstleute, die im Jagdbereich tätig waren, hat es gewiß viele gegeben, sie wurden jedoch kaum verschenkt — ähnlich steht es wohl mit den custodes silve oder den stráže, Waldbewachern[43].

Eine besondere Gruppe von Dienstleuten läßt sich jedoch in die üblichen Kategorien nicht einordnen: die custodes ecclesiae (Kirchenwächter) und campanarii (Glöckner)[44]. In hoher Zahl verschenkt wurden vor allem die custodes ecclesiae, die zwischen 1030 und 1130 immerhin 7,5 % und 5,5 % der erwähnten Dienstleute ausmachen (insges. 83). Die campanarii sind dagegen seltener (21). Beide sind mit wenigen Ausnahmen auf Mittelböhmen beschränkt: um Roztoky, Prag, Vyšehrad und in der Konzentration zwischen Berounka und Zbraslav. Zwei campanarii sind bei Leitmeritz belegt. Beide Personengruppen darf man wohl als Belege für die Eigenkirchenorganisation auf fürstlichem Boden ansehen.

Faßt man die Berufsgruppen zusammen, so haben landwirtschaftliche Spezialisten ihren Erwähnungsschwerpunkt zwischen 993 und 1130. Zwi-

---

[41] Ausführlicher dazu *F. Graus*, 1953, S. 244; *W. H. Fritze*, 1977, S. 510; *F. Graus* möchte sie neben die anderen Dienstleute stellen.

[42] *B. Krzemieńska, D. Třeštík*, 1967, S. 79.

[43] Ebda.

[44] *F. Graus*, 1953, S. 245, hebt hervor, es könne sich um besonders bevorrechtigte Personen handeln. Die Personengruppe ist eng mit der Kirchenorganisation verbunden (*Schmid*, 1938, S. 83 ff.). *Schmid* stellt die Personen mit anderen Hörigen auf eine Stufe.

schen 1180 und 1230 ist keine Person mit diesen Berufen mehr erwähnt. Dienstleistungen sind in der ersten Stufe noch nicht vertreten. Das Maximum der Verteilungskurve liegt in den folgenden beiden Stufen, dann fällt die Kurve ab. Die handwerklichen Spezialisten kommen besonders zwischen 1080 und 1130 vor — die Kurve steigt von 1030 an und fällt von 1130 bis 1230 wieder ab.

Aufschlüsse über die soziale Stellung der Dienstleute bringt die leider nicht besonders häufige Kombination von Berufs- und Rechtscharakterisierung der erwähnten Personen. Das Ergebnis ist eindeutig: von den 140 servi tragen 57 (40,7 %) Berufsbezeichnungen: 6,4 % arbeiten als handwerkliche Spezialisten, 5 % in Dienstleistungsberufen, aber 28,6 % als aratores und Hirten[45]. Als „servi" wurden somit Personen ohne Berufsspezifikation oder Hirten und „aratores" bezeichnet. Von den 91 ministeriales wurden 50 % mit Berufsbezeichnungen genannt: 15,4 % sind landwirtschaftliche Spezialisten, 11 % arbeiten im Dienstleistungssektor, 23,1 % aber sind Handwerker. Zwischen „servi" und „ministeriales" besteht somit ein deutlicher Qualifikationsunterschied[46].

Die übrigen Kategorien der Rechtsstellung haben offenbar mit den Dienstleuten nichts zu tun. Kein animator, asscripticius, hospes, rusticus und heres trägt eine Spezialistenbezeichnung. In einer Fälschung des 13. Jahrhunderts werden allerdings 2 heredes „ad vexilliferum" an die Johanniter verschenkt[47].

Der Besitz der Personen:

Eine Reihe von Personen sind uns mit Besitzstücken genannt, mit denen sie zusammen verschenkt wurden. Folgende Bezeichnungen kommen vor: „terra" (50mal), „terra ad aratrum" (92mal), „mansio" (17-mal) „vinea" (38mal) und „molendinum" (1mal)[48]. Die Hirten wurden zumeist zusammen mit dem Vieh verschenkt, für das sie zu sorgen hatten: 8mal sind Pferde belegt, 4mal verschiedenes Großvieh.

17 von 91 ministeriales, 9 von 79 rustici, 3 von 49 animatores und ein homo besitzen je eine terra; 22 ministeriales, 5 rustici, 1 animator, 1 homo und 5 precio introducendi, 2 von 111 servi und 8 von 179 hospites eine terra ad aratrum. Weiterhin nennt die Fälschung für Břevnov

---

[45] Dies widerspricht der Auffassung von *F. Graus,* 1953, S. 244 und *O. Kossmann,* 1979, S. 210, über die aratores, aber auch über die als servi bezeichneten Personen. Die etwa 60 % nichtspezifizierten servi wird man z. T. als servi curiales deuten können.

[46] Der Begriff des „servus" erscheint allerdings auch als Oberbegriff für alle Dienstleute (siehe oben, S. 245 f. und unten, S. 260).

[47] CDB II, Nr. 350, S. 361.

[48] Zu den einzelnen Landbezeichnungen im allgemeinen siehe oben, S. 241 ff. und die dort angegebene Literatur.

zu 993 (Mitte 13. Jh.) 30 animatores mit 30 areae[49]. Über nicht näher bezeichneten Besitz verfügten weitere 9 hospites, 2 heredes und 2 servi.

Die am häufigsten mit Land ausgestattete, verschenkte Gruppe bilden somit die ministeriales. Ihnen folgen die rustici und hospites, die sicher alle Land besaßen bzw. zur Pacht hatten. In ihrem Falle wurde meist jedoch entweder nur die Steuer (bei den rustici) oder nur das Land verschenkt, das sie pachteten (bei den hospites)[50]. Häufig mit Land verschenkt wurden dagegen auch die animatores, wobei aber die Stelle in der Urkunde für Břevnov unklar bleibt[51].

Während bei 37 % der ministeriales kein Besitz genannt wird, sind es bei den „servi" 96,4 % — nur 4 der 111 servi sind mit Land ausgestattet. Damit sind die beiden Gruppen innerhalb der Grundherrschaft auch hier deutlich getrennt.

Kein einziger der etwa 80 aratores ist mit einem nur zu ihm und seiner Familie gehörenden Land verschenkt worden. Die Personen sind Zubehör zur terra oder terra ad aratrum und zu deren Bearbeitung gedacht. Das geht u. a. auch daraus hervor, daß die Zahl der Personen fast nie mit der Zahl der vergebenen Landstücke übereinstimmt[52]. Von den 31 Hirten sind dagegen 3 mit Land ausgestattet[53]. Obwohl die meisten Hirten ähnlich wie die aratores nur als Zubehör verschenkt werden, scheint sich hier doch eine gegenüber den aratores etwas gehobenere Stellung zu dokumentieren.

Von den handwerklichen Spezialisten sind 24,5 % mit Land ausgestattet. Die Schneider waren kaum Landbesitzer (von 32 nur einer). Mehrere scutellarii (Schildmacher) in einem Ort mit entsprechendem Besitz sind zweimal belegt: 4 Personen mit einer „terra ad IIII manses", in einem anderen Ort ebenfalls 4 Personen mit einer „terra ad V aratra"[54].

---

[49] CDB I, Nr. 375, S. 348.

[50] Siehe oben, S. 249 ff. Dort auch die wenigen Stellen, die eine Verschenkung der Personen selbst bezeugen.

[51] Eher handelt es sich bei den areae, die „in civitate Pragensi" liegen, um herzogliches Salland, das die animatores zu bewirtschaften hatten.

[52] So z. B. „tria aratra cum aratoribus duobus", CDB I, Nr. 80, S. 86; oder „duo aratra cum aratoribus" (es werden 4 Personen mit Söhnen und Töchtern aufgeführt), CDB I, Nr. 393, S. 406. Oder auch die Formel „aratores ad predictas villas dedi" mit Aufzählung der Namen, CDB I, Nr. 382, S. 359. Undeutlich ist allerdings der Satz „Wrbne Srin arator et VI terre" (1143—1148 für Strahov), CDB I, Nr. 156, S. 161.

[53] So „Ranos vaccarium cum terra sua", CDB I, Nr. 390, S. 397 (1115, Anfang 13. Jh. für Kladruby). Mit Landbesitz belegt sind Kuh-, Schweine- und Pferdehirten.

[54] CDB I, Nr. 387, S. 376, 1088 (12. Jh.) für Vyšehrad aus Psáry (hier deutet der Ortsname übrigens auf eine ganz andere Dienstgruppe hin, auf fürst-

Von den Personen der Dienstleistungsberufe wurden insgesamt nur 17,6 % zusammen mit Land verschenkt. Dabei sind nur 2 der 26 pistores und keiner der 8 Bader. Dagegen waren 11 von 31 Köchen — 35,5 % — mit Land ausgestattet. 2 von ihnen besaßen zusammen 7 aratra, also ein recht beachtliches Stück Land, ein Koch bearbeitet „duo aratra“[55].

Am häufigsten aber wird Land im Zusammenhang mit landwirtschaftlichen Spezialisten genannt: 33,9 % der Personen werden mit Land verschenkt. Eine terra bewirtschaften 12,7 % der vinitores, 4,5 % der piscatores und 60 % der custodes apum (insges. nur 5 genannt); eine terra ad aratrum 23,6 % der vinitores, 13,4 % der piscatores und 20 % der custodes apum; eine vinea 32,7 % der vinitores. Damit werden 69 % der vinitores mit Land verschenkt, 80 % der custodes apum und 19,4 % der Fischer. Die Fischerei ist somit in ihrer Landausstattung eher den Dienstleistungsberufen ähnlich.

Aus dieser Verteilung schematisch eine Besitzskala abzuleiten, verbietet sich aus methodischen Gründen. Deutlich wird der Unterschied zwischen den servi und den ministeriales, bei den Berufen zwischen den aratores und allen anderen. Innerhalb der verschiedenen Berufe der Dienstleute scheint der Landbesitz jedoch abhängig vom Bedürfnis des jeweiligen Berufszweiges gemacht worden zu sein. Mag der Mangel an Landbesitz bei den Badern und Schneidern auch vielleicht eine niedrige soziale Stellung andeuten, so möchte man das bei den pistores doch nicht annehmen, da wir gegenteilige Nachrichten haben. Pistores verdienten offenbar in den Suburbien gut und hielten keine Landwirtschaft nebenbei, während die Köche z. T. eine Landwirtschaft betrieben. Beide Personengruppen gehörten jedoch zur bestgestellten Schicht der Dienstleute.

Bei den vinitores stellte der Landbesitz eine Notwendigkeit dar und muß nicht unbedingt eine hohe soziale Stellung innerhalb der Dienstleute bedeuten. Vinitores und piscatores dürften den übrigen Handwerkern gleichgestellt gewesen sein.

Während 16 der 21 campanarii (76 %) Land besaßen, sind es bei den custodes ecclesie nur 2 von 82 Personen. Einige campanarii müssen sich allerdings eine terra ad aratrum teilen[55a]. Dennoch scheint die soziale Stellung der campanarii weit über der der custodes ecclesie gelegen zu haben, die ihrem Besitz zufolge eher an servi erinnern.

---

liche Hundezüchter im Jagddienst, *Krzemieńska, Třeštík,* 1967, S. 96. Das Beispiel zeigt, daß Dienstnamen durchaus nicht immer die gleiche Zeitstufe betreffen wie die Urkunden) und Jesenice, beide bei Jílové (Eule).

55 1088, 2. Hälfte 12. Jh., CDB I, Nr. 387, S. 377; CDB I, Nr. 387, S. 374.

55a CDB I, Nr. 387, S. 380.

Das Verbreitungsgebiet der mit terra und terra ad aratrum ausgestatteten Personen deckt sich im wesentlichen mit dem der ministeriales, der vinitores und der piscatores.

Dienste und Abgaben:

Über die den Personen innerhalb der Grundherrschaft auferlegten Dienste wissen wir nur sehr wenig, so daß eine statistische Auswertung nicht weiterführt.

Ausgangspunkt der Überlegungen war auch in der bisherigen Literatur das Privileg B für Leitmeritz und die Fälschung für Stará Boleslav[56].

Nimmt man diese Stellen zusammen, so lassen sich sehr deutlich drei Gruppen abgrenzen: die der rustici, die nicht dienen[57], die der ministeriales, der Dienstleute, die einen beschränkten Dienst einmal pro Woche leisten, und die der Personen, die jeden Tag unbeschränkt dienen müssen, der eigentlichen servi. Dennoch faßte man offenbar beide dienenden Gruppen mitunter als servi oder auch servientes oder familia zusammen[58]. Man nimmt deshalb sicher mit Recht den Ursprung der mit Land ausgestatteten fürstlichen Handwerker in der fürstlichen familia an. Ein großer Teil von mit Land ausgestatteten fürstlichen Handwerkern dürfte somit auf servi curiales der civitates, genauer der Suburbien, zurückgehen, wo im 11. Jahrhundert noch immer eine große Gruppe von přemyslidischen Handwerkern angesiedelt war. Mit der Ansiedlung auf dem Land verbanden sich in erster Linie zwei Vorteile: 1. eine bessere Versorgung der fürstlichen Güter des gesamten Landes mit handwerklichen Erzeugnissen und 2. eine bessere Versorgung der handwerklich tätigen Personen mit Lebensmitteln[59].

Selten erfahren wir genaueres über die Abgaben der ministeriales: der scutarius Stad mußte jährlich 6 Schilde abgeben; die ferrarii Vaceta und Modlata zahlen viermal jährlich ferramenta; „homines" zahlen

---

[56] 1057 (12. Jh.): „nomina villarum, in quibus rustici, qui mel solvunt atque ministeriales, qui ministeria una quaque ebdomada exhibent ..." (CDB I, Nr. 55, S. 56). 1046 für Boleslav: „qui curti cottidie inserviant" ... (CDB I, Nr. 382, S. 360). Zu den Diensten zutreffend *F. Graus,* 1953, S. 255 ff.

[57] So unterscheidet z. B. auch die schon zitierte Urkunde von 1220 (Ende 13. Jh.) für Břevnov die homines des Klosters: „sive sint rustici, sive servientes" (CDB II, Nr. 375, S. 411).

[58] Sehr deutlich die Urkunde für Leitmeritz: „de omni arte ab omnibus civitatibus de familia destinavit virum cum uxore et filiis filiabusque" (CDB I, Nr. 55, S. 54 f.).

[59] So auch *B. Krzemieńska, D. Třeštík,* 1967, S. 88 ff. — Den Ursprung der ministeriales aus den servi, der familia, nehmen auch z. B. *V. Novotný,* 1912, S. 530; *F. Vacek,* 1905, S. 69; *K. Krofta,* 1919 (1949), S. 26 f.; *H. F. Schmid,* 1938, S. 81 ff. an.

dreimal im Jahr Schüsseln und „die übrigen Dinge“[60]. In der Regel wird man aber annehmen müssen, daß die Handwerker als Spezialisten in der curia arbeiteten.

Erstaunlich viel erfahren wir dagegen von den Abgaben der debitores mellis: 16 von 31 zahlen Steuern in Form von Honig: 5 Personen je 7 Töpfe, 2 Personen je 9 Töpfe, 4 Personen 10 Töpfe und 5 Personen Honig in unbekannter Menge.

Soweit die grundherrlichen Dienste und Abgaben. Daneben stehen allerdings die öffentlichen Lasten[61].

An erster Stelle muß hier das tributum pacis genannt werden, die Abgabe der kleinen, freien Leute, der rustici und hospites (Siehe unten, S. 303 ff.). Auf die einzelnen Landespflichten aus der Burgbezirksverfassung wurde oben schon eingegangen. Unklar bleibt allerdings, welche Personengruppen sie zu leisten hatten. Bei den Befreiungen in den Immunitätsprivilegien werden häufig alle homines und mit der Formel „sive sint ... sive sint“ die verschiedenen Abhängigkeitsgruppen aufgeführt[62].

---

[60] CDB I, Nr. 382, S. 360; CDB I, Nr. 387, S. 384; CDB II, Nr. 359, S. 381.

[61] Hierzu siehe oben, S. 234 f. Ausführlich *V. Vaněček*, 1928, S. 11 ff.

[62] So 1220 (ausgehendes 13. Jh.) für Břevnov: „sive sint rustici, sive servientes“ (CDB II, Nr. 375, S. 411); die schon mehrfach zitierte Stelle für Doxany (CDB II, Nr. 286, S. 282); „sive sint liberi, sive servi“: CDB I, Nr. 157, S. 163. Der Freie, der „predictas terras Opatovicih, Ozicih possederit, simili servitute sit asstrictus et absque tributo regis permaneat et servilia opere impendat“. (CDB I, Nr. 386, S. 369). Zur Tributzahlung der rustici CDB I, Nr. 55, S. 55 f.; der rustici und hospites CDB I, Nr. 382, S. 361. Die Stelle der Leitmeritzer Urkunde macht allerdings nicht ganz deutlich, ob es sich bei den 12 Denaren und dem Honig tatsächlich um den Friedenstribut oder vielleicht um eine Grundrente handelte. Die Stelle gleicht aber so sehr der Parallele in Vyšehrad, daß man an den Friedenstribut denken möchte. Da die Quelle rustici, die Honig zahlen und rustici, die nur Geld zahlen, unterscheidet, könnte man schließen, die Honigabgabe sei eine grundherrliche Abgabe (= debitores mellis). Den Grundsteuer zahlenden, abhängigen rustici würde der Friedenstribut somit um die Hälfte ermäßigt. Dazu würde passen, daß die zweite Fassung die rustici, die Honig zahlen, persönlich aufzählt, während die Geld zahlenden rustici offenbar nur in ihren Burgbezirken genannt sind. Da die Quellen nicht genau bestimmen, wer die Landesarbeiten zu verrichten hatte, findet man in der Literatur hierzu verschiedene Ansichten. *F. Graus* spricht von Pflichten der Abhängigen und der übrigen Bevölkerung (1953, S. 260). Nach *Z. Fiala*, 1975, S. 55, wurde auch die freie Bevölkerung auf Fürstenland zu den Arbeiten herangezogen. Nach *W. H. Fritze*, 1977, S. 514, sind es die rustici auf Fürstenboden, die sowohl den Friedenstribut zahlen als auch die Landesarbeiten verrichten — die freie, ländliche Bevölkerung. Nach *O. Kossmann* meinen die „homines“ der Immunitätsprivilegien dagegen die unfreie Bevölkerung (1979, S. 212). Nach *F. Vacek*, 1905, S. 79 ff. sind sowohl der Friedenstribut als auch die Landesrobot Pflichten der armen freien Bevölkerung. Unstrittig ist jedoch, daß der Friedenstribut als eine Abgabe der freien Bevölkerung zu verstehen ist. Der ganze Komplex wird sicher zu Recht mit den Heerfolgebestimmungen in Verbindung gebracht und kann nur in diesem Zusammenhang aufgerollt werden (siehe unten, S. 302 f.).

Die Immunitätsprivilegien befreien auch von gewissen Bußen der öffentlichen Gerichtsbarkeit und drücken sich hier sehr unklar hinsichtlich des Kreises der betroffenen Personen aus. Man nimmt in diesem Fall aber sicher zu Recht an, daß innerhalb der Grundherrschaften lediglich die freie Bevölkerung der öffentlichen Gerichtsbarkeit unterstand[63]. Die Belastung der Bevölkerung durch die hohen Bußen darf keineswegs unterschätzt werden[64]. Hohe Geldsummen werden in vielen Fällen zum Eintritt in die servitus einer Grundherrschaft geführt haben, so vielleicht bei den Personen, die „precio introducendi“ waren. Neben der Kriegsgefangenschaft wird in der Literatur das Strafrecht als Hauptabhängigkeitsursache genannt[65]. Neben den personenbezogenen Steuern erfährt man aus den Schenkungen noch von einer Reihe von Abgaben, ohne jedoch genau ermitteln zu können, wer sie leistete. In der Regel handelt es sich um landesherrliche Abgaben: um theloneum, den Grenzzoll, forum, den Marktzoll, um pons, den Brückenzoll, und um den Wegezoll.

In 36 Fällen vergibt der Fürst Teile seines Grenzzolls, in 26 Fällen Teile seines Marktzolles, einmal den Brückenzoll und viermal den Wegezoll. In der ersten Zeitstufe ist der Anteil von Steuern an den Gesamtschenkungen außerordentlich hoch: 12,8 % der Schenkungen setzen sich aus theloneum, 10,3 % aus forum-Abgaben zusammen. Besonders zeichnen sich die beiden ältesten Institute ab: Břevnov und St. Georg[66]. In welcher Form die Abgaben geleistet wurden, wird zumeist nicht deutlich. Sind in der späten Urkunde für St. Georg wahrscheinlich auch viele jüngere Zollstätten erwähnt, so gibt die Urkunde von Břevnov einen Überblick über die alte Situation — beide Urkunden sind allerdings Fälschungen des 13. Jahrhunderts —: Domažlice im Südwesten, Králupy bei Chomutov in Nordwestböhmen, Chlumec bei Ústí in Nordböhmen, Trstenice bei Litomyšl in Ostböhmen, Leitmeritz und Ústí nad Labem.

20 der 26 Marktzölle stammen aus den civitates, der Rest aus Schenkungskomplexen in Südböhmen, in Westböhmen und um Mladá Boleslav. Aus dem alten Siedlungsgebiet werden keine fora außerhalb der civitates genannt.

Alle diese eindeutig landesherrlichen Abgaben werden als „decima“, fiskalischer, fixierter Zehnt, an die geistlichen Institute vergeben. Als

---

[63] Die Strafbestimmungen werden in der Regel gemeinsam mit den Landesarbeiten gesehen. Siehe dazu weiter den Abschnitt über die freie, bäuerliche Bevölkerung.

[64] So liegt die von einem rusticus zu zahlende Strafe für Totschlag bei 200 Denaren: Statuta Conradi-Ottonis 17, ed. *V. Vaněček*, 1957, S. 72.

[65] So *F. Vacek*, 1905, S. 72 f.

[66] CDB I, Nr. 375, S. 349; CDB II, Nr. 378, S. 422.

decima erscheinen auch eine Reihe von Einnahmen aus der fürstlichen Grundherrschaft. Besonderen Aufschluß geben die Urkunden von Vyšehrad, Břevnov und Stará Boleslav[67]. Neben diesen fürstlichen Einnahmen erhält das Kapitel von Stará Boleslav jedoch eine feste „decimatio", die „sex denariis ab uno quoque solvitur" und aus drei mährischen urbes, aus Čáslav und dem „pago dicto Isgorelik" stammt[68]. Gesammelt wurde die decima wie die fürstlichen Einnahmen auch in Burgbezirksmittelpunkten. Unklar bleibt allerdings auch hier, wer sie zahlte, ob lediglich die freie Bevölkerung oder auch die unfreien Personen der fürstlichen Grundherrschaften[69]. In jedem Fall erhöhten die 6 Denare die Belastung der auch sonst Geldsteuern zahlenden rustici und hospites[70].

Angaben zu Familienangehörigen:

Die Schenkungsurkunden nennen bei der Schenkung an erster Stelle immer das Oberhaupt der Abhängigenfamilie. Frau und Kinder werden in vielen Fällen mit dem Vater verschenkt. Die ganze Familie war somit der erblichen Unfreiheit verschrieben. Wahrscheinlich folgte der Sohn zwangsweise im Handwerk des Vaters nach, während die weiteren Kinder wohl als servi non casati, als aratores oder Hirten arbeiteten. Es gibt jedoch viele Hinweise darauf, daß die Brüder gemeinsam die terra des Vaters bebauten.

---

[67] CDB I, Nr. 387, S. 386. — Personenschenkungen, grundherrliche und landesherrliche Einnahmen werden als decima gegeben. Gefordert werden sie offenbar von curiae und civitates; zuständig für die Verteilung der Abgaben unterschiedlicher Natur scheint der villicus gewesen zu sein („a villico decimus denarius de venditione"); noch deutlicher wird das in Břevnov (CDB I, Nr. 375, S. 349), wohin der villicus Pragensis jedes Jahr 300 Denare, 30 Käse und 10 Brote abzugeben hat. Für Alt-Bunzlau werden in den mährischen civitates jährlich je eine Mark und 1 oder 2 Rinder bestellt sowie der zehnte Teil des Friedenstributs der rustici und hospites (CDB I, Nr. 382, S. 361).

[68] CDB I, Nr. 382, S. 360 f.

[69] Zum Zehntwesen liegt die umfangreiche Untersuchung von *H. F. Schmid*, 1938, vor. Zum zehnten Teil der landesherrlichen Einnahmen (Fiskalzehnt) als Ausstattung ebda, S. 100 ff.; zum Zehnten aus der fürstlichen Grundherrschaft (Sallandszehnten), ebda, S. 105. Im 13. Jh. läßt sich der decima plena der Grundherrschaft die fixierte Korndecima vom Bauernland gegenüberstellen (ebda, S. 107). Der Empfänger des Zehnten ist der Grundherr, der seine Eigen- bzw. Patronatskirche davon erhält — in unserem Fall also der Landesfürst. Damit ist jedoch die Frage der decima zahlenden Personen keineswegs gelöst. Nach *Schmid* stand die Entscheidung darüber, wer Zehnt zu zahlen hatte, in der Willkür des Grundherrn, der letztlich den Fiskal- und den Sallandszehnten von seinem Einkommen abzuziehen hatte (ebda, S. 125 ff.) — ein eigentliches Zehntrecht gab es nicht. Zu den zitierten Quellenstellen siehe besonders ebda, S. 82 f.

[70] Die Urkunde für Vyšehrad zu 1088: eine decima „ab hospitibus per totam villam": CDB I, Nr. 387, S. 374. In der Urkunde für Leitmeritz, CDB I, Nr. 55, S. 53 ff., wird von einer „legalis eciam decimatio ab hominibus huic ecclesiae pertinentibus" gesprochen.

Die meisten Familien bestanden demnach aus 4 Personen, sehr viele aus 3 und 5 Personen. In den Fällen, wo nur 2 Personen genannt werden, sind die Familien sicher nicht vollständig erwähnt. Familien mit mehr als 6 Personen kommen kaum vor.

Größere Familien finden wir besonders bei den Dienstleistungsberufen und bei den custodes ecclesiae. Wahrscheinlich war die vollständige Aufzählung der Personen in diesen Berufen für die Grundherrschaft besonders wichtig.

Rechnet man nur die Kinderzahlen zusammen, so hatten 23 Personen 1 Kind, 14 Personen 2 Kinder, 17 Personen 3 Kinder, 5 Personen 4 Kinder, 7 Personen 5 Kinder und nur eine Familie 6 Kinder. 23 Familien mit nur einem Kind stehen 31 Familien mit 2 oder 3 Kindern gegenüber, während nur 13 Familien mehr als 3 Kinder hatten. 1—3 lebende Kinder waren somit üblich[71]. Mit ihren Kindern verschenkt wurden 8 ministeriales, 2 animatores, 6 precio introducendi und 17 servi. Ihnen steht lediglich ein rusticus gegenüber. Die Personen gehören somit fast alle zur familia.

Erbrechtlich interessant ist die Tatsache der Schenkung mit Brüdern.

Die Hausgemeinschaft der Geschwister blieb offenbar in diesen Fällen gewahrt — es handelt sich um precio introducendi, ministeriales, servi und rustici. Die Brüder bebauten zusammen eine terra oder eine mansio[72]. Namentlich genannt und in ihrem Dienst bestimmt werden allerdings meist nur die Familienoberhäupter.

Geschwister werden bei den Personen der Dienstleistungsberufe mit Ausnahme der Bäcker und Köche und bei den custodes ecclesiae am häufigsten genannt. Bei diesen Personengruppen erwähnen die Quellen auch am häufigsten den Vater.

2.3. Freie, über Besitz verfügende Personen

Im Mittelpunkt der folgenden Untersuchung stehen Rechte, Funktionen und Besitz der freien Bevölkerung, deren soziale Schichtung und Rolle innerhalb des přemyslidischen Herrschaftsbereichs und das Verhältnis zwischen den přemyslidischen Fürsten und ihrem Adel.

Neben den Chroniken des Cosmas und seiner Fortsetzer bilden 4460 Personenerwähnungen in Urkunden vom Jahre 993 bis zum Jahre 1230 die Quellengrundlage. Von 488 Personen liegen auch Angaben über

---

[71] Siehe dazu auch die entsprechenden Überlegungen bei der archäologischen Auswertung der Gräberfelder.

[72] So 1088 für Vyšehrad (CDB I, Nr. 387, S. 383).

ihren Besitz vor[1]. Die meisten (3666) Erwähnungen stammen jedoch aus den Zeugenlisten.

Die Sekundärliteratur zur Oberschicht in Böhmen wird von der Frage nach dem Ursprung des Adels überschattet. Wie in anderen europäischen Ländern stehen sich auch hier zwei Theorien gegenüber. Die eine glaubt an einen „Uradel“, die andere an die Entstehung des neuzeitlichen Adels im hohen Mittelalter durch Fürstendienst[2]. In Böhmen steht das Problem seit Palacký zusätzlich im nationalen Kreuzfeuer. In Palacký's von Herder beeinflußter Vorstellung von der Demokratie der alten Slawen gab es keinen Geburtsadel — dieser entstand erst im späten Mittelalter unter deutschem Einfluß[3]. Palacký ignorierte damit, daß auch die deutsche Historiographie im Zusammenhang mit der Entwicklung zur 48er Revolution von der Uradelstheorie abgekommen war[4].

Palacký's These findet sich in der nachfolgenden Literatur nicht mehr[5]. In der heutigen tschechischen Forschung scheint man einen Adel

---

[1] Die urkundlichen Nachrichten stammen aus dem CDB I und CDB II; aufgenommen wurden auch die Zeugenlisten. Die Fortsetzer des Cosmas sind in FRB II abgedruckt.

[2] Übersichtlich zur Forschungsgeschichte *F. Graus*, 1961, S. 44 ff. — Die Uradelskonzeption, die der Legitimation der Adelsgeschlechter diente, fand schon im 16. Jh. durch Hajek z Libočan eine deutliche Artikulation. Die Entwicklung der Forschung in Böhmen muß im Zusammenhang mit den verfassungs- und sozialgeschichtlichen Theorien in Frankreich und Deutschland gesehen werden. Zu diesen ausführlich F. Irsigler, 1969, S. 39 ff. Gegen *F. Irsigler: H. Grahn-Hoek*, 1976.

[3] *F. Palacký* sieht die Oberschichtsentwicklung dreistufig: die Urzeit bis zum 10. Jh. bestimmt die rechtliche Gleichheit aller Freien, unter denen die Starosten oder Lechen die führende Stellung einnehmen (1848 [1939], 1, S. 59; S. 116). Die zweite Stufe wird von einer zweigeteilten, neuen Oberschicht geprägt, die sich in erster Linie auf Reichtum gründet (ebda, S. 379). Erst die dritte Stufe nach 1250 kennt einen erblichen Adelsstand nach westeuropäischem (deutschem) Muster (1848 [1939], 2, S. 188 f.). Die Lechen der frühen Zeit sind für ihn aber die Vorfahren des späteren Adels bzw. des Herrenstandes (1848 [1939], 1, S. 116).

[4] *Palacký* sieht die deutsche Verfassungsgeschichte im Spiegel der Kontinuitätstheorie, wie sie in den Arbeiten *F. Eichhorns* (1843) und *Savigny's* (1836) zum Ausdruck kommt. Etwa gleichzeitig mit *Palacký* hatte *G. Waitz* (1844—1878) für die frühe deutsche Verfassung ein konstitutionelles Modell entworfen, in dem der erst später entstandene Amtsadel im Vordergrund steht. Zur Verfassungsgeschichtsschreibung des 19. Jh. *E. W. Böckenförde*, 1961.

[5] Beide Theorien finden ihre Vertreter: *H. Jireček*, 1863, S. 62 ff., unterscheidet Dienstadel und „rodová šlechta“, Geburtadel, im 11. und 12. Jh. — die wichtigsten Geschlechter führt er auf die alten Lechen zurück. *A. Sedláček* betont ebenso die selbständige Adelsentwicklung in Böhmen und möchte einen Teil des Adels auf die alten Fürstengeschlechter, einen Teil aber auf emporgekommene Dienstleute zurückführen (1890). *J. Lippert* stellt sich in seinen Arbeiten (1896; 1902) entschieden gegen die Kontinuitätstheorie (1902, S. 398), betont aber gleichzeitig die selbständige, böhmische Entwicklung (1902, S. 404 ff.). *F. Vacek* vertritt dagegen in seiner Sozialgeschichte eine Kontinuitätstheorie, die den Adel über die Sonderstellung der Ältesten aus der demokratischen Sippenverfassung der slawischen Urzeit herleitet (1905,

vom 9. Jh. an anzuerkennen, sieht aber etwa um das Jahr 1000 eine Umschichtung. Der ältere Adel wird als Geburtsadel, der jüngere als Dienstadel charakterisiert. Damit ist ein Kompromiß zwischen den beiden Adelstheorien gefunden[6].

Die böhmische Gesellschaft des 9. und 10. wie die des 11., 12. und 13. Jh. zeigt allerdings dagegen eine gleichbleibend aristokratische Struktur. Der Adel bildete schon, wie wir gesehen haben, im 10. Jh. die staatstragende Schicht. Er war zuständig für hohe, öffentliche Aufgaben innerhalb der Fürstenherrschaft[7]. Auch der Adel zumindest des 10. Jh. hatte lediglich die Wahl zwischen Fürstendienst und Opposition. Dies gilt für die Oberschicht der kleinen Herrschaftsbereiche genauso wie für die des geeinten Přemyslidenstaates. Mit der Veränderung der staatlichen Organisation wandelte sich auch der Adel und institutionalisierte sich allmählich. Das größere Land sowie die Bevölkerungsvermehrung boten sowohl den Přemysliden als auch dem Adel neue Möglichkeiten, ihren Besitz zu vergrößern. Wahrscheinlich veränderte sich auch die Familienstruktur des Adels[8].

S. 34 ff.). *V. Novotný* sieht zwar einen alten Stammesadel bezeugt, meint aber, dieser sei etwa im 11. Jh. ausgerottet worden — der Adel des hohen Mittelalters entsteht nach ihm neu durch Dienst (1912, S. 526) — die These *Novotný's* wurde auch von anderen Vertretern der gegen *Palacký* opponierenden Gollschule vorgetragen, so von *Kapras* und *K. Krofta,* 1919 (1949), S. 24. In den 20er und 30er Jahren entstanden dann wieder einige Arbeiten, die der Kontinuitätstheorie anhingen, so *R. Koss,* 1920, bes. S. 30 ff. und *St. Zháněl,* 1930. *Zháněl* leitet den Adel aus dem Seniorat her (1930, bes. S. 34 ff.). *O. Peterka,* 1928—1933, S. 51 ff., äußert sich eher im Sinne eines Dienstadels, *K. Kadlec* eher im Sinne der Kontinuitätstheorie (1933, S. 200 ff.). *Kadlec* macht wieder wie *Palacký* den deutschen Einfluß geltend. Einen frühen Adel im 11. und wahrscheinlich auch schon im 10. Jh. postuliert *V. Vaněček* in seinen Arbeiten, so 1942, S. 17; er sieht allerdings nur eine Kontinuität der Institution. Eine genealogische Verbindung ist ihm zufolge nicht nachweisbar. Diese möchte allerdings ein deutscher Vertreter der Kontinuitätsthese, *B. Waldstein-Wartenberg,* 1966, S. 16, belegen.

[6] Man beruft sich dabei auf *V. Novotný,* 1912, S. 526; — so *F. Graus,* 1961, S. 55; 1966, S. 144 f.; *Z. Fiala,* 1975, S. 61. *R. Nový* sieht dagegen ähnlich wie *V. Vaněček* seit dem 10., wenn nicht dem 9. Jh. eine Entwicklung des Adels aus der fürstlichen Gefolgschaft (1972, S. 32 ff.), die er allerdings in Gegensatz zu einem alten Stammesadel stellt.

[7] Siehe oben, S. 216 ff. Dieses Bild entspricht auch den in letzter Zeit für das merowingische und karolingische Reich gewonnenen Ergebnissen, so *F. Irsigler,* 1969; eine Verflechtung von Amts- und einheimischem Adel, von Reichs- und Stammesaristokratie folgert aus den zahlreichen genealogie- und besitzgeschichtlichen Arbeiten der Tellenbachschule, die in gewisser Weise der hier versuchten Methodik vergleichbar sind. *F. Irsigler,* 1969, S. 136, schlägt deshalb mit Recht vor, nicht mehr zwischen Dienst- und Geburtsadel zu unterscheiden.

[8] Fast alle Autoren nehmen den Übergang von einer Verfassung, getragen von Großfamilien (gentes) zu einer Kleinfamilienstruktur an. Neuerdings dazu *J. Botík,* 1979, S. 137 ff. (mir leider nicht zugänglich). Auch dieses Modell geht auf *Palacký* zurück. Man sah die Urform der slawischen gentes in der Institution der zádruha, der neuzeitlichen, serbischen Großfamilie, die gleich-

Bis ins ausgehende 11. Jh. bleibt der Adel für uns weitgehend namenlos — die Personen, die wir aus den Fürstenviten, aus Cosmas und seinen Fortsetzern kennen, sind Ausnahmen. Erst im 12. Jh. treten zahlreiche Adlige durch die Zeugenlisten der Urkunden ins Licht der Überlieferung. Insofern ist es auch kein Wunder, daß sich die meisten böhmischen Adelsfamilien nur bis ins 12. Jh. zurückverfolgen lassen — unsere heutigen Familien „beginnen" ja auch meist erst mit der Einführung der Kirchenbücher. Für eine Zäsur in der Adelsstruktur während des bearbeiteten Zeitraums spricht somit nichts. Es geht hier allerdings nicht um Personen und Familien, sondern um die verfassungsmäßige Institution — häufig wurden unbotmäßige Familien ausgelöscht[9], Personen ihrer Ämter enthoben. Eine allgemeine personelle Kontinuität ist somit wenig wahrscheinlich.

Angaben zur Rechtsstellung und rechtlich-politischen Funktion:

Bis 1050 erwähnen die Urkunden 74 Personen (1,7 %), 1051—1100 44 Personen (1 %), 1101—1150 178 Personen (4 %), 1151—1200 1712 Personen (38,3 %), 1201—1230 aber 2452 Personen (55 %). Alle Personen werden im Laufe einer selbständigen rechtlichen Handlung genannt. Sie üben innerhalb der beurkundeten Rechtshandlungen verschiedene Funktionen aus. 3666 mal sind sie Zeugen, in 488 Fällen veräußern sie Land, in 181 Fällen nehmen sie an der Neuabsteckung von Land teil (circuitus), 22 Personen initiieren eine Schenkung oder eine Gründung eines geistlichen Institutes. In 16 Urkunden hilft das fürstliche Gefolge dem Herzog/König bei Entscheidungen, in 12 Fällen entscheiden die Personen in Rechtsangelegenheiten selbst. 8 Personen tradieren sich selbst einem geistlichen Institut, 7 Personen sind Empfänger von Urkunden bzw. von Grundbesitz.

---

zeitig eine Siedlungs- und Wirtschaftseinheit bildete, erhalten. Dazu *K. Kadlec*, 1898; *O. Balzer*, 1899; zum Streit um die zádruha zusammenfassend *K. Krofta*, 1919, S. 12. *R. Nový* sieht von allen anderen Autoren abweichend in den gentes eine Neubildung des 10. Jh., 1972, S. 35. Das Problem der Veränderung der Verbandsstruktur des Adels ergibt sich übrigens auch anderswo. So verschwinden die „genealogiae" der Lex Baiuvariorum, Adelsverbände, von denen ebenfalls die Namen überliefert sind, im 8. Jh.; die eigentlichen späteren Adelsfamilien aber werden erst langsam im 11. und 12. Jh. erkennbar. Dazu siehe *K. Schmid* 1957, S. 36; S. 53 f. — Die Problematik der Sippe ist in der westlichen Literatur in letzter Zeit stark umstritten worden *(Kroeschell)*, 1960; 1968; *Schlesinger*, 1963). Auch die böhmische Herzogsgenealogie spricht für das Vorhandensein agnatischer Verbände in Böhmen. Die späteren Brüder- und Vater-Sohn-Paare der Urkunden zeugen lediglich noch von agnatischen Splittern. Nur diese Splitter lassen sich auch als Wirtschaftsverbände nachweisen (siehe unten, S. 286 ff.).

[9] Angeblich ausgelöscht wurden die Slavníkfamilie, die Vršovice und die führende Familie der Lučanen. Die Cosmaschronik bietet zahlreiche Belege für Strafaktionen gegen unbotmäßige Personen. So verlor z. B. der comes Mztiš sein Amt (Cosmas II, 19, ed. *B. Bretholz*, 1923, S. 111).

Beratung und Zeugenstand sind mit der Tätigkeit der Personen am fürstlichen Hof verbunden. Meist nennen die Urkunden nur die Namen der Personen, nicht aber auch ihre Rechtsstellung. Bis 1200 beschränken sich deshalb bei den insgesamt wenigen Erwähnungen die Rechtsbezeichnungen auf einige, wenige Begriffe.

Der Terminus „primas" ist in der älteren Zeit am gleichmäßigsten verteilt — von insgesamt 62 Erwähnungen liegen 50 vor 1200. Da „primates" schon in den ältesten Urkunden und in den Legenden als Ratgeber des Fürsten vorkommen, ist am hohen Alter des Begriffs nicht zu zweifeln[10].

Cosmas gebraucht den Begriff zwischen 1000 und 1125 nur fünfmal. Immer sind es Personen des unmittelbaren fürstlichen Gefolges, besonders vom Fürsten geschätzte Personen, die ersten des Landes: der sterbende Břetislav I. ruft zur Regelung der Herrschaftsnachfolge die „terre primates" zusammen; die „primi inter primates", Nacerat und Bznata, offenbar junge Leute, die noch kein Amt besitzen, Söhne des comes Taz, sind Mitglieder einer Elitetruppe des jungen Břetislav 1087. Die primates nehmen an der Bischofswahl teil[11]. 19mal gebrauchen die Cosmas-Fortsetzer den Begriff: primates sind auch hier die Großen des Landes mit und ohne Amt, Alte und Junge. Ihre Stellung scheint erblich zu sein[12], ohne ihre Zustimmung kann keine wichtige Entscheidung gefällt werden — es geht nur „praesentibus primatibus Bohemiae"[13]. Aus den Reihen der primates werden die wichtigsten Ämter besetzt, zu den primates gehören auch die Personen, die selbständig Klöster gründen[14].

In den Urkunden fungieren die primates als Zeugen der Rechtshandlung, werden darüber hinaus aber auch außerhalb der Zeugenlisten

---

[10] Die Forschung setzt den Begriff mit Recht mit „maiores natu", „optimates" u.s.w. gleich, so *R. Nový*, 1972, S. 33 f.; *St. Zháněl*, 1930, S. 177 ff. mit zahlreichen Belegen. An einer anderen Stelle (S. 50) interpretiert er seniores und primates als „šlechtici" — Adel. Nach *Zháněl* war das Alter der Personen ursprünglich ausschlaggebend. Zur Terminologie sehr allgemein *F. Graus*, 1953, S. 201. Siehe auch oben, S. 217 ff. Die Begriffe „primates" und „primates terrae" begegnen auch in den jüngeren Legenden für das fürstliche Gefolge.

[11] Cosmas II, 12, ed. *B. Bretholz*, 1923, S. 101 f. — die Verkündigung des sog. Senioratsgesetzes. Zu 1087 Cosmas II, 39, ed. *B. Bretholz*, 1923, S. 142; die Wahl des Bischofs Heinrichs Cosmas III, 7, ed. *B. Bretholz*, 1923, S. 168.

[12] Dies geht besonders gut aus der Geschichte des Miroslav hervor, dessen Vater, Johannes, comes gewesen war. Der Sohn hat kein Amt erhalten, er bleibt einfacher primas, was ihn genug ärgert, um ihn zu einer Verschwörung zu reizen (Canonicus von Vyšehrad, FRB II, S. 210). Auch die sich in den Zeugenlisten regelmäßig wiederholenden Vater-Sohnesfolgen sprechen m. E. für eine Erblichkeit der Stellung des primas. *R. Nový* äußert sich für das 11. Jh. sehr skeptisch über die Erblichkeit der Nobilität (1972, S. 34).

[13] Canonicus von Vyšehrad, FRB II, S. 208.

[14] Gerlach von Mühlhausen (Milevsko), FRB II, S. 467.

als zustimmende oder beratende Personengruppe erwähnt. Dabei legte man Wert auf die Feststellung, daß alle primates einverstanden waren. So schreibt Přemysl Otakar I. 1201 „acclamantibus et laudantibus omnibus meis primatibus“[15]. Vladislav I. beschenkt das Zisterzienserkloster Waldsassen „omnibus primatibus assensu“[16]. Schon in der wichtigen echten Urkunde von 992 handelt Boleslav II. „presentibus omnibus primatibus suis“[17]. Unzufriedene primates hielten sich, wie wir aus den erzählenden Quellen wissen, gerne an gerade nicht herrschende Mitglieder der přemyslidischen Familie. Neben der Funktion als Zeugen und fürstliche Berater sind von insgesamt 14 primates Landschenkungen bzw. Klostergründungen bezeugt[18].

Die älteren Urkunden gebrauchen für die primates keinen weiteren Sammelbegriff. Erst zu Ende des 12. Jh. werden drei andere Termini für diese Schicht in den Dokumenten geläufig: „barones“, „magnates“ und „suppani“. Bei Cosmas finden wir nur magnates, von seinen Fortsetzern nur bei Vincentius zweimal barones — die zweite Stelle ist dabei außerordentlich aufschlußreich: die „barones Bohemie“ werden zur „generalis curia“ nach Prag gerufen, um der Italienpolitik Vladislavs zuzustimmen. Die „nobiles de senioribus“, offenbar „barones“, beschweren sich jedoch, daß die Italienpolitik ohne ihre Billigung eingeleitet worden ist. Hier ist also derselbe Personenkreis gemeint, der an anderer Stelle primates genannt wird[19]. Dies bestätigen auch die Urkunden, in denen der Begriff erstmals 1174—78 verwendet wird[20].

Selten werden „suppani“, wohl hohe Amtsträger, genannt. Offenkundig sind wieder die primates gemeint. In einer Urkunde von 1229 wird „baro“ und „suppanus“ gleichgesetzt[21]. Přemysl Otakar richtet die Statuta Conradi-Ottonis an „suppanis et omnibus nobilibus atque vulgo

---

[15] CDB II, Nr. 22, S. 19.

[16] CDB I, Nr. 204, S. 202.

[17] CDB I, Nr. 37, S. 43.

[18] So nennt sich Miroslav, der Gründer des Zisterzienserklosters Sedlec „quidam de primatibus Boemie“ (CDB I, Nr. 155, S. 156); Groznata, der Gründer von Teplá, ist „dei gratia de primatum Boemie clariori stemate descendens“ (CDB I, Nr. 357, S. 324). Groznata weist damit nachdrücklich auf seine ererbte Würde hin. *St. Zhánĕl* nennt Reichtum als allgemeine Eigenschaft der primates (1930, S. 81 f.). Nach *R. Nový,* 1972, S. 35, ist die feudale Grundherrschaft der primates erst am Übergang vom 11. zum 12. Jh. entstanden.

[19] Vincentius, FRB II, S. 427 zu 1158. *St Zhánĕl,* 1930, S. 184; 191.

[20] „Plurimisque tam Boemis quam Moravis barronibus assidentibus“ (CDB I. Nr. 289, S. 255). Die Urkunde von 1220 nennt „principes seu barones“ (CDB II, Nr. 195, S. 180).

[21] CDB II, Nr. 324, S. 328. Nach *V. Vacek,* 1905, S. 41, sind die suppani castellani. So auch *St. Zhánĕl,* 1930, S. 197.

provincie Brennensis"[22]. Diese Personen werden selten und spät auch „magnates" genannt[23].

Primates, barones und suppani waren somit offizielle Bezeichnungen für die staatstragende Schicht. Daneben findet man bei Cosmas und seinen Fortsetzern auch eine ganze Reihe von weiteren untechnischen Begriffen von sehr allgemeiner Bedeutung, die in den Urkunden nicht vorkommen: optimates, proceres, satrapes, maiores natu. „Optimates" bezeichnet in der Sázava-Chronik das Gefolge Vladislavs[24]. „Proceres" und „maiores natu" gebraucht Cosmas öfter. „Maiores natu" sind bei ihm alle führenden Personen: Laien (proceres und comites) und hohe Geistlichkeit. Sie alle wählen den Bischof. „Proceres" wird die Oberschicht bei Cosmas oft in militärischem Zusammenhang genannt[25]. Gerlach benutzt „maiores natu" ganz allgemein für die führende Schicht[26]. Beim Canonicus von Vyšehrad, Vincentius und Gerlach von Mühlhausen sind die proceres ihrer Funktion nach eindeutig mit den primates identisch[27]. Ebenso unzweifelhaft bezeichnet auch der von Cosmas häufiger, von seinen Fortsetzern nur einmal benutzte Begriff „satrapa" dieselbe Personengruppe, so bei der Königskrönung Vratislavs[28].

Am häufigsten wird für die gesamte Oberschicht der Begriff „nobilis" gebraucht, den wir schon aus den echten, alten Wenzelslegenden des 10. Jh. kennen[29]. Die Urkunden bezeichnen 221 Personen als „nobiles"

---

[22] Statuta Conradi-Ottonis, ed. *V. Vaněček*, 1957, S. 67. *H. Jireček*, 1863, S. 63, sah in den primates die Lechen, die alten Starosten. *R. Koss*, 1920, S. 20, setzt barones, kmetones und seniores gleich, denkt also wie *Jireček* an die Oberhäupter der vermuteten, alten Geschlechterverbände, ebenso *St. Zháněl*, 1930, S. 50. *K. Kadlec* sieht im Gegensatz dazu in den župani den Dienstadel (1933, S. 203 f.) — wie wir gesehen haben, treffen beide Theorien nicht ganz zu. Ähnlich wie *Kadlec* auch *A. Sedláček*, 1890, S. 235.

[23] CDB I, Nr. 393, S. 405; CDB II, Nr. 141, S. 131.

[24] FRB II, S. 266.

[25] So Cosmas II, 47, ed. *B. Bretholz*, 1923, S. 154. Die Jungen und „maior pars procerum" werden den erfahrenen „omnesque terre magnates" gegenübergestellt. Vielleicht sind die proceres hier mit den gewöhnlichen nobiles gleichzusetzen.

[26] Cosmas II, 22, ed. *B. Bretholz*, 1923, S. 114 f. — Bei der Wahl Konrad Otto's: Gerlach, FRB II, S. 481.

[27] So besonders Canonicus, FRB II, S. 229 — Confirmatio bei der Designation; Vincentius, FRB II, S. 421 — als beratendes Gefolge: Gerlach, FRB II, S. 507. In der Literatur werden alle diese Begriffe im allgemeinen gleichgesetzt, siehe auch oben, Anm. 10.

[28] Cosmas II, 38, ed. *B. Bretholz*, 1923, S. 141.

[29] Belege zum Terminus *St. Zháněl*, 1930, S. 184 ff.; nach *H. Jireček* sind nobiles gleichzusetzen mit natu maiores, comites, primates u. s. w. (1863, S. 63), nach *A. Sedláček* bezeichnet der Begriff den niederen Adel, barones, comites oder suppani aber den hohen Adel. *J. Lippert*, 1896, S. 251 ff. gibt eine einigermaßen zutreffende Schilderung — im 13. Jh. wird allerdings nur noch der ihm zufolge nunmehr entstandene Dienstadel als „nobilis" bezeichnet. Als Stand deutet *R. Koss* die nobiles (1920, S. 19). *F. Graus*, 1953, S. 201, setzt

— 164 von ihnen sind Zeugen, 44 veräußern selbständig Land, 7 sind an rechtlichen Entscheidungen beteiligt, 4 sind Empfänger von Grundbesitz. Ein nobilis nimmt an einem Umritt teil, einer regt eine Schenkung von Land an. Der Begriff begegnet seit 1000 in echten Urkunden und Fälschungen[30]. Sowohl die absolute als auch die prozentuale Zahl der Erwähnungen steigt von 1150 an deutlich (0,7 % bis 7,7 %).

Die ersten des Landes, die primates, sind nobiles — Groznata, der Gründer Tepls, der sich in einer Urkunde „dei gratia de primatum Boemie clariori stemate descendens" nennt, heißt in einer anderen Urkunde „dominus Groznata, vir nobilis"[31]. In einer Reihe von Urkunden könnte man „nobiles" durch „primates" ersetzen, so „coram nobilibus terre"[32]. Einmal heißt es „ex nostris nobilibus aut vasallis", einmal „nobiles vel potentes"[33]. In der Urkunde für Doxany 1226 werden Nemoy und Wlaztizlaus, die beide Doxany Land schenken, „nobiles" genannt, im Necrologium Doxanense „comites"[34]. Der „nobilis vir" Milhost, der Gründer des Zisterzienserklosters Osek (Mašťov), heißt an einer Stelle „miles"[35].

Soweit die Urkunden. Cosmas zieht bei der Beschreibung einzelner Personen funktionsbetonte Bezeichnungen vor[36]. Recht häufig und im Sinne der Urkunden verwenden dagegen der Canonicus von Vyšehrad und Vincentius den Begriff: „Quidam nobilis et potens nomine Mladota" erbaut eine dem heiligen Gotthard geweihte Kirche; Vincentius nennt „comites ceterique nobiles"; der agaso Jurik ist ein „vir nobilis et strenuus"; Vladislav wird „consensu totius Boemie nobilium" inthronisiert[37].

An einigen Stellen sollen vielleicht schon vor dem Ende des 12. Jahrhunderts Unterschiede unter den nobiles ausgedrückt werden. So spricht der Canonicus bei den Thronwirren von 1142 von dem „melior nobiliorque pars" der Oberschicht, der zu Konrad hält, und dem „inferior vero et iunior (pars)", der Vladislav folgt. Vincentius gibt an, die „nobi-

seniores, maiores natu, nobiles, primates, potentes, ministri (?), comites und optimates gleich. *R. Nový*, 1972, S. 33, bezeichnet die anderen Begriffe als nähere Eigenschaften der nobiles. Er sieht mit Recht also nobiles als den eigentlichen Rechtstitel an, hält aber dann die vornehme Herkunft nur für ein Kriterium unter vielen.

30 CDB I, Nr. 40, S. 47.

31 CDB I, Nr. 357, S. 323; CDB II, Nr. 26, S. 24.

32 CDB I, Nr. 375, S. 349 — Fälschung des 13. Jh. für das Kloster Břevnov zu 993.

33 CDB II, Nr. 201, S. 186; CDB II, Nr. 320, S. 317. Zum gleichen Gebrauch des Begriffs im Westen siehe *K. Bosl*, 1963, S. 60 ff.

34 CDB II, Nr. 286, S. 284.

35 CDB II, Nr. 69, S. 64.

36 So Cosmas II, 26, ed. *B. Bretholz*, 1923, S. 119.

37 Canoncius, FRB II, S. 226; Vincentius, FRB II, S. 412; S. 419; S. 409.

les in terra hac meliora beneficia obtinentes“ hätten 1142 die volle Verfügungsgewalt über diese beansprucht; so stifteten sie Unruhe, obwohl doch nach Vincentius’ Meinung von den „senioribus et nobilioribus Bohemie“ kein Streit ausgehen sollte.

Deutlich sind die Statuta Conradi-Ottonis, die „viri nobiles tam maiores quam minores“ unterscheiden — rechtlich sind alle nobiles nach den hier niedergelegten Bestimmungen jedoch auch in der ersten Hälfte des 13. Jahrhunderts noch gleichgestellt[38].

Unter der politisch und rechtlich freien Bevölkerung werden nobiles und ignobiles mehrfach deutlich getrennt. Zur Verhandlung über die Verschwörung von 1130 lädt Soběslav „nobiles et ignobiles in palatium Wissegradense“ — der Canonicus gibt sogar die Zahl der anwesenden Personen mit etwa 3000 an. Nach Gerlach ruft Soběslav II. 1176 „nobiles et ignobiles, milites et rusticos“ zur Heerfolge. Nobilis dürfte hier mit miles, ignobilis mit rusticus gleichzusetzen sein. Einen solchen Unterschied zwischen nobilis und rusticus machen auch die Statuta Conradi-Ottonis. Sie fordern von beiden Personengruppen bei Mord 200 Denare. In einer Reihe von anderen Bestimmungen sind die „nobiles“ aber bevorrechtigt und heben sich von den ignobiles oder rustici deutlich ab[39].

Größere Probleme geben die „milites“ auf. Sie kommen 65mal in den Urkunden vor — 42 als Zeugen, 19 veräußern Land, 3 tradieren sich selbst, einer regt eine Schenkung an. Auch die milites sind in den alten Legenden belegt und kennzeichnen hier das fürstliche Gefolge, meist in militärischem Zusammenhang. Urkundlich wird ein miles erstmals in einer Fälschung des 13. Jh. erwähnt, die sich auf 1043 bezieht, terminologisch aber sicher erst dem 13. Jh. angehört. Von 1125 an werden milites dann auch in echten Urkunden regelmäßig genannt, nehmen bis 1230 prozentual allerdings ab[40].

Nobiles sind, wie schon deutlich wurde, milites. Entsprechende Gleichsetzungen findet man allerdings selten. „Barones vel alii milites“

---

[38] Canonicus, FRB II, S. 235; Vincentius, FRB II, S. 410; Statuta Conradi-Ottonis Čl. 1, ed. *V. Vaněček*, 1957, S. 68. Die Frage des höheren und niederen Adels wird oft mit der Zweiteilung der milites in Verbindung gebracht — so *W. H. Fritze*, 1977, S. 497 ff.; siehe auch unten, S. 302. Sehr unklar *A. Sedláček*, 1890, S. 231, der „seit undenklichen Zeiten“ in Böhmen zwei Adelsstände annehmen will. *St. Zháněl*, 1930, S. 211, hält zu Unrecht noch im 11. und im 12. Jh. das Alter der Personen für entscheidend. Zum höheren und niederen Adel auch *F. Vacek*, 1905, S. 39 f.; *J. Lippert*, 1896, S. 253 ff.

[39] Canonicus, FRB II, S. 209; Gerlach, FRB II, S. 471; Statuta Conradi-Ottonis, Čl. 17, ed. *V. Vaněček*, 1957, S. 72. Dazu *W. H. Fritze*, 1977, S. 495; nach z. B. *K. Kadlec*, 1933, S. 200, gab es ursprünglich nur Freie und Unfreie, also unter den Freien keine Schichtung.

[40] CDB I, Nr. 378, S. 351; 1148 verschenkt ein miles eine Kirche (CDB I, Nr. 154, S. 155).

unterscheidet die Urkunde für das Bistum Prag 1222 — hier könnte wohl auch „barones vel alii nobiles" stehen. Ähnlich heißt es 1220 „ex concessione principum, militum sive aliorum laicorum". Das Auditorium der Statuta Conradi-Ottonis wird „abbates, clerici, monachi, milites tam de Moravia, quam de Boemia" beschrieben; eine Immunitätsbestimmung von 1201 spricht von den „villici principum vel militum". Saul, der Erzbischof von Köln, nennt 1199 „strenuus miles Georgius, amicus noster et consanguineus carissimus" — Georgius hat eine Kirche gegründet[41].

Während aus diesen Quellen deutlich wird, daß die Großen Böhmens auch milites waren, befinden andere milites sich in wenigstens dinglicher Abhängigkeit. Viele milites waren nicht nur dem Fürsten, sondern auch anderen hochgestellten Personen verpflichtet. Groznata, primas und nobilis, hat aratra und villae an „milites mei" ausgegeben; die milites haben offenbar einen Anspruch auf dieses Land, denn es kann ihnen nicht einfach weggenommen werden[42]. Mehrfach kennen wir abhängige milites als Zeugen: den miles des Kastellans von Čáslav, den miles des iudex von Čáslav, die „milites episcopi"[43]. Auch der Fürst selbst besaß offenbar eigene, abhängige milites[44]. Nichts spricht jedoch dafür, daß diese Personen unfrei gewesen seien — sie sind Zeugen, verfügen über Land, erhalten Dienstgüter: sie bilden das Gefolge der großen Herren als deren Soldaten.

Von den Chronisten gebraucht Cosmas ganz besonders oft den Begriff miles (etwa 20mal). Häufig meint er allerdings lediglich den Krieger, ohne daß eine soziale Bedeutung des Wortes ersichtlich ist. Andere Stellen sind jedoch aufschlußreicher: Jurik, der „prefectus urbis Satc", wird als „miles accerrimus" bezeichnet[45], ein miles namens Beneda, Enkel des comes Taz, dessen gefallene Söhne „primi inter primates" genannt werden, befindet sich im Besitz eines Schwertes mit Goldknauf (1088)[46]. Auch bei Cosmas sind also die höchsten Personen milites.

---

[41] CDB II, Nr. 227, S. 211; CDB II, Nr. 207, S. 192; CDB I, Nr. 323, S. 297; CDB II, Nr. 21, S. 18; CDB II, Nr. 5, S. 3. Zum Begriff *St. Zháněl,* 1930, S. 143 ff.

[42] CDB I, Nr. 357, S. 324. Dazu *F. Graus,* 1953, S. 204 — er übersetzt „miles" hier mit „Lehnsmann". *W. H. Fritze,* 1977, S. 500.

[43] CDB II, Nr. 112, S. 107; CDB I, Nr. 280, S. 247.

[44] „Miles suus" — CDB I, Nr. 280, S. 247. Häufig wird aus diesem Grunde die Unfreiheit oder wenigstens der unfreie Ursprung dieser milites angenommen, so *Z. Fiala,* 1975, S. 51; *J. Lippert,* 1896, S. 253. Hier ist der Interpretation von *F. Graus,* 1953, S. 204, Vorrang zu geben. Ähnlich z. B. in der späten Merowingerzeit, siehe *F. L. Ganshof,* 1975, S. 10 f. zur Aufzählung der Güter und vassi des Eberhard, Sohn des Elsässer Herzogs Adalbert. Die rechtliche Stellung der vassi ist allerdings auch nicht eindeutig.

[45] Cosmas III, 42, ed. *B. Bretholz,* 1923, S. 215 ff.

[46] Cosmas II, 40, ed. *B. Bretholz,* 1923, S. 143 f. — *F. Graus,* 1966, S. 146.

Die abhängigen milites begegnen beim Chronisten ebenfalls. Sie begleiten den přemyslidischen Bischof Jaromir zu seiner Bischofsweihe nach Mainz und werden von ihm nicht gut behandelt[47].

Die milites beteiligen sich an der Wahl Bischofs Jaromir, die auf einem Feldzug stattfindet, gehören also zu einem potentiellen Wählerkreis. Sie sind das Gefolge des Fürsten im Kampf[48].

Cosmas' Fortsetzer nennen den Begriff selten. Wir erfahren, daß 1130 die Verschwörer, die primates Miroslav und Stresimir, milites hatten, die für sie gegen Soběslav I. arbeiteten[49]. An einer anderen Stelle wird durch „milites, qui castra custodierunt" der Kauf eines castrum bestätigt[50].

Aufgrund dieser Stellen der erzählenden Quellen lassen sich die primates, die auch milites sein können, von den milites unterscheiden, die von den primates — auch den Kastellanen — und der hohen Geistlichkeit abhängig sind.

Cosmas unterscheidet an einer Stelle „milites primi et secundi ordinis"[51]. Vratislav I. hatte „duas scaras ex electis militibus" ausgewählt — da die „secundi ordinis milites" schon mit der Beute vorangegangen waren, „in hac pugna soli tantum nobiles interierunt". Nach dieser Cosmasstelle waren „milites secundi ordinis" auch „electi milites", sie bildeten aber im Kampf eine eigene Mannschaft und wurden zum Tragen der Beute und wahrscheinlich auch der Vorräte benutzt. Waren die milites primi ordinis nobiles, können die milites secundi ordinis nach dieser Cosmasstelle nicht zu den nobiles gerechnet werden[52]. Es hat sich danach um ignobiles, um abhängige milites gehandelt.

Auch der Canonicus berichtet von „milites primi et secundi ordninis". Soběslav habe sie 1138 zusammengerufen, um sie auf Vladislav zu vereidigen[53]. In anderen Fällen wurde die Designation allerdings lediglich vor den primates vollzogen[54].

---

[47] Cosmas II, 25, ed. *B. Bretholz,* 1923, S. 118.

[48] Cosmas II, 23, ed. *B. Bretholz,* 1923, S. 115, beschreibt folgende Aufstellung: „fratribus suis a dextris et a sinistris assistentibus, clericis vero et comitibus per longum gyrum considentibus et post eos cunctis militibus astantibus". Milites sind somit hier wohl nobiles, in jedem Fall aber Freie.

[49] Canonicus, FRB II, S. 208.

[50] Canonicus, FRB II, S. 229.

[51] Cosmas II, 39, ed. *B. Bretholz,* 1923, S. 143.

[52] Während *J. Lippert,* 1896, S. 253; *Z. Fiala,* 1975, S. 51, die milites secundi ordinis zu den Unfreien rechnen, halten *F. Vacek,* 1905, S. 27; *K. Kadlec,* 1933, S. 201; *St. Zháněl,* 1930, S. 145, die milites secundi ordinis für einfache Freie. *W. H. Fritze,* 1977, S. 497 ff.; bes. S. 500 f., sieht in den milites, ähnlich wie *A. Sedláček,* 1890, S. 240, den niederen Adel, zumindest die Vorfahren der späteren Vladyken.

[53] Canonicus, FRB II, S. 229.

„Primi et secundi ordinis" gebraucht Cosmas noch an einer anderen Stelle — hier sind es „omnes quidem Boemi primi et secundi ordinis", die 1125 Soběslav gegen Otto begünstigen[55]. Auch hier liegt es nahe, an nobiles und ignobiles zu denken. Wir können somit eine Zweiteilung der politisch handelnden Bevölkerung in nobiles et ignobiles konstatieren. Unter den nobiles gibt es zumindest zu Ende des 12. Jahrhunderts maiores et minores, die rechtlich gleichgestellt sind; unter den milites schon im 11. Jahrhundert zwei ordines, von denen der erste auf jeden Fall von nobiles besetzt wird, der zweite, der mindere Aufgaben zu leisten hat, nicht oder nicht unbedingt. Milites primi et secundi ordinis können somit nicht gleichgesetzt werden mit nobiles maiores et minores[56].

Eine Erklärung für diese etwas verwirrenden Verhältnisse scheinen mir die Statuten, aber auch Cosmas selbst zu geben. Der Begriff „miles" allein bezeichnet bei Cosmas eine große Gruppe freier Krieger — eine Präzisierung gewinnt er wohl durch den Zusatz „primi et secundi ordinis", die dann die Erkenntnis der Gruppe der abhängigen, aber rechtlich freien milites ermöglicht. Die Statuta führen jedoch noch weiter, indem sie nobiles und druhones — wohl die abhängigen milites ignobiles — rechtlich voneinander unterscheiden. An einer anderen Stelle werden die milites des castellanus als Beisitzer im Gericht genannt[57].

2.3.1. Ämter

Aufgrund der Zeugenlisten ist es möglich, in Böhmen bis 1230 fast 90 verschiedene Ämter bzw. Amtsstufen zu unterscheiden[1]. Insgesamt tragen 1775 Personen Amtsbezeichnungen.

Nicht eindeutig für ein bestimmtes Amt steht der Begriff „comes". Die Urkunden nennen 50 comites — besonders viele zwischen 1050 und 1150. Prozentual nimmt der Terminus bis 1230 dann deutlich ab. Comi-

[54] So beim Tod Břetislavs 1055. — Cosmas II, 13, ed. *B. Bretholz,* 1923, S. 101.

[55] Cosmas III, 58, ed. *B. Bretholz,* 1923, S. 234.

[56] *J. Lippert* sieht in der Zweiteilung des Heeres den Grund der Zweiteilung der milites, wobei die milites secundi ordinis ihm zufolge ursprünglich „Genossen und Unfreie" waren, die allmählich durch den Kriegsdienst geadelt wurden (1896, S. 253). Zur Entstehung und Deutung der milites secundi ordinis als bäuerliche Kriegerschicht *W. H. Fritze,* 1977, S. 500 ff.

[57] Statuta Conradi-Ottonis, Čl. 29—33, ed. *V. Vaněček,* 1957, S. 74 f.; S. 70.

[1] Auf die einzelnen Ämter, ihre Stellung und Bedeutung, soll hier nur kurz eingegangen werden, da eine Untersuchung über die Stellung der Personen in den Zeugenlisten in Vorbereitung ist. Die großen methodischen Schwierigkeiten einer solchen Auswertung — ungleicher Aufbau und ungleiche Länge der Listen — haben es verhindert, das Verfahren im Rahmen dieser Arbeit abzuschließen. Quantitativ sind die Zeugenlisten jedoch auch hier berücksichtigt.

tes kennen wir schon aus den Wenzelslegenden, aber auch aus den ältesten Urkunden. „Comes“ ist somit neben einigen Kirchenämtern die einzige Funktionsbezeichnung, die seit dem 10. Jh. durchgängig existierte[2]. Zwischen 1050 und 1230 fungieren 28 comites als Zeugen, 14 veräußern Landbesitz, 2 sind Zeugen bei einem Umritt.

Über den eigentlichen Tätigkeitsbereich sagen die Urkunden wenig; seit 1130 werden comites von Bílina, Leitmeritz, Žatec und einigen anderen Plätzen genannt, Vorsteher der civitates, der Burgbezirke. Auch Cosmas erwähnt comites in dieser dem Grafenamt entsprechenden Funktion: Prikos und Mztis sind nacheinander comites von Bílina, Koyata, erst „palatinus comes“, wird als Nachfolger von Mztis comes von Bílina; Vacek ist „palatinus comes“[3]. Ist hiermit der ältere Titel für das Kastellanenamt gemeint, wie Cosmas ihn auch in den Gnesener Statuten Břetislavs I. gebraucht, so bezeichnet der Chronist an vielen anderen Stellen alle dauernden Begleiter des Fürsten und hohen Hofleute als „comites“: an der Wahl des Bischofs Jaromir nehmen proceres und comites teil; die Inthronisation Břetislavs erfolgt „ab universis comitibus et satrapis“ — das Gastmahl zur Wenzelsfeier findet mit „omnibus satrapis et comitibus“ statt. Konrad wird „omnium sacramento comitum“ designiert[4]. Die comites sind in diesen Fällen weitgehend mit den primates gleichzusetzen — in der Regel sind es jedoch im Gegensatz zu den primates, die oft kein Amt haben, beamtete Personen. So fungiert z. B. der comes Zezema als „summus camerarius“ der Königin — er begleitet die Nichte Vladislavs I. 1165 zu ihrer Hochzeit nach Byzanz[5]. Als wichtige Aufgaben ausführende dauernde Begleiter des Fürsten, Angehörige seines Gefolges, wird man auch die comites des 10. Jh. interpretieren müssen.

Besonders aufschlußreich für die Stellung des Burggrafenamtes, wahrscheinlich aber doch der Ämter überhaupt, ist eine Episode über den comes Mztis, „comes urbis Belinensis“[6]. Dieser war in Ungnade gefallen

---

[2] Zutreffend zum Begriff *R. Nový*, 1972, S. 43. *J. Lippert*, 1896, S. 236, hob schon die Zweideutigkeit des Begriffs hervor. Dazu auch *F. Seibt*, 1965, S. 304 f. — *F. Graus*, 1953, S. 192, übersetzt „comes“ aber doch etwas zu allgemein als „Feudalherr“. Differenzierter über die comites als das fürstliche Gefolge 1965, S. 1 ff.; 1953, S. 201, Anm. 74. Zur Bezeichnung für das Burggrafenamt *F. Vacek*, 1905, S. 107 ff.; *O. Peterka*, 1928—33, S. 36 ff.; *K. Kadlec*, 1933, S. 199 f., vergleicht den Burgvorsteher mit dem fränkischen comes. Eine ähnlich zweideutige Stellung hatte der Begriff im fränkischen Reich, siehe z. B. *F. L. Ganshof*, 1975, S. 20. Zum fränkischen „comes“ und zur Comitatsverfassung z. B. *D. Claude*, 1964, S. 1 ff.; *H. K. Schulze*, 1973.

[3] Cosmas II, 11; II, 15; 19; II, 23; III, 28; III, 37. — ed. *B. Bretholz*, 1923, S. 98 ;106; 111; 115; 197; 209. Dazu auch *R. Nový*, 1972, S. 41 f.

[4] Cosmas II, 22; II, 50; III, 1; II, 46 — ed. *B. Bretholz*, 1923, S. 114 f.; 158; 161; 153.

[5] Vincentius, FRB II, S. 458.

[6] Cosmas II, 19, ed. *B. Bretholz*, 1923, S. 111.

und wurde des Burggrafenamtes enthoben, worauf er Cosmas zufolge antwortete: „dux est et dominus, de civitate sua faciat, quod sibi placet". Die Besetzung der Ämter unterlag somit einzig und allein dem Fürsten. Umgekehrt erhält der comes Velislav, der dem Fürsten „a puericia sua fidelis extiterat", 1144 auf Lebenszeit das Burggrafenamt für Vyšehrad[7]. Die Zeugenlisten zeigen, daß ein reger Ämterwechsel stattfand.

Die Burggrafen werden später meist castellani genannt — in den Urkunden lassen sich 140 castellani nachweisen, während Cosmas und seine Fortsetzer den Begriff in dieser Bedeutung nicht kennen. Daß er der offiziellen Rechtssprache angehört, beweisen die Statuta Conradi-Ottonis, die wiederum den „comes" nicht kennen[8].

Vor 1159 begegnet der Begriff in echten Urkunden nicht — er nimmt dann bis 1230 absolut leicht zu, prozentual wie fast alle Ämter leicht ab. Die meisten Kastellane fungieren in den Urkunden lediglich als Zeugen; bei Schenkungen nennen sie sich wie die meisten Amtsträger auch anderer Ämter comites — so z. B. Slavek, comes von Bílina, der Gründer des Zisterzienserklosters Osek[9]. Eine Ausnahme in der Terminologie macht 1220 Emmeram, der „miles et castellanus" von Znaim, „filius quondam domini Etley", der dem Kloster Louka das Patronatsrecht über die von ihm gegründete Kirche in Přímětice überträgt[10].

In den Urkunden begegnen für dasselbe Amt noch 4 weitere Bezeichnungen in den Zeugenlisten bzw. in Immunitätsbestimmungen: prefectus urbis, burgravius, beneficiarius — allerdings auch für andere Amtsträger gebraucht — und rector provinciae. Bis auf prefectus urbis — prefectura findet sich auch bei Cosmas häufiger — sind diese Begriffe erst im 13. Jh. belegt[11].

Aus der Verwaltung der fürstlichen Grundherrschaft und Burgbezirksverfassung ist uns der villicus bekannt, der in den Urkunden als selbständig handelnde Person allerdings nur 16mal vorkommt. Als Amtsträger wird er erstmals in der erst aus dem 13. Jh. stammenden, in den Bestimmungen aber wohl echten Urkunde für Břevnov zu 993 erwähnt[12], als Zeuge erstmals in der Urkunde für Leitmeritz (A), noch aus dem 11. Jahrhundert; 9 der villici sind Zeugen, 4 leiten das Abstecken von Neuland (circuitus); villici kommen in den Urkunden in

---

7 Vincentius, FRB II, S. 412; 414.

8 Statuta Conradi-Ottonis, ed. V. *Vaněček,* 1957, Čl. 29, S. 74. Siehe dazu auch die unter Anm. 2 aufgeführte Literatur.

9 CDB II, Nr. 360, S. 384.

10 CDB II, Nr. 205, S. 190.

11 Zur Funktion des Kastellanenamts siehe oben, S. 232.

12 CDB I, Nr. 375, S. 349.

„privaten“ Rechtsgeschäften nicht vor, dagegen aber häufig in ihrer Amtsfunktion, auf die oben schon eingegangen wurde: der villicus sorgt für die grundherrlichen Einnahmen und deren Weiterverteilung an beschenkte Klöster, er leitet das grundherrliche Gericht zusammen mit den milites der Kastellanei, er achtet auf den Grundbesitz des Fürsten selbst[13]. Neben dem am häufigsten genannten villicus von Prag oder auch villicus regis kommen auch andere villici vor: die villici der mährischen Teilfürstentümer, der villicus des Bischofs von Olmütz. Für die villici werden in späterer Zeit offenbar auch die Begriffe „dispensator“ oder „advocatus“ gebraucht[14]. Ebenfalls spät begegnen „procuratores“ adliger oder geistlicher Grundherrschaften[15].

Offensichtlich spielen lediglich die villici der Residenzorte, die Verwalter der jeweiligen fürstlichen Grundherrschaften, eine Rolle bei Hof. Daß die Stellung des villicus sehr bedeutend sein konnte, zeigt die Episode des Zderad bei Cosmas — übrigens die einzige Erwähnung eines villicus beim Chronisten. Zderad meinte es sich erlauben zu können, auf einem Feldzug Vratislavs I. 1091 gegen Konrad von Brünn mit dem König augenzwinkernd über den Prinzen Břetislav zu scherzen, wohl da „rex hec omnia ageret Zderad per consilium“. Břetislav aber rächt sich im Einvernehmen mit Konrad. Zderad wird in seiner Todesstunde begleitet von einem comes namens Drisimir, dem er zumindest gleichrangig scheint[16].

Zur Verwaltung des Burgbezirks gehörte weiterhin der iudex. Die Erwähnungen von iudices nehmen von 1150 an deutlich zu — absolut wie prozentual. Es ist das einzige Amt, das an Bedeutung so auffallend gewinnt; von 74 iudices sind 51 nach 1200 genannt. Der iudex ersetzt als Spezialist offenbar immer mehr den villicus[17]. Am häufigsten wird

---

[13] Siehe Anm. 12; CDB I, Nr. 393, S. 404. Statuta Conradi-Ottonis, ed. V. *Vaněček*, 1957, Čl. 29 ff., S. 74 f. — CDB II, Nr. 6, S. 4 — Der fürstliche villicus Modlibog und fürstliche rustici originarii waren über die Schenkung einiger agri an die Johanniter offenbar nicht unterrichtet worden und wehrten sich nun dagegen. Über die Bedeutung des villicus *F. Vacek*, 1905, S. 120 ff.; *Vacek*, 1905, S. 110, hält das villicus-Amt für ein ursprüngliches Ministerialenamt, ebenso *J. Lippert*, 1896, S. 235, was jedoch nirgends erwiesen ist. Das villicus-Amt ist nach *J. Lippert*, 1896, S. 235, und *O. Peterka*, 1928—33, S. 34, älter als das Amt des camerarius und wird von diesem in der Bedeutung abgelöst.

[14] CDB II, Nr. 188, S. 175; CDB II, Nr. 246, S. 238. Zu den übrigen villici siehe *F. Vacek*, 1905, S. 151.

[15] CDB I, Nr. 402, S. 420; CDB II, Nr. 313, S. 310.

[16] Cosmas II, 43, 44, ed. *B. Bretholz*, 1923, S. 149 ff.

[17] Statuta Conradi-Ottonis, ed. *V. Vaněček*, 1957, Čl. 30, S. 75. In einer Fälschung des beginnenden 13. Jh. wird dem Stift Vyšehrad die volle Gerichtsbarkeit verliehen — wenn der prepositus bestimmte schwierige Fälle wie z. B. Mord nicht entscheiden wollte, so sollte der iudex curiae principis zuständig sein (CDB I, Nr. 406, S. 440). Zum iudex *J. Lippert*, 1896, S. 240 ff.,

der iudex von Prag erwähnt (22mal, dazu wohl 8mal als iudex curiae regis bezeichnet), 9mal die iudices von Olomouc (Olmütz), 5mal von Pilsen, 2mal von Kouřim, Znojmo (Znaim) und Břetislav, 3mal von Brno (Brünn) und je einmal von Podivín und Bítov. Während der iudex von Prag bei fast allen späteren Zeugenlisten dabei ist, reisten andere iudices offensichtlich bedarfsweise nach Prag[18].

Der iudex war Cosmas als Amt bekannt — iudices spielen bei ihm jedoch keine Rolle. In den Urkunden begegnen sie meist nur als Zeugen oder als Leiter der Umritte — sehr häufig werden sie in den Immunitätsbestimmungen erwähnt. Daß sie auch Land besaßen, bezeugt eine Urkunde zu 1202, allerdings eine Fälschung des ausgehenden 13. Jh.[19].

Das am häufigsten bezeugte Hofamt ist das des camerarius, des Verwalters der fürstlichen Finanzen, der gleichzeitig die Funktion eines Herolds ausübte[20].

Camerarii werden 109mal genannt, viermal heißen sie „camerarii regis"; darüber hinaus kennen wir seit 1175 24 subcamerarii — camerarii begegnen seit dem Beginn des 12. Jh.[21] und sind seit 1150 prozentual sehr gleichmäßig vertreten, während die Erwähnungen absolut sehr stark zunehmen.

Die meisten (88) Personen sind als Zeugen genannt, 6 leiten einen Umritt, 4 veräußern selbständig Land. Der Titel des camerarius oder „summus camerarius" wird dabei gern hervorgehoben. Slávek, comes von Bílina und summus camerarius, sowie sein Bruder Grabisse, camerarius, gründen das Zisterzienserkloster Osek als die Grablege ihrer Familie — Koyata, Sohn des Grabisse, ist nicht minder begütert als Vater und Onkel[22]. Leo de Clobuk, Gründer des Prämonstratenserstifts in Zábrdovice, wird von Přemysl Otakar I. „nobilis baro noster, came-

---

nach dem das iudex-Amt spät aus dem Hofamt des iudex curiae entsteht. *Kadlec*, 1933, S. 199; *F. Vacek*, 1905, S. 110, hält das iudex-Amt ursprünglich für ein Ministerialamt.

[18] So Bartus, der iudex von Betov, als Přemysl Otakar I. 1227 Petrus, dem „rector provincie" von Bítov in Prag die Erlaubnis erteilt, ein Dienstgut zu verkaufen.

[19] CDB II, Nr. 355, S. 371.

[20] CDB II, Nr. 320, S. 319 und viele andere Belege. Der camerarius zitiert auch die Schuldigen vor das Gericht (Statuta Conradi-Ottonis, ed. *V. Vaněček*, Čl. 2, S. 68). Sicher entspringt diese Tätigkeit ursprünglich der Sorge für die fürstliche Kammer und deren Einnahmen. Nach *R. Nový* steht das Kämmereramt an erster Stelle unter den Hofämtern (1972, S. 46); *F. Vacek*, 1905, S. 113 ff.); zu der Funktion des Kämmerers, den er ebenfalls aus der Ministerialität herleiten will, *F. Vacek*, S. 110. Nach *J. Lippert*, 1896, S. 238 ff., verdrängt der Kämmerer allmählich den villicus. Zum Kämmerer- und Unterkämmereramt *Z. Fiala*, 1954, S. 57 ff.; *V. Vaněček*, 1930, S. 60 ff.

[21] CDB I, Nr. 390, S. 401.

[22] CDB II, Nr. 360, S. 385.

rarius Brunnensis“ genannt (1209)[23]. Der Sohn weist auf die hohe Würde des Vaters hin: „ego Cazta, filius Voyzlai, camerarii gloriosissimi et serenissimi regis Boemanorum Wladislai ...“ Er verschenkt ein Dorf „pro remedio anime mee“[24]. Camerarii werden als „maiores curie nostre“, als „fideles nostros“, als „primates“ bezeichnet[25].

Bei Cosmas spielt der camerarius bis auf eine Erwähnung zum Jahre 1098 unter den bedeutenden Adligen keine nennenswerte Rolle[26].

Ähnlich gewannen auch die anderen Hofämter, die nach fränkisch-deutschem Vorbild eingerichtet waren, erst im 12. Jh. Einfluß: pincerna, der Mundschenk, dapifer, der Truchseß und agaso/marescalcus, der Marschall.

Sicher belegt ist der pincerna erstmals zwischen 1146 und 1148[27]. Insgesamt liegen 42 Erwähnungen vor. Nach 1200 wird der pincerna allerdings prozentual wesentlich seltener genannt. Bis 1175 sind 12 subpincernae belegt; einmal wird, schon im 13. Jh., der pincerna eines Adligen erwähnt. Die höchste Oberschicht ahmte demnach zu dieser Zeit bereits den fürstlichen Hof nach. Von den genannten Personen sind 21 Zeugen, 5 besitzen Land. Auch der pincerna ist ein primas[28].

In den Urkunden sind 46 dapiferes belegt, 13 subdapiferes, ein dapifer reginae und ein dapifer eines Adligen. Das Amt wird nach 1125 allmählich häufiger, subdapiferes begegnen erst nach 1175.

Der dapifer kommt nur als Zeuge vor. In einem Brief an „nobilibus viris“ ist auch Hocdeborius, dapifer regis, als Mitempfänger genannt. Wie der pincerna wird auch der dapifer als primas bezeichnet[29]. Daß man auch auf dieses Amt stolz war, beweist, daß Zobehrd beim Tausch eines Gutes, daß er „pro remuneratione mei servicii“ erhalten hatte, das Amt seines Vaters betont: subdapifer regis[30].

Am seltensten von allen Hofämtern wird der agaso oder marescalcus erwähnt (24mal, ein subagaso einmal). Seit 1150 begegnet er jedoch

[23] CDB II, Nr. 364, S. 396.

[24] CDB I, Nr. 251, S. 223.

[25] CDB I, Nr. 303, S. 273; CDB II, Nr. 90, S. 87; CDB I, Nr. 300, S. 270. „Fidelis“ ist ein typischer Bestandteil der Lehnsterminologie.

[26] Cosmas III, 5, ed. *B. Bretholz,* 1923, S. 166.

[27] CDB I, Nr. 157, S. 163. *J. Lippert,* 1896, S. 243; ausführlich, auch mit Angaben zur Hierarchie der Ämter und zu persönlichen Karrieren, *R. Nový,* 1972, S. 45.

[28] CDB I, Nr. 304, S. 274. Zur Nachahmung des fürstlichen Ämterwesens durch den Adel *F. Vacek,* 1905, S. 45.

[29] CDB II, Nr. 136, S. 126; CDB I, Nr. 304, S. 274.

[30] CDB II, Nr. 365, S. 398.

relativ gleichmäßig. Die Bedeutung des Amtes dürfte nicht wesentlich geringer gewesen sein als die der anderen Ämter — auch ein marescalcus befindet sich 1217 unter den Briefempfängern, den nobiles viri; ein agaso schenkt 1167 ein predium an das Kloster Litomyšl[31]. Dennoch ist die Bedeutung aller drei Ämter mit der des camerarius in keiner Weise zu vergleichen.

Cosmas erwähnt die drei Ämter noch nicht; dagegen berichtet Vincentius den Tod des agaso Jurik, den er „vir nobilis et strenuus" nennt (1148); Gerlach zeigt den Tod des Juro an, der dapifer des Georgius de Milevsk war und seine hereditas dem von Georg gegründeten Prämonstratenserkloster vermachte[32].

Für Cosmas scheinen im 11. Jh. andere, in ihrer Funktion ähnliche Ämter von Bedeutung gewesen zu sein: als magister venatorium und magister super pistores atque cocos ernennt Spytihněv 1055 seine fürstlichen Brüder[33]. Das hohe Alter des venator-Amtes belegt dessen erbliche Verleihung an Dovora 999[34]. In den Urkunden begegnen venatores relativ selten und erst nach 1150.

Früh urkundlich belegt ist auch das Amt des cellerarius, der offenbar u. a. die Honigabgaben verwaltete. Er spielt bei Cosmas keine Rolle und kommt lediglich 5mal als Zeuge vor[35].

Břetislav II. machte 1099 seinen Neffen Boleslav „consentientibus omnibus comitibus Boemie" zum ensifer, zum Schwertträger. Dieses Amt ist sonst nur 1183 belegt, wo ein primas Pribizlaus als Zeuge auftritt[36].

In einer Fälschung des 14. Jh. zu 1195 schenkt ein „Macerat gladiator ducis Boemie" dem Kloster Louka eine villa — der Begriff ist sonst nirgendwo belegt[37].

---

[31] CDB II, Nr. 136, S. 126; CDB I, Nr. 399, S. 413 f. — Nach *R. Nový,* 1972, S. 45, ist das Marschallamt von den drei niederen Hofämtern das höchste und kommt vor den Kastellanen der bedeutendsten Burgen.

[32] Vincentius, FRB II, S. 414; Gerlach, FRB II, S. 507.

[33] Cosmas II, 15, ed. *B. Bretholz,* 1923, S. 106; *R. Nový,* 1972, S. 44, hält es für möglich, daß die entsprechenden Hofämter diese ältesten Ämter abgelöst haben. Jedenfalls wird deutlich, daß diese alten Ämter nur von den höchsten Personen bekleidet wurden.

[34] Cosmas I, 34, ed. *B. Bretholz,* S. 62.

[35] CDB I, Nr. 387, S. 390; Nr. 390, S. 397; — 1177 tritt ein „Pelegrinus primus cellerarius" als Zeuge auf (CDB I, Nr. 280, S. 247). *J. Lippert,* 1896, S. 245, charakterisiert das Amt als lediglich wirtschaftlichen Hofdienst. Dazu auch *O. Peterka,* 1928—33, S. 34.

[36] Cosmas III, 9, ed. *B. Bretholz,* 1923, S. 170; CDB I, Nr. 300, S. 270.

[37] CDB I, Nr. 411, S. 446. Wie die anderen, bei Cosmas belegten Hofämter verliert wohl auch der ensifer seine Bedeutung, *R. Nový,* 1972, S. 44.

Zwar nicht als Zeugen, aber doch als Landbesitzer kennen wir zwei ioculatores, Hofnarren. Einer von ihnen hatte eine terra als Dienstgut erhalten[38]; über eine soziale Stellung wird allerdings nichts ausgesagt.

Ein großer Teil der Amtsbezeichnungen in den Zeugenlisten betrifft Geistliche. Regelmäßig ist die hohe Geistlichkeit, die gerade am Hof weilte, vertreten. Dies ist auch nicht verwunderlich, zumal die meisten Urkunden ja Geistliche betrafen: die beiden Bischöfe von Prag und Olmütz, die Äbte, Prioren, Subprioren der Klöster und Stifte, die prepositi, decani, magistri, fratres und canonici. Daneben finden wir die Archidiakone, Subdiakone, Kaplane und sehr spät die Pfarrer (parochianus, plebanus). Es besteht kein Zweifel, daß die in den Urkunden bezeugten Inhaber hoher geistlicher Ämter der obersten Schicht angehörten — Cosmas nennt sie nicht umsonst maiores natu. Sie sind jedoch durch ihren geistlichen Stand nicht mehr als Familienangehörige der großen Familien zu erkennen. Die Untersuchung ihrer Stellung ist deshalb für unsere Fragestellung von sekundärer Bedeutung.

Ein Geistlicher war auch der cancellarius des böhmischen Herzogs und Königs, der teilweise die Politik weitgehend bestimmte. 1146 wird Geruasius, der cancellarius Vladislavs II., allerdings in einer Fälschung, erstmals erwähnt, 1156 schließt er — nach Vincentius relativ selbständig — das Italienbündnis mit Friedrich Barbarossa, das Vladislav II. zur Königserhebung führt[39]. Wenig später erfahren wir aus der Gründungsurkunde für die Marienkirche der Johanniter in Prag, daß König Vladislav sich für die treuen Dienste des Geruasius erkenntlich gezeigt hat. Die Dienstgüter, mit denen er Geruasius belohnt hat, benutzt dieser jedoch zur Ausstattung des von ihm mitgegründeten Hauses der Johanniter[40]. Am Aufschwung des Geruasius hat auch der subcancellarius Martinus teil. Der cancellarius, meist auch prepositus von Vyšehrad oder Prag, ist als Zeuge nicht mehr wegzudenken. Nach 1200 wird er allerdings etwas seltener genannt.

Soweit die Ämter. Sowohl als selbständig Land veräußernde Personen als auch als Zeugen finden wir jedoch auch zahlreiche Personen ohne Amt. Stammen die Namen aus den Zeugenlisten, so ist es sehr wahrscheinlich, daß die betreffenden Personen auch tatsächlich keine Ämter besaßen. Häufig läßt sich auch aus den Zeugenlisten ein familiärer Zusammenhang zwischen beamteten und nichtbeamteten Personen erkennen[41]. Gut läßt sich das z. B. an den Gründern des Zister-

---

[38] CDB I, Nr. 399, S. 413; CDB I, Nr. 289, S. 255.

[39] CDB I, Nr. 396, S. 409; Vincentius, FRB II, S. 424.

[40] CDB I, Nr. 245, S. 215. Zum cancellarius und notarius *J. Lippert*, 1896, S. 245.

zienserkloster Osek zeigen: Milhost, Sohn des Milhost, gründet das Kloster in Mašťov. Er ist nobilis und miles; er und seine Söhne sind in den Zeugenlisten oft vertreten, haben aber keine Ämter. Durchaus gleichrangig mit ihm scheint Slávek zu sein, summus camerarius, comes von Bílina. Sláveks Zwillingsbruder Grabisse war ebenfalls summus camerarius, seine Söhne Boguslaus und Grabisse werden in den Zeugenlisten ohne Amt genannt[42]. Die Zeugenliste von 1226 für das Prämonstratenserinnenstift Doxany ist z. B. folgendermaßen aufgebaut: 2 Přemysliden, der cancellarius, ein Abt mit Brüdern, prior, subprior, sacrista, 2 prepositi; der camerarius und der summus venator; 14 namentlich aufgeführte Personen, meist mit Vaterangabe — an ihrer Spitze Petrus, filius Milhozt; 2 dieser Personen nennen sich milites, 4 haben Herkunftsnamen[43].

Dürfen wir Petrus, den Sohn des nobilis Milhost, auch als „nobilis" einstufen und mit ihm sicher auch die anderen Personen dieser Zeugenliste, so sind konkrete Angaben über den Zusammenhang von Rechtsstellung und Amt sehr selten. Dennoch entsteht ein geschlossenes Bild: comites, castellani, villici, iudices, die Hofämter und ihre Unterämter werden etwa gleichmäßig mit den Bezeichnungen für die ersten des Landes versehen: primates, nobiles, suppani.

Somit bestand eine relativ breite Schicht von nobiles und primates, die sich im fürstlichen Gefolge hervortun und Ämter erhalten konnte. Entstanden aber ist diese Schicht gewiß nicht erst durch diese hohen Ämter im 11. und 12. Jh.; die Anhäufung von Ämtern in bestimmten Familien hat jedoch zum Reichtum dieser Familien erheblich beigetragen.

2.3.2. Das Land der über Besitz verfügenden Personen

Wichtiger als die Titel der Personen und ihre Ämter ist die Frage nach ihrer Machtgrundlage, nach ihrer Herrschaft über Land und Leute. Da wir erst sehr spät Nachrichten über den nichtfürstlichen Grundbesitz haben, hatte es die „Dienstadelstheorie" leicht, die am Ende des 12. Jh. mit einem Mal erkennbaren großen Ländereien adliger Familien auf fürstliche Dienstgüter zurückzuführen[1]. Daß dies bei einer näheren

---

[41] Siehe oben, Anm. 1. Eine entsprechende Untersuchung zu Verwandtenbeziehungen konnte bisher aus technischen Gründen und den bekannten methodischen Schwierigkeiten nicht durchgeführt werden.

[42] Belegstellen siehe Index CDB II, S. 445 ff.

[43] CDB II, Nr. 286, S. 286.

[1] So z. B. *F. Kloss*, 1932—34, S. 217 ff. in seiner ausführlichen und sonst zutreffenden Untersuchung des adligen Grundbesitzes. Nach *Kloss* gibt es ursprünglich offenbar nur fürstlichen Besitz und freie „Sippendörfer". *St. Zháněl*, 1930, S. 72 ff., nahm dagegen einen reichen Besitz des Stammesadels an. *F. Graus*, 1953, S. 204 ff.; 1961, S. 54, hält offenbar Lehen und die frühe Erb-

Untersuchung der Rechtstitel des genannten Landes nicht haltbar ist, geht aus den Studien V. Vaněček's zum Gründungsrecht der geistlichen Institute hervor[2].

Eine Untersuchung über den frühen Grundbesitz der Nobilität wird in der Tat durch die Quellenlage stark erschwert. Im 10. und 11. Jh. nahm die Oberschicht aus den oben dargelegten Gründen an den Ausstattungen geistlicher Institute noch nicht teil[3]. Bis 1130 machen die Erwähnungen von Schenkungen nichtfürstlichen Grundbesitzes lediglich 18,4 % aus, 1131—1180 schon 38,4 %, 1180—1230 dann sogar 47,5 %, wobei die umfangreiche Urkunde für St. Georg mit 193 älteren přemyslidischen Schenkungen das Bild zuungunsten des Adels verzerrt, der sonst für 70 % der Ausstattungen aufkommen würde.

Die Grundbesitzer sind bei den Stiftungen ihres Bodens äußerst planvoll vorgegangen. Die přemyslidischen Hausstifte Leitmeritz, Vyšehrad und Boleslav wurden gar nicht oder kaum bedacht[4], ebensowenig die přemyslidischen Hausklöster Břevnov und die Grablege St. Georg auf der Prager Burg. Die übrigen, von den Přemysliden gegründeten Klöster dagegen erhielten zahlreiche kleinere Schenkungen. Die in dieser Hinsicht sicher zuverlässige Urkunde für Ostrov (Fälschung zu 1205) zählt unter dem Stichwort: „hec sunt beneficia primatum“ 23 kleinere Besitzungen unterschiedlichen Rechtscharakters auf (das sind 47,9 % des Gesamtbesitzes[5], bei Kladruby in Westböhmen sind es 35,9 %, ähnlich wie bei Opatovice 33,3 % oder beim Prämonstratenserstift Litomyšl 30,8 %). Etwa gleichen Anteil an přemyslidischem und nichtfürstlichem Besitz haben die Prämonstratenserinnen in Doxany und die Zisterzienser in Plasy, adliger Besitz überwiegt bei den Prämonstratensern in Strahov. Die von den Přemysliden eingerichteten Klöster stellten für die freien Personen, die nicht so viel Land besaßen, um ein eigenes Kloster zu gründen oder dies auch nicht wollten, eine Möglichkeit, für das Heil ihrer Seele zu sorgen. Vom Adel gegründet und fast ausschließlich mit adligem Besitz ausgestattet waren die Prämonstratenser in Teplá, die

lichkeit der Lehen für ausschlaggebend für die Entwicklung des Adels. Eine sehr klare und zutreffende Unterscheidung zwischen Dienstgut und Lehen geben jetzt *B. Krzemieńska, D. Třeštík*, 1979, S. 117: In Böhmen ist das meist erbliche Dienstgut üblich, nicht das Lehen. Vor dem 11. Jh. erfolgt die Belohnung der Würdenträger aus den Abgaben, die dem Fürsten zuflossen. Adliger Großgrundbesitz existierte vor dem Ende des 11. Jh.s nicht (*Třeštík*, 1979, S. 131 ff. Siehe dagegen die regionale Differenzierung unten S. 320 ff.).

[2] *V. Vaněček*, 1937; 1942. Eine Differenzierung der einzelnen Grundherrschaftsteile versucht nun auch *R. Nový*, 1972, S. 88 ff.

[3] Siehe oben S. 53 ff.

[4] Eine Ausnahme bildet die erste Schenkungsurkunde eines Adligen überhaupt, wahrscheinlich eines Angehörigen der gens der Vršovice, für Vyšehrad, CDB I, Nr. 100, S. 105 f.

[5] CDB II, Nr. 359, S. 379.

Zisterzienser in Sedlec bei Kutná Hora (Kuttenberg), die Zisterzienser in Mašťov, später Osek in Nordwestböhmen und die Brüder vom heiligen Grabe in Zderaz bei Prag.

Es gab somit kein Prämonstratenserstift, geschweige denn ein Zisterzienserkloster, das ohne Besitz nichtpřemyslidischen Ursprungs war. Das einzige Zisterzienserkloster, daß bis 1230 von Přemysliden gegründet wurde, Plasy bei Maňetín in Westböhmen, besaß etwas mehr ehemals nichtpřemyslidische Güter als ehemals přemyslidische. Beliebt waren beim Adel offenbar auch die Ritterorden (Johanniter 38,4 %; Gründung und Ausstattung von Zderaz).

Přemyslidische und nichtpřemyslidische Grundherrschaft schließen sich regional weitgehend aus (Karte 7).

In Mittelböhmen sind insgesamt nur einige nichtfürstliche Besitzstücke erwähnt — sie liegen alle außerhalb der přemyslidischen Kerngebiete. Der nordmittelböhmische Komplex um Slaný, der Komplex um Prag und um Zbraslav sind ausschließlich přemyslidischer Besitz. Die einzige Häufung nichtfürstlicher Güter in Mittelböhmen läßt sich im Norden um Roztoky feststellen — einige Besitzungen liegen, verstreut zwischen přemyslidischen, am Elblauf. In Ostböhmen finden sich im Gegensatz dazu im Elbtal zusammenhängende Komplexe nichtpřemyslidischen Besitzes. Eine Siedlungseinheit bilden auch 13 Ortschaften zwischen Hradec Králové und Hořice in Nordostböhmen und ein kleiner Komplex an der Iser bei Mnichovo Hradiště — das Bunzlauer Gebiet und alle Elbnebenflüsse sind bis 1230 fast ohne nichtfürstliche Schenkungen, obwohl auch přemyslidischer Besitz nur schwach belegt ist.

Besonders viele nichtpřemyslidische Siedlungsplätze aber sind im mittleren Nordböhmen, in Nordwestböhmen und in Westböhmen belegt. Im mittleren Nordböhmen wird lediglich der große přemyslidische Komplex um Leitmeritz ausgespart. Nördlich um Ústí, nördlich und südlich von Bílina, südwestlich des Leitmeritzer Komplexes, finden wir ausschließlich nichtpřemyslidischen Grundbesitz. Die einzelnen Ortschaften liegen dicht beieinander. Bis auf Leitmeritz ist ganz Nord- und Nordwestböhmen somit nicht in přemyslidischer Hand. In Westböhmen hält sich přemyslidischer und nichtpřemyslidischer Grundbesitz die Waage.

Eine besonders interessante Ergänzung zu den Schenkungen des Landbesitzes bilden die Herkunftsnamen von Personen (Karte 7, Merkmal „übrige“). Diese sind uns seit etwa 1180 in den Zeugenlisten regelmäßig überliefert. Sie stellen noch keine festgelegten und somit wertlosen Familiennamen dar, sondern bezeichnen den Ort, wo die betreffende Person ihren Hof und Hauptsitz hatte. Dies konnte der Mittelpunkt einer umfangreichen Grundherrschaft sein, aber auch der einzige, kleine Hof. So nennt sich z. B. der Besitzer der ausgedehnten Grundherrschaft um Brüx Koyata de Gnevin Most (Most, Brüx); in einer Urkunde für Kladruby in Westböhmen (1197) werden unter der Ankündigung „nobilium virorum dantium testimonium nomina sunt hec" drei Personen aus Ortschaften um Stříbro und Tachov aufgezählt; in zwei anderen Urkunden geht es aber offenbar um kleinere Leute: in der außerordentlich umfangreichen Zeugenliste einer Urkunde für das Zisterzienserkloster Plasy, 1180—82, die über den Verkauf zweier villae und eines circuitus handelt, zeugt die ganze Nachbarschaft. Als beamtete Personen werden der iudex, der custos sivae und zwei Priester genannt — dann folgen aus Bříza bei Pilsen 7 Personen, darunter einer mit zwei Söhnen; aus Třemošná bei Pilsen 13 Personen; aus Čečín bei Kralovice 4 Personen usw. In einer Urkunde von 1186, die sich auf südböhmische Besitzungen bezieht, heißt es lediglich „vicinatus etiam affuit, scilicet" ... und 5 Siedlungsplätze bei Trhové Sviny werden aufgeführt[6]. Diese Namen geben somit eine unabhängige Ergänzung zu dem Gut, das geistlichen Instituten gestiftet wurde und zeigen in einzelnen Fällen auch die Personen, die nicht dazu in der Lage waren, Land zu stiften, aber als freie Personen Recht bezeugen konnten.

Aus Mittelböhmen stammen — bis auf einige Ausnahmen am Rande — keine Herkunftsnamen. Die meisten Personen mit Herkunftsnamen kommen aber auch nicht aus den Gebieten mit großer, adliger Grundherrschaft. Im mittleren Ostböhmen, den Gebieten von Jizera und Cidlina, liegen die Siedlungsplätze zwischen přemyslidischem Streubesitz: östlich von Mělník bis zur Iser und von Mladá Boleslav bis Podbořany. Dieser Raum wird von den Schenkungen kaum betroffen, es handelt sich also um eine echte Ergänzung. Im weiteren Elbtal und in Nord- und Nordwestböhmen finden sich kaum Herkunftsnamen; einige liegen allerdings innerhalb der adligen Grundherrschaft bei Bílina und mit přemyslidischem Besitz verstreut zwischen der Eger und dem nordmittelböhmischen Siedlungsgebiet um Slaný.

Ganz besonders typisch aber sind sie für das südliche Westböhmen. Mit fürstlichem und nichtfürstlichem Besitz abwechselnd liegen sie weit verstreut im Klattauer Gebiet südlich der Mže, also in einem Bereich,

[6] Koyatas Besitzungen liegen hauptsächlich um Most (Brüx), CDB II, Nr. 360, S. 385; CDB I, Nr. 363, S. 330 f.; die freie Bevölkerung aus einer Gruppe von benachbarten Siedlungsplätzen begegnet als Rechtsinstitution auch in den Statuta Conradi-Ottonis, ed. *V. Vaněček*, 1957, Čl. 7. Zum „vicinatus" *F. Graus*, 1953, S. 145 f., der das Phänomen als „přímy zbytek rodové společnosti" verstehen will. Es handelt sich aber doch eher um Nachbarn in einem schwach besiedelten Gebiet mit kleinen Siedlungsplätzen oder Einzelhöfen und nicht um ursprüngliche Verwandte. Die Nachbarn bildeten somit die Vorläufer des Dorfverbandes und waren die einzig zuständigen Zeugen bei der Neuabsteckung von Land in ihrer Umgebung. Ähnlich auch *W. H. Fritze*, 1977, S. 504 f.

aus dem sonst nur kleine Schenkungen für Kladruby bekannt sind[7]. Im nördlichen Westböhmen kommen die Personen mit Herkunftsnamen wieder kaum vor.

Ein besonderes Phänomen bilden die 11 Siedlungen, aus denen die Zeugen für die schon erwähnte Urkunde von 1180—82 für Plasy stammen. Sie liegen in den Flußtälern von Třemošná, Berounka, Bělá und Střela und umgreifen den Plasy 1175 von Soběslav II. übereigneten circuitus von Obora und Babina kreisförmig[8]. 1180 zeugen die Personen aus diesen Siedlungen doch wohl als die persönlich freie Nachbarschaft des circuitus; 1183 aber wird eine dieser Ortschaften, Kopidlo, als „villa mea" von Herzog Friedrich an Plasy „perpetuo iure possidendam" geschenkt[9]. Diese freien Zeugen werden somit von den Přemysliden an eine geistliche Grundherrschaft geschenkt. Vielleicht kann man in ihnen rustici oder heredes sehen oder die sonst in den zeitgenössischen Quellen nur einmal genannten kmetones[10]. Eine ähnliche Stellung dürften die dem südböhmischen vicinatus bei Trhové Sviny angehörenden Personen gehabt haben.

Während der Südteil Südböhmens sonst durch Herkunftsnamen wie durch andere Belege wenig dokumentiert ist, findet sich eine besondere Häufung von Herkunftsnamen wieder östlich der Moldau in der Gegend von Sedlčany, vereinzelt im Süden bis nach Bechyně. In diesem Gebiet liegt lediglich vereinzelter, přemyslidischer Streubesitz. Wieder wird die örtliche freie Bevölkerung durch einen Umritt deutlich: Přemysl Otakar I. ließ 1219 seine villa Bojenice für die Prämonstratenser in Milevsko umreiten. Es reiten der subcamerarius und der villicus (dispensator) des Fürsten, und mit ihnen der Kanoniker Martin und 25 Personen. 12mal ist aus jeweils einem Ort auch nur eine Person angegeben; aus Předbořice stammen 2 Brüder. Erstaunlich ist auch, daß die umreitenden Personen aus dem weiten Raum zwischen Sedlčany, Bechyně und Tábor stammen, also aus einem Gebiet von etwa 30 km Durchmesser, während die Zeugen für den circuitus für Plasy zu vielen in einer

[7] CDB I, Nr. 390, S. 393 ff. Für eine ältere Besiedlung einiger Teile des südlichen Westböhmens sprechen auch die archäologischen Funde an der oberen Mže, siehe oben, S. 74 ff. Zu den Funden *J. Kudrnáč*, 1951; *R. Turek*, 1962. Kritisch zum Problem der frühen Besiedlung Westböhmens in einer Rezension der Arbeit von *Z. Kalista*, 1970, über die Besiedlung des Pilsener Gebietes *J. Sláma*, 1971. Das Alter dieser durch Herkunftsnamen und frühe Schenkungen der freien Bevölkerung belegten Siedlungsplätze läßt sich selbstverständlich nicht ermitteln. Es mag sich um eine lockere Kolonisation des ausgehenden 10. und 11. Jh. handeln, die deshalb auch nicht mehr zu einer Stammesbildung geführt hat.

[8] CDB I, Nr. 278, S. 243; CDB I, Nr. 296, S. 266 f.

[9] CDB I, Nr. 301, S. 271.

[10] Siehe oben, S. 248 ff. und unten S. 300 ff. „Kmetones de circumsedentibus villis" nennen die Statuta Conradi-Ottonis, ed. *V. Vaněček*, 1957, Čl. 2. Zu den kmetones *F. Graus*, 1953, S. 243 ff.

Siedlung lebten und die Ortschaften eng beieinander lagen[11]. Man könnte somit vielleicht auf eine unterschiedliche Siedlungsstruktur der Gebiete schließen.

Leider bleiben die Räume, wo durch den circuitus eine relativ vollständige Aufzählung der freien Bevölkerung gegeben wird, selten und beschränken sich auf die Kolonisationsgebiete. Die Herkunftsnamen in den regulären Zeugenlisten stellen schon wieder die Auswahl einer Oberschicht dar.

Wünschenswert wäre es, ein Bild über die Größe des Besitzes einzelner Personen zu bekommen. Leider ist es für uns aber unmöglich, den Wert der Schenkungen abzumessen. Unklar bleibt die Größe der einzelnen Teile, unklar der Wert von Wirtschaftsobjekten, Rechten und Einnahmen. So bleibt lediglich die Summierung der jeweiligen Schenkungsobjekte ungeachtet ihres Wertes, um wenigstens einen Eindruck von der möglichen Spanne des Besitzes zu haben. Von den auswertbaren Schenkungen werden in 262 Fällen 1—2 Objekte veräußert, in 34 Fällen 3—4 Objekte, in 12 Fällen 5—8 Objekte und in 9 Fällen 9—16 Objekte; in jeweils einem Fall liegen 18, 27, 35 und 43 Objekte vor. 92 % der Schenkungen beinhalten somit nicht mehr als 4 Objekte unterschiedlichen Wertes — lediglich 8 % geben uns über etwas größere Grundherrschaften Auskunft. Bei den kleinen Schenkungen wird man jedoch mit der Möglichkeit eines größeren, im Besitz der Personen verbleibenden Anwesens rechnen müssen.

Bis 1130 beziehen sich von 31 bestimmbaren Erwähnungen 25 auf Mittelwestböhmen und Südwestböhmen; 20 davon betreffen nur 1—2 Objekte, 5 betreffen 3—5 Objekte. 5 Objekte schenkt auch Nemoy aus dem nördlichen Mittelböhmen[12]. Größere Schenkungen gibt es nicht.

Zwischen 1130 und 1180 liegt der Schwerpunkt in Mittelostböhmen; 4 Besitzkomplexe bestehen schon aus über 9 Objekten.

Am aussagekräftigsten aber ist die Epoche zwischen 1181 und 1230. In Südwestböhmen werden mit 18 Besitzerwähnungen die meisten Schenkungen gemacht — sie bestehen jedoch fast alle aus 1—2, maximal aus 4 Objekten. Ebenfalls klein sind die Besitzkomplexe aus dem zentralen Mittelböhmen (6) und Mittelostböhmen (5). In Mittelwestböhmen stehen zwei kleinen Besitzkomplexen 4 Schenkungen von 3—4 und eine von über 9 Objekten gegenüber; im mittleren Nordböhmen liegen 8 kleine Besitzkomplexe; 3 haben 5—8 Objekte, Groznata's Grundherrschaft über 16 Objekte. In Nordwestböhmen stehen ähnlich 12 kleineren Komplexen mit 1—2 Objekten 3 mit über 5, ja über 16 Objekten gegenüber.

---

[11] CDB II, Nr. 188, S. 174.

[12] CDB I, Nr. 100, S. 105.

In Südwestböhmen, dem mittleren Südböhmen, dem mittleren Ostböhmen und Mittelböhmen sind damit eher kleinere Besitzkomplexe typisch.

Die Kartierung der großen Grundherrschaften im Verhältnis zu den kleineren Schenkungen (Karte 8) macht die Komplexbildung in einigen Gebieten noch deutlicher[13].

Slávek (Zlauko), summus camerarius regis und comes Belinensis, verlegt 1203 (Fälschung Mitte 13. Jh.) das Zisterzienserkloster Mašťov nach Osek und stattet es aus; 1207 gibt eine Fälschung der zweiten Hälfte des 13. Jh. an, wo weitere Schenkungen des Slávek und seines Sohnes Bohuslav sowie des verstorbenen Grabisse und seines Sohnes Koyata liegen[14]. Slávek hatte Grabisse in Osek bestattet und mit Einverständnis des Sohnes Koyata das Kloster auch mit dem Besitz des Grabisse ausgestattet.

Insgesamt handelt es sich um 21 Ortschaften; die Siedlungskonzentration von 7 Plätzen nördlich von Bílina, die das Zentrum von Slávek's Grundbesitz darstellt, ist auch schon als Grabfundkonzentration ausgewiesen. Die anderen Orte verteilen sich in ganz Nordwestböhmen. Grabisse, der Bruder Slávek's, schenkte selbst zwei kleinere Besitzungen (quidquid possedebat) an Doxany und aus einer Ortschaft südlich von Bílina „decima vini et frumenti" an das von seinem Bruder gegründete Osek[15].

Der Neffe Slávek's, Koyata von Gnevin Most, behält dennoch beträchtliche Ländereien (41 Besitzstücke). In Nordwestböhmen um Most liegen seine Besitzungen mit denen Slávek's zusammen. Darüber hinaus lassen sich jedoch drei weitere Schwerpunkte ermitteln: Im nördlichen Westböhmen in der Gegend um Bezdružice ein Komplex und östlich davon 5 Siedlungsplätze, weit voneinander entfernt, bei Manětín. Diese Siedlungen liegen alle im Kolonisationsgebiet neben přemyslidischem Besitz; im östlichen Mittelböhmen 4 weitere Siedlungsplätze bei Český Brod an der Elbe relativ dicht beieinander, allerdings außerhalb der alten Siedlungskammern; im mittleren Ostböhmen 7 Ortschaften in der Gegend von Pardubice; sie decken sich wenigstens z. T. mit der Grabfundkammer von Chrudim[16].

[13] Da zur regionalen Verteilung des weltlichen, nichtfürstlichen Besitzes in der Arbeit von *F. Kloss* ausführlich Stellung genommen wird, muß hier nur auf die allgemeinen Tendenzen im Verhältnis zur Verbreitung der Grabfundgebiete und des přemyslidischen Besitzes eingegangen werden (*F. Kloss*, 1932—34, S. 187 ff.).

[14] CDB II, Nr. 357, S. 375 ff.; CDB II, Nr. 360, S. 384 ff. — Ein gerade erworbenes, völlig abgelegenes Dienstgut in der Gegend von Sedlčany im mittleren Südböhmen tauscht Slávek 1207 mit dem Abt Gerlach von Mühlhausen (CDB II, Nr. 75, S. 67).

[15] CDB II, Nr. 286, S. 285; CDB II, Nr. 360, S. 385.

[16] CDB II, Nr. 303, S. 301 ff.

Mit einem Teil des Besitzes stattet Koyata das Haus der Brüder vom heiligen Grabe aus und stiftet den Klöstern Opatovice, Strahov und Sedlec; den anderen Teil vermacht er seinen Verwandten und anderen nicht näher bezeichneten Personen. Seine Grundherrschaft ist damit vollständig bekannt.

Koyata ist die einzige Person, von der wir wissen, daß sie in so verschiedenen Landesteilen so reich begütert war. Wie dieser Besitz zusammengekommen ist und ob Most tatsächlich den alten Kern der Grundherrschaft bildete, ist nicht ersichtlich — wir erfahren lediglich die Ortsnamen.

Die Familie des Koyata, mit der Slávek-Familie zusammen auch Hrabise genannt, läßt sich bis zum Jahre 1061 zurückverfolgen, wo ein Koyata filius Wseboris „qui tunc temporis primus erat in palatio ducis" die Präfektur von Bílina zugesprochen bekam, die Mztiš verloren hatte. 1068 nimmt Koyata als „palatinus comes" entscheidenden Einfluß auf die Bischofswahl. Er droht seinem Gönner Vratislav: „certe non inpune tu et tuus episcopus feret, si Koyata filius Wsebor vivet"[17]. Ein Mann, der solch eine Rede führen kann, muß außerordentlich mächtig gewesen sein — und gewiß nicht unbegütert. Ob sein Besitz nun ursprünglich in Nordwestböhmen lag oder bei Pardubice, ist dabei sicher zweitrangig.

Während die ganze Bílina-Kammer Slávek und Koyata gehörte — anderer Besitz ist kaum belegt bis auf das als civitas přemyslidische Bílina selbst — so finden wir in Leitmeritz fast ausschließlich Přemyslidenbesitz. Eine größere adlige Grundherrschaft dehnt sich nördlich von Leitmeritz aus: der Besitz des Groznata. 4 Siedlungsplätze liegen im alten Siedlungsgebiet nördlich von Leitmeritz, daß eigentliche Zentrum mit etwa 20 z. T. an milites ausgegebenen Siedlungsplätzen auf Kolonisationsgebiet zwischen der Leitmeritzer Siedlungskammer und Ústí.

Groznata hat auch in Westböhmen Besitzungen, wo er das Stift Tepl gründet und ausstattet. Diese westböhmischen Güter liegen weit verstreut in der Gegend von Touškov. 5 weitere Ortschaften finden sich vereinzelt in Ost- und Mittelböhmen.

Die nördlichsten Plätze des Groznata-Besitzes sind eigentlich Güter seines Bruders Mesco, die somit direkt neben den seinen lagen[18].

---

[17] Cosmas II, 19, ed. *B. Bretholz,* 1923, S. 111; Cosmas II, 23; 24, ed. *B. Bretholz,* 1923, S. 115 ff. Die Familie, die *Palacký* als eines der Stammgeschlechter des späteren Herrenstandes herausgestellt hat, nannte sich später „von Riesenburg". *J. Lippert,* 1896, S. 257; *F. Kloss,* 1932—34, S. 188.

[18] CDB I, Nr. 310, S. 282; CDB I, Nr. 357, S. 323. Daß Groznata zu Lebzeiten einer der Größten in Böhmen war, ergibt die Intitulatio seiner Urkunde. Weitere Stellen zu Groznata S. 486 ff. (Index CDB I). Groznata war camerarius wie Slávek und Grabisse und nannte sich auch „de Peruz" und „Crispus"

Ragen in Nordwestböhmen diese beiden Komplexe heraus, so scheint am Südrand von Nordwestböhmen zwischen Louny und Slaný eine lockere Siedlung mit Streubesitz vorgeherrscht zu haben. Wir finden přemyslidischen Besitz, Streubesitz von Groznata und Slávek, kleinere Grundherrschaften und möglicherweise auch Einzelhöfe, da aus diesem Gebiet eine Reihe von Schenkungen einzelner villae und villae-Teile und auch einige Herkunftsnamen bekannt sind.

Izbud schenkte 1115 (Fälschung des 13. Jh.) 3 Ortschaften an Kladruby in Westböhmen; eine der Siedlungen liegt in Südwestböhmen, beide anderen bei Roudnice noch innerhalb des Leitmeritzer Grabfundgebietes[19]. Interessanter sind die Besitzungen beider Nemoy. Der erste, wahrscheinlich ein Angehöriger der gens der Vršovice, von der noch zu sprechen sein wird, vermacht zwischen 1100 und 1107 dem Stift Vyšehrad 5 villae. Es ist die erste, größere Stiftung eines Nichtpřemysliden überhaupt. Die 5 Siedlungsplätze liegen weit verstreut: im nördlichen Mittelböhmen Tursko, eine villa bei Roudnice, eine südlich von Bílina und eine im nördlichen Teil der Leitmeritzer Region[20]. 1226 vergeben ein comes Nemoy und seine Verwandten 4 eng nebeneinander liegende Ortschaften bzw. deren Teile in der Gegend von Roudnice[21]. Vražkov südlich von Roudnice war 1100—1107 von Nemoy schon an Vyšehrad geschenkt worden; jetzt vermachen comes Nemoy und seine Frau „pars ville“ an Doxany. Ein familiärer Zusammenhang zwischen den Personen liegt auf der Hand und widerspricht der Nachricht über die Ausrottung der Vršovice[22]. Die Schenkungen an Doxany entsprechen genau einem kleinen, durch Grabfunde belegten Siedlungskomplex. Typisch scheint hier ein nahes Zusammenwohnen vieler Verwandter gewesen zu sein: Die vier Besitzstücke verteilen sich auf Nemoy, seine Söhne Matheus und Velizlaus, seinen Bruder Jheroneus und dessen Sohn Vlaztizlaus. Die Personen haben eindeutig individuellen Besitz.

Außerordentlich eng beieinander liegen die 18 Besitzungen, die Milhost, Sohn des Milhost, seiner Zisterziensergründung in Mašťov überläßt. Die 14 Ortschaften südlich von Kadaň gehören zu einem forum Pátek, das nicht etwa in ihrer Mitte liegt, sondern etwa 40 km weiter

---

(CDB I, Nr. 305, S. 276). Peruc liegt bei Louny innerhalb des alten Siedlungsgebietes an der Eger. Ob Groznata ursprünglich aus diesem Gebiet stammt, bleibt jedoch unklar. Zu Groznata und seiner Familie *J. Lippert,* 1896, S. 262; zum Besitz *F. Kloss,* 1932—34, S. 195.

[19] CDB I, Nr. 390, S. 401.

[20] CDB I, Nr. 100, S. 105 f. Zur Grundherrschaft des Nemoy *R. Nový,* 1972, S. 107, der die relativ geringe Größe und die Zersplitterung des Grundbesitzes hervorhebt (S. 109); *W. H. Fritze,* 1977, S. 500.

[21] CDB II, S. 286, S. 285.

[22] Cosmas III, 23, ed. *B. Bretholz,* 1923, S. 192. Beide Nemoy bringt auch *F. Kloss,* 1932—34, S. 204, zusammen.

östlich. Möglicherweise erstreckt sich Milhost' Grundherrschaft ursprünglich hier im alten Siedlungsgebiet von Louny. Der Komplex bei Kadaň ist jedenfalls Kolonisationsgebiet; 3 weitere Besitzungen liegen verstreut in Westböhmen[23].

Während im nördlichen Westböhmen um Bezdružice Koyata, Slávek und Verwandte und die Přemysliden belegt sind, finden sich im östlichen Siedlungsgebiet um Manětín mehrere etwas größere Grundbesitzer, kleine und kleinste Grundbesitzer (rustici?) und Přemysliden.

Einen größeren Komplex von 9 Siedlungsplätzen verschenkt die Familie des Gumpold an Plasy. Beteiligt sind Gumpold, sein Sohn Cuno mit Frau Agnes und sein Sohn Dietleb — die Ortschaften befinden sich alle dicht bei Manětín. Ob ein „baro noster" Romanus, der 1230 ebenfalls an Plasy 3 direkt benachbarte Ortschaften gibt, zu dieser Familie gehört, wird nicht klar, ist aber doch anzunehmen[24].

Südlich der Mže finden wir nur noch Einzelbesitz belegt; neben Koyata und Miroslav fällt lediglich Branis mit 3 recht weit voneinander entfernt liegenden Ortschaften auf — 2 davon sind als terrae ad aratrum, eines als Umritt mit „piscina" genannt[25]. Auch die Přemysliden hatten hier nur Streubesitz.

Im zentralen Mittelböhmen, dem Zentrum der přemyslidischen Grundherrschaft, ist nur wenig Besitz anderer Grundherren belegt — größere, zusammenhängende Komplexe finden sich überhaupt nicht. Dennoch unterscheiden sich die einzelnen Gebiete Mittelböhmens. Im Nordwesten um Slaný ist přemyslidische Grundherrschaft belegt, südöstlich davon auf der Höhe von Roztoky westlich und östlich der Moldau nichtpřemyslidischer Streubesitz im Wechsel zu přemyslidischem Besitz. Zu diesen kleinen, nichtpřemyslidischen Gütern gehört auch die Grundherrschaft des Zbyhněv, der 1125—1140 auf seinem Boden in Unětice bei Roztoky eine Kirche gründete und ausstattete. Zbyhněv hat Besitz in Levý Hradec, in Unětice und in Mladá Boleslav (Jungbunzlau) und verfügt über eine familia. Die Urkunde ist ein Testament, Zbyhněvs Gut somit vollständig aufgeschlüsselt[26]. Nemoy 1107 und Swoysye 1205 hatten dicht beieinander Besitz bei Tursko[27]. Daneben sind 9 einzelne Besitzobjekte belegt. Das Gebiet entspricht der archäo-

[23] CDB II, Nr. 355, S. 320. Die Gründung war nicht erfolgreich, das Kloster wurde nach Osek verlegt und von Slávek ausgestattet.

[24] CDB I, Nr. 344, S. 311; CDB I, Nr. 342, S. 309; CDB II, Nr. 342, S. 351. Zur Familie Cuno's *F. Kloss*, 1932—34, S. 205.

[25] CDB I, Nr. 390, S. 400.

[26] CDB I, Nr. 124, S. 129 f. — Zur Grundherrschaft des Zbyhněv *R. Nový*, 1972, S. 107.

[27] CDB I, Nr. 100, S. 104 f.; CDB II, Nr. 359, S. 382.

logisch nachgewiesenen nordmittelböhmischen Region um Budeč und Levý Hradec.

In Prag selbst liegt nichtpřemyslidischer Grundbesitz nur am Rande — der des Groznata in Bubenec und der des miles Asinus in Pankrác. Asinus schenkt außer einer Kirche lediglich ein predium bei Český Brod[28].

Während westlich von Prag an der Berounka sowie nordöstlich und südöstlich von Prag wieder přemyslidischer und nichtpřemyslidischer Streubesitz vorzuherrschen scheint, ist das Gebiet südlich von Prag bei Zbraslav (Königssaal) nur durch přemyslidische Grundherrschaft belegt, das Gebiet östlich von Prag bei Brandýs durch 4 Ortschaften des Koyata. Eine kleinere Grundherrschaft ist südlich von Kouřim mit 3 hereditates des miles Pribislav bekannt[29]. Sie gehören zum schlecht dokumentierten Grabfundgebiet an der oberen Sázava.

Nördlich des Elbtals an Cidlina, Mrlina und Jizera findet sich sehr lockerer, přemyslidischer Streubesitz neben — vielfach nur durch Herkunftsnamen belegtem — nichtpřemyslidischem Kleinbesitz. Eine Grundherrschaft läßt sich hier nicht nachweisen. Die erwähnten Orte haben z. T. auch Gräber geliefert.

Im nördlichen Ostböhmen läßt sich dagegen die Grundherrschaft des Bavor mit 5 Siedlungsplätzen nördlich von Mnichovo Hradiště nachweisen[30]. Grabfunde wurden hier nicht geborgen. Weiter südöstlich bis Hradec Králové erstreckt sich dann der große Besitz des Bischofs Johannes. Die 14 Ortschaften liegen weit auseinander am Rand des Siedlungsgebietes in den Tälern kleiner Flüsse von Königgrätz bis Hořice[31]. Přemyslidischer Besitz findet sich hier nicht; archäologisch ist das Gebiet trotz seiner Randlage schwach belegt und gehört z. T. zur Kammer von Hradec Králové, z. T. zu verstreuten Fundplätzen zwischen den Hauptfundgebieten. Jedenfalls handelt es sich trotz seiner Außenlage nicht durchwegs um neues Siedlungsland.

Zwischen Kolín, Pardubice und Hradec Králové finden sich přemyslidischer Streubesitz, kleiner, nichtpřemyslidischer Besitz und zwei größere, allerdings lockere Güterkomplexe: der des Miroslav und der des Koyata bzw. Grabisse.

---

[28] CDB I, Nr. 358, S. 326 — „villa cum omnibus attinentibus". CDB I, Nr. 154, S. 155 — „ecclesia" an Ostrov.

[29] CDB II, Nr. 316, S. 312 (1228).

[30] CDB II, Nr. 270, S. 263.

[31] Schenkung an Strahov 1143—48, CDB I, Nr. 156, S. 160. Zur Grundherrschaft des Johannes nimmt eingehend *R. Nový,* 1972, S. 108, Stellung. *F. Kloss,* 1932—34, S. 209.

„Quidam de primatibus Boemie, Mirozlaus“, gründete 1142—1148 das Zisterzienserkloster Sedlec bei Kutná Hora und stattete es aus[32]. Leider wissen wir nicht, wo sich die hereditates des Mirozlaus und seines Neffen Dersizlaus befanden, die beide erst nach ihrem Tode dem Kloster vermachten; der in der Urkunde an Sedlec angegebene Besitz ist jedenfalls weit verstreut und liegt z. T. zwischen přemyslidischen Ortschaften. Das Zentrum der Schenkungen läßt sich jedenfalls im östlichen Teil des Grabfundgebietes von Kolín feststellen.

Im mittleren Südböhmen ist bis 1230 keine einzige Grundherrschaft belegt. An der unteren Sázava kennen wir einige přemyslidische Ortschaften und auffallend viel durch Schenkungen, vor allem aber durch Herkunftsnamen belegten Streubesitz anderer, weltlicher Personen. Ähnlich sieht es an der Moldau zwischen Sedlčany und Milevsko aus. Aus dem Sázavagebiet sind auch einige Grabfunde bekannt.

Südlich und südwestlich von Příbram dagegen findet sich lockerer Přemyslidenbesitz, der sich teilweise mit den Grabfunden der Příbramkammer deckt — nichtpřemyslidische Ortschaften sind hier nicht nachgewiesen.

In dem dichtbesiedelten „circuitus in provincia Prachensi“ um Strakonice, eine přemyslidische Schenkung an Břevnov, kennen wir einige, späte Körpergräberfelder und Hügelgräber um Strakonice.

Über die regionale Besitzverteilung hinaus können wir wie bei den Přemysliden, so auch beim nichtpřemyslidischen weltlichen Grundbesitz über die Terminologie der Quellen Strukturmerkmale feststellen[33].

Von 351 Siedlungsplätzen sind 131, also 37,3 %, villae (Přemysliden 46,4 %). Die villa, der Siedlungsverband verschiedener Organisation, ist somit auch beim nichtpřemyslidischen Grundbesitz die häufigste Landbesitzeinheit. Bei nichtpřemyslidischen Schenkungen wird außerdem sehr häufig nur der Ortsname genannt (beim Grundbesitz von 47 Personen). Viele dieser Ortschaften werden ebenfalls villae gewesen sein, so daß der Prozentsatz in Wirklichkeit für den nichtpřemyslidischen Grundbesitz höher lag als für den přemyslidischen. Koyata z. B. gibt bei seinen umfangreichen Schenkungen nur Ortsnamen an[34].

Auch beim nichtfürstlichen Grundbesitz findet man Flurteile genannt, und zwar wie dort meist in den Pertinenzformeln. Pratum, die Wiese,

---

[32] CDB I, Nr. 155, S. 156 f. — Hierzu auch *B. Sasse,* 1980, S. 114.

[33] Da sich die Merkmale im wesentlichen mit denen des přemyslidischen Besitzes decken und sich nur in ihrer Gewichtung unterscheiden, wird bei den einzelnen Begriffen auf die Darstellung der přemyslidischen Grundherrschaft Bezug genommen, wo Bedeutung des Begriffs, zeitliche und regionale Verteilung und weitere Literatur besprochen werden, siehe oben, S. 238 ff.

[34] CDB II, Nr. 302, S. 300 f.; CDB II, Nr. 303, S. 301 ff.

ist zu 2,3 % belegt (Přemysliden 3 %), pascuum, die Weide, zu 1,1 % (Přemysliden 0,1 %), campus und aqua zu 0,3 % (Přemysliden 0,9 %), silva zu 6,6 % (Přemysliden 5,6 %), fluvius zu 1,1 % (Přemysliden 4,1 %).

Während der Verteilung von Wiese, Weide und Feld wohl bei den geringen Zahlen keine Bedeutung beizumessen ist, — die Nennungen sind allgemein selten und eher zufällig — fällt doch der geringe Anteil an Flußnutzungsrechten und der hohe Anteil an Waldschenkungen auf. Nur etwa die Hälfte der silva-Nennungen erfolgt in der Pertinenzformel.

Kamen die bisher besprochenen Begriffe sowohl bei Přemysliden als auch bei anderen, weltlichen Grundbesitzern zu etwa gleichen Teilen vor, so sind partes villae (oder dimidia villa), predium, patrimonium und hereditas deutlich oder ausschließlich in nichtpřemyslidischem Besitz belegt[35].

Terra und terra ad aratrum kommen in přemyslidischem und nichtfürstlichem Zusammenhang vor. Der Anteil liegt im nichtfürstlichen Grundbesitz mit 5,1 % und 11,1 % lediglich um einige Zehntel niedriger. Es handelt sich hierbei allerdings weniger um Teile der großen Grundherrschaften als um kleinen Streubesitz. Nie werden jedoch Dienstleute oder rustici mit der terra ad aratrum verschenkt — die einzige Ausnahme bilden zwei animatores des Zbyhněv. Man muß deshalb annehmen, daß dieser Begriff in der nichtfürstlichen Grundherrschaft lediglich das bebaute Feld bezeichnete. Von Groznata wissen wir, daß er aratra an milites ausgegeben hatte[36]. Möglicherweise wurde die terra ad aratrum auch in anderen nichtfürstlichen Grundherrschaften so genutzt.

Auch der ager ist bei Přemysliden und Nichtpřemysliden etwa gleichmäßig belegt (1,1 % zu 1 %).

Der nichtfürstliche Grundbesitz kennt ebenfalls stark spezialisierte Wirtschaftsbetriebe. Während die Gärten mit 1,7 % etwas häufiger sind als bei den fürstlichen Schenkungen, sind Weinberge, Mühlen und Fischereibetriebe seltener (0,9 % zu 1,4 %, 0,6 % zu 1,4 %, 0,6 % zu 1,2 %). Dies zeigt eine gewisse, wenn auch nur leichte wirtschaftliche Rückständigkeit im Gegensatz zur přemyslidischen Wirtschaft.

Auch curiae als die Verwaltungsmittelpunkte von Grundherrschaften sind beim weltlichen, nichtfürstlichen Grundbesitz noch selten. Die meisten doch noch recht kleinen Grundherrschaften wurden vom pre-

---

35 Pars villae, 6,8 % (Přemysliden 1,6 %), predium 5,7 % (Přemysliden 2,1 %), patrimonium und hereditas zusammen 3,7 % — sie fehlen bei den Přemysliden.

36 CDB I, Nr. 357, S. 324.

dium oder patrimonium, von der hereditas aus verwaltet. Wir kennen allerdings auch die curia im Suburbium, wie sie beispielsweise durch Cosmas in Bílina belegt ist[37]. Comes Mztiš baut in Bílina bei seiner curia eine Kirche. Eigenkirchen sind auf nichtpřemyslidischem Grundbesitz relativ häufig erwähnt (2,3 % der Schenkungen).

Ein eindrucksvolles Bild der Fluraufteilung eines kleinen, nichtfürstlichen Grundbesitzes mit Kirche vermittelt die Gründungsurkunde für Unětice (Aunjetitz). Der Besitz des Zbyhněv, vollständig aufgeführt, liegt im nördlichen Mittelböhmen in dem für nichtfürstlichen Kleinbesitz typischen Gebiet von Roztoky. Zbyhněv gründet seine Kirche in seinem patrimonium, „hoc est in villa Vnetych" und übereignet ihr seine und seiner Eltern „substantia", die aus folgenden Teilen besteht: in Unětice zwei Gärten; außerhalb von Unětice 4 Waldstücke mit dazugehörigen campi; 18 eigene agri und 9 agri, die Zbyhněv von seinem Bruder gekauft hat; alle ebenfalls gekauften prata und einen campus; eine Wassermühle; eine terra ad aratrum, einen ager und einen Garten in Levý Hradec; zwei halbe campi, die Zbyhněvs Bruder bebaut[38].

Es zeigt sich somit, daß die Besitzungen zwar nahe beieinander liegen, aber doch in viele kleine, einzelne Flurstücke aufgesplittert sind. Das Zentrum ist das patrimonium.

Möglicherweise waren, wie oben schon ausgeführt wurde, Zbyhněvs campi neue, aus dem Wald gerodete Felder. Eine große Kolonisationsleistung aber hat Zbyhněv auf seinem alten Siedlungsland nicht vollbracht. Nicht selten begegnet jedoch auch im nichtpřemyslidischen Zusammenhang der circuitus, das meist eben erst abgesteckte Land (3,4 % zu 4,2 % bei den Přemysliden). Der Adel nahm somit nicht wesentlich seltener an der Kolonisation Anteil als die Přemysliden.

In der Diskussion um die Entstehung des adligen Grundbesitzes steht die Frage nach der jeweiligen Herkunft der Güter im Mittelpunkt: Eigengut, ererbt oder durch Kolonisation, Tausch und Kauf erworben, Dienstgut oder Lehen. Die Frage, ob man im Böhmen des 11. und 12. Jh. von einem Lehnssystem sprechen kann, ist in der Forschung umstritten und soll an dieser Stelle auch nicht beantwortet werden, da hierzu weiträumige, vergleichende Untersuchungen nötig wären, die den Rahmen der Arbeit gesprengt hätten[39].

---

[37] Cosmas II, 19, ed. *B. Bretholz,* 1923, S. 111.

[38] CDB I, Nr. 124, S. 130 f. Zum Eigenkirchenwesen in Böhmen *R. Nový,* 1972, S. 69 f.; *H. F. Schmid,* 1938, S. 41 ff. — Zum Eigenkirchenwesen im Westen *H. E. Feine,* 1964; 1950.

[39] Die neuere tschechische Forschung ist tatsächlich z. T. geneigt gewesen, von einem Lehnswesen zu sprechen. Nach *F. Graus,* 1953, S. 204 ff. ist das Lehnssystem im 11. Jh. in Böhmen institutionalisiert, wobei die Anfänge aber mindestens bis ins 10. Jh. reichen. Auch die Erblichkeit der Lehen hat sich

Die hohen Ämter wurden in Böhmen zwar vom Fürsten verliehen — das zeigt die Absetzung des ungetreuen Mstis sowie die Einsetzung des treuen Koyata in das Burggrafenamt von Bílina[40]. Die typische Lehnsterminologie fehlt aber. Ebenso wird kein Land als Lehen vergeben. Das Dienstgut selbst ist in der Regel ein Geschenk des Fürsten, teils auf Lebenszeit, teils erblich, aber nicht rechtlich mit der Vasallität verbunden. So wird 1184 eine pars villae, die Hermannus, Wilhelmi filius „pro fidelitate servitii sui" erhalten hatte, wie ein Eigengut getauscht — hier wird auch ein Treuegedanke deutlich. 1207 entsteht ein Streit darum, ob der Fürst eine villa Slávek oder Heinricus gegeben hatte[41]. Auch der schon erwähnte Zobehird filius Bezprem tauscht seine Güter ohne eine fürstliche Erlaubnis mit dem Kloster Břevnov[42]. In der Urkunde für die Johanniter 1158—69 zählt Vladislav II. die Herkunft der Güter des Geruasius und des Martinus auf: „omnia illa, que vel circa me suo fidelissimo servitio promeruerant in possessionibus sive mobilibus quibuslibet vel que aliunde iustis emptionibus aut aliis legitimis modis acquisierant vel eciam ecclesiasticis beneficiis reservaverant"[43].

bald durchgesetzt und wird 1189 in den Statuta Conradi-Ottonis von oben anerkannt. *Graus* hält das, was er Lehnswesen nennt, für eine eigene, tschechische Entwicklung, ebda, S. 212. Ebenso *F. Graus*, 1952, S. 67 ff.; ähnlich *Z. Fiala*, 1975, S. 61 f. — Der Adel des 11. Jh. ist für beide Verfasser schon der jüngere, aufgrund von Dienstgütern oder Lehen emporgekommene Dienstadel. Ebenfalls auf diese Dienstgüter führen den adligen Besitz *O. Peterka*, 1928—33, S. 54; *F. Kloss*, 1932—34, S. 218; *V. Novotný*, 1912, S. 526, zurück. Diese letzteren Autoren sprechen jedoch nie von Lehen. Eine entschiedene Trennung von Lehen- und Dienstgut gegen ein Lehnsystem im Böhmen des 10.—12. Jh. jetzt bei *D. Třeštík*, 1979, S. 131 ff. *W. Weizsäcker*, 1960, S. 229 ff., lehnte eine frühe und autochthone Entstehung des Lehnswesens sowie der freien Gefolgschaften in Böhmen ab. Als fürstenabhängige Güterformen definiert er lediglich Schenkungen, Bittgüter, Dienstgüter und Amtsgüter. *F. Seibt* trennt ebenfalls das böhmische System mit den Dienstgütern (Promeritorien) streng vom Lehnssystem, betont die stärkere Bindung an den Herrn des Gutes und zieht eventuelle byzantinische Vorbilder in Betracht (1965, S. 298). Böhmen scheint mir jedoch eher auf einer Entwicklungsstufe zu stehen, wie sie das Merowingerreich vor der Institutionalisierung des eigentlichen Lehnssystems herausgebildet hatte. Vasallität und Benefizium, beide in Böhmen bekannt (siehe unten), waren dort wie in Böhmen rechtlich ursprünglich nicht miteinander verbunden. Böhmen bis zur Mitte des 12. Jh. wird man als Gefolgschaftsstaat, aber nicht als Lehnsstaat, definieren können. Byzantinische Vorbilder mögen im einzelnen durchaus eine Rolle gespielt haben — das bedarf weiterer Untersuchung. Möglicherweise bildete die Dienstorganisation der fürstlichen Grundherrschaft einen Ersatz zum Lehen, indem sie die Voraussetzung bot, die družina mit handwerklichen Produkten auszustatten, so *W. Schlesinger* in einem Diskussionsbeitrag zu *B. Krzemieńska, D. Třeštík*, 1967, S. 98 f.

40 Siehe oben, S. 286, Anm. 6. Ähnlich im Karolingerreich, *F. L. Ganshof*, 1975, S. 47.

41 CDB I, Nr. 304, S. 274; CDB II, Nr. 75, S. 67.

42 CDB II, Nr. 365, S. 398.

43 CDB I, Nr. 245, S. 215.

Beide aber waren Geistliche. Beim weltlichen Besitz machen Dienstgüter nur einen ganz kleinen Teil aus oder sind nur sehr selten erkennbar. Der frühbelegte, allerdings nicht große Grundbesitz eines Nemoy oder eines Zbyhněv ist deutlich ohne Dienstgüter entstanden. Auch Miroslav, der Gründer von Sedlec, gibt 1142—1148 keine Dienstgüter an, bezeichnet allerdings die Ortschaften nicht näher. Wir erfahren lediglich von einer curia, von terrae und den hereditates. Auch Groznata, Milhost und Slávek veräußern keine nennenswerten Dienstgüter. Eine Ausnahme bildet der Prager Bischof Johannes, wieder ein Kleriker. Seine nordostböhmische Grundherrschaft ist aus verschiedensten Teilen zusammengesetzt — einige Ortschaften hat der Bischof wohl vorher besessen, einen Teil gekauft, einige terrae aber von Herzog Vladislav erhalten[44].

Typisch für die nichtfürstliche Grundherrschaft sind dagegen predia, patrimonia und hereditates oder Besitz „hereditario iure" — der Eigenbesitz. Auch bei großen Grundherrschaften, wo viel dazugekauft, getauscht und vielleicht auch durch Dienst erworben wurde, bleibt die hereditas das Zentrum — Miroslav und sein Bruder behalten sie und verschenken sie erst nach ihrem Tode an das von ihnen gegründete Kloster Sedlec. Kleiner Grundbesitz besteht häufig fast nur aus hereditas und patrimonium. Die hereditas verbindet große und kleine Grundbesitzer und auch die abhängigen heredes miteinander.

Was nun die abhängige Bevölkerung auf nichtfürstlichem Grundbesitz betrifft, so wissen wir sehr wenig über sie. Selten wird sie bei den Schenkungen erwähnt, vielleicht auch wirklich selten mitverschenkt.

In drei Urkunden erfahren wir näheres über die familia. In der ersten, größeren, nichtfürstlichen Schenkung von 1100—1107 an Vyšehrad vergibt Nemoy 5 villae und „totam familiam, et quidquid habeo" nach seinem Tode zunächst seiner Frau, dann Vyšehrad. 7 Personen der familia aber erhalten die Freiheit: Tutana, Bogumila, Radohna, Bratrohna, Wratena, Vbicest, Decana[45]. Zbyhněv verschenkt 1125 bis 1140 seine familia an die Kirche Unětice. Es handelt sich um drei Familien mit Kindern und um 6 Einzelpersonen. Einen gewissen Nescada, wohl ursprünglich einen servus, bestimmt er für die Wissenschaft — wenn Nescada lernt, soll er frei sein, wenn nicht, servus[46]. Die dritte familia, die aus 19 Personen besteht, ist die des Johannes in Ostböhmen. Übrigens vergibt auch Groznata 1197 seine familia, die er allerdings nicht namentlich aufzählt[47].

---

[44] CDB I, Nr. 100, S. 104 f.; CDB I, Nr. 155, S. 156 f.; CDB I, Nr. 357, S. 323; CDB II, Nr. 357, S. 377 f.; CDB II, Nr. 360, S. 385; CDB I, Nr. 156, S. 160.

[45] CDB I, Nr. 100, S. 105.

[46] CDB I, Nr. 124, S. 130.

Spezialisierte Personen mit und ohne eigenem Land, wie wir sie aus der přemyslidischen Grundherrschaft kennen, werden nicht genannt. Dennoch müssen wir wohl Spezialisten auch in größeren, weltlichen Grundherrschaften erwarten. Sie werden jedoch nicht mit gemessenen spezifischen Diensten erwähnt und verschenkt und dürften in der curia oder dem predium/patrimonium gearbeitet haben.

Da die Mitglieder der familia nicht mit eigenem Land verschenkt werden und ihre Dienste unbeschränkt waren, möchte man schließen, daß die Grundherrschaften des 12. Jh. größtenteils in Eigenwirtschaft betrieben wurden. Dagegen sprechen allerdings die vielen terrae und terrae ad aratrum, von denen wir allerdings nicht wissen, wie sie bewirtschaftet wurden.

Die einzigen Personen, die nicht als Glieder der familia aufgeführt werden, sind zwei proanimatores des Zbyhněv. Sie waren mit je einer terra ad aratrum ausgestattet und zahlten jedes Jahr 12 bzw. 6 Denare an die Kirche in Unětice (Aunjetitz) — dies entspricht der Höhe des Friedenstributs, den rustici und hospites an den Fürsten zu zahlen hatten[48]. Man kann vermuten, daß diese Abgaben vorher an Zbyhněv gegangen sind. Ostog, der proanimator in Levý Hradec, muß außerdem 2 Tage Heu mähen und einen Tag das Haus bewachen. Die beiden animatores haben somit eine ähnliche Stellung wie fürstliche Dienstleute. Ob es jedoch in der nichtfürstlichen Grundherrschaft mehr Personen dieser Art gab, entzieht sich unserer Kenntnis. Über 3 hospites, die 1226 von Jheroneus, dem Bruder Nemoy's, an Doxany geschenkt wurden, ist weiter nichts bekannt[49].

Kann man aus diesem wenigen schließen, so ist für die nichtfürstliche Grundherrschaft die unspezifizierte familia typisch, an die kein Land ausgegeben wurde. Diese Form ist ursprünglich auch für die přemyslidische Grundherrschaft anzunehmen — bei der stärkeren Ausdehnung und immer stärkeren regionalen Zersplitterung der Grundherrschaften

---

[47] CDB I, Nr. 156, S. 160; CDB I, Nr. 357, S. 323. Da die meisten Arbeiten über die ländliche Bevölkerung von den in fürstlicher Abhängigkeit stehenden Personen ausgehen, die wesentlich mehr Informationen liefern, wird der Unterschied zur weltlichen, nichtfürstlichen Grundherrschaft selten deutlich herausgearbeitet. Am weitesten führt in diesem Zusammenhang *V. Vaněček*, 1942, S. 15; 1937, S. 44 f., der die weltliche, nichtfürstliche Grundherrschaft aus der „velka hospodářství“, der personen-, nicht territorial gebundenen, mit unfreien Arbeitskräften betriebenen Großwirtschaft des 10. Jh. herleitet. *J. Lippert* trennt offenbar die alte Form der Dienstleute, der familia, von den in der Kolonisation entstandenen „Halbfreien“ — er trifft hierbei jedoch nicht die besondere Struktur der adligen Grundherrschaft.

[48] Siehe oben, S. 261. *W. H. Fritze*, 1977, S. 511, nimmt an, daß der Friedenstribut auch von den Personen, die nicht in einer fürstlichen Grundherrschaft lebten, an den Fürsten entrichtet wurde.

[49] CDB II, Nr. 286, S. 284.

war sie jedoch nicht mehr aufrechtzuerhalten. So veränderte sie sich bei den Přemysliden mindestens im 11., wenn nicht im 10. Jh. in den größeren, adligen Grundherrschaften in der 2. Hälfte des 12. Jh. Man siedelte hier offenbar milites und hospites an. Die familia wird nach 1200 nicht mehr erwähnt.

Sehr selten werden auch Einnahmen und Rechte vergeben. Die einzige, personenbezogene Einnahme ist die, welche Zbyhněv von seinen proanimatores erhielt. Vielleicht kann man aus ihr schließen, daß die Grundherren von Personen, denen sie Land ausgegeben hatten, eine Abgabe in Höhe des tributum pacis verlangten. Da der Rechtscharakter dieser Abgabe unbekannt ist, könnte es sich aber auch um den Zehnten oder um eine Abgabe für das Land handeln.

Von eigentlich landesherrlichen Rechten und Einnahmen findet man in der adligen Grundherrschaft außerordentlich selten und spät das Schankrecht, taberna, forum, den Marktzoll und theloneum, den Landeszoll, belegt. Von den Zehnten kommen Gartenzehnt, Weinzehnt und Getreidezehnt vor.

Fast alle diese Rechte und Einnahmen sind nur aus der Grundherrschaft des Slávek und Koyata bekannt. Grabisse und Koyata nahmen die decima ein, so wie dies auch der přemyslidische Grundherr tat[50].

2.3.3. Zur sozialen Schichtung der freien Bevölkerung

Der Begriff „liber“, „Freier“, ist böhmischen Urkunden und Chronisten für die Bezeichnung einer Bevölkerungsgruppe nicht geläufig. Dennoch kann man eine freie Bevölkerung rechtlich gegen die abhängigen Dienstleute, die familia, servi und ministeriales, abgrenzen[1].

Wie andere mittelalterliche Herrschaftsbereiche, so kennt auch der böhmische einen breiten Kreis von rechtlich freien Personen mit politischen Aufgaben; diese nennt Cosmas „Boemi“[2]. Gefolgschaft, Treue und Erfüllung öffentlicher Pflichten zum Wohl des Přemyslidenstaates waren für jeden „Böhmen“ bindend. Rechtlich freie Personen konnten allerdings auch dinglich unfrei sein, d. h. grundherrlichen Boden bebauen, ja sie konnten von einer Grundherrschaft in die andere mit

---

50 Siehe oben, S. 263.

1 Die hier zusammengetragenen Ergebnisse sind an den entsprechenden Textstellen belegt. Zum Begriff der Freiheit im Mittelalter liegen zahlreiche Arbeiten vor, so z. B. *K. Bosl*, 1964, S. 180 ff. *R. Nový*, 1972, S. 48, schneidet das Problem nur an.

2 So bei Cosmas „omnes Boemii primi et secundi ordinis“ — III, 58, ed. *B. Bretholz*, 1923, S. 234. Vgl. auch oben, S. 275. „Boemii“ sind allerdings häufig nur die Angehörigen der Oberschicht, ähnlich dem Begriff „Franci“ bei Gregor von Tours, siehe auch *F. Irsigler*, 1969, S. 97 ff.

ihrem Land verschenkt werden, da sich theoretisch dadurch an ihren Rechten nichts veränderte[3].

Die Aufgaben der Führungsschicht bestanden in Pflicht und Dienst, engten den einzelnen stark ein und ließ ihm innerhalb des politischen und wirtschaftlichen Systems kaum Möglichkeiten. Die Erfüllung der Pflichten sowie treue Dienste konnten zum sozialen Aufstieg und zur Macht führen, ihre Nichterfüllung aber zu Ruin oder Tod. Deshalb sehen wir die politische Opposition auch immer im System in der Gefolgschaft gerade nicht herrschender Mitglieder der Přemyslidenfamilie.

Die Führungsschicht herrschte mit den Přemysliden über eigenes Land, über patrimonia oder hereditates und dazu erworbenes Land und, wenn es groß genug war, auch über unfreie Leute. Über all dies konnte sie frei ohne přemyslidisches Einspruchsrecht verfügen.

Dafür hatte sie jedoch öffentliche Aufgaben zu übernehmen. Aus ihr rekrutierten sich die milites. Zu wichtigen Anlässen wurde sie zu colloquia — zur Verkündung von Gesetzen, zu wichtigen Verhandlungen, zur Bestimmung der Herrschaftsnachfolge, zur Begrüßung des neuen Herrschers gerufen[4].

---

[3] Siehe oben, S. 249. Diese Tatsache, die auch im fränkischen und später deutschen Reich zu beobachten ist, macht die Freien häufig schwer erkennbar; auf der einen Seite sanken Freie in die volle grundherrliche Abhängigkeit ab, wie dies in Böhmen durch die Klosterimmunitäten im ausgehenden 12. und im 13. Jh. geschieht, auf der anderen konnten abhängige Personen z. B. durch Rodung frei werden. Das Problem behandelt neben K. Bosl die Literatur über die Gemeinfreien und Königsfreien, *H. Dannenbauer*, 1954, S. 49 ff.; *Th. Mayer*, 1943, S. 329 ff.; *Th. Mayer*, 1963 (1955), S. 7 ff. Eingehend *E. Müller-Mertens*, 1963; *F. Wernli*, 1959; *H. K. Schulze*, 1978, S. 363 ff.; *J. Schmitt*, 1977. Zur verfassungsgeschichtlichen Forschung des 19. Jh. siehe auch *E. W. Böckenförde*. Der Begriff der Treue als rechtlicher Terminus auch der böhmischen Quellen ist umstritten, *W. Schlesinger*, 1953, S. 225 ff. *F. Graus*, 1959, S. 71 ff.; *W. Schlesinger*, 1963, S. 42 ff.; *F. Graus* 1965, S. 1 ff. — Zur Diskussion über Gefolgschaft und Treue siehe jetzt auch *W. Kienast*, 1978, S. 265 ff. Das Problem müßte von den böhmischen Quellen aus noch einmal gründlich untersucht werden. *F. Seibt*, 1965, S. 305, der das Verhältnis zwischen Adel und Fürsten in Böhmen im Gefolge von *O. Brunner*, 1939, zutreffend darstellt, hat diese mit seinem Aufsatz etwa gleichzeitige Diskussion offenbar noch nicht berücksichtigt.

Wie das Gefolgschaftsverhältnis begründet wurde, wissen wir nicht. Eine Commendatio scheint es nicht gegeben zu haben. Bei der Herrschaftserhebung kennen wir nur eine Akklamation, wie Cosmas sie bei der Thronbesteigung Brětislavs I. schildert. Das Verhältnis wird religiös begründet. Auf den Zuruf „ecce dux vester“ antworten die Böhmen „krlessu“ (= kyrie eleison) (Cosmas I, 42, ed. *B. Bretholz*, 1923, S. 77 f.). Im Anschluß an das „kyrie eleison“ werden die betreffenden Personen, die „fide meliores, militia fortiores“ sind, namentlich aufgerufen und treten vor. Sie schulden dem Fürsten, wie aus den erzählenden Quellen immer wieder deutlich wird, Rat und Hilfe.

Zur Bedeutung von consilium et auxilium siehe *H. Mitteis*, 1933 (1958), S. 59; *W. H. Fritze*, 1954, S. 84.

Die Statuta Conradi-Ottonis trennen nobiles und ignobiles, die jedoch beide als freie Personen dem öffentlichen Burggericht und dessen z. T. hohen Geldstrafen unterstehen. Von Cosmas wissen wir, daß die milites primi ordinis „nobiles" waren, die milites secundi ordinis wohl ignobiles. Ignobiles, so läßt sich sowohl aus den Statuta als auch aus Gerlach schließen, waren aber auch die rustici.

Gerlach berichtet, die rustici seien unter dem bauernfreundlichen Fürsten Soběslav II. in den Krieg gezogen; inwieweit dies zu dieser Zeit noch die Regel war, sei dahingestellt — jedenfalls kennen wir auch aus den Immunitätsprivilegien Befreiungen von der expeditio[5].

Somit scheint sich folgende Schichtung der freien Bevölkerung zu ergeben:

Nobiles verfügen selbst und unabhängig über Land und sind heerfolgepflichtig = milites primi ordinis. Die Erbrechtsbestimmungen und das Heimfallrecht beziehen sich auf die hereditates der nobiles[6]. Die Statuta unterscheiden noch einmal in nobiles maiores (= primates?) und nobiles minores (= nobiles). Für diese Unterteilung dürften die Größe des Grundbesitzes, die Stellung im fürstlichen Gefolge und die Ämter ausschlaggebend gewesen sein.

Ignobiles verfügen in der Regel nicht selbständig über Land. Sie haben einen Teil der persönlichen Verantwortung abgegeben und müssen nun mit minderen Aufgaben vorliebnehmen. Die Vorfahren der ignobiles darf man sich wohl als kleine Grundbesitzer vorstellen. Ein Teil von ihnen ließ sich als milites in einer Grundherrschaft ansiedeln — ob milites auch ihre hereditates in Grundherrschaften einbrachten, wird aus den Quellen nicht deutlich. Solche milites gab es sowohl auf přemyslidischem Boden als auch auf bischöflichem oder adligem Besitz (hier seit Ende des 12. Jh. belegt) offenbar in recht großer Zahl. Sie kommen in den Zeugenlisten vor und werden persönlich nicht verschenkt. Sie bilden als milites secundi ordinis das Gefolge der milites primi ordinis, der nobiles. In den Statuta begegnet der Begriff des „druho", der wohl den miles meint. Danach ist der nobilis gegenüber dem „druho" rechtlich privilegiert[7].

---

[4] Diese colloquia des 11. und 12. Jh. sind in der älteren Literatur in der Regel als „sněmy", als Landtage, dargestellt worden. Inzwischen hat sich jedoch allgemein durchgesetzt, gemäß dem lateinischen Terminus von colloquia zu sprechen. Diese colloquia waren keine regelmäßig stattfindenden Landtage der freien Bevölkerung, sondern ein Herrschaftsinstrument der Přemysliden, das höchstens im Falle der Herrschaftsnachfolge von den primates zur Mitbestimmung genutzt werden konnte.

[5] Siehe dazu oben, S. 234 f.

[6] Čl. 1 und Čl. 16 heben das deutlich hervor (*V. Vaněček*, 1957, S. 68; S. 71 f.).

[7] Statuta Conradi-Ottonis, ed. *V. Vaněček*, 1957, S. 70.

Die rustici waren ursprünglich mit Sicherheit auch heerfolgepflichtig. Sie lebten, wie die hospites, im Schutz des Fürsten und zahlten den Friedenstribut. Die rustici behielten dabei ihre hereditas oder wurden vom Fürsten an anderer Stelle „iure hereditario" angesiedelt; hospites zahlten für das Land, das ihnen nicht gehörte, eine Pacht, die auf jeden Fall nicht mit dem tributum pacis identisch ist. Hospites und rustici begegnen mit einer Ausnahme, den hospites des Jheroneus im beginnenden 13. Jh., nur auf Fürstenland.

Außerordentlich schwer, ja unmöglich ist es, zu entscheiden, seit wann diese Aufteilung der freien Bevölkerung bestanden hat. In der Fälschung für Břevnov zu 993 (13. Jh.) kommen hospites vor. Sicher sind hospites und rustici schon in der Mitte des 11. Jh. durch die Urkunde für Leitmeritz belegt; die große Gruppe dieser Personen in der Mitte des 11. Jh. ist sicher nicht binnen 50 Jahren entstanden, so daß wir zumindest schon im Laufe des 10. Jh. mit ihr zu rechnen haben. Auch die Legenden des 10. Jh. lassen mit Begriffen wie nobiles, populus, maior populus wenigstens die Teilung in nobiles und ignobiles erkennen.

2.3.4. Přemyslidenfürsten und freie Bevölkerung

Grundbesitz, politische Pflichten und Rechte der nobiles setzten den Přemyslidenfürsten Grenzen. Eine unumschränkte Herrschaft über Land und Leute führten sie nur in Mittelböhmen, ihrem ursprünglichen Stammland, wo lediglich im Norden einige kleine, adlige Grundbesitzer zu finden sind. Nur hier war ihre Dienstorganisation, wie Cosmas sie in der Prophezeiung der Libussa darstellt, voll durchgebildet[1]. Mit Ausnahme von Leitmeritz und dem nördlichem Westböhmen, einem reinen Kolonisationsgebiet, ist sonst überall nur Streubesitz belegt. Außerhalb von Mittelböhmen saß der Adel.

Es stellt sich die Frage, ob es in Mittelböhmen jemals zur Zeit der Přemyslidenherrschaft größeren, nichtpřemyslidischen Besitz gegeben hat, und wenn ja, was mit den ehemaligen Besitzern geschehen ist. Leider wissen wir aus den schriftlichen Quellen nichts über die Entstehung dieser unmittelbaren Herrschaft über das Gebiet des Tschechenstammes. Im 10. Jh. muß der přemyslidische Grundbesitz hier jedenfalls schon voll ausgebildet gewesen sein, seine Entstehung muß sich zumindest im 9. Jh. vollzogen haben.

---

[1] CDB I, Nr. 375, S. 348 f. Cosmas I, IV, ed. *B. Bretholz,* 1923, S. 12 — die hier dargestellte gesellschaftliche Gliederung der böhmischen Bevölkerung läßt deutliche Verwandtschaft zum Westen in merowingischer und karolingischer Zeit erkennen. Sehr interessant in diesem Zusammenhang auch von methodischer Seite *R. Sprandel,* 1963, S. 2 ff. für das karolingische Alamannien. Leider gibt es in der Diskussion um die Volksrechte so viele Unklarheiten, daß man direkte Parallelen kaum ziehen kann.

Leider sind alle weiteren Schlüsse spekulativ. Wir kennen aus Mittelböhmen eine ganze Reihe von Burgwällen — ob diese jedoch alle in přemyslidischer Hand waren und wie sie in přemyslidischen Besitz kamen, ist unbekannt. Vielleicht kann man aber auch aus den legendären Angaben über die Entstehung des Přemyslidenstaates bei Cosmas auch auf die Entstehung der mittelböhmischen Herrschaft schließen. Danach liquidierten die Přemysliden zumeist die in den eroberten Gebieten herrschenden Familien[2].

Diese Liquidierungen, von denen Cosmas spricht, sind jedoch außerordentlich zweifelhaft. Am Beispiel der Vršovici ist dies gut zu demonstrieren. Die Vršovici, eine aus zahlreichen Personen bestehende „gens", werden bei Cosmas erstmals 999 erwähnt, und zwar als „ducis Boleslai domestici et familiares inimici, gens invisa, generatio mala"[3].

Leider wissen wir nicht, woher die Vršovici kamen; da sie „domestici" und „familiares" waren, hat es sich vielleicht um eine mittelböhmische gens gehandelt. Die Vršovici spielen im folgenden im Přemyslidenstaat eine führende Rolle, durchaus nicht nur in negativer Hinsicht.

Die Vršovici werden Cosmas zufolge mehrfach getötet und vertrieben — sie erleben jedoch immer wieder eine Auferstehung. 1003 heißt es: „hic interfecti sunt Wrissovici"[4]. 1096 erfährt man von der hohen Stellung des Vršovice Mutina im Staate. Er muß nach Polen fliehen. 1100 werden die Vršovici Mutina und Bosey der Anstiftung zum Mord an Břetislav II. bezichtigt. 1101 kehren beide aus Polen zurück und „recipiunt civitates suas, quas ante habuerant, Bosey Satc et Mutina Lutomerice". 1108 werden die Vršovici ermordet. Ihr Stammort ist Libice, die alte Hauptburg der Slavníken im mittleren Ostböhmen. 1100—1107 hatte Nemoy, ein Verwandter des Mutina, 5 villae und seine familia im mittleren Nord- und in Nordwestböhmen zuerst seiner Frau, dann Vyšehrad vermacht. Trotz der angeblichen Vernichtung der Familie schenkt 1226 die Familie eines Nemoy im nördlichen Mittelböhmen Besitzungen an Doxany[5].

Die Macht der „gens" der Vršovici scheint 1108 jedoch gebrochen zu sein. Das heißt aber, wie deutlich wurde, nicht, daß nicht einzelne Mitglieder der Familie weiterhin zu den bedeutendsten Personen des Lan-

---

[2] Siehe oben, S. 215 ff. Cosmas I, 13; 29, ed. *B. Bretholz*, 1923, S. 30; 53. Diese „Ausrottung" spielt in der Diskussion um die angebliche Vernichtung der Vršovice und des übrigen alten Adels und die Entstehung des neuen Adels eine bedeutende Rolle (Literatur siehe Anm. 5, S. 265). Kritisch äußert sich zur völligen Ausrottung des alten Adels auch *R. Nový*, 1972, S. 33.

[3] Cosmas I, 34, ed. *B. Bretholz*, 1923, S. 61 f.

[4] Cosmas I, 37, ed. *B. Bretholz*, 1923, S. 68.

[5] Cosmas III 4; III, 13; III, 14; III, 23, ed. *B. Bretholz*, 1923, S. 165; 175; 176; 190. CDB I, Nr. 100, S. 105 f.; CDB II, Nr. 286, S. 284.

des gehörten. Auf jeden Fall unterscheiden sich die Vršovici nicht erheblich vom übrigen Adel. Sie haben im 12. Jh. Burgämter und Besitz außerhalb von Mittelböhmen. Sie dürften in Nordwestböhmen Konkurrenten der Familie des treuen Koyata gewesen sein.

Während Familiennamen zu Cosmas' Zeit noch nicht geläufig waren, überliefert der Chronist noch die Namen zweier weiterer gentes. Beim Regierungsantritt Břetislavs I. ruft Jaromir Personen „de gente Muncia" und „de gente Tepca" zur Akklamation[6]. Es handelt sich um Leute „armis potentiores, fide meliores, milicia fortiores et divitiis eminentiores", mit anderen Worten um primates. Ob sie aus Mittelböhmen kamen, erfahren wir leider nicht. Auch die innere Struktur der gentes und ihre Besitzverhältnisse bleiben unklar.

Kann man so durch den Nachweis der Ausrottung einiger Familien meines Erachtens weder die Entstehung des přemyslidischen Grundbesitzes erklären noch die Herrschaft der Přemysliden über ganz Böhmen, so scheint es mir sinnvoller, die Bildung des Grundbesitzes von Přemysliden und Nichtpřemysliden als eine in einigen Gebieten Böhmens parallele Erscheinung aufzufassen (siehe unten). Überall dort, wo große Grundherrschaften mit komplexem Besitz entstanden, konnten sich kleinere Besitzungen nicht halten, wurden aufgesogen, oder in andere Gebiete abgedrängt. Nicht umsonst finden sich in den im 10. Jh. rückständigen Räumen in Nordost- und Südböhmen, dem südlichen Westböhmen und dem Sázava-Gebiet später keine großen Grundherrschaften, sondern Kleinbesitz.

Möglicherweise entstand die přemyslidische Grundherrschaft in Mittelböhmen in einer Zeit, als größerer, nichtfürstlicher Grundbesitz hier noch gar nicht bestand. Jedenfalls gab es im 10. Jh. in Mittelböhmen Leute, die das Gefolge der Přemyslidenherrscher bildeten. Ohne ihre Gefolgschaft waren die Přemysliden auch schon im 10. Jh. machtlos. Mindestens mit Boleslav I., der die primates in Mittelböhmen zum Bau der Burg Boleslav zwang, mußten die primates Aufgaben im Přemyslidenstaat übernehmen[7].

Der Fürst und sein Gefolge — dux cum comitibus — hielten Legislative und Exekutive ausschließlich in ihren Händen. Dem Großgefolge, das lediglich im Kriegsfall oder in vom Fürsten einberufenen colloquia zusammentrat, blieb in der Regel schon im 12. Jahrhundert nicht einmal mehr die Akklamation[8]. Wie die Gefolgschaft begründet wurde, entzieht sich unserer Kenntnis. Ein Beispiel für die Tragweite der Pflicht,

---

6 Cosmas I, 42, ed. *B. Bretholz*, 1923 S. 78 f. — Zum Problem der gentes siehe oben, S. 266, Anm. 8.

7 Siehe dazu oben, S. 224. Cosmas I, 19, ed. *B. Bretholz*, 1923, S. 38 f.

8 Siehe zum Problem von Gefolgschaft und Treue auch S. 301, Anm. 3.

die Entscheidungen des Herrschers zu erfüllen, liefert der schon mehrfach erwähnte treue Koyata. Er begründet seinen Vorschlag, Jaromir zum Bischof zu wählen, folgendermaßen: „Scimus enim et ad hoc nitimur, ut possumus, quod genitor vester Bracizlaus nos et patres nostros sub fidei sacramento constrinxit, que post obitum Severi episcopi frater vester Iaromir presul sit."

Bei der Herrschaftsnachfolge ist das Přemyslidenhaus unantastbar. Welche Rolle dabei die von Cosmas überlieferte Herkunftsideologie des Hauses oder die christliche Wenzelsverehrung spielten, ist kaum zu ermitteln[9]. Wichtiger war sicher die wirtschaftliche und politische Machtgrundlage durch den Besitz Mittelböhmens.

Ohne sein Gefolge konnte der Přemyslidenfürst allerdings keine wichtige Entscheidung fällen. Größere politische Richtlinien, Krieg und Frieden, Recht und Ämter- und Landvergabe konnten ohne die comites oder primates nicht beschlossen werden. Přemysliden und Adel, so kann man danach wohl formulieren, herrschten gemeinsam, wenn auch keineswegs gleichberechtigt. Die Kontinuität der Herrschaft der Přemysliden besaß solange Stabilität, als der přemyslidische Grundbesitz durch seine massive Zentralität das Land beherrschte. Eine grundlegende Veränderung brachte erst das spätere 13. Jh.

---

[9] Zu diesen Fragen siehe *D. Třeštík*, 1968, S. 183 ff. *F. Graus*, 1967, S. 148 ff.

Teil IV

Zusammenfassung

1. Die Ergebnisse

Das Ziel der Untersuchungen war es, das soziale Gefüge Böhmens in zwei Zeitabschnitten, dem 9. bis 10. Jh. und dem 11. bis 12. Jh., anhand von Grabfunden und personenbezogenen, schriftlichen Quellen darzustellen und zu interpretieren.

Für das 9. und 10. Jh. liegen sozial auswertbare Grabfunde, Annalen und Chroniken außerböhmischen Ursprungs und einige z. T. einheimische Legenden vor. Während die Annalen und Chroniken für die Fragestellung wenig Wert besitzen, stellen die Legenden wenigstens die Umgebung der Heiligen für ihre Entstehungszeit zuverlässig dar.

Die Quellen des 11. und 12. Jh., einheimische Urkunden, Annalen und Chroniken, lassen dagegen schon viele Einzelheiten erkennen, die z. T. auch die Unterschicht betreffen, und erlauben zudem auch eine regionale Differenzierung. Dadurch lassen sie sich viel besser mit den Grabfunden vergleichen, zumal die urkundlich bezeugten Stiftungen an geistliche Institute die Grabausstattungen auch in religiöser Hinsicht funktional ablösen. Da sie jedoch im besten Fall an die Grabfunde zeitlich anschließen, kann man Ergebnisse nicht direkt übertragen.

Die sozialgeschichtliche Interpretation von Grabfunden bestand lange in der Gleichsetzung von Waffenausstattungen mit aus schriftlichen Quellen bekannten Rechtskategorien. Da es sich aber seit einiger Zeit gezeigt hat, daß ein solcher Vergleich zu einseitig ist und man den historischen Verhältnissen so nicht gerecht wird, wurden hier folgende Gesichtspunkte berücksichtigt: die Rechtsstellung der Personen, ihre Funktion und ihr Amt, der Siedlungstyp, zu dem das Gräberfeld gehört, der Besitz der Personen (alle Grabbeigaben, Grabbau, Landbesitz, Personenbesitz), die Lage des Grabes auf dem Gräberfeld, Alter und Geschlecht der Toten. In regionalem Vergleich wurde die bevölkerungsmäßige und soziale Zusammensetzung von Siedlungsplätzen (Gräberfeldern) untersucht.

Bei der Fülle der Merkmale und der großen Zahl von Grabfunden bzw. Personenerwähnungen mußten statistische Methoden zu Hilfe genommen werden.

Bis zur Mitte des 9. Jh. herrschte in ganz Böhmen die Brandbestattung. Bis heute sind Hügelgräberfelder mit Brandbestattungen nur aus drei ab- und höhergelegenen Gebieten bekannt: aus Südböhmen, Südwestböhmen und Nordostböhmen. Da die slawischen Hügelgräber in Gegenden mit starker Bebauung wenig Erhaltungschancen besaßen, ist es wahrscheinlich, daß auch im übrigen Böhmen Brandgräber mit Hügeln bestanden haben — wir kennen heute aus dem stark besiedelten Mittel-, Ost- und Nordböhmen nur noch einige eingetiefte Brandflachgräber.

Die Hügelgräber sind aufgrund der Bestattungssitte fast beigabenlos, in der Regel nicht zu datieren und sozialgeschichtlich kaum auszuwerten.

Der Übergang zur Körperbestattung vollzog sich in Mittel-, Ost- und Nordböhmen wahrscheinlich etwas früher als in Süd- und Nordostböhmen und führte offenbar zunächst zu einer kurzen Phase der Biritualität.

Die Hügelgrabsitte hielt sich offenbar in den Körpergrabgebieten bei besonders reichen Gräbern bis zum Ende des 9. Jh. Ob man also auch das einfache Hügelgrab als Oberschichtskriterium werten soll, kann aufgrund des vorhandenen Materials nicht entschieden werden. Bei einer Spätdatierung der peripher gelegenen Hügelgräber könnte man vielleicht auch an eine im 9. Jh. beginnende Kolonisationsphase von Mittelböhmen aus denken.

Die wesentlich häufigeren Körpergräberfelder zeigen eine besonders auch siedlungsgeschichtlich interessante regionale Verbreitung, die es erlaubte, Grabfundkammern abzugrenzen, die Siedlungskammern entsprechen dürften, und in beschränktem Maße regionale Vergleiche anzustellen.

Die Körpergräber sind in der Regel eingetiefte Einzelflachgräber und bilden auf den Gräberfeldern unregelmäßige Reihen. Doppelgräber sind selten, Superpositionen erst frühestens im 11. Jh. üblich. Spät erst scheint man auch Grabsteine benutzt zu haben.

Die Gräberfelder liegen zu Beginn des bearbeiteten Zeitraums in der Regel in einigem Abstand vom Siedlungsplatz. Erst mit der Durchsetzung der Kirchenorganisation und dem Bau von Grabkirchen werden die Gräberfelder in der Siedlung bei der Kirche angelegt (Cosmas II, 4).

Die meisten Gräberfelder gehören zu ländlichen Siedlungen, eine relativ große Zahl aber auch zu Burgwällen. Die Anlage von Kirchfriedhöfen begann auf den Burgen schon an der Wende vom 9. zum 10. Jahrhundert. So entstanden früh Gräberfelder innerhalb des Befestigungsareals, während außerhalb der Burg ein oder sogar mehrere Gräberfelder weiter benutzt wurden. Kirchfriedhöfe im ländlichen Milieu wurden erst im 11. Jh. angelegt. Dementsprechend sind die Gräber hier auch bis zum Beginn des 11. Jh. mehr oder weniger mit Beigaben ausgestattet und sozial auswertbar.

Die Regelorientierung der Gräber ist W-O mit leichter Abweichung. Nicht ganz selten sind jedoch auch umgekehrte Orientierungen und N-S-Orientierungen. Üblicherweise liegt der Tote auf dem Rücken mit den Händen am Körper. Die seltenen Hockergräber sind meist auch unregelmäßig orientiert. Anhand des Grabbaus und der Lage des Toten wurde versucht, ein Gerüst für die Stufen der Christianisierung und die Interpretierbarkeit der Grabfunde zu gewinnen: Gräber mit Steinfassungen und Steinpackungen stammen aus der mittleren BWZ und umfassen alle Ausstattungsstufen. Zu armen Gräbern des älteren Horizonts gehören Merkmale wie „abweichende Lage des Grabes und des Toten“, „Brett oben“, „Brett unten“, „Steinfassung und Bretter“. Gräber ohne Einbauten sind insgesamt am häufigsten, die Bestattungsform sagt hier allein jedoch wenig aus. Särge begegnen früh mit Beigaben auf den Burgwällen, später auf den ländlichen Gräberfeldern dann aber ohne Beigaben; Holzverkleidungen entsprechen als Bestattungstyp ländlicher Friedhöfe den älteren Sargbestattungen der Burggräberfelder.

In der Regel nicht mehr zu interpretieren sind als christliche Bestattungen Gräber mit Steinfassung und Sarg, mit einem Stein hinter dem Kopf des Toten, mit einem Stein oder einem Grabstein über dem Grab und Tote mit gekreuzten Händen.

Die Grabbeigaben haben in der mittleren BWZ einen ausgesprochen mährischen Charakter. Dies gilt besonders für die Luxusgegenstände der reichsten Gräber.

Der mittleren BWZ gehören fast alle Tongefäße und Eimer (die Nahrungsbeigabe wird zu Ende des 10. Jh. aufgegeben), Feuerzeug, alle Waffen, Sporen, reiche Gürtel und der „mährische“ Schmuck, einige Glasperlentypen und Schläfenringe mit kleinem Durchmesser an. Die seltenen Kaptorgen (Anhängereliquiare der Frauen) müssen ebenfalls ins 10. Jh. gesetzt werden. Aus der jüngeren BWZ haben wir Schläfenringe größeren Durchmessers, Bernstein-, Halbedelstein- und Glasperlen, Fingerringe und Münzen. Messer kommen in beiden Stufen vor, sind aber in der älteren häufiger. In der mittleren BWZ haben wir insgesamt mehr Gegenstände aus Gold, in der jüngeren überwiegt Silber. Die Grabausstattung wird allmählich ärmlicher. Männerausstattungen liegen aus der jüngeren BWZ kaum mehr vor.

Dennoch erwies es sich als sinnvoll, Beigabenhäufigkeit und einen hypothetischen Beigabenwert für jedes Grab zu berechnen.

Anhand von Ausstattungsgegenständen und Beigabenhäufigkeit fällt ein deutlicher Unterschied zwischen den zur Burg gehörenden Gräberfeldern und den Gräberfeldern von offenen Siedlungen auf; Feuerstähle, Bernsteinperlen, Schläfenringe, Münzen und Fingerringe sind vorwiegend bei offenen Siedlungen belegt; Schwerter, Äxte, Wurfwaffen, Gürtel, eiserne Beschläge, Sporen und mährischer Schmuck kommen überwiegend auf Burggräberfeldern, vereinzelt aber auch auf ländlichen Gräberfeldern vor.

Gräberfelder in und bei Burgwällen weisen wesentlich stärkere Ausstattungsunterschiede auf als Gräberfelder von offenen Siedlungen. Die Unterschiede sind bei den Gräberfeldern innerhalb des Burgareals deutlich krasser als bei den Gräberfeldern außerhalb des Burgareals.

Ihrem Vorkommen in reich ausgestatteten Gräbern zufolge konnten Metallperlen, Ohrringe, Gombíky, Gürtel, Schwerter, Eimer, Kaptorgen als „Oberschichtskriterien" definiert werden. In reichen und mittelreichen Gräbern kommen Sporen, Äxte und eiserne Beschläge vor. Mittelreich bis arm sind Gräber mit Messern, Bernsteinperlen, Schläfenringen, Wurfwaffen, arm Gräber mit Feuerzeug.

Die Beigaben wurden funktions-, geschlechts- und altersbezogen beigegeben.

Waffen und Sporen wurden nur bei Männern gefunden, der Fingerring nur bei Frauen, der übrige Schmuck überwiegend bei Frauen.

Männerausstattungen sind stärker beigabendifferenziert als Frauenausstattungen. Feuerzeug und Axt wurden meist Toten zwischen 20 und 40 Jahren beigegeben; Messer, Sporen, eiserne Beschläge und Schwert Toten zwischen 40 und 60 Jahren. Da aber diese Beigaben vereinzelt auch in Kindergräbern beobachtet wurden, wird man nicht ausschließlich an eine altersmäßige Ausstattung denken dürfen.

Mährischer Schmuck ist bei 20—40jährigen am häufigsten. Schläfenringe und Fingerringe kommen vorwiegend in Kinder- und Jugendlichengräbern vor.

Die Altersstufen neigen auch zu unterschiedlichem Ausstattungsreichtum: Kinder und Jugendliche zu reichen Ausstattungen, die mittleren Altersstufen zu mittleren, die Alten zu armen Ausstattungen bzw. Beigabenlosigkeit. Eine Rangordnung nach Altersklassen ist somit aufgrund der Beigaben unwahrscheinlich. Kinder wurden so bestattet, als würden sie noch erwachsen werden.

Aufgrund der Kombinationsstatistik konnten folgende Ausstattungstypen formuliert werden, die sich wie die Einzelgegenstände auf Siedlungstypen und Altersstufen verteilen (hier stark zusammengefaßt): die erste Männerausstattung besteht aus Kombinationen mit Feuerzeug, Messer und Eimer; die zweite aus Kombinationen von Feuerzeug, Messer und Eimer mit Axt oder Wurfwaffen; die dritte aus Kombinationen von Sporen, Äxten, Eimern, Messer, Wurfgeschoß, Schwert und Gürtel.

Frauenausstattungen sind Kombinationen mit Ohrringen und Gombíky, Kombinationen von Ohrringen, Gombíky, Glasperlen, Metallperlen und Kaptorga, Kombinationen von Perlen und Schläfenringen, beide auch häufig allein, Fingerringe allein.

Die Zeit des 9. und 10. Jh. ist in Böhmen durch die langsame Entstehung eines einzigen přemyslidischen Herrschaftsverbandes gekennzeichnet. Aus einer Vielzahl kleiner Herrschaftseinheiten lassen sich im 9. Jh. die Herrschaft der Přemysliden in Mittelböhmen, die der Lučanen in Nordwestböhmen, die Herrschaft in Kouřim und die in Libice (Slavník), vielleicht auch ein kleiner Herrschaftsbereich um Mělník (Pšov) erkennen. Hauptorte dieser Herrschaftsbereiche sind die Burgwälle von Budeč, Levý Hradec, von Žatec, von Kouřim und von Libice.

Die Fürsten und die Mitglieder der fürstlichen Familien herrschten mit ihrem unmittelbaren Gefolge, ihren fideles oder milites, der družina. Über das unmittelbare Gefolge hinaus greift die Schicht der nobiles, der vel'moži oder bojare, die wohl mit den „patres familias", den Oberhäuptern der vornehmen Geschlechterverbände (gentes) gleichgesetzt werden kann und politische Vorrechte besaß. Ob die nobiles sich noch einmal in primates und einfache nobiles schieden, ist aus den älteren Quellen nicht deutlich zu erkennen.

Die Gefolgsleute besaßen z. T. Höfe in den Suburbien, die primates lebten z. T. aber auch im weiteren Burgbezirk, in dessen Zwangsordnung sie z. B. Boleslav I. einzugliedern suchte. Jedenfalls besaßen die nobiles des 10. Jh. ihre Vorrangstellung nicht in erster Linie durch Fürstendienst.

Außer den Fürsten, dem Gefolge und den übrigen nobiles lassen sich aus den frühen Quellen lediglich die servi, Unfreie, erkennen.

Die Burgbezirksverfassung des 11. Jh., die in den Burgherrschaften des 9. und 10. Jh. sicher vorgebildet war, wird unter Břetislav I. als Verwaltungsorganisation des ganzen Landes gesetzlich festgelegt. Die Burgwälle, die wie Kouřim und Libice im 10. Jh. noch Mittelpunkte von Kleinherrschaftsverbänden und Fürstensitze waren, sind jetzt Mittelpunkte der Burgbezirke, der Rechts- und Kirchenorganisation des Přemyslidenstaates und der wirtschaftlichen Verwaltung der přemyslidischen Güter. Zunächst vielleicht z. T. mit Mitgliedern der přemyslidischen Familie besetzt, sind sie im 11. Jh. Sitze von fürstlichen Beamten, comites oder castellani und villici. So wurde es für die Přemysliden möglich, die Bevölkerung der Burgbezirke zu Hilfsdiensten der Verwaltung, zu Diensten im Kriegsfall und zu öffentlichen Steuern heranzuziehen.

Der fürstliche Grundbesitz war am intensivsten in Mittelböhmen, dem ursprünglichen Herrschaftsgebiet der Přemysliden, herausgebildet, wo nur wenig Land sich nicht in fürstlicher Hand befand. Hier und in Leitmeritz wird er auch zuerst in den Quellen erkennbar. Der zweite Schwerpunkt in Westböhmen war Kolonisationsgebiet. Im übrigen Böhmen lag nur Streubesitz, der z. T. wohl auch erst später dazugekommen war. Typisch für die přemyslidische Grundherrschaft sind Villikationen. Curien, Verwaltungsmittelpunkte, befanden sich auf den Civitates, aber auch als Mittelpunkte kleinerer Siedlungsbezirke in Mittelböhmen innerhalb des Burgbezirks. Die einzelnen Ortschaften werden als villae bezeichnet und konnten sehr verschieden organisiert sein. Im 11. Jh. wurde offenbar nur noch ein geringer Teil der Flur als Salland bewirtschaftet; im 10. Jh. wird diese Form der Bewirtschaftung aber wohl noch vorherrschend gewesen sein. Große Teile des bebauten Landes waren im 11. Jh. schon in terrae ad aratrum aufgeteilt und an Abhängige, rustici oder hospites ausgegeben. Häufig werden auch Teile der unbebauten Flur in den Schenkungen erkennbar. Spezialisierte Betriebe wie Gärten, Weingärten, Fischereien und Mühlen sind vor allem in Mittelböhmen, in Leitmeritz und Westböhmen bekannt.

Diese drei Gebiete sind die einzigen, in denen die přemyslidische Grundherrschaft durchorganisiert war. In den anderen Gebieten findet man unspezifische oder sogar untypische Organisationsformen, die darauf hindeuten, daß die Besitzobjekte erst spät — z. B. durch Heimfallrecht — an die Fürsten gekommen waren.

Besonders deutlich wird die Schichtung der abhängigen Bevölkerung durch die Schenkungen abhängiger Personen vor allem in Mittelböhmen und Leitmeritz.

Die erkennbaren Rechtsgruppen sind die familia (servi, ministeriales), animatores, rustici, heredes und hospites.

Die servi lassen sich als landwirtschaftliche Arbeiter und Hirten erkennen, sind kaum mit Land ausgestattet und werden wohl das fürstliche Salland bebaut haben. Ihre Dienste waren unbemessen. Die ministeriales, die allerdings gelegentlich auch als servi oder servientes bezeichnet werden, sind Spezialisten — z. T. in der Landwirtschaft, z. T. in der Dienstleistung (Bader, Köche usw.), z. T. im Handwerk. Die Höhe ihrer Dienste ist festgelegt, abhängig von ihrem Beruf bewirtschaften sie selbst Land. Die animatores entstammen wohl verschiedenen Rechtsgruppen. Servi, ministeriales und animatores sind unfrei.

Rustici, in wenigen Fällen wohl auch als heredes bezeichnet, hatten ein Erbrecht auf ihr Land und saßen auf ihrem früher vielleicht unabhängigen Erbteil, hospites waren Pächter přemyslidischen Landes. Beide waren persönlich frei; die zu lokalisierenden rustici und hospites siedelten offenbar am Rande der fürstlichen Grundherrschaft oder auf Kolonisationsgebiet. Beide zahlten an den Fürsten einen jährlichen Tribut.

Die abhängigen Personen lebten in patriarchalisch organisierten Familienverbänden zusammen. Die Stellung der Familie richtete sich nach dem jeweils ältesten, männlichen Mitglied. Häufig bebauten die Brüder gemeinsam die terra und übten einen Beruf aus. Die Kinder folgten im Beruf dem Vater.

Bestanden schon im 9. und 10. Jh. nobiles und Gefolgschaften, so entwickelte sich diese Schicht und ihre Organisationsform im 11. und 12. Jh. im größeren Maßstab des přemyslidischen Staates kontinuierlich weiter.

Die Termini, mit denen die Personen bezeichnet wurden, präzisierten sich besonders im 12. Jh. Das Ämterwesen erhielt im 12. Jh. westeuropäische Formen.

Die höchsten Personen heißen meist primates, wenn sie Ämter besitzen, comites. Sie sind nobiles, Edle. Zu Ende des 12. Jahrhunderts wird eine höhere und eine niedrigere Schicht unter den nobiles deutlich. Alle nobiles sind gleichzeitig Krieger, milites. Neben den vornehmen milites lassen sich jedoch milites secundi ordinis, abhängige, aber offenbar zur freien Bevölkerung gehörende milites, erkennen. Hier zeigt sich, daß nicht nur die Fürsten selbst, sondern auch der Adel Gefolgschaften besaß.

Die mit den höchsten Ämtern bekleideten Personen, die Vorsteher der Burgbezirksmittelpunkte (comites, später castellani), die bedeutendsten villici, iudices, die Inhaber der Hofämter, allen voran der camerarius, waren „primates" und entstammten den vornehmsten Familien Böhmens. Soziale Aufsteiger waren die Ausnahme, meist erhielten sogar immer wieder Mitglieder derselben Familien Ämter. Es waren Familien mit bedeutendem Landbesitz. Insgesamt zeigt sich aber doch eine relativ breite Schicht von nobiles und primates, die ämterfähig waren und zum fürstlichen Gefolge gehörten.

Genug Material zur Erkenntnis des adligen Grundbesitzes bietet erst das ausgehende 12. und frühe 13. Jahrhundert. Der adlige Großgrundbesitz lag demnach nicht in Mittelböhmen, sondern in Nordwestböhmen, dem mittleren Nordböhmen, im Norden von Westböhmen und in einigen Gebieten von Ostböhmen. Größe und Struktur des Besitzes unterscheiden sich in den einzelnen Gebieten stark. Während in Nordwestböhmen ausgedehnte Grundherrschaften bestanden, sind das südliche Westböhmen, Teile des nördlichen und östlichen Mittelböhmen und das Gebiet um Sedlčany durch Kleinbesitz gekennzeichnet. Die meisten der nordwestböhmischen Grundherren gehörten Familien an, die sich z. T. schon seit dem 11. Jh., also der frühest nachweisbaren Zeit, im Besitz der höchsten Ämter befanden; andere allerdings lassen sich ohne Amt in den Zeugenlisten nachweisen.

Ortschaften oder Siedlungsteile, die predia, patrimonia oder hereditates genannt werden, sind für die nichtpřemyslidische Grundherrschaft besonders typisch. Zumindest patrimonium und hereditas bezeichnen den ererbten Teil des Grundbesitzes, den einzigen, eigenen Hof oder den Kern einer größeren Grundherrschaft. In den Landbezeichnungen unterscheiden sich fürstliche und nichtfürstliche Grundherrschaft sonst kaum; auch im nichtfürstlichen Grundbesitz sind villae und terrae ad aratrum die häufigsten Schenkungsobjekte.

Die besitzrechtliche Seite des nichtpřemyslidischen Grundbesitzes scheint durch die hereditas, das allodium, bestimmt gewesen zu sein. Lehen begegnen bis zum Ende des 12. Jh. nicht. Dienstgüter sind zwar häufiger, spielten aber doch beim Aufbau der adligen Grundherrschaften den Quellen nach zu urteilen nur eine geringe Rolle. Oft belegt sind dagegen Käufe und Kolonisation.

Ein bedeutender Unterschied zwischen přemyslidischem und nichtpřemyslidischem Land zeichnet sich bei der Organisation der Dienstleute ab: ließen sich im přemyslidischen Bereich bedeutende Spezialisierungen und Rangunterschiede unter den Dienstleuten sowie deren Ausstattung mit Land, ließen sich freie Personen auf fürstlichem Land nachweisen, so kennen wir bis zur 1. Hälfte des 13. Jh. aus nichtfürstlichen Schenkungen nur die unspezialisierte familia mit unbeschränkten Diensten, deren Mitglieder wohl den přemyslidischen servi entsprachen. Erst in der 2. Hälfte des 12. Jh. scheinen in den großen Grundherrschaften des Adels terrae ad aratrum an milites ausgegeben worden zu sein. Insgesamt schenkte der Adel aber im Gegensatz zu den Přemysliden kaum Dienstleute. Dennoch konnte wahrscheinlich gemacht werden, daß die zumeist kleinen, nur aus wenigen villae bestehenden Betriebe bis ins 12. Jh. eigenwirtschaftlich organisiert waren. Dies änderte sich in den größeren adligen Grundherrschaften wohl im Laufe des 12. Jh., und zwar vor allem in Nordwestböhmen und dem mittleren Nordböhmen.

Die freie Bevölkerung setzte sich aus nobiles und ignobiles zusammen. Zu den ignobiles gehörten die milites, die rustici und die hospites.

Als wichtigste Pflicht der Freien erscheint die Heerfolge, die von rustici und hospites vielleicht nicht mehr voll wahrgenommen wird.

Daneben erfahren wir von colloquia, Versammlungen, die bei wichtigen Anlässen vom Fürsten einberufen wurden. Die primates hatten hier wohl beratende Funktion, die übrigen Freien kamen lediglich ihrer Anwesenheitspflicht nach. Die vom Fürsten abhängige, freie, nichtadlige Bevölkerung wird außerdem einigen auf der Burgbezirksverfassung beruhenden Pflichten unterworfen gewesen sein. Nobiles (maiores und minores) verfügten über Landbesitz und waren ämterfähig. Ignobiles (milites, rustici und hospites) verfügten in der Regel nicht selbständig über Land.

Die wirtschaftliche und politische Grundlage der Přemysliden bildete der Grundbesitz Mittelböhmens. Solange dieses Machtzentrum bestand, blieb die Stellung der Přemysliden als Herrscher und Gefolgsherren in Böhmen unangetastet. Die Entstehung der Schichten der freien Bevölkerung wird man sich im Laufe der allmählichen Eingliederung in das přemyslidische Gefolgschaftssystem und die Burgbezirksverfassung vorstellen müssen. Die Gefolgschaft im engeren Sinne ist jedenfalls als Institution vom 10. Jh. an kontinuierlich erkennbar. Einige unbotmäßige Familien wurden offenbar ganz oder teilweise liquidiert — die Mehrheit dürfte sich dem přemyslidischen Druck gebeugt haben. Entscheidende Fragen wie z. B. der Herrschaftsnachfolge konnten aber ohne den Adel nicht gelöst werden. Ohne sein Gefolge im weiteren Sinne war der Přemyslidenfürst machtlos.

2. Zur sozialen Deutung der Grabausstattungen

Dem Horizont der nicht sozial interpretierbaren Brandgräber folgt in Mittelböhmen, dem mittleren Nord- und Südböhmen und im mittleren Ostböhmen ein Horizont flacher Körpergräber mit starken Ausstattungs- und Grabbaudifferenzierungen, der etwa der zweiten Hälfte des 9. und dem beginnenden 10. Jh. gleichzusetzen ist. Besonders deutlich unterscheiden sich die Ausstattungen aus Burggräberfeldern und Gräberfeldern bei ländlichen Siedlungen. Dieser Horizont entspricht der frühesten Phase der Christianisierung (siehe oben) und muß im Zusammenhang gesehen werden mit den etwa gleichzeitigen mährischen, ungarischen oder auch wikingischen, ebenfalls Beigaben führenden Körpergräbern. Einen vergleichbaren Horizont finden wir in der karolingischen Zeit in Sachsen, in der merowingischen im Merowingerreich und den vergleichbaren, gerade vom Christentum berührten germanischen Reichen. Es ist nicht zu entscheiden, ob die Beigabensitte in Böhmen aus dem Osten oder dem Westen übernommen wurde, da Böhmen im 9. Jh. sowohl politisch, als auch geistig vom mährischen wie vom fränkischen Reich beeinflußt wurde. Für die sozialstrukturelle Auswertung der Bestattungssitte dürfte dies weniger wichtig sein. Die reichen Ausstattungen sind auf jeden Fall gleichzeitig mit der raschen Entwicklung größerer Herrschaftsräume in Böhmen, verbunden mit dem dazugehörigen Drang nach äußerer Repräsentation der Herrscher und der mit ihnen herrschenden Personen, die durch die Ausdehnung ihres Machtbereichs einen stärkeren Abstand zu den übrigen Bevölkerungsgruppen gewonnen hatten. Diese gesellschaftliche Situation charakterisiert m. E. alle Reihengräberzivilisationen.

Im Zusammenhang mit der intensiveren Christianisierung und der sich damit verändernden Vorstellung vom Leben nach dem Tode, aber sicher auch im Zuge der allgemeinen Akkulturation an die benachbarte, mittelalterliche Hochkultur wird die Beigabensitte vom Beginn des 10. Jh. an allmählich abgebaut. Als erste verschwinden auf den Burgwällen zu Beginn des 10. Jh. die echten Beigaben wie Tongefäße und männliche Ausstattungsstücke, die beide allerdings Kindern mitunter noch beigegeben werden. Gleichzeitig finden wir auf der Prager Burg die erste Bestattung in einer Grabkirche ohne Beigaben. Im ländlichen Bereich sind Männerbestattungen mit Waffenausstattungen noch bis zur Mitte des 10. Jh., Tongefäße bis zum Ende des 10. Jh. gebräuchlich. Reiche Frauenausstattungen — Trachtgegenstände — werden auf den Burgwällen in der zweiten Hälfte des 10. Jh. weitgehend aufgegeben, während wir im ländlichen Bereich reichere Frauentrachten noch bis in die erste Hälfte des 11. Jh. antreffen, besonders ausgeprägt hält sich die Sitte bei Kinderbestattungen. In der zweiten Hälfte des 11. Jh. finden wir als letzten Beigabenhorizont im ländlichen Bereich noch vereinzelt Schläfenringe und Fingerringe, die man nicht mehr als Beigaben werten kann, vor allem aber die sog. „Charonspfennige".

Die außerhalb der Siedlungen liegenden Gräberfelder des 9., 10. und 11. Jh. wurden in der Regel im Laufe des 11. Jh. aufgelassen und durch Friedhöfe in den Siedlungen bei Kirchen ersetzt, wo wir den ältesten Horizont durch vereinzelte Schläfenringe großen Durchmessers und auch durch vereinzelte Charonspfennige fassen können. Es geschah dies im Sinne der von Cosmas überlieferten Gnesener Statuten Bretislavs I. von 1039, wo Burgbezirke und Kirchenorganisation gesetzlich manifestiert werden und ein Verbot der Anlage von Gräberfeldern in Wald und Feld — also außerhalb der Siedlung — bei hoher Strafe ausgesprochen wird. Damit war die zweite Phase der Christianisierung erreicht.

Die hier skizzierte Entwicklung vollzog sich in diesen zeitlichen Grenzen lediglich in Mittelböhmen, dem mittleren Nordböhmen und im mittleren Ostböhmen. Im mittleren Südböhmen südlich von Příbram dürfte die Entwicklung in gleicher Weise verlaufen sein, aber etwas später eingesetzt haben. In Süd-, Nordost- und Nordwestböhmen allerdings fassen wir den Horizont der Beigaben führenden Gräber kaum; neben einem mitunter tatsächlich schlechten Forschungsstand liegt die Ursache hierfür aber doch wohl in Entwicklungsdifferenzen, die eine Bildung des frühchristlichen Beigabenhorizontes verhindert haben und in Süd- und Nordostböhmen auf die geringe Besiedlung und Verkehrsabgewandheit dieser Gebiete zurückzuführen sind. In Nordwestböhmen sind vereinzelte außerordentlich reich ausgestattete Gräber des ältesten Beigabenhorizontes bekannt, hier fehlen aber bisher größere, Beigaben führende Körpergräberfelder.

Beim Versuch, abschließend einige differenziertere Aussagen zur sozialen Deutung von Grabausstattungstypen zu wagen, können wir einzig und allein auf die Zeit bis etwa 950 zurückgreifen, eingedenk der Tatsache, daß Oberschichtsmännergräber danach nur noch durch die Lage des Grabes und dessen Anlage zu erkennen sind. Ausnahmen bilden einige Gräber im ländlichen Bereich.

Auf diesen Zeitabschnitt sowie auf den von den beigabenführenden Gräbern belegten mittelböhmischen Raum beziehen sich nun auch die Aussagen von Cosmas und die Legenden, aber auch die frühen přemyslidischen Urkunden, die allerdings 50 bis 100 Jahre später datieren und darüber hinaus in ihrer jetzigen Form erst im beginnenden 13. Jahrhundert entstanden sind. Die Quellen sprechen, wie oben ausgeführt, von Fürsten — duces — in Prag, in Libice und in Kouřim sowie von milites, primates, nobiles; die etwas späteren Urkunden lassen neben der familia, den Abhängigen im ländlichen Bereich, auch rustici und hospites, freie, beschränkt noch heerfolgepflichtige Leute auf Fürstenland erkennen.

Konfrontiert man die Männerausstattungen mit diesen Gruppen, so heben sich Oberschichtsausstattungen unterschiedlicher Qualität und Quantität deutlich von allen anderen ab. Es sind die Ausstattungen mit Sporen, Äxten, Eimern, Messern, Wurfgeschoß, Schwert und Gürtel. Die meisten der mit diesen Gegenständen in unterschiedlicher Kombination ausgestatteten Personen lebten auf Burgwällen oder in den Suburbien der Burgwälle, ein geringer Teil aber auch in ländlichen Siedlungen, wo wir rückschließend aus späterer Zeit ihre hereditates oder patrimonia vermuten dürfen. Durch eine besonders luxuriöse Ausgestaltung und Vielfalt der Gegenstände heben sich in Kolín und Kouřim Personen von den übrigen ab, die wir sicher mit Recht als die in den Quellen genannten duces ansprechen dürfen. Die ebenfalls vollständigen Ausstattungen in Prag und Žatec sind wesentlich ärmlicher, gehörten aber vielleicht auch Personen gleichen Ranges — hier zeigt sich schon die Schwierigkeit einer konkreten, weiträumigen rechtlichsozialen Interpretation. Nicht ganz eindeutig lassen sich auch die etwas ärmeren Sporen- und Axtgräber ohne Schwert und Gürtel interpretieren — sie kommen auf Burgwällen und auf ländlichen Gräberfeldern vor und dürften in weiterem Sinne nicht mit dem Fürstenamt betraute Mitglieder der fürstlichen Familien sowie Personen, die zum fürstlichen Gefolge gehörten, milites, primates, nobiles zuzuschreiben sein. Schon in den frühen schriftlichen Quellen ließen sich hier Personen, die zum unmittelbaren Gefolge gehörten und Personen, die auf dem Lande lebten, nicht terminologisch einwandfrei abgrenzen.

Ausstattungsmäßig besteht jedenfalls ein gewaltiger Unterschied zu den ländlichen Gräbern mit Feuerstahl, Eimer, Messer und Axt, Wurfgeschoß, oder den Gräbern mit Feuerstahl, Eimer, Messer. Beide Ausstattungstypen bilden auf ländlichen Gräberfeldern Ausstattungsspitzen, wobei die erstere Ausstattung, die viel im Leitmeritzer Raum vorkommt, vielleicht mit den später belegten hospites oder rustici in Verbindung gebracht werden kann; jedenfalls läßt sich eine ärmere, ländliche Kriegerschicht herausarbeiten — möglicherweise sind dies auch die erst später belegten milites secundi ordinis. Allerdings ist dabei die gerade im 10. Jh. sicher nicht ganz feste Grenze zwischen nobiles und ignobiles zu bedenken, so daß man lediglich sehr vorsichtige Hypothesen aussprechen kann. Die Analyse einzelner Gräberfelder, wie sie oben versucht wurde, sagt hier meines Erachtens mehr aus als eine pauschale Eingliederung der Ausstattungen. Zu beachten ist weiterhin die außerordentliche Kleinheit der Siedlungen, die mit 3—5 Familien gar keine besonders große Differenzierung zuläßt; vielfach fassen wir in diesen ärmeren männlichen Ausstattungsspitzen sicher lediglich die Familienoberhäupter, wie sie uns auch in den Urkunden sowohl im Abhängigkeitsverhältnis als auch als freie Zeugen, als vicini, im schwach besiedelten Südböhmen begegnen. Lediglich dort, wo wir ausgesprochene Oberschichtskriterien finden wie in Brandýsek, können wir einen kleinen, eigenwirtschaftlich betriebenen Hof mit Grundherren und familia vermuten, wie er schriftlich in der Urkunde Zbyhněvs nachgewiesen ist.

Gräber mit Feuerstahl, Messer oder Eimer gehören in Želenice zu einem außerordentlich gleichförmig ausgestatteten Gräberfeld, in Brandýsek stehen sie neben den Oberschichtsgräbern. Während in Brandýsek auch ein patrimoniales Verwandtschaftsverhältnis zwischen den reicheren und den ärmeren Familien möglich ist, dürfte dies im frühpřemyslidischen Želenice nicht der Fall gewesen sein, so daß man wohl tatsächlich an Abhängige denken kann. Grundsätzlich sind aber beide Modelle zu erwägen. Die Gräber spiegeln somit eher die wirtschaftliche Lage als die rechtliche Stellung der Person wider.

Weit schwieriger noch ist die Deutung der Frauenausstattungen. In der mittleren BWZ läßt sich eindeutig eine Oberschichtstracht herausarbeiten: die Frauen der Fürsten, der primates, der nobiles schmückten sich wie ihre Schwestern im mährischen Reich mit byzantinisch beeinflußten Schmuckstücken, während die übrige Bevölkerung nur einfache Gegenstände benutzte. Man trug Ohrringe, Gombíky, Glasperlen- und Metallperlenketten, vereinzelt auch schon im 10. Jh. Kaptorgen. Wieder unterscheiden sich deutlich Gräber von „Fürstinnen" durch besonders reichhaltige Ausstattung und die kostbare Ausführung der Gegenstände, vielfach auch durch außergewöhnlich luxuriöse, sonst nicht übliche Schmuckstücke. Solch reiche Männer- und Frauenausstattungen kommen in Doppelgräbern und auch auf den Gräberfeldern in räumlicher Nähe vor, so daß der Zusammenhang der Personen unzweideutig ist. Die Kaptorga ist für besonders hervorragende Frauen der 1. Hälfte des 10. Jh. charakteristisch, einer Zeit also, in der die männliche Oberschicht auf Burgwällen schon keine Beigaben mehr bekam. Etwas ärmere Oberschichtsgräber sind mit Ohrringen und Glasperlen, mit Halbedelstein- und Bernsteinperlen ausgestattet. Wie die einfacheren Oberschichtsmännergräber kommen sie auch im ländlichen Bereich vor.

Die rein ländlichen Ausstattungen mit Schläfenringen, Glas- und Bernsteinperlen in Kombination oder allein lassen sich nur schwer differenzieren. Sie sind den beiden Gruppen mit Feuerstählen, aber in luxuriöserer Ausführung auch in der zweiten Hälfte des 10. Jh. der männlichen ländlichen Oberschicht an die Seite zu stellen, die zu dieser Zeit ja schon keine Beigaben mehr bekam. Da die Tracht lange modern blieb, sind diese Ausstattungen auch wesentlich zahlreicher als die männlichen, aber auch als die mährischen Frauenausstattungen. Die sozialen Übergänge sind hier sicher fließend, zumal die Ausstattung deutlich altersbedingt gegeben wurde. Gerade in später Zeit fassen wir vielfach nur noch die reich ausgestatteten Mädchengräber, die allerdings mitunter noch Schlüsse über die wirtschaftliche Leistungsfähigkeit eines Siedlungsplatzes erlauben.

Somit lassen sich also doch einige Tendenzen aufzeigen, die sich durchaus mit dem Bild decken, das wir aus den schriftlichen Quellen gewonnen haben. Zum Abschluß soll nun in einem regionalen Vergleich die Frage von Kontinuität und Diskontinuität dieser Gruppen erörtert werden.

3. Zur Kontinuitätsfrage sozialer Schichten und wirtschaftlicher Organisationsformen — Gräberfeldanalyse und Grundbesitz

In den vorhergehenden Untersuchungen wurde besonderer Wert auf die Ausdehnung und die regionale Ausprägung des Grundbesitzes, auf regionale Besonderheiten der Siedlungs- und Sozialstruktur und die sozialen Unterschiede der einzelnen Gräberfelder gelegt.

Auf dieser Grundlage soll nun die Entwicklung der Sozialstruktur einzelner Siedlungen und Regionen verfolgt werden. Besonders wichtig sind dabei die sozial auswertbaren Gräberfelder, deren zugehörige Ortschaften früh schriftlich erwähnt werden. Das Ziel dieser Ausführungen ist es, darzustellen, wo, wie und wann adlige Grundherrschaften entstanden, bis wie weit die přemyslidische Grundherrschaft zurückverfolgt werden kann und ab wann die verschiedenen Bevölkerungsgruppen, die wir im 11. Jh. fassen, bestanden haben.

Nordwestböhmen, das Gebiet der Lučanen und Lemuser, tritt erst zu Beginn des 13. Jh. selbständig ins Licht der urkundlichen Überlieferung. Mit einem Mal zeigt sich im Bílinagebiet ausgedehnter, adliger Grundbesitz, werden zeitlich dicht hintereinander Klöster gegründet und ausgestattet. Nordwestböhmen befand sich zu dieser Zeit in adliger Hand, was vielleicht auch erklärt, daß sich hier offenbar das Christentum etwas später durchsetzte als in Mittelböhmen. Die bedeutendste Familie dieses Gebietes stellte seit der Mitte des 11. Jh. auch die Kastellane von Bílina. Bílina und Žatec allerdings gehörten als civitates zum unmittelbaren Herrschaftsbereich der Přemysliden. Um Žatec sind im 11. Jh. fürstliche Handwerker — ministeriales — bezeugt.

Im Gebiet um Bílina und Žatec werden weniger villae-Schenkungen als anderswo genannt, kaum terrae ad aratrum, dafür aber auffallend viele partes villae, die für den adligen Grundbesitz typisch sind. Von Cosmas wissen wir, daß Žatec der alte Hauptort der Lučanen war.

Aus der mittleren Burgwallzeit liegen aus den Gebieten von Bílina und Žatec trotz der nachgewiesenen Besiedlung kaum Grabfunde vor — vielleicht müssen wir zu dieser Zeit noch mit Hügelgräbern rechnen, die heute zerstört sind. Die einzige Ausnahme, das reiche Oberschichts-Frauengrab in einem Hügel beim Burgwall Zabrušany, vielleicht der lemusischen Hauptburg, ist jedoch vor allem durch seine Lage bei Duchcov im Zentrum des Besitzes der Koyata-Slávek-Familie (Grabisse) besonders aufschlußreich. Duchcov wird nämlich 1207 unter dem patronymischen Namen Grabissin (Grabisse, der in dieser Familie ständig wiederkehrende Name) als Besitz der Familie erwähnt und die decima vini und andere decimae vergeben[1]. Der Schluß liegt deshalb nahe, an eine regionale, wenn nicht sogar abstammungsmäßige Anknüpfung der Grabisse an die herrschende Familie in Zabrušany zu denken. Z. B. könnte Koyata, als er das Kastellanenamt von Bílina zugesprochen bekam, in diese Familie eingeheiratet haben. Dies würde den bedeutenden, flächenhaften Grundbesitz in Nordwestböhmen auf altem Siedlungsgebiet erklären, der in kleinem Maßstab durchaus Parallelen zur Přemyslidenherrschaft in Mittelböhmen zeigt.

War Zabrušany wohl nur Hauptort eines kleinen, vielleicht zum Bereich der Lučanen gehörenden Stammes, so zeigt das Gebiet von Žatec, also das Zentrum selbst, eine ganz andere Situation: Während auch hier mittelburgwallzeitliche, reiche Gräber einzig beim Burgwall liegen (Waffengrab mit Vollbewaffnung), ist eine größere Grundherrschaft hier später nicht belegt — Žatec und Bílina werden civitates des Přemyslidenstaates. Es erhebt sich übrigens auch die Frage, ob das Kriegergrab nicht schon in die Zeit der Přemyslidenherrschaft fällt — leider wissen wir über den Zeitpunkt des bei Cosmas belegten Lučanenkrieges zu wenig[2]. Auf jeden Fall scheint die Macht der Lučanenherrschaft um Žatec entsprechend dem Cosmasbericht tatsächlich gebrochen worden zu sein.

Das Gebiet an der unteren Eger ist schon 1131—1180 ausreichend schriftlich belegt und zeigt nach Süden zu eine lockere Aufsiedlung mit Streubesitz, an der die Přemysliden, Groznata, Slávek, kleine Grundherrschaften und wohl auch Kleinstbesitz Anteil hatten. Dem frühen Erwähnungsstand entsprechen einige mittelburgwallzeitliche und frühjungburgwallzeitliche Gräberfelder mit auswertbaren Körpergräbern. Hier wirkte offenbar der Einfluß von Mittelböhmen und Leitmeritz. Křesín, ein nicht ganz armes Gräberfeld der mittleren BWZ ohne Waffengräber und wertvolle Beigaben, befand sich 1226 in der Hand eines Conradus de Lusic und stellte zu dieser Zeit wohl eine Abhängigensiedlung dar. Die Ausstattung der Gräber macht diese Stellung schon in der Mitte des 10. Jh. nicht unwahrscheinlich[3]. Volenice mit einem beigabenarmen Gräberfeld, das viele Kindergräber und keine Waffen gebracht hat, befindet sich 1273 im Besitz des Klosters Strahov[4], was allerdings offenläßt, ob es sich vorher in přemyslidischem oder nichtpřemyslidischem Besitz befand.

---

[1] CDB II, Nr. 360, S. 384 ff.

[2] Cosmas I, 13, ed. *B. Bretholz,* 1923, S. 30.

[3] „Emit eciam Crassin a Cunrado de Lusic pro XX et duabus marcis" (1226), CDB II, Nr. 286, S. 285.

[4] Die über den bearbeiteten Zeitraum hinausgehenden Angaben sind dem Werk von *A. Profous,* 1949—1960, entnommen.

Während Louny teils in přemyslidischer, teils in adliger Hand war — 1199 wird erstmals ein Jan de Lun als Zeuge genannt[5], wird aus Dobroměřice, einen Kilometer von Louny entfernt, 1238—41 ein Divis de D. erwähnt. Das jungburgwallzeitliche Gräberfeld weist keine Waffen mehr, dafür aber reiche Perlen- und Schläfenringausstattungen auf. Möglicherweise bestand im 10. Jh. hier schon nichtpřemyslidischer Kleinbesitz.

Bei dem ähnlich strukturierten Gräberfeld in Úherce aus dem 10. und 11. Jh. lag zumindest im 11. Jh. přemyslidischer Besitz, nämlich 3 aratra und vinitores, die 1088 an Vyšehrad gingen und eine vinea mit 5 cultores, die Vladislav 1115 Kladruby übereignete (Sp. 13. Jh.)[6]. Trifft die Interpretation von Dobroměřice zu, so scheint im 11. Jh. hier zwischen kleinen Grundbesitzern und fürstlichen vinitores kein großer Ausstattungsunterschied bestanden zu haben. Beide Gräberfelder befinden sich allerdings schon auf dem Übergang zur Beigabenlosigkeit.

Zahlreiche örtliche Übereinstimmungen ergeben sich in dem Gebiet von Leitmeritz. Es war wahrscheinlich schon während der mittleren BWZ přemyslidisch und wird erstmals zwischen 993 und 1030 durch přemyslidische Schenkungen erwähnt. Während des bearbeiteten Zeitraums befindet sich das Gebiet fast ausschließlich in přemyslidischem Besitz. Viele terrae (ad aratrum) sind belegt sowie zahlreiche fürstliche Dienstleute (familia), Handwerker, piscatores, vinitores, Bäcker, Müller, aratores, cultores, Hirten und campanarii. In den Randgebieten wohnten zahlreiche rustici und hospites. Nördlich von Leitmeritz wird zu Ende des 12. Jh. die ausgedehnte Grundherrschaft des Groznata erkennbar, zu großem Teil auf Kolonisationsgebiet. Im Süden bei Roudnice findet sich neben přemyslidischem Gut kleiner adliger Besitz, darunter der des Vršovic Nemoy.

Das ganze Gebiet gehört zu den Kernlandschaften der Körpergrabsitte. Leitmeritz, civitas des Přemyslidenstaates, in der zeitweise Angehörige der Vršovice das Kastellanenamt ausübten, hat zahlreiche Gräber mit Oberschichtskriterien geliefert. Waffengräber mit Axt und Feuerzeug, mitunter auch mit Sporen, sind häufiger. Offenbar hat es in unmittelbarer Umgebung der Burg eine Reihe von Gräberfeldern mit Waffengrab gegeben, die zu eigenen, kleinen Siedlungsplätzen (Höfen?) gehörten, so z. B. in Želetice und in der Voldána-Vorstadt.

Eine interessante Situation zeigt das meines Wissens nicht früh erwähnte Mlékojedy gegenüber von Leitmeritz. In der mittleren BWZ hat hier offenbar eine ländliche Oberschichtssiedlung (Axt, Sporn, Eimer, Messer-Ausstattung und reiche Perlengräber) bestanden. An ihre

---

[5] CDB I, Nr. 390, S. 400; CDB I, Nr. 405, S. 432; CDB II, Nr. 350, S. 362.

[6] CDB I, Nr. 387, S. 380; CDB I, Nr. 390, S. 399.

Stelle tritt im 11. Jh. eine ärmliche Siedlung mit 2 Familien und hoher Kindersterblichkeit. Lage, Ortsname und Charakter des Gräberfeldes legen im 11. Jh. eine Dienstsiedlung von Leitmeritz nahe.

Eine ähnliche Umschichtung dürfte sich auch in Polepy abgespielt haben, das 1227 villa von St. Georg war[7], in der mittleren BWZ aber ein Grab mit Axt, Feuerzeug und Eimer geliefert hat.

In Prosmyky, woher wir ebenfalls solche ärmeren Waffengräber kennen, ist 1057 ein „rusticus cum terra et aliam habens Prosmiceh“ nachgewiesen[8].

Nirgendwo also hat sich im Kern des Leitmeritzer Gebietes eine Oberschicht gehalten und Grundherrschaften bilden können. Wahrscheinlich schon zu Beginn der jüngeren BWZ (ca. 950) dürfte die Umstrukturierung eingesetzt haben, denn jüngere, reichere ländliche Gräberfelder fehlen vollständig, und 1057 ist die přemyslidische Grundherrschaft mit den vielen rustici und hospites hier schon voll entwickelt. Diese Umstrukturierung mag auch die Ursache für die vielen rustici und hospites des Leitmeritzer Gebietes gewesen sein.

Fast ganz Nordostböhmen fällt durch die schlechte Quellenlage für eine nähere Untersuchung aus. Belegt sind westlich der Iser und westlich von Mladá Boleslav přemyslidischer Streubesitz und nichtpřemyslidischer Kleinbesitz, bei Boleslav Handwerker, Dienstleistungsberufe, Müller, aratores, cultores und Hirten. Eigentlich noch am Rand von Mittelböhmen befindet sich Besitz des Koyata bei Brandýs, bei Mnichovo Hradiště die Grundherrschaft des Bavor, zwischen Jičín, Hořice und Hradec Králové der Besitz des Bischofs Johannes mit grundherrlicher familia.

Mittelburgwallzeitliche Körpergräberfelder fehlen bis auf die reichen Körpergräber unter Hügeln in Prachovské Skály. Wie in Nordwestböhmen beginnt hier die Körpergrabsitte bei den Burgwällen in der höchsten Oberschicht.

Das einzig bedeutende jungburgwallzeitliche Gräberfeld liegt bei Dubá in sehr schwach besiedeltem Gebiet (Dokská Pahorkatina). Das Gräberfeld brachte reiche Frauengräber — Waffengräber sind in der jüngeren BWZ nicht mehr zu erwarten. 1383 wird ein Benessio de Duba bezeugt. Eine gewisse Kontinuität ist nicht unwahrscheinlich.

Auch im Gebiet von Hradec Králové, zumindest im 11. Jh. urbs und civitas, scheint die regelmäßige Körperbestattungssitte in der mittleren BWZ noch nicht üblich gewesen zu sein. Immerhin kennen wir ein Reitergrab und Gräber mit Messer und Feuerzeug. Im 12. Jh. finden

[7] CDB II, Nr. 378, S. 422.

[8] CDB I, Nr. 55, S. 57.

sich hier přemyslidischer Streubesitz und weit gestreute Siedlungen des Johannes, Koyata und Miroslav. Terrae ad aratrum kommen selten vor, einige hospites sind belegt. Z. T. läßt sich hier trotz der ausdruckslosen archäologischen Funde allerdings eine Siedlungskontinuität nachweisen. Während Koyata und Miroslav nicht aus Hradec Králové stammten, befindet sich Lochenice, das patrimonium des Bischofs Johannes, nördlich der Stadt[9]. Aus Lochenice sind aus der jüngeren BWZ einige reiche Schläfenring- und Perlengräber bekannt.

Während das Gebiet von Litomyšl reines Kolonisationsgebiet der Přemysliden war, findet sich zwischen Vysoké Mýto, Chrudim und Přelouc Besitz des Koyata und Přemyslidenbesitz.

Etwas mehr scheint man über die Umgebung der civitas von Čáslav sagen zu können. Belegt ist Grundbesitz des primas Miroslav. Das jungburgwallzeitliche Gräberfeld von Chotutice, einer villa des Miroslav, macht einen ärmlichen Eindruck. Aus Vrdy ist ein Grab mit Axt und Tongefäß bekannt; 1307 wird ein Pesko de Wrd genannt. Wir haben hier also vielleicht auch eine Kontinuität von Kleinbesitz. Die Ortschaften des Miroslav sind stark verstreut.

Das Gebiet zwischen Český Brod, Poděbrady, Kolín und Kutná Hora, die Grabfundkammer von Kolín, Kouřim und Libice, wird urkundlich erstmals zwischen 1081 und 1130 in größerem Maßstab erfaßt. Im 11. und 12. Jh. weist das Gebiet přemyslidischen Streubesitz mit dem Zentrum um Kouřim, den Komplex der Grundherrschaft des Miroslav um Kolín und nichtpřemyslidischen Kleinbesitz auf. Um Český Brod war auch Koyata begütert. Um Kouřim sind fürstliche Bäcker und piscatores belegt; nur durch Ortsnamen kennen wir einige Hirten.

Um Kouřim und Libice hat wohl die größte Umstrukturierung überhaupt stattgefunden. Wahrscheinlich gibt es hier sogar zwei Ebenen, die sich allerdings schwer fassen lassen.

Kouřim, bis in die erste Hälfte des 9. Jh. Fürstensitz, hat bisher die größte Konzentration reicher Gräber in Böhmen überhaupt gebracht. Neben „Fürstengräbern" stehen allerdings auch einfachere und beigabenlose Gräber. Bei der Männerausstattung ergeben sich 4 Typen: Gräber ohne Ausstattung, Eimer-Messer-Gräber, Sporen-Messer-Axt-Gräber, Gräber mit Vollbewaffnung; bei den Frauengräbern Ausstattungen mit Ohrringen (Eimer, Messer), mit mährischem Schmuck und — als Ausstattungsspitze — das Kaptorgagrab.

„Fürstengräber" kennen wir weiterhin aus Kolín und aus Libice. Diese Herrschaftsbereiche wurden wahrscheinlich im Laufe des 10. Jh.

---

[9] CDB I, Nr. 156, S. 160.

zusammengelegt, das Zentrum der Slavníkherrschaft war Libice. Kouřim und Libice werden im 11. Jh. přemyslidische civitates, Libice befindet sich 1108 in den Händen der Vršovice. 1227 wird es zusammen mit Kanín, wo ein reiches, wohl zu Libice gehörendes Burggräberfeld bekannt ist, als villa des St. Georgsklosters genannt[10].

Von der Kammer um Leitmeritz z. B. unterscheidet sich das Gebiet von Kouřim und Libice auch dadurch, daß reichere ländliche Gräber mit und später ohne Waffen fehlen. Die Waffengräber und Gräber mit mährischem Schmuck konzentrieren sich in und um die Burgwälle. Möglicherweise hatten die Slavníken hier eine ähnlich totale Herrschaft aufgebaut wie die Přemysliden in Mittelböhmen. Ein Waffengrab ist allerdings aus Nymburk bekannt.

Aus Sedlec bei Kutná Hora kennen wir Fragmente von reichen Gräbern. Hier, im 10. Jh. wohl schon am Rande des Herrschaftsbereichs von Libice, lag das Zentrum der Grundherrschaft des Miroslav, hier gründete er zusammen mit seinem Bruder das Zisterzienserkloster Sedlec[11].

Die Situation könnte hier somit ähnlich gewesen sein wie in Zabrušany und Grabissin, der Grundherrschaft des Grabisse im Randgebiet der Lučanen: das Kerngebiet um die Hauptburg wurde von den Přemysliden umgestaltet, während sich am Rande des alten Herrschaftsgebietes adlige Grundherrschaft entwickeln konnte. Miroslav wird 1143—48 primas genannt.

In Mittelböhmen, dem am besten belegten Gebiet, lassen sich Zonen von Kontinuität und Zonen mit Umstrukturierungen herausarbeiten. Im Norden findet sich um Slaný Přemyslidenbesitz, um Roztoky nichtpřemyslidischer Kleinbesitz, im Prager Stadtgebiet und um Zbraslav an der Berounka ausschließlich Přemyslidenbesitz. Insgesamt sind sehr viele terrae ad aratrum, Mühlen, Gärten, Weinberge und viele fürstliche curiae belegt. Um Slaný finden wir Handwerker, vinitores, piscatores, in Dienstleistungsberufen Beschäftigte, in Prag vinitores, Bäcker, Bader, Müller und Hirten, um Zbraslav piscatores, Handwerker, Bader und Hirten. Überall sind sehr viele custodes ecclesiae und campanarii belegt.

Das Gebiet weist zahlreiche mittelburgwallzeitliche Gräberfelder auf. Aus den gut dokumentierten ländlichen Gräberfeldern Nordmittelböhmens lassen sich zwei Typen erkennen: 1. der Typ Brandýsek, ein Gräberfeld mit einer deutlichen Oberschicht: ein Männergrab mit Messer, Eimer, Feuerzeug, Axt und Sporen, ein Frauengrab mit Kaptorga, Ohr-

---

[10] CDB II, Nr. 378, S. 422.

[11] CDB I, Nr. 156, S. 155 ff.

ringen und Glasperlen; von 5 gleichzeitig lebenden Familien wirken drei wesentlich ärmer (Männer nur mit Feuerzeug); 2. der Typ Želenice, ein Gräberfeld ohne Oberschicht, von großer Gleichförmigkeit der Ausstattung bei völlig intakter Beigabensitte. Die „reicheren" Männergräber haben Feuerzeug und Messer. 3—4 Familien lebten gleichzeitig.

Über Brandýsek ist aus schriftlichen Quellen nichts bekannt; Želenice aber wird 1227 als villa des St. Georgsklosters genannt. Es befand sich wohl seit Beginn des Gräberfeldes im 9. Jh. in Přemyslidenbesitz. Husinec, Libčice und Netovice, Želenice vom Gräberfeld her zu vergleichen, teilten das gleiche Schicksal[12]. In Libčice sind piscatores und custodes genannt[13]. Stehelčeves und Žižice, Brandýsek vergleichbar, befinden sich Anfang des 14. Jh. in adligem Besitz.

Die Burgwälle von Levý Hradec und Budeč, zu Beginn des 10. Jh. noch Zentren des Přemyslidenstaates, verloren offenbar im Verlauf des 10. und 11. Jh. an Bedeutung; über die Gräberfelder beider Burgen während der mittleren BWZ kann wenig gesagt werden. Jedenfalls gab es auch sehr reich ausgestattete Gräber und vor allem in Budeč wie in Prag eine ganze Reihe von Gräberfeldern. Budeč (Kováry) und Levý Hradec gingen in den Besitz der přemyslidischen Hausklöster ein. Im 12. Jh. besaß der sacerdos Zbyhněv in Levý Hradec Flurteile[14].

Die ländliche Besitzstruktur scheint sich im nördlichen Mittelböhmen jedoch zu Beginn des 10. Jh. schon konsolidiert zu haben. Das würde bedeuten, daß wir die přemyslidische Grundherrschaft mit Abhängigensiedlungen bis in diese Zeit zurückverfolgen können. Gräberfelder wie Brandýsek scheinen darüber hinaus auf die gleichzeitige Entstehung kleiner adliger Grundherrschaften hinzudeuten.

Große Schwierigkeiten gibt die Prager Burg mit ihren mindestens zwei riesigen Gräberfeldern auf. Da die Sitte der Waffenbeigabe in Prag um 900 bereits aufgegeben wurde, sind Waffengräber nicht besonders häufig und haben einen einfachen Charakter. Die Gräber der fürstlichen Familie lassen sich von Bořivoy an nur noch durch die Bestattungen in der Marien- und St. Georgskirche fassen. Das Gräberfeld bei der Jelení ulice wird man deshalb als das des ständigen Gefolges oder der weiteren Verwandtschaft des Fürstenhauses ansprechen dürfen. Da Waffengräber hier überwiegend Kindergräber sind, scheint die soziale Repräsentation eine große Rolle gespielt zu haben. Auch die Kaptorga-Ausstattung, wie wir sie von den reichsten Frauengräbern in Libice und Kouřim kennen, ist vertreten.

---

[12] CDB II, Nr. 378, S. 421.

[13] CDB I, Nr. 375, S. 348; CDB I, Nr. 382, S. 361.

[14] CDB I, Nr. 124, S. 130.

Die ländlichen Gräberfelder sind in Prag schwerer zu interpretieren als im nördlichen Mittelböhmen. Motol mit vielen beigabenlosen Gräbern, einigen Feuerzeug- und Perlenausstattungen, ist 1146 eine villa von Plassy[15]; noch ärmer ist Stodůlky. Waffengräber mit Äxten und Feuerzeug ähnlich denen um Leitmeritz fanden sich in Michle, Ruzyně und Veleslavín. Während aus Michle 1185 ein aurifex Janis de Michel genannt wird, sind Veleslavín und Ruzyně in der Fälschung des 13. Jh. zu 993 für Břevnov als villae des Klosters erwähnt[16]. Vielleicht hat sich hier etwas ähnliches vollzogen wie in Leitmeritz.

Die Gräberfelder um Beroun und Zbraslav sind bis auf das bisher unpublizierte Lahovice nicht interpretierbar. In Lahovice, wo 1088 eine terra an Vyšehrad geht und 1115 (13. Jh.) und im Jahre 1000 (1205) piscatores erwähnt sind[17], scheint in der mittleren BWZ eine kleine Oberschicht wie in Brandýsek vorzuliegen und auf Veränderungen der Sozialstruktur hinzudeuten.

Von den übrigen Landschaften ist lediglich das mittlere Südböhmen noch aussagefähig, wenn man auch hier auf große Schwierigkeiten stößt. Um Benešov, Sedlčany und südlich von Příbram ist bis 1230 keine größere Grundherrschaft belegt, um Benešov und Sedlčany scheint sich nichtpřemyslidischer Kleinbesitz (Einzelhöfe?) und přemyslidischer Streubesitz befunden zu haben, südlich von Příbram lockerer, přemyslidischer Streubesitz.

Die Gräberfelder südlich von Příbram decken sich nicht mit den schriftlich belegten Ortschaften. Sie heben sich auch rituell stark von den mittelböhmischen Friedhöfen ab, haben wenig beigabenlose Gräber und machen insgesamt einen wohlhabenden Eindruck. Waffengräber sind jedoch nicht belegt; 4 Männergräber haben Feuerzeuge. Die Frauengräber sind relativ reich mit Perlen und Schläfenringen ausgestattet.

Radětice, Řesanice und Tušovice ähneln somit Želenice, dem Typ des přemyslidischen Abhängigengräberfeldes. Da hier nur Přemyslidenbesitz belegt ist, liegt ein solcher Schluß jedenfalls nahe. Vielleicht handelte es sich um rustici-Siedlungen. Das Fehlen der Waffenbeigabe sollte man allerdings auch bei dem Mangel an Vergleichsmaterial aus diesem Gebiet nicht überinterpretieren. In Tušovice ist 1359 ein Andreas de Tussouicz belegt. Das letzte Wort läßt sich hier im Augenblick somit noch nicht sprechen.

Eine Oberschicht scheint sich in dem reichen Frauengrab von Hořejany zu manifestieren. 1388 wird ein Przibico de Horziegan erwähnt.

---

15 CDB I, Nr. 396, S. 409.

16 CDB I, Nr. 308, S. 279; CDB I, Nr. 375, S. 348.

17 CDB I, Nr. 387, S. 382; CDB I, Nr. 390, S. 397.

In Westböhmen läßt sich zu Ende des 12. Jh. und im 13. Jh. auf der Teplská Plošina bei Manětín Besitz des Koyata, der Agnes und des Cuno, rustici und Přemyslidenbesitz nachweisen. Um Bezdružice haben wir Besitz des Koyata, des Slávek und seiner Verwandten sowie der Přemysliden. Zwischen Mies, Pilsen und Domažlice findet sich nichtpřemyslidischer und přemyslidischer Streubesitz. Das Gebiet um Strakonice, Horažd'ovice und Sušice allerdings ist rein přemyslidisch.

Typisch sind circuitus, Waldschenkungen, im Westen Mühlen und Fischereien. Vereinzelt sind přemyslidische Handwerker, aratores und cultores belegt.

Hügelgräber haben wir um Strakonice und um Stříbro (Mies). Sonst ist Westböhmen Kolonisationsgebiet, das durch die Přemysliden und die bedeutenden nordwestböhmischen Grundherren wie Koyata, Slávek und Groznata aufgesiedelt wurde. Möglicherweise ging in den Flußtälern eine Besiedlungsphase durch kleine Grundbesitzer, vielleicht auch durch rustici, der großen Siedlungswelle des 12. Jh. voraus.

Das ebenfalls erst spät besiedelte Gebiet um Rakovník ist bis 1230 nur durch archäologische Funde belegt, die allerdings keine sozialen Schlüsse zulassen.

Aus den verschiedenen Gräberfeldtypen, den Bestattungssitten und den schriftlichen Nachrichten lassen sich somit bedeutende regionale Unterschiede in der Entstehung und Entwicklung sozialer Schichten herausarbeiten. Während in Mittelböhmen seit dem ausgehenden 9. Jh. eine kontinuierliche Entwicklung der přemyslidischen Grundherrschaft zu dem uns im 11. Jh. urkundlich deutlich werdenden Gefüge erkennbar wird, andererseits im Nordosten Mittelböhmens kleine Wirtschaftsbetriebe der Oberschicht (Grundherrschaft?) anzunehmen sind, findet in den Kerngebieten der von den Přemysliden eroberten Herrschaftsgebiete Mittelost- und Nordwestböhmens eine Umstrukturierung statt: das ehemals bedeutende Gebiet von Kouřim und Libice tritt im 11. und 12. Jh. kaum mehr in Erscheinung. An den Rändern dieser beiden Gebiete allerdings finden wir im 12. Jh. die frühesten, räumlich bedeutenden Grundherrschaften. Die Entwicklung zu adligem Großgrundbesitz vollzog sich somit am Rande der alten, neben der Přemyslidenherrschaft überlieferten Herrschaftsgebiete in Přemyslidenferne, während die eigentlichen Kolonisationsgebiete von Adel wie Přemysliden aufgesiedelt wurden.

Literaturverzeichnis

Ament, H., 1970: Fränkische Adelsgräber von Flonheim in Rheinhessen. Berlin. = Germ. Denkmäler d. Völkerwanderungszeit B, 5.

— 1979: Rez. zu H. Steuer, 1979. In: Archäologie des Merowingerreiches. Bericht RGK 60, S. 467—469.

Arbmann, H., 1938—43: Birka. Uppsala.

Bach, H., S. *Dušek*, 1971: Slawen in Thüringen. Weimar.

Balzer, O., 1899: O zadrudze słowiańskiej. KH 13, S. 183—256.

Behm-Blancke, G., 1970: Zur Sozialstruktur der völkerwanderungszeitlichen Thüringer. AuF 15, S. 257—271.

Beranová, M., 1975: Zemědělská výroba v 11.—14. století na území Československa. Praha. = Studie AÚ ČSAV v Brně 3, 1.

— 1979: K problematice vzniku třídní společnosti v Čechách. In: Aktuálne otázky výskumu slovanských populácií na území Československa v 6.—13. storočí. Nitra. = Acta interdisciplinaria archaeologica 1. Zborník referátov zo sympózia v Nových Vozokanoch 19.—20. marca 1979.

— 1979 a: Pohřebiště z mladší doby hradištní v Chotětově, okr. Mladá Boleslav. AR 31, S. 304—307.

— 1979 b: Kováři ve vyšehradském podhradí v 11.—13. století. AR 31, S. 300 bis 304.

Beumann, H., 1950: Widukind von Korvei. Untersuchungen zu Geschichtsschreibung und Ideengeschichte des 10. Jh. Weimar.

— 1951: Topos und Gedankengefüge bei Einhard. Archiv für Kulturgeschichte 33, S. 337—350. Nachdruck in: H. Beumann, 1962: Ideengeschichtliche Studien zu Einhard und anderen Geschichtsschreibern des frühen Mittelalters. Darmstadt, S. 1—14.

— 1955: Die Historiographie des Mittelalters als Quelle für die Ideengeschichte des Königtums. HZ 180, S. 449—488. Nachdruck in: H. Beumann, 1962: Ideengeschichtliche Studien zu Einhard und anderen Geschichtsschreibern des frühen Mittelalters. Darmstadt, S. 40—79.

— 1970: Historiographische Konzeption und politische Ziele Widukinds von Corvey. Sett. di studio del Centro italiano di studi sull' alto medioevo 17, 2, S. 857—894.

Bláhová, M., 1978: Terminologie sídlišť ve vyprávěcích pramenech první čtvrtiny 12. století. ČSČH 26, S. 249—278.

Blajerová, M., 1978: Raně středověké kostrové pozůstatky z Hradska-Kaniny (o. Mělník). PA 69, S. 396—422.

Böckenförde, E.-W., 1961: Die deutsche verfassungsgeschichtliche Forschung im 19. Jahrhundert. Zeitgebundene Fragestellungen und Leitbilder. Berlin.

Böhme, H. W., 1974: Germanische Grabfunde des 4.—5. Jh. zwischen unterer Elbe und Loire. München. = Münchener Beiträge zur Vor- und Frühgeschichte 19.

Böhm, J., 1926—27: Drobné prehistorické nálezy I. PA 35, S. 46—63.

— 1950: Výzkum libušínského hradiště. AR 2, S. 79—87, 141—142, 149.

— 1951: K otázce o vzniku feudalismu v českých zemích. ČL 6, č. 7—8, S. 162 bis 180.

— 1958: Rez. zu R. Turek, 1957. PA 49, S. 601—607.

Böhner, K., 1963: Zur historischen Interpretation der sog. Laetengräber. Jb. RGZM 10, S. 139—167.

Boesch-Gajano, S., 1967: Rez. zu F. Graus, 1965. Studi Medievali 38, 2, S. 901—909.

Boháč, Z., 1974: Újezdy a Lhoty. Příspěvek k dějinám osídlení středověkých Čech. Historická geografie 12, S. 3—21.

— 1978: Dějiny osídlení středního Povltaví v době předhusitské. Praha. = Prameny a studie 19, Zemědělské muzeum.

Borkovský, I., 1936—1938 (1939): Skrčené pohřby doby knížecí v Čechách. PA 41, S. 134—139.

— 1940: Staroslovanská keramika ve střední Evropě. Praha.

— 1941: Das Wikingergrab auf der Prager Burg. Altböhmen und Altmähren 1, S. 171—182.

— 1942: Seznam prehistorických nálezů hlášených Archeologickému ústavu v r. 1941. ZPP 6, S. 113.

— 1939—1946: Hrob bojovníka z doby knížecí na Pražském hradě. PA 42, S. 122—132, 212—213, 221.

— 1947: Staročeské pohřebiště poblíž pražského hradu. Hist. Sl. 5, S. 145—152.

— 1948: Pohřebiště obchodníků z doby knížecí v Praze I. Sl. Ant. 1, S. 460—484.

— 1949: O počátcích pražského hradu a o nejstarším kostele v Praze. Praha.

— 1950: Objev nového kostela na Pražském hradě. AR 2, S. 188—199, 285, 292.

— 1951: Hrobka v nejstarším kostele na Pražkém hradě. AR 3, S. 3—6, 17—18, 87, 91, 92.

— 1951a: Pohřebiště u královské jízdárny na Pražském hradě. AR 3, S. 101 bis 104, 117—120, 275, 284.

— 1953: Kostel Panny Marie na Pražském hradě. PA 44, S. 129—200.

— 1954—1956: Železné nože ve slovanských hrobech. Sl. Ant. 5, S. 358—367.

— 1957: K výkladu nožů na slovanských pohřebištích. AR 9, S. 553—560, 857.

— 1961: Der altböhmische Přemysliden-Fürstensitz Praha. Historica 3, S. 57—72.

— 1961a: Hrobka Boleslava II. v basilice sv. Jiří na Pražském hradě. PA 52, S. 532—543.

— 1965: Levý Hradec, nejstarší sídlo Přemyslovců. Praha.

— 1969: Pražský hrad v době přemyslovských knížat. Praha.

— 1972: Die Prager Burg. Praha.

— 1975: Svatojiřská bazilika a klášter na Pražském hradě. Praha.

Bosl, K., 1963: Potens und pauper. Begriffsgeschichtliche Studien zur gesellschaftlichen Differenzierung im frühen Mittelalter und zum „Pauperismus" des Hochmittelalters. In: Alteuropa und die moderne Gesellschaft. Festschrift für O. Brunner, Göttingen, S. 60—87.

— 1964: Freiheit und Unfreiheit. Zur Entwicklung der Unterschichten in Deutschland und Frankreich. In: K. Bosl: Frühformen der Gesellschaft im mittelalterlichen Europa. Ausgewählte Beiträge zur Strukturanalyse der mittelalterlichen Welt. München, S. 180—203.

— (Hrsg.), 1967: Handbuch der Geschichte der böhmischen Länder 1. Stuttgart.

— 1967: Probleme der Missionierung des böhmisch-mährischen Herrschaftsraumes. In: F. Graus, H. Ludat (Hrsg.), S. 104—132.

Botík, J., 1979: K otázke existencie vel'korodiny v staroslovanskom období. Wie M. Beranová, 1979, S. 137—142.

Bottomore, Th. B., 1976: Soziale Schichtung. In: R. König (Hrsg.): Handbuch der empirischen Sozialforschung. Stuttgart.

Bretholz, B., 1912: Geschichte Böhmens und Mährens bis zum Aussterben der Premysliden (1306). München, Leipzig.

— (Hrsg.), 1923: Die Chronik der Böhmen des Cosmas von Prag. MGH SS rer. Germ. N. S. II. Berlin.

— 1924: Der Gang der Cosmasforschung. NA 45, S. 32—47.

Brandl, V., 1876: Glossarium illustrans bohemico-moravicae historiae fontes. Brno.

Brunner, O., 1939: Land und Herrschaft. Grundfragen der territorialen Verfassungsgeschichte Südostdeutschlands im Mittelalter. Baden bei Wien. Nachdruck Wien, Wiesbaden 1959.

Bubeník, J., 1976: Příspěvek k topografii slovanského osídlení středního Pohří. AR 28, S. 374—388.

Bubeník, J., O. *Uhlíková*, 1977: K počátkům města Žatec. PA 68, S. 193—218.

Buczek, K., 1958: Książęca ludność służebna w Polsce wczesno-średniowiecznej. Wrocław — Kraków.

Budínský-Krička, V., 1959: Slawische Hügelgräber in Skalica. Bratislava.

Budkowa, Z., 1958: Początki polskiego rocznikarstwa. Studia źródł. 2, S. 81—96.

Buchvaldek, M., J. *Sláma*, J. *Zeman*, 1971: Pozdně halštatské a slovanské hroby z Řesanic, o. Plzeň-jih. PA 62, S. 364—405.

— 1978: Slovanské hradiště u Kozárovic. Praha.

Čaplovič, P., A. *Točík*, 1952: Výskum v Nitre. AR 3, S. 178—181, 195—196.

CDB siehe G. *Friedrich*.

Červinka, J. L., 1926—1937: Poslední slovanská pohřebiště na Moravě. Pravěk 1; 2. Brno.

Chaloupecký, V., 1939: Prameny X. století. In: Svatováclavský sborník 2, 2.

— , B. *Ryba*, 1953: Středověké legendy Prokopské. Praha.

Choc, P., 1963—1964: Osídlení Čech před účastí cizích kolonistů. Demografie 5, S. 38—52, 126—137, 235—244, 331—340. Demografie 6, S. 21—28.

Chochol, J., 1961: Antropologický příspěvek k poznání slovanských populací v Čechách. PA 52, S. 631—351.

— 1966: Antropologický příspěvek o obyvatelích Staré Kouřimě. In: M. Šolle, S. 281—288.

Christlein, R., 1966: Das alamannische Reihengräberfeld von Marktoberdorf im Allgäu. Kallmünz. = Materialhefte z. bayer. Vorgesch. 21.

— 1971: Das alamannische Gräberfeld von Dirlewang bei Mindelheim. Kallmünz. = Materialhefte z. bayer. Vorgesch. 25.

— 1973 (1975): Besitzabstufungen zur Merowingerzeit im Spiegel reicher Grabfunde aus West- u. Süddeutschland. Jb. RGZM 20, S. 147—180.

— 1975: Der soziologische Hintergrund der Goldblattkreuze nördlich der Alpen. In: W. Hübner (Hrsg.): Die Goldblattkreuze des frühen Mittelalters. Bühl (Baden), S. 43—83.

— 1978: Die Alamannen, Archäologie eines lebendigen Volkes.

Chropovský, B., 1957: Slovenské pohrebisko z 9. st. vo Vel'kom Grobe. Slovenská arch. 5, S. 174—239.

Cibulka, J., 1958: Velkomoravský kostel v Modré u Velehradu a začátky křest'anství na Moravě. Praha.

Clarke, D. L., 1968: Analytical Archeology. London.

Claude, D., 1964: Untersuchungen zum frühfränkischen Comitat. ZRG GA 81, S. 1—79.

Clauss, G., 1971: Reihengräberfelder von Heidelberg-Kirchheim. Bad. Fundber., Sonderheft 14, 1—2.

Clauss, G., H. *Ebner,* 1972: Grundlagen der Statistik. Frankfurt/M., Zürich.

Curtius, E. R., 1947 (5. Aufl. 1965): Europäische Literatur und lateinisches Mittelalter. Bern, München.

Dannenbauer, H., 1954: Die Freien im karolingischen Heer. In: Aus Verfassungs- und Landesgeschichte. Festschrift zum 70. Geburtstag von Th. Mayer 1, Lindau — Konstanz, S. 49—64.

Delehaye, H., 1905 (3. Aufl. 1927): Les légendes hagiographiques. Deutsche Übersetzung 1907: Die hagiographischen Legenden. Kempten, München.

Devos, P., 1963: La „legenda Christiani“, est-elle tributaire de la vie „Beatus Cyrillus“? Anal. Boll. 81, S. 351—367.

De Vries, J., 1937 (2. Aufl. 1956—1957): Altgermanische Religionsgeschichte. Bd. 1, 2. Berlin, Leipzig.

Dobrovský, J., 1803: Kritische Versuche, die ältere böhmische Geschichte von späteren Erdichtungen zu reinigen. Abhandl. d. königlich-böhm. Gesellsch. d. Wiss.

Domečka, L., 1925: Hradištní hroby v Hradci Král. a okolí. OP 4, S. 43—47. = Niederlův sborník.

Donat, P., H. *Ulrich,* 1971: Einwohnerzahlen und Siedlungsgröße der Merowingerzeit. Ein methodischer Beitrag zur demographischen Rekonstruktion frühgeschichtlicher Bevölkerungen. ZfA 5, S. 234—265.

Dostál, B., 1965: Das Vordringen der großmährischen materiellen Kultur in den Nachbarländern. In: Magna Moravia. Praha, S. 361—416.

— 1966: Slovanská pohřebiště ze střední doby hradištní na Moravě. Praha.

— 1970: K otázce velmožských dvorců u Slovanů. PA 61, S. 270—279.

Dubský, B., 1928: Slovanský kmen na střední Otavě. Řepice.

— 1949: Pravěk jižních Čech. Blatná.

Dušek, M., 1966: Kostrové pohrebisko z X. st. vo Sv. Petri-II. AR 12, S. 355, 370—372.

Durdík, T., 1979: Vývoj hradu 13. století v Čechách. Folia hist. bohemica 1, S. 177—191.

Dvořák, F., 1936: Pravěk Kolínska. Kolín.

Dvorník, F., 1926: Les Slaves, Byzance et Rome au IXe siècle. Paris. Nachdruck Hattiesburg, Mississippi 1970.

— 1949: The Making of Central and Eastern Europe. London.

— 1962: The Slavs in European History and Civilization. New Brunswick.

— 1964: Byzantium, Rome, the Francs and the Christianization of the Southern Slavs. In: M. Hellmann, R. Olesch (Hrsg.), S. 85—125.

— 1970: Byzantine Missions among the Slavs. SS. Constantine — Cyrill and Methodius. New Brunswick.

Eggers, H. J., 1959: Einführung in die Vorgeschichte. München.

Eichhorn, K. F., 1808—1823 (5. Aufl. 1843—1844): Deutsche Staats- und Rechtsgeschichte, 1—4. Göttingen.

Eisner, J., 1952: Devínska nová ves. Bratislava.

— 1955: Počátky českého šperku. PA 46, S. 215—226.

— 1959: Die Entwicklung der slawischen Keramik in Böhmen in der mittleren Burgwallzeit. PZ 37, S. 211—218.

— 1966: Rukovět' slovanské archeologie. Praha.

Emler (Hrsg.), 1873—1874: Fontes rerum Bohemicarum I; II.

Feine, H. E., 1950: Ursprung, Wesen und Bedeutung des Eigenkirchentums. MIÖG 58, S. 195—208.

— 1964 (4. Aufl.): Kirchliche Rechtsgeschichte. Graz, Köln.

Felcman, J., V. *Schmidt,* 1893—1895 (1896): siehe V. Schmidt.

Fiala, Z., 1953: K počátkům listin v Čechách. SbH 1, S. 27—45.

— 1954: Komorník a podkomoří. Pojednání o počátcích a vzájemném poměru obou do konce 13. století. SbH 2, S. 57—82.

— 1960: K otázce funkce našich listin do konce 12. století. Sborník prací fil. fakulty Brněnské university 9, S. 5—34.

— 1966: Hlavní problémy politických a kulturních dějin českých v 9. a 10. století podle dnešních znalostí. ČSČH 14, S. 54—65.

— 1967: Die Organisation der Kirche im Přemyslidenstaat des 10.—13. Jh. In: F. Graus, H. Ludat (Hrsg.), S. 133—147.

— 1970: Über den privaten Hof Boleslavs I. in Stará Boleslav in der Christian-Legende. Mediaevalia Bohemica 3, S. 3—25.

— 1970 a: O pražském názvosloví v legendě Kristiánově. ČSČH 18, S. 265—282.

— 1971: O pramenech tak řečeného Dalimila k jeho historii sv. Václava. ČSČH 19, S. 871—900.

— 1973: O Kristiánových znalostech historie 10. století. ČSČH 21, S. 389—398.

— 1974: Hlavní pramen legendy Kristiánovy. Praha.

— 1975: Přemyslovské Čechy. Praha.

— , D. *Třeštík,* 1961: K názorům O. Králíka o václavských a ludmilských legendách. ČSČH 9, S. 515—531.

Filip, J., 1947: Dějinné počátky Českého ráje. Praha.

— 1956: Keltové ve střední Evropě. Praha.

— 1957: Archeologie a historie. AR 9, S. 561—566.

— 1966—1969: Enzyklopädisches Handbuch zur Ur- u. Frühgeschichte Europas, 1; 2. Stuttgart, Berlin, Köln, Mainz.

Fingerlin, G., 1971: Die alamannischen Gräberfelder von Güttingen und Merdingen in Südbaden. Berlin. = Germ. Denkmäler d. Völkerwanderungszeit A, 12.

— 1974: Ein alamannisches Reitergrab aus Hüfingen. In: Studien zur vor- und frühgeschichtl. Archäologie. Festschrift für J. Werner zum 65. Geb. 2. München, S. 591—628.

FRB siehe Emler

Friedrich, G. (Hrsg.), 1904—1912: Codex diplomaticus et epistolaris regni Bohemiae I; II. Prag.

Friedrich, W., 1912: Die historische Geographie Böhmens bis zum Beginne der deutschen Kolonisation. Wien.

Fritze, W. H., 1954: Die fränkische Schwurfreundschaft der Merowingerzeit. Ihr Wesen und ihre politische Funktion. ZRG GA 71, S. 74—125.

— 1960: Probleme der abodritischen Stammes- und Reichsverfassung und ihrer Entwicklung vom Stammesstaat zum Herrschaftsstaat. In: H. Ludat (Hrsg.): Siedlung u. Verf. der Slawen zwischen Elbe, Saale u. Oder. Gießen, S. 141—219.

— 1962: Slawische Altertumswissenschaft in der Nachfolge Lubor Niederles. JGMO, Erg. Bd. 11, S. 1—26.

— 1977: Phänomene u. Probleme des westslawischen Bauerntums am Beispiel des frühpřemyslidischen Böhmen. In: H. Jankuhn, R. Schützeichel, F. Schwind (Hrsg.): Das Dorf der Eisenzeit u. des frühen Mittelalters. Göttingen, S. 494—529.

— 1982: Corona regni Bohemiae. Die Entstehung des böhmischen Königtums im 12. Jahrhundert im Widerspiel von Kaiser, Fürst und Adel. In: W. H. Fritze (L. Kuchenbuch, W. Schich [Hrsg.]): Zwischen Ostsee und Donau. Ausgewählte Beiträge zum geschichtlichen Werden im östl. Mitteleuropa vom 6. bis zum 13. Jahrhundert. Berlin. = Germania Slavica 3.

Ganshof, F. L., 1947 (2. Aufl.): Qu'est-ce que la féodalité? Neuchatel — Brüssel. Deutsche Übersetzung 1970 (3. Aufl.): Was ist das Lehnswesen? Darmstadt.

Garscha, F., 1970: Die Alamannen in Südbaden. Katalog der Grabfunde. Berlin. = Germ. Denkmäler d. Völkerwanderungszeit A, 11.

Gebühr, M., 1970: Beigabenvergesellschaftungen in mecklenburgischen Gräberfeldern der älteren römischen Kaiserzeit. Neue Ausgr. und Forsch. in Niedersachsen 6, S. 93—116.

— 1974: Zur Definition älterkaiserzeitlicher Fürstengräber vom Lübsow-Typ. PZ 49, S. 82—128.

— 1976: Der Trachtschmuck der älteren römischen Kaiserzeit im Gebiet zwischen unterer Elbe und Oder und auf den westlichen dänischen Inseln. Neumünster. = Göttinger Schriften zur Vor- und Frühgeschichte 18.

— , J. *Kunow,* 1976: Der Urnenfriedhof von Kemnitz, Kr. Potsdam-Land. ZfA 10, S. 185—222.

Geiger, P., 1927—1942: Stichworte „Begräbnis", „Leiche", „Grab". In: Handwörterbuch des deutschen Aberglaubens. Berlin, Leipzig.

Giesebrecht, W. v., E. Frhr. v. *Oefele* (Hrsg.), 1891 (Nachdruck 1979): Annales Altahenses maiores. MGH SS rer. Germ. in us. schol. IV, Hannover.

Göckenjahn, H., 1972: Hilfsvölker und Grenzwächter im mittelalterlichen Ungarn. Wiesbaden.

Goldammer, K., A. *Bertholet* (Hrsg.), 1976: Wörterbuch der Religionen. Stuttgart.

Grahn-Hoek, H., 1976: Die fränkische Oberschicht im 6. Jh. Studien zu ihrer rechtlichen und politischen Stellung. Sigmaringen. = Vorträge und Forschungen, Sonderband 21.

Graus, F., 1952: Lenní právo v Čechách. ČL 7, S. 67—73.

— 1953: Dějiny venskovského lidu v Čechách. Praha.

— 1957: O poměr mezi archeologií a historií. K výkladu nožů na slovanských pohřebištích. AR 9, S. 535—553.

— 1959: Über die sogenannte germanische Treue. Historica 1, S. 71—121.

— 1961: Origines de l'État et de la noblesse en Moravie et en Bohême. Revue des Études slaves 39, S. 43—58.

— 1963: L'empire de Grand-Moravie, sa situation dans L'Europe de l'époque et sa structure intérieure. Prag.

— 1963 a: Velkomoravská říše v české středověké tradici. ČSČH 11, S. 289—305.

— 1965: Raně středověké družiny a jejich význam při vzniku států ve střední Evropě. ČSČH 13, S. 1—18.

— 1965 a: Volk, Herrscher und Heiliger im Reich der Merowinger. Praha.

— 1966: Adel, Land und Herrscher in Böhmen vom 10. bis 13. Jh. Nachrichten der Giessener Hochschulgesellschaft 35, S. 131—153.

— 1975: Lebendige Vergangenheit. Köln, Wien.

Graus, F., 1980: St. Adalbert und St. Wenzel. In: K.-D. Grothusen, K. Zernack (Hrsg.): Europa slavica — Europa orientalis. Festschrift für H. Ludat zum 70. Geb. Berlin, S. 205—231.

Graus, F., J. *Filip,* A. *Dostál* (Hrsg.), 1966: Das Großmährische Reich. Praha.

Graus, F., H. *Ludat* (Hrsg.), 1967: Siedlung und Verfassung Böhmens in der Frühzeit. Wiesbaden.

Grodecki, R., 1912—1913: Książęca włość trzebnicka na tle organizacji majątków książęcych w Polsce XII. w. KH 26, KH 27.

Grundmann, H., 1957: Geschichtsschreibung im Mittelalter. Deutsche Philologie im Aufriß 3. Berlin, Bielefeld, München. Sonderausgabe Göttingen 1965.

Günter, H., 1910: Die christliche Legende des Abendlandes. Heidelberg.

— 1949: Psychologie der Legende. Freiburg.

Günther, R., 1971: Laeti, foederati u. Gentilen in Nord- u. Nordostgallien im Zusammenhang mit der sog. Laetenzivilisation. ZfA 5, S. 39—59.

Guth, K., 1934: Praha, Budeč a Boleslav. Svatováclavský sborník 1, S. 686—818.

Haarnagel, W., 1975: Die Wurtensiedlung Feddersen Wierde im Nordseeküstengebiet. In: Ausgrabungen in Deutschland 2. Mainz, S. 10—29.

Häusler, A., 1975: Zur Problematik der Gräbersoziologie. In: K.-H. Otto, H. J. Brachmann (Hrsg.): Moderne Probleme der Archäologie. Historikergesellschaft der DDR, VII. Tagung Fachgr. Ur- und Frühgeschichte. Berlin.

Hanáková, H., 1963: Antropologické zhodnocení slovanského pohřebiště v Nučicích u Prahy. AR 15, S. 175—177.

Havlík, L., 1964: Velká Morava a středoevropští Slované. Praha.

— 1978: Morava v 9.—10. století. K problematice politického postavení sociální a vládní struktury a organizace. Praha.

Hejna, A., 1964: Krašovice — příspěvek k výzkumu středověké vesnice v Čechách. PA 55, S. 178—221.

— 1972: Zu den Anfängen der Fürsten- und Herrensitze im westslawischen Raum. VPS (ODS) 7, S. 49—76.

— 1976: Venkovská opevněná sídla 10.—13. století v Čechách. AR 28, S. 279 bis 290.

— 1980: Die neuesten Ergebnisse der Burgenforschung in Böhmen. Offa 37, S. 294—300.

Hellmann, M., R. *Olesch,* B. *Stasiewski,* F. *Zagiba* (Hrsg.), 1964: Cyrillo-Methodiana. Zur Frühgeschichte des Christentums bei den Slaven. 863—1963. Köln, Graz.

Herrmann, E., 1965: Slawisch-germanische Beziehungen im südostdeutschen Raum von der Spätantike bis zum Ungarnsturm. Ein Quellenbuch mit Erläuterungen. München.

Herrmann, J., 1966: Tornow und Vorberg. Ein Beitrag zur Frühgeschichte der Lausitz. Berlin. = DAW, Schriften Sektion Vor- und Frühgeschichte 21.

— 1968: Siedlung, Wirtschaft u. gesellschaftl. Verhältnisse der slawischen Stämme zwischen Oder/Neisse und Elbe. Berlin. = DAW, Schriften Sektion Vor- und Frühgeschichte 23.

Hilczerówna, Z., 1956: Ostrogie polskie z X.—XIII. wieku. Poznań.

Hinz, H., 1970: Zu den „Adelsgräbern" des 8. Jh. Offa 27, S. 31—55.

Hirsch, P., siehe H. E. Lohmann.

Hlaváček, I., 1971: Církevní kalendář a čeští světci v datovací praxi diplomatického a vyprávěcího materiálu přemyslovských Čech. Acta Univers. Carol., phil. et hist. 3—4, S. 39—63.

Höfer, P., 1906: Der Leubinger Grabhügel. Jahresschr. Vorgesch. sächs.-thür. Länder 5, S. 1—59.

Holder-Egger, O. (Hrsg.), 1894 (Nachdruck [3. Aufl.] 1956): Lampert von Hersfeld. Opera. MGH SS rer. Germ. in us. schol. XXXVIII. Hannover.

Holter, F., 1925: Das Gräberfeld bei Obermöllern aus der Zeit des alten Thüringen. Jahresschr. Vorgesch. sächs.-thüring. Länder 12, Heft 1.

Holtzmann, R. (Hrsg.), 1935: Die Chronik des Bischofs Thietmar von Merseburg. MGH SS rer. Germ. N. S. IX. Berlin.

Hoops, J., 1973—1978: Reallexikon der germanischen Altertumskunde. Neubearbeitung. Berlin.

Hostas, K., F. *Vaněk,* 1902: Staré pohřebiště v Klatovech PA 20, S. 133—136.

Hrala, J., 1959: Několik nálezů z Kolínska. AR 11, S. 21—25, 41—42.

Hrdlička, L., J. *Frolík,* 1961: K problému závislosti velikosti hrobu na bohatosti jeho výbavy ve střední době hradištní. Sborník Československé společnosti archeologické 1, S. 24—29.

Hrubý, F., 1916—1917: Církevní zřízení v Čechách a na Moravě od X. do konce XIII. století a jeho poměr ke státu. ČČH 22, S. 17—53, 257—287, 285—421. ČČH 23, S. 38—73.

Hrubý, V., 1936: Tři studie k české diplomatice. Spisy fil. fakulty Brněnské university 42.

— 1955: Staré Město, velkomoravské pohřebiště „na Valách". Praha.

— 1960: Raněstředověké poklady šperku na Moravě. ČMM 45, S. 83—106.

— 1961: Příspěvek k poznání velkomoravského obydlí. PA 52, S. 488—494.

— 1965: Staré Město. Velkomoravský Velehrad. Praha.

Ihm, P., 1974: Abstand und Ähnlichkeit in der Archäologie. Informationsbl. zu Nachbarwiss. d. Ur- und Frühgeschichte 5, S. 1—9.

Irsigler, F., 1969: Untersuchungen zur Geschichte des frühfränkischen Adels. Bonn. = Rheinisches Archiv 70.

Jacob, G. (Hrsg.), 1927: Arabische Berichte von Gesandten an germanische Fürstenhöfe aus dem 9. und 10. Jh. Berlin, Leipzig.

Jankuhn, H., 1961—1963: Terra ... silvis horrida. Arch. geogr. 10—11, S. 19—38.

— 1973: Umrisse einer Archäologie des Mittelalters. Zeitschr. f. Arch. d. Mittelalters 1, S. 9—20.

— 1977: Einführung in die Siedlungsarchäologie. Berlin, New York.

Jelínek, K., 1965: Slovanská a latinská Sázava. Slavia 34, S. 123—131.

Jelínková (Krumphanzlová), Z., 1956: Slovanské pohřebiště v Lahovicích u Prahy. AR 8, S. 522—525, 529, 614, 620—621.

— 1958: Výzkum slovanského pohřebiště v Lahovocích r. 1957. AR 10, S. 316 bis 324, 353—356.

Jilek, H., 1975: Forschungsbericht. Die Wenzels- und Ludmila-Legenden des 10. und 11. Jh. ZfO 24, S. 79—148.

Jireček, H., 1863—1864: Slovanské právo v Čechách a na Moravě 1; 2. Praha.

Justová, J., 1970: Slovanský kostrový hrob v Kaníně, okr. Nymburk. AR 22, S. 97—98.

— 1977: Nálezy blatnicko-mikulčického stylu na území zlického kmenového knížectví. AR 29, S. 492—504, 598—599.

— 1979: Slovanské hradiště v Hradci u Stoda a Stodsko v raném Středověku. PA 70, S. 131—212.

— 1980: Archeologický výzkum na libickém předhradí v letech 1974—1979. AR 32, S. 241—264, 351—357.

Kabát, J., 1950: Slovanské nálezy na Příbramsku. AR 2, S. 75—76, 141—148.

Kadlec, K., 1898: Rodinný nedíl čili zádruha v právu slovanském. Praha.

— 1933: Introduction à l'étude comparative de l'histoire du droit public des peuples slaves. Paris.

— 1947: České pohanství. Praha.

Kalista, Z., 1970: Plzeňsko na úsvitě českých dějin. Minulostí západočeského kraje 7, S. 299—320.

Kalousek, F., 1971: Břeclav-Pohansko 1. Brno.

Kalousek, J., 1901: Obrana knížete Václava svatého proti smyšlenkám a křivým úsudkům o jeho povaze. Praha.

Kapras, J., 1913: Právní dějiny zemí koruny české 1; 2, 1. Praha.

Karbusicky, V., 1980: Anfänge der historischen Überlieferung in Böhmen. Köln, Wien = Ostmitteleuropa in Vergangenheit und Gegenwart 18.

Karwasińska, J. (Hrsg.), 1962: Św. Wojciecha Biskupa i męczennika. Żywot pierwszy. MPH S. N. IV, I. Warszawa.

— 1969: Św. Wojciecha Biskupa i męczennika. Żywot drugi. MPH S. N. IV, II. Warszawa.

Kavánová, B., 1976: Slovanské ostruhy na území Československa. Studie AÚ ČSAV v Brně 4, 3.

Kienast, W., 1978: Germanische Treue und „Königsheil“. HZ 227, S. 265—324.

Klanica, Z., 1970: Velkomoravský gombík. AR 22, S. 421—446.

— 1974: Práce klenotníků na slovanských hradištích. Studie AÚ ČSAV v Brně 2, 6.

Klápště, J., 1978: Středověké osídlení Černokostelecka. PA 69, S. 423—475.

—, J. *Žemlička*, 1979: Studium dějin osídlení v Čechách a jeho další perspektivy. ČSČH 27, S. 884—906.

Kloss, F., 1932—1934: Das räumliche Bild der Grundherrschaft in Böhmen bis zum Ende des 12. Jh. Mitt. VGDB 70; 71; 72.

Knorr, A., 1953: Nové hroby ze starší doby hradištní ve středních Čechách. PA 44, S. 220—228.

Knorr, H. A., 1937: Die slawische Keramik zwischen Elbe und Oder. Leipzig. = Mannus-Bücherei 58.

Koch, U., 1977: Das Reihengräberfeld bei Schretzheim. Berlin. = Germ. Denkmäler d. Völkerwanderungszeit A, 13.

Kocka, J., 1975: Theorien in der Sozial- und Gesellschaftsgeschichte. Vorschläge zur historischen Schichtungsanalyse. Geschichte und Gesellschaft 1, S. 9—42.

Köhler, R., 1975: Untersuchungen zu Grabkomplexen der älteren römischen Kaiserzeit in Böhmen unter Aspekten der religiösen und sozialen Gliederung. Neumünster.

Kos, M., 1936: Libellus de conversione Bagoariorum et Carantanorum. Laibach.

Koss, R., 1920: Zur Frage nach der Entstehung und Entwicklung des böhmischen Herrenstandes. Prag.

Kossack, G., 1974: Prunkgräber. Bemerkungen zu Eigenschaften und Aussagewert. In: Studien zur vor- und frühgeschichtl. Archäologie. Festschrift für J. Werner zum 65. Geb. 1. München, S. 3—33.

Kossmann, O., 1979: Bauernfreiheit im mittelalterlichen Böhmen und Polen. ZfO 28, S. 193—237.

Kovářík, J., 1976: Výzkum slovanského pohřebiště v Praze 5 — Motole v roce 1975. AR 28, S. 515—521.

Kowalski, T., 1946: Relatio Ibrāhīm ibn Ja'kūb de itinere slavico, quae traditur apud al-Bekri. MPH S. N. I. Kraków.

Králík, O., 1971: Filiace vojtěšských legend. Praha.

— 1978: Kosmova kronika a predchozí tradice. Praha.

Kroeschell, K., 1960: Die Sippe im germanischen Recht. ZRG GA 77, S. 1—25.

— 1968: Haus und Herrschaft im frühen deutschen Recht. Göttingen.

Krofta, K., 1919 (Nachdruck 1949): Přehled dějin selského stavu. Praha. = Dílo Kamila Krofty 3.

Krumphanzlová, Z., 1961: K otázce vampyrismu na slovanských pohřebištích. PA 52, S. 544—549.

— 1963: Příspěvek k vývoji lidového šperku 10. stol. v Čechách. PA 54, S. 87—113.

— 1964: Zvláštnosti ritu na slovanských pohřebištích v Čechách. VPS (ODS) 5, S. 177—215.

— 1965: Skleněné perly doby hradištní v Čechách. PA 56, S. 161—188.

— 1966: Der Ritus der slawischen Skelettfriedhöfe der mittleren und jüngeren BWZ in Böhmen. PA 57, S. 277—327.

— 1966 a: Cimitière de Lahovice près de Prague (Bohême). In: Investigations archéologiques en Tchécoslovaquie. Praha, S. 234.

— 1971: Počátky křest'anství v Čechách ve světle archeologických pramenů. PA 62, S. 406—456.

— 1972: Die Ausstattung der Burgwallzeitfriedhöfe in Böhmen und ihre rituelle Bedeutung. VPS (ODS) 7, 179—206.

— 1974: Chronologie pohřebního inventáře vesnických hřbitovů 9. až 11. věku v Čechách. PA 65, S. 34—110.

— 1979: Některé problémy rozvrstení společnosti podle archeologie. Wie M. Beranová, 1979, S. 29—40.

Krupica, O., 1954: Výskum v Krásne na Slovensku v. r. 1953. AR 6, S. 357—359, 361—368, 419—420, 428—429.

Krusch, B. (Hrsg.), 1888 (Nachdruck 1956): Chronicarum quae dicuntur Fredegarii scholastici libri IV cum continuationibus. MGH SS rer. Merov. II. Hannover, S. 1—193.

Krzemieńska, B., 1962: Písemné a hmotné prameny — historie a archeologie. ČSČH 10, S. 367—376.

— 1977: Politický vzestup českého státu za knížete Oldřicha (1012—1034). ČSČH 25, S. 246—272.

— , D. *Třeštík*, siehe D. Třeštík.

Kudrnáč, J., 1951: Slované v západních Čechách. AR 3, S. 185—190, 198—200, 217, 280, 289.

— 1952: Slovanské mohyly při horním toku Mže. AR 4, S. 487—490, 502, 552 bis 553, 557.

— 1958: Staroslovanské obilnářství v českých zemích. PA 49, S. 478—498.

— 1963: Vývoj slovanského osídlení mezi pražským Povltavím, Labem, Sázavou a Výrovkou. PA 54, S. 173—223.

— 1963 a: Slovanský výzkum v Čechách po r. 1945. AR 15, S. 625—662.

— 1966: Die slawischen eingetieften Wohnstätten. VPS (ODS) 6, S. 197—221.

— 1970: Klučov. Praha.

Kürbis, B., 1962: L'historiographie médiévale en Pologne. Acta Poloniae historica 6, S. 7—34.

Kurze, F. (Hrsg.), 1890 (Nachdruck 1978): Reginonis Abbatis Prumiensis Chronicon. MGH SS rer. germ. in us. schol. L, Hannover.

Kunst, M., 1978: Arm und Reich — Jung und Alt. Offa 35, S. 86—109.

Kurze, F., 1891 (Nachdruck 1978): Annales Fuldenses. MGH SS rer. Germ. in us. schol. VII. Hannover.

— 1895: Annales regni Francorum. MGH SS rer. Germ. in us. schol. VI. Hannover.

Kytlicová, O., 1968: Slovanské pohřebiště v Brandýsku. PA 59, S. 193—248.

Labuda, G., 1949: Pierwsze państwo słowiańskie. Państwo Samowa. Poznań.

— 1949—1950: Wogastis-Burg. Sl. Ant. 2, S. 241—252.

— 1957: Gdzie pisano najdawniejsze roczniki polskie? RH 23, S. 79—97

Lammers, W., 1964: Das Hochmittelalter bis zur Schlacht von Bornhöved. O. Klose (Hrsg.): Geschichte Schleswig-Holsteins 4, 2. Neumünster.

— (Hrsg.), 1965: Geschichtsdenken und Geschichtsbild im Mittelalter. Darmstadt. = Wege der Forschung 21.

Last, M., siehe *H. Steuer.*

Leciejewicz, L., 1954—1956: Cmentarzysko w Birce. Próba interpretacji społecznej. Archeologia Warszawa 6, S. 141—159.

Leuschner, D., 1974: Einführung in die numerische Taxonomie. Jena.

Libal, D., 1961: Architektura románská. In: Architektura v českém národním dědictví. Praha.

Lippert, J., 1896: Socialgeschichte Böhmens 1; 2. Prag, Wien, Leipzig.

— 1902: Über den Ursprung des Adels an der Hand der Geschichte des Adels in Böhmen. Zeitschrift für Socialwissenschaften 5, S. 398—408.

Lohmann, H. E., P. *Hirsch* (Hrsg.), 1935: Die Sachsengeschichte des Widukind von Korvei. MGH SS rer. Germ. in us. schol. LX. Hannover.

Loserth, J., 1884: Der Sturz des Hauses Slawnik. Ein Beitrag zur Geschichte der Ausbildung des böhmischen Herzogthums. AÖG 65, S. 19—54.

Łosiński, W., 1958: Wczesnośredniowieczne cmentarzysko w Cewlinie, pow. Koszalin. Materiały zachodnio-Pomorskie 4, S. 251—284.

Lotter, F., 1976: Severinus von Noricum. Legende und historische Wirklichkeit. Stuttgart. Monographien zur Geschichte des Mittelalters 12.

Łowmiański, H., 1970: Początki Polski 4. Warszawa.

— 1979: Religia Słowian i jej upadek (w. VI—XII). Warszawa.

Ludvíkovský, J., 1951: La légende du prince-laboureur Přemysl et sa version primitive chez le moine Christian. In: Charisteria Thaddaeo Sinko oblata. Warszawa, S. 151—168.

— 1955: Crescente fide, Gumpold a Kristián. Sborník práci fil. fakulty Brněnské university D 1, S. 48—63.

— 1958: Nově zjištěný rukopis legendy Crescente fide a jeho význam pro datování Kristiána. Listy filologické 81, S. 56—68.

— 1964: Kristián či tzv. Kristián. Sborník prácí fil. fakulty Brněnske university 13, E 9, S. 139—147.

— 1965: The Great-Moravian tradition in the 10cent. Bohemia and Christian's Legend. In: Magna Moravia. Praha, S. 525—566.

— 1978: Kristiánová Legenda. Praha.

Machek, V., 1947: Essai comparatif sur la mythologie slave. Revue des Études slaves 23, S. 48—65.

Machilek, F., 1974: Reformorden und Ordensreform in den böhmischen Ländern vom 10. bis 18. Jh. In: F. Seibt (Hrsg.): Bohemia Sacra. Schwann, S. 63—80.

Macůrek, J., 1965: La mission byzantine en Moravie au cours des années 863—885 et la portée de son héritage dans l'histoire de nos pays et de l'Europe. In: Magna Moravia. Praha, S. 17—70.

Maleczyński, K. (Hrsg.), 1952: Galli Anonymi cronica et gesta ducum sive principum Polonorum. MPH N. S. II. Kraków.

Maličký, J., 1962: Slovanské kostrové hroby na Hořovicku. AR 14, S. 155—158, 166.

Marquart, J., 1903: Osteuropäische und ostasiatische Streifzüge. Leipzig. 2. Aufl. Darmstadt 1961.

Martin, M., 1976: Das fränkische Gräberfeld von Basel—Bernerring. Mainz.

Mayer, Th., 1929: Zu Fredegars Bericht über die Slawen. MIÖG Erg. Bd. 11, S. 114—120.

— 1937: Die Entstehung des „modernen" Staates im Mittelalter und die freien Bauern. ZRG GA 57, S. 210—288.

— 1943: Königtum und Gemeinfreiheit im frühen Mittelalter. DA 6, S. 329—362. Nachdruck in: Th. Mayer 1959: Mittelalterliche Studien. Gesammelte Aufsätze. Lindau, Konstanz. Nachdruck Darmstadt 1963, S. 139—163.

— 1963: Die Königsfreien und der Staat des frühen Mittelalters. In: Das Problem der Freiheit in der deutschen und schweizerischen Geschichte. Darmstadt, S. 7—56. = Vorträge und Forschungen 2.

Merhautová, A., 1971: Raně středověká architektura v Čechách. Praha.

Meyer, C. H., 1931: Fontes historiae religionis Slavicae. Berlin. = Fontes historiae religionum IV.

Mitteis, H., 1933: Lehnrecht und Staatsgewalt. Weimar. Nachdruck Darmstadt 1958.

Mitterauer, M., 1977: Probleme der Stratifikation in mittelalterlichen Gesellschaftssystemen. In: J. Kocka (Hrsg.): Theorien in der Praxis des Historikers. Geschichte und Gesellschaft, Sonderheft 3, S. 13—43.

Modzelewski, K., 1961: Z badań nad organizacją służebną w Polsce wczesnofeudalnej. KHKM 9, S. 703—741.

— 1964: La division autarchique du travail à l'échelle d'un État: L'organisation „ministèriale" en Pologne médiévale. Annales ÉSC 19, S. 1125—1138.

— 1975: Organizacja gospodarcza państwa piastowskiego X.—XIII. w. Wrocław.

Montelius, O., 1903: Die typologische Methode. Stockholm.

Moosbrugger-Leu, R., H. *Keller*, 1979: Der Adel. In: Ur- und frühgeschichtl. Archäologie der Schweiz 6. Das Frühmittelalter.

Motyková-Šnejdrová, K., 1967: Weiterentwicklung und Ausklang der älteren römischen Kaiserzeit in Böhmen. Prag.

Müller, H. F., 1976: Das alamannische Gräberfeld von Hemmingen (Kreis Ludwigsburg). Stuttgart. = Forsch. u. Ber. Vor- u. Frühgesch. Baden-Württ. 7.

Müller-Mertens, E., 1963: Karl der Große, Ludwig der Fromme und die Freien. Berlin.

Musianowicz, K., 1948—1949: Kabłączki skroniowe — próba typologii i chronologii. Światowit 20, S. 115—232.

Nadolski, A., 1956: Polskie siły zbrojne w czasach Boleslawa Chrobrego. AAU Łodż.

Nechvátal, B., 1965: Výzkum mladohradištního pohřebiště v Radomyšli v roce 1964. AR 17, S. 368—380, 383—387, 389—392.

— 1967: „Vampyrismus" na pohřebišti v Radomyšli. AR 19, S. 478—500.

— 1979: Frühmittelalterliche Reliquienkreuze aus Böhmen. PA 70, S. 213—251.

— , P. *Radoměrský*, 1964: Mladohradištní pohřebiště v Radomyšli u Strakonic. AR 16, S. 655—656, 659—663, 665—685.

Nekuda, V., 1975: Pfaffenschlag. Brno.

Neuffer, E., 1965: Eine statistische Bearbeitung von Kollektivfunden. Bonner Jahrbücher 165, S. 28—56.

— 1972: Der Reihengräberfriedhof von Donzdorf (Kreis Göppingen). Stuttgart. = Forsch. u. Ber. Vor- u. Frühgesch. Baden-Württ. 2.

Neuffer-Müller, Ch., 1966: Ein Reihengräberfriedhof in Sontheim an der Brenz (Kreis Heidenheim). Stuttgart.

— 1972: Das fränkische Gräberfeld von Iversheim, Kreis Euskirchen. Berlin. = Germ. Denkmäler d. Völkerwanderungszeit B, 6.

—, *H. Ament*, 1973: Das fränkische Gräberfeld von Rübenach, Stadt Koblenz. Berlin. = Germ. Denkmäler d. Völkerwanderungszeit B, 7.

Neustupný, J., 1938: Slovanský žárový hřbitov v Jerusalemě u Příbramě. ČNM 112, S. 163—164.

Niederle, L., 1911; 1924 (2. Aufl.); 1921: Život starých Slovanů 1; 2; 3. Praha.

— 1925 (2. Aufl.); 1906; 1927 (2. Aufl.); 1924 a: Slovanské starožitnosti. 1, 1—2; 2, 1—2; 3; 4. Praha.

— 1923: Manuel de l'antiquité slave 1. Paris.

— 1931 (2. Aufl. 1953): Rukovět' slovanských starožitností. Praha.

Nohejlová-Prátová, E., 1956: Česká numismatika a historie. ČSČH 4, S. 365—388.

Novotný, V., 1912; 1913: České dějiny 1, 1; 1, 2. Praha.

Nový, R., 1968: Die Anfänge des Böhmischen Staates 1. Praha.

— 1972: Přemyslovský stát 11. a 12. století. Praha.

Olmerová, H., 1954: Slovanské pohřebiště v Raděticích u Příbramě. AR 6, S. 209—211.

— 1959: Slovanské pohřebiště v Raděticích, okr. Příbram. PA 50, S. 227—245.

Ottinger, I., 1974: Waffenbeigabe in Kindergräbern. Ein Beitrag zur Beigabensitte der jüngeren Kaiserzeit und der Merowingerzeit. In: Studien zur vor- und frühgeschichtl. Archäologie. Festschrift für J. Werner zum 65. Geb. 1. München, S. 387—410.

Palacký, F., 1848—1867 (Ausg. 1939): Dějiny národu českého v Čechách a na Moravě 1—5. Praha. Deutsche Übersetzung 1836—1867: Geschichte von Böhmen 1—5. Prag.

Palm, T., 1937: Wendische Kultstätten. Lund.

Patze, H., 1963: Die Pegauer Annalen, die Königserhebung Wratislaws von Böhmen und die Anfänge der Stadt Pegau. JGMO 12, S. 1—62.

Paulsen, P., H. *Schach-Dörges*, 1978: Das alamannische Gräberfeld von Giengen an der Brenz (Kreis Heidenheim). Stuttgart. = Forsch. u. Ber. Vor- u. Frühgesch. Baden-Württ. 10.

Peisker, J., 1890: Die Knechtschaft in Böhmen. Prag.

Pekař, J., 1906: Die Wenzels- und Ludmilalegenden und die Echtheit Christians. Prag.

Périn, P., 1972: Trois tombes de „Chefs“ du début de la période mérovingienne: Les Sépultures Nos. 66, 68 et 74 de la nécropole de Mézières (Ardennes). Bull. de la Soc. Arch. Champenoise 65, N. 4, S. 3—70.

— 1974: Découverte de la sépulture datée d'un chef franc contemporain de Clovis. Actes du 95e congrès des Sociétés savantes Reims 1970. Sect. d'Arch. et d'Hist. d'Art, S. 367—396.

Pertz, G. H., 1826 (Nachdruck 1963): Annales St. Amandi. MGH SS I. Hannover.

— 1839 (Nachdruck 1963): Chronicon Moissiacense. MGH SS II. Hannover.

— 1839 (Nachdruck 1963): Annales Hildesheimenses, Quedlinburgenses, Weissenburgenses. MGH SS III. Hannover.

— 1844 (Nachdruck 1963): Hermann von Reichenau. Chronik. MGH SS V. Hannover.

— 1859 (Nachdruck 1963): Annales Pegavienses. MGH SS XVI. Hannover.

Peterka, O., 1928—1933: Rechtsgeschichte der böhmischen Länder. Reichenberg. Nachdruck Aalen 1965.

Píč, J. L., 1893: Archeologický výzkum ve středních Čechách. Praha. (Auch in: PA 16, 1893).

— 1899—1909: Starožitnosti země České 1, 1—2; 2, 1—3; 3, 1. Praha.

Pirling, R., 1974: Das römisch-fränkische Gräberfeld von Krefeld-Gellep 1960—1963. Berlin. = Germ. Denkmäler d. Völkerwanderungszeit B., 8.

Plaschka, R. G., 1955: Von Palacký bis Pekař. Graz, Köln.

Pleiner, R., 1958: Základy slovanského železářského hutnictví v českých zemích. Praha.

— 1979: K vývoji slovanské nožírské techniky v Čechách. AR 31, S. 245—256. 354—360.

Pleinerová-Hnízdová, I., 1957: Slovanské hroby na dole Ležáky I v Mostě. AR 9, S. 215—216, 272—273.

Poulík, J., 1948: Staroslovanská Morava. Praha.

— 1957: Výsledky výzkumu na velkomoravském hradišti „Valy" u Mikučic I. PA 48, S. 241—388.

— 1963: Staří Moravané budují svůj stát. Gottwaldov.

— 1963 a: Dvě velkomoravské rotundy v Mikulčicích. Praha.

— 1975: Mikulčice. Praha.

Preidel, H., 1930: Die germanischen Kulturen in Böhmen und ihre Träger 1. Kassel.

— 1938: Das Begräbnis eines wikingischen Kriegers in Saaz, Böhmen. MAGW 68, S. 88—98.

— 1939: Der Silberschatz von Saaz. Mannus 31, S. 538—589.

— 1954—1957: Die Anfänge der slawischen Besiedlung Böhmens und Mährens 1; 2. Gräfelfing bei München.

— 1961—1964: Slawische Altertumskunde des östlichen Mitteleuropas im 9. und 10. Jh. 1; 2. Gräfelfing bei München.

Prinz, F., 1973: Gesellschaftliche Aspekte frühmittelalterlicher Hagiographie. Zeitschr. f. Literaturwissenschaft und Linguistik 11, S. 17—36.

— 1981: Europäische Aspekte der Geschichte Böhmens. ZfO 30, S. 1—18.

Profous, A., 1949—1960: Místní jména v Čechách. Jejich vznik, původní význam a změny 1—5. Praha.

Radoměrský, P., 1955: Obol mrtvých u Slovanů v Čechách a na Moravě. Sborník Národního Muzea v Praze A —hist., 9, 2. Praha.

— 1956: České, moravské slezské nálezy mincí údobí denárového (10.—12. století). In: Nálezy mincí v Čechách, na Moravě a ve Slezsku 2, Praha, S. 5—73.

Ranke, K., 1951: Indogermanische Totenverehrung 1. Helsinki.

Reinecke, P., 1925: Reihengräber und Friedhöfe der Kirchen. Germania 9, S. 103—107.

— 1925 a: Unsere Reihengräber der Merowingerzeit nach ihrer geschichtlichen Bedeutung. Bayer. Vorgeschichtsfreund 5, S. 54—64.

Richter, K., 1967: Die böhmischen Länder im Früh- und Hochmittelalter. In: K. Bosl (Hrsg.): Handbuch der Geschichte der böhmischen Länder 1. Stuttgart, S. 165—347.

Richter, M., V. *Vokolek,* 1975: Hradec Králové na počátku dějin. Hradec Králové.

Robinson, I. St., 1980: Die Chronik Hermanns von Reichenau und die Reichenauer Kaiserchronik. DA 36, S. 84—136.

Roosens, H., J. *Gyselinck,* 1975: Een merovingisch Grafveld te Beerlegem. Brüssel. = Arch. Belgica 170.

Roubík, F., 1959: Soupis a mapa zaniklých osad v Čechách. Praha.

Sasse, B., 1977: Versuch einer statistischen Systematik der jungbronzezeitlichen Hortfunde im Mittelelbe-Saale-Gebiet. Jahresschr. mitteldt. Vorgesch. 61, S. 53—84.

— 1980: Die Schichtung der Bevölkerung Böhmens im hohen Mittelalter. In: W. H. Fritze (Hrsg.): Germania Slavica I, S. 99—142. = Berliner Historische Studien 1.

Savigny, F. K., 1836: Beitrag zur Rechtsgeschichte des Adels im neueren Europa. Abh. Preuß. Akademie.

Salin, E., 1949—1959: La civilisation Mérovingienne 1—4. Paris.

Saturnik, T., 1936: Tributum pacis. In: Pocta k 60. nar. A. Hozby. Praha, S. 16—28.

Schlesinger, W., 1953: Herrschaft und Gefolgschaft in der germanisch-deutschen Verfassungsgeschichte. HZ 176, S. 225—275.

— 1963: Randbemerkungen zu drei Aufsätzen über Sippe, Gefolgschaft und Treue. In: Alteuropa und die moderne Gesellschaft. Festschrift für O. Brunner, Göttingen, S. 11—59.

— 1974: Archäologie des Mittelalters in der Sicht des Historikers. Zeitschr. f. Arch. des Mittelalters 2, S. 7—31.

Schmale, F. J., siehe Wattenbach.

Schmale, F. J., 1975: Die österreichische Annalistik im 12. Jh. DA 31, S. 144—203.

Schmid, H. F., 1926: Die Burgbezirksverfassung bei den slavischen Völkern in ihrer Bedeutung für die Geschichte ihrer Siedlung und ihrer staatlichen Organisation. Jb. f. Kultur und Gesch. d. Slaven, NF 2, 2, S. 81—132.

— 1926 (1938): Die rechtlichen Grundlagen der Pfarrorganisation auf westslawischem Boden und ihre Entwicklung während des Mittelalters. ZRG KA 15. Monographie Weimar 1938.

Schmid, K., 1957: Zur Problematik von Familie, Sippe und Geschlecht, Haus und Dynastie beim mittelalterlichen Adel. ZGORh 105, S. 1—62.

Schmidt, B., 1961—1970: Die späte Völkerwanderungszeit in Mitteldeutschland. Berlin. = Veröffentl. d. Landesmus. f. Vorgesch. Halle 18, 25; 29.

— 1975: Reihengräber und ihre historische Interpretation. In: Römer und Germanen in Mitteleuropa. Berlin, S. 203—207.

Schmidt, V., 1893—1895 (1896): Archeologický výzkum údolí Svatojiřského. PA 16, S. 1—30, 362—386.

Schmitt, J., 1977: Untersuchungen zu den liberi homines der Karolingerzeit.

Schneeweis, E., 1961: Serbokroatische Volkskunde 1. Volksglaube und Volks-
Frankfurt a. M., Bern = Europäische Hochschulschriften Reihe III, 83.
brauch. Berlin.

Schneider, R., 1964: Brüdergemeine und Schwurfreundschaft. Der Auflösungsprozeß des Karlingerreiches im Spiegel der caritas-Terminologie in den Verträgen der karlingischen Teilkönige des 9. Jahrhunderts. Lübeck, Hamburg. = Historische Studien 388.

— 1972: Königswahl und Königserhebung im Frühmittelalter. Untersuchungen zur Herrschaftsnachfolge bei den Langobarden und Merowingern. Stuttgart. = Monographien zur Geschichte des Mittelalters 3.

Schránil, J., 1925: Několik příspěvků k poznání kulturních proudů v zemích českých v X. a XI. věku. OP 4, S. 160—194. = Niederlův sborník.

— 1928: Die Vorgeschichte Böhmens und Mährens. Berlin, Leipzig.

Schultze, J., 1965: Der Balsamgau in den Pegauer Annalen. Ein Beitrag zu deren Kritik. JGMO 13/14. S. 370—378.

Schulze, H. K., 1973: Die Grafschaftsverfassung der Karolingerzeit in den Gebieten östlich des Rheins. Berlin.

— 1978: Reichsaristokratie, Stammesadel und Fränkische Freiheit. HZ 227, S. 353—373.

Schwarz, E., 1961 (2. Aufl.): Die Ortsnamen der Sudetenländer als Geschichtsquelle. München.

Sedláček, A., 1890: Gedanken über den Ursprung des böhmisch-mährischen Adels. Sitzungsber. d. kgl. Böhm. Gesellsch. d. Wiss., S. 229—243.

Seibt, F., 1965: Land und Herrschaft in Böhmen. HZ 200, S. 284—315.

— 1967: Die Zeit der Luxemburger und der hussitischen Revolution. In: K. Bosl (Hrsg.): Handbuch der Geschichte der böhmischen Länder 1. Stuttgart, S. 351—568.

Šikulová, V., 1958—1959: Moravská pohřebiště z mladší doby hradištní. Pravěk východní Moravy 1, Gottwaldov, S. 88—162.

Šimák, J. V., 1938: České dějiny 1, 5. Středověka kolonisace v zemích českých. Praha.

Škrdle, F., 1927: Kostrové hroby z první doby křesťianské v Chotusicích u Čáslavě. PA 35, S. 573—578.

— 1928—1930: Řadové hroby kostrové z prvé doby křesťianské ve Vrdech u Čálavě. PA 36, S. 124—125.

— 1932: Kostrové hroby z první doby křesťianské v Netřebi u Církvice. PA 38, S. 68—70.

Sláma, J., 1957: K chronologické průkaznosti náušnice s několikanásobnou esovitou smyčkou. AR 9, S. 250—268.

— 1963: K česko-polským stykům v 10. a 11. století. VPS (ODS) IV, 1963, S. 221—269.

— 1967: Příspěvek k vnitřní kolonisaci raně středověkých Čech. AR 19, S. 433—445.

— 1971: K počátkům slovanského osídlení západních Čech. AR 23, S. 725—741.

— 1974: K historickému významu budečského hradiště. AR 26, S. 34—50.

— 1977: Mittelböhmen im frühen Mittelalter. Prag. = Praehistorica 5.

— , *J. Frolík*, 1981: Nově zjistěné nálezy z minulého století ze slovanského hřbitova v Zákolanech, okr. Kladno. AR 33, S. 427—429.

Slavík, J., 1934: Mladší slovanská legenda o sv. Václavu a jeji význam pro kritiku legend latinských. Svatováclavský sborník 1, Praha, S. 842—862.

Šmelhaus, V., 1964: Kapitoly z dějin předhusitského zemědělství. Praha. = Rozpravy ČSAV 74, 9, spol. vědy.

Smetánka, Z., 1965: Současný stav archeologického výzmuku hmotné kultury zemědělských osad X.—XV. století v Čechách. ČSČH 13, S. 239—268.

— 1973: Přispěvek k chronologické problematice pozdní doby hradištní. PA 64, S. 463—486.

— 1974: Die Archäologie und das mittelalterliche Dorf in Böhmen. Rückblick, Gegenwart, Perspektive. Zeitschr. f. Arch. d. Mittelalters 2, S. 121—127.

— 1978: Přírodní poměry a osídlování Čech v 10.—13. století. Arch. historica 3, S. 331—334.

— , L. *Hrdlička*, M. *Blajerová*, 1973: Výzkum slovanského pohřebiště za Jízdárnou na Pražském hradě. AR 25, S. 265—270, 369.

— 1974: Výzkum slovanského pohřebiště za jízdárnou Pražského hradu v roce 1973. AR 26, S. 386—405, 433—438.

— , J. *Klápště*, 1975: Archeologie a česká vesnice 10.—13. století. AR 27, S. 286—296.

Šmilauer, V., 1960: Osídlení Čech ve světle místních jmen. Praha.

Sokal, R. R., P. H. *Sneath*, 1963: Principals in Numerical Taxonomy. San Francisco, London.

Šolle, M., 1946: Budeč, kmenové hradisko Čechů. OP 13, S. 9—12.

— 1959: Knížecí pohřebiště na Staré Kouřimi. PA 50, S. 353—506.

— 1959 a: Pohřebiště zlických knížat. AR 11, S. 46—48, 59—70, 73—86.

— 1963: Význam Kouřimě v počátcích českého státu. PA 54, S. 67—86.

— 1963 a: Statistický rozbor kouřimské keramiky z 9.—10. svoletí. AR 15, S. 177—196.

— 1966: Stará Kouřim. Praha.

— 1966 a: Zur gesellschaftlich-geschichtlichen Entwicklung der westslawischen Burgwälle nach archäologischer Forschung. VPS (ODS) 6, S. 115—151.

— 1969: Kouřim v mladší a pozdní době hradištní. PA 60, S. 1—124.

— 1972: Zur Entwicklung der frühmittelalterlichen slawischen Keramik im Bereiche Ostböhmens. VPS (ODS) 7, S. 141—177.

— 1973: Kirche und Friedhof auf frühgeschichtlichen Wehranlagen in Böhmen: In: Ber. II int. Kongr. f. slaw. Arch. 3. Berlin, S. 383—391.

— 1977: Hradsko u Mšena I. PA 68, S. 323—393.

— 1979: K problému historicko-společenské diferenciace slovanské populace na základě výzkumu nově zkoumaných hradských pohřebišť. Wie M. Beranová, 1979, S. 41—51.

— 1980: Slovanská pohřebiště u hradských center a proces christianizace. In: IV. Medzinárodny Kongres Slovanskej Archeológie. Zborník referátov ČSSR. Nitra, S. 174—176.

— 1980 a: Objev mikulčicko-blatnického křížku na Budči a jeho význam. AR 32, S. 265—273, 358—359.

Soudská, E., 1954: Zbraně v našich hradištních hrobech. ČNM 123, S. 7—27.

Špaček, J., 1971: Slovanské pohřebiště s projevy vampyrismu z Čelákovic. ČMN 140, 3—4, S. 190—217.

Spörl, J., 1933: Das mittelalterliche Geschichtsdenken als Forschungsaufgabe. Hist. Jahrb. d. Görres-Gesellschaft 53, S. 281—303. Nachdruck in: W. Lammers (Hrsg.), 1965, S. 1—29.

— 1935: Grundformen hochmittelalterlicher Geschichtsanschauung. München. Sonderausgabe in der Reihe „Libelli" Darmstadt 1968.

— 1956: Die „civitas Dei" im Geschichtsdenken Ottos von Freising. La Ciudad de Dios, Rev. Agustin. de cult. e investigac. Estudios sobre la „Ciudad de Dios" 2, S. 577—596. Nachdruck in: W. Lammers (Hrsg.), 1965, S. 298—320.

Sprandel, R., 1963: Grundherrlicher Adel, rechtsständische Freiheit und Königszins. Untersuchungen über die alemannischen Verhältnisse in der Karolingerzeit. DA 19, S. 1—29.

Staber, J., 1970: Die älteste Lebensbeschreibung des Fürsten Wenzeslaus und ihr Ursprungsort Regensburg. In: Das heidnische und christliche Slaventum. Acta II. Congr. Intern. Hist. Slav. Salisburgo-Ratisbonensis a. 1967 celeb., S. 183—193.

Stein, F., 1967: Adelsgräber des achten Jahrhunderts in Deutschland. Berlin. = Germ. Denkmäler d. Völkerwanderungszeit A, 9.

Steinhausen, D., K. *Lange*, 1977: Clusteranalyse. Berlin, New York.

Štěpánek, M., 1965: Opevněná sídliště 8.—12. století ve střední Evropě. Praha.

— 1967: Die Entwicklung der Burgwälle in Böhmen vom 8. bis 12. Jh. In: F. Graus, H. Ludat (Hrsg.), S. 49—69.

Steuer, H., 1968: Zur Bewaffnung und Sozialstruktur der Merowingerzeit. Nachr. aus Niedersachsens Urgesch. 37, S. 18—87.

— 1979: Frühgeschichtliche Sozialstrukturen in Mitteleuropa. Zur Analyse der Auswertungsmethoden des archäologischen Quellenmaterials. In: H. Jankuhn, R. Wenskus (Hrsg.): Geschichtswissenschaft und Archäologie. Sigmaringen, S. 595—633 = Vorträge und Forschungen 22.

—, M. *Last*, 1969: Zur Interpretation der beigabenführenden Gräber des 8. Jahrhunderts im Gebiet rechts des Rheins. Nachr. aus Niedersachsens Urgesch. 38, S. 25—88.

Stloukal, K., 1964: Rozdíly ve výbavě mužských a ženských slovanských hrobů. AR 16, S. 101—112, 117.

— 1979: Problematika a úkoly antropologického výzkumu starých Slovanů. Wie M. Beranova, 1979, S. 89—97.

Stoll, H., 1939: Die Alamannengräber von Hailfingen in Württemberg. Berlin. = Germ. Denkmäler der Völkerwanderungszeit 4.

Struve, K. W., 1959—1961: Die slawischen Burgen in Wagrien. Offa 17—18, S. 57—108.

— 1975: Ziel und Ergebnisse von Untersuchungen auf drei slawischen Burgwällen Ostholsteins. In: Ausgrabungen in Deutschland 3. Mainz, S. 98—122.

Šusta, J., 1899: Otroctví a velkostatek. ČČH 5, S. 34—43, 86—97.

Svoboda, B., 1963: Hradištní pohřebiště s dřevěnou stavbou v Žalanech u Teplic. PA 54, S. 266—307.

Točík, A., 1955: Nové výskumy na pohrebištiach z X. a XI. st. na Slovensku. AR 7, S. 489—494, 497—501.

Török, G., 1962: Die Bewohner von Halimba im 10. und 11. Jh. Budapest. = Arch. Hungarica N. S. 39.

Třeštík, D., 1960: Kosmas a Regino. Ke kritice Kosmovy kroniky. ČSČH 8, S. 564—587.

— 1965: Kosmovo pojetí přemyslovské pověsti. ČL 52, S. 305—314.

— 1967: Miscellanea k I. staroslovanské legendě o Sv. Václavu. ČSČH 15, S. 337—343.

— 1967 a: Radim, Kristián, vojtěšské legendy a textologie. ČSČH 15, S. 691 bis 704.

— 1968: Kosmova kronika. Praha.

— 1969: Miscellanea zu den st. Wenzelslegenden II: Laurentius aus Monte Cassino und Laurentius aus Amalfi. Mediaevalia Bohemica 1, S. 73—92.

— 1971: K sociální struktuře přemyslovských Čech. Kosmas o knížecím vlastnictví půdy a lidí. ČSČH 19, S. 537—567.

— 1979: Proměny české společnosti ve 13. století. Folia hist. bohemica 1, S. 131—154.

— 1981: Počátky Přemyslovců. Praha.

—, B. *Krzemieńska*, 1964: Služebna organizace v raně středověkých Čechách. ČSČH 12, S. 637—667.

— 1965: Přemyslovská hradiště a služebná organizace přemyslovského státu. AR 17, S. 624—644, 649—655.

— 1967: Zur Problematik der Dienstleute im frühmittelalterlichen Böhmen. In: F. Graus, H. Ludat (Hrsg.), S. 70—98.

—, 1979: Hospodářské základy raně středověkého státu ve střední Evropě. ČSČH 27, S. 113—130.

Tschižewskij, D. (Hrsg.), 1969: Die Nestorchronik. Wiesbaden. = Slavistische Studienbücher 6.

Turek, R., 1936—1938: Hradištní hroby z Horních Stakor. PA, S. 133.

— 1940: K pohřebnímu ritu slovanských mohyl. ČNM 114, S. 1—16.

— 1943—1946: Slovanské mohyly u Pňovic. PA 32, S. 105—122.

— 1946: Slavníkova Libice. Praha.

— 1946 a: Prachovské Skály na úsvitě dějin. Praha.

— 1946 b: Rozšíření slovanských žárových mohyl v Čechách. ČSPS 51—53, S. 25—37.

— 1947—1948: K počátkům Prahy. PA 43, S. 59—94.

— 1948: České hradištní nálezy, datované mincemi. Sl. Ant. 1, S. 485—534.

— 1948 a: Želenické pohřebiště. Hist. Slov. 5, S. 163—183.

— 1950: Slovanské osídlení Chebska. OP 14, S. 401—446.

— 1952: Kmenová území v Čechách. ČNM 121, S. 3—43.

— 1952 a: Slovanské mohyly u Veselí nad Lužnicí. AR 4, S. 399—400, 409—413.

— 1953: Výzkum v Libici nad Cidlinou v roce 1952. AR 5, S. 609—621, 632 bis 635.

— 1953 a: Hradištní kostrové hroby v Libži u Vlašimě. AR 5, S. 47, 56—58, 140.

— 1954—1956: Mohyly českých Charvátů. Sl. Ant. 5, S. 103—157.

— 1957: Die frühmittelalterlichen Stämmegebiete in Böhmen. Praha.

— 1958: Slawische Hügelgräber in Südböhmen. Praha.

— 1960: Zeměpisné oblasti Čech v době hradištní. VPS (ODS) 3, S. 299—309.

— 1961: Naše kroniky a archeologie. PA 52, S. 550—561.

— 1962: K západočeské větvi jihočeských slovanských mohyl. ČNM 131, S. 127—134.

— 1962 a: Zlomkové stříbro z kelčského nálezu. Num. Sb. 7, S. 83—118.

— 1936: Čechy na úsvitě dějin. Praha. Deutsche bearbeitete Übersetzung 1974: Böhmen im Morgengrauen der Geschichte. München.

— 1963 a: Archeologie a historie — dnes a zítra. ČSČH 11, S. 193—197.

— 1963 b: Der Burgwall Libice und seine Bedeutung im Rahmen der polnisch-böhmischen Beziehungen des 10.—11. Jh. Sl. Ant. 10, S. 207—247.

— 1963 c: Velkomoravský horizont v českých mohylách. PA 54, S. 224—233.

— 1966: Zur Herkunft der böhmisch-mährischen Hacksilberfunde. VPS (ODS) 6, S. 223—245.

— 1969: Siedlungskonzentrationen an großmährischen und böhmischen Burgwällen des 9. Jh. In: K. H. Otto, J. Herrmann (Hrsg.): Siedlung, Burg und Stadt. Berlin, S. 183—195 = DAW, Schriften Sektion Vor- und Frühgeschichte 25.

— 1971: Libická sídelní aglomerace 9.—10. století. ČNM 140, 3—4, S. 162—188.

— 1975: Listina Jindřicha IV. z 29. dubna 1086 (DH IV 390) a její teritoria. Sl. Ant. 22, S. 69—122.

— 1976: Libice. Pohřebiště na vnitřním hradisku. Sborník Národního muzea v Praze A — hist., 30, 5, S. 249—316.

— 1976 a: Staroplzenecko v časném středověku. Tisíc let Starého Plzence 976 — 1976. Plzeň, S. 24—28.

— 1978: Hroby na libickém vnitřním hradisku. Sborník Národního muzea v Praze A — hist., 32, 1—4, S. 1—150.

— 1980: K otázce knížecích a velmožských dvorců na hradiskách přemyslovských Čech. In: Slované 6.—10. století Sborník referátů ze sympozia Břeclav-Pohansko 1978. Brno, S. 253—267.

Tykva, B., 1969: Slovanské pohřebiště v Zápech, okr. Praha-východ. AR 21, S. 240—242.

Urbánek, R., 1947—1948: Legenda t. zv. Kristiána. 1; 2. Praha.

Uslar, R. v., 1964: Studien zu frühgeschichtlichen Befestigungen zwischen Nordsee und Alpen. Köln, Graz. = Beihefte der Bonner Jahrbücher 11.

Vacek, F., 1905: Sociální dějiny české doby starší. Praha.

— 1917—1919: K agrárním dějinám českým staré doby. Časopis pro dějiny venkova 4—6.

Vajs, J., 1929: Sborník staroslovanských literárních památek o sv. Václavu a sv. Ludmile. Praha.

Váňa, Z., 1952: K otázce kmenových území v severozápadních Čechách. AR 4, S. 436—442.

— 1951: Slovanské hradiště u Zabrušan. AR 3, S. 53—55, 58—60, 90, 95.

— 1955: Vlastislav, Zabrušany, Bílina. ČNM 124, S. 121—137.

— 1956: Lahvovité tvary v západoslovanské keramice. PA 47, S. 105—150.

— 1958: Mísy v západoslovanské keramice. PA 49, S. 185—247.

— 1961: Slovanská keramika zabrušanského typu v severovýchodních Čechách. PA 52, S. 465—476.

— 1961 a: Rez. zu R. Turek, 1958. ČNM 130, S. 115.

— 1966: K vývoji časně středověkých hradišť ve střední Evropě. AR 18, S. 567—580.

— 1968: Vlastislav. Výsledky výzkumu slovanského hradiště v letech 1953—1955 a 1957—60. PA 59, S. 5—192.

— 1970: Einführung in die Frühgeschichte der Slawen. Neumünster.

— 1973: Slovanské hradiště v Levousích (k. o. Křesín, okr. Litoměřice) a otázka rozsahu luckého území. AR 25, S. 271—288.

— 1977: Bílina a Staré Bělsko. PA 68, S. 394—432.

— 1978: Obnovený výzkum Budče v roce 1972. AR 30, S. 372—385, 475—478.

— 1980: Budeč, sídlo prvních českých knížat. Wie M. Šolle, 1980, S. 189—192.

Vaněček, V., 1926: Sedláci-dědici. Praha. = Práce ze seminářů právnické fakulty Karlovy university v Praze 3.

— 1928: Studie o imunitě duchovních statků v Čechách do polovice 14. století. Práce ze semináře českého práva 13. Praha.

— 1930: Komorník a podkomoří. Práce ze semináře ceského práva 15, S. 60—64.

— 1937: Základy právního postavení klášterů a klášterního velkostatku ve starém českém státě. Praha. = Práce ze semináře československých právních dějin na právnické fakultě Karlovy university v Praze 22.

— 1942: Vnitřní organizace Čech a Moravy v době přemyslovské. Věstník české akademie věd a umění 51, S. 13—40.

— 1949: Prvních tisíc let. Praha.

— 1952: Nový text (varianta) dekretů Břetislavových z r. 1039. Sl. Ant. 3, S. 131—135.

— (Hrsg.) 1957: Prameny k dějinám státu a práva v Československu 1. Praha.

— 1963: Souvislost Velké Moravy se slovanským svazem Sámovým? PHS 9, S. 211—226.

Vavřínek, V., 1963: Die Christianisierung und Kirchenorganisation Großmährens. Historica 7, S. 5—56.

— 1966: Die Bedeutung der byzantinischen Mission bei der Christianisierung Großmährens. In: F. Graus, J. Filip, A. Dostál (Hrsg.): Das Großmährische Reich. Praha, S. 221—226.

Večerka, R., 1961: Bohemismy v první stsl. legendě Václavské. Slavia 30, S. 417—422.

Veeck, W., 1926: Der Reihengräberfriedhof von Holzgerlingen. Fundber. aus Schwaben N. F. 3, S. 154—201.

Vocel, J. E., 1845: Grundzüge der böhmischen Altertumskunde. Prag.

— 1853: Archäologische Parallelen 1. Prag.

— 1866—1868: Pravěk země České. Praha.

Vogt, K., 1938: Die Burg in Böhmen. Reichenberg, Leipzig.

Voigt, H. G., 1898: Adalbert von Prag. Ein Beitrag zur Geschichte der Kirche und des Mönchstums im 10. Jh. Berlin.

Waitz, G., 1844—1878: Deutsche Verfassungsgeschichte. Kiel.

— (Hrsg.), 1878 (Nachdruck 1947): Annales Hildesheimenses. MGH SS rer. Germ. in us. schol. VIII. Hannover.

Wallenstein, E., 1893: Eine Gräberstätte bei Dauba. Mitt. des Nordböhm. Excursions-Clubs 16, S. 1—12.

Waldstein-Wartenberg, B., 1966: Die Markwartinger. Gräfelfing bei München.

Warnke, Ch., 1964: Die Anfänge des Fernhandels in Polen. Würzburg.

— 1965: Bemerkungen zur Reise Ibrahim ibn Jakubs durch die Slavenländer im 10. Jh. Abh. z. Agrar- und Wirtschaftsforsch. d. europ. Ostens 32.

Wattenbach, W., 1851 (Nachdruck 1963): Klosterneuenburger Annalen. MGH SS IX.

—, *W. Levison,* 1952—1957: Deutschlands Geschichtsquellen im Mittelalter. Vorzeit und Karolinger 1—3. Weimar.

—, R. Holtzmann, F. J. Schmale, 1967—1971: Deutschlands Geschichtsquellen im Mittelalter. Die Zeit der Sachsen und Salier. Neuausgabe 1—3. Darmstadt.

—, *F. J. Schmale,* 1967—1971: Deutschlands Geschichtsquellen im Mittelalter. Vom Tode Heinrichs V. bis zum Ende des Interregnum. Darmstadt.

Weingart, M., 1934: První česko-církevněslovanská legenda o svatém Václavu. In: Svatováclavský sborník 1, S. 863—1088.

Weizsäcker, W., 1960: Über die Bedeutung des Lehnswesens in den Sudetenländern. In: Studien zum mittelalterlichen Lehenswesen, S. 229—234. = Vorträge und Forschungen 5.

Wenskus, R., 1967: Die slavischen Stämme in Böhmen als ethnische Einheiten. In: F. Graus, H. Ludat (Hrsg.), S. 32—48.

Werner, J., 1950: Zur Entstehung der Reihengräberzivilisation. Arch. Geogr. 1, S. 23—32. Nachdruck in: F. Petri (Hrsg.), 1973, S. 285—325.

— 1950 a: Das alamannische Fürstengrab von Wittislingen. München.

— 1962: Die Langobarden in Pannonien. München.

Wernli, F., 1959: Die mittelalterliche Bauernfreiheit. Affoltern a. A.

Widajewicz, J., 1951: Studia nad relacją o słowianach Ibrahima ibn Jakuba. Rozprawy Wydz. histor.-filoz. PAN, Ser. 2, 46, 1. Deutsche Übersetzung: Wissenschaftl. Übersetzungen des J. G. Herder-Instituts Marburg, 7.

Wiegelmann, G., 1966: Der lebende Leichnam im Volksbrauch. Zeitschr. f. Volkskunde 62, S. 161—183.

Wienecke, E., 1940: Untersuchungen zur Religion der Westslawen. Leipzig.

Wiklak, H., 1960: Cmentarzysko z XII. i XIII. w. w Poddębicach. Prace i materiały ser. arch. 5, Łódź, S. 183—207.

Wilke, G., 1924—1932: Stichworte „Totenkultus“, „Bootsgrab“. In: M. Ebert (Hrsg.), Reallexikon der Vorgeschichte. Berlin.

Wocel, J. E., siehe J. E. Vocel

Wolfram, H. (Hrsg.), 1979: Conversio Bagoariorum et Carantanorum. Das Weißbuch der Salzburger Kirche über die erfolgreiche Mission in Karantanien und Pannonien. Wien, Köln, Graz.

Wunder, H., 1978: Probleme der Stratifikation in mittelalterlichen Gesellschaftssystemen. Geschichte und Gesellschaft 4, S. 542—550 .

Young, B., 1977: Paganisme, Christianisation et rites funéraires mérovingiens. Arch. médiévale 7, S. 5—81.

Żak, J., 1959: Najstarsze ostrogi zachodniosłowiańskie. Warszawa.

Zápotocký, M., 1965: Slovanské osídlení na Litoměřicku. PA 56, S. 205—391.
— 1977: Slovanské osídlení na Děčínsku. AR 29, S. 521—553.
— 1978: Slovanské osídlení na Ústecku. AR 30, S. 258—303.
Zeiss, H., 1936: Fürstengrab und Reihengräbersitte. Forschungen und Fortschritte 12, S. 302—303. Nachdruck in: F. Petri (Hrsg.) 1973, S. 281—284.
Zeman, J., 1971; 1978: siehe M. Buchwaldek.
— 1976: Nejstarší slovanské osídlení Čech. PA 67, S. 115—235.
— 1979: K problematice časně slovanské kultury ve střední Evropě. PA 70, S. 113—130.
—, *J. Sochor*, 1961: Kostrové hroby z mladší doby hradištní v Dobřenicích. AR 13, S. 649—652, 662; antropologické hodnocení: J. Chochol, S. 669—671.
Žemlička, J., 1974: Osídlení Zbraslavska od 10. do počátku 15. století. PA 65, S. 419—465.
— 1978: K charakteristice středověké kolonisace v Čechách. ČSČH 26, S. 58 bis 81.
— 1978 a: Osídlení Litoměřicka do začátku 13. století. Historicka geografie 17, S. 65—98.
— 1978 b: Přemyslovská hradská centra a počátky měst v Čechách. ČSČH 26, S. 559—586.
— 1980: Vývoj osídlení dolního Poohří a Českého středohoří do 14. století. Praha.
Zender, M., 1971: Grabbeigaben der Gegenwart in ihrem Verhältnis zur früheren Verbreitung. Rhein. Vierteljahresbl. 35, S. 34—43.
Zháněl, St., 1930: Jak vznikla staročeská šlechta. Brno.
Zoepf, L., 1908: Das Heiligen-Leben im 10. Jh. Leipzig, Berlin. Nachdruck Hildesheim 1973.
Zoll-Adamikowa, H., 1980: Einheimische und fremde Elemente im Grabkult der Ostseeslawen. Offa 37, S. 184—196.

Anhang

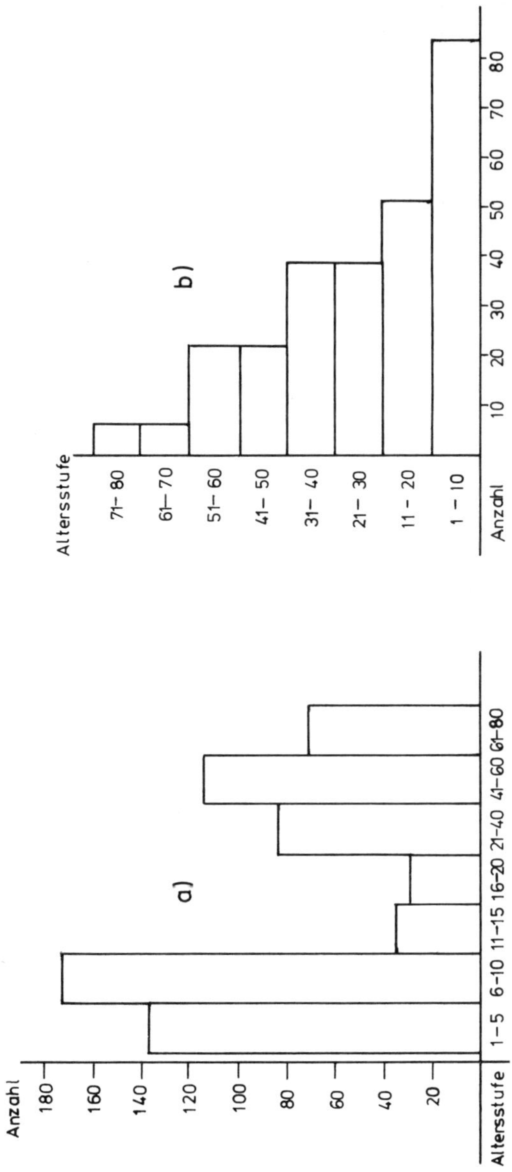

Abb. 1: Altersverteilung. a) Sterbealter — b) Lebenspyramide

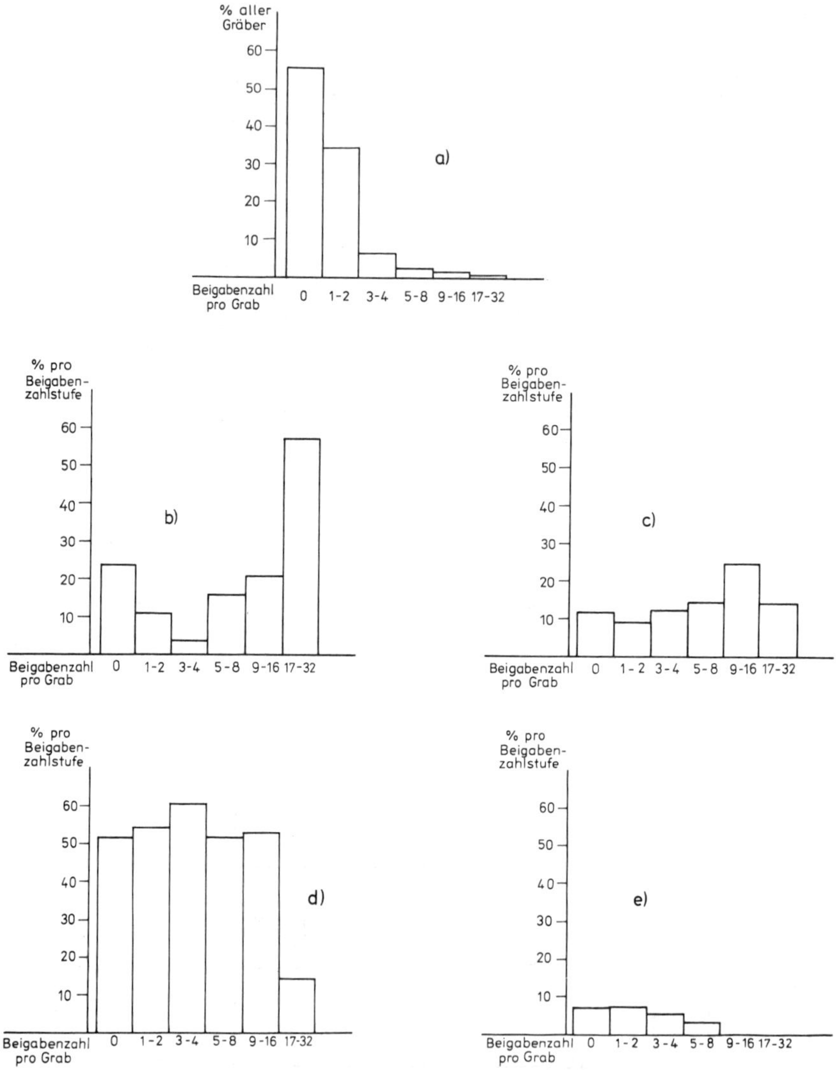

Abb. 2: Beigabenverteilung auf den Gräberfeldern. a) Beigabenverteilung allgemein — b) Friedhöfe innerhalb des Burgareals — c) Friedhöfe außerhalb des Burgareals — d) Ältere Reihengräberfriedhöfe außerhalb ländlicher Siedlungen — e) Jüngere Reihengräberfriedhöfe innerhalb ländlicher Siedlungen

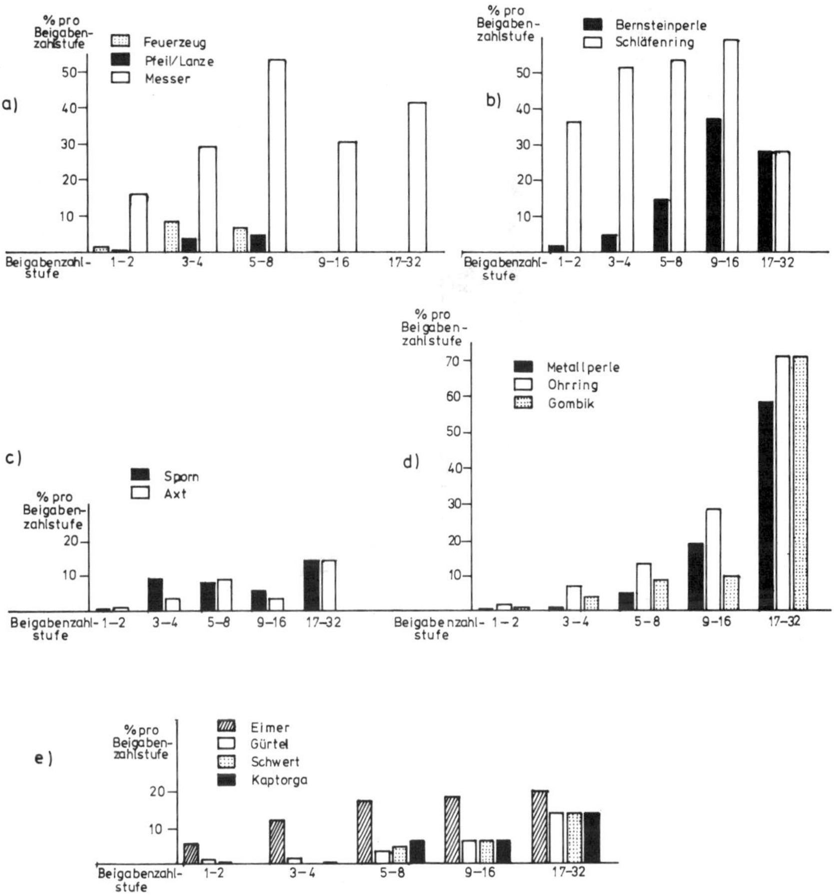

Abb. 3: Verteilung der Grabbeigaben auf reiche und arme Gräber. a) Gegenstände mit einem Maximum bei Gräbern bis zu 5-8 Beigaben — b) Gegenstände mit einem Maximum bei Gräbern von 9-16 Beigaben — c) Gegenstände mit einem Maximum bei Gräbern von 17-32 Beigaben und 3-8 Beigaben — d) Gegenstände mit einem deutlichen Maximum bei Gräbern von 17-32 Beigaben — e) Gegenstände mit einem schwachen Maximum bei Gräbern von 17-32 Beigaben

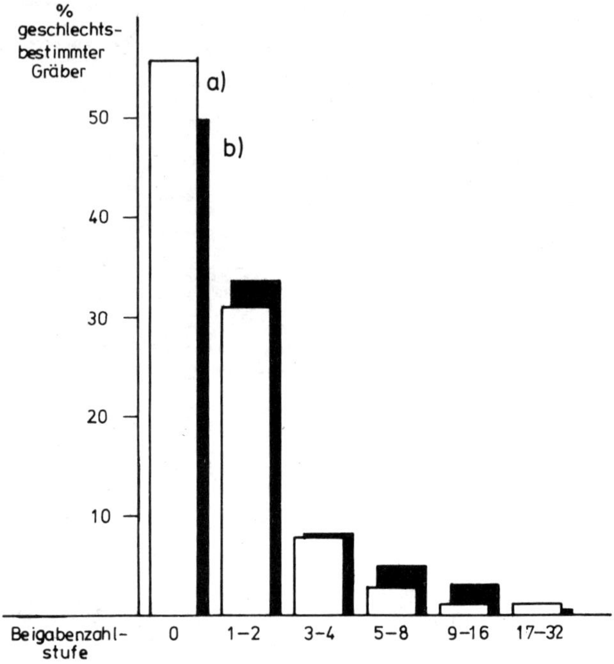

Abb. 4: Beigabenhäufigkeit in Männer- und Frauengräbern. a) Männer — b) Frauen

a) KOMBINATIONSTABELLE FUER 2208 EINHEITEN

	1.	2.	3.	4.	5.	6.	7.	8.	9.	10.	11.	12.	13.	14.	15.	16.	17.	18.	19.	20.	21.	22.	23.	24.
1. FEUERSTAHL	16	9	4	2	1	.	.	2	.	2	12	.	.	.	.	1	.	1	.	.	2	.	1	1
2. SCHL.STEIN	.	19	5	.	1	.	.	4	.	2	15	.	.	.	.	1	.	1	.	.	4	.	1	1
3. EIMER	.	.	79	4	4	2	3	6	9	6	39	6	8	4	5	14	1	5	1	1	9	.	4	4
4. LANZE	.	.	.	9	1	.	1	3	4	4	4	.	.	.	.	.	.	.	.	.	2	.	1	1
5. SCHWERT	.	.	.	.	10	3	3	4	4	4	2	1	1	.	.	.	.	.	1	.	2	.	1	.
6. RIEMENZ.	.	.	.	.	.	5	3	2	3	2	1	1	1	.	.	.	.	1	.	.	.	.	1	.
7. GUERTELSCH	.	.	.	.	.	.	15	4	6	3	3	1	2	.	.	1	.	2	.	.	.	.	2	.
8. EIS.BESCHL	.	.	.	.	.	.	.	30	12	7	12	.	.	.	.	4	1	4	1	.	3	1	3	1
9. SPORN	.	.	.	.	.	.	.	.	24	7	10	1	1	.	.	.	.	.	1	.	1	.	2	1
10. AXT	.	.	.	.	.	.	.	.	.	19	8	1	1	.	.	.	.	.	.	.	3	.	2	.
11. MESSER	.	.	.	.	.	.	.	.	.	.	204	10	16	7	6	30	8	20	2	1	40	5	3	6
12. GOMBIK	.	.	.	.	.	.	.	.	.	.	.	25	11	2	5	5	1	4	.	.	2	.	2	2
13. OHRRING	.	.	.	.	.	.	.	.	.	.	.	.	47	3	4	15	3	6	.	1	12	.	2	2
14. KAPTORGA	.	.	.	.	.	.	.	.	.	.	.	.	.	9	2	6	1	1	.	.	.	.	.	.
15. METALLPERL	.	.	.	.	.	.	.	.	.	.	.	.	.	.	15	12	3	6	.	1	.	.	1	.
16. GLASPERLE	.	.	.	.	.	.	.	.	.	.	.	.	.	.	.	125	26	56	7	2	37	2	3	.
17. BERNSTEINP	.	.	.	.	.	.	.	.	.	.	.	.	.	.	.	.	43	23	1	.	11	.	.	1
18. SCHLAEFENR	.	.	.	.	.	.	.	.	.	.	.	.	.	.	.	.	.	402	20	14	41	3	1	5
19. FINGERRING	.	.	.	.	.	.	.	.	.	.	.	.	.	.	.	.	.	.	45	1	3	1	.	1
20. MUENZE	.	.	.	.	.	.	.	.	.	.	.	.	.	.	.	.	.	.	.	28	1	.	.	2
21. TOPF	.	.	.	.	.	.	.	.	.	.	.	.	.	.	.	.	.	.	.	.	285	4	5	.
22. SCHUESSEL	.	.	.	.	.	.	.	.	.	.	.	.	.	.	.	.	.	.	.	.	.	16	1	.
23. FLASCHE	.	.	.	.	.	.	.	.	.	.	.	.	.	.	.	.	.	.	.	.	.	.	26	.
24. SCHERBEN	.	.	.	.	.	.	.	.	.	.	.	.	.	.	.	.	.	.	.	.	.	.	.	43

b) YULETABELLE FUER 2208 EINHEITEN

	1.	2.	3.	4.	5.	6.	7.	8.	9.	10.	11.	12.	13.	14.	15.	16.	17.	18.	19.	20.	21.	22.	23.	24.
1.FEUERS	.	.99	.81	.96	.88	-1.00	-1.00	.83	-1.00	.90	.94	-1.00	-1.00	-1.00	-1.00	.05	-1.00	-.54	-1.00	-1.00	-.02	-1.00	.70	.55
2.SCHL.S	.	.	.82	-1.00	.86	-1.00	-1.00	.91	-1.00	.88	.95	-1.00	-1.00	-1.00	-1.00	-.04	-1.00	-.60	-1.00	-1.00	.29	-1.00	.66	.48
3.EIMER	.	.	.	.92	.90	.90	.75	.76	.90	.86	.84	.80	.72	.92	.87	.59	-.22	-.54	-.24	-.00	-.07	-1.00	.67	.48
4.LANZE	.	.	.	.	.94	-1.00	.90	.95	.98	.98	.78	-1.00	-1.00	-1.00	-1.00	-1.00	-1.00	-1.00	-1.00	-1.00	.32	-1.00	.83	.73
5.SCHWER	.	.	.	.	.	1.00	.97	.96	.97	.98	.42	.82	.68	-1.00	-1.00	-1.00	-1.00	-1.00	.69	-1.00	.26	-1.00	.81	-1.00
6.RIEMEN	.	.	.	.	.	.	.99	.96	.99	.98	.42	.92	.84	-1.00	-1.00	-1.00	-1.00	.06	-1.00	-1.00	-1.00	-1.00	.91	-1.00
7.GUERTE	.	.	.	.	.	.	.	.94	.98	.94	.42	.73	.76	-1.00	-1.00	.09	-1.00	-.18	-1.00	-1.00	-1.00	-1.00	.87	-1.00
8.EIS.BE	.	.	.	.	.	.	.	.	.98	.96	.75	-1.00	-1.00	-1.00	-1.00	.45	.27	-.18	.25	-1.00	-.14	.67	.82	.27
9.SPORN	.	.	.	.	.	.	.	.	.	.97	.76	.59	.34	-1.00	-1.00	-1.00	-1.00	-1.00	.36	-1.00	-.55	-1.00	.78	.38
10.AXT	.	.	.	.	.	.	.	.	.	.	.76	.67	.44	-1.00	-1.00	-1.00	-1.00	-1.00	-1.00	-1.00	.12	-1.00	.83	-1.00
11.MESSER	.	.	.	.	.	.	.	.	.	.	.	.74	.69	.95	.74	.55	.39	-.37	-.38	-.47	.27	.64	.12	.23
12.GOMBIK	.	.	.	.	.	.	.	.	.	.	.	.	.96	.93	.96	.62	.36	-.08	-1.00	-1.00	-.26	-1.00	.77	.64
13.OHRRIN	.	.	.	.	.	.	.	.	.	.	.	.	.	.92	.90	.79	.57	-.21	-1.00	.26	.41	-1.00	.60	.39
14.KAPTOR	.	.	.	.	.	.	.	.	.	.	.	.	.	.	.96	.94	.73	-.28	-1.00	-1.00	-1.00	-1.00	-1.00	-1.00
15.METALL	.	.	.	.	.	.	.	.	.	.	.	.	.	.	.	.97	.86	.50	-1.00	.70	-1.00	-1.00	.72	-1.00
16.GLASPE	.	.	.	.	.	.	.	.	.	.	.	.	.	.	.	.	.94	.61	.52	.13	.51	.41	.38	-1.00
17.BERNST	.	.	.	.	.	.	.	.	.	.	.	.	.	.	.	.	.	.69	.07	-1.00	.41	-1.00	-1.00	.09
18.SCHLAE	.	.	.	.	.	.	.	.	.	.	.	.	.	.	.	.	.	.	.58	.64	-.16	.02	-.70	-.26
19.FINGER	.	.	.	.	.	.	.	.	.	.	.	.	.	.	.	.	.	.	.	.29	-.35	.53	-1.00	.07
20.MUENZE	.	.	.	.	.	.	.	.	.	.	.	.	.	.	.	.	.	.	.	.	-.60	-1.00	-1.00	.60
21.TOPF	.	.	.	.	.	.	.	.	.	.	.	.	.	.	.	.	.	.	.	.	.	.39	.24	-1.00
22.SCHUES	.	.	.	.	.	.	.	.	.	.	.	.	.	.	.	.	.	.	.	.	.	.	.70	-1.00
23.FLASCH	.	.	.	.	.	.	.	.	.	.	.	.	.	.	.	.	.	.	.	.	.	.	.	-1.00
24.SCHERB	.	.	.	.	.	.	.	.	.	.	.	.	.	.	.	.	.	.	.	.	.	.	.	.

Abb. 5: Tabelle der Beigabenkombinationen. a) Absolute Werte — b) Werte nach Yule

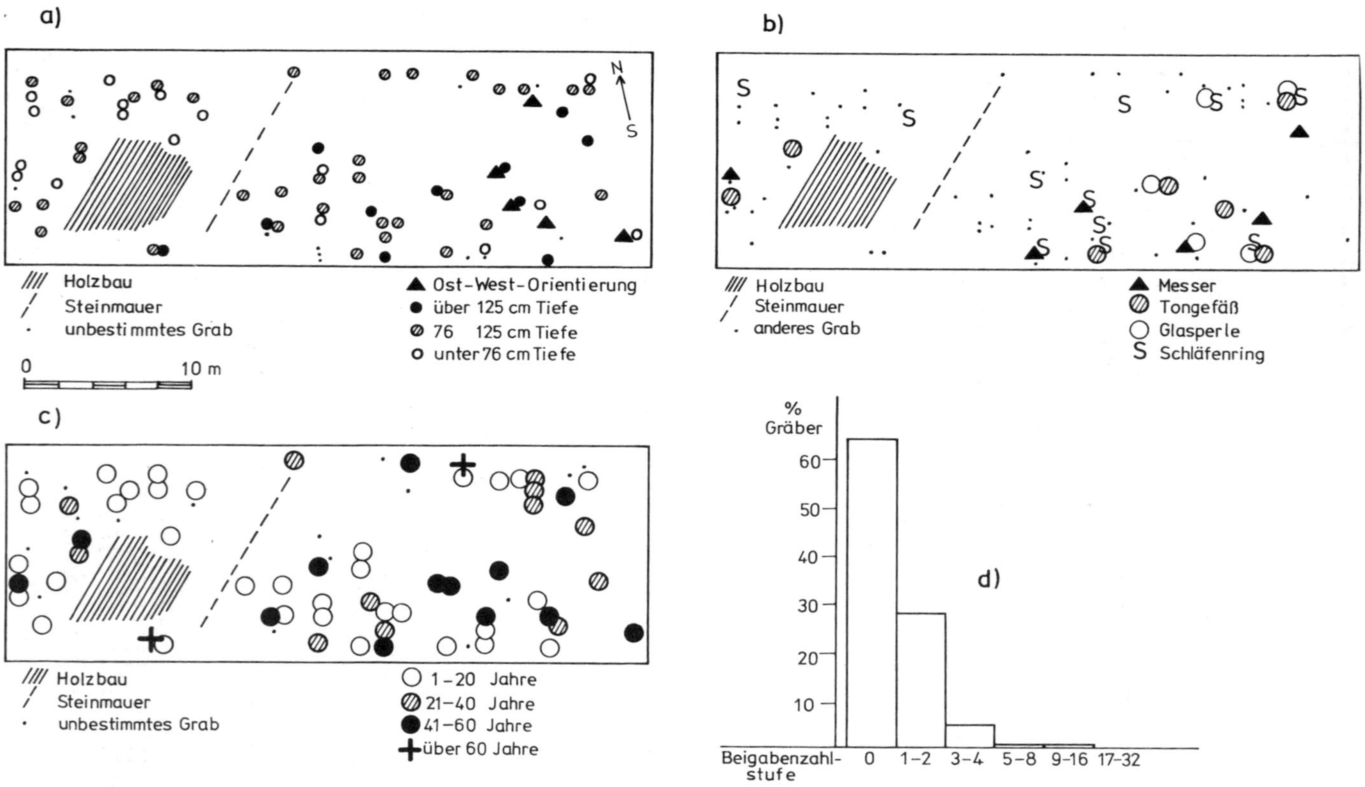

Abb. 6: Das Gräberfeld von Žalany. a) Gräberfeldplan — b) Verteilung der Ausstattungsgegenstände auf dem Gräberfeld — c) Verteilung der Altersstufen auf dem Gräberfeld — d) Beigabenhäufigkeit

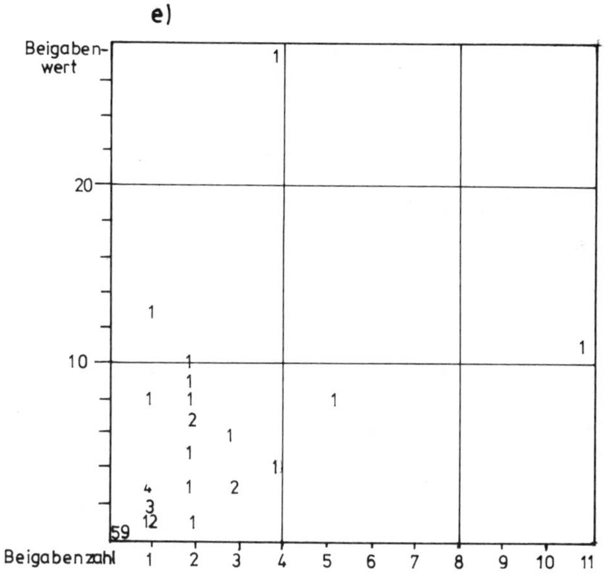

Abb. 6: Das Gräberfeld von Žalany. e) Beigabenzahlen und Beigabenwert

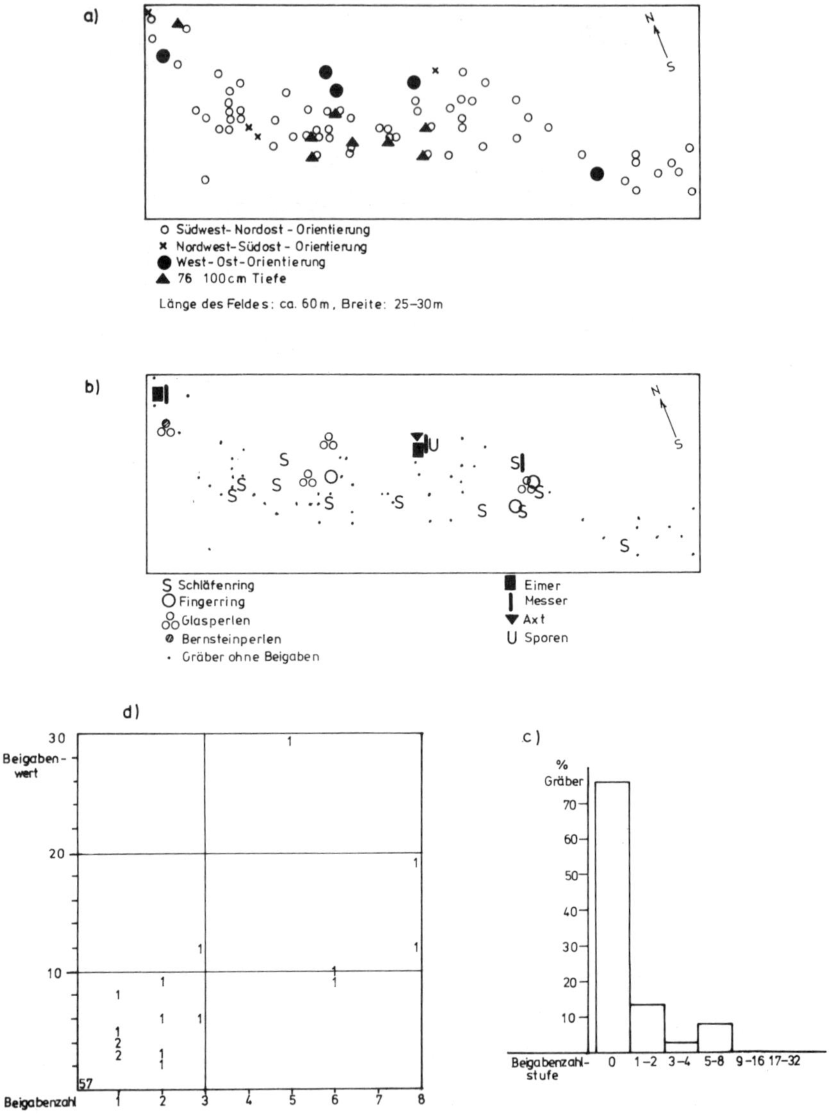

Abb. 7: Das Gräberfeld von Mlékojedy. a) Gräberfeldplan — b) Verteilung der Ausstattungsgegenstände auf dem Gräberfeld — c) Beigabenhäufigkeit — d) Beigabenzahlen und Beigabenwert

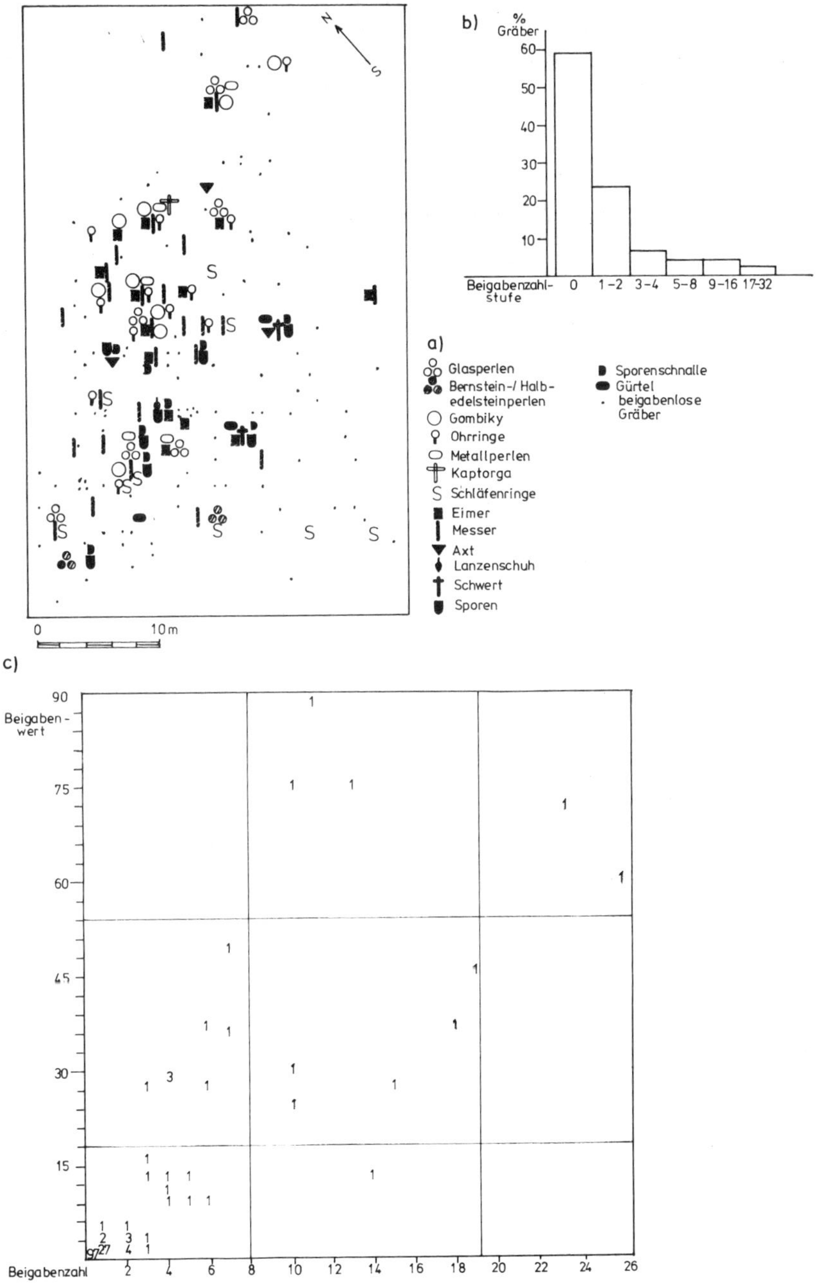

Abb. 8: Das Gräberfeld von Stará Kouřim, Libussasee. a) Verteilung der Ausstattungsgegenstände auf dem Gräberfeld — b) Beigabenhäufigkeit — c) Beigabenzahlen und Beigabenwert

d) KOMBINATIONSTABELLE FUER 165 EINHEITEN

	1.	2.	3.	4.	5.	6.	7.	8.	9.	10.	11.	12.	13.	14.	15.	16.	17.	18.	19.	20.	21.	22.	23.	24.
1. FEUERSTAHL	.	.	.	.	.	.	.	.	.	.	.	.	.	.	.	.	.	.	.	.	.	.	.	.
2. SCHL.STEIN	.	2	1	.	.	.	.	1	.	.	2	.	.	.	.	.	.	.	.	.	.	.	.	1
3. EIMER	.	.	15	1	2	2	2	3	3	1	8	4	4	.	4	5	.	.	.	.	1	.	3	2
4. LANZE	.	.	.	1	.	.	.	.	1	.	.	.	.	.	.	.	.	.	.	.	.	.	.	1
5. SCHWERT	.	.	.	.	2	2	2	2	2	1	1	.	.	.	.	.	.	.	.	.	.	.	1	.
6. RIEMENZ.	.	.	.	.	.	2	2	2	2	1	1	.	.	.	.	.	.	.	.	.	.	.	1	.
7. GUERTELSCH	.	.	.	.	.	.	3	2	2	1	1	.	.	.	.	.	.	.	.	.	.	.	1	.
8. EIS.BESCHL	.	.	.	.	.	.	.	9	9	2	5	.	.	.	.	.	.	.	.	.	.	.	1	1
9. SPORN	.	.	.	.	.	.	.	.	10	2	4	.	.	.	.	.	.	.	.	.	.	.	1	1
10. AXT	.	.	.	.	.	.	.	.	.	3	.	.	.	.	.	.	.	.	.	.	.	.	1	.
11. MESSER	.	.	.	.	.	.	.	.	.	.	32	6	7	1	5	5	.	2	.	.	.	.	1	3
12. GOMBIK	.	.	.	.	.	.	.	.	.	.	.	9	7	1	4	3	.	1	.	.	.	.	1	2
13. OHRRING	.	.	.	.	.	.	.	.	.	.	.	.	12	1	3	3	.	1	.	.	2	.	1	2
14. KAPTORGA	.	.	.	.	.	.	.	.	.	.	.	.	.	1	1	.	.	.	.	.	.	.	.	.
15. METALLPER.	.	.	.	.	.	.	.	.	.	.	.	.	.	.	6	5	.	.	.	.	.	.	1	.
16. GLASPERLE	.	.	.	.	.	.	.	.	.	.	.	.	.	.	.	9	1	2	.	.	.	.	2	.
17. BERNST.P.	.	.	.	.	.	.	.	.	.	.	.	.	.	.	.	.	1	1	.	.	.	.	.	.
18. SCHLAEF.R.	.	.	.	.	.	.	.	.	.	.	.	.	.	.	.	.	.	9	.	.	.	.	.	.
19. FINGERR.	.	.	.	.	.	.	.	.	.	.	.	.	.	.	.	.	.	.	.	.	.	.	.	.
20. MUENZE	.	.	.	.	.	.	.	.	.	.	.	.	.	.	.	.	.	.	.	.	.	.	.	.
21. TOPF	.	.	.	.	.	.	.	.	.	.	.	.	.	.	.	.	.	.	.	.	2	.	.	.
22. SCHUESSEL	.	.	.	.	.	.	.	.	.	.	.	.	.	.	.	.	.	.	.	.	.	.	.	.
23. FLASCHE	.	.	.	.	.	.	.	.	.	.	.	.	.	.	.	.	.	.	.	.	.	.	3	.
24. SCHERBEN	.	.	.	.	.	.	.	.	.	.	.	.	.	.	.	.	.	.	.	.	.	.	.	17

Abb. 8: Das Gräberfeld von Stará Kouřim, Libussasee. d) Kombinationstabelle der Grabbeigaben

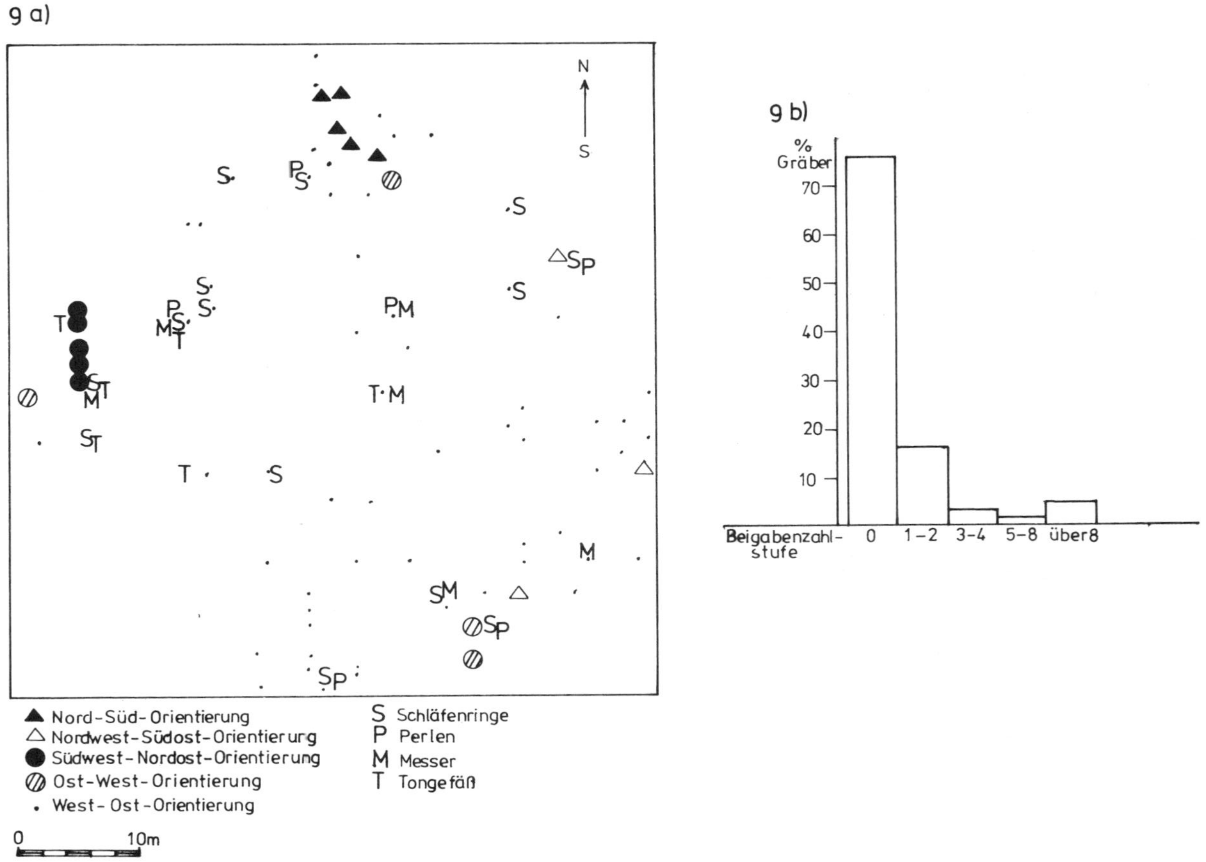

Abb. 9: Das Gräberfeld von Libice nad Cidlinou, Zuckerfabrik. a) Gräberfeldplan und Verteilung der Beigaben auf dem Gräberfeld — b) Beigabenhäufigkeit

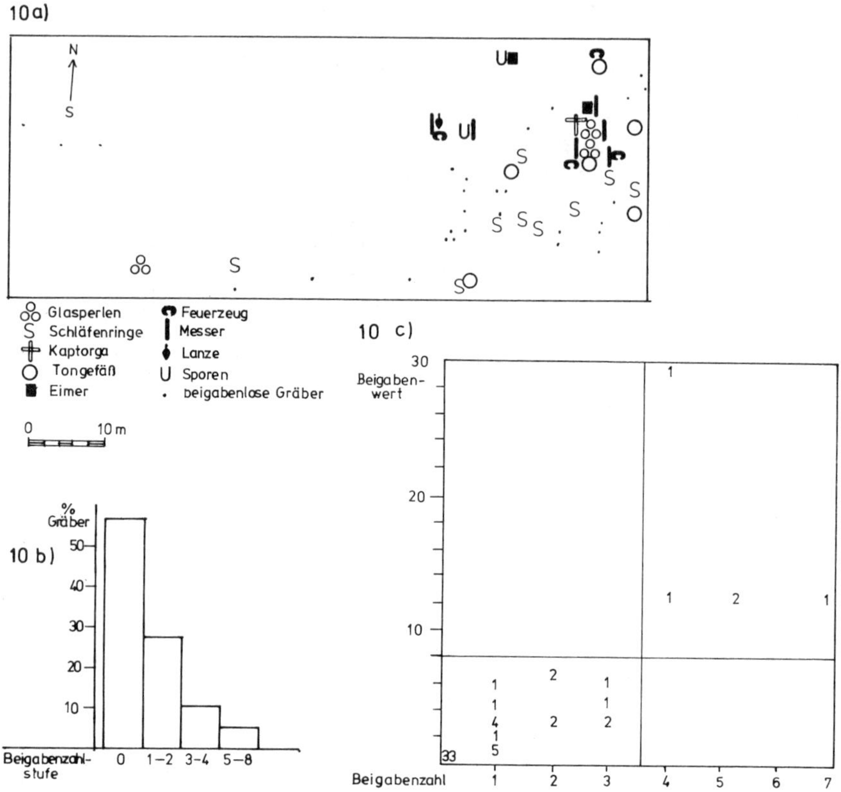

Abb. 10: Das Gräberfeld von Brandýsek. a) Verteilung der Beigaben auf dem Gräberfeld — b) Beigabenhäufigkeit — c) Beigabenzahlen und Beigabenwert

11 a)

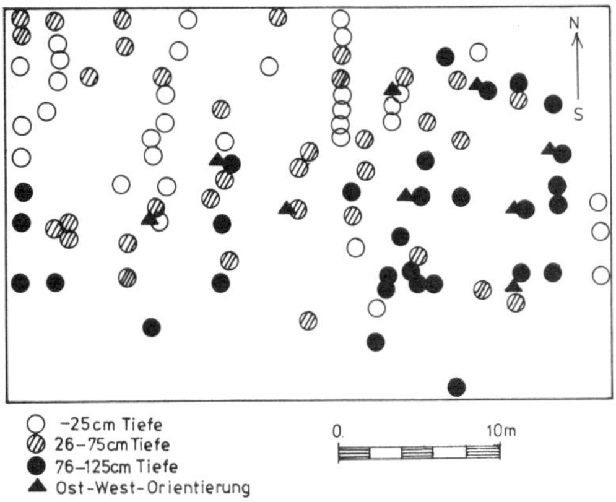

11 c)

11 b)

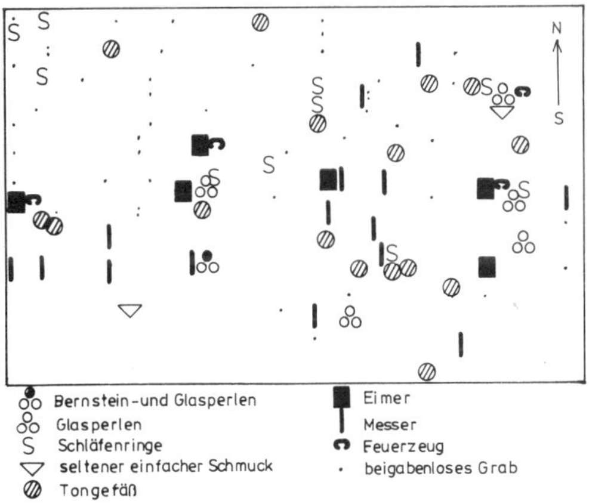

11 d)

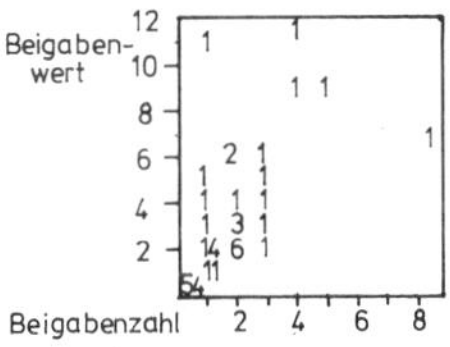

Abb. 11: Das Gräberfeld von Želenice. a) Gräberfeldplan — b) Verteilung der Ausstattungsgegenstände auf dem Gräberfeld — c) Beigabenhäufigkeit — d) Beigabenzahlen und Beigabenwert

12 a)

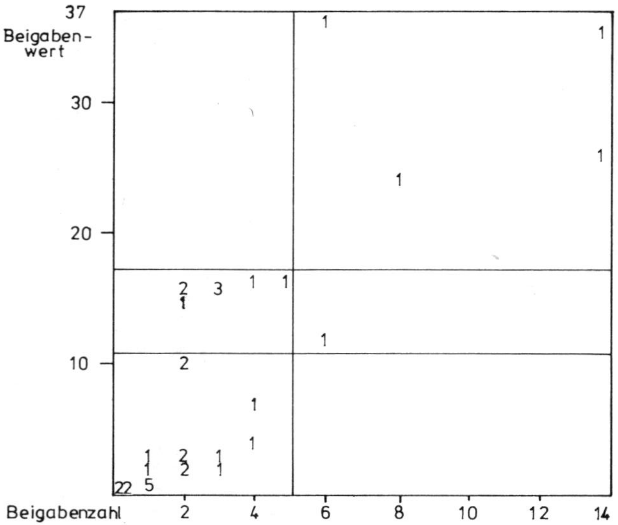

12 b)

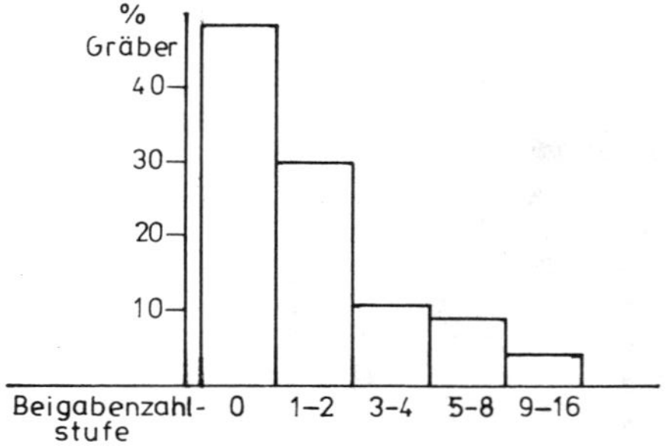

Abb. 12: Das Gräberfeld von der Prager Burg, königliche Reitschule. a) Beigabenzahlen und Beigabenwert — b) Beigabenhäufigkeit

13 a)

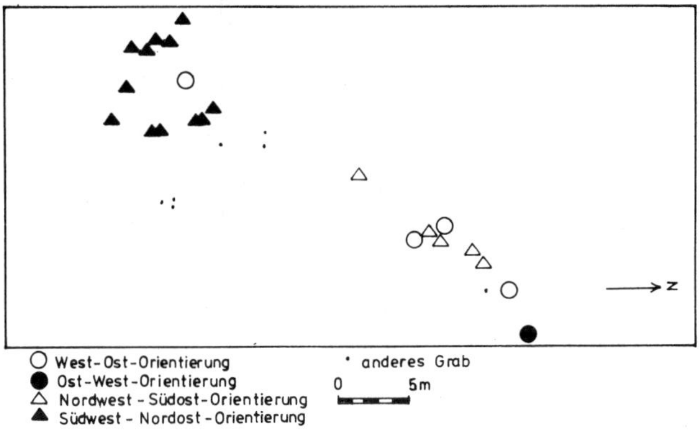

13 b)

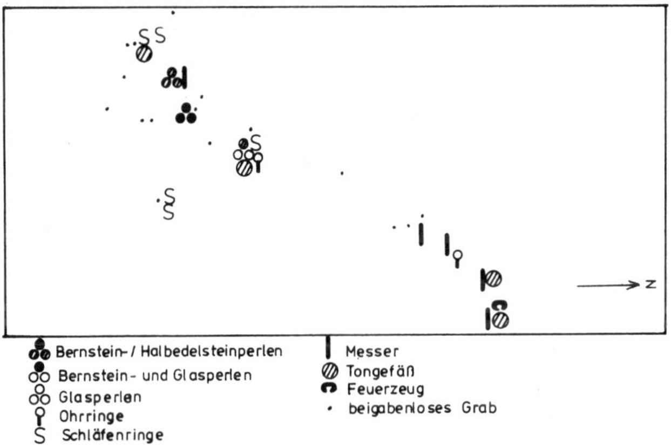

13 c)

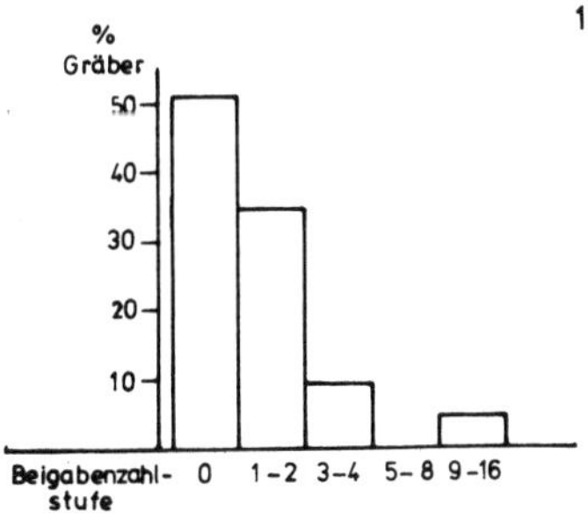

13 d)

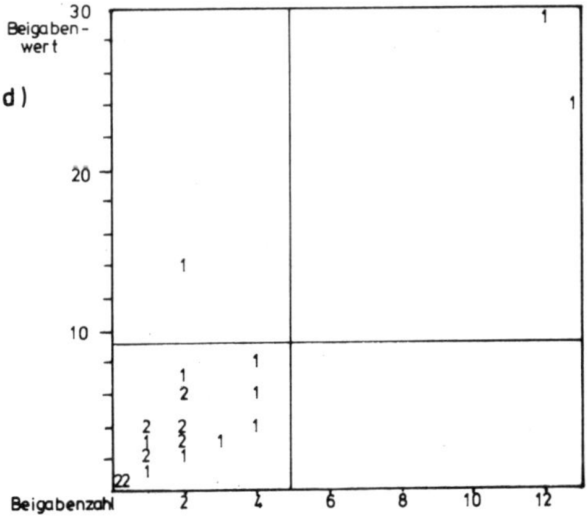

Abb. 13: Das Gräberfeld von Motol, Prag. a) Gräberfeldplan — b) Verteilung der Ausstattungsgegenstände auf dem Gräberfeld — c) Beigabenhäufigkeit — d) Beigabenzahlen und Beigabenwert

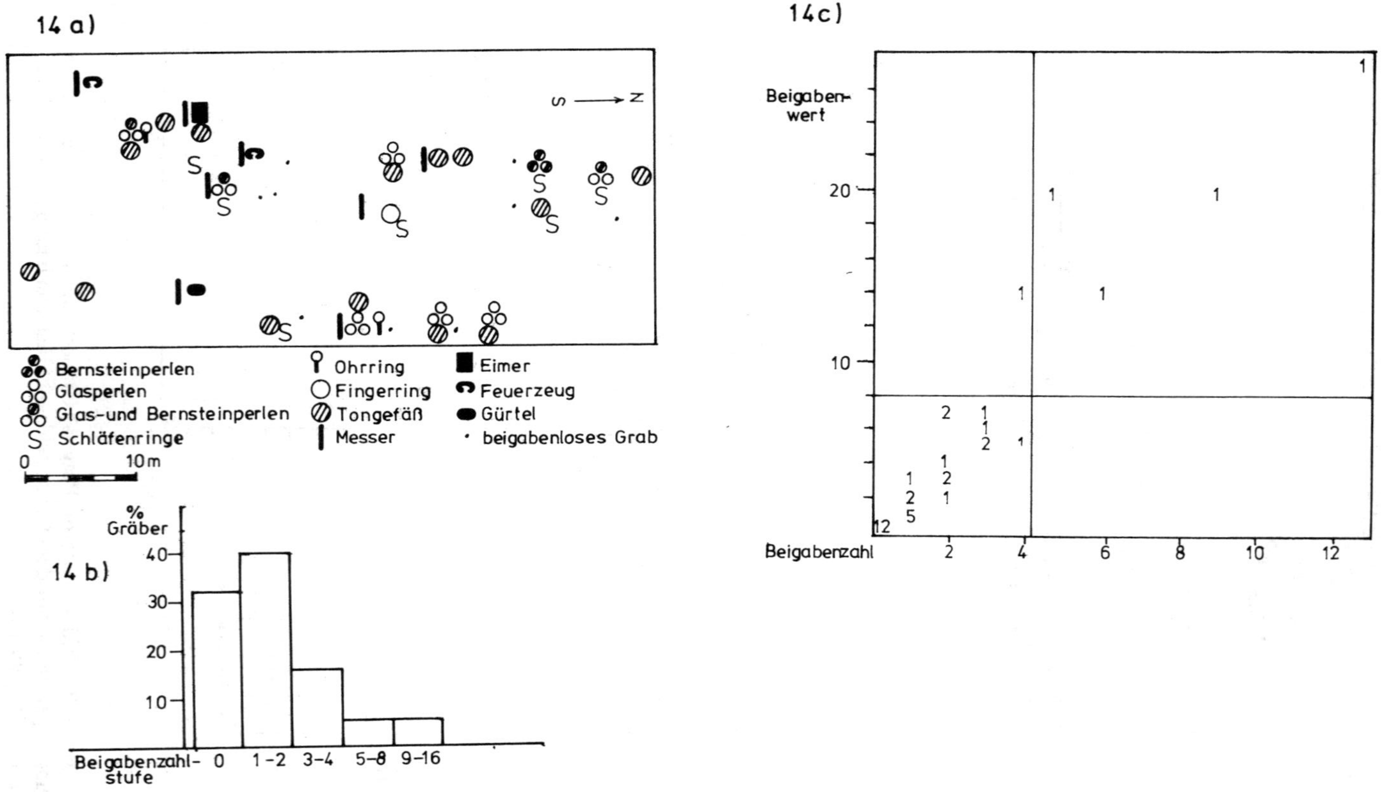

Abb. 14: Das Gräberfeld von Radětice. a) Verteilung der Ausstattungsgegenstände auf dem Gräberfeld — b) Beigabenhäufigkeit — c) Beigabenzahlen und Beigabenwert

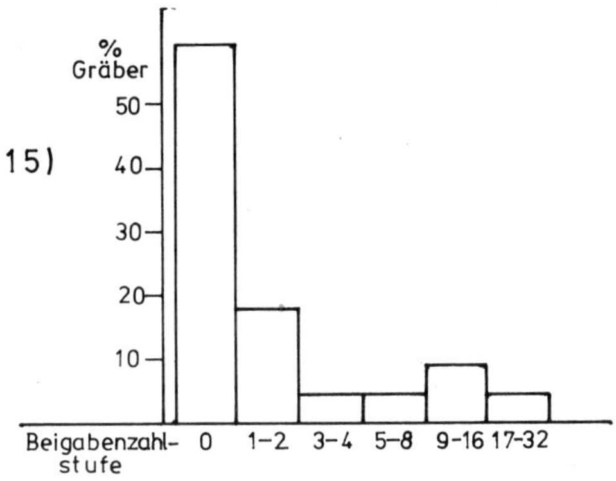

Abb. 15: Das Gräberfeld von Řesanice — Beigabenhäufigkeit

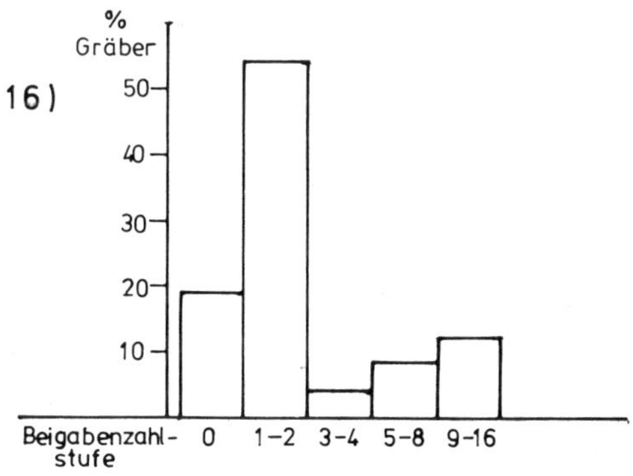

Abb. 16: Das Gräberfeld von Tušovice — Beigabenhäufigkeit

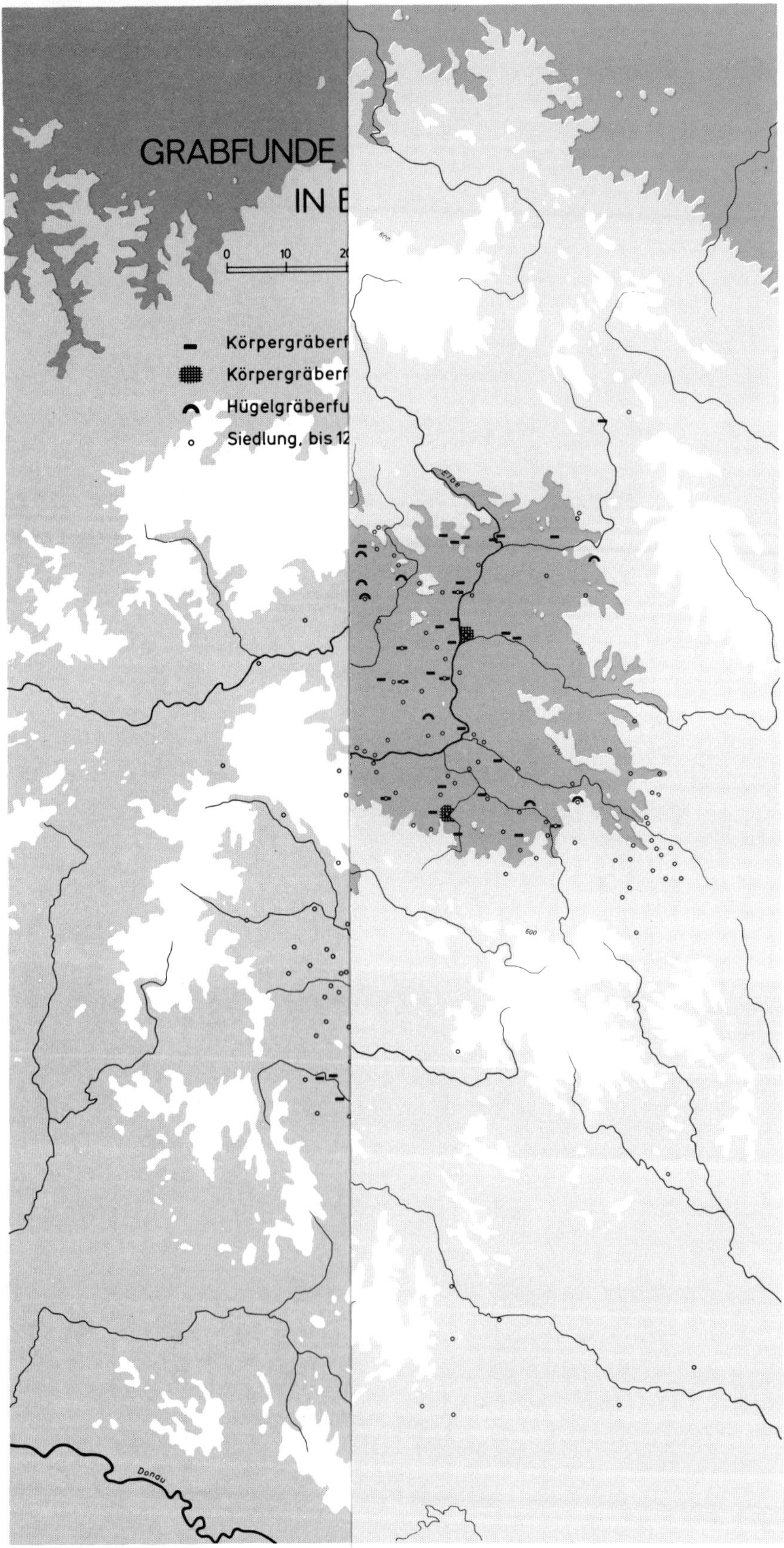
GRABFUNDE
IN B
0
10
20
Körpergräberf
Körpergräberf
Hügelgräberfu
Siedlung, bis 12
Elbe
600
Donau

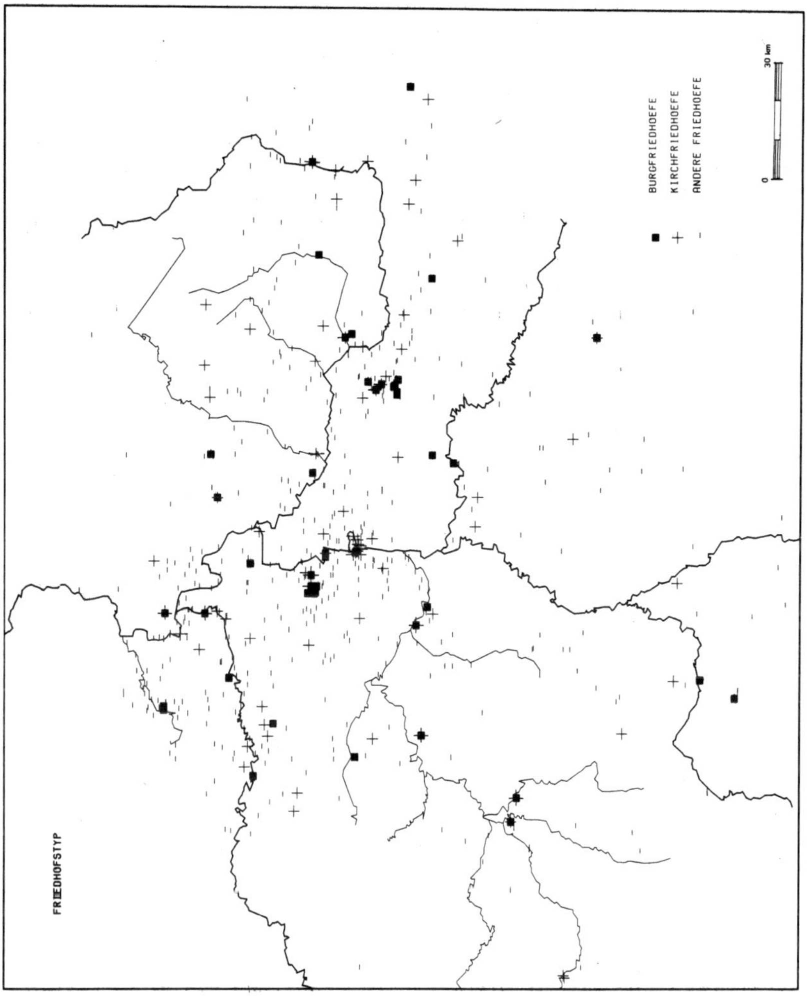
FRIEDHOFSTYP
BURGFRIEDHOEFE
KIRCHFRIEDHOEFE
ANDERE FRIEDHOEFE
0
30 km

Karte 2

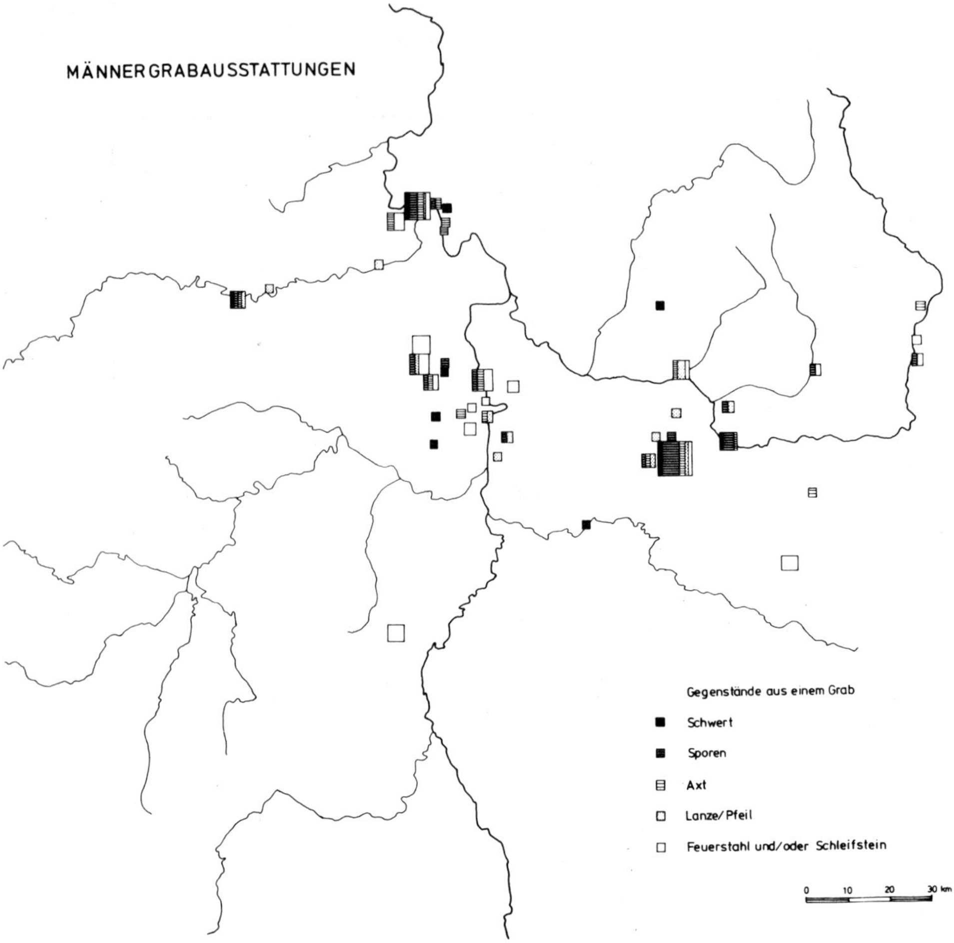
MÄNNERGRABAUSSTATTUNGEN
Gegenstände aus einem Grab
Schwert
Sporen
Axt
Lanze/Pfeil
Feuerstahl und/oder Schleifstein
0 10 20 30 km

Karte 3

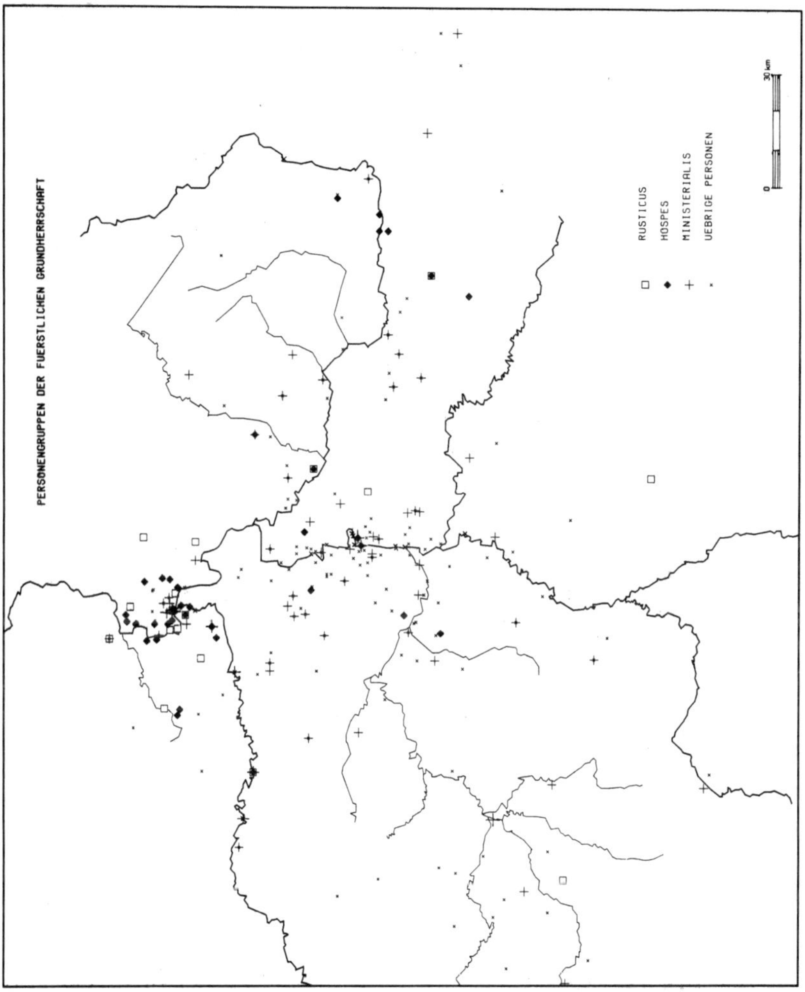
PERSONENGRUPPEN DER FUERSTLICHEN GRUNDHERRSCHAFT
RUSTICUS
HOSPES
MINISTERIALIS
UEBRIGE PERSONEN
0
30 km

Karte 6

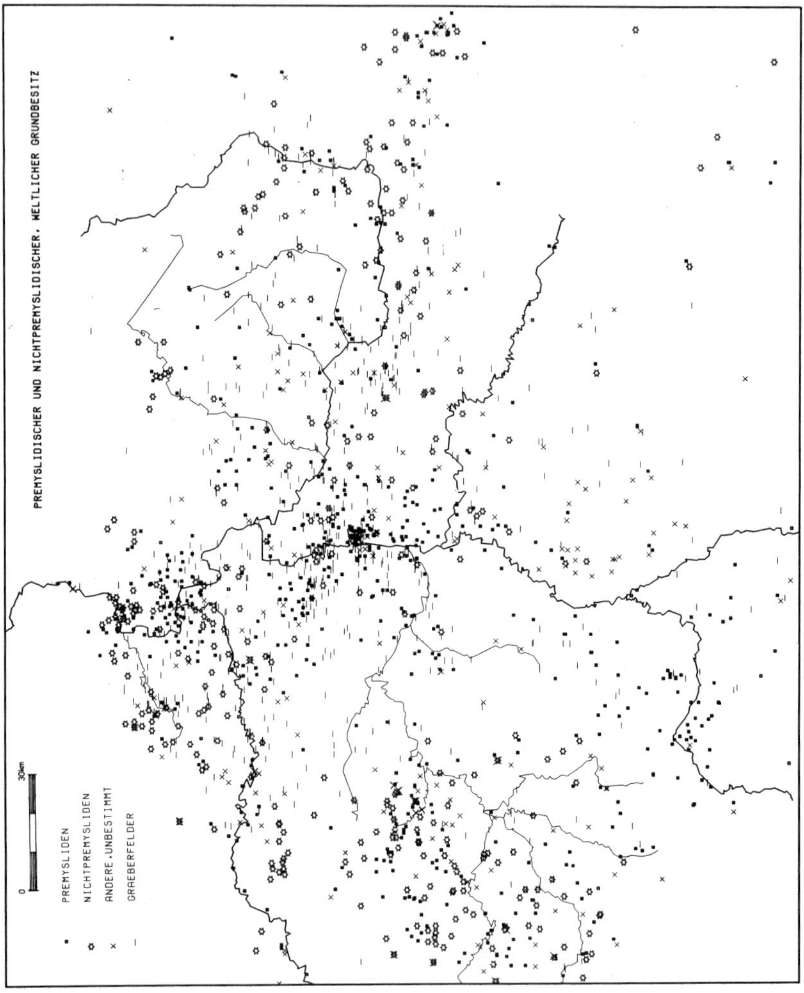
PREMYSLIDISCHER UND NICHTPREMYSLIDISCHER, WELTLICHER GRUNDBESITZ
0
30km
PREMYSLIDEN
NICHTPREMYSLIDEN
ANDERE.UNBESTIMMT
GRAEBERFELDER

Karte 7

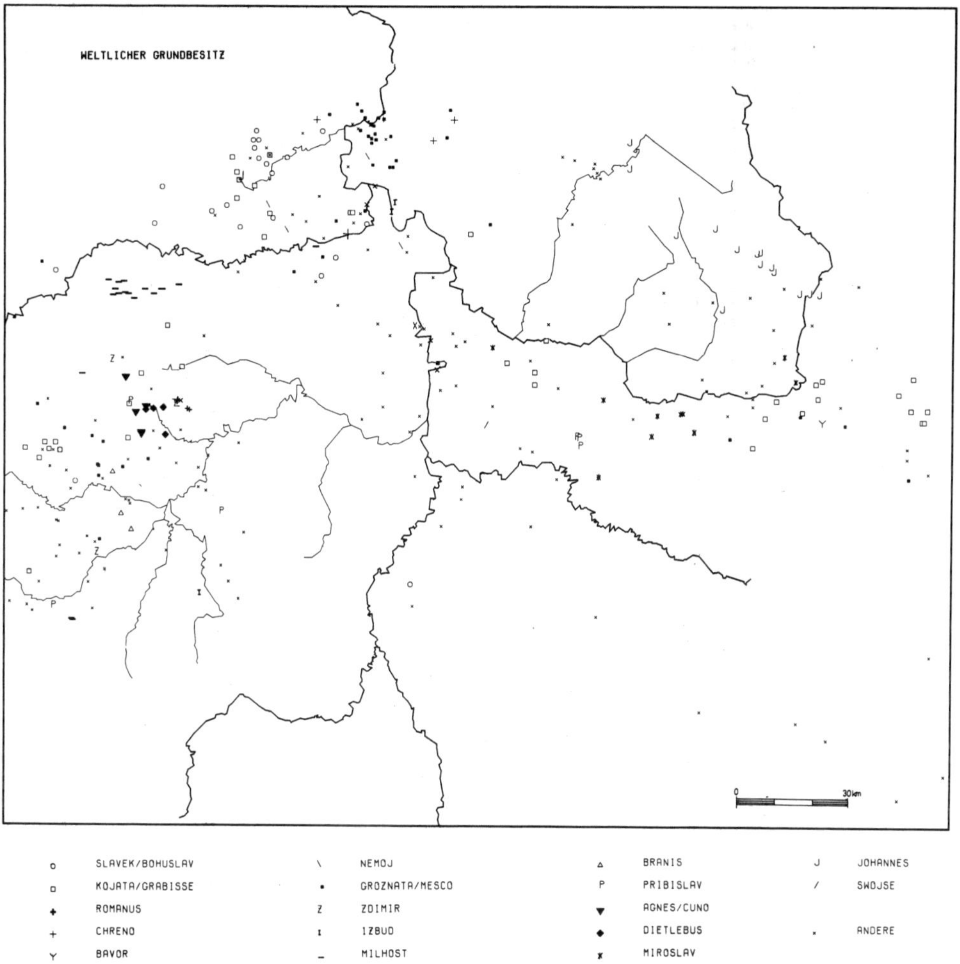
WELTLICHER GRUNDBESITZ
0
30km
SLAVEK/BOHUSLAV
KOJATA/GRABISSE
ROMANUS
CHRENO
BAVOR
NEMOJ
GROZNATA/MESCO
ZDIMIR
IZBUD
MILHOST
BRANIS
PRIBISLAV
AGNES/CUNO
DIETLEBUS
MIROSLAV
JOHANNES
SWOJSE
ANDERE

Karte 8

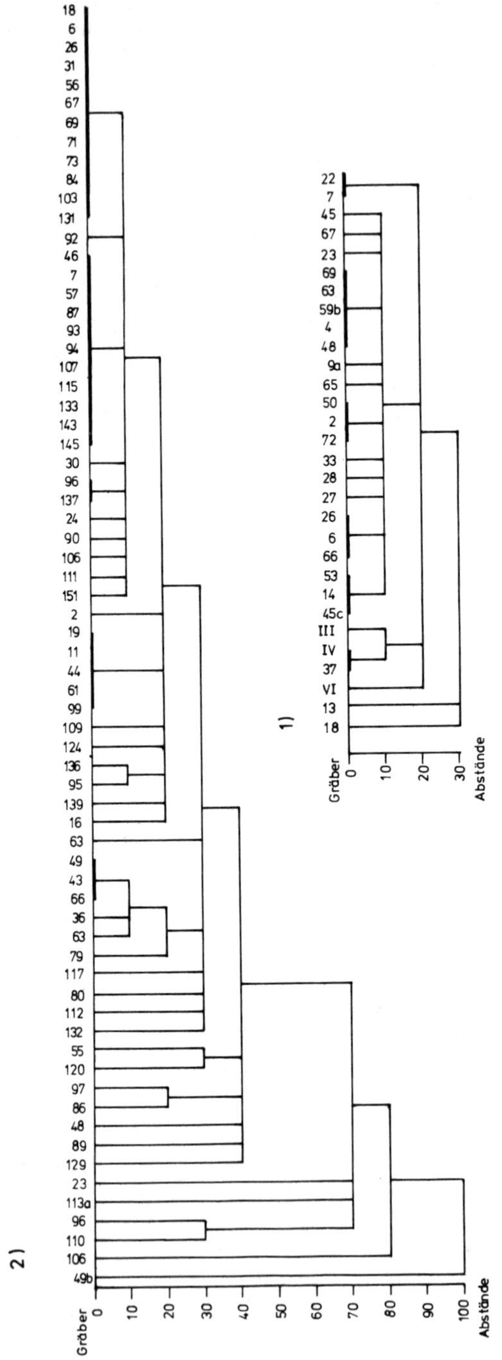

Dendrogramm 1: Žalany — Dendrogramm 2: Stará Kouřim, Libussasee